Das große Sterben
Seuchen machen Geschichte

Eine Veröffentlichung des
Deutschen Hygiene-Museums Dresden

Mit freundlicher Unterstützung

Herausgegeben von Hans Wilderotter
unter Mitarbeit von Michael Dorrmann

Das große Sterben

Seuchen machen Geschichte

jovis

Ausstellung

Deutsches Hygiene-Museum Dresden
8. 12. 1995 bis 10. 3. 1996

*Konzeption
und wissenschaftliche Leitung*
Hans Wilderotter

Wissenschaftliche Mitarbeit
Michael Dorrmann

*Ausstellungsorganisation
und Leihverkehr*
Anne-Katrin Ziesak

Recherchen
Katrin Achilles-Syndram (Kunst),
Guylaine Bouvy (Paris), Sibylle
Leider (Medizinische Schautafeln),
Sylvelyn Hähner-Rombach
(Tuberkulose)

Ausstellungsarchitektur
Michael Hoffer, München

Lichtdesign
Günther E. Weiß, München

Konservatorische Betreuung
Jürgen Knoop, Sibylle Kraeft

Zeitweilige Mitarbeit
Kerstin Neermann, Anett Walter,
Katrin Mundorf

Deutsches Hygiene-Museum

Direktor
Dr. Martin Roth

Museums- und Ausstellungsleiter
Klaus Vogel, M.A.

Presse- und Öffentlichkeitsarbeit
Sibylle Fischer

Ausstellungsbüro
Monika von Oertzen, Marita
Gottsmann, Silke Naumann,
Bernd Voigt

Ausstellungsbau
Fa. Volker Wemme; Karl-Heinz
Söhnel und die Werkstätten des
Deutschen Hygiene-Museums

Katalog

Redaktion
Michael Dorrmann

Lektorat im Verlag
Alexa Geisthövel

Graphische Gesamtgestaltung
Regelindis Westphal,
Antonia Becht

Autoren
Katrin Achilles-Syndram,
Staatliche Museen zu Berlin,
Skulpturensammlung
Jürgen Blenck,
Ruhr-Universität Bochum,
Geographische
Entwicklungsforschung
Heinrich Dormeier
 z.Zt. Freie Universität Berlin,
Friedrich Meinecke-Institut
Sylvelyn Hähner-Rombach,
Stuttgart
Eveline Masilamani-Meyer,
Zürich
Klemens Ochel,
Missionsärztliches Institut
Würzburg – Arbeitsgruppe AIDS
und internationale Gesundheit
Peter Probst,
Freie Universität Berlin,
Institut für Ethnologie
Manfred Skopec,
Institut für Geschichte der Medizin
der Universität Wien
Eberhard Wolff,
Institut für Geschichte der Medizin
der Robert Bosch Stiftung,
Stuttgart

Für Rat und Hilfe danken wir
Bernd Arnold, Dresden; Jürgen
Blenck, Harare/Köln; Wolfram
Donath, Berlin; Margarete Doppler,
Braunau; Victor Engeler, Zürich;
Maria-Luisa Engeler-Arambarri
Zuricalday de Otaola, Zürich;
Dieter Engelmann, Berlin; Klaus
von Fleischbein, Berlin; Klaus
Gerber, Berlin; Nina Gockerell,
München; Lydia Icke-Schwalbe,
Dresden; Eveline Masilamani-
Meyer, Zürich; Benjamin Miller,
Zürich; Christoph Mörgeli, Zürich;
Manfred Mühlner, Dresden; Uta
Neidhardt, Dresden; Klemens
Ochel, Würzburg; Achim Prinz,
Wien; Karl Rossa, Wien; Manfred
Skopec, Wien; Katharina Teubner,
Berlin; Kurt Thiemann, Berlin;
Ursula Urbitsch, Stuttgart; Rita
Wenger, Berlin; Ralf Wiechmann,
Hamburg; Ernst Winkelmann,
Frankfurt a.M.; Angelika Wolf,
Berlin; Ulrike Zischka, München

Verlag
Jovis Verlags- und Projektbüro
Kurfürstenstr. 15/16, 10785 Berlin

Satz
Satzinform, Berlin

Lithographie
Unze Verlagsgesellschaft mbH,
Potsdam

Druck
DBC Druckhaus Berlin-Centrum
GmbH, Berlin

Verzeichnis der Leihgeber

Basel
Historisches Museum Basel

Berlin
Deutsches Historisches Museum
Institut für Geschichte der Medizin
der Freien Universität Berlin
Landesarchiv Berlin
Museum für Post und
Kommunikation
Peter Probst
Robert Koch-Institut – Bundes-
institut für Infektionskrankheiten
und nicht übertragbare Krank-
heiten
Robert Koch Museum im Institut
für Mikrobiologie und Hygiene
der Charité
Staatliche Museen zu Berlin,
Gemäldegalerie
Staatliche Museen zu Berlin,
Kunstbibliothek
Staatliche Museen zu Berlin,
Kupferstichkabinett
Staatsbibliothek zu Berlin –
Preußischer Kulturbesitz
Stiftung Stadtmuseum Berlin
Angelika Wolf

Bludenz
Museum der Stadt Bludenz

Bonn
Bibliothek der Friedrich-Ebert-
Stiftung

Braunau
Heimatverein »Alt Braunau«

Budapest
Szépmüvészeti Múzeum

Coburg
Kunstsammlungen der Veste
Coburg (Coburger Landesstiftung)

Darmstadt
Hessisches Landesmuseum
Darmstadt

Davos
Medizinhistorische Sammlung
Blauer Heinrich, Stiftung der AG
Hotel Schatzalp und der Davos-
Schatzalp-Bahnen
Dokumentationsbibliothek Davos

Dresden
Sächsische Landesbibliothek
Staatliche Kunstsammlungen
Dresden, Gemäldegalerie Alte
Meister
Staatliche Kunstsammlungen
Dresden, Kupferstich-Kabinett
Staatliches Museum für
Völkerkunde Dresden
Stadtmuseum Dresden

Duderstadt
Stadtarchiv Duderstadt

Erfurt
Stadtarchiv Erfurt
Wissenschaftliche
Allgemeinbibliothek

Flintsbach
Katholisches Pfarramt St. Martin
Flintsbach, Erzb. Ordinariat
München-Freising, Kunstreferat

Florenz
Palazzo Pitti, Galleria Palatina

Frankfurt a. M.
Senckenbergische Bibliothek der
Johann Wolfgang Goethe-
Universität

Gotha
Schloßmuseum Gotha

Göttingen
Kunstsammlung der Universität
Göttingen

Hamburg
Museum für Hamburgische
Geschichte
Staatsarchiv Hamburg

Harare
Dorothea Irmler

Harare/Köln
Jürgen Blenck

Heidelberg
Völkerkundliche Sammlung der
I. und E. von Portheim-Stiftung

Ingolstadt
Deutsches Medizinhistorisches
Museum Ingolstadt

Köln
Museum für angewandte Kunst
Schnütgen-Museum Köln

Leipzig
Medizinhistorische Sammlung des
Karl-Sudhoff-Institutes für
Geschichte der Medizin und der
Naturwissenschaften
Universitätsbibliothek Leipzig

Liederbach
Behringwerke AG

London
National Gallery

Lübeck
Museum für Kunst und
Kulturgeschichte der Hansestadt
Lübeck

München
Bayerisches Hauptstaatsarchiv
Bayerisches Nationalmuseum
Bayerische Staatsbibliothek
Münchner Stadtmuseum
Staatliche Graphische Sammlung
München

Niederzimmern
Pfarramt Niederzimmern

Nördlingen
Stadtmuseum Nördlingen

Inhalt

TUBERKULOSE

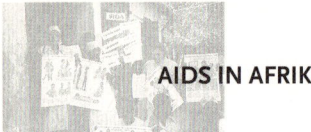

AIDS IN AFRIKA

Die großen Seuchen sind wieder da. Die Pest in Indien, Choleraepidemien in Südamerika – Krankheiten, von denen man glaubte, sie gehörten der Vergangenheit an, verbreiten wieder Angst und Schrecken und wirken als Verstärkung der Bedrohung, die seit einigen Jahren von der »neuen Seuche« AIDS ausgeht.

Vorwort

Aus einem ganz aktuellen Interesse also geht die Ausstellung »Das große Sterben. Seuchen machen Geschichte« der Frage nach, wie Menschen in der Vergangenheit mit dieser Bedrohung umgegangen sind, wie Kranke und Gesunde, Betroffene und Zeugen, Ärzte, Beamte und Politiker reagierten.

Die Ausstellung zeigt, in welch hohem Maße diese Reaktionen zunächst einmal abhängig waren vom medizinischen Wissen, wobei Unterschiede des Wissensstandes bei Laien und Fachleuten dazu führen konnten, daß Maßnahmen, die Ärzte als Schutz und Hilfe anboten, von den Laien als Bedrohung wahrgenommen wurden.

Die langwierige und nicht immer geradlinige Geschichte der Schutzimpfung gegen Pocken bietet ein anschauliches Beispiel dafür, wie die Vertreter der medizinischen Wissenschaft, in der Überzeugung, nur das Beste zu wollen, bereit waren, den ganzen Apparat staatlicher Macht zur Durchsetzung ihrer Absichten einzusetzen, und wie die Betroffenen darauf mit Spott, Verweigerung und Widerstand reagierten.

An diesem Beispiel wird deutlich sichtbar, daß die Ausstellung sich nicht auf die Medizingeschichte beschränken kann und will, sondern daß sie das ökonomische und soziale, politische und religiöse Umfeld der Epidemien in ihrer jeweiligen Epoche einbezieht. Wer, wie die meisten Menschen vom 14. bis ins 18. Jahrhundert, überzeugt war, die Pest sei eine Strafe Gottes für die Sünden der Menschheit, tat gut daran, Heilige um Hilfe anzuflehen und um Unterstützung bei der Bitte an Gott, die Strafe gnädig zu erlassen. Wer, wie viele regierende Fürsten im 19. Jahrhundert, die Bedrohung durch die Cholera mit der Bedrohung gleichsetzte, die von der politischen Revolution ausging, war schnell bereit, zur Bekämpfung der Epidemie neben medizinischen auch sozialdisziplinierende Maßnahmen zu ergreifen.

Die Ausstellung geht auch der Frage nach, wie die Bedrohung, die von epidemischen Krankheiten ausging und ausgeht, in Kunstwerken verarbeitet wurde; das Extrem ist erreicht, wenn die Tuberkulose nicht nur als Krankheit der sozialen Unterschichten, sondern zugleich als Krankheit des kreativen Künstlers, ja, als Katalysator künstlerischer Kreativität überhaupt wahrgenommen wird.

In ihrer letzten Abteilung möchte die Ausstellung neue Wege beschreiten. Nachdem das Deutsche Hygiene-Museum dem Thema AIDS bereits mehrere Ausstellungen gewidmet hat, richtet sich die Aufmerksamkeit jetzt auf AIDS in Afrika, ein Thema, über das, wie sich schnell zeigte, in Europa fast niemand etwas weiß. Wir möchten zeigen, wie intensiv, aber auch vielfältig und differenziert die Methoden sind, mit denen sich staatliche und nicht-staatliche Instanzen um AIDS-Aufklärung und Prävention bemühen. Vor allem aber möchten wir deutlich machen, wie sich im Grenzbereich von traditionaler und westlicher Medizin ein weites Feld eröffnet für die Entwicklung und Erprobung ganz neuer Verfahren.

Die Ausstellung zeigt also, wie Pest und Cholera, Pocken, Tuberkulose und AIDS auf je verschiedene Weise in den sozialen, kulturellen und wirtschaftlichen Alltag verflochten waren und sind. Sie überschreitet die Grenzen von Medizin- und Sozialgeschichte, von Religions- und Kunstgeschichte und fügt sich dadurch nahtlos in das Programm des Deutschen Hygiene-Museums als eines Museums, das den Menschen als Teil der Natur und der Gesellschaft behandeln möchte und nicht als Gegenstand einer Spezialdisziplin.

Unser besonderer Dank gilt der Firma SmithKline Beecham, die durch großzügige finanzielle Unterstützung die Ausstellung ermöglichte.

Dr. Martin Roth
Direktor des Deutschen Hygiene-Museums

Klaus Vogel, M.A.
Museums- und Ausstellungsleiter, Stellv. Direktor

9

An einem Sommertag des Jahres 1348, früh an einem Dienstagmorgen, trafen sich in der Kirche des Dominikanerkonvents Santa Maria Novella in Florenz sieben junge Damen aus der High Society der Stadt. Sie waren in die Kirche gekommen, um die Messe zu hören, ein Vorhaben, das ebenso wie die Tatsache, daß alle sieben in Trauerkleidung gehüllt waren, zumindest einen Hinweis darauf gibt, daß die Welt nicht in Ordnung war: In Florenz herrschte die Pest.

Hans Wilderotter

»Alle dachten, das Ende der Welt sei gekommen«

Vierhundert Jahre Pest in Europa

Deren Auswirkungen und Folgen werden in Andeutungen und Umrissen sichtbar in den Worten, die Pampinee an ihre Freundinnen richtete, die sich »nach vielen Seufzern« und nachdem sie aufgehört hatten, »ihr Paternoster zu beten«, miteinander unterhielten: »Meine lieben Damen, wir sitzen nicht anders da als ob wir Zeugen sein wollten, wieviel Tote man zu begraben herbringt; oder achtgeben, ob die Brüder dieses Klosters, deren Anzahl fast auf nichts geschmolzen ist, zur gesetzten Stunde ihr Amt singen. Verlassen wir diesen Ort, so sehn wir nichts als Leichen und Kranke herumschleppen. Kommen wir dann nach Hause – ich weiß nicht, ob's euch auch so geht wie mir – so finde ich von einer Menge Hausgenossen niemanden mehr als eine Magd. Da überfällt mich ein solcher Schauder, daß mir fast alle Haare zu Berge stehn: wo ich geh und steh fürchte ich mich vor den Schatten der Verstorbenen. So finde ich hier und draussen und in meinem Hause nichts als Elend ...«. Pampinee verband diese Bestandsaufnahme des Grauens mit dem Vorschlag, sich »von hier weg auf unsere nahe gelegenen Landhäuser« zu begeben, um dort abzuwarten, »welchen Ausgang der Himmel diesem Schrecken bestimmt hat«. Die anderen Damen waren sofort bereit, diesen Gedanken in die Tat umzusetzen; erweitert um drei junge Kavaliere, die in diesem Augenblick die Kirche betraten und die auf Befragen ihre Bereitschaft erklärten, sich an dem Unternehmen zu beteiligen, beschloß die Gruppe, gleich am nächsten Morgen die Stadt zu verlassen.

Der Schwarze Tod

Giovanni Boccaccio, der diese Geschichte als Ausgangspunkt und Rahmenhandlung seiner Novellensammlung »Decamerone« benutzt, verrät uns nicht, wann dieses Treffen stattgefunden hat; die Tatsache jedoch, daß Pampinee sich bei ihrem Vorschlag, der Stadt den Rücken zu kehren, auf das »Beispiel« beruft, »das schon so viele uns gegeben haben«, legt die Vermutung nahe, daß einige Wochen vergangen sind, seit Ende März die ersten Florentiner an der Pest starben. Die Bewohner der Stadt können nicht ganz unvorbereitet gewesen sein, denn die Seuche wütete bereits seit Anfang Januar in Pisa, und es ist sehr wahrscheinlich, daß Nachrichten darüber, schneller als die Krankheit selbst, längst ihren Weg ins nur etwa 70 Kilometer entfernte Florenz gefunden hatten.[1]

Die Pest war zu diesem Zeitpunkt nicht nur in Pisa, sondern auch in einigen anderen Hafenstädten des Mittelmeers ausgebrochen, und zwar im November des Vorjahres in Genua und Marseille und bereits Ende September/Anfang Oktober in Messina. Dorthin war sie, ebenso wie Ende Januar 1348 nach Venedig, auf genuesischen Schiffen gebracht worden, die im Sommer 1347 in Konstantinopel in See gestochen waren. Boccaccios Behauptung, die Pest sei aus dem Osten gekommen, ist also ebenso richtig wie unbestimmt, übertrifft in dieser Unbestimmtheit jedoch nur um weniges die Aussagen anderer Zeitgenossen, die von China und Indien sprechen und dabei wohl keine genauen Vorstellungen hatten, was sich hinter diesen Namen verbarg.[2]

Ein Zeitgenosse allerdings, Gabriele de Mussis aus Piacenza, wußte genau, fast zu genau Bescheid. In seinem »Bericht über die Krankheit oder Seuche, die im Jahre des Herrn 1348 auftrat«, erzählt der Jurist, es seien bereits im Jahre 1346 »in den Gebieten des Ostens unendlich viele Stämme der Tartaren und Sarazenen sehr rasch an einer unerklärlichen Krankheit« gestorben. In dem tartarischen Heer, das seit Sommer 1346 die Stadt Kaffa auf der Halbinsel Krim belagerte, die den Genuesen als befestigter Handels-

posten diente, sei die Seuche ausgebrochen, so
daß die Belagerung abgebrochen werden mußte.
Vor ihrem Abzug hätten die Tartaren jedoch Leichen mit Katapulten in die Stadt geschleudert.
Obwohl die Bewohner der Stadt diese Leichen
ins Wasser geworfen hätten, sei die Krankheit
ausgebrochen, und in Panik hätten sich die
Genuesen eingeschifft, auf Galeeren, die »von
noch lebenden, aber bereits mit der Seuche infizierten Seeleuten gesteuert wurden«. Einige
Schiffe seien nach Genua gefahren, andere nach
Venedig und wieder andere »in weitere Regionen
der Christenheit«.[3]
Ob die Seuche tatsächlich durch Pestleichen, die
über die Mauern katapultiert wurden, oder auf
anderem Wege
in die Stadt

1/30
Pestarzt in Schutzkleidung,
Marseille 1720. Kupferstich,
um 1720–1730

gekommen ist, kann und braucht ebensowenig
entschieden zu werden wie die Frage, ob die
genuesischen Schiffe, die von Kaffa aufbrachen,
die Krankheit direkt nach Europa brachten oder
ob sie nicht vielmehr zunächst in Konstantinopel
haltmachten, wo die Pest seit Sommer 1347 nachgewiesen ist. Die Bezugnahme auf ein singuläres
und spektakuläres Ereignis, von dem wir nicht
wissen, ob es tatsächlich stattgefunden hat, dürfte es dem Autor und seinen möglichen Lesern
auf jeden Fall erleichtert haben, das schwer oder
gar nicht Erklärliche durch scheinbare Präzision
zumindest erträglicher zu machen.
Sicher ist jedenfalls, daß die Pest wohl schon seit
dem Ende der dreißiger Jahre des 14. Jahrhunderts in Zentralasien epidemische Ausmaße
angenommen hatte, und zwar in der Umgebung
des Balchasch-Sees (Issyk-Kul), von wo sie sich in
den folgenden Jahren in östlicher Richtung nach
China, in westlicher Richtung nach Südrußland
ausbreitete, um von Serai an der Wolga aus zum
einen zwischen dem Kaspischen und dem
Schwarzen Meer hindurch über den Kaukasus
nach Mesopotamien zu wandern, zum an deren
weiter in Richtung Westen zur Halbinsel Krim.
Hier wurde dann, im Zuge der Belagerung
Kaffas durch die Truppen des Djanibek Khan,
in welcher Weise auch immer, jene Ereigniskette
in Gang gesetzt, die die Pest in die Hafenstädte
am Nordufer des Mittelmeers brachte.[4]
Von diesen Städten ausgehend verbreitete sich
die Seuche durch ganz Europa, und zwar von
Messina in Richtung Süditalien, aber auch nach
Nordafrika, und von Venedig und den Hafenstädten an der dalmatinischen Küste Richtung
Osten und Norden, wo sie in der zweiten Hälfte des Jahres 1348 die Steiermark und im März
1349 Wien erreichte; gleichzeitig zog sie über
Ungarn in Richtung Polen. Von Pisa breitete
sie sich in Norditalien aus und von Genua und
Marseille in Richtung Norden, Westen und Süd-
westen. Im Mai 1348 war Barcelona betroffen, im
Juli Bordeaux, im August Paris und am Ende des
Jahres Granada und Sevilla im Süden Spaniens
und Calais an der französischen Kanalküste. Bereits im Sommer waren die ersten Fälle in England aufgetreten; in London begann die Pest im   13

August. Seit Anfang 1349 war die Seuche aus Nordfrankreich in östlicher Richtung über den Rhein und aus Norditalien über die Schweiz nach Norden vorgedrungen und erreichte im Mai Basel, im August Frankfurt und im November Köln. Im nächsten Jahr, 1350, war sie in Hamburg, Bremen und Lübeck, in Magdeburg und in Danzig, um in den nächsten beiden Jahren weiter Richtung Nordosten zu wandern, wo in den Jahren 1352 und 1353 in Rußland die letzten Fälle dieser Epidemie bekannt wurden.

Für diesen Seuchenzug in der Mitte des 14. Jahrhunderts hat sich seit dem 17. Jahrhundert die Bezeichnung »Schwarzer Tod« durchgesetzt.[5] Die Zeitgenossen sprachen von »magna mortalitas«, dem »Großen Sterben«, womit auf anschauliche Weise die ungewöhnlich hohe Zahl der Todesopfer in den Vordergrund gerückt wird, die die Pest in diesen fünf Jahren forderte. Diese Zahl läßt sich allerdings nur schätzen, wobei sich die Schätzungen um 30 % einer ebenfalls geschätzten europäischen Gesamtbevölkerung von 60 Millionen Menschen bewegen.[6]

Die Schätzungen beruhen auf zwei Arten von Quellen, die auf je verschiedene Weise Mängel aufweisen und deshalb präzisere Aussagen unmöglich machen. Da sind zum einen die zeitgenössischen Erzählungen und Chroniken, deren Verfasser, noch ganz unter dem Schock, den die Pest mit ihren Folgen auslöste, dazu neigen, hohe Zahlen anzugeben; es ist sehr wahrscheinlich, daß es sich bei diesen Angaben auch um einen rhetorischen Kunstgriff handelt, um dem Leser das Ausmaß des Schreckens besonders eindringlich vor Augen stellen zu können. Ein gutes Beispiel bietet Boccaccios Bemerkung, daß in Florenz »über einhunderttausend Menschen, wie man glaubt ... sicher aus dem Leben gerafft worden sind, wo man doch vor dem todbringenden Ereignis geglaubt hatte, daß so viele überhaupt nicht in der Stadt lebten«. In dieser Aussage ist nicht nur die Zahl der Todesfälle weit überhöht, sondern zugleich ein Hinweis darauf gegeben, daß bei solchen Zahlenangaben neben der Rhetorik auch die schlichte Tatsache eine Rolle spielte, daß man keine genauen Zahlen hatte, da von einer systematischen Erfassung und Dokumentation der Bevölkerungszahlen gar keine Rede sein konnte.

Wegen dieses Mangels sind die Historiker, zum anderen, auf Taufregister und Steuerlisten, Notariatsakten, Sitzungsprotokolle, Testamente und ähnliche Zeugnisse angewiesen, deren Bestand und Überlieferung außerordentlich lückenhaft sind und die keineswegs gesicherte Verallgemeinerungen erlauben. In der Regel geben diese Schriftstücke Auskunft über Amtsträger oder die Mitglieder bestimmter Status- und Berufsgruppen, bieten also keine Möglichkeit zu Rückschlüssen auf die Gesamtbevölkerung, da insbesondere die Unterschichten überhaupt nicht erfaßt sind und da Angaben über schichten- und berufsspezifische Sterblichkeitsraten ebenfalls fehlen. So wissen wir zum Beispiel, daß in Lübeck 25 % der Hausbesitzer und 35 % der Ratsherren starben, in Perpignan 58 bis 68 % der Schreiber und Notare und daß in Albi die Zahl der Familienoberhäupter zwischen 1343 und 1357 von 2.669 auf 1.200, also um 55 % zurückging; in diesem letzten Fall konnte allerdings nachgewiesen werden, daß 62 % der Bewohner der Armenviertel starben, aber nur 21 % der Bewohner der ›besseren‹ Stadtviertel. Keine dieser Zahlen sagt etwas aus über die Todesursachen. Man wird also, ungeachtet der gewiß großen lokalen und regionalen Differenzen, bei der Schätzung von 30 % bleiben können, was bedeuten würde, daß der Schwarze Tod etwa 18 Millionen Menschenleben forderte.

Dieser erhebliche Bevölkerungsverlust konnte nicht ohne wirtschaftliche und soziale Folgen bleiben, die hier in ihren Grundzügen skizziert werden sollen.[7] Die Pest hatte zunächst Auswirkungen auf die Versorgung der Städte mit Lebensmitteln, da Krankheit und Tod nicht nur eine Reduktion der Zahl der zur Verfügung stehenden Arbeitskräfte nach sich zog, sondern zugleich eine Situation lähmender Angst schuf, in der auch die Gesunden nicht an die Fortsetzung ihrer täglichen Arbeitsroutine dachten. Diese Verknappung des Angebots an Lebensmitteln führte zu einer vorübergehenden Steigerung der Preise, die nach dem Ende der Epidemie jedoch meist erheblich unter den Stand der Zeit vor der Epidemie fielen. Zwar war die Zahl der Produzenten ebenso gesunken wie die Zahl der Konsumenten, so daß im Normalfall das Verhältnis von Angebot und Nachfrage ausgeglichen und die Preise stabil geblieben wären; die Anpassung des Umfangs der landwirtschaftlichen Produktion an den Rückgang des Arbeitskräftepotentials und die gesunkene Nachfrage erfolgte jedoch in einem Prozeß, in dessen Verlauf die wenig ertragreichen Ackerflächen aufgegeben und die ertragreichen beibehalten wurden. Die damit gestiegene Durchschnittsproduktivität der Landwirtschaft führte zu einem Überangebot landwirtschaftlicher Erzeugnisse und, in dessen Folge, zum Preisverfall.

Diese Überproduktionskrise wäre im Normalfall durch die Anpassung der Produktion an die verringerte Nachfrage gelöst worden, das heißt durch die freiwillige oder erzwungene Aufgabe unrentabler Betriebe. Tatsächlich jedoch wurde die Überproduktionskrise bis zum Ende des folgenden Jahrhunderts zum Dauerzustand. Für diesen Vorgang wurde eine plausible Erklärung vorgeschlagen, die zwar schwer überprüfbar ist, da sie persönliche Motive, die sich nicht schriftlich niedergeschlagen haben, ins Spiel bringt, aber den Vorteil hat, daß sie den auf den Schwarzen Tod folgenden Epidemien Rechnung trägt, die seit Mitte des 14. Jahrhunderts Städte und Regionen Europas in regelmäßigen Abständen von etwa zehn Jahren heimsuchten.[8] Diese Epidemien, so die Argumentation, hätten, obwohl ihre Sterblichkeitsrate mit 10 bis 15 % weit unter der des Schwarzen Todes lag, hinsichtlich der Preisbildung die gleiche Verlaufsform gezeigt. Die anfänglich kurzfristig außerordentlich hohen Preise für landwirtschaftliche Produkte hätten den Besitzern unrentabler Betriebe immer wieder nicht nur die Möglichkeit gegeben, die folgende Phase sinkender Agrarpreise zu überbrücken, sondern auch der Tendenz Vorschub geleistet, die Entscheidung zur Aufgabe des eigentlich unrentablen Betriebs immer wieder zu vertagen.

Anders verlief die Entwicklung in den Städten, wo es durch die Konzentration zahlreicher Erbschaften in relativ wenigen Händen zur Bildung großer Vermögen kam, ein Prozeß, der erheblich zur Steigerung der Nachfrage nach gewerblichen Produkten beitrug. Dieser Nachfrage stand ein durch den Tod zahlreicher Vertreter qualifizierter Handwerksberufe beschränktes Angebot gegenüber, wodurch nicht nur die Preise in die Höhe getrieben wurden, sondern auch die Löhne der Handwerker.

Die Historiker sind sich in den Grundzügen über diese Vorgänge einig, auch wenn sie deren Auswirkungen auf die Wirtschafts- und Sozialgeschichte verschieden bewerten. Einander widersprechende Antworten hat jedoch die Frage nach der Veränderung der wirtschaftlichen Situation ganzer Berufsgruppen gefunden. Darüber, daß Bauern und Grundbesitzer angesichts fallender Agrarpreise erhebliche Einkommenseinbußen hinnehmen mußten, herrscht Einigkeit; der These jedoch, auch die Löhne der Landarbeiter hätten eine außerordentliche Steigerung erfahren, wird widersprochen mit der Gegenthese, deren wirtschaftliche Situation habe sich nicht verbessert, sondern womöglich noch verschlechtert.[9]

Die Vertreter der Steigerungsthese tragen die Behauptung vor, der sterblichkeitsbedingte Bevölkerungsverlust sei auf dem Land durch eine erhebliche Landflucht noch vergrößert worden, so daß hier, wie bei den Handwerkern in der Stadt, ein Arbeitskräftemangel es den Landarbeitern erlaubt habe, wesentlich höhere Löhne zu fordern; den Bauern sei es möglich gewesen, ihr Land von den Grundherren unter wesentlich besseren Bedingungen als zuvor zu übernehmen. Daß beide Gruppen mit ihren Forderungen einen gewissen Erfolg hätten verbuchen können, gehe aus den zahlreichen landesherrlichen Verordnungen hervor, die seit 1350 erlassen wurden und in denen mit der Begründung, alle wollten nur noch für höhere Löhne arbeiten, so daß der Boden unbestellt bleibe, Höchstlöhne festgesetzt wurden, die das Lohnniveau der Zeit vor dem Schwarzen Tod nicht übersteigen sollten; den Bauern wurde der Abzug verboten, um zu verhindern, daß sie bei einem anderen Grundherren nach besseren Bedingungen suchten.[10]

Die Vertreter der Gegenthese nehmen die Behauptung zum Ausgangspunkt, es habe vor dem

Schwarzen Tod einen erheblichen Bevölkerungsüberschuß auf dem Lande gegeben, der zwar durch die Pest abgebaut worden, wegen der Verminderung der landwirtschaftlichen Anbaufläche aber immer noch vorhanden gewesen sei, so daß von einem Arbeitskräftemangel keine Rede sein könne. Die Klagen über hohe Löhne in den landesherrlichen Verordnungen seien so zu verstehen, daß diese Löhne eben für diejenigen, von denen sie gefordert wurden, zu hoch gewesen seien, also den Bauern und Grundbesitzern, deren Zahlungsfähigkeit durch den Agrarpreisverfall erheblich eingeschränkt worden sei.[11]

Ich kann diese Kontroverse hier nicht weiter verfolgen oder gar entscheiden; es ist sogar sehr wahrscheinlich, daß sie sich angesichts des Mangels präziser Quellen auch von den Fachleuten nicht entscheiden läßt. Auf jeden Fall jedoch wird deutlich, daß Epidemien wie der Schwarze Tod erhebliche Auswirkungen auf Wirtschafts und Sozialstrukturen besitzen.

Diese Erkenntnisse ergeben sich selbstverständlich nur aus großem zeitlichem Abstand und gewissermaßen aus der Vogelperspektive. Zwar werden sie durch die Beobachtungen der Zeitgenossen bestätigt; sie sind aber kaum geeignet, den Schrecken und das Entsetzen wiederzugeben, von denen die Zeugen und möglichen Opfer erfaßt wurden und von denen zahlreiche Berichte der Überlebenden Zeugnis ablegen.

Im Zentrum dieser Berichte steht die Klage über den Zerfall der bürgerlichen Ordnung bis hin zu einem Zustand der Gesetzlosigkeit. Am eindringlichsten ist die Beschreibung Boccaccios, der erzählt, es habe in Florenz nicht wenige gegeben, die »versicherten, die sicherste Medizin bei einem solchen Übel sei reichlich zu trinken, zu genießen, singend und scherzend umherzuziehen, jeglicher Begierde, wo es nur möglich sei, zu genügen, und über das, was kommen werde, zu lachen und zu spotten. Und so wie sie es sagten, verhielten sie sich auch, soweit es ihnen möglich war. Sie gingen bei Tag und bei Nacht bald in diese, bald in jene Schänke, um haltlos und ohne Maß zu trinken, viel lieber aber in fremde Häuser, wenn sie dort nur Dinge bemerkten, die ihnen zur Lust gelegen kamen.

(...) Bei einer so schrecklichen und elenden Verfassung unserer Stadt war das ehrwürdige Ansehen der Gesetze, der göttlichen und der menschlichen, fast völlig gesunken und vernichtet, weil ihre Verweser und Vollstrecker wie die anderen tot oder krank waren und es ihnen an Gehilfen mangelte, eine Amtshandlung vorzunehmen.«[12]

Sieht man davon ab, daß das exzessive Verhalten einiger Mitbürger Boccaccios fast so aussieht, als hätten sie sich an den Rat der Ärzte gehalten, die Freude und Heiterkeit als Prophylaktikum empfahlen, da Angst und Schrecken besonders empfänglich machten für die Pest, und als hätten sie dabei eben nur überzogen, dann bleibt das Bild einer Stadt, deren Bürger schutzlos kriminellen Machenschaften ausgeliefert sind. Es ist unmöglich, diese Angaben zu überprüfen. Aus anderen norditalienischen Städten wie Siena und Orvieto wissen wir allerdings, daß trotz erheblicher mittel- und langfristiger wirtschaftlicher, sozialer und politischer Folgen des Schwarzen Todes während der entscheidenden Monate im Sommer des Jahres 1348 die administrativen Prozesse mit einer erstaunlichen Kontinuität abgelaufen zu sein scheinen und oft nur in einigen Bereichen und wenige Wochen wirklich unterbrochen waren.[13] Ob dies auch für Florenz gilt und ob das Bild, das Boccaccio mit kräftigen Strichen zeichnet, gerechtfertigt ist, wissen wir nicht.

Fast wichtiger noch als die Störung der gesetzlichen Ordnung scheint fast allen Berichterstattern die Auflösung dessen zu sein, was man die für vormoderne Gesellschaften charakteristische Kleingruppensolidarität nennen könnte, deren wichtigste die innerfamiliären, aber auch nachbarschaftliche Beziehungen waren: »Wir wollen nicht erwähnen«, schreibt Boccaccio, »daß ein Bürger dem anderen aus dem Weg ging und sich fast niemand um seinen Nachbarn kümmerte und die Verwandten einander nur selten oder nie und dann nur von ferne sahen. Durch diese Heimsuchung hatte die Herzen der Männer und Frauen eine solche Angst befallen, daß ein Bruder den anderen verließ, der Onkel den Neffen, die Schwester den Bruder und, oft, die Frau ihren Mann, und, was mehr wiegt und fast un glaublich ist, Väter und Mütter scheuten sich, zu ihren Kindern zu gehen und sie zu pflegen, als ob sie nicht die ihren gewesen wären.«[14]

In der Wortwahl fast identische Klagen finden sich in zahlreichen Berichten anderer Zeitgenossen sowohl aus Florenz als auch aus Messina, Siena und anderen Städten.[15] Überraschend jedoch ist die Tatsache, daß die gleichen Chronisten oft nur wenige Zeilen später mit Entsetzen feststellen, wie gefährlich der Umgang mit den Kranken sei; daraus ergibt sich ein Widerspruch, der sich nur hätte auflösen lassen können, wenn man bereit gewesen wäre, das kritisierte Verhalten zwar als unchristlich, aus der Sicht der Selbsterhaltung aber als vernünftig darzustellen und dies umso mehr, als es wohl genügend Beispiele gab für ein Verhalten, bei dem die Handelnden eher bereit waren sich selbst zu gefährden, als das Prinzip der Nächstenliebe nicht zu befolgen.[16] »Diese Pest«, heißt es bei Boccaccio, dessen Text hier, wie auch sonst, als Beispiel genügen muß, »war deshalb so gewaltig, weil sie, wenn die Menschen miteinander verkehrten, von solchen, die bereits erkrankt waren, auf Gesunde übergriff, nicht anders als es das Feuer mit trockenen und fetten Dingen tut, wenn sie in seine Nähe gebracht werden. Und es kam noch schlimmer: Denn nicht nur das Sprechen oder der Umgang mit den Kranken infizierte die Gesunden mit der Krankheit und dem Keim des gemeinsamen Todes, sondern es zeigte sich, daß allein die Berührung der Kleider oder eines anderen Gegenstandes, den die Kranken angefaßt oder gebraucht hatten, den Berührenden mit dieser Seuche ansteckte.«[17] Andere gehen noch weiter und erklären, daß selbst durch Blickkontakt die Krankheit übertragen werden könne.[18]

Diese Behauptung stellte auch Guy de Chauliac auf, ein Leibarzt des Papstes Clemens VI., der Zeuge der Pest in Avignon wurde. Chauliac hat eine sehr genaue Beschreibung der Symptome und Verlaufsformen der beiden wichtigsten Formen der Pest gegeben: »Das große Sterben begann im Januar und dauerte sieben Monate. Man konnte zwei Krankheitsformen unterscheiden. Die erste zeigte sich in den ersten beiden Monaten mit anhaltendem Fieber und blutigem Auswurf. Alle starben innerhalb von drei Tagen. Die zweite Form ging ebenfalls mit ständigem Fieber einher, zeigte aber auch Geschwüre und Beulen auf der Körperoberfläche, zumal in der Achsel- und Leistengegend. Diese Kranken starben innerhalb von fünf Tagen. Diese Krankheit war so ansteckend, besonders die Form mit dem blutigen Auswurf, daß nicht nur ein Verweilen bei dem Kranken, sondern ein bloßer Blick schon zur Ansteckung genügte.«[19]

Wir wissen heute, daß von einer Ansteckung durch Blickkontakt nicht die Rede sein kann. Chauliacs Beschreibung entspricht im übrigen jedoch den Tatsachen. Er unterscheidet richtig zwischen der Bubonenpest, bei der eine beulenförmige Schwellung der Lymphdrüsen auftritt und die innerhalb von drei bis fünf Tagen zum Tod führt, und der Lungenpest, die mit blutigem Sputum einhergeht und schon nach ein bis drei Tagen zum Tod führt. Während bei der Bubonenpest etwa 70 % der Erkrankten sterben, beträgt die Letalität bei der Lungenpest 100 %.[20]

Daß der foudroyante Verlauf der Krankheit und die hohe Mortalität der Epidemie die Menschen des 14. Jahrhunderts mit Angst und Schrecken erfüllte, ist leicht nachvollziehbar. Die allgemeinen Empfindungen sind wohl am besten zusammengefaßt und auf eine Formel gebracht in dem Satz Agnolo di Turas, eines Chronisten aus Siena: »Alle dachten, das Ende der Welt sei gekommen.«[21]

Judenmord und Geißlerzug

Damit ist ein Gefühl beschrieben, das wohl nicht nur diejenigen ergriff, die Zeuge der Pest waren, sondern auch alle, zu denen die Nachrichten vom Großen Sterben drangen, die der Krankheit selbst weit vorauseilten und bald in ganz Europa verbreitet waren. Mit diesen Nachrichten kam das Gerücht, die Seuche sei die Folge vergifteter Quellen und Brunnen, und diese Quellen und Brunnen seien von Juden vergiftet worden, die den Christen schaden, wenn nicht gar sie ausrotten wollten. Dieses Gerücht war in einigen Städten Südfrankreichs und Nordspaniens entstan-

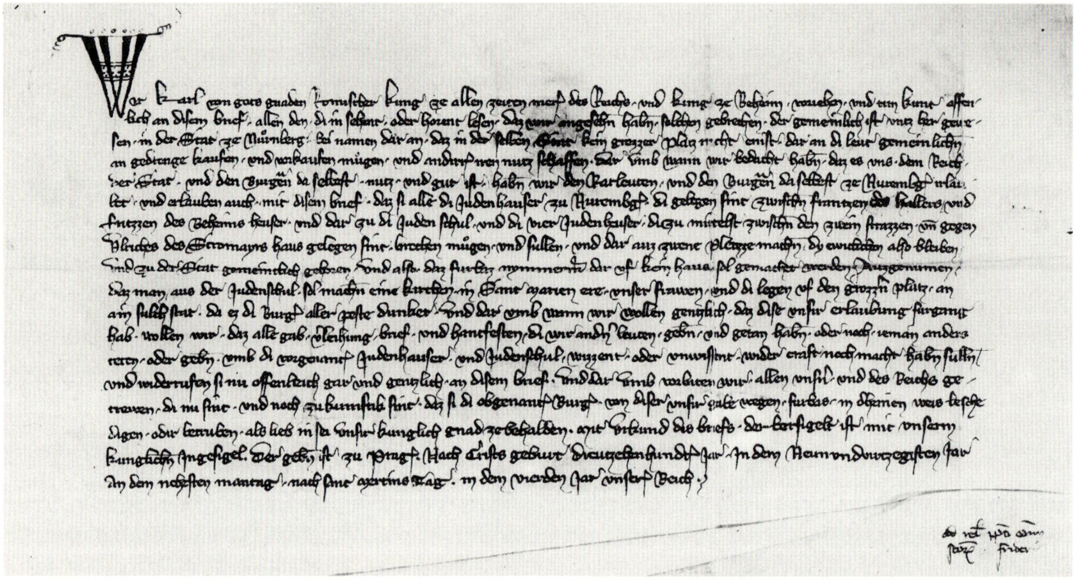

1/3

*Marktprivileg Karls IV.
für die Reichsstadt Nürnberg
vom 16. November 1349.
Pergament*

den, wo im Sommer des Jahres
1348 Juden umgebracht worden waren, nachdem sie zuvor
unter der Folter ausgesagt hatten, im Rahmen einer weltweiten jüdischen Verschwörung
mit Gift gefüllte Leder- oder Leinensäckchen in
Quellen und Brunnen geworfen zu haben.[22]
Im Herbst wurden in Savoyen, vor allem im Ein-
zugsgebiet des Genfer Sees, zahlreiche Juden mit
dem Vorwurf der Brunnenvergiftung vor Gericht
gezogen und nach auf der Folter erpreßten Ge-
ständnissen ermordet. Von hier aus erhielt das
Gerücht Eingang in den Schriftwechsel zwischen
den Behörden zahlreicher Städte im Elsaß und
am Rhein und damit fast amtlichen Charakter;
ja, es wurde auf diesem Weg noch erheblich verstärkt, wenn nicht gelegentlich sogar weiter verbreitet. Im Januar und Februar 1349 jedenfalls
kam es in Freiburg und Konstanz, in Basel und
Straßburg zur Ermordung der meisten jüdischen Einwohner der Stadt, ohne daß jedesmal
versucht worden wäre, mit einem Gerichtsver-
fahren wenigstens den Schein der Legalität zu
erwecken.
Die Pogrome blieben natürlich nicht auf diese
vier Städte und nicht auf das Gebiet am Ober-
rhein beschränkt. Wir wissen, daß in fast ein-
hundert Städten in Süddeutschland, den Rhein

hinunter bis in die Niederlande, in Franken,
Thüringen und Sachsen die Mitglieder der jüdischen Gemeinden umgebracht wurden, Mordaktionen, deren Ausmaße so groß waren, daß
Historiker von »der schwersten Katastrophe des
mitteleuropäischen Judentums vor der national-
sozialistischen ›Endlösung‹« sprechen.[23]
Entscheidend ist allerdings, daß alle diese Pogrome der Pest oft um Monate vorausgingen; nach
Nürnberg gar, wo im Dezember 1349 ein Pogrom
stattfand, kam die Pest während des Schwarzen
Todes überhaupt nicht. Die Judenpogrome des
Jahres 1349 stehen also in einem engen Zusammenhang nicht mit der Pest, sondern mit der
Angst vor der Pest und waren zu diesem Zeitpunkt und in diesem Ausmaß wohl nur denkbar
in einer von schrecklichen Nachrichten erzeug-
ten und von unsinnigen Gerüchten angeheizten
Atmosphäre der Furcht und des Schreckens. Der
Verlauf der Mordaktionen allerdings ist kaum
geeignet, die Vermutung zu bestätigen, es habe
sich um die spontane Reaktion einer nicht in
Angst erstarrten, sondern aggressiven Bevölkerung gegen eine Minderheit gehandelt, der die
Rolle des ›Sündenbocks‹ zudiktiert wurde. Fast
in allen Fällen nämlich lassen sich Planung und
Organisation erkennen, was zusammen mit der
Tatsache, daß es in den Jahren und Jahrzehnten
zuvor wiederholt zu Pogromen gekommen war,

die Vermutung nahelegt, daß die Angst vor der Pest zur Erklärung der Judenmorde nicht ausreicht.

Es müssen also noch andere Gründe vorliegen, und sie sind vermutlich im ökonomischen Bereich zu suchen. Bereits Zeitgenossen haben bemerkt, daß das ›Gift‹, das die Juden umbrachte, ihr Vermögen gewesen sei, wie der Straßburger Chronist Fritsche Closener nach der Schilderung des dortigen Pogroms festhielt. Im Anschluß daran ist die These vertreten worden, die Pogrome seien der erfolgreiche Versuch gewesen, lästige Gläubiger loszuwerden, eine Behauptung, die durch die Tatsache bestätigt wird, daß es im Gefolge zahlreicher Pogrome zum Schuldenerlaß kam. Andererseits gibt es genügend Beispiele, in denen die Ansprüche der ermordeten jüdischen Gläubiger auf die Mörder übergingen.

Man wird deshalb einen ökonomischen Bereich in Betracht ziehen müssen, der eng mit dem rechtlichen Status der jüdischen Einwohner der Städte im Reich zusammenhängt, die, zumindest der Theorie nach, mit Leib und Vermögen Eigentum des Königs waren; der Praxis nach waren diese Eigentumsrechte, das sogenannte Judenregal, häufig in den Händen anderer Stadt- und Territorialherren oder der Städte selbst. Wer diese Rechte innehatte, hat auf jeden Fall durch oft exzessive Steuerabgabenforderungen gut verdient.

Die Vorgeschichte und Geschichte des Pogroms in Nürnberg bietet ein gutes Beispiel dafür, daß dieser Rechtsstatus, überlagert durch reichspolitische Probleme und innerstädtische Rivalitäten, letale Folgen haben konnte. In Nürnberg war im Juni 1348 nach Auseinandersetzungen zwischen den führenden Familien der Stadt ein neuer Rat zur Herrschaft gelangt, der, anders als der abgesetzte Rat, im Thronfolgestreit zwischen Wittelsbachern und Luxemburgern die Partei der Wittelsbacher ergriff. Nachdem der luxemburgische Prätendent Karl IV. im Mai des folgenden Jahres seinen wittelsbachischen Konkurrenten zum Verzicht hatte zwingen können, war die Position des pro-wittelsbachischen Rates nicht mehr lange zu halten; am 1. Oktober wurde, in Anwesenheit des Königs und mit dessen Hilfe, der alte

Rat wieder eingesetzt. Bereits in den Monaten zuvor hatte Karl IV. seine Ansprüche auf Steuerleistungen der Nürnberger Juden an verschiedene Herren verpfändet oder verliehen, im Juni an den Bischof von Bamberg und den Burggrafen zu Nürnberg, die ihn in den Auseinandersetzungen um die Thronfolge finanziell unterstützt hatten. Im gleichen Monat versprach er dem Markgrafen Ludwig von Brandenburg drei der besten Judenhäuser in der Stadt, »wann die Juden da selbes nu nehst werden geslagen«. Ähnliche Formeln finden sich bereits in den vorhergehenden Urkunden, in denen als Ersatz für den durch die mögliche Ermordung der Juden eintretenden Verlust der Steuereinnahmen das Erbe von Häusern und Gütern jüdischer Einwohner Nürnbergs zugesagt wurde.

Bereits am 2. Oktober versprach der König bei der Verleihung verschiedener Privilegien dem Stadtrat Straffreiheit für den Fall, daß die Nürnberger Juden »beschedigt wurden«. Am 16. November schließlich erwirkte der Nürnberger Rat beim König in Prag, unter Widerruf früherer Verleihungen und gewissermaßen im erneuten Vorgriff auf die Ermordung der Nürnberger Juden, eine Urkunde über das Recht auf Abbruch mehrerer Judenhäuser und der Synagoge, um an ihrer Stelle zwei städtische Plätze und eine Kirche zu errichten. [1/3] Wenige Tage nach der Rückkehr der städtischen Abgesandten aus Prag fand am 5. Dezember 1349 in Nürnberg das Pogrom statt, bei dem 562 Juden ermordet wurden. Ohne Zusammenhang mit diesen politischen Konflikten ist die Urkunde, mit der Herzog Stephan II. von Niederbayern im Februar 1349 die Landshuter Juden gegen 600 Gulden an Albrecht von Staudach verpfändete. [1/4] Die Tatsache, daß in der Urkunde nicht von Steuereinnahmen, sondern vom Verkauf jüdischen Eigentums die Rede ist, macht deutlich sichtbar, daß von Anfang an die Ermordung der Landshuter Juden vorgesehen war, die dann kurze Zeit nach der Ausstellung der Urkunde auch stattgefunden hat.

Wenige Wochen oder Monate nach den Pogromen, in der Regel jedoch noch vor der Pest, kamen in vielen Städten Gruppen bußfertiger

19

Laien an, die nach dem spektakulärsten Zug ihrer religiösen Praktiken als Geißler bezeichnet werden.[24] In Kutten gehüllt, die Mönchsgewändern ähnelten, vollzogen die Teilnehmer dieser zu Massenzügen anschwellenden Scharen öffentliche Bußübungen, deren blutiger Höhepunkt Selbstgeißelungen waren. Diese Form des Rituals war nicht neu, aber wohl nie zuvor so exzessiv geübt worden. Dahinter stand der Gedanke, daß Gott mit der Pest die Menschen für ihre Sünden bestrafen wollte und daß die einzige Rettung in besonders intensiver Reue bestünde.

Dieser Gedanke dürfte den Zeitgenossen nicht fremd gewesen sein, und so verwundert es keineswegs, daß die Geißler, die seit dem Frühjahr 1349, wohl aus Österreich kommend, unterwegs waren, zunächst mit offenen Armen empfangen wurden, wobei sich immer mehr Menschen dem Zug anschlossen und immer weitere Züge sich bildeten. Immerhin vertraten sie die einzige Pesttheorie, die jedem Laien sofort eingeleuchtet haben wird, und sie taten das in den Augen dieser Laien einzig Richtige, indem sie Buße übten. Es sieht jedoch so aus, als ob schon nach kurzer Zeit die durch die Ankunft der Geißler in den Städten und durch den Vollzug ihrer ekstatischen Rituale erzeugte Ausnahmesituation günstige Bedingungen für ihre partielle Kriminalisierung geboten hätten; bereits im Herbst blieben ihnen immer mehr Stadttore verschlossen.

Die Tatsache jedoch, daß die Geißler in Habitus und Kleidung, im Auftreten und Verhalten das Bußmonopol der Amtskirche in Frage zu stellen schienen, trug erheblich dazu bei, daß die Bewegung bereits zum Ende des Jahres 1349 von der Bildfläche verschwand. Der Klerus scheint die Geißler von Anfang an bekämpft zu haben, wobei die Bischöfe sich nicht scheuten, in diesem Kampf die Hilfe der weltlichen Gewalten in Anspruch zu nehmen. Sie wurden dazu direkt aufgefordert durch Papst Clemens VI., der die Geißlerbewegung am 20. Oktober 1349 in einer Bulle verurteilte. In dieser Verurteilung spielt neben anderen Anklagen der Vorwurf eine Rolle, die Geißler riefen zum Mord an den Juden auf, eine Behauptung, für die sich offenbar kein Beleg finden läßt und die schon angesichts der Chronologie der Ereignisse wenig plausibel ist. In Nürnberg, wo die Geißler Monate vor dem Pogrom waren, sind dessen Ursachen jedenfalls genau bekannt.

Natürlich hat der Papst den Vorwurf antijüdischer Umtriebe der Geißler in die Bulle aufgenommen, um deren Sündenregister so lang wie möglich zu machen. Einige Zeitgenossen jedoch und spätere Chronisten haben diesen Vorwurf wiederholt und durch diese Wiederholung denjenigen eine Entlastungsstrategie bereitgestellt, die schuld sind an der Ermordung der meisten Juden Mitteleuropas in der Zeit des Schwarzen Todes.

Theorie, Therapie und Prophylaxe

Während die meisten Menschen ebenso wie die Flagellanten die Pest als Strafe Gottes für die Sünden der Menschen interpretierten, behaupteten diejenigen, die das Gerücht von der Brunnenvergiftung in die Welt setzten, den artifiziellen Charakter der Krankheit; zwischen diesen beiden Extremen Gott und Gift eröffnete sich ein breiter Raum für die Formulierung medizinischer Theorien über die Entstehung der Seuche. Eine der ersten Stellungnahmen findet sich in dem Gutachten, das die Magister der medizinischen Fakultät der Universität Paris im Oktober 1348 auf die Bitte König Phillips VI. von Frankreich vorlegten, ein Text, den Karl Sudhoff »eines der allerwichtigsten, wenn nicht das allerwichtigste Dokument zum Schwarzen Tod« nannte.[25] Dieser Text hat sich in einer ganzen Reihe von Abschriften aus dem 14. Jahrhundert erhalten, von denen allein drei in der Wissenschaftlichen Allgemeinbibliothek der Stadt Erfurt aufbewahrt werden. **[1/5]**

Die Pariser Magister führen die Pest auf eine Konjunktion der drei oberen Planeten Saturn, Jupiter und Mars am 20. März 1345 zurück. Diese Begründung erhält ihren Sinn im Rahmen der Humoralpathologie, die auf antike Anfänge zurückgeht und seit den Theorien Galens im zweiten Jahrhundert nach Christus ihre für das Mit-

telalter gültige Formulierung erfahren hatte.[26]
Im Zusammenhang der Erklärung der Pest ist
vor allem die Tatsache von Bedeutung, daß die
Humoralpathologie von den vier ›Primärqualitäten‹ heiß, kalt, feucht und trocken ausgeht, die
sie den ebenfalls vier Körpersäften (humores)
zuordnet, und zwar so, daß jedem zwei Qualitäten entsprechen: Blut ist feucht und heiß, gelbe
Galle ist trocken und heiß, schwarze Galle ist kalt
und trocken und Schleim ist kalt und feucht.

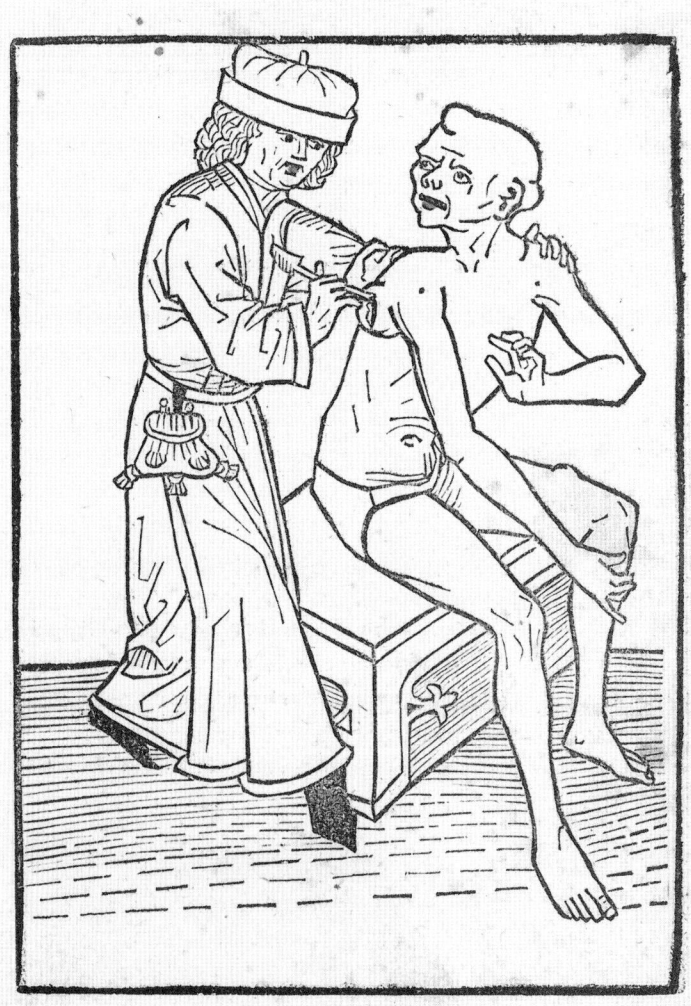

1/20

*Arzt bei der Incision von
Bubonen. Rubrizierter Holzschnitt in H. Folz: »Item ein
fast koestlicher spruch
von der pestilencz ...«, 1482*

Diese Kombinationen von je
zwei Primärqualitäten werden
andererseits, nach dem Modell
der Analogie von Mikrokosmos
und Makrokosmos, den Planeten zugeordnet: Jupiter ist
feucht und heiß, Mars ist trok-
ken und heiß, Saturn ist kalt
und trocken und der Mond ist kalt und feucht.
Die große Konjunktion vom 20. März 1345, insbesondere der feuchte und heiße Jupiter in Beziehung zu Mars, der zwar trocken, aber ebenfalls heiß ist, habe von der Erde und dem Wasser
üble Dämpfe aufsteigen lassen, die die Luft verdorben hätten. Diese verdorbene Luft, das Miasma, gelange durch die Atmung, aber auch durch
die Poren, in den Körper, wo sie die feuchte Umgebung des Herzens, dem, wie dem Blut, die
Qualitäten feucht und heiß zugeordnet sind, fau-
len lasse, wodurch die Pesterkrankung entstehe.
Dieses in sich logische System, das noch mit
einer Reihe Zusatzannahmen arbeitet, die auf-
zuzählen hier zu weit gehen würde, bot die Antwort auf zwei drängende Fragen. Zum einen die
Frage, warum so viele Menschen gleichzeitig erkrankten, worauf die Theorie von der verdorbe-
nen Luft, die alle atmen, eine plausible Antwort
bot. Zum anderen die Frage, warum dann nicht
alle erkrankten, die mit der individuellen Disposition der Säftemischung beantwortet werden
konnte. Diejenigen, bei denen das warme und
feuchte Element überwog, waren besonders gefährdet.
Deshalb konzentrierten sich die prophylaktischen Vorschläge auf diätetische Vorschriften
und Verhaltensmaßregeln, die vor allem darauf
zielten, durch ausgewogene Ernährung keine

Fehlmischung entstehen zu lassen, durch mäßige körperliche Bewegung jede Anstrengung zu
vermeiden und z.B. durch den Verzicht auf das
Bad nicht unnötig die Poren zu öffnen, durch die
das Miasma in den Körper eindringen könne.
Darüber hinaus gelte es, den richtigen Wohnort
zu wählen.
Am allerbesten aber sei die Flucht. Dieses bereits
von Hippokrates bei Epidemien empfohlene Mittel, nämlich sofort zu fliehen, und zwar möglichst weit weg, und so spät wie möglich zurück-
zukommen, empfehlen auch die Pariser Magister und im Laufe der nächsten Jahrhunderte die
Verfasser zahlreicher Pestregimina.[27] So heißt es
in Heinrich Steinhöwels »Buchlein der Ordnung« **[1/11]**, daß die Flucht aus der verpesteten

21

Gegend das Beste sei: »Flüch bald, flüch ferr, kom spät herwieder, dann fürwar das sind drei nüzere Krüter.« Hans Folz reimt in »Item ein fast koestlicher spruch von der pestilentz« **[1/20]**: »fleuch pald, fleuch ferr, kum wieder spot! / das sind drei krewter in der not / für all apptecken und doctor.« Dieser Ratschlag wurde immer wieder von denen befolgt, die es sich leisten konnten. So flohen im August 1562 Angehörige des Rats der Stadt Nürnberg und andere reiche Bürger kurz vor dem Höhepunkt einer Pestepidemie mit Familie und Personal nach Nördlingen, wo sie bis zum Beginn des folgenden Jahres als Gäste wohlhabender Familien weilten.[28] Vor ihrer Rückkehr machten die Nürnberger einen runden Holzschild, auf dem die Namen und Wappen von 31 Patrizierfamilien aus Nürnberg verzeichnet sind, den Nördlingern zum Geschenk als Schmuck für die

1/27
Darstellung einer Theriak-zubereitung. In H. Brunschwig: »Das buch zu destillieren die zusamen gethonen ding«, Straßburg 1519

1/34
Trinkstubenschild der 1562 vor der Pest nach Nördlingen geflüchteten Nürnberger Patrizier. Tempera/Holz

Ratstrinkstube. **[1/34]** Die Flucht, die ja auch Boccaccio seine zehn jungen Florentiner ergreifen läßt und die, wie wir erfahren, vor ihnen schon viele ergriffen hatten, war wohl mehr noch als Krankheit und Tod ein Problem für die geregelte Fortsetzung der Verwaltung, da die führen-

den Mitglieder der Räte und Magistrate, die in der Regel den Schichten angehörten, die die mit einer Flucht verbundenen Kosten aufbringen konnten, der Stadt den Rücken kehrten und damit ein bürokratisches Vakuum zurückließen. Wer sich die Flucht nicht leisten konnte, und das war ohne Zweifel die Mehrheit, hatte die Möglichkeit, durch das Verbrennen von Kräuter- und Gewürzmischungen gegen das Miasma vorzugehen, wozu eigene Räucherpfannen entwickelt wurden. **[1/24]** Darüber hinaus bieten die Pariser

Magister für den Kampf gegen das Miasma zahlreiche Rezepte zur Herstellung von Riechäpfeln, Mischungen von Duftstoffen, die mit Hilfe von Pasten in Kugelform gebracht wurden und die man mit sich tragen sollte, um daran zu riechen. Diejenigen, die es sich leisten konnten, benutzten dafür kostbare und kunstvoll gearbeitete Gehäuse, die am Gürtel oder mit einer Kette am Fingerring befestigt waren. **[1/25]** Als Antidotium schließlich, als Gegengift, galt das Theriak als besonders wirkungsvoll, eine komplizierte Mischung aus Opiaten und Schlangengiften, getrocknetem Krötenpulver und vielem anderem. **[1/27]**

Das ›Pariser Pestgutachten‹, in dem alle wesentlichen Elemente der medizinischen Pesttheorie, Pestprophylaxe und Pesttherapie bereits versammelt sind, hat seine Wirksamkeit nicht nur über zahlreiche Abschriften entfaltet, sondern vor allem durch volkssprachliche Übersetzungen, die jedoch meist auf die erste Summe verzichteten und sich auf die zweite Summe mit ihren Hinweisen zu Prophylaxe und Therapie konzentrierten, wobei nicht selten Umarbeitungen vorgenommen wurden. Diese Übersetzungen und Bearbeitungen wandten sich an einen der lateinischen Sprache nicht mächtigen Leserkreis, dem auch eine Fülle volkssprachlicher Kurztraktate angeboten wurde, die sich am Pariser Gutachten orientierten.[29]

Einer dieser Traktate, von dem bisher 84 Abschriften nachgewiesen werden konnten, gibt allein schon durch den Titel »Der Sinn der höchsten Meister von Paris« einen unzweideutigen Hinweis auf seine Orientierung am Pariser Vorbild. Dieser Text ist in vielen Fällen mit einem zweiten Traktat verbunden, dem »Pest-Brief an die Frau von Plauen«, wobei diese Verbindung häufig die Form der Verschränkung annimmt, wie in dem ausgestellten Codex Cgm 216 aus der Münchner Staatsbibliothek [1/6], wo zwischen den neunten und den zehnten und letzten Paragraphen des »Pest-Briefs« der »Sinn der höchsten Meister« eingeschoben ist.[30]

Während der »Sinn der höchsten Meister« eine ganze Reihe prophylaktisch-therapeutischer Ratschläge gibt und in diesem Rahmen, ebenso wie das Pariser Gutachten, kurz den Aderlaß anführt, handelt der »Brief an die Frau von Plauen« ausschließlich vom Aderlaß, ein Hinweis auf die Tatsache, daß im Laufe des 14. Jahrhunderts dieses Verfahren in den Vordergrund der Pesttherapie gerückt ist.[31] Der »Brief« gibt Regeln für pestspezifischen Aderlaß, indem den »Haupt-Gliedern« Hirn, Herz und Leber die Achsel-, Hals- und Leisten-Lymphknoten zugeordnet werden. Bubonen, die sich an diesen Stellen bilden, werden als Reinigungsversuche des jeweiligen Haupt-Gliedes gedeutet, mit denen die Pestmaterie nach außen abgestoßen werden soll und die durch Aderlaß an der dem jeweiligen Haupt-Glied zugeordneten Vene unterstützt werden können.

1/6

»Das ist der brieff den des roemischen kuenigs artz hat gesannd der edelen frawen von Palaw fur den gemainnen prechen der pestalenncz 82°«. In: Deutschsprachige Sammelhandschrift, 15. Jahrhundert

Der »Brief an die Frau von Plauen« ist ein Pest-Aderlaß-Traktat, der von seinem Verfasser aus Gründen der Werbung als Brief ausgegeben wurde. Die Behauptung im ersten Paragraphen, der Brief sei von »des roemischen kuenigs artz«, dem Leibarzt des Kaisers, geschrieben, soll dem Leser Vertrauen in den medizinischen Sachverstand des Autors einflößen; der Namen der Adressatin, die Gattin des Vogtes von Plauen, eine Angehörige der Oberschicht, trug dazu bei, die Vertrauenswürdigkeit des Unternehmens noch zu erhöhen. Die Frau von Plauen ist hier überdies als Repräsentantin der medizinischen Laien angesprochen, und eben an deren Adresse war der als Brief angepriesene Traktat gerichtet.

23

Bericht auff dis neben gestelt bilde/ von wegen des Aderlassens/ welche Ader/ vnd wo man die selben/in zeit der Pestilentz/ nach jedes malns der fürgefallen note gelegenhait/ zulassen pflegt/ vnd lassen soll.

1/15

»Bericht auff dis neben gestelt bilde/von wegen des Aderlassens ...«

Holzschnitt, Typendruck, Regensburg 1555

Für diese Zielgruppe waren die volkssprachlichen Traktate nicht nur geschrieben, sondern zu medizinischen Sammelhandschriften wie der hier vorliegenden verbunden, die als medizinische ›Hausbücher‹ in gewisser Weise Nachschlagewerke und Anleitungen zur Selbstbehandlung waren.[32]

Die gleiche Funktion hatten Einblatt-Holzschnitte, die im 15. und 16. Jahrhundert weite Verbreitung fanden und deren Benutzbarkeit für den Laien durch die Beigabe einer Illustration, der Darstellung eines sogenannten ›Pestlaßmännchens‹, noch verbessert wurde. **[1/13, 1/14, 1/15, 1/16]** Auf diesen graphischen Darstellungen ist der im begleitenden Text angesprochene Zusammenhang der Haupt-Glieder mit den Lymphknoten, an denen Bubonen eingezeichnet sind, und den korrespondierenden Stellen für den Aderlaß durch Verbindungslinien anschaulich herge-stellt.[33] In einem Fall ist die Anschaulichkeit noch verstärkt durch alphabetische Kennzeichnung, die den Text und die Zeichnung aufeinander bezieht. **[1/15]** Während dieser zuletzt genannte »Bericht auff dis neben gestelt bilde / von wegen des Aderlassens / welche Ader / vnd wo man die selben / in zeit der Pestilentz / nach jedes malns fürgefallen note gelegenhait / zulassen pflegt / vnd lassen soll« ausschließlich Regeln für den Aderlaß gibt, enthalten die anderen Blätter darüber hinaus weitere prophylaktische und therapeutische Ratschläge, »wie man sich in regierender Straff der Pestilentz halten soll«, wie es bei einem der Blätter im Titel heißt. **[1/16]**

Variationen dieser Formulierung finden sich in fast allen Titeln der seit dem letzten Drittel des 15. Jahrhunderts zahlreichen gedruckten Pestregimina.[34] Kurz nach dem frühen Einblattholzschnitt aus dem Jahre 1472 **[1/97]** erschien im Januar 1473 in Ulm Heinrich Steinhöwels

1/16

*»Eigentlicher bericht Von Ader-
lassen in der zeit der Pestilentz«.
Kupferstich, Typendruck,
Augsburg 1616*

»Buchlein der Ordnung / wie
sich der mensch halten sol / zu
den zyten diser grüsenlichen
kranckheit«. **[1/11]** Steinhöwel,
der von 1450 bis zu seinem
Tod im Jahre 1482 Stadtarzt in
Ulm und bereits vor der Veröffentlichung seines
Pestbuchs als Übersetzer und Verfasser kleiner
Erzählungen und Fabeln tätig war, hat sein Buch
als Zeichen der Dankbarkeit gegenüber der Stadt
Ulm verstanden wissen wollen, deren Bürgern er
in dieser so oft von der Pest heimgesuchten Zeit
eine für alle verständliche Pestordnung vorlegen
wolle. Er behandelt die schon aus dem ›Pariser
Pestgutachten‹ bekannten Themen in aller Aus-
führlichkeit und legt besonderen Wert auf die
diätetischen Vorschriften.[35]

Die fünf Neuauflagen, die Steinhöwels Buch bis
1482 erlebte, geben ebenso einen Hinweis auf
dessen Wirksamkeit wie die Tatsache, daß zahlreiche Verfasser von Pestordnungen sich auf ihn
bezogen, wobei dieser Bezug von der bloßen
Anlehnung bis zur wörtlichen Übernahme
ganzer Textpassagen reichte. Philipp Culmacher
von Eger hat in seinem »Regimen zu deutsch«
[1/8], das um 1495 erschien, sich so eng an dem
Vorbild orientiert, daß, nach dem Urteil Karl
Sudhoffs, »die Anlehnung an Steinhöwel ... doch
vielfach bei Culmacher recht wörtlich« ist.[36] Ausdrücklich beruft sich der Straßburger Wundarzt
Hieronymus Brunschwig in seinem »Liber pestilentialis de venenis epidemie. Das buch der vergift der pestilentz« **[1/12]** auf Steinhöwel. Er kann
dies um so leichter tun, als er gleich zu Beginn
des Buches erklärt, daß die Pest eine Angelegenheit der »Doctores in den fryen Künsten der artzney« sei, also der akademisch ausgebildeten
Mediziner, zu denen er als Chirurg nicht gehörte, und daß er hier wiedergebe, was er »von den
aller bewertesten Artzten der fryen künst erfa-
ren« habe. Trotz der starken Orientierung an
Steinhöwel hat Brunschwig vor allem im prak-
tisch-medizinischen Teil seines Buches eigene
Gedanken formuliert. Er legt besonderen Nachdruck auf die Herstellung von Riechäpfeln, und
einer der 23 Holzschnitte, mit denen das Buch
illustriert ist, zeigt unter dem Titel »Ein fürbünt-

lich gute latwerg für die pestilentz vnd wie du
sie machen solt« einen Famulus, hinter dem der
Meister steht, am Herd mit der Pfanne bei der

Zubereitung einer Pestlatwerge. In seinem 1519
erschienenen »Buch zu destillieren« **[1/27]**
schließlich gibt Brunschwig ausführliche Rezep-
turen wieder und bildet unter anderem zwei Ärzte bei der Zubereitung des Theriak ab.[37]
Steinhöwel und Culmacher beantworten zu
Beginn ihrer Pestregimina die Frage, ob die Pest
Gottes Strafe für die Sünden der Menschen sei,
mit der Empfehlung, zu Gott und dem Heiland
zu beten und sich der Fürbitte der Pestheiligen
zu versichern. Während Stein-

1/7

Gott sendet Pestpfeile auf
die Menschheit.
Kolorierter Holzschnitt,
15. Jahrhundert

1/9

»Hie seit es wo von der gebrest
kumpt.« Holzschnitt in:
»Ein tractat contra pestem ...«,
Straßburg 1500

höwel nur den heiligen Sebastian kennt, dessen Marter im
U-Initial am Anfang des Buches abgebildet ist, ist auf dem
Titelholzschnitt von Culmachers Buch, der von dem über
den Wolken thronenden Gott
beherrscht wird, neben Sebastian der heilige Rochus zu sehen.
Auch das »Regiment wider die
Pestilentz« von 1520 **[1/13]** empfiehlt neben Buße und Reue die
tägliche Anrufung der beiden Heiligen, wogegen
sich ein anderes Blatt **[1/17]** auf die Empfehlung
eines »inbrünstigen und ernsten Gebets« glaubt
beschränken zu dürfen, ein weiteres **[1/16]** es
schließlich mit dem mahnenden Zitat aus Ezechiel 14 bewenden läßt: »Dieweil sie so böse
seind / und meinem wort nit folgen / wil ich sie
mit Pestilentz schlagen und vertilgen«.
Die Beschwörung von Gottes Zorn, verbunden
mit der Aufforderung nach Buße und Umkehr,
findet sich über Jahrhunderte hinweg in fast
allen Pestregimina und auch in den sanitätspolizeilichen Verordnungen der Behörden. Das
Nebeneinander geistlicher und medizinischer
Erklärungen und Ratschläge wird anschaulich
an den Illustrationen zu dem anonymen »tractat
contra pestem« **[1/9]**, der unter dem Titel »Hie
seit es wo von der gebrest kumpt« in Anknüp-
fung an das Pariser Gutachten die Konstellation
der Planeten anführt und in einem Holzschnitt
dazu Mars und Jupiter abbildet.[38] Auf der übernächsten Seite jedoch sind einige am Boden liegende Pesttote, über denen Gott aus den Wolken
seine Pestpfeile hält, zu sehen, ein Bild, das nicht

nur mit der Erklärung verbunden ist, »das got
ließ komen sterbent / umb unser sünd und mis-
setat«, sondern auch mit der Aufforderung,
jedermann möge seine Sünde bereuen. Umgekehrt stellt das »Neüw geordent Regiment /
wyder den tödtlichen gebresten der Pestelentz«
[1/10] an den Anfang der Aufzählung der Ursachen der Pest die Behauptung, »das got erzörnet
ist / Umb unser sünd und argelist«, weshalb er
»die pestilentz uns schickt«. Dazu zeigt ein Holzschnitt unter der Aufforderung »Zü dem Ersten
sollen wir got anrüffen vnd genad begeren«
neben einem Pesttoten einige Frauen, die einen
über den Wolken thronenden und Pestpfeile her-
abschleudernden Gott bitten: »So erbarm dich
unser.« Im Anschluß an diese geistliche Eröff-
nung jedoch geht der Verfasser zu der ausführlichen Darstellung der Ursachen der Pest aus den
Planetenkonstellationen und dem dazugehörigen naturphilosophischen Apparat über, wie er
seit dem ›Pariser Pestgutachten‹ geläufig war.
Man wird bei diesen Formulierungen bedenken

müssen, daß für die Laien Gottes Zorn die verständlichste und plausibelste Ursache war; die Ausbildung neuer Heiligenkulte legen beredtes Zeugnis davon ab. Auf der anderen Seite dürfte die Berufung auf den göttlichen Zorn auch eine Entlastungsfunktion gehabt haben angesichts der faktischen und immer wieder kritisierten Hilflosigkeit der Ärzte, die durch die Präzision und Detailfreude ihrer Vorschriften nur verdeckt

Wie seit es two von der gebreſt kumpt.

Wir ſint beid in eine zeichen kommen. marſch

Des werdē ſterben die weyſen vñ tūmē jubiter

ſer gebreſt vnd peſtilentz hat ſeiner vrſach differentz. Vñ vns ſcheid võ māchē ſachē Die den ſterbent mūgent machen Alſo vns die weyſen hant geſeyt. Wan etwan iſt die ſach bereyt. Von inflüſſe des geſtirnes har. Daß ſich der lufft enreyniget gar. Alſo ſo Mars vnd Jupiter Oder ſaturnus zů ſamen wer

werden sollte. Wenn tatsächlich Gottes Wille am Ursprung der Pest steht, dann grenzt die Forderung nach einer effektiven Therapie fast schon an Häresie.[39]

Selbst die Verfasser des ›Pariser Gutachtens‹, die im Rahmen der naturphilosophischen Tradition griechisch-lateinischer Überlieferung argumentieren, versäumen nicht, wenn auch ganz beiläu-

fig am Ende der ersten, den Ursachen der Pest gewidmeten Summe, das geistliche Argument vorzutragen: »Weiterhin wollen wir nicht übergehen, daß die Epidemie manchmal dem göttlichen Willen entspringt, in welchem Falle es keinen anderen Ratschlag gibt, als demütig zu ihm zurückzukehren …«. Die Magister der medizinischen Fakultät der Sorbonne stellen diesem Appell an die Demut im gleichen Satz jedoch die Forderung an die Seite, den »Ratschlag des Arztes nicht zu verlassen«, eine Forderung, die um so plausibler ist, als der »Allerhöchste«, wie es im nächsten Satz heißt, »auf der Erde die Medizin geschaffen« hat. Dieses hinter einem Bescheidenheitsgestus nur wenig verborgene Selbstbewußtsein findet sich auch bei Heinrich Steinhöwel [1/11], der die geistlichen Dinge den zu ihnen Berufenen überlassen und nur über die natürlichen Ursachen und Abhilfen sprechen will, und schließlich, kaum noch verhüllt, in dem »Regiment wider die Pestilentz« [1/13], wo es nach der Aufforderung zu Beichte und Buße und nach dem Rat, nicht nur zu Christus und »seyner lieben mutter Marie«, sondern auch täglich zu den Heiligen Sebastian und Rochus zu beten, kategorisch heißt: »Darnach soll der mensch die hilff natürlicher artzney auch suchen und gebrauchen«.

Diese Arznei bestand nicht nur aus Regeln, »wie man sich regieren und halten« soll, also prophylaktischen Verhaltensvorschriften, nicht nur aus Rezepten für Räucherwerk, Riechstoffe, Essenzen und Antidote, sondern auch aus chirurgischen Verfahren, zu denen neben dem Aderlaß vor allem die Inzision und das Kauterisieren, also das Aufschneiden und das Aufbrennen von Bubonen gerechnet werden müssen, wie es auf einem Holzschnitt in dem gereimten Pesttraktat »Item ein fast koestlicher spruch von der pestilencz« [1/20] von Hans Folz, seit 1459 Wundarzt, Dichter und Meistersinger in Nürnberg, abgebildet ist.[40] Das Aufschneiden der Bubonen sollte, wie der Aderlaß, den Reinigungsversuch des jeweiligen Haupt-Gliedes unterstützen, verdankte sich aber sicher auch der Beobachtung, daß Pestkranke, deren Bubonen aufbrachen, wesentlich verbesserte Überlebenschancen hatten.

27

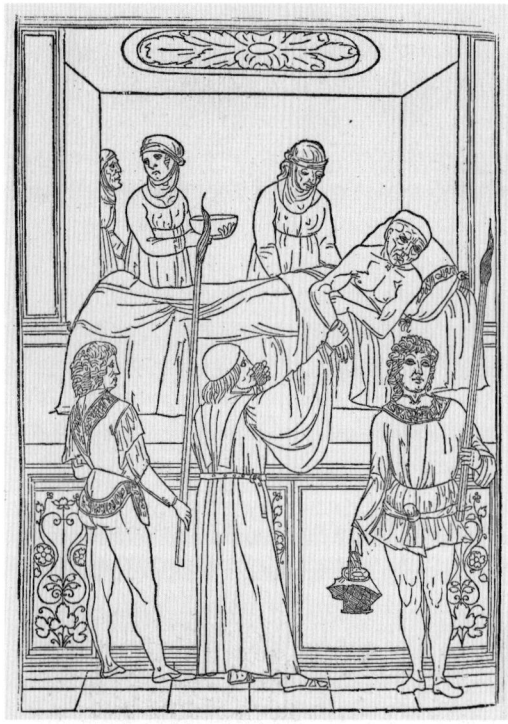

1/22

*Der Arzt am Bett eines Pestkranken.
In J. de Ketham: »Incipit fasciculus
medicine«, Venedig 1500*

Es handelt sich bei der Person, die auf dem Holzschnitt beim Aufschneiden der Bubonen zu sehen ist, um einen Chirurgen, den Angehörigen einer Berufsgruppe, der auch Heinrich Brunschwig angehörte und der er in seinem »Liber pestilentialis« **[1/12]** diese Maßnahme ausdrücklich vorbehalten hatte, wenn auch in Zusammenarbeit mit dem Arzt, dem jedoch eher die Rolle des Theoretikers zufällt. Was hier als Privileg erscheint, wurde in zahlreichen Ärzte-Kritiken als Mangel gedeutet. Bei Marchionne di Coppo Stefani, einem Florentiner Zeitgenossen Boccaccios, der schlichtweg erklärte, daß bei der Pest der Rat eines Arztes nichts tauge, da die Ärzte »in ihrer Unwissenheit nicht erkannten, woher sie rühre«, findet sich die Kritik an der Tatsache, daß die Ärzte, ebenso wie andere wohlhabende Florentiner, aus der Stadt flohen, verbunden mit der Unterstellung besonderer Geldgier: »Und traf man noch einige, so wollten sie im voraus eine unverschämte Geldsumme auf die Hand haben, wenn sie ein Haus betraten. Und waren sie drinnen, tasteten sie den Puls nur mit abgewandtem Gesicht, und den

Urin wollten sie nur von weitem beurteilen, mit einem Geruchsstoff vor der Nase.«[41]

Fast eine Illustration zu diesem Text könnte ein Bild sein, das die vielleicht älteste Darstellung ist, auf der ein Arzt zu sehen ist, der Schutzmaßnahmen ergriffen hat. Es handelt sich um den Holzschnitt ›Der Arzt am Bett eines Pestkranken‹, der im »Fasciculus medicine« des Joannes de Ketham (Hans von Kirchheimer), einem medizinischen Sammelwerk, als Illustration dem »Consilium pro peste curando« des Pietro da Tossignano vorangestellt ist. **[1/22]**[42] Der Arzt, der den Puls des Patienten fühlt, hält sich einen mit Essig getränkten Schwamm vor Mund und Nase; der Patient ist höher gelagert, da nach der Miasma-Lehre die Kontagien nach oben steigen, so daß die Luft im unteren Raumbereich weniger gefährlich ist. Die beiden Pagen, die den Arzt begleiten, halten brennende Fackeln, die in die obere Raumhälfte reichen und deren Rauch das Pestgift vertreiben soll. Einer der beiden Pagen hält in einem Korb das zugedeckte Harnglas, das zu diagnostischen Zwecken gebraucht wurde. Eine Schutzbekleidung für Pestärzte kam Anfang des 17. Jahrhunderts in Gebrauch. Sie soll auf Charles Delorme zurückgehen, der Leibarzt mehrerer französischer Könige war und während der Pestepidemie 1619 in Paris ein langes, vom Hals bis zu den Knöcheln reichendes weites Gewand aus weichem Leder trug.[43] Es scheint, als seien solche Gewänder aus verschiedenen dicht gewebten Stoffen, die als luftundurchlässig galten, schon zuvor von Personen getragen worden, die Umgang mit Pestkranken hatten. Delorme erfand jedoch eine Maske dazu, die mit einer Nase in Form eines etwa 15 cm langen Schnabels ausgestattet war, in die Riechstoffe gefüllt wurden, die, ähnlich wie der mit Essig gefüllte Schwamm in den Jahrhunderten zuvor, die Atemluft vom Pestgift reinigen sollten. Ergänzt wurde dieser Aufzug durch eine Brille mit Kristallgläsern, die vor der vermuteten Ansteckung durch Blickkontakt Schutz zu versprechen schien.

Dieser Schutzanzug wird, da er sich bereits in der ersten Hälfte des 17. Jahrhunderts besonders in Italien großer Beliebtheit erfreute und bei einer Reihe von Epidemien benutzt wurde, auf frühen Darstellungen wie hier auf dem Blatt »Romanischer Doctor der Artzney« [1/28], die sich auf die Epidemie des Jahres 1657 in Rom bezieht, als italienische Besonderheit ausgegeben. Das Doppelportrait des Basler Arztes Theodor Zwinger [1/31] macht ebenso wie die kleine Elfenbeinplastik, die möglicherweise aus Goa stammt [1/32], deutlich, daß der Anzug über die Grenzen Frankreichs, Italiens und Europas hinaus Verbreitung fand.

Vom Einsatz des Schutzanzugs während der letzten großen europäischen Epidemie 1720 in Marseille legen zwei Blätter Zeugnis ab [1/29, 1/30], von denen eines die Grenze zur Karikatur streift [1/30], kein Wunder angesichts des grotesken Erscheinungsbildes, das diese ›Schnabel-Doktoren‹ geboten haben müssen. Die Anzüge der beiden Pestärzte aus Marseille waren, wie der Prototyp des Charles Delorme hundert Jahre zuvor, aus Leder hergestellt, während der römische »Doctor der Artzney« ein Gewand aus mit Wachs überzogenem Leinen trug. Beide Materialien erfüllten den gleichen Zweck, nämlich undurchlässig für die vergiftete Luft zu

1/29

»Vorstellung des Doct. Chicogneau«. Kolorierter Kupferstich, um 1725

sein und von so glatter Oberfläche, daß das Pestgift keinen Halt daran finden konnte. Über den Zweck des Stabes, den die ›Schnabel-Doktoren‹ in der Hand tragen, befinden sich alle Darstellungen im Irrtum. Er diente weder dazu, auf kranke Personen zu zeigen [1/29], noch dazu, den Kranken aus sicherem Abstand den Puls fühlen zu können [1/30], und war auch keineswegs ein Zeichen für »ihr verrichtung und stand« [1/28]. Die letzte Beschreibung kommt der Tatsache allerdings am nächsten, daß nicht nur die Pestärzte, sondern auch andere Personen, die Umgang mit Pestkranken hatten, laut behördlicher Vorschrift einen weißen oder roten Stab als Erkennungszeichen in der Hand tragen mußten.[44]

Eine weitere Darstellung stammt aus dem 19. Jahrhundert und zeigt das Kostüm eines Arztes im Lazarett zu Marseille im Jahre 1819. [1/33] Man hat auf den mit Riechstoffen gefüllten

Schnabel ebenso verzichtet wie auf die Brille, wohl in der Überzeugung, daß sie nicht die erhoffte Wirkung besäßen. Geblieben ist jedoch die vollständige Bedeckung des Kopfes und des Körpers mit einem Gewand, das wie das des italienischen Doktors im 17. Jahrhundert aus gewachstem Leinen hergestellt wurde und das, ebenso wie seine Vorläufer, in gewissem Maße Schutz gegen Flöhe und möglicherweise auch gegen die Tröpfcheninfektion bot.

Diese Darstellung ist eine Illustration in dem Buch »De la Peste observée en Égypte«, dessen Autor, der Franzose Antoine-Barthélemy Clot, leitende Funktionen in der Gesundheitsverwaltung Ägyptens innehatte und der deshalb zu seinem Nachnamen den Zusatz Bey führte.[45]

29

1/31

Der Basler Arzt Th. Zwinger
in Alltagskleidung und
im Schnabeldoktoranzug.
Öl/Kupfer, um 1700

1/32

Arzt mit Pestschutzkleidung.
Elfenbein, 17./18. Jahrhundert

Clot-Bey kam nach Beobachtungen, die er während einer Pestepidemie in Ägypten im Jahre 1835 machen konnte, zu dem Ergebnis, daß die Pest keine übertragbare Krankheit sei. Als Anticontagionist polemisiert er gegen die Theorie von der Übertragbarkeit der Pest, und er nutzt diese Illustration, um anschaulich zu machen, welch groteske Folgen eine seiner Meinung nach falsche Theorie haben könne. Er bedauert die Patienten, die mit einem solchermaßen gewandeten Arzt konfrontiert werden, obwohl er hervorhebt, daß der Schutzanzug, der in Marseille hundert Jahre zuvor, während der Epidemie von 1720, getragen wurde, »noch grotesker« gewesen sei. Von diesem Anzug, den Clot-Bey ebenfalls abbildet, sagt die Unterschrift des Blattes, das ausgestellt ist [1/29], er sei von dem »Doct. Chicogneau« getragen worden, der Mitglied einer Ärztekommission der Universität Montpellier war, die den Auftrag des französischen Königs hatte, Klarheit über die in Marseille herrschende Krankheit zu schaffen; es sieht allerdings so aus, als sei auch Chicoyneau ein Gegner der Theorie der Übertragbarkeit der Pest gewesen und als habe er sich geweigert, einen solchen, nach seiner Meinung überflüssigen Anzug zu tragen.[46]

Clot-Bey selbst vertritt eine Miasma-Theorie, da er die Pest auf ein Gefüge tellurischer und atmosphärischer Ursachen zurückführen möchte. Es scheint, als knüpfe er damit an eine Tradition an, die seit Jahrhunderten zum medizinischen Wissensbestand gehörte und ihren Ausgangspunkt im Pariser Pestgutachten hatte, und als verwerfe er eine dem entgegengesetzte Tradition. Tatsächlich jedoch ist die Miasma-Theorie bereits im Pariser Gutachten eng verbunden mit der Theorie der Contagion, die in der zweiten Summe entwickelt wird. Die von den Menschen eingeatmeten Miasmen korrumpierten die Umgebung des Herzens, und der so verpestete Mensch gebe mit der Atemluft diese Korruption wiederum nach außen ab, so daß die Menschen selbst zu, wenn auch sekundären, Verursachern der Pesterkrankung gehörten und man gut daran tue, ihre Nähe zu meiden. Von dieser Überlegung aus ergab sich zwanglos der Gedanke, daß die Pest auch eine übertragbare Krankheit sei, insbesondere da spätere Theorien die These aufstellten, daß das Gift, das die Luft verpestet, auch an zahlreichen Gegenständen haften könne, die dann wiederum als Überträger fungieren.[47] Diese umfassende Theorie der Verbindung von Miasma und Contagion ist, mit zahlreichen Variationen und Akzentverschiebungen, immer wieder formuliert worden, und es scheint, als seien die beiden Theorieteile erst spät getrennt worden, um schließlich im 19. Jahrhundert als Gegensatzpaar begriffen zu werden. Die scharfe Akzentuierung dieses Gegensatzes in der Theorie des Anticontagionismus, deren vielleicht bekanntester, aber bei weitem nicht einziger Vertreter Clot-Bey war, verdankte sich in gewissem Maße der Beobachtung, daß die Isolierungsmaßnahmen, die bei der Choleraepidemie 1831 ergriffen wurden, die Ausbreitung der Seuche nicht hatten verhindern können.[48] Die Polemiken gegen diese Maßnahmen jedoch, bei der die anticontagionistische Seite vor allem die damit verbundenen wirtschaftlichen Einschränkungen und Schäden beklagte, geben einen deutlichen Hinweis darauf, daß der Gegensatz von Miasma und Contagion sich weniger medizinischer Beobachtung und Theorie verdankte, als vielmehr der Artikulation gesellschaftlicher Interessen, die auch bei den bei der Pest üblichen und für die Cholera dann übernommenen Isolierungsmaßnahmen früh schon eine Rolle spielten.

Staatliche Macht und gesellschaftliche Interessen

Nachdem im Frühjahr 1348 in Florenz erste Nachrichten über die Pest in Messina und in Pisa eingetroffen waren, ließen die Behörden die bereits seit Jahren bestehenden Gesundheitsvorschriften wiederholt öffentlich bekanntmachen. Deren Bestimmungen regelten die Reinhaltung der Straßen und Häuser, die Beseitigung von Abfällen und die Einhaltung hygienischer Vorschriften beim Lebensmittelverkauf. Als Anfang April deutlich wurde, daß diese Maßnahmen nicht ausreichten, die Pest von der Stadt fernzuhalten, und als der öffentliche Notstand sich bereits abzuzeichnen begann, wurde am 11. des Monats eine Sonderkommission gebildet, der acht prominente Bewohner der Stadt angehörten und deren Aufgabe es war, unter Androhung drakonischer Strafen die Einhaltung der Sanitätsvorschriften zu überwachen.[49] Diese Kommission wurde nach dem Ende der Epidemie ebenso wieder aufgelöst wie die, die der ›Große Rat‹ von Venedig am 30. März aus dreien seiner Mitglieder gebildet hatte.[50]

Ähnliche Sonderbehörden sind auch bei späteren Epidemien und in anderen Städten Norditaliens immer wieder gebildet und wieder aufgelöst worden. Erst etwa ein Jahrhundert später und nach einer ganzen Reihe katastrophaler Pesterfahrungen ging man dazu über, permanente Behörden einzurichten, deren Hauptaufgabe der Schutz der Stadt vor der Pest war.[51] Die bekannteste Institution geht auf den Beschluß des venezianischen Senats vom 7. Januar 1486 zurück, einen »Magistrato della sanità« unter der Leitung dreier »Proveditori alla sanità« zu gründen; die drei Proveditoren sollten jedes Jahr aus den Mitgliedern des Senats gewählt werden. Die Befugnisse dieses Gesundheitsmagistrats waren außerordentlich, da er nicht nur das Recht hatte, Gesetze zu erlassen, sondern auch das Recht, deren Einhaltung zu überwachen und deren Übertretung zu bestrafen, und da ihm zunehmend immer weitere Bereiche der öffentlichen Verwaltung unterstellt wurden. Neben der Aufsicht über den gesamten Lebensmittelhandel und die Wasserversorgung, die Abfallbeseitigung und das medizinische Personal fielen die Überwachung der »Unterbringung von Fremden«, der »Bettler und der Krankenhäuser«, der »Dirnen und Kuppler« und schließlich noch der Juden in seine Kompetenz.[52]

Der venezianische Gesundheitsmagistrat dürfte Vorbild für eine ganze Reihe ähnlicher Behörden gewesen sein, die gegen Ende des 15. Jahrhunderts in norditalienischen Städten errichtet wurden und die sich im 16. und 17. Jahrhundert schließlich auch in Frankreich, der Schweiz und einigen süddeutschen Städten finden.[53] Auch wenn diese bei weitem nicht die weitreichenden Kompetenzen des venezianischen Vorbildes hatten, waren ihre Aufgaben und Probleme als Krisenmanager in Pestzeiten sehr ähnlich. Zunächst galt es, Personal bereitzustellen, das die Erkrankten ausfindig machte, registrierte und schließlich isolierte, was zumeist und in vielen Städten auch nach der Einrichtung von Pesthäusern schlicht bedeutete, daß die Kranken zusammen mit den gesunden Bewohnern im Haus eingeschlossen und durch Nachbarn oder eigens bestellte Personen mit Lebensmitteln versorgt wurden, die in gehörigem Abstand vom Haus, das mit einem Kreuz, einem weißen Tuch oder einem anderen Zeichen markiert wurde, deponiert werden mußten. Im Todesfall mußte die Leiche beseitigt werden, eine Aufgabe, die Leichenträgern zufiel, an denen es wegen der hohen mit dieser Aufgabe verbundenen Sterblichkeit oft schnell mangelte. Dieser Mangel machte sich um so empfindlicher bemerkbar, als die täglich zu beseitigende Leichenmenge erheblich war; diese Menge wiederum machte die Bereitstellung zusätzlicher Begräbnisplätze notwendig, wobei den Behörden auch die Aufgabe zufiel, darüber zu wachen, daß die Leichen tief genug bestattet würden. Die Häuser, in denen ein Todesfall vorkam, wurden drei bis vier Wochen gesperrt und vor der Öffnung ausgeräuchert und mit Essigwasser ausgewaschen. Die Kleidungsstücke und Gegenstände, die der Tote getragen hatte oder mit denen er in Berührung gekommen war, wurden entweder einer Reinigungs- und Räucherprozedur unterzogen oder verbrannt.

Das Prinzip der Isolierung wurde auch auf andere Bereiche des kommunalen Lebens ausgedehnt. In der Regel enthalten die von den Gesundheitsmagistraten oder anderen städtischen oder landesherrlichen Behörden erlassenen Pestordnungen das Verbot öffentlicher Versammlungen und Veranstaltungen, zu denen Jahrmärkte, Kirchweihfeste und Tanzabende ebenso gehörten wie Prozessionen und gelegentlich sogar Messen. Besonders das Verbot religiöser Veranstaltungen führte immer wieder zu Widerspruch und Widerstand in einer Form und einem Ausmaß, die heute fast nicht mehr vorstellbar sind. Denn damit war das Selbstverständnis und die Autorität der Amtskirche berührt, die sich vehement zur Wehr setzte. Während der Epidemie des Jahres 1630, um nur ein Beispiel zu nennen, zog der Bischof von Volterra den vom Gesundheitsmagistrat von Florenz eingesetzten Beamten, der den Bischof mehrmals ermahnt hatte, doch die Zahl religiöser Versammlungen zu reduzieren, wegen Häresie vor Gericht. Zwar hatte die Klage keinen Erfolg; als sich jedoch die Proteste kirchlicher Würdenträger häuften, ex-

kommunizierte der Papst alle Mitglieder des Gesundheitsmagistrats von Florenz.[54]

Betroffen waren auch die gläubigen Laien, denen ja gerade die Pestordnungen und Pestregimenter immer wieder erklärten, daß es sich bei der Seuche um eine Strafe Gottes handle, und denen mit dem Verbot religiöser Veranstaltungen das einzige Hilfs- und Trostmittel genommen zu sein schien. Gemeindepriester waren deshalb bereit, trotz des Verbots Prozessionen durchzuführen, zu denen sich die Gläubigen, die die Sache gelegentlich auch selbst in die Hand nahmen, drängten. Während der gleichen Epidemie des Jahres 1630 veranstalteten die Bewohner eines Dorfes in der Nähe von Florenz spontane Prozessionen, an denen nicht nur der Priester, sondern auch die Bewohner umliegender Ortschaften teilnahmen. Im Anschluß an die Prozession zerstörten sie die an den Dorfzugängen errichteten Sperren als Symbole des verhaßten Systems gesundheitspolizeilicher Überwachung.[55] Gesundheitsbeamte der englischen Grafschaft Kent stellten 1644 mit Entsetzen fest, daß die Bewohner einer wegen der Pest abgesperrten Stadt zu Hunderten in den Kirchen nicht-infizierter Nachbarstädte zu finden waren.[56]

Nicht weniger wichtig waren die wirtschaftlichen Probleme, die die Maßnahmen der Behörden in Pestzeiten mit sich brachten, und die ebenfalls zum Widerstand herausforderten. Die Beschlagnahmung und Zerstörung der persönlichen Gebrauchsgegenstände ließ, angesichts der unvorstellbaren Armut der Angehörigen der städtischen Unterschichten im Mittelalter und der frühen Neuzeit, den von der Krankheit Genesenden oder die Familie des Toten oft wesentlich ärmer als zuvor oder gar völlig mittellos zurück. Kein Wunder also, daß die Betroffenen versuchten, die wenigen Habseligkeiten dem Zugriff der Gesundheitsbehörde zu entziehen, womit die Übertretung eines Gesetzes vorlag, die mit drakonischen Strafen geahndet wurde.[57] Bei Personen und Familien, die zwar nicht zu den ärmsten Schichten gehörten, aber vermeiden wollten, eines Tages zu ihnen zu gehören, war es üblich, eine Pesterkrankung in der Familie so lange wie möglich zu vertuschen, damit die Gesunden

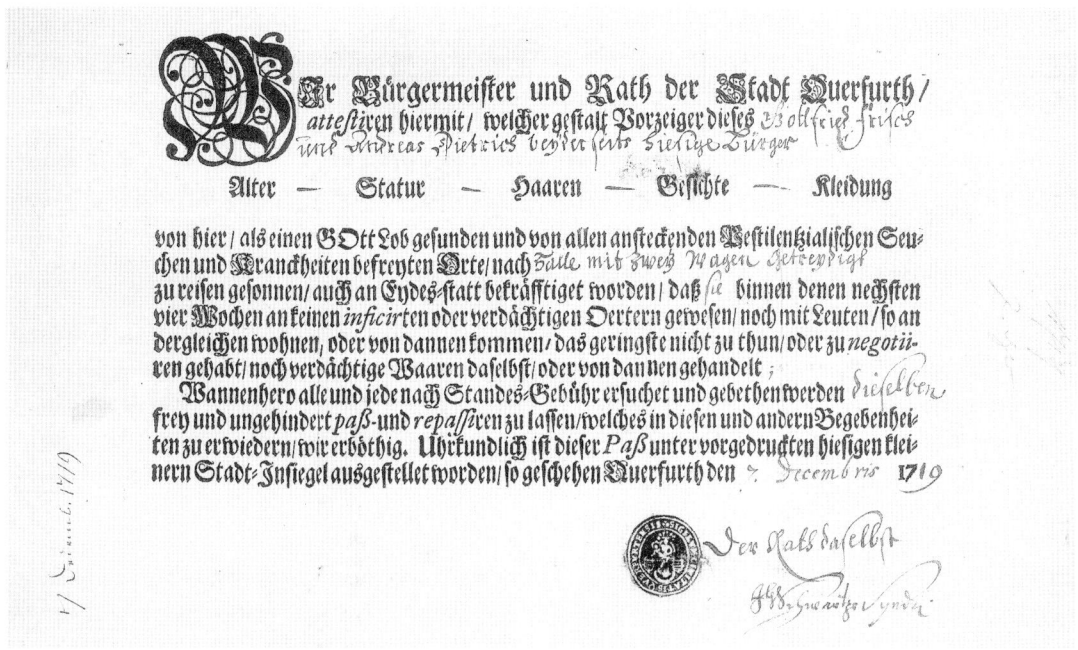

1/57

»Wir Buergermeister und Rath der Stadt Querfurth ...«.

Pestpaß, 1719

nicht durch die Haussperrung gehindert würden, außerhalb des Hauses ihren Lebensunterhalt zu verdienen, und damit Handwerker und Kaufleute ihren Laden offen halten konnten. Im äußersten Notfall wurde der Arzt bestochen, der im Auftrag des Gesundheitsmagistrats die Todesursache festzustellen hatte.[58]

Womöglich noch größer und jedenfalls nicht nur die Interessen von Einzelpersonen betreffend waren die wirtschaftlichen Folgen und Begleiterscheinungen eines Maßnahmenbündels, das bereits beim Schwarzen Tod rudimentär ausgebildet war und im Lauf des 15. Jahrhunderts zunehmend systematisiert wurde. Im Jahre 1348 verboten die Behörden von Florenz allen, die aus Genua und Pisa kamen, zwei Städte, von denen man wußte, daß sie verseucht waren, die Einreise; die venezianischen Behörden verwehrten allen Fremden den Zugang zu ihrer Stadt.[59]

Solche temporären Maßnahmen, die wohl auch in anderen Städten und bei späteren Epidemien ergriffen wurden, waren jedoch nur sinnvoll, bevor die Seuche in der Stadt war. Vor allem jedoch mußte zwischen den Personen und Waren unterschieden werden, die aus einer Gegend kamen, wo die Pest herrschte, und denen, die aus unverseuchten Gegenden kamen, da anders die Versorgung der Stadt nicht lange aufrecht zu erhalten war. Wenn die Epidemien pandemische Ausmaße annahmen, wurde diese Tatsache immer wieder schmerzlich bewußt.

Im Laufe des 15. Jahrhunderts wurden, wieder zuerst in norditalienischen Städten, Verfahren entwickelt, die den Aufbau eines dichten Informationsnetzwerks nach sich zogen. War von einer Stadt oder Region bekannt, daß die Pest in ihr grassierte, wurde der Bann verhängt, d.h. weder Personen noch Waren aus dieser Stadt oder Region durften in die bannende Stadt einreisen, die der gebannten Stadt diese Maßnahme selbstverständlich zur Kenntnis gab. Eine Vorstufe zum Bann war die Suspension, ein Einreise- und Einfuhrverbot aus Gegenden, in denen man die Pest vermutete, ohne sichere Nachricht zu haben. Wenn die Vermutung sich bestätigte, wurde die Suspension in einen Bann umgewandelt, wenn nicht, wieder aufgehoben. Suspendiert wurde der Verkehr oft auch mit Städten, in denen zwar nicht die Pest herrschte, von denen man aber glaubte oder wußte, daß sie Städte, in denen die Pest herrschte, nicht mit dem Bann belegt hatten. Reisende, die in die Stadt wollten, mußten mit einem Gesundheitspaß nachweisen, daß sie aus einer unverseuchten Gegend kamen und daß sie in einem bestimmten Zeitraum, der zwischen drei Wochen und drei Monaten liegen konnte, sich in keiner verseuchten Gegend aufgehalten hatten. Solche Pässe waren seit der zweiten Hälfte des 15. Jahrhunderts in Italien üblich und wurden sehr bald, ebenso wie Bann und Suspension, auch in anderen europäischen Ländern eingeführt. **[1/53, 1/57]**[60]

Dieses System funktionierte selbstverständlich nur, wenn man frühzeitig über zuverlässige Nachrichten verfügen konnte. Zu diesem Zweck bildete sich zwischen den Behörden der Städte und Regionen ein umfangreicher Briefwechsel aus, in dem man sich nicht nur wechselseitig Rechenschaft ablegte über die Lage in der eigenen Stadt, sondern auch Informationen über Dritte austauschte; um die so gewonnenen Nachrichten zu ergänzen und auch jede mögliche Informationslücke zu füllen, wurden außerdem die Konsulate und Gesandtschaften angewiesen, regelmäßig Berichte zu erstatten. Darüber hinaus wurden Einzelpersonen beauftragt, vor Ort in verdeckter Mission Informationen über die Lage zu beschaffen, ein Verfahren, das man ohne weiteres als »Seuchenspionage« bezeichnen kann und das seinen Grund im Mißtrauen der Behörden, vielleicht aber auch ein wenig in der Selbsterkenntnis hatte.[61]

Im Bereich der überregionalen und internationalen Handelsbeziehungen nämlich verhielten sich die Repräsentanten der Städte nicht anders als einzelne ihrer Bürger, die Pestfälle in der Familie zu verschweigen suchten. War in einer Stadt die Pest ausgebrochen, versuchten die Behörden so lange wie möglich diese Tatsache zu verheimlichen, ein Ziel, dem auch das Verbot des Glockenläutens und der Trauerversammlungen diente.[62]

Wenn in der Korrespondenz die Frage gestellt wurde, ob in der Stadt die Pest herrsche, wurde diese Frage so lange wie es nur irgend möglich war verneint oder hinhaltend beantwortet, denn eine Bestätigung hätte den Bann bedeutet und damit erhebliche wirtschaftliche Probleme. Selbst wenn sich die Seuche nicht länger verheimlichen ließ, da das Ausmaß des öffentlichen Notstandes sie unübersehbar machte, und selbst nachdem die Korrespondenzpartner längst aus anderen Informationsquellen Bescheid wußten und wohl schon den Bann verhängt hatten, wurde immer wieder versucht, das Ausmaß herunterzuspielen und zumindest das Wort ›Pest‹ zu vermeiden.

In diesen Dementis wurde nicht selten die Behauptung aufgestellt, es handle sich bei dem Pestverdacht um ein Gerücht, das von böswilligen Leuten ausgestreut worden sei, die der Stadt schaden wollten. So argumentierten jedenfalls die Behörden der Stadt Frankfurt am Main im Dezember 1665 in einem Brief an die Behörden von Straßburg, die eine Abschrift dieses Briefes Anfang Januar 1666 an ihre Korrespondenzpartner in Basel weiterleiteten, die angefragt hatten, ob es stimme, daß in Frankfurt die Pest herrsche.[63] Die Frankfurter hatten ihrem Brief eigens ein Attest der drei Stadtärzte beigelegt, in dem es hieß, daß von der Pest in Frankfurt nicht die Rede sein könne. Dieses Dementi, dem im Februar des nächsten Jahres ein weiteres folgte, schien so überzeugend zu sein, daß die Basler erst im August 1666 Personen und Waren aus Frankfurt mit dem Bann belegten. Die Basler taten gut daran, diese Maßnahme zu ergreifen, denn in Frankfurt herrschte, allen Dementis und Attesten zum Trotz, tatsächlich seit dem vergangenen Winter die Pest, deren Existenz jedoch immer wieder geleugnet wurde, um den wirtschaftlichen Erfolg der Herbst- und der Frühjahrsmesse nicht zu gefährden.

Straßburg dagegen hatte sich im Januar 1666, wenige Tage nachdem die Straßburger Behörden ihren Freunden in Basel die Abschrift des Attestes der Frankfurter Stadtärzte zugesandt hatten, selbst gegen den, allerdings ungerechtfertigten, Pestverdacht zur Wehr zu setzen, den das »Tribunale della sanità« in Mailand bereits zum Anlaß genommen hatte, den Bann auszusprechen. Die Straßburger sandten ihrerseits als Gegenbeweis ein Attest der Straßburger Stadtärzte nach Basel mit der Bitte, den böswilligen Gerüchten entgegenzutreten. Die Basler waren ebenso wie die Mailänder von der Aufrichtigkeit der Straßburger Stadtväter und dem Attest der Straßburger

Ärzte überzeugt. Das »Tribunale« in Mailand jedenfalls hob den Bann kurze Zeit später auf und entschuldigte sich in Straßburg mit der Erklärung, man habe offenbar falschen Informationen aus Venedig Glauben geschenkt. Es ist durchaus denkbar, daß diese falschen Informationen absichtlich gegeben wurden, da tatsächlich gelegentlich Pestgerüchte gestreut wurden, um einem Konkurrenten zu schaden.

Die Basler verhielten sich, als im Sommer 1667 die ersten Zeichen einer Epidemie sichtbar wurden, genau wie die Frankfurter im Jahre zuvor. Auf eine Anfrage aus Zürich im September antworteten sie mit Ausflüchten, und in der Korrespondenz mit Straßburg scheint die Angelegenheit verschwiegen worden zu sein, bis die Straßburger im November ihren Freunden in Basel erklärten, sie wüßten aus Zürich, daß in Basel die Pest herrsche, und sie sähen sich, ebenso wie die Städte der Eidgenossenschaft, genötigt, über Basel den Bann zu verhängen. Dieser Bann konte erst im Frühsommer des nächsten Jahres aufgehoben werden, als die Epidemie in Basel ihrem Ende zuging. Die Basler beeilten sich, diese Tatsache ihren Geschäftspartnern mitzuteilen, nicht ohne die Wahrheit ihrer Information mit einem am 25. Mai ausgestellten Attest ihrer Stadtärzte zu belegen, die unter Eid bekräftigen, daß »die leidige Seuche« aus Basel geschwunden sei. **[1/39]**

Ob die manchmal falschen Atteste der Ärzte sich der Botmäßigkeit gegenüber den politischen Machthabern verdanken oder wissenschaftlicher Überzeugung, kann kaum beantwortet und muß von Fall zu Fall entschieden werden. Als im Winter 1678 in Wien die ersten Pestfälle auftraten, protestierten die Ärzte der medizinischen Fakultät der Universität energisch und öffentlich gegen die Vertuschungspolitik der Behörden; als während der Epidemie des Jahres 1576 zwei Ärzte der Universität Padua erklärten, die Seuche, die in Venedig herrsche, sei nicht die Pest, scheuten die Behörden keine Kosten und Mühe, die beiden Ärzte nach Venedig zu bringen, damit sie in aufwendigen Prozeduren die Richtigkeit ihrer Behauptung beweisen könnten.[64]

1/48

Warnzeichen Pest. Druck, 1682/83

Man wird diese Verhaltensweise eines doch von einsichtigen Männern besetzten Magistrats nicht verstehen können, ohne sich die Schwierigkeit der Situation klarzumachen. Im Falle des Banns war die Exportwirtschaft betroffen, ein Sektor, dessen Interessenvertreter Macht genug hatten, die Repräsentanten des Gemeinwesens unter Druck zu setzen, und dies um so mehr, als von den Exportaufträgen die gesamte Wirtschaft abhing. Ohne den heute selbstverständlichen sozialen Schutz waren die für Verlags- und Manufakturbetriebe tätigen Arbeiter in dem Augenblick arbeitslos und ohne Einkommen, in dem die

Arbeit wegen mangelnder Verkaufsmöglichkeiten eingestellt werden mußte. Schon um die Belastung der städtischen Kassen durch die Armenfürsorge in einer Zeit, in der die Pestmaßnahmen erhebliche Kosten verursachten, so gering wie möglich zu halten, mußten die Behörden interessiert sein, den Handel so lange wie möglich aufrechtzuerhalten. Sie konnten dabei auf das Verständnis derjenigen hoffen, die den Bann ausgesprochen hatten und die sich in der umgekehrten Situation nicht anders verhalten hätten.

Ein anschauliches Beispiel für die Verschränkung von Absperrmaßnahmen, wirtschaftlichen Interessen und gezielter Desinformationspolitik bieten die Vorgeschichte und die Geschichte der Erfurter Pestepidemie in den Jahren 1682/83.[65] In der zweiten Hälfte der siebziger Jahre drang eine wohl von der Türkei ausgehende Epidemie über Osteuropa nach Österreich vor, wo 1679 Wien betroffen war. Die Pest breitete sich von dort in Richtung Thüringen und Sachsen aus und wütete im gleichen Jahr in Leipzig und im nächsten Jahr in Dresden. **[1/42, 1/74]** Die Erfurter Regierung unternahm alles, um die Stadt zu schützen. Bereits im September 1679 wurden die Stadtgrenzen geschlossen und Fremde nur noch nach gründlicher Kontrolle eingelassen. Im nächsten Jahr wurden die Anweisungen verschärft und jeder, der nicht glaubhaft nachweisen konnte, daß er sich in den letzten 40 Tagen an einem »reinen« Orte aufgehalten hatte, wurde zur »Quarantena« angehalten. Personen, die aus Leipzig, Dresden oder anderen Pestorten kamen, wurden ausnahmslos an Schlagbäumen schon weit außerhalb der Stadt zurückgewiesen.

Die Stadt war inzwischen, da in Thüringen die Pest weit verbreitet war, in den falschen Ruf ge-

1/45

Absperrung des von der Pest befallenen Dorfes Niederzimmern. Zeichnung in: »Historische Nachrichten von Erfurt«. Tinte, Feder, aquarelliert, 1682/83

kommen, selbst verseucht zu sein, so daß die Stadt Frankfurt am Main Erfurter Händlern die Einreise verweigerte; erst auf den Protest der Erfurter Regierung hin wurde dieses Verbot zurückgenommen. Umgekehrt baten die Leipziger Behörden im Januar 1681, den Erfurtern doch wieder die Teilnahme an der Leipziger Messe zu gestatten, da die Pest in Leipzig sehr zurückgegangen sei. Die Erfurter Regierung erhielt jedoch ihr Verbot aufrecht.

Im April 1682 wurde aus dem auf Erfurter Gebiet liegenden Dorf Niederzimmern ein bedrohlicher Anstieg der Todesfälle gemeldet, die eindeutig auf die Pest zurückzuführen waren. Die Sachsen-Weimarische Regierung, die davon Kenntnis hatte, forderte die Erfurter Regierung auf, alle für die Absperrung des Dorfes notwendigen Maßnahmen zu ergreifen, woraufhin Niederzimmern gemeinsam von Erfurter, Weimarer und Eisenacher Truppen völlig von der Außenwelt abgeschnitten wurde, eine Aktion, von der sich ein Plan erhalten hat. **[1/45]** Den Bewohnern wurde das Verlassen des Dorfes bei Todesstrafe untersagt und allen Behörden der umliegenden Gemeinden durch Erlaß eingeschärft, sich an der Absperrung zu beteiligen und die Wachsamkeit zu erhöhen. In der Stadt selbst wurden alle notwendig erscheinenden Maßnahmen eingeleitet, zu denen auch die Publikation einer Pestord-

nung gehörte, die der Arzt Georgius Christophorus Petri auf kurfürstlichen Befehl hin verfaßte. **[1/43]**

Als in Erfurt selbst im Juli 1682 die ersten Pesttoten zu beklagen waren, versuchten die Behörden, diesen Tatbestand so lange wie möglich geheim zu halten. Um keinen Verdacht aufkommen zu lassen, verzichtete man auch noch im August, als die Zahl der Todesfälle stetig zunahm, auf die Abriegelung der betroffenen Häuser und die Verlegung der Kranken in das Lazarett. Die Regierung wurde in dieser Haltung bestärkt durch das Gutachten der Ärzte des ›Collegium Sanitatis‹, die nach vieler Umschweife erst am 21. August erklärten, daß es sich um die »rechte Pest« handle. Anfragen der Weimarer Regierung im August, ob in Erfurt die Pest herrsche, wurden ebenso verneint wie die Anfragen anderer Regierungen benachbarter Gebiete im September. Obwohl die Erfurter Behörden noch am 1. Oktober schriftlich versicherten, daß mit der Stadt »ohne einige Gefahr communication gepflogen werden könne«, kamen die Regierungen der Nachbarstaaten am nächsten Tag überein, ihre bereits seit einigen Wochen erlassenen Verfügungen über die Isolation Erfurts, die auch in den folgenden Monaten immer wieder eingeschärft wurden **[1/44]**, streng anzuwenden. Die Erfurter Pest erreichte ihren Höhepunkt erst im nächsten Jahr. Inzwischen waren die üblichen Maßnahmen ergriffen worden: Häuser, in denen Krankheitsfälle vorgekommen waren, wurden verschlossen und mit Zetteln gekennzeichnet, auf denen sich ein schwarzes Kreuz und das Wort »Pest« befindet. **[1/47]** Die Schulen wurden geschlossen, der Handel mit verdächtigen Kleidungsstücken, vor allem aber mit Bettzeug wurde verboten, und da die Begräbnisplätze nicht mehr ausreichten, mußten Massengräber ausgehoben werden. Als die Seuche im Dezember 1683 zu Ende war, beklagte man über 9.000 Tote, mehr als die Hälfte der Bevölkerung der Stadt. Eine Medaille, die zum Gedenken an das Ende der Epidemie geprägt wurde, zeigt auf einer Seite einen Erzengel mit einem Schwert über einem Skelett; einer von einem Totenschädel gekrönten Tafel zur Rechten des Engels ist zu

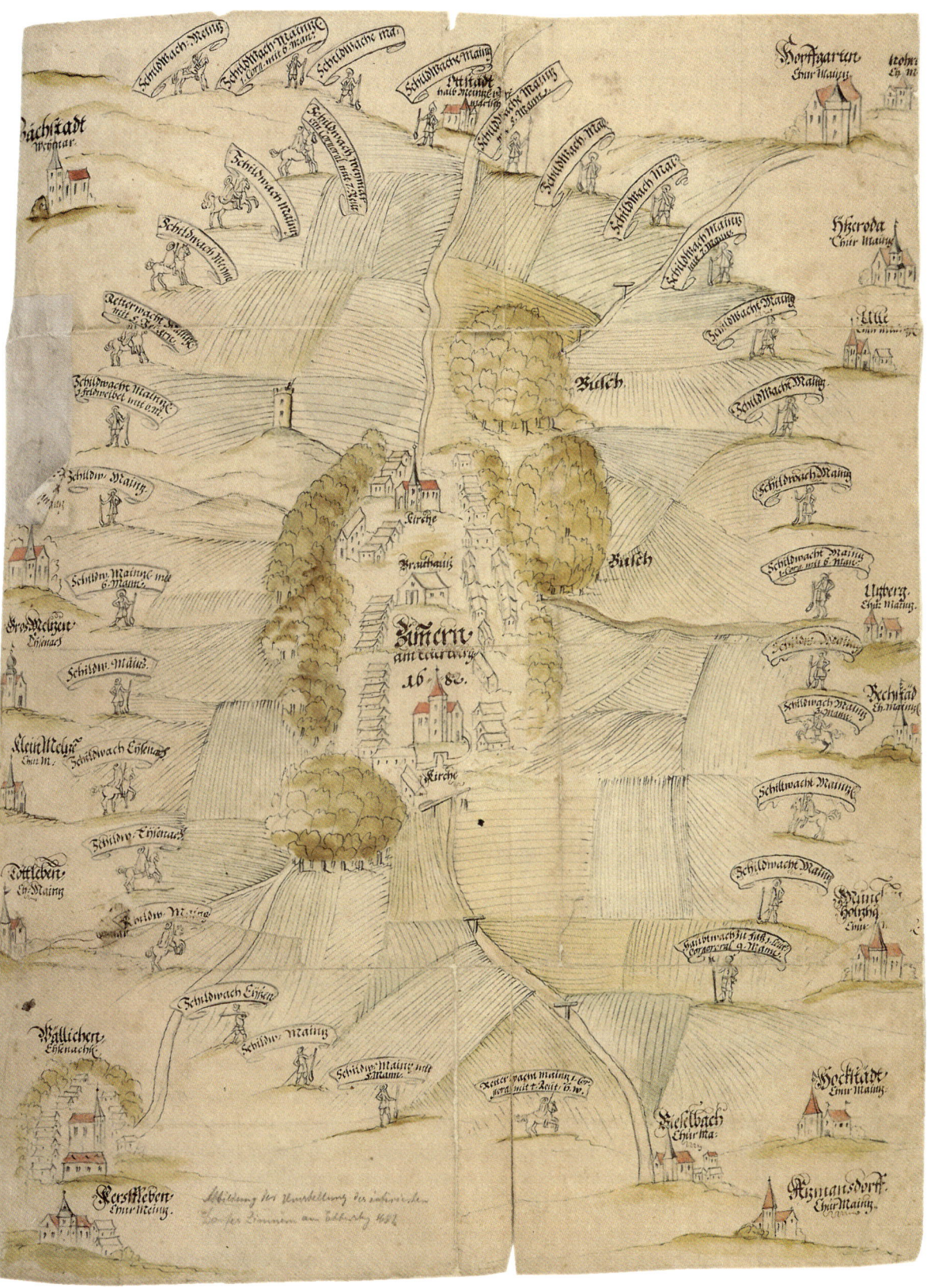

entnehmen, daß genau 9.437 Personen gestorben sind. **[1/46]** Die Regierungen der Nachbarstaaten übrigens waren nach den Erfahrungen mit der Aufrichtigkeit der Erfurter Behörden im Vorjahr zunächst nicht bereit, der Nachricht Glauben zu schenken, daß die Stadt pestfrei sei. Erst auf wiederholtes Bitten und auf Vorlage eines ärztlichen Gutachtens über die ergriffenen Entseuchungsmaßnahmen wurde im Juni 1684 der Bann über Erfurt aufgehoben.

Bei der nächsten europäischen Pestwelle zu Beginn des 18. Jahrhunderts, die zwischen 1703 und 1716 aus Südosten über Ungarn und Österreich bis Prag und Nürnberg vordrang, und die sich nach Norden über Polen und dann in die östlichen Gebiete Preußens, entlang der Ostsee bis ins südliche Skandinavien, nach Holstein, Hamburg und Bremen ausbreitete, waren die Regierungen der bedrohten Anrainerstaaten Mittel- und Ostdeutschlands besonders bemüht, rechtzeitig Vorsichtsmaßnahmen zu ergreifen und immer wieder einzuschärfen. Davon legen eine Reihe von Verordnungen Zeugnis ab, die aus Franken, Sachsen und Preußen stammen, in dessen Haupt- und Residenzstadt 1710 vorsorglich ein Pesthaus errichtet wurde, das jedoch, da die Pest nicht nach Berlin kam, nicht benutzt und 1727 als Maison de la Charité zum Krankenhaus umgewidmet wurde.[66]

Am 12. Oktober 1708 ermahnte der ›Fränkische Kreis-Convent‹ in Nürnberg, wo die Pest 1711 ausbrechen sollte, die Grenzbeamten, Personen, die »aus Preussen, Brandenburg, Sachsen, Schlesien und anderen angräntzenden Orten kommen«, nicht ohne Gesundheitspaß in den Kreis einzulassen, da nach zuverlässigen Berichten »die Contagion in Pohlen nicht allein nicht aufhören, sondern sich, je länger je mehr weiter ausbreiten solle«. **[1/49]** Der Rat der Stadt Dresden veröffentlichte 1611 einen Pestordnung **[1/50]**, die auf ältere Ordnungen zurückging und die von der im § 1 ausgesprochenen Ermahnung, ein gottgefälliges Leben zu führen und in die Kirche zu gehen, bis zu Regelungen reicht, was mit Mobiliar aus dem Eigentum von Personen

1/43

»Pestis tela praevisa«.

Pestordnung, Erfurt 1682

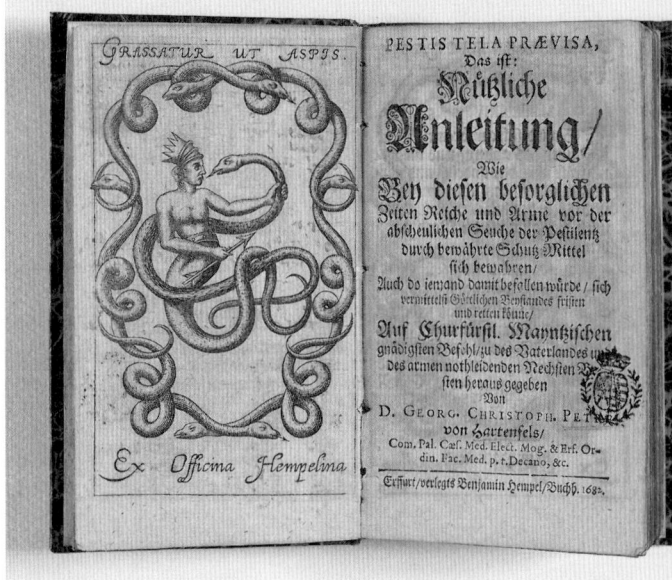

geschehen solle, die an der Pest verstorben sind. Besonderen Wert legt auch diese Ordnung auf Vorschriften zur Reinhaltung der Straßen, aber auch auf das an Schneider gerichtete Verbot, Kleider von Pestkranken zu verarbeiten; Menschenansammlungen sind nicht erlaubt und schließlich wird denjenigen, die Gesundheitspässe fälschen, die Todesstrafe angedroht.[67]

In Preußen schien man zunächst, da die Pest »auch Unsere Grentzen, ja sogar auch einige Orte in Unseren Landen mit ergriffen« habe, auf geistliche Mittel zu sinnen; der König erließ am 2. September 1709, einige Wochen, nachdem aus Königsberg die ersten Pesttoten gemeldet worden waren,[68] eine Verordnung **[1/51]**, mit der er den 16. Oktober zum allgemeinen Fast-, Buß- und Bettag bestimmte, um »durch wahre Reue und Busse der Göttlichen Gerechtigkeit« zu begegnen »und das überhand nehmen dieser abscheulichen plage« abzuwenden. Im folgenden Jahr wurden die Maßnahmen handfester und drastischer. Der König ordnete an **[1/52]**, daß alle, die versuchten, die als Pestsperren errichteten Zäune und Palisaden zu überklettern, an der Stelle, wo dieser Versuch unternommen worden sei, gehängt werden sollten. Einige Wochen später, als sich die Pest bedrohlich Berlin zu nähern schien, wurde noch einmal nachdrücklich verordnet, daß die Behörden der Kurmark Brandenburg vor allem für Personen aus Preußen, Polen, Pommern, Schlesien und der Uckermark Gesundheitspässe zur Einreise in die Haupt- und Residenzstadt nur ausstellen dürften, wenn diese Personen sich mindestens sechs Wochen in Brandenburg aufgehalten hätten. **[1/53]** Im Jahr 1711 schließlich, als die Gefahr abgewendet schien, wurde für das auf den zweiten Pfingst-Feiertag am 25. Mai angeordnete »Danck-Feste wegen der durch Gottes Gnade auffhoerende Seuchen der Pestilentz« ein Gebet veröffentlicht, in dem Gott gedankt wird, »daß, da wir mit unsern vielen Sünden deinen Zorn gereizet, du uns zwar gezüchtiget, doch nicht gäntzlich dem Tode übergeben«. **[1/54]**

Das Dankgebet scheint zu früh gesprochen worden zu sein. Denn im Sommer des nächsten Jahres bestimmt eine Verordnung, daß jetzt, nachdem der Handel mit Vorpommern, der Stadt Danzig und den ehemals pestverdächtigen Herzogtümern Holstein und Schleswig und den Städten Hamburg, Lübeck und Altona in gewissem Maße wieder freigegeben sei, sich eine gewisse Nachlässigkeit bei der Kontrolle eingeschlichen habe. Dazu sei jedoch kein Grund vorhanden, da nach beglaubigter Nachricht in Holstein, vor allem in den Städten Rendsburg und Glückstadt von neuem eine ansteckende Krankheit sich äußere. Allen Beamten wird dringend geraten, die noch immer gültigen Edikte des Vorjahres genau zu befolgen, und, »wann sie davon keine Exemplaria mehr haben«, sie »bey Unserem Collegio Sanitatis in Berlin« anzufordern. **[1/55]** Im nächsten Jahr schließlich gibt der preußische König kund und zu wissen, »daß die schon über Jahr und Tag in der Stadt Hamburg sich äußernde ansteckende Kranckheiten leider ! so sehr zugenommen«, daß er sich gezwungen sehe, die Einstellung des Handels mit der Stadt Hamburg anzuordnen, obwohl dieses Verbot das »Commercium kränkt«. **[1/56]**

Lazarett und Quarantäne

Der Versuch, das ›Commercium‹ so wenig wie möglich zu kränken, ohne zugleich die notwendigen Vorsichtsmaßnahmen zu vernachlässigen, steht auch am Ursprung einer Einrichtung, die seit dem 17. Jahrhundert als »Quarantäne« bekannt ist. Am 27. Juli 1377 beschloß der Stadtrat von Ragusa, dem heutigen Dubrovnik, alle Personen und Waren, die aus einer Gegend kommen, in der die Pest herrscht, einen Monat lang auf einer kleinen Insel vor der Stadt zu internieren; für die Unterbringung scheinen zunächst einfache Baracken gebaut worden zu sein, und dieses Provisorium wurde wohl erst 1429, auf einer anderen Insel, durch einen eigens zu diesem Zweck errichteten Neubau abgelöst.[69]

Der Gedanke hinter dieser Einrichtung war denkbar einfach. Eine Stadt, deren Überleben vom unbehinderten Handel abhängig ist, kann sich eine vollständige Sperrung und damit monatelange völlige Unterbrechung des Handels nicht erlauben; die auf einen Monat befristete Behinderung jedoch war geeignet, die Nachteile der Handelssperre so weit wie möglich zu verringern, ohne die Gefahr einer Einschleppung der Krankheit von außen zu vergrößern.

Die unter Quarantäne gestellten Personen waren Kranke auf Verdacht, ein Verdacht, der widerlegt war, wenn sich nach Ablauf des Monats keine der bekannten Krankheitszeichen zeigte; die Waren dagegen, bei denen eine solche Möglichkeit der Beobachtung nicht bestand, wurden zunächst ausgebreitet und gelüftet, um das Contagium zu beseitigen, später auch und im Laufe der Zeit immer stärker durch Waschungen und Räucherungen desinfiziert. Bestätigte sich bei einer Person der Krankheitsverdacht, konnten deren Waren und persönliche Habseligkeiten verbrannt werden.

Dieses System wurde im Laufe des 15. Jahrhunderts sehr schnell von allen wichtigen Mittelmeerhäfen übernommen und noch erheblich verfeinert. Da es unmöglich, aber auch unerwünscht sein mußte, jedes Schiff mitsamt Besatzung und Ladung in Quarantäne zu setzen, kam es darauf an, möglichst genau zu wissen, ob der

Hafen, aus dem ein Schiff kam, in einer Gegend lag, in der die Pest herrschte, ob die Gegend unter Pestverdacht stand oder keines von beiden. Zu diesem Zweck wurden im Abfahrtshafen vom Konsul des Landes, in das ein Schiff zu fahren beabsichtigte, Zertifikate ausgestellt, die als »Patente brute«, »Patente soupconnée« oder »touchée« bzw. als »Patente nette« bezeichnet wurden. Ohne eine solches Zertifikat, das im Italienischen entsprechende Bezeichnungen hatte, konnte kein Hafen angelaufen werden, und sogar wenn der Kapitän in der Lage war, ein »Patente nette« vorzuweisen, also aus einem Hafen kam, in dessen Umgebung von einer Pest nichts bekannt war, mußte in einigen Häfen bis zu zwei Wochen Quarantäne gehalten werden.[70] Am berühmtesten wurden wiederum die Institutionen Venedigs. Im Jahre 1403 erwarb die Republik zur Unterbringung von Pestkranken aus der Stadt und den zu ihr gehörigen Territorien von den Augustiner-Eremiten eine kleine Insel in der Lagune, auf der dieser Orden das Kloster Santa Maria de Nazareth unterhielt. Zwanzig Jahre später wurde beschlossen, diese provisorische und wohl auch nur temporäre Maßnahme in eine Dauereinrichtung umzuwandeln, verbunden mit einer festen Organisation und einem Neubau, der schließlich nicht nur Pestkranke aufnehmen sollte, sondern auch Personen, die mit Pestkranken Kontakt gehabt hatten oder aus Gegenden kamen, in denen die Pest herrschte. Im Jahre 1468 schließlich wurde, da dieses inzwischen noch einmal erheblich erweiterte Gebäude für eine Mehrfachnutzung nicht mehr ausreichte, auf einer anderen Insel ein zweites Gebäude errichtet, das in Zukunft ausschließlich die Funktion hatte, Personen und Waren, bei denen der Verdacht auf Pest bestand, aufzunehmen. Das im Jahre 1423 errichtete Gebäude dagegen war für die Isolierung Pestkranker und ihre Habe reserviert. [1/60][71]

Die ältere der beiden Einrichtungen hieß zunächst nach dem Kloster, in dem sie zuerst untergebracht war, ›Nazaretum‹, ein Wort, das im Zuge des zunehmenden Gebrauchs der Volkssprache anstelle des Lateinischen eine Veränderung in ›Lazaretum‹ erfuhr und auch zur Benennung der Neugründung des Jahres 1468 benutzt wurde. Man unterschied dieses »Lazaretto nuovo« vom älteren »Lazaretto vecchio« und die Bezeichnung ›Lazarett‹ wurde schließlich namengebend für vergleichbare Institutionen in der ganzen Welt. Man muß diesen Vergleich mit aller Vorsicht ziehen, da, abgesehen davon, daß im deutschen Sprachgebrauch das Wort Lazarett besonders zur Bezeichnung von Militärkrankenhäusern verwendet wird, sowohl Quarantänestationen zur zeitlich begrenzten Beobachtung gesunder Personen als auch Isolierstationen für an der Pest erkrankte Personen als Lazarette bezeichnet werden, eine Doppelbedeutung, die sich nicht unpräzisem Wortgebrauch verdankt, sondern der Tatsache, daß beide Funktionen oft nicht scharf getrennt wurden, wie das venezianische Beispiel zeigt. Insbesondere die Internierung von Personen, die aus pestverdächtigen Gebieten in die Stadt einreisen wollten und von Personen, die in der Stadt Umgang mit Pestkranken hatten, beruhte auf dem gleichen Prinzip und wurde in Venedig im »Lazaretto nuovo« durchgeführt.

Die Isolierung der Kranken in Lazaretten traf nicht selten auf einigen Widerstand. Kein Wunder, da dieser Vorgang, viel stärker noch als die Isolierung im eigenen Haus, als Todesurteil gedeutet wurde. Diese Deutung war durchaus nicht abwegig, da die Lazarette als Orte des Grauens galten, eine Tatsache, die ein Augenzeuge der Pest in Venedig 1576 auf eine knappe Formel brachte, als er das »Lazaretto vecchio« mit dem Inferno verglich.[72] Wie angemessen diese Bezeichnung war, wird aus zahllosen Berichten deutlich, die über fast alle Lazarette, nicht nur die in Venedig, ein vernichtendes Urteil nahelegen. Die Reihe der Übergriffe von seiten des Personals reichen von Mißhandlungen und Gewalttätigkeiten bis zu Diebstahl und Unterschlagung, Formen der Kriminalität, die nicht weiter verwundern angesichts der Tatsache, daß insbesondere das technische Personal, aber auch viele Pflegekräfte in diesen Lazaretten sich, ebenso wie die Leichenträger und Totengräber, in hohem Maße aus sozialen Randgruppen rekrutierte. Einen indirekten Hinweis auf die Zustände in den Lazaretten geben die Erlasse des »Magistro della sanità«, in denen überraschend ausführlich von möglichen kriminellen Handlungen des Personals und den darauf stehenden Strafen die Rede ist.[73] Dazu kam die hoffnungslose Überbelegung der Lazarette während einer Epidemie. Da auch durch die Einrichtung zusätzlicher Provisorien, einschließlich der Errichtung ganzer Barackenstädte, in denen die Verhältnisse

1/62

Das Pesthaus St. Sebastian bei Nürnberg. Radierung, 1702

sicher nicht besser waren, dieser Mangel nicht behoben werden konnte, wurde auch nach der Errichtung von Lazaretten ein nicht geringer Prozentsatz der Erkrankten zu Hause isoliert.

Zu denen, die zu Hause bleiben konnten, gehörten vor allem die Mitglieder wohlhabender und einflußreicher Familien, denen die Gesundheitsverwaltung, deren leitende Beamte der gleichen sozialen Schicht angehörten, die Tortur eines Aufenthalts im Lazarett ersparen wollten. Da dieses Verfahren gegen die Regeln des Seuchenschutzes verstieß, bedurfte es einer Begründung. Man fand sie in Venedig 1576 mit einer Unterscheidung, die nicht nur Einblick in die soziale Ungleichheit vor dem Tod, sondern auch in die Kunstgriffe bietet, die Behörden anzuwenden bereit waren, um die Tatsache, daß die Pest in der Stadt war, zu verschleiern. Zeigte ein Kranker oder ein Verstorbener die Symptome der Pest, so wurde er vom behandelnden Arzt als »di sospetto« gemeldet, also am Verdacht erkrankt oder

gestorben, so, als würde die Menschen nur am Pestverdacht, nicht jedoch an der Pest erkranken. Waren keine eindeutigen Pestsymptome zu erkennen, wurde die Formel »di rispetto« benutzt, was soviel wie ›zweifelhaft‹ bedeutete, eine Beurteilung, die den Kranken und seine Angehörigen vor den Konsequenzen schützte, die eine Beurteilung »di sospetto« nach sich gezogen hätte, nämlich eine Verbringung in die Lazarette.

Es kann nicht schwer gewesen sein, gegen eine gewisse Summe den Arzt dazu zu bringen, den Verdacht in einen Zweifel zu ändern, insbesondere da die Behörden zumindest eine Zeitlang die Augen fest verschlossen hielten und überdies bereit waren, den Besitzern von »case commode«, von großen, weiträumigen Häusern, zu erlauben, in ihren Häusern zu verbleiben, die, so die Rationalisierung, Platz genug boten, um genügend Abstand zwischen den Kranken und den Gesunden zu halten.[74]

Es sieht so aus, als hätten Seuchengesetzgebung und Lazarette nicht nur sanitäre und medizinische, sondern auch sozialdisziplinierende und diskriminierende Funktion gehabt. Im Laufe des 15. Jahrhunderts wurde deutlich, daß bei kleineren Epidemien, die nicht die gleiche Sterblichkeit wie etwa der Schwarze Tod aufwiesen, bei dem die Krankheit Arme und Reiche gleichermaßen betraf, vor allem die Stadtteile der armen Bevölkerung betroffen waren.[75] Diese Beobachtung führte schnell zu der Vermutung, zwischen Armut und Pest bestünde eine besonders enge Verbindung, die dann leicht auf Randgruppen wie Bettler und Prostituierte, im weiteren auf Fremde ausgedehnt werden konnte, denen die besondere Aufmerksamkeit der Behörden zu gelten hatte und die am besten im Pesthaus überwacht werden konnten, wenn man ihnen nicht zuvor schon den Eintritt in die Stadt verwehrt oder sie aus der Stadt hinausgeschafft hatte. Bezeichnend für diesen Trend ist der Kompetenzbereich des »Magistro della sanità« in Venedig, der eben nicht nur die Lazarette, die Stadtreinigung und den gesamten Lebensmittelhandel kontrollierte, sondern auch »Bettler und Krankenhäuser«, »Dirnen und Kuppler« und schließlich, als Verkörperung des Fremden, die Juden.[76]

41

Auch die Verordnung des ›Fränkischen Kreis-Convents‹ aus dem Jahre 1708 **[1/49]**, die Reisenden aus bestimmten Gegenden nur mit einem Gesundheitspaß die Einreise erlaubte, schärfte den Beamten ein, »daß kein frembder unbekannter Jud unter Leib- und Lebens-Straff mehr in Krais gelassen sondern davon abgehalten und zurück verwiesen werde«, und zwar unabhängig davon, ob er einen Gesundheitspaß vorzeigen konnte oder nicht. Der preußische König schließlich wollte in dem Edikt vom 8. August 1712 **[1/55]**, in dem er seinen Beamten die Durchführung der Kontrolle von Personen und Waren einschärfte, daß »ein mercklicher Unterschied zwischen Christen und Juden gemacht« werde. Im übrigen scheint es den Behörden mit dem Bau von Pesthäusern und Lazaretten während einer akuten Epidemie immer sehr ernst gewesen zu sein; von den Beschlüssen, die dann gefaßt und verkündet wurden, bis zur Verwirklichung war jedoch oft ein weiter Weg zurückzulegen, wie man z.B. aus Florenz und Mailand weiß und wie auch an einigen der folgenden Beispiele sichtbar wird.

Eines der ersten Pesthäuser auf deutschem Boden dürfte St. Sebastian in Nürnberg gewesen sein, das auf eine Stiftung des Bürgermeisters Conrad Toppler im Jahre 1480 zurückgeht. Der zweistöckige Steinbau, 1498 begonnen, war erst 1528 vollendet. Er wurde bereits 1552, während eines Kriegs, auf Anweisung des Nürnberger Magistrats aus fortifikatorischen Gründen niedergebrannt.[77] Eine dreiteilige Radierung von Hans Lautensack aus dem gleichen Jahr zeigt auf einem Blatt links im Vordergrund dieses Pesthaus vor der Stadt. **[1/61]** Zwei Jahre später wurde das Haus wiedererrichtet, diesmal aus Holz. Das Hauptgebäude besteht aus zwei parallelen Flügeln an einem schmalen, langen Hof, der von einer Galerie umgeben ist; ein Hof an der Schmalseite dieses Komplexes bildete das Zentrum der Anlage. **[1/62]**

Einen völlig anderen Typ repräsentiert das Hôpital St. Louis in Paris, mit dessen Bau im Jahre 1607 auf Befehl König Heinrichs IV. von Frankreich begonnen wurde und das bereits 1612 eröffnet werden konnte.[78] Bei diesem Hospital liegen vier riesige Krankenhallen um einen quadratischen Hof. Jede Halle ist durch einen Mittelpavillon in zwei Hälften geteilt und durch Eckpavillone mit den jeweils angrenzenden Hallen verbunden; in zwei dieser Eckpavillone, die diagonal einander gegenüberliegen, war jeweils ein Altar untergebracht. Die hohen Krankensäle im Obergeschoß besaßen wahrscheinlich ein außerordentlich kunstvolles Belüftungssystem, das den für die Vertreibung des Miasma notwendigen Luftzug erzeugte. Dieser Mittelkomplex war in weitem Abstand von einer Mauer umgeben, innerhalb derer, getrennt vom Pesthaus, vier Eckgebäude standen, deren zwei für infizierte »personnes de distinction« bestimmt waren, die beiden anderen für das Pflegepersonal und für Geistliche und Ärzte. Von diesen beiden Gebäuden führten, als Zugang für das Personal, Brücken in je einen Eckpavillon. **[1/63]**

Dieter Jetter hat das Hôpital St. Louis als Fortentwicklung des zwischen 1488 und 1508 errichteten ›Lazaretto‹ in Mailand bezeichnet, wohingegen der »Entwurf für ein Lazarett« Joseph Furttenbachs **[1/64]** eine reine Adaption des Mailänder Vorbilds sei.[79] In Furttenbachs Plan sind in vier um einen großen Hof gruppierten Flügeln kleine Zellen aneinandergereiht, von denen ein Teil für die Unterbringung des Personals bestimmt ist; einige Räume für Genesende sind durch ein Gitter von dem Rest des Komplexes getrennt. Die Anlage ist fortifikatorisch gesichert und über den umlaufenden Graben, der vor allem die unter Quarantäne Stehenden an der Flucht hindern sollte, führen vier Brücken. Am gleichen Vorbild ist auch Malachias Geigers nie verwirklichtes Pesthausprojekt für München orientiert **[1/65]**, bei dem die wie bei Furttenbach in der Mitte des Hofes geplante offene Kapelle, deren Altar von allen Zellen aus gesehen werden kann, besonders gut zu erkennen ist.

Zu den bekanntesten Pesthaus- und Lazarettprojekten gehört der Vorschlag John Howards, eines englischen Rechtsanwalts, der im Jahre 1789, nach einer Rundreise durch die europäischen Lazarette, eine Bestandsaufnahme und Beschreibung veröffentlichte, die er mit einem Idealplan verband, und die bereits zwei Jahre später in

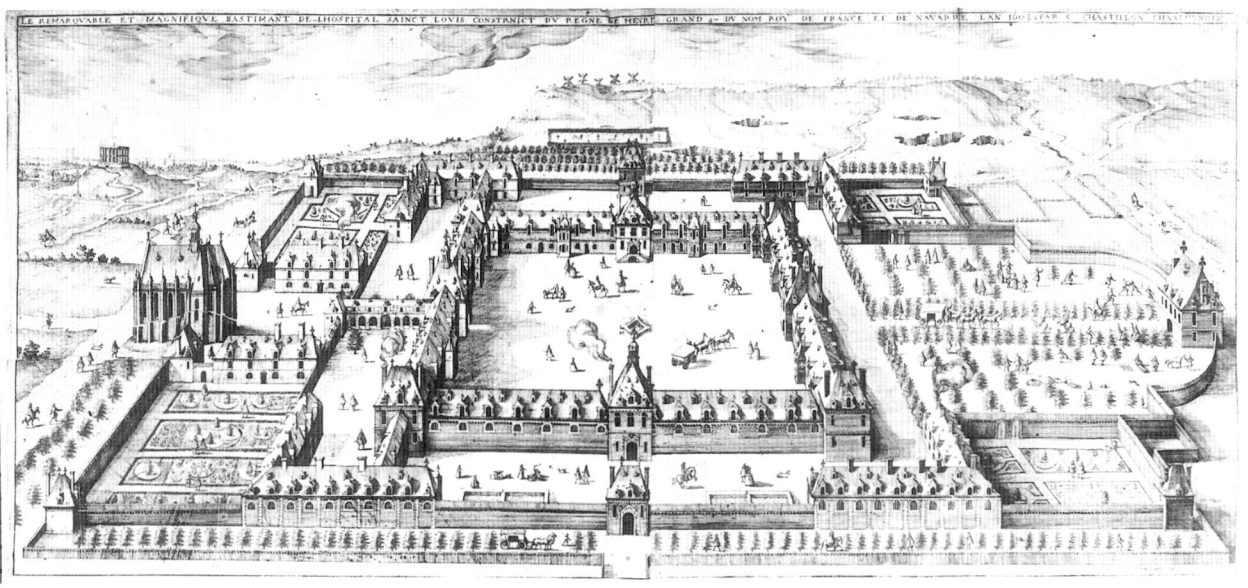

Das Pesthospital St. Louis in Paris. Kupferstich, 1641

deutscher Übersetzung erschienen. Howards »Grundriss zu einem Pesthaus« **[1/66]**, ein Gebäude für die Seequarantäne, ist denkbar einfach. In einer rechteckigen Gesamtanlage, die von einem Wassergraben begrenzt ist, liegen eine große Zahl kleiner Gebäude, und zwar sowohl »Wohnungen für die Passagiere und Wächter« als auch »Häuser für die Güther«; während auf einer Seite der symmetrisch der Länge nach in zwei Hälften geteilten Anlage Arkaden und ein freier Platz für die »reinen Güther« vorgesehen sind, finden sich in der anderen Hälfte »Arkaden für unreine Güther« und für Reinigungszwecke große Wasserpumpen. Die Wohnungen des Personals befinden sich außerhalb der Anlage. Im Zentrum des ganzen liegt, in der englischen Version, ein »pleasure ground«, der in der deutschen Übersetzung zu einem »Platz zum Vergnügen für die Passagiere« wurde.

Der weiträumigste Versuch zur Anlage einer Landquarantäne war der österreichische Pestkordon, eine Einrichtung, mit der auf einer Länge von 1.900 km an der Südostgrenze der Monarchie das Eindringen der Seuche aus dem osmanischen Reich verhindert werden sollte.[80] Dieser Kordon ging aus der seit Anfang des 16. Jahrhunderts bestehenden Militärgrenze hervor, die seit Anfang des 17. Jahrhunderts neben ihren Grenzschutzaufgaben auch seuchenpolizeiliche Aufgaben wahrnahm, die schließlich zu Beginn des 19. Jahrhunderts ganz im Vordergrund standen. Bereits im Jahre 1710, als auch andere mitteleuropäische Staaten ihre seuchenpolizeilichen Maßnahmen wegen der in Osteuropa grassierenden Pest verschärften, bat die Sanitäts-Hofkommission den Hofkriegsrat, an der Militärgrenze Pestkontrollen durchzuführen. Achtzehn Jahre später wurde diese vorübergehende Maßnahme auf Dauer gestellt und schließlich 1740 mit dem systematischen Ausbau des Pestkordons begonnen, der jedoch erst 1770 vorläufig abgeschlossen war. **[1/70]**

Die Wachaufgaben oblagen, wie bereits bei der alten Militärgrenze, die nicht mit regulären Truppen hatte besetzt werden können, den Bewohnern eines genau definierten, 20 bis 40 km breiten Gebiets diesseits der Grenze, einer Art Miliz. Die Milizionäre, von denen im Jahre 1799 bei einer Gesamteinwohnerzahl des Grenzgebiets von 823.950 Menschen 101.629 mobilisiert werden konnten, taten in der Regel die Hälfte des Jahres Dienst an der Grenze oder bei militärischen Übungen. Die Wachen waren in Holzhäusern, die auch als Beobachtungsstationen fungierten, stationiert und so zueinander postiert, daß »in der Regel ein Wachtposten den andern

43

bey Tage zu sehen, bey Nacht mit Erfolg aufzurufen« imstande war. Zwischen diesen Posten waren Patrouillen unterwegs, die, ebenso wie die Posten, verpflichtet waren, auf streunende Tiere sofort und auf Menschen, die die Grenze unerlaubt zu passieren versuchten und auf Anruf nicht reagierten, zu schießen. Bei Alarmstufe eins, wenn die europäischen Gebiete der Türkei als pestfrei galten, taten 4.000 dieser Grenzwächter Dienst, bei Alarmstufe zwei, wenn die Pest in Konstantinopel gemeldet wurde, wurde

1/65

Projekt eines Pesthauses für München. In M. Geiger: »Kurzer Vnderricht vnd Guetachten …«, Kupferstich, 1649

die Zahl auf 7.000 erhöht und bei Alarmstufe drei, wenn Pestfälle in Bosnien, Serbien, Moldau oder der Walachei gemeldet wurden, auf 11.000. Um sichere Nachrichten über Pestfälle in den genannten Gebieten zu bekommen, wurden nicht nur die österreichischen Konsulate in der Türkei und der Internuntius bei der Hohen Pforte verpflichtet, regelmäßige Berichte zu liefern, sondern auch Militärärzte als »Sanitätskundschafter« entsandt.

Alle Personen, die nach Österreich einreisen wollten, wurden an den Grenzstationen in ein Quarantäne-Lazarett, das »Kontumaz-Haus«, gebracht, wo sie eine Befragung durch den Direktor und eine Untersuchung durch den Lazarettarzt über sich ergehen lassen mußten. Diese Kontumaz-Häuser, die zunächst wohl teilweise provisorischen Charakter hatten und gelegentlich nur aus einigen um einen Hof gruppierten

Pavillons oder gar Baracken bestanden **[1/68]**, wurden ab 1770 systematisch ausgebaut nach Plänen, die von Militäringenieuren entworfen wurden. **[1/67, 1/69]** Diese Pläne sind, wie die Projekte Furttenbachs und Geigers **[1/64, 1/65]**, am Vorbild des Mailänder ›Lazaretto‹ orientiert. Um einen geschlossenen Hof, in dessen Mitte, von allen Seiten sichtbar, eine Kapelle steht, sind die Räume für diejenigen gruppiert, die in Quarantäne gesetzt sind. Diese Räume sind selbst wieder durch hohe Lattenzäune voneinander isoliert. Von diesem Bereich ist ein zweiter völlig getrennt, der nicht-exponierte Bereich, in dem sich die Wohnungen des Lazarettdirektors und des Arztes befinden und durch den der Reisende, nach Ableistung der Quarantäne, das Lazarett, das er an der Nahtstelle zwischen dem exponierten und dem nicht-exponierten Bereich betreten hat, wo sich auch der von zwei Seiten zugängliche Raum der ersten Untersuchung befindet, wieder verläßt.

Bis zu einer grundlegenden Reform im Jahre 1785 mußten alle Reisenden, selbst wenn sie keinerlei Pestsymptome aufwiesen und wenn Alarmstufe eins galt, eine 21 Tage dauernde Quarantäne durchmachen. Bei Alarmstufe zwei erhöhte sich die Quarantäne auf 42 Tage und bei Alarmstufe drei auf 84 Tage; in den 70er Jahren wurde die Quarantäne bei Stufe zwei auf 28 Tage und bei Stufe drei auf 42 Tage herabgesetzt. Die mitgeführten Kleidungsstücke und Waren wurden einer gründlichen Reinigungs- und Räucherungsprozedur unterzogen. Die Kleidung wurde mehrmals gewaschen und gelegentlich auch mit Schwefeldämpfen geräuchert. Briefe wurden perforiert und dann mit Schwefel- oder Chlordämpfen desinfiziert, Geld wurde in Essigwasser gelegt. Baumwolle und Schafswolle, die beiden Haupteinfuhrprodukte aus dem Osmanischen Reich, sollten zur Durchlüftung ausgebreitet werden; da hierzu der Platz oft nicht reichte, kam man auf ein anderes Verfahren, bei dem in die Ballen ein Loch gebohrt wurde, groß genug, »daß der Arm eingestecket werden kann«, worauf bestimmt wurde, daß »alle Tage (…) die Reinigungsknechte mit dem Arm hineinfahren (…), auch darauf öfter ihre Nachtruhe nehmen« müßten.

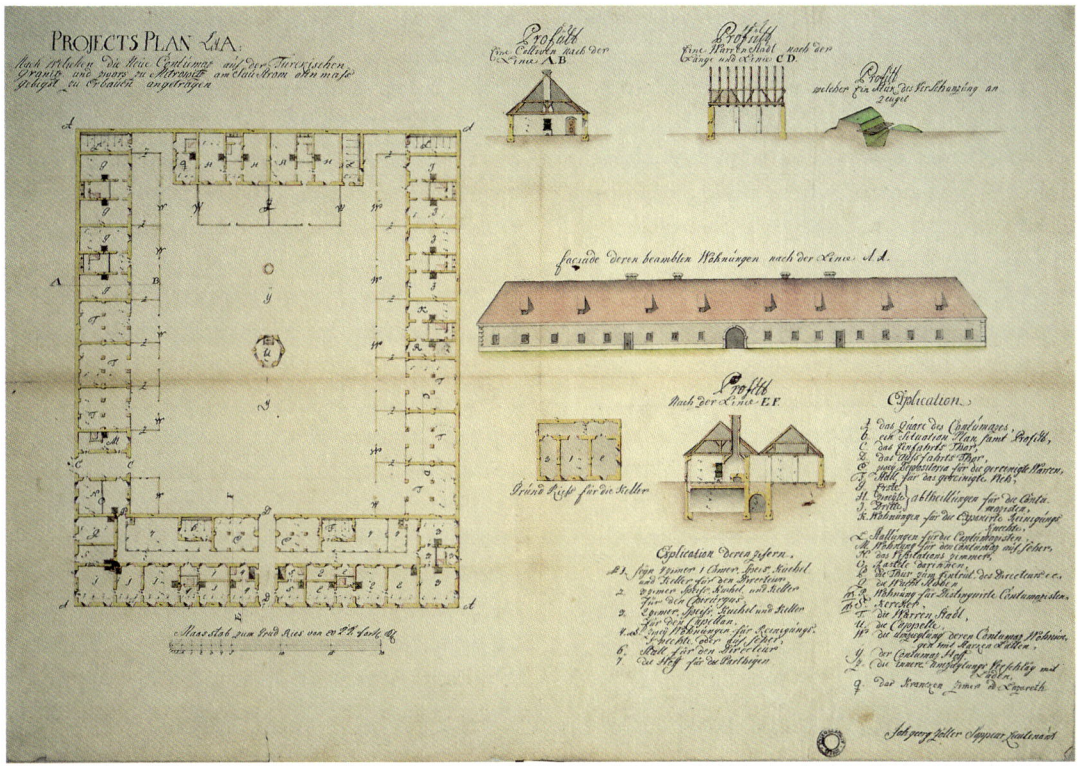

1/67

J. G. Zöllner: Plan
für ein Contumazgebäude
bei Mitrowitz an der Sau.
Tusche/Papier,
aquarelliert, 1769

Zwar traten wohl in keinem Fall bei einem Reinigungsknecht Pestsymptome auf, die man als Nachweis der Vergiftung der Ware mit dem Pestmiasma erwartete; das Verfahren jedoch, das so auch andernorts angewandt wurde, ist bemerkenswert genug. Fast überflüssig zu sagen, daß sich die Wohnungen der Reinigungsknechte im exponierten Bereich befanden.

Im Jahre 1785 wurde die Dauer der Quarantäne erheblich herabgesetzt. Bei Alarmstufe eins konnte der Reisende nach positivem Untersuchungsergebnis sofort passieren, bei Stufe zwei blieb er zehn und bei Stufe drei 21 Tage. Diese Reform verdankte sich wohl wesentlich der Tatsache, daß die Klagen über die durch die lange Internierung verursachten wirtschaftlichen Nachteile und Einbußen nicht abrissen. So sahen sich türkische Händler, die gewohnt waren, ihre Waren über österreichische Häfen an der dalmatinischen Küste zu verschiffen, nach der Einführung der strengen Quarantänebestim-

mungen gezwungen, sich an die venezianischen Häfen dieser Küste zu wenden, so daß, wie die ›Ministerial-Banco Deputation‹ in Wien im Jahre 1771 errechnete, die »Wendung des bosnischen commercii nach dem venetianischen Dalmatien« einen jährlichen Verlust von 20.000 bis 30.000 Gulden erbrachte. Gravierender dürften allerdings die Folgen für die Grenzbevölkerung gewesen sein, die vom grenzüberschreitenden Handel lebte; so waren zum Beispiel die siebenbürgischen Wollwirker und Tuchmacher vom Import ihres Rohmaterials aus der Türkei abhängig, der bei einer ausgedehnten Quarantäne zwar möglich, aber nur mit hohen Verlusten durchzuführen war. Mag sein, daß der Pestkordon tatsächlich, wie behauptet wurde, auch eine wirtschaftsprotektionistische Funktion hatte, indem er die Einfuhr ausländischer Güter nach Österreich erschwerte.[81]

Wien, Marseille und das Ende der Pest in Europa

Daß die Einrichtung des Pestkordons von den Erfahrungen beeinflußt wurde, die die österreichische Haupt- und Residenzstadt Wien während der Epidemien des 17. und 18. Jahrhunderts machte, ist höchst unwahrscheinlich. So ist überhaupt erkennbar, daß trotz der regelmäßigen Wiederkehr der Pest überall in Europa nicht nur immer wieder die gleichen Maßnahmen ergriffen wurden, sondern auch die immer gleichen Versäumnisse vorkamen. Obwohl bei Beginn der großen Epidemie in Wien im Jahre 1679 die letzte Epidemie gerade gut 20 Jahre zurücklag, wiederholten sich hier noch einmal die seit Jahrhunderten üblichen Theorien, Maßnahmen, Verhaltensweisen und vor allem Fehler.[82] Als im Dezember 1678 in der Leopoldstadt die ersten Todesfälle auftraten, gaben die Behörden beschwichtigend bekannt, es handle sich nur um ein »hitziges Fieber«; der Protest der Mitglieder der medizinischen Fakultät der Universität gegen diese Behauptung wurde energisch zurückgewiesen. Einer der Medizinprofessoren, Paul de Sorbait [1/72], der noch im gleichen Monat zum Dekan der Fakultät gewählt wurde, hatte bereits im Sommer des Jahres, als aus Ungarn zahlreiche Pesterkrankungen gemeldet worden waren, ein Gutachten verfaßt mit der dringenden Empfehlung, zum Schutze Wiens sofort Abwehrmaßnahmen zu ergreifen. Dieses Gutachten war, wie sich später herausstellte, beim ›Collegium sanitatis‹ unbearbeitet geblieben und verloren gegangen.

Auf Drängen Sorbaits und wohl gegen den hinhaltenden Widerstand der Behörden wurde am 9. Januar 1679 schließlich eine Infektionsordnung erlassen, die auf die Arbeit des Vorgängers Sorbaits auf dem Lehrstuhl für praktische Medizin, Johann Wilhelm Mannagettas zurückging, der diese Ordnung, die jetzt zum ersten Mal von Sorbait veröffentlicht wurde, bereits 1665 niedergeschrieben hatte. Im Zentrum dieser Ordnung stehen, nach einleitenden christlichen Ermahnungen und der Wiederholung der lange bekannten Bestimmungen über Schmutz und Unsauberkeit, wozu z.B. die Androhung stren-

ger Bestrafung desjenigen gehört, der »todtes Vieh, als Hund, Katzen, Hüner«, aber auch Blut, Knochen oder Eingeweide auf die Straße wirft, die üblichen seuchenpolizeilichen Maßnahmen. Jeder Fall einer Pesterkrankung solle sofort gemeldet werden. Der Erkrankte müsse in ein Pestspital gebracht werden und alle, die im gleichen Haus mit dem Erkrankten leben, müssen zur Beobachtung in ein »Kontumazhaus«. Das Haus, in dem die Erkrankung gemeldet wurde, soll an der Eingangstür mit einem weißen Kreuz gezeichnet und vierzig Tage lang verschlossen werden. Bevor die Häuser wieder bezogen werden, sollen sie gesäubert, geräuchert und geweißt werden. Kleider und Gegenstände, die der Erkrankte benutzt hatte, werden ins Lazarett gebracht und entweder gereinigt oder verbrannt. Darüber hinaus galt ein strenges Einreiseverbot für Personen aus infizierten Gegenden; einreisen durfte nur, wer bereit war, sich einer vierzigtägigen Quarantäne zu unterziehen, oder wer durch das Vorzeigen eines Gesundheitspasses nachweisen konnte, daß er aus einer nicht infizierten Gegend kam. Um die Ausbreitung der Krankheit in der Stadt zu verhindern, sollten Trinkstuben und Schulen geschlossen, Kirchweihen, Jahrmärkte und andere öffentliche Veranstaltungen eingestellt werden, weil, wie es in der Begründung hieß, »vil Leut zusammen kommen, und leichtlich einer dem andern was anhäncken kan«.

Wie es um die Einhaltung der in dieser Ordnung verkündeten Vorschriften und Verbote gerade bei denen stand, in deren Namen sie erlassen wurde, wird an einem spektakulären Beispiel deutlich. Trotz des begründeten Verbots öffentlicher Versammlungen zogen am 14. Juni 1679 der päpstliche Nuntius mit 50 sechsspännigen Karossen und sechs Tage später ein russischer Gesandter mit 200 Personen Gefolge in Wien ein, prunkvolle Aufzüge, die die Schaulustigen in Massen herbeilockten in einem Monat, in dem bereits 90 Pesttote gemeldet worden waren. Bei der Erteilung von Gesundheitspässen scheinen Geldforderungen nicht unüblich gewesen zu sein, wie aus einem Regierungsdekret vom November 1680 hervorgeht. Auch in den Lazaretten schei-

46

1/78

Das Pestlazarett am Alsergrund.
Öl/Lw, um 1680

nen die Zustände denen von anderen Orten und zu anderen Zeiten bekannten entsprochen zu haben. Während die »Siech-knechte« Kleidungsstücke und Möbel der Kranken entgegen der Vorschrift nicht ins Lazarett brachten, um sie zu räuchern oder zu verbrennen, sondern behielten oder gar verkauften, wurde der Lazarettapotheker vor Gericht gezogen, weil er die dem Lazarett zur Verfügung gestellten Medikamente nicht für dessen Insassen, sondern für gut zahlende Privatkunden verwendet hatte; er kam mit einer Geldstrafe von 50 Talern davon, die schließlich sogar auf 24 Taler herabgesetzt wurde. Härter traf es den »Lazarettvater«, den Vorsteher des Lazaretts, der 246 Kranke zuviel in Rechnung gestellt hatte und deshalb am 1. Dezember 1679 gehenkt wurde.

Unter dem Titel »Mercks Wien« veröffentlichte der Augustiner-Barfüßermönch und »Kaiserliche Prediger« Hans Ulrich Megerle, der den Namen Abraham a Sancta Clara angenommen hatte, einen Bericht über die Epidemie. **[1/73]** Abraham beginnt mit der Schilderung der glanzvollen Ereignisse im Wien des Sommers 1679, des Einzugs der beiden Botschafter, Ereignisse, die ihre »höchste glory« im Juli fanden, als der polnische Botschafter Fürst Radziwill mit seinem Einzug den Pomp seiner Vorgänger noch übertraf, als »mitten in gedachten Monath Julii risse ein die laydige Sucht, welche schon lang her unter dem Titel hitziger Kranckheit von Gewissenslosen Leuthen verhüllt, endlich in ein allgemaine gifftige Contagion außgebrochen, daß man mit männiglicher Besturtzung gleich hin und her auff freyer Gassen todte Cörper gefunden und also die traurige Tragoedi öffentlich kundtbar worden ...«.

Der offenbar gut informierte und den Behörden kritisch gegenüberstehende Barfüßermönch, der nicht versäumt, neben einer ganzen Reihe anderer Personen besonders die Leistung Paul de Sorbaits herauszustreichen, nimmt in »Mercks Wien« die Schilderung der Pest-Ereignisse zum Ausgangspunkt einer als Totentanz angelegten Ständesatire, die er unter dem Titel »Mercks Wien, Dresden und Leipzig«, wo »im sechzehen

hundert und neun und siebentzigsten und Achtzigsten Jahr« ebenfalls eine Pestepidemie war, noch einmal veröffentlichte. Die Satire könnte unter dem Titel der Gedichtzeile »Sterben müssen alle Leuth« stehen, zu der ein orgelspielender Tod gehört, der in der Folge Reichen und Gelehrten, Prälaten und Damen, Eheleuten und Soldaten jeweils zeigt, daß angesichts seiner Macht ihre weltlichen Ambitionen eitel sind.[83]

Abraham a Sancta Clara hat auch am 17. Juni 1680 aus Anlaß des Gottesdienstes zum Dank für die Abwendung der Pest die Predigt gehalten. Dieser Gottesdienst fand an der Pestsäule auf dem Graben statt, dessen festliche Ausschmückung **[1/80]** Abraham zu Beginn seines Buches »Österreichisches DEO GRATIAS« **[1/76]**, in dem auch die Predigt abgedruckt ist, beschreibt: »Erstlich war der gantze Graben mit einer schönst verfertigten Gallerie von hundert und mehr aufgerichten Schwibbögen fast zu trutz einem Römischen Amphitheatro und vielleicht des Ptolomäi Philadelphi prächtigsten Triumphbögen nit ungleich gezieret (...)«. Die hölzerne Pestsäule, die auf dem Titelkupfer des »DEO GRATIAS« abgebildet ist, war nach einem Entwurf von Johann Frühwirt beim Abklingen der Pest im Oktober 1679 errichtet und bereits am 31. Oktober eingeweiht worden. **[1/79]**[84]

Diese Säule war als Provisorium gedacht. Denn tatsächlich hatte der Kaiser, der auf Empfehlung Sorbaits, der zuvor zum Vorsitzenden des ›Collegium sanitatis‹ ernannt und mit der Überprüfung aller Infektionsmaßnahmen betraut worden war, im August die Stadt verlassen hatte, im Oktober das Gelübde abgelegt, eine marmorne Säule zur Ehre der Heiligen Dreifaltigkeit auf einem öffentlichen Platz errichten zu lassen. Die Ausführung dieses Gelübdes allerdings zog sich erheblich in die Länge. Die provisorische Holzsäule stand noch, als am 25. Oktober 1682 anläßlich der Erneuerung des Gelübdes durch den Kaiser im Stephansdom der Graben erneut festlich dekoriert wurde. Zu diesem Anlaß wurde eine Münze geprägt, die den Entwurf Matthias Rauchmillers zeigt **[1/83]**, der wohl bereits Anfang 1681 mit der Anfertigung eines Modells beauftragt worden war. Rauchmillers Entwurf ist nur teilweise verwirklicht worden. Zunächst stand der Türkenkrieg einem Weiterbau im Wege, und danach scheinen nicht nur die finanziellen Mittel, sondern auch das Interesse des Kaisers gefehlt zu haben, so daß bis zum Tod des Bildhauers im Februar 1786 nur der Sockel fertiggestellt werden konnte.

Seit dem Frühjahr 1687 ging es mit Planung und Bau weiter, wobei nacheinander und gleichzeitig der Bildhauer Paul Strudel, der Bildhauer und Architekt Johann Bernhard Fischer und der kaiserliche Ingenieur, Truchseß und Theaterinspektor Ludovico Burnacini beteiligt waren. Von Burnacini existieren Entwürfe, die erkennen lassen, wie aus dem ursprünglich als Säule konzipierten Denkmal eine Wolkenpyramide wurde.[85] Der ausgearbeitete Entwurf **[1/81]** ist von Gertraut Schikola beschrieben worden: »Auf dem Boden liegen (...) die Körper der Pestkranken und Toten, über denen vier weibliche Allegorien knien bzw. stehen. Zu Füßen der linken knienden Frau«, bei der es sich um Austria handelt, »liegt eine Krone. Austria wendet sich an eine stehende weibliche Gestalt, die einen Kelch in der Hand hält und

1/81

L. Burnacini: Entwurfsskizze zur Neugestaltung der Wiener Pestsäule. Blei/Papier, nach 1687

1/82

B. Kilian nach L. Burnacini: Die vollendete Dreifaltigkeitssäule im Graben. Kupferstich, 1697

wahrscheinlich den Glauben personifizieren soll. Diese begleiten zwei weitere, durch Attribute nicht näher charakterisierte Frauen. Es könnte die demütige Liebe und die nach oben weisende Hoffnung gemeint sein, allerdings treten sie formal stark hinter dem Glauben zurück. Über die Kniende hält der Glaube wie schützend die Hand, während die andere im Hintergrund steht und die Verbindung zur oberen Zone herstellt, indem sie einerseits auf die Austria herabblickt, andererseits mit der rechten Hand wie im Schutzengelgestus nach oben weist, wo Christus mit dem Kreuz aus den Wolken niedersteigt. Gottvater thront an der Spitze der Pyramide, die Taube schwebt unter ihm. Kleine Engelskinder bevölkern ... die Wolkenballen, durch die sich die Strahlen, die von Gottvater ausgehen, den Weg bahnen.« Dargestellt ist die Bitte um Abwen-

dung der Pest »in Form ihrer Überwindung durch den Glauben«.[86]

Dieser Entwurf ist nicht verwirklicht worden. Die Pyramidenform wurde jedoch ebenso beibehalten wie die allerdings erheblich reduzierten Wolkenkränze. [1/82] Die Verkörperungen der Dreifaltigkeit sind auf der Spitze der Säule vereint und an die Stelle der knienden Austria ist der Kaiser als bittender Stifter getreten. Ein Engel vermittelt zwischen der durch den knienden Kaiser repräsentierten irdischen Zone und der himmlischen Zone der Dreifaltigkeit. Auf der untersten Stufe des Sockels schließlich wurde eine Pietà hinzugefügt, die eine als weibliche Furie personifizierte Pest stürzt.[87]

Im Jahre 1713 brach in Wien erneut eine Pestepidemie aus. Als diese sich im Oktober ihrem Ende näherte, legte Kaiser Karl VI., der, anders als sein Vorgänger, in der Stadt geblieben war, das Gelübde ab, zum Dank eine Votiv-Kirche errichten zu lassen. Diese wurde als Karlskirche dem Namenspatron des Kaisers, dem heiligen Carl Borromäus, gewidmet, der sich in der Mailänder Pestepidemie des Jahres 1576 besonders verdient gemacht hatte, anschließend heiliggesprochen worden war und neben den Heiligen Sebastian und Rochus bereits breite Verehrung genoß. [1/84][88]

Im Mai 1720 kam die Pest zum letzten Mal nach Europa.[89] Angeblich eingeschleppt von einem Schiff, bei dessen Abfertigung die Quarantänebestimmungen nicht korrekt angewandt wurden, verbreitete sich die Krankheit von 1720 bis 1722 über Marseille und die Provence. [1/85, 1/86, 1/87] Die Pest von Marseille löste überall in Europa Maßnahmen aus. So erließ der Kurfürst von Sachsen am 10. Oktober 1721 ein »Mandat Wegen der in dem Koenigreiche Franckreich Sich je mehr und mehr ausbreitenden CONTAGION und Derer, dagegen anbefohlenen Anstalten«. [1/59] Da diese Epidemie auf den Süden Frankreichs beschränkt blieb, konnte der preußische König am 15. Juni 1723 die seit 1721 bestehenden Beschränkungen und Verbote des Handels mit Frankreich wieder aufheben, wie das, wie in der Verordnung [1/58] ausdrücklich vermerkt wird, andere Staaten bereits getan hatten.

Allerdings hatten fast alle Staaten auf den Schock, den die Epidemie ausgelöst zu haben scheint, mit einer Verbesserung und Ausweitung der bestehenden Dauermaßnahmen und einer Verschärfung der Bestimmungen reagiert; so verdankt sich die Umwandlung des österreichischen Pest-

kordons von einer temporären Maßnahme in
eine Dauereinrichtung der Epidemie von 1720.
Ob diese Intensivierung seuchenpolizeilicher
Maßnahmen erheblich dazu beigetragen hat,
daß die Pest seither aus Europa weitgehend ver-
schwunden ist, ist bis heute ungeklärt.[90]
Seit der Mitte des 19. Jahrhunderts begann, wohl

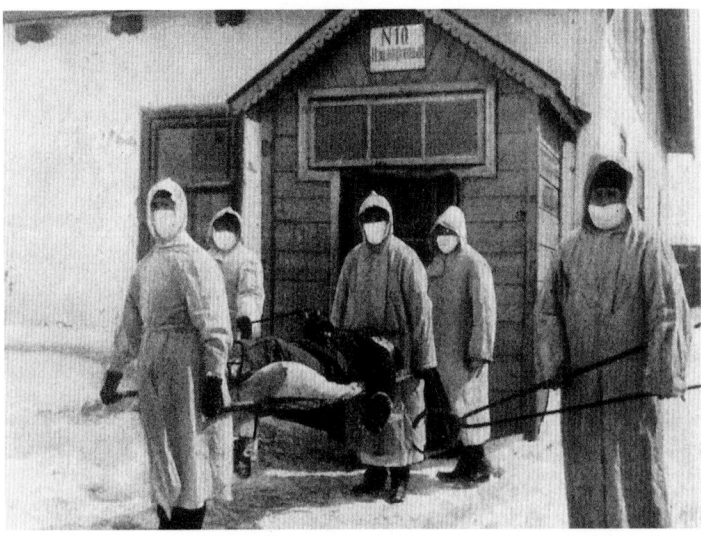

1/91
Abtransport von Pestleichen.
In R. Budberg: »Bilder aus der Zeit
der Lungenpest=Epidemien in der
Mandschurei 1910/11 und 1921«,
Hamburg 1923

ebenfalls von Zentralasien ausgehend, die dritte Pestpandemie. Die Krankheit verbreitete
sich in der zweiten Hälfte des
Jahrhunderts über Südchina,
wo sie 1894 Hongkong erreichte. Dort entdeckte im Juni 1894
Alexandre Yersin **[1/89]**, ein Mitarbeiter des Institut Pasteur in Paris, im Eiter von Bubonen das
Pestbakterium, das heute nach ihm »Yersinia
pestis« genannt wird. Mit dem Bericht Yersins in
den Annales de l'Institut Pasteur **[1/88]** begann
eine neue Epoche der Erforschung dieser Krankheit, wobei wichtige Entdeckungen während der
Epidemien in Indien **[1/90]** und der Mandschurei **[1/91, 1/92, 1/93]** gemacht wurden, eine Epoche, die bis heute nicht zu Ende ist.[91]

Anmerkungen

1. Ann G. Carmichael: Plague and the poor in Renaissance
Florence, Cambridge 1986, S. 98. Zum »Schwarzen Tod« gibt
es eine ganze Reihe von Gesamtdarstellungen. Von den neueren ist hier zu nennen Philip Ziegler: The Black Death, London 1969; Robert S. Gottfried: The Black Death. Natural and
Human Disaster in Medieval Europe, London 1983; Klaus
Bergdolt: Der Schwarze Tod in Europa. Die Große Pest und
das Ende des Mittelalters, München 1994; Elisabeth Carpentier: Autour de la Peste Noire. Famines et épidémies dans
l'histoire du XIVe siècle, in: Annales 17, 1962, S. 1062–1092;
Neithard Bulst: Der Schwarze Tod. Demographische, wirt-
schafts- und kulturgeschichtliche Aspekte der Pestkatastrophe
von 1347–1352. Bilanz der neueren Forschung, in: Saeculum
30, 1979, S. 45–67
2. Ich folge in der Datierung Jean-Noël Biraben: Les hommes
et la peste en France et dans les pays européens et méditerranéens, Band 1, Paris 1975, S. 71–92. Boccaccios Behauptung
in der Einleitung zum Decamerone in Klaus Bergdolt (Hg.):
Die Pest 1348 in Italien. Fünfzig zeitgenössische Quellen,
Heidelberg 1989, S. 39. Hier S. 55 der Auszug aus der Chronik des Matteo Villani, der China und Indien nennt.
3. Gabriele de Mussis: Ystoria de morbo sive mortalitate quae
fuit anno Domini 1348, in: Bergdolt (wie Anm. 2), S. 19–21.
Zu de Mussis und der Schilderung der Vorgänge in Kaffa,
dem heutigen Feodosia, siehe auch Vincent J. Derbes: De
Mussis and the Great Plague of 1348. A Forgotten Episode of
Bacteriological Warfare, in: JAMA. Journal of the American
Medical Association 196, 1966, S. 179–182
4. Eine ausführliche Darstellung des Seuchenwegs findet sich
in Michael W. Dols: The Black Death in the Middle East,
New Jersey 1977, S. 35–56.
5. Stephen d'Irsay: Notes to the origin of the expression:
Atra Mors, in: Isis 8, 1926, S. 328–332
6. Eine gute Übersicht über die vorliegenden Zahlen und
Berechnungen findet sich in Bernd Ingolf Zaddach: Die
Folgen des Schwarzen Todes (1347–51) für den Klerus Mittel-
europas, Stuttgart 1971, S. 18–23. Außerdem bei Bulst (wie
Anm. 1), S. 50–54
7. Dazu vor allem Friedrich Lütge: Das 14./15. Jahrhundert in
der Sozial- und Wirtschaftsgeschichte, in: Jahrbücher für
Nationalökonomie und Statistik 162, 1950, S. 161–213; Ernst
Kelter: Das deutsche Wirtschaftsleben des 14. und 15. Jahrhunderts im Schatten der Pestepidemien, in: Jahrbücher für
Nationalökonomie und Statistik 165, 1953, S. 161–208. Für
England John Saltmarsh: Plague and Economic Decline in
England in the Later Middle Ages, in: Cambridge Historical
Journal 7, 1941, S. 23–41; Helen Robbins: A Comparison of
the effects of the Black Death on the economic organization
of France and England, in: Journal of Political Economy 23,
1928, S. 447–479
8. Kelter (wie Anm. 7), besonders S. 163–173
9. Diese These vertritt entschieden Lütge (wie Anm. 7),

S. 193–201. Ähnlich für England Saltmarsh (wie Anm. 7), für England und Frankreich Robbins (wie Anm. 7), S. 462ff.

10. Für die Wirtschaftsordnung Markgraf Ludwigs von Brandenburg vom 10. Dezember 1349 siehe Karl Moser: Die drei Tiroler Wirtschaftsordnungen aus der Pestzeit des 14. Jahrhunderts, in: Beiträge zur Geschichtlichen Landeskunde Tirols (Fs Franz Huter), Innsbruck 1959, S. 253–263. Für englische und französische Beispiele vgl. Robbins (wie Anm. 7). Zu einigen norditalienischen Städten vgl. Maxim Kovalevsky: Die wirtschaftlichen Folgen des schwarzen Todes in Italien, in: Zeitschrift für Sozial- und Wirthschaftsgeschichte 3, 1895, S. 406–423

11. Diese Argumentation vertritt vor allem Kelter (wie Anm. 7), S. 173–183 und im Anschluß daran Karl Georg Zinn: Kanonen und Pest. Über die Ursprünge der Neuzeit im 14. und 15. Jahrhundert, Opladen 1989, S. 196f.

12. Giovanni Boccaccio, in Bergdold (wie Anm. 2), S. 43

13. Zu Orvieto siehe Elisabeth Carpentier: Une ville devant la Peste. Orvieto et la Peste Noire de 1348, Paris 1962; zu Siena William M. Bowsky: The Impact of the Black Death upon Sienese Government and Society, in: Speculum 39, 1964, S. 1–34

14. Giovanni Boccaccio, in Bergdold (wie Anm. 2), S. 45

15. Die folgenden Stellen sind eine Auswahl aus den von Bergdolt (wie Anm. 2) ausgewählten und übersetzten Quellen: Michele da Piazza (Messina), S. 33; Matteo Villani (Florenz), S. 61; Bernardo Marangone (Pisa), S. 77; Agnolo di Tura (Siena), S. 83

16. Beispiel für besondere Formen der Opferbereitschaft bei Matteo Villani, in Bergdolt (wie Anm. 2), S. 61, Anonymus aus Pisa, in Bergdolt (wie Anm. 2), S. 74/75

17. Giovanni Boccaccio, in Bergdolt (wie Anm. 2), S. 41

18. Zum Beispiel Matteo Villani, S. 60; Agnolo di Tura, S. 83; alle in Bergdold (wie Anm. 2)

19. Guy de Cauliac: Chirurgica Magna, in: H. Haeser: Lehrbuch der Geschichte der Medizin, Band 3, Jena 1865, S.38

20. Erreger der Pest ist der Pestbazillus ›Yersinia pestis‹, dessen Reservoir Nagetiere, insbesondere Ratten sind. Die Übertragung des Bazillus erfolgt durch den Biß des Rattenflohs ›Xenopsylla Cheopis‹. Nach dem Tod infizierter Ratten und Nager setzen sich die Flöhe auf Menschen ab. Beim Biß werden Bazillen in die Bißwunde übertragen. Zwei, drei Tage nach dem Stich des Flohs bildet sich eine Schwellung der regionalen Lymphknoten, die sogenannten Bubonen. Nach drei bis fünf Tagen erfolgt entweder eine Besserung oder die Lymphbarriere bricht durch und die Erreger gelangen in die Blutbahn. Die nachfolgende Septikämie führt zum Tod. Durchbricht ein Abszeß die Lungengewebe, kommt es zur sekundären Lungenpest. Diese kann Auslöser einer primären Lungenpest werden, die durch ›Tröpfcheninfektion‹ übertragen wird, und die eine Inkubationszeit von ein bis zwei Tagen hat.

21. Agnolo di Tura, in Bergdolt (wie Anm. 2), S. 84

22. Der Darstellung der Pogrome 1348/49 liegen zugrunde: Alfred Haverkamp: Die Judenverfolgungen zur Zeit des Schwarzen Todes im Gesellschaftsgefüge deutscher Städte, in: Alfred Haverkamp (Hg.): Zur Geschichte der Juden im Deutschland des späten Mittelalters und der frühen Neuzeit, Stuttgart 1981, S. 27–91; Frantisek Graus: Pest – Geißler – Judenmorde. Das 14. Jahrhundert als Krisenzeit, Göttingen 1987, S. 155–390; vgl. weiter Alfred Haverkamp: Der Schwarze Tod und die Judenverfolgungen von 1348/49 im Sozial- und Herrschaftsgefüge deutscher Städte, in: Trierer Beiträge. Sonderheft 2, 1980, S. 78–86 und Frantisek Graus: Judenpogrome im 14. Jahrhundert: Der Schwarze Tod, in: Bernd Martin, Ernst Schulin (Hg.): Die Juden als Minderheit in der Geschichte, München 1981, S. 68–84. Zu den Vorgängen in Nürnberg außerdem Kuno Ulshöfer: Zur Situation der Juden im mittelalterlichen Nürnberg, in: Manfred Treml, Josef Kirchmeier (Hg.): Geschichte und Kultur der Juden in Bayern (= Veröffentlichungen zur Bayerischen Geschichte und Kultur Nr. 17/88), 1988, S. 147–160. Zur Urkunde des Herzogs Stephan von Niederbayern vgl. Josef Kirmeier: Aufnahme, Verfolgung und Vertreibung. Zur Judenpolitik Bayerischer Herzöge im Mittelalter, in: ebd., S. 95–104

23. Haverkamp, Der Schwarze Tod (wie Anm. 22), S. 78

24. Die Darstellung der Geißlerbewegung folgt Graus, Pest (wie Anm. 22), S. 38–59. Die Kritik an der lange üblichen Darstellung der Abfolge der Ereignisse, die es ermöglichte, die Judenmorde weitgehend auf das Konto der Geißlerbewegung zu schreiben, findet sich zuerst bei Robert Hoeniger: Der Schwarze Tod in Deutschland. Ein Beitrag zur Geschichte des 14. Jahrhunderts, Berlin 1882

25. Die erste Summe des Pariser Gutachtens ist herausgegeben, übersetzt und kommentiert in Andrea Birgit Schwalb: Das Pariser Pestgutachten von 1348, Diss. med. Tübingen 1990. Dort Überblick über weitere Textausgaben. Die erste Summe nach dem ausgestellten Cod. Ampl. Quart. 194, der bei Schwalb als Nr. 3 in der Liste der Handschriften des 14. Jahrhunderts geführt wird, wurde bereits von Robert Hoeniger ediert. Robert Hoeniger (wie Anm. 24), S. 152–156

26. Zur Humoralpathologie siehe Klaus Bergdolt, Gundolf Keil: Humoralpathologie, in: Lexikon des Mittelalters 5, 1991, Spalte 211–213

27. Zum Thema Flucht vor der Pest siehe den Beitrag von Heinrich Dormeier in diesem Band, S. 54–93, bes. S. 75f. Außerdem ders: Die Flucht vor der Pest als religiöses Problem, in Klaus Schreiner (Hg.): Laienfrömmigkeit im späten Mittelalter, München 1992, S. 331–397

28. Zum Nördlinger Schild siehe Dormeier: Die Flucht (wie Anm. 27), S. 331f.

29. Gundolf Keil: Seuchenzüge des Mittelalters, in Bernd Herrmann (Hg.): Mensch und Umwelt im Mittelalter, Stuttgart 1986, S. 109–128, hier S. 116. Zu den altfranzösischen Übersetzungen siehe Rudolf Sies: Das ›Pariser Pestgutachten‹ von 1348 in altfranzösischer Fassung (= Würzburger medizinhistorische Forschungen Band 7), Pattensen 1977

30. Volker Gräter: Der Sinn der höchsten Meister von Paris. Studien zu Überlieferung und Gestaltenwandel, Pattensen 1974. Hans-Peter Franke: Der Pest-›Brief an die Frau von

Plauen‹ (=Würzburger medizinhistorische Forschungen Band 9), Pattensen 1977. Bei Franke trägt die ausgestellte Handschrift Cgm. 216 die laufende Nummer 26.

31. Franke (wie Anm. 30), S. 58–63. Heinz Bergmann, Gundolf Keil: Das Münchner Pest-Laßmännchen. Standardisierungstendenzen in der spätmittelalterlichen deutschen Pesttherapie, in Gundolf Keil (Hg.): Fachprosa-Studien. Beiträge zur mittelalterlichen Wissenschafts- und Geistesgeschichte, Berlin 1982, S. 319–330

32. Franke (wie Anm. 30), S. 65–67 u. 79–81

33. Vgl. Bergmann, Keil (wie Anm. 31) und Gisela Werthmann-Haas, Gundolf Keil: Zur Ikonographie des ›Pestlaßmännleins‹, in: Fortschritte der Medizin 106, 1988, S. 267–268

34. Siehe Arnold C. Klebs: Die ersten gedruckten Pestschriften, München 1926

35. Zu Steinhöwel siehe Karl Sudhoff: Der Ulmer Stadtarzt und Schriftsteller Heinrich Steinhöwel, in: Klebs (wie Anm. 34), S. 171–211. Daran anschließend eine Faksimile-Ausgabe von Steinhöwels Schrift. Klebs (wie Anm. 34), Nr. 100; vgl. auch Karl Sudhoff: Deutsche medizinische Inkunabeln, Leipzig 1908, S. 163–168

36. Sudhoff: Inkunabeln (wie Anm. 35), S. 176–178, Nr. 201 Klebs (wie Anm. 34), Nr. 41

37. Sudhoff: Inkunabeln (wie Anm. 35), S. 185–188, Nr. 205 Klebs (wie Anm. 34), Nr. 9

38. Sudhoff: Inkunabeln (wie Anm. 35), S. 182–185, Nr. 204

39. Vgl. Alison Klairmont: The Problem of the Plague. New Challenges to Healing in Sixteenth-Century France, in: Proceedings of the 5th Annual Meeting of the Western Society for French History, Las Cruces 1977, S. 119–127

40. Sudhoff: Inkunabeln (wie Anm. 35), S. 150–151, Nr. 175. Klebs (wie Anm. 34), Nr. 45; vgl. Hans Folz: Die Reimpaarsprüche, München 1956, Nr. 44. Text S. 412–428

41. Marchionne di Coppo Stefani, in Bergdolt (wie Anm. 2), S. 60f. Giovanni Boccaccio, in Bergdolt (wie Anm. 2), S. 40

42. Zu Pietro da Tossignano siehe Karl Sudhoff: Pestschriften nach der Epidemie des schwarzen Todes, in: Archiv für Geschichte der Medizin V, 1912, S. 390–395; XVII, 1925, S. 244–248

43. Über den französischen Ursprung der Maske vgl. C. Salzmann: Masques portés par lés médecins en temps de peste, in: Aesculape 22, 1932, S. 5–13. Über die Verbreitung in Italien Carlo M. Cipolla: Fighting the Plague in Seventeenth-Century Italy, Madison/Wisconsin 1981, S. 9–12

44. Siehe zum Beispiel Paul Slack: The Impact of Plague in Tudor and Stuart England, London 1985, S. 201 (weißer Stock), S. 272 (roter Stock)

45. Zu Clot-Bey siehe Erwin H. Ackerknecht: Anticontagionism between 1821–1867, in: Bulletin for the History of Medicine 22, 1948, S. 562–593, hier S. 584f.

46. Zu Chicoyneau, wie der Name richtig geschrieben wird, vgl. Alexander Kocher: Die Pestepidemie zu Marseille 1720–1722, Med. Diss. Zürich 1967, S. 28ff.

47. Vgl. Schwalb (wie Anm. 25). S. 73. Die meisten Darstellungen übertragen den Gegensatz von Miasma und Contagion auf die gesamte Geschichte der Pesttheorien. Dieses Verfahren erlaubt es, die Vertreter der medizinischen Theorie, die starr an den Spekulationen der antiken Humoralpathologie festzuhalten scheinen, den scheinbar lernbereiten medizinischen Laien in den staatlichen Gesundheitsbehörden gegenüberzustellen, deren Maßnahmen ausschließlich von der Erfahrung geleitet werden. Dagegen vor allem John Henderson: Epidemics in Renaissance Florence: Medical Theory and Governement Response, in N. Bulst, J. Delort (Hg.): Maladies et Société, Paris 1989, S. 165–186, bes. 169f. Außerdem Paul Slack: Responses to Plague in Early Modern Europe: The Implications of Public Health, in: Social Research 55, 1988, S. 431–453, bes. S. 436–437. Siehe auch Jean-Noël Biraben (wie Anm. 2), Band 2, S. 25

48. Zum Anticontagionismus siehe Ackerknecht (wie Anm. 45). Zur Cholera und der Diskussion über die Absperrungsmaßnahmen sieh den Aufsatz von Michael Dorrmann in diesem Band, S. 213ff.

49. Siehe Carmichael (wie Anm. 1), S. 99; Carpentier (wie Anm. 13), S. 131

50. Siehe Carlo M. Cipolla: Public Health and the Medical Profession in the Renaissance, Cambridge 1976, S. 11; Carpentier (wie Anm. 13), S. 133–134

51. Cipolla (wie Anm. 50), S. 11–20; Ann G. Carmichael: Plague Legislation in the Italian Renaissance, in: Bulletin of the History of Medicine 57, 1983, S. 508–525; Carmichael (wie Anm. 1), S. 110ff.

52. Ernst Rodenwaldt: Die Gesundheitsgesetzgebung des Magistro della sanità Venedigs. 1486–1500, in: Sitzungsberichte der Heidelberger Akademie der Wissenschaften (Math.-Nat. Klasse), 1956, S. 3–122

53. Für Italien siehe Cipolla (wie Anm. 50). Für Frankreich Jean-Noël Biraben (wie Anm. 2), S. 138–143. Für den süddeutschen Raum Walter G. Roedel: Die Obrigkeiten und die Pest. Abwehrmaßnahmen in der Frühen Neuzeit – Dargestellt an Beispielen aus dem süddeutschen und Schweizer Raum, in Bulst, Delort (wie Anm. 47), S. 187–205, bes. 194ff.

54. Carlo M. Cipolla: Faith, Reason and the Plague in Seventeenth-Century Tuscany, New York 1979, S. 3–7

55. Cipolla (wie Anm. 54), S. 47ff.

56. Slack (wie Anm. 44), S. 273

57. Giulia Calvi: Histories of a Plague Year. The Social and the Imaginary in Baroque Florence, Berkeley/Los Angeles 1989, S. 74ff.

58. Ebd., S. 87

59. Carpentier (wie Anm. 13), S. 133–134

60. Cipolla (wie Anm. 43), S. 19ff.; Cipolla (wie Anm. 50), S. 19/20, 28ff. Roedel (wie Anm. 53), S. 196/197

61. Cipolla (wie Anm. 43), S. 21ff. Biraben (wie Anm. 53), S. 85/86; Huldrych M. Koelbing und Vera Koelbing-Waldis: Katastrophe und Herausforderung: Pest und Pestbekämpfung in Oberitalien und der Schweiz, in: Jahrbuch des Insti-

tuts für Geschichte der Medizin der Robert Bosch Stiftung 4, 1985, S. 7–21, bes. S. 13ff.

62. Slack (wie Anm. 44), S. 256; Ernst Rodenwaldt: Pest in Venedig. 1575–1577. Ein Beitrag zur Frage der Infektkette bei den Pestepidemien West-Europas. in: Sitzungsberichte der Heidelberger Akademie der Wissenschaften (Math.-Nat. Klasse), 1952, S. 41 u. 83; Bulst (wie Anm. 2), S. 62

63. Zum folgenden siehe Frank Hatje: Leben und Sterben im Zeitalter der Pest. Basel im 15. bis 17. Jahrhundert, Basel und Frankfurt 1992, S. 77–80; Kölbing/Kölbing-Waldis (wie Anm. 61), S. 16ff.

64. Zu Venedig siehe Rodenwaldt (wie Anm. 62), S. 86ff.

65. Zu Erfurt Karl-Hans Arndt: Die Pestepidemie von 1682/83 und ihre Auswirkungen auf Stadt und Universität Erfurt, in: Beiträge zur Geschichte der Universität Erfurt (1392–1816), Leipzig 1977, S. 27–89

66. Detlef Rüster: Vom Pesthaus zur Charité – Berlin macht Medizingeschichte, in: Zeitschrift für ärztliche Fortbildung 79. 1985, S. 849–851

67. Siehe Heide Hildebrandt: Die Geschichte der Pest in Dresden, Diss. med. Dresden 1966

68. Wilhelm Sahm: Geschichte der Pest in Ostpreußen, Leipzig 1905, S. 35ff.

69. Mirko Grmek: Le Concept d'infection dans l'Antiquité et au Moyen Age, les Anciennes Mesures sociales contre les maladies contagieuses et la fondation de la première Quarantaine à Dubrovnik (1377), in: RAD, Zagreb 1980, S. 9–54

70. Daniel Panzac: Quarantaines et Lazarets. L'Europe et la peste d'Orient, Aix-en-Provence 1986, S. 31–56; Biraben (wie Anm. 47), S. 86–88

71. Rodenwaldt (wie Anm. 62), S. 12–14, 49f.; Henderson (wie Anm. 47), S. 174

72. Paolo Preto: Peste e società a Venezia, 1576, Vicenza 1978, S. 157

73. Rodenwaldt (wie Anm. 52), S. 16–25

74. Rodenwaldt (wie Anm. 62), S. 63f., 82f., 122; Cipolla (wie Anm. 43), S. 76f.

75. Slack (wie Anm. 46), S. 446–449; Carmichael (wie Anm. 1), S. 108–126; Carmichael (wie Anm. 51)

76. Vgl. Rodenwaldt (wie Anm. 52)

77. Dieter Jetter: Zur Typologie des Pesthauses, in: Sudhoffs Archiv für Geschichte der Medizin und der Naturwissenschaften 47, 1963, S. 291–301, bes. S. 291–293; Dieter Jetter: Geschichte des Hospitals, Band 1, Wiesbaden 1966, S. 43

78. Dieter Jetter: Das Isolierungsprinzip in der Pestbekämpfung des 17. Jahrhunderts, in: Medizinhistorisches Journal 4, 1969, S. 115–124, bes. 115–117

79. Jetter, Geschichte (wie Anm. 77), S. 76–78

80. Der folgenden Darstellung liegen zugrunde Erna Lesky: Die österreichische Pestfront an der k.k. Militärgrenze, in: Saeculum 8, 1957, S. 82–107; Gunther E. Rothenberg: The Austrian Sanitary Cordon and the Control of the Bubonic Plague 1710–1871, in: Journal of the History of Medicine 28, 1973, S. 15–23; Gheorghe Bratescu: Seuchenschutz und Staatsinter-

esse im Donauraum (1750–1850), in: Sudhoffs Archiv 63, 1979, S. 25–44; Panzac (wie Anm. 70), S. 67–78

81. Bratescu (wie Anm. 80)

82. Der Darstellung der Wiener Pestepidemie liegt folgende Literatur zugrunde: Dr. Freiherr von Krafft-Ebbing: Zur Geschichte der Pest in Wien, Leipzig und Wien 1899; A. Neumayr, L. Mazakarini, O.Potuzhek: Zur Geschichte der Pestepidemien in Wien, in: Wiener Zeitschrift für innere Medizin und ihre Grenzgebiete 45, 1964, S. 259–281; Ferdinand Olbort: Pestbild und Pestbekämpfung im Niederösterreich des 17. Jahrhunderts, in: Unsere Heimat. Zeitschrift des Vereins für Landeskunde von Niederösterreich und Wien 48, 1977, S. 13–29

83. Werner Welzig: »Wehklagen in Wien«. Abraham a Sancta Claras Beschreibung der Pest von 1679, in: Abraham a Sancta Clara. Eine Ausstellung der Badischen Landesbibliothek und der Wiener Hof- und Staatsbibliothek, Karlsruhe 1982, S. 39–56

84. Zur Planungs-, Entwurfs- und Baugeschichte der Pestsäule siehe Die Wiener Pestsäule (=Restauratorenblätter Band 6), Wien 1982

85. Gertraut Schikola: Ludovico Burnacinis Entwürfe für die Wiener Pestsäule, in: Wiener Jahrbuch für Kunstgeschichte 25, 1972, S. 247–258

86.Schikola (wie Anm. 85), S. 253

87. E. Tietze-Conrat: Die Pestsäule auf dem Graben zu Wien, Wien 1921

88. Zu Carl Borromäus siehe den Beitrag von H. Dormeier in diesem Band, bes. S. 79–81

89. Zur Epidemie von Marseille vgl. Kocher (wie Anm. 46)

90. Diese Frage ist bis heute nicht genau beantwortet. Verschiedene Antworten wurden formuliert: a) es habe eine Mutation des Erregers stattgefunden, b) es seien die schwarzen Hausratten als Hauptreservoir aus Europa verdrängt worden, c) es seien eben diese Ratten immun, d) die Menschen seien immun. Oder aber, die Sanitätsmaßnahmen und Absperrungen seien erfolgreich gewesen.

91. Zur Entdeckung des Pesterregers Henri M. Mollaret, Jacqueline Brossollet: Alexandre Yersin. Der Mann, der die Pest besiegte, Zürich 1987, bes. S. 161–183. Zu der Geschichte der Erforschung der Pest seit Yersin vgl. Hugo Kupferschmidt: Die Epidemiologie der Pest. Der Konzeptwandel in der Erforschung der Infektionsketten seit der Entdeckung des Pesterregers im Jahre 1894 (= Gesnerus Supplement 43), Aarau/Frankfurt am Main/Salzburg 1993. Bei Kupferschmidt findet sich eine genaue Darstellung der immer noch kontroversen Fragen. Im Zentrum steht das Problem, ob die Pest vor allem eine Erkrankung von Nagetieren ist und der Hauptübertragungsweg über den Rattenfloh verläuft, oder ob, neben der Tröpfcheninfektion bei der Lungenpest, auch der Übertragungsweg von Mensch zu Mensch eine entscheidende Rolle spielt, wobei hier dem Menschenfloh »Pulex irritans« besondere Bedeutung zukommt.

Gegen 1385 äußerte sich der Lübecker Franziskaner Detmar zu den möglichen Gründen für die verheerenden Pestwellen der vergangenen Jahrzehnte: »Was die Ursache des großen Sterbens und jener Pestjahre, die danach kamen, war,

Heinrich Dormeier

»Ein geystliche ertzeney fur die grausam erschrecklich pestilentz«

Schutzpatrone und frommer Abwehrzauber gegen die Pest

das ist Gott bekannt und ist versteckt in dem verborgenen Schatz seiner tiefen Weisheit. Alles, was da zuvor beschrieben wurde, daß die Planeten und Sterne Einfluß auf das Sterben genommen haben sollten, soviel ist wahr, daß sie nicht die erste und höchste Ursache sind, sondern Gott allein; die Planeten sind nichts als Hilfsmittel

und Zeichen; ihrer bedient sich Gott und setzt seinen Willen um. Ich jedenfalls glaube, daß die Bosheit der Menschen, die sich in der letzten Zeit noch vermehrt hat und größer und größer wird, eine Ursache ist, deretwegen sich auch die Strafen der Vergeltung vermehren, so wie es die Lehrer der Hl. Schrift verkünden. Und wenn das so ist, so sind diese Sterbenszeiten, diese Kriege und all der Verrat und all die Plagen, die nun stattfinden, mehr die Zeichen, die Christus in den heiligen Evangelien vorausgesagt hat, daß sie vor dem Jüngsten Gericht eintreten sollen; doch wie lange vorher, das ist nicht gesagt, denn das weiß Gott allein«.[1]

Für den lübischen Chronisten war das Massensterben also ein Strafgericht Gottes für die sündige Menschheit. Dieser Glaube führte zu einer Endzeitstimmung, die an einschlägige Bibelstellen anknüpfen konnte. Die nachfolgenden Generationen, die sich daran gewöhnen mußten, mit den wiederkehrenden Pestepidemien zu leben oder genauer: an ihnen zu sterben, haben das Pestgeschehen vielleicht nicht immer so eng mit dem Jüngsten Gericht verknüpft wie der Lübecker Franziskaner. Aber daß die Pest als Strafe Gottes für die Verfehlungen und Untaten der Menschen aufzufassen ist, davon war die große Mehrheit der Gläubigen auch in den folgenden Jahrhunderten überzeugt, und dies umso mehr, als sowohl die wortreichen Ratschläge der Ärzte als auch die geschäftigen Abwehrmaßnahmen

der Behörden weitgehend wirkungslos blieben. Schutz und Strafmilderung erhoffte man sich nur vom Allerhöchsten und den heiligen Helfern. Die Sorge um das Seelenheil wurde nie so brennend wie in diesen Notzeiten. Mit Messen, Gebeten, Prozessionen und Stiftungen aller Art suchte man den Zorn Gottes zu besänftigen.[2] Das war während des Schwarzen Todes von 1347–1351 nicht anders als während der späteren regionalen Pestepidemien bis zur Mitte des 16. Jahrhunderts und während der heftigen Ausbrüche von 1575–1578 und 1630. Aber die frommen Abwehrreaktionen waren in diesen Perioden der Pestgeschichte durchaus keine ständige Wiederholung des Immergleichen. Sie waren vielmehr abhängig von technischen Neuerungen wie etwa der Erfindung des Buchdrucks, von kirchengeschichtlichen Veränderungen wie der Reformation und der ›Gegenreformation‹, von zeittypischen und regionalen Ausprägungen der Religiosität und natürlich immer auch von den finanziellen Möglichkeiten der Auftraggeber.

I. Spezielle Schutzpatrone und zusätzliche Helfer gegen die Pest im späten Mittelalter

Materielle Zeugnisse dieser pestbezogenen Frömmigkeit sind uns aus der Zeit des Schwarzen Todes von 1348 nur vereinzelt überliefert. Erst im 15. Jahrhundert werden sie zahlreicher und vielfältiger. Auf den Altären, in Gebetbüchern und auf den Einblattdrucken stößt man erst jetzt immer häufiger auf spezielle Schutzheilige und andere Pestmotive. In außergewöhnlich konzentrierter Form finden sie sich auf den Altarflügeln, die Martin Schaffner um 1520 in Ulm für einen mutmaßlichen Pestaltar anfertigte.[3] Im oberen Bildbereich sind die Personen der Dreifaltigkeit dargestellt: Gottvater mit dem Richtschwert, der in seinem gerechten Zorn drei Pfeile, die Hunger, Pestilenz und Krieg bedeuten, auf die sündige Menschheit hinabschießt. Dabei helfen ihm Engel, die mit Schwert, Bogen und Mühlstein bewaffnet sind – gemäß der Bibelstelle (Apokalypse 18, 21): »Da nahm ein starker Engel einen Stein, der so groß war wie ein Mühlstein, warf ihn ins Meer und sprach: Mit solcher Wucht soll Babylon, die große Stadt, hinabgeschleudert werden und nicht mehr zu finden sein ...«. Auf dem gegenüberliegenden Flügel ist die Taube des Hl. Geistes zu erkennen. Darunter kniet Christus, der Gottvater die Wunden seiner Passion zeigt und ihn damit besänftigen will. Die Engel hinter ihm präsentieren die Leidenswerkzeuge, mit denen Christus gequält wurde. Als weitere Fürbitter treten im unteren Bildbereich der beiden Altarflügel Maria und die Heiligen auf. Maria verweist zum einen als Mutter auf ihre Brust, mit der sie Christus genährt hat. Zugleich bietet sie als Schutzmantelmadonna den Menschen unter ihrem weiten Mantel Zuflucht.

1/122 m
Statue des heiligen Rochus.
Nußbaum, 17. Jahrhundert

Die Vertreter der geistlichen und weltlichen Stände werden vom Papst sowie vom Kaiser angeführt, dem der Maler die Züge des damals regierenden Maximilian I. gegeben hat.

Zur Schutzmantelmadonna gesellen sich auf dem rechten Altarflügel die Pestheiligen Sebastian und Rochus. Sebastian hält Pfeile in der Hand, die Symbole seines Martyriums. Rochus ist als Pilger mit einem Rosenkranz in der Hand dargestellt. Um die Pestbeule am rechten Oberschenkel kümmert sich ein kleiner Engel. Die konzertierten Fürbitten Christi, der Jungfrau Maria und der Pestheiligen haben offenbar Erfolg. Das erkennt man an den Pfeilen, die aus dem Himmel herabregnen, aber dabei abknikken und keinen Schaden mehr anrichten können. Auf dem Boden liegen Pesttote, die offenbar nicht ihre Zuflucht zu Christus, Maria und den Heiligen genommen haben. Die Ulmer Altarflügel bieten also gleich eine Reihe ikonographischer Einzelheiten, die häufig mit der Pest verknüpft sind: die Dreifaltigkeit, Christus als Schmerzensmann, die Schutzmantelmadonna, die beiden Pestheiligen; ferner das Richtschwert, die drei Pfeile und einige Pesttote. Ähnlich vielsagend ist der Titelholzschnitt eines Pesttraktats von Philipp Culmacher (von Eger) aus Leipzig um 1495 **[1/8]**, der auch als einzelnes Pestblatt vertrieben wurde. Zu sehen sind hier wieder der strafende Gottvater im Wolkenband mit Weltkugel, Schwert und Lilie, den Zeichen des göttlichen Zorns und der göttlichen Gnade (nach Offenbarung 1, 16 und 2, 16); darunter ein Engel mit dem Richtschwert, rechts die beiden Pestheiligen Sebastian und Rochus. Singulär auf dem Pestblatt ist die Pietà, also die Darstellung Mariens, die ihren verstorbenen Sohn auf dem Schoß hält. Eher selten in diesem Zusammenhang ist auch das Bild eines Priesters, der einem Sterbenden die Kommunion reicht, sicher eine Mahnung zum rechtzeitigen Empfang der Sterbesakramente, sowie die Kombination der religiösen Bildelemente mit dem profanen Motiv des Todes, der als Sensenmann auf einer Bahre sitzt und vor dem zwei pestkranke oder pesttote Kinder liegen. Rechts unten beten ein Bischof und ein Laie um Erhörung ihrer Bitten.[4]

55

Die beiden Pestdarstellungen sind nicht nur ikonographisch bemerkenswert, sondern machen indirekt auch darauf aufmerksam, daß möglicherweise erheblich mehr Bildzeugnisse als bisher angenommen unmittelbar auf das Pesterlebnis zurückgehen. Denn es ist nicht auszuschliessen, daß sämtliche Bildelemente nicht nur vereint, sondern auch in anderen Zusammensetzungen und einzeln für die Andacht in Pestzeiten gedacht waren. Das ist insbesondere für die Darstellung des Schmerzensmanns, der Schutzmantelmadonna und der Dreifaltigkeit, vielleicht auch für die Hervorhebung des Sakraments der Eucharistie anzunehmen.

M. Schaffner: Altarflügel eines Pestaltars. Öl/Holz, um 1520 (Germanisches Nationalmuseum Nürnberg)

1/8

Titelblatt in: »Regimen zu deutsch Magistri philippi Culmachers von Eger wider die grausamen erschrecklichen Totlichen pestelentz«. Leipzig 1495

Pestbilder sind also nicht immer zweifelsfrei als solche auszumachen. Auch die Schar der heiligen Helfer, die gegen die Pest angerufen wurde, ist nicht genau einzugrenzen. Am häufigsten haben die verängstigten Gläubigen vermutlich Maria in dieser Angelegenheit um Hilfe angefleht. Aber Darstellungen Mariens als Gottesgebärerin oder als Schutzmantelmadonna sind nur dann auf die Pest zu beziehen, wenn sie mit eindeutigen Pestpatronen oder entsprechenden Attributen kombiniert sind. Dies ist etwa auf dem Holzschnitt der Schutzmantelmadonna des Zisterzienserklosters Kaishaim bei Donauwörth **[1/94]** der Fall, wo Maria im Rahmentext des Priors Konrad Reuter gegen die Pest, speziell gegen die »labes Gallica« bemüht wurde. Gemeint war damit die Franzosenkrankheit oder Syphilis, die 1502 in Augsburg wütete. Zu Füßen der Gottesmutter sind zudem einige Opfer der Seuche zu sehen.[5] Speziell als Helferin in der Pestnot ist Maria auch dann deutlich auszumachen, wenn sie zusammen mit den beiden Heiligen Sebastian und Rochus abgebildet wird. In diesem Sinn schmückt sie gemeinsam mit den beiden Pestpatronen einen Nürnberger Einblattdruck, der allen Christenmenschen eine tröstliche und überaus nützliche »geistliche Arznei« gegen die grausame, schreckliche Pestilenz empfiehlt. **[1/99]**

Der anonyme Autor, der sich als Liebhaber der Hl. Schrift bezeichnet, geht in seinen – vielleicht analog zu den sieben Tageszeiten – insgesamt sieben Ratschlägen jeweils von den Verhaltensregeln der Ärzte aus und übersetzt sie in Anweisungen für die Sorge um das Seelenheil. So wie

man sich, heißt es gleich zu Beginn, um des leiblichen Wohls willen von böser Feuchtigkeit zu reinigen hat, so muß man auch die Seele durch wahre Reue, Beichte und Buße läutern. Und wie zweitens ein kranker Körper wohltuende und schmackhafte Speise braucht, so nützt der kranken Seele der häufige Empfang des Hl. Sakraments, das Wort Gottes in der Predigt und die andächtige Betrachtung der Verdienste der Heiligen. In diesem Ton sind auch die übrigen Ratschläge gehalten, die mit dem erneuten Hinweis

men Dicolon Tetraſtrophon, ex ſapbico endecaſillabo et adonio dimetro fratris Conradi Reitterſ Prioris.
arienſis. ad clementiſſimam dñam noſtram Mariam vt nos a gallico morbo intactos preſeruet incolumes. Vr
Len obio. vbi plures ꝗ ſexaginta pſone ſub regulari obſeruancia. ſummo regi militant. nulla vnꝗ hac vlcero
uit. Nulli dubium quin preclaris meritis et glorioſa interceſſione. piiſſime dei genitricis ſemper ꝗ virginis A
Ciſtercienſium patrone.

bremi geniti antis
cens regina poli ſoliꝗ
Vita ſpes dulcedo ſaluſꝗ noſtra
    Perfugiumꝗ

Que pios nunꝗ abijciens rogatus
Supplicũ votis precibuſꝗ amicas
Applicas aures. adimiſꝗ leto
    Diua vocata

En lues turpis mala dicta plaga
Demetit paſſim populum miſellum
Neſciens atrox vtriuſꝗ ſexus
    Parcere cuiꝗ

Non puer tutus teneris in annis
Quem ſue lactat genitricis vber
Non ſenex ſed ne viridis iuuenta
    Effugit illam

Puſtulis atris ſcabieꝗ turpi
Rancida bec manat. ſanieꝗ ſeda
Inficit ſparſim moribunda membra
    Debilitatꝗ

Tollit ijs dulces animas. at illos
Sternit inuiſo miſeros grabato
Et graui to ens cruciat dolore
    L ore longo

Ma necem diram quotiens peroptãt
Aure ſed ſurda refugit miſellos
Et negat flentes oculos iniqua
    Claudere parca

Non opis ſolers medice Machaon
Non ſalutares clarius per artes
Mó potens radix valet bunc vel berba
    Pellere morbum

Quo tonans ſeuo veluti flagello
Quã graues noſtras feriendo culpas
Debitam penam ſceleri rependit
    Criminis vltor

Temnitur virtus. probitaſꝗ ſimplex
Et modo quiduis colitur probroſum
Probpudor confunditur omne vulgo
    Pbalꝗ nephaſꝗ

Veritas proſtrata iacet. periteꝗ
Cum fide priſca pietas. timor par
Nulla conferri poterunt ſceleſto
    Secula noſtro

Mollis eneruant animos libido
Turpiter ſedat iuuenes ſeneſꝗ
Que grauem mundo tulerat ruinam
    Terꝗ quaterꝗ

Equitas a iudicibus receſſit
Charitas in prepoſitis tepeſcit
Occupant celſas ſiquidem cathedras
    Turba propbana

igit diue ſacra iura legis
bus lucriſꝗ inbians ſacerdos
rit cultus ſuperum cura
    Relligioꝗ

borrendum furibunda bellũ
t bellona. boimꝗ mentes
unt diris ſtimulis ſorores
    Tres furiales

SPES.

Impetit natus gi o parentem.
Et gener mortem ſocero minatur
Coniuges ſeſe alterutrum trucidant
    Hoſpes z boſpes

Quiſꝗ ſubiectus capiti rebellat
Et iugo collum excuciens putat ſe
Libere natum: quaſi pullum onagri
    Vanus bomullus

Trudit in ſaccum locuples egenum
Atꝗ conculcant bomines nocentes
Colla ſanctorum. toleratꝗ iuſtus
    Crimen iniqui
Scilicet plenus vicijs abundat
Mundue. et totus iacet in maligno
Vnde conuexo ſcelerum grauatus
    Pondere nutat

Hinc procelloſum foret expauendum
Seculum pijribe. niſi tu ſeuci
Vindicis bilem imperioſa mater
    Flectere cures

Hinc ſcaturizans fugienda peſtis
Peſtis excedens genus omne morbi
Corripit paſſim populum caducum
    Depopulatꝗ

Italos gallos bauaros ſuecos
Teutone terze populoſa regna
Quoſꝗ germanos. alio ꝗ gentes
    Orbe ſepultas

Quin domum ſolis perbibent vtranꝗ
Quadriptitum penituſꝗ mundum
Vancce tam ſeuam penetraſſe tabem
    Omnibus vnam

Nullus in toto reperitur orbe
Qui ſatis tutus locus eſſe poſſit
Quo tibi ſupplex latitet popellus
    Peſte relictus

Vnica bumani generis patrona
Tota ſpes noſtre columenꝗ vite
Et patens vnum miſeris aſylum
    Preſidiumꝗ

Flecte maternos pia virgo ocellos
Aſpice in grandes bominum ruinas
Quos modo labes vario fatigans
    Gallica ſternit

Pande maternum gremium relictis
Sub tuis tuti latitemus alis
Dira ne nobis noceant venena
    Peſtis acerbe

Collige et ſalua benedic tuere
Flebiles. donec ſcelera expientur
Daꝗ tantiſper regat ipſe noſtros
    Spiritus artus

Monadi trine modulemur bymn
Et tibi dilecta parens tonantis
Cuius obtentu male nominatus
    Morbus abeſto.

Hexaſtichon ad Eandem
Caſta parens hominũ tociens miſerata labores
    Vnica terrigenis ſpeſꝗ ſaluſꝗ reis
Ad nos flecte illos ſolite pietatis ocellos
    Exulibuſꝗ ſinum pande benigna tuum
Atꝗ tuis ſcapulis genitrix o dulcis obumbra
    Ne perimant miſeros fata tremenda reos

Ein geystliche ertzeney für die grausam erschrecklich pestilentz/Gemacht durch ein liebhaber der heyligen geschrifft/fast nutzbar vñ tröstlich yetliche cristen menschen zu brauchen.

Je weyl. O jr Cristglaubigen menschen scheinbarlichen vor augen sehen den grimmigē gerechten gottes zorn/ den sein almechtigkeit wider vns vmb vnser vnaufhörlichen sunde willē durch die erschrecklich plag der pestilētz zu gebrauchē furgenomen hat. Hab ich als ein artz der seelē damit das edlist an einē menschē mit sambt dē leyb nit auch verderb fur/ genomen euch in gegenwirtigen erschrocken zeyten etliche heylsam nutzbar vnnd gůt ertz/ ney mit zu teylē/ Welche/ wo die meinē anzeygen nach von einē menschen der massen gebraucht wer: dē der wirt on zweyffel nicht allein des leyblichē sond des ewige todts erlediget. Wiewol ich darmit die leyblichē ertzeney so võ got dē menschē zu geordnet ist/ zugebrauchē nichts vwerffen/ sonder dise mein geystliche ertzeney fur den anfang vñ das edlist einzunemē gemeint haben wil.

Erstlichen als geratten wurde dem menschen sich von böser feuchtigkeyt leyblichen zu purgie ren. &c. Also ist võ note die selbē dē vnflat dē sunde durch ware reu beycht/ vñ gnůg thůung zu reinigē. Vnd ei cōfortatiff od sterckung nemē/ durch einē stetten fursatz gott dē almechtigē mit gantzem hertzē stettigklichē zu dienē/ vñ als offt jr durch die sünde euch verleymbt entpfindt/ als offt purgiert gemelter maß wider.

Zum anderen ist not einē kranckē leyb/ deuige vñ wolgeschmackte speyß. Also ist nichts nu tzers der kranckē seel/ dan offt zu entpfahē das hochwirdig sacramēt mit reui gem hertzē inpünstiger andacht vñ ersamkeyt/ sich auch krefftigē lassen durch vleyssig horen das gots worts/ mit inniger betrachtung vmb wes wille die heyligē gelittē vñ wz sye dar durch erlangt habē.

Zum dritten so ist dē menschlichē leyb nutz in disen leuffen alle forcht zeruck zu legen. Also fur baß nit forchtsam zu sein dē sele/ angesehen das einem yeder menschen gewiß ist ein mal zu sterbē welcherley gestalt desto dts es sey/ dz auch dē so wol gelebt hat nymer vbel sterbē mag. Darumb tröst dich du christglaubige seel gedenck dz dē gestorbē/ der dz leben ist. Gedenck die kurtz des nienschlichen lebēs hie voller widerwertigkeyt vnd die ewigen freudt dē ausserwelten vertraw entlich got deinē schöpffer der barmhertzig ist vnd niemandt verlaßt der in liebe vñ sein vertrauwē in/ in setzt.

Zum vierden In diser plag dē pestilentz werden die kranckē mēsche von andern heimzusuchē verlassen/ damit die arme seel dein/ nicht in deinē lesten an trost vlassen werde/ so fach an durch dei emsig gebet deinen blöden menschlichen leyb zu zwingen ein freund gottes vñ im vntterworffen zu sein/ fleuch zu der můtter aller barmhertzigkeyt der jückfrauwē Maria/ vñ allē hymlichē heer/ beuilch dich in/ in jr furbittung. Damit du võ in/ in dē selbige deinē leste zeyte nicht vlassen sonder/ nutzlicher getrost werden.

Zum funfften übt euch in den wercken der barmhertzigkeyt tragt mitleyden mit ewerē nächsten in diser kranckheyt. Kumpt in zu hilff vñ trost mit almusen vñ gůten ver manungē/ das euch got auch barmhertzigkeyt erzeygt dan es stat geschribē. Math. v. Selig sein die barmhertzigē/ dan in wird nachuolgen barmhertzigkeyt.

Zum sechsten frombt in disen schwerlichen leuffen frölichkeyt zu süchē. O du arme seel. Wie kanst du frölicher seyn/ dan dich in deiner gewissen rein wissen vor allen sundē dan durch dz ist hingenomē all sorgfeltigkeyt des ewige todts. Erfrew dich nit mit wollust des leybs vber essen trincken füllen vñ anders der gleychen weltliche zergangklichen lusten/ sonder erheb dein ge můt in die hymelischen betrachtung. Erfreuw dich im lesen der heyligē geschrifft vnd gotlichen loß

Zum sibenden vñ lestē. Die weyl dise plag der pestilētz auß götlichē zorn vmb vnser sünd willen kumbt wie oben angezeygt ist. So nym hingewegt die verursachung diser plag das ist die sünd/ volg meiner ertzeney schick dein leben nach gotliche gefallen/ so wirdestu nit allein diser plag sonder des ewigen todt entlediget/ vnd sicher sein des ewigen vatterlandt/ do hin vnß der almechtig got alle berůfft hat/ vñ wir mit seiner hilff zu komen verhoffen Amen.

Seite 58: **1/94**
H. Holbein d. Ä.:
Schutzmantelmadonna von
Kaisheim. Holzschnitt, um 1502

Seite 59: **1/99**
E. Schoen:
Die Madonna mit den Heiligen
Rochus und Sebastian.
Abbildung in:
»Ein geystliche ertzeney ...«
Holzschnitt, Nürnberg um 1525

auf den Zorn Gottes als Grund für die Pest schließen und in der Beseitigung der Ursache dieses Zorns, das heißt der Sünden der Menschen, den besten Weg zum ewigen Heil sehen.

Wie hier ein Seelsorger, ausgehend von medizinischen und diätetischen Empfehlungen, geistliche Mahnungen ausspricht, so haben umgekehrt auch die Ärzte immer wieder hilfesuchend zu Maria und den Heiligen aufgeschaut. Zahlreiche medizinische Pesttraktate verweisen, noch bevor sie die vielfältigen, aber letztlich wirkungslosen Maßnahmen zur Vorbeugung und zur Therapie auflisten, bezeichnenderweise auf die Allmacht Gottes und auf die Hilfe Mariens und der Heiligen. So betont etwa der genannte Philipp Culmacher von Eger **[1/8]** gleich in der Einleitung seines Pestregiments, daß die Seuche von Gott selbst geschickt sei und nicht effektiver zu bekämpfen sei als mit Gebeten zur Heiligen Jungfrau und zu den Heiligen Sebastian und Rochus. Manchen Traktaten sind sogar regelrechte Gebete an diese heiligen Helfer beigefügt. **[1/97, 1/99]**

Die beiden klassischen Pestheiligen, die häufig in einem Atemzug genannt werden und auf vielen Darstellungen so einträchtig nebeneinander stehen, sind auf höchst unterschiedliche Weise zu ihrem Pestpatronat gekommen. Sie gehören sozusagen verschiedenen Heiligengenerationen an. Der aus Mailand stammende Sebastian war der Legende zufolge ein christlicher Offizier der Leibwache des römischen Kaisers Diokletian (284–305). Da er hartnäckig an seinem Glauben festhielt, wurde er auf Befehl des Kaisers mit Pfeilen durchschossen. Für tot gehalten, blieb der Heilige an der Stätte dieses Martyriums liegen und wurde dann von einer frommen Witwe wieder gesundgepflegt. Als der standhafte Offizier erneut den Kaiser freimütig wegen der Verfolgung der Christen anklagte, ließ ihn Diokletian mit Keulen erschlagen und den Leichnam in die Cloaca Maxima in Rom werfen. Eine Christin

barg jedoch den Leichnam und bestattete ihn vor den Toren der Stadt »ad catacumbas«, wo über dem Grab die erste Sebastianskirche errichtet wurde. Schon seit dem 5. Jahrhundert wurde der Kult des Heiligen über Rom hinaus verbreitet. Zum Pestheiligen avancierte Sebastian während einer Pestepidemie, die 680 in Rom und in Italien wütete. Nach einer Prozession in Rom mit den Reliquien soll die Pest erloschen sein. Maßgeblich für das Pestpatrozinium wurde aber im späteren Mittelalter das überstandene Pfeilmartyrium. Pfeile waren seit der Antike ein geläufiges Symbol für die Pest. Schon Apollon brachte als Sühnegott mit seinen Pfeilen Krankheit, Pest und Tod über seine Widersacher, freundlicherweise übernahm er als Heilgott zugleich die Funktion des Arztes, die später auf seinen Sohn Asklepios überging. Auch in der Bibel ist das Bild von den Pfeilen in der Hand des zürnenden Gottes geläufig. Insofern war es fast zwangsläufig, daß man angesichts des beziehungsreichen Marterwerkzeugs dem heiligen Sebastian eine besondere Verantwortung in Pestzeiten übertrug. Allerdings wurde Sebastian nicht von Anfang an, auch nicht seit dem Ende des 7. Jahrhunderts und nicht einmal sogleich mit dem Schwarzen Tod der unbestrittene Pestheilige mit dem unverwechselbaren Pfeilattribut. Bis ins späte Mittelalter hinein wurde er überwiegend als vornehmer junger Mann und als Soldat oder Ritter dargestellt, zuweilen auch ohne die bekannten Pfeile. In der Pestmesse, die Clemens VI. 1348 in Avignon einrichtete, werden zwar die einschlägigen Stellen des Alten Testaments verwertet, aber ansonsten wird nur Maria als Fürbitterin genannt, Sebastian dagegen mit keinem Wort erwähnt.[6]

Nur vereinzelt sind nach 1348 schriftliche und bildliche Spuren des Sebastianskultes zu entdecken; von einer breiten Verehrung des ›klassischen‹ Pestheiligen unter dem Eindruck des Schwarzen Todes kann man vermutlich noch nicht sprechen.

Erst im Laufe des 15. Jahrhunderts tritt in den Abbildungen immer stärker das Martyrium des Heiligen in den Vordergrund, der nun oft als nackter junger Mann abgebildet ist, der an einen

Baum gefesselt und mit Pfeilen gespickt ist. Häufig sind noch die Schergen und Bogenschützen zu sehen, die den Heiligen drangsalieren. Die italienische Renaissance mit ihrer Vorliebe für die Aktdarstellung hat diesen Wandel maßgeblich beeinflußt. Vor allem nördlich der Alpen kennt man daneben den Typus des bekleideten jungen Mannes, der die Pestpfeile in der Hand hält.[7] Nicht immer ist zweifelsfrei zu entscheiden, in welcher Funktion der heilige Sebastian beschworen wurde. Denn er galt auch als Patron der Jäger und Soldaten und vor allem der Schützenbruderschaften, die gegen Ende des 15. Jahrhunderts aufkamen. In der Regel wurde er jedoch gegen die heimtückischen Epidemien angerufen, wie es auch die ausgestellten Pestblätter dokumentieren. **[1/96, 1/97]**

Solche Pestblätter waren relativ preiswerte Einblattdrucke, die seit Beginn des Buchdrucks, also seit der zweiten Hälfte des 15. Jahrhunderts, in Auflagen bis zu 1.000 Exemplaren hergestellt wurden.[8] Bildelemente und Funktion dieser Blätter sind recht unterschiedlich. Unter den Motiven lassen sich im wesentlichen folgende Gruppen unterscheiden. Zum einen erscheinen die gängigen Motive, die auf dem eingangs vorgestellten Ulmer Altar gemeinsam zu sehen waren: der strafende und richtende Gottvater mit den drei Pfeilen der Pestilenz, der Teuerung und des Krieges, ferner Christus und Maria, letztere meist als Schutzmantelmadonna. Zweitens kann man die Blätter mit den Abbildungen verschiedener Pestheiliger zusammenfassen, insbesondere natürlich der Heiligen Sebastian und Rochus. Drittens beschwören verschiedene Drucke den Namen Jesu (INRI) und kreisen in Bild und Text um das griechische Zeichen »Tau«. Das Symbol geht auf das Alte Testament zurück: In Ezechiel 9, 4 ist nachzulesen, daß Gott seinem Engel befahl, die Gerechten, welche vor dem drohenden Strafgericht bewahrt werden sollten, mit einem Zeichen auf der Stirn zu versehen. »Zeichen« heißt im Hebräischen »Tau«, und die griechischen Übersetzer behielten diesen Ausdruck wörtlich bei, so daß bei ihnen der Befehl an den

1/96

Der heilige Sebastian. Holzschnitt, um 1490

Boten lautete: »mache ein Tau«. Da der griechische Buchstabe dieses Namens die Form eines Kreuzes hat, hat die christliche Symbolik fast selbstverständlich diesen Buchstaben für die eigenen Zwecke eingesetzt. Das T wurde dementsprechend allgemein als Zeichen betrachtet, das die Gerechten von den Gottlosen unterschied (namentlich bei der Erläuterung von Apoc. 7,3 und Exod. 12,13). Abgesehen von Blättern mit solchen Abwehrzeichen und Beschwörungsformeln gab es schließlich noch Blätter mit medizini-

schen Ratschlägen, die auch mit Heiligendarstellungen kombiniert werden konnten. **[1/97, 1/99]**

Ins Auge fallen bei Pestblättern und Gebeten dieser Art vor allem die magisch-apotropäischen Beschwörungsformeln und Abwehrzeichen, die man immer wieder nachsprechen bzw. anschauen sollte. Die Aussicht auf Ablässe, die relativ leicht erworben werden konnten, war ein zusätzlicher Anreiz. Anerkannte Frömmigkeitsformen und Aberglaube gingen hier wie auch in anderen Bereichen nahtlos ineinander über.

Schon an den Bildinhalten ist abzusehen, daß diese Blätter unterschiedlich verwendet wurden.

Vil menschen weren der pestelencz frey
welten sy dar für ein rechte ertzney
Darumb so höre was ich dir sagen wil
wañ also sterben ist gar ein kurtzes tzyl
Des ersten halt den rat den ich mein
Wann der duncket mich sicher nit klein
Das man in diser sach ernnstlich sol
antuffen got das hilffet sicher wol
Sant Sebastians auch nit vergiß
wann sein helffen ist auch gar gewiß
Das meynen all meyster weyß
die da seind auff der schül zu pareyß
Dar nach hab auch dein selbs acht
es sey frü spat oder zu der nacht
Meyd den lufft von meridian vñ occident
enpfach in von septentrion vnd orient
Mit wacholtern weirauch spreg tzi glüt
vor bösem nebligem luft du dich behüt
Mit seuenbaum wacholter mach dei feur
das ist der zeit in deinem hauß gehewr
Mit essig wasch hend mud vñ angesicht
schlind sein ein wenig des vergiß nicht
Du solt hunger vnd durst nit leyden
übrige fulle soltu auch sere meyden
Vnd ubrige grobe köst soltu lassen
vor vil trincken soltu dich auch massen
Gebraten fleisch ist besser dann gesoten
das schweinen sey dir gancz verboten
Du solt mischen den starcken wein
das sechst teil sol alczeyt wasser sein
Du solt nit mer schlafen denn wachen
hüt dich vor de in der pfannen gebachen
Ist es an dir nit ein gewonheit alt
so fleuch den schlaf im tag mit gewalt
Lynsen mit gütem essig wol gesoten
seind dir von den meystern nit verboten
Aber wiltu dich selbs nit in schaden geben
so hüt dich auch vor vnkeüschem leben
Du solt auch gemein badstuben meiden
an einem zuber do ist schwiczen zu leyden
Fleuch auch trauren zorn vnd vnmüt
welsch nuß vñ rawte seind nüchter güt

Biß in deinem müt zu maß frölich
das beuilch ich dir besunderlich
Du solt auch nit zu vil frewen han
wann das hercz würd zu fast auff gethan
Du solt dich halten in sölcher maßen
vnd solt alle monet einest aderlaßen
Nach der weisen gelerten arczet lere
von hicigen dingen du dich kere
Noch vil mer sag ich dir da mite
nym auch alle wochen pillulas vite
Sübene oder newne die zu nacht schlick
zwar sie seyn dir ein güt gelück
Das lert dich Rasis der meyster groß
dem noch keyn arczet ist genoß
Alle tag schlick ein pillen zu morgen
es ist güt vnd pringt dich auß sorgen
Auch thiriaca als ein erbes genossen
vnder dem wein ist güt auß der mossen
Es stercket das hercz vnmaßen vast
gifft mag nicht seyn bey im ein gast
Bolusarmenus ist nüchter mit essig güt
vñ terra sigillata erfrewe sicher das plüt
Vnd wenn du pillulas hast genümen
so soltu nicht zu thiriaca kummen
Sunder diß meyd biß an den anderen tag
vnd verstand was ich dir da sag
Noch ein meyster dir einen rat geit
fleuch verr dauon vnd thů das bey zeyt
Wann fliehen ist gar ein sicher ding
vnd halten doch etlich das gar gering
Fleuch die siechen vnd auch die stat
seinen rock sein gewand vnd was er hat
Du solt auch alle tag etwas beginnen
zu thůn mit leib vnd auch mit sinnen
Ein fig sein mit frewd in dem hauß
frü vnd auch spat in frides klauß
Es ist auß der maßen vast güt
wer dar ynne ist mit frölichem müt
Das hat meister hans Tornamira gelert
des selben kunst vil menschen hat ernert
Vnd auch ander hübscher meyster vil
der ich hercz zůmal nicht nennen wil

Man konnte sie als Devotionalie an die Wand des Wohnzimmers oder in den Hergottswinkel hängen. Manche der Blätter haben eindeutig Amulettcharakter. Diese Blätter wird man zusammengefaltet möglichst immer bei sich getragen haben – kein Wunder, daß so wenige davon erhalten sind. Schließlich haben einige auch mit ihren Pestrezepten mehr oder weniger gute Dienste geleistet und sind vielleicht mehrfach in größerer Runde vorgelesen worden. Einige der genannten unterschiedlichen Motive und Zielsetzungen sind auch auf den ausgestellten Sebastiansblättern auszumachen. Die Todesangst der pestbedrohten Menschen spiegelt sich

besonders deutlich in den lateinisch-deutschen Gebeten, die der fromme Betrachter an den Rändern eines Nürnberger Sebastiansholzschnitts mit eigener Hand hinzugefügt hat. [1/96] Darin bittet er Gott um der Verdienste der Heiligen Gregor der Große, Sebastian und Rochus willen, das Volk vor einem plötzlichen und jähen Pesttod (a subitanea et improvisa morte pestilencie), das heißt vor einem Tod ohne Empfang der Sterbesakramente, zu bewahren.[9] Ebenfalls aus Nürnberg stammt ein weiteres Pestblatt, das nicht nur das Sebastiansmartyrium mit dem Kaiser und den Bogenschützen szenisch ausweitet, sondern auch den Sinn und Zweck dieses Blattes verdeutlicht. Auf das Gebet an den Pestheiligen folgt nämlich die Bitte an Gott, allen die Rettung vor dem »Gebresten« der Pestilenz zu verleihen, die »dieses Gebet bei sich tragen oder andächtig sprechen«. Allein der Besitz des Zettels oder das Hersagen der kurzen Fürbitte sollte also gegen die Seuche immun machen. Dazu paßt das Zeichen Tau, das am oberen Rand scheinbar unvermittelt hinzugesetzt ist.[10]

Ein anderes Augsburger Sebastiansblatt [1/97] hat schon bei den Zeitgenossen offenbar viel Anklang gefunden, denn die gereimten medizi-

1/97
»Vil menschen weren der pestelencz frey ...«
Pestregiment mit zwei Szenen: Martyrium des heiligen Sebastian (links), der heilige Achatius wird mit seinen Soldaten von Dornen gepeinigt (rechts). Holzschnitt, Augsburg um 1472

Die Marter des heiligen Sebastian. Kolorierter Holzschnitt, Nürnberg 1472 (Staatliche Graphische Sammlung München)

nischen Ratschläge zum Verhalten in Pestzeiten sind gleich in mehreren Auflagen mit unterschiedlichen Holzschnitten gedruckt worden. Unser Beispiel zeigt neben dem Sebastiansmartyrium die vermutlich ebenfalls pestbezogene Darstellung des heiligen Achatius und seiner zehntausend Soldaten, die im 2. Jahrhundert im Kampf für den christlichen Glauben am Euphrat den Kreuzestod erlitten haben. Vorher wurden die Zehntausend in die dornartigen Äste spitziger Pfähle geworfen. Augenscheinlich sind die Darstellungen der Qualen des heiligen Sebastian und der Truppen des Achatius einander angeglichen und ähnlich verstanden worden. Auf einem späteren Blatt (1477), das ebenfalls bei Günther Zainer in Augsburg erschien, ist dagegen nur Sebastian am Baum zu sehen, wie er unter den

Augen Diokletians von drei Bogenschützen mit Pfeilen beschossen wird.[11] Der Text war auf beiden Drucken identisch, und er ist eifrig gelesen und nicht nur in Augsburg beachtet worden. Das beweist ein weiterer Einblattdruck, der um oder kurz nach 1500 in Nürnberg entstanden ist. Das »nutzlichs regiment fur die kranckheyt der pestilentz« bringt im oberen Teil nach der Anrufung Gottes, Mariens und der Heiligen Sebastian und Rochus die gängigen Gesundheitsregeln in Pestzeiten. Unten sind dann eigene Gebete zu den beiden bereits in den Versen erwähnten Pestheiligen beigegeben, die mit Holzschnitten von Hans Baldung Grien versehen sind.[12] Die gereimten Verhaltensregeln des Pestblatts wiederholen ganze Passagen der Augsburger Vorlage, freilich mit bemerkenswerten Auslassungen und Ergänzungen. Das Augsburger Blatt empfiehlt gegen Ende nachdrücklich die Flucht vor der Pest und speziell vor den Aussätzigen. Dieser Rat, der in keinem Pesttraktat fehlte, ist merkwürdigerweise im Nürnberger Text weggelassen worden, vielleicht deswegen, weil der Nutzen und die moralische Berechtigung der Pestflucht umstritten waren, wie in den Augsburger Versen selbst angedeutet wird. Auffällig ist ferner der unterschiedliche Umgang mit den Pestheiligen. Während die Augsburger Vorbilder sich ausschließlich auf den heiligen Sebastian (und auf die zehntausend Soldaten) berufen, ist auf der späteren Nürnberger Version neben Sebastian wie selbstverständlich auch der heilige Rochus präsent. Wenn der Augsburger Titelholzschnitt nur Sebastian zeigt, dann muß das nichts weiter bedeuten, aber auch im Text werden nur Gebete zu Gott und Sebastian angemahnt. Diese Abweichungen sind kein Zufall, sondern haben etwas mit der außergewöhnlichen Kultgeschichte des heiligen Rochus zu tun.

Der heilige Rochus trat erstaunlich spät an die Seite des bewährten Sebastian. Unumstrittene schriftliche Zeugnisse kennen wir aus Italien erst seit der zweiten Hälfte des 15. Jahrhunderts, nördlich der Alpen ist der Kult erst um 1480

H. B. Grien: »Ein nutzlichs regiment fur die kranckheyt der pestilentz«. Pestblatt, Nürnberg um 1500 (Germanisches Nationalmuseum Nürnberg)

sicher nachweisbar.[13] Über eine frühere lokale Verehrung dieses Heiligen in Italien oder Frankreich läßt sich – entgegen den Behauptungen der hagiographischen Überblickswerke und der Spezialliteratur – nichts Genaues sagen.[14] Die Anfänge des Kultes liegen also nach wie vor im dunkeln. Rätsel geben auch die verschiedenen Legendenversionen auf, die nach der Mitte des Jahrhunderts entstanden sind. 1478 verfaßte der Jurist und Philosoph Francesco Diedo, damals Statthalter Venedigs in Brescia, eine ausführliche Vita, die präzise, aber höchst problematische Lebensdaten des Heiligen (um 1295–1327) enthält und am Schluß über die angebliche Bestätigung des Kultes auf dem Konzil von Konstanz berichtet. Diese Vita wurde erstmals 1479 in Mailand gedruckt und in den folgenden Jahrzehnten mehrfach neu aufgelegt. Sie beginnt mit dem Widmungsbrief des Dominikaners Ludovicus Maldura aus Bergamo, dessen Name auf dem Titelblatt einiger Drucke erscheint und der deshalb oft fälschlich als Autor einer eigenen Vita angesehen wurde. Kürzer und älter als die Lebensbeschreibung Diedos ist eine anonyme Vita, die freilich erst 1483 in einer Kölner Legendensammlung gedruckt vorliegt. Spätere Übersetzungen sowie die lateinischen und volkssprachlichen Neufassungen gehen im wesentlichen auf diese beiden Versionen zurück.[15] Sie wurden entweder als Einzellegenden oder innerhalb der beliebten volkssprachlichen Sammlungen von Heiligenleben herausgegeben. Zur ersten Gruppe gehört ein Mainzer Nachdruck der Diedo-Vita [1/102] und ein deutsches Rochusleben, das 1482 in Wien und 1484 in Nürnberg erschien. [1/101] Als Beispiel aus der zweiten Gruppe dient die Erzählung »Von sant Rocho« in einer Straßburger Legendensammlung von 1517 [1/110], die ebendort schon 1510 und dann auch in späteren Neuauflagen mit demselben Titelholzschnitt herausgegeben wurde. In einer kurzen Zusammenfassung haben die Taten des heiligen Rochus auch recht früh Eingang in die Weltchronik des Humanisten und Arztes Hartmann Schedel gefunden [1/104], die 1493 von Anton Koberger in Nürnberg verlegt wurde.[16] Nach dem Wortlaut der Legenden wurde Rochus

64

Ein Nutzlichs regiment fur die kranckheyt der Pestilentz.

Ich hab mich zu diser zeit vermessen
Ich wöll meiner gesellen nit vergessen
Ich will sy von den ertzten etwas lassen hören
Wie sy sich von den brechen sollen ernören
Darumb so hör was ich dir sagen will
Wann also sterben ist ein kurtzes zill
Des ersten halt den rat den ich mein
Dañ der dunckt mich sicher nit clein
Das man yn diser sach rü ... wingen soll
Anrüffen got das hilfft sicherlichen woll
Maria die über all kör der engel ist hoch gezyrt
Die uns allzeit yrß fons barmhertzigkait erwirbt
Und den heyligen martrer sant Sebastian
Sant Rochum den vill heyligen man
Die jr altag mit ewrm gebet loben und eren
Das got wöll disen brechen von uns keren
Darnach so hab dein selber acht
Es sey frü spat oder nacht
Meyd den lufft von meridie und occident
Entpfach jn von septentrio und orient
Mit wechalterber uñ weyrach spreng dein glüt
Vor bösem nebligem lüffte du dich hüt (fewr
Mit senaporon uñ wechalter staude mach dein
Das ist zu der zeit in deiñ hauß gut uñ gehewr
Mit essig wesch hend mund und antlyt
Schlind sein ein wenig das vergyß nit
Du solt hunger und durst nit leyden
Und übrige füll solt du meyden
Und euyge kost solt du lassen
Mit trincken solt du dich massen
Gebraten fleisch ist besser dañ gesotten
Das schweyne sey dir gentzlich verbotten
Dir sole müschen den starcken wein
Das sechst tayl soll wasser sein
Du solt nit mer schlaffen dañ wachen
Hüt dich vor dem jn der pfannen ist gebachen
Ist es an die nit ein gewonhait alt
So fleuch den schlaff im tag mit gewalt
Lynsen und gersten mit essig wol gesotten
Sind dir von den meistern nit verbotten
Ich dir auch sünderlich empfiel
Hüte dich vor unkeuschem spil
Du sole auch die Bad stuben meyden
In einem zuber ist schwitzen zu leyden
Trawren trübnuß zorn und unmut
Solt du lassen sy sind nit gut
Byß in deinem gemüt frölich
Das bewilh ich dir sonderlich
Du solt auch nit zu vill freuden han
Dañ das hertz würd zu vast auffgetan
Du solt auch volgen der weyssen list
Und solt lassen all monat eynist
Nach der weyssen artzet ler

Von hitzigen dingen du dich ker
Noch will ich dir ratten mee
Nym all wochen pillulas vite
Der selben uñ oder ir nach mitternacht schlick
Fürwar sy sind dir ein güt gelück
Das lert dich Rasis der maister groß
Dem doch kain artzet ist genoß (zu morgen
All tag schlick eins oder zwey pillen pestilentiales
Die sind auch gut und bringen dich auß sorgen
Tiriaca nüchter ein zunemen einer haselnuß groß
Und er gemischtem wein ist gut aussermaß
Er stercket das hertz on massen vast
Gifft mag nit sein bey ym ein gast
Bolus armenus mit essich ist nüchter güt
Daß der erstewet sicherlich das blüt
Und wañ du hast pillulas genomen
Des selben tags solt du nit zu tyriacam komen
Sonder den meyd byß an den andern tag
Und verstee was ich dir weitter sag
Du solt allzeit etwas begynnen
Zuthun mit leiß und auch mit synnen
Empfig sein mit frewden jm hawß
Frü und auch spat jn frides clawß
Dañ eß ist auß dermassen vast gut
Wer darinnen ist mit frölichem müt
Nach enpfindüg der pestilentz solt du nie beiten
Und bald zu aderlassen an der selbigen seyten
Do es dem gebrechen am nechsten ist
Darauff solt du mercken zu diser frist
Hast du es yendert an dem haubt so laß auff der
haubtader Cephalica genant/Hast dus an dem
hals oder yendert an dem obern teyl des leibs so
laß uff der mitteln adern die median wol bekant.
Hast dus under einer üchsen auff dem selben
arm sol du die hertz ader ist die mitel ader lassen
Hastus aber yendert mitten des leibs so laß auch
auff der selben mitteln ader mit massen/Hastus
noch nyder an dem leyb auff dem selben arm dy
undern adern laß/Bey dem gemechten oð inner
halb des gepainß auff dem selben füß die rosen
ader zuschlahen halt die maß/Hast dus an dem
aussertail des pains aber oder underhalb so laß
die aber Sciatica genant/Wañ du aber kein zeich
en hast dennoch an dem tail da hin dir am mey/
sten wee ist solt du lassen da hant
Und wañ du dir also hast gelassen
Solt du einnemen ertzney mit massen
Als man die findet zu lernen und zu lesen
So wirst du von den gebrechen genesen
Das habe uns die bewerte ertzt zu einer ler gebñ
Got wol uns helffen auß not zu dem ewigen leben
Der das angeben hat für gerecht und bewert
Von ewer yedem ein Aue maria begert

Ein gebet zu sant Sebastian.

O Du hochwirdiger unnd außer-
welter martrer sant Sebastian
Starker ritter cristi. Außßtaiter des
glaubes und der gebot gotes sonder-
licher freunde iesu christi/ uñ getrew
er nothelfer der ellenden meschen dy
dich anrüffen/ der du ynn diser welt
vor keyserlicher mechtigkayt groß-
sen gewalt gehabet hast/ Den umb cri-
stenliche warheit verlassen hast. Uñ
umb cristenlichen glaubeñ grosse pein
uñ unerhörte marter gelideñ hast/uñ
den zeitlichen tod jn rechteñ gelaubeñ
uñ jn volkümenheit williglich erly-
den hast/ darum du die ewige frewd
besessen hast/ uñ die kron der mettrer jn ewiger seligkait verdint
hast. Versickel. Bitt für uns heyliger Sebastiane/ und erwirb
Almechtiger jmmer (uns gnade und seligkeit. Collect.
ewiger got der du durch das verdienen des heyligen mettre/
res sant Sebastian võ den meschen den gemeinen gebrechen der
pestilentz genumeñ hast/verleich mir und allen den die jn deiner
zuuersicht zuflucht habeñ zu jm/das wir durch das gebet und ver
dienen sant Sebastian von der pestilentz uñ võ dem yehen tode
behut uñ beschirmt werdeñ.Durch iesum xpm unsern herrñ Ameñ

Ein gebet zu sant Rocho dë nothelfer

Seliger hochgeboner bekenner
gotes heyliger sant Roche/Der
du geborn bist auß königlichen stammen. Uñ hast jn wiliger armut umb
gotes wille verschmecht alle wolust
uñ kurtze frewd und ere dyser welt/
Uñ hast jnniglich besücht die heyligen stet. Uñ bist gewest ein göttlicher
mesch. Uñ ein besonderlicher freund
gotes von strengheyt wegen deines
keuschen tugetsamen lebens.Du hat
auch got grosse gnad erzaigt võ wi/
gent auff.Wañ durch onrüffung sei
nes heilige namen hat er dir beweist
das reich seines hymelischen vaters
Uñ hat dich durch sein heiligen engel jn deiner kranckheit getrost
uñ gehailt võ den vergifften geschwer d pestilentz. Uñ hat dir ge/
nad geben die krancken gesunt zumache/die blinden zu erleucht
uñ die behafften zu entledigen.Uñ hat dir versprochen wer deinen
heilige namen onrüffen ist.Das er durch dein verdienen erledigt
werd võ solichem vergifften gebrechen/darumb wird dein nam
ongerüfft von den menschen umb gesunthait/genad/und barm
hertzikeit von got dem almechtig. zuerwerben Amen.

in Montpellier als Sohn vermögender Eltern geboren. Schon bei der Geburt war auf der Brust des Knaben ein heilverheißendes rotes Kreuz eingeritzt. Nach dem Tod des Vaters verteilte der junge Mann sein Vermögen und machte sich als Pilger auf den Weg nach Rom. Unterwegs hielt er sich eine Zeitlang in Acquapendente auf, wo er im Spital des Vincentius Pestkranke heilte. **[1/101]** In Rom traf er mit einem Kardinal zusammen, den er mit dem Zeichen des Kreuzes von der Pest befreite. Nachdem Rochus von seinem

1/102
Der heilige Rochus.
Titelabbildung in: F. Diedo:
»Vita sancti Rochi«,
Mainz um 1494/95

Gastgeber dem Papst vorgestellt worden war, machte er sich wieder auf den Heimweg. Doch bei Piacenza erkrankte er gemäß der Verheißung eines Engels selbst an der Pest und mußte schließlich das Lazarett verlassen. Nahe bei der Stadt baute er sich eine Hütte. Der Hund eines reichen Grundbesitzers aus der Umgebung versorgte den Heiligen mit dem Brot, das er vom Tisch seines Herrn stibitzt hatte. Nach seiner Genesung pflegte Rochus seinerseits Pest-

66

kranke in Piacenza und spendete sogar den Tieren des Waldes Trost. Danach wanderte er weiter gen Heimat, doch in seiner Vaterstadt wurde er nicht erkannt, sondern als vermeintlicher Spion eingekerkert. Kurz vor seinem Tod spendete ihm ein Priester im Gefängnis die Kommunion.

Erst als Rochus gestorben war, merkten seine Angehörigen an dem roten Kreuz, wen sie vor sich hatten. Außerdem gab eine Tafel neben dem Toten seinen Namen preis und pries ihn als Helfer in Pestnot. Daraufhin wurde er in Montpellier ehrenvoll bestattet.

Nur relativ selten ist die Legende auch in ausführliche Bildzyklen umgesetzt worden. Das erste und originellste derartige Zeugnis nördlich der Alpen ist der Rochusaltar in der Nürnberger Lorenzkirche, den der Handelsherr Peter Imhoff der Ältere um 1493 errichten ließ. Auf den Innenseiten der Flügel wird die Vita getreu dem Tenor der genannten Legendenversionen nacherzählt. In Simultanmalerei sind teilweise bis zu drei Szenen auf einem Bildfeld festgehalten – wohl nicht zuletzt deshalb, um das Leben und Wirken des neuen Heiligen so umfassend wie möglich bekannt zu machen. Nur die Kommunionszene im Gefängnis füllt ein ganzes Bildfeld aus: ein Hinweis auf die Bedeutung der Sterbesakramente für einen guten Tod, zumal in Pestzeiten, sowie auf die besondere Eucharistieverehrung der Familie Imhoff.

Wenige Jahrzehnte nach der ersten szenischen Aufbereitung der Legende in der Nürnberger Lorenzkirche ist um 1530 im Eichstätter oder Regensburger Raum ein weiterer Zyklus entstanden, der in dieser Ausstellung erstmals präsentiert wird. **[1/100]** Als Maler kommt möglicherweise Sebastian Dayg aus Nördlingen in Betracht, der sich an seinem Landsmann Hans Schäufelein orientierte.[17] Die drei Tafeln mit den sechs Legendenszenen waren wahrscheinlich Teil eines Altars, dessen geschnitzter oder gemalter Mittelteil nicht erhalten geblieben ist. Der Maler folgt auf den sechs Bildfeldern grundsätzlich dem Nürnberger Vorbild, setzt allerdings etwas andere Akzente: Bei der Geburt des Heiligen wie auch in der Todesszene wird das rote Kreuz als Erkennungszeichen des Heiligen stär-

Rochusaltar.
St. Lorenz-Kirche, Nürnberg

ker betont. Der Aufbruch des noch erstaunlich jung wiedergegebenen Heiligen aus dem Elternhaus wird zu einer Hauptszene. Die Spitalszene, die Begegnung mit dem Grundbesitzer in der Laubhütte bei Piacenza und die Gefangennahme des Heiligen sind wieder ähnlich wie auf dem Nürnberger Rochusaltar gestaltet. Demgegenüber ist die Kommunion im Kerker nicht eigens dargestellt. Eine ungeschickt eingefügte Tafel gibt in der Schlußszene die zentrale Verheißung wieder: »Peste laborantes ad Rochii patrocinium confugien(te)s contagionem illam truculentissimam evasuros« (Wer an der Pest erkrankt ist und sich dem Schutz des heiligen Rochus anvertraut, der wird jene fürchterliche Seuche überstehen).

Als die Regensburger Tafeln entstanden, war der Kult des neuen Pestheiligen bereits fest etabliert. Das Zentrum des Kultes wurde Venedig, wo bereits seit 1478 eine Rochusbruderschaft bestand. Die Mitgliederzahl und das Ansehen der Scuola wuchsen sprunghaft, nachdem 1485 die Reliquien des Heiligen aus der Lombardei in einer dubiosen Aktion dorthin übertragen worden waren. Neben der Rochuskirche ließ die Scuola Grande di S. Rocco ein würdiges Bruderschaftsgebäude errichten. Besucher der Lagunenstadt trugen die Kunde von dem neuen Pestheiligen in alle Welt. Dazu gehörten insbesondere Jerusalempilger, die in Venedig oft wochenlang auf die Überfahrt ins Heilige Land warten mußten, Gelehrte und Studenten der venezianischen Universität in Padua und vor allem Kaufleute aus aller Herren Länder, die in Venedig ihre Geschäfte abwickelten. Es ist kein Zufall, daß sich der Rochuskult gerade in den großen europäischen Handelsstädten besonders rasch und augenfällig etablieren konnte. Neben Venedig wurden etwa Lissabon, Nürnberg, Köln, Antwerpen und

Lübeck mit den übrigen Hansestädten zu Hochburgen des neuen Kultes.

Besonders gut läßt sich die Kultverbreitung am Nürnberger Beispiel beobachten. Peter Imhoff der Ältere, der Stifter des abgebildeten Rochusaltars, nahm selbst jahrelang eine leitende Position am Fondaco dei Tedeschi ein, dem Stützpunkt der deutschen Kaufleute in Venedig. Neben dem

Rochusaltar stiftete er ein eigenes Rochusfest in der Nürnberger Lorenzkirche. Sein Halbbruder Konrad IV. war sogar Mitglied der Scuola Grande di S. Rocco in Venedig und errichtete die kostspielige Rochuskapelle auf dem Nürnberger Rochusfriedhof. Rochus wurde geradezu zum ›Firmenheiligen‹ der Nürnberger Welthandelsfirma Imhoff.

1/100

Regensburger Rochusaltar.
Öl/Holz, um 1530
Seite 68:
Geburt des Heiligen (l.o.),
der Heilige verläßt
seine Eltern (r.o.),
der Heilige im und vor
dem Spital in Piacenza (l.u.),
der Heilige in einer
Waldhütte bei Piacenza (r.u.),
Seite 69:
der Heilige wird nach seiner
Rückkehr in die Heimat
unerkannt als Spion
verhaftet (l.o.),
der Heilige stirbt und wird
nach seinem Tod von seinen
Verwandten erkannt (r.o.)

Innerhalb weniger Jahrzehnte eroberte sich der heilige Rochus seinen Platz überall dort, wo Heilige gefragt waren: als Patron von Kirchen und Kapellen, im Schrein oder auf den Flügeln von Altären **[1/117]**, auf separaten Tafelbildern **[1/118]**, als Einzelstatue in der Kirche **[1/122 a–e]** oder als Devotionalie im privaten Bereich **[1/123]**, in den Legendensammlungen, im Festtagskalender der Kirche und auf den Pestblättern. Eher versteckt sind die Gebete an diesen Heiligen in den Stundenbüchern und anderen Andachtsbüchern, die häufig mit Darstellungen des Heiligen versehen sind. Beispiele dafür sind die prächtigen Miniaturen in den französischen »Livres d'heures« **[1/106, 1/107, 1/112]** oder die Holzschnitte aus dem »Hortulus animae« oder »Seelengärtlein«. **[1/98, 1/105, 1/108, 1/109, 1/111, 1/113]**[18] Manche Rochus-Abbildungen wurden schon in früheren Auflagen dieser Laienbreviere verwandt **[1/106]** oder selbst dort eingefügt, wo sie eigentlich gar nicht hingehörten **[1/107]** – auch dies ein zusätz-

licher Beweis für die Popularität des neuen Heiligen.

Auf sämtlichen Bildwerken ist der heilige Rochus unverwechselbar an der Pestbeule zu erkennen, die am rechten oder, weniger häufig, am linken Oberschenkel angebracht und von den Malern manchmal aus Gründen der Pietät nach unten verschoben wurde. Ansonsten wird der Heilige als Pilger wiedergegeben, mit der Pilgertasche und dem Pilgerstab, an dem bisweilen ein Schweißtuch befestigt ist. Am Hut oder am Gewand trägt er meist die Insignien des Rompilgers, die gekreuzten Schlüssel, oder auch – historisch strenggenommen nicht korrekt – die Jakobsmuschel, die eigentlich den Pilger zum Jakobsgrab nach Santiago de Compostela, dann aber auch allgemein jeden Pilger kennzeichnete. Ikonographisch interessanter sind die weiteren Personen und Attribute, die ihm häufig beigegeben werden. Im Schrein des Rochusaltars in Nürnberg sowie auf einigen anderen relativ frühen (Nürnberger) Darstellungen **[1/105, 1/108, 1/109, 1/111]** ist der Heilige auf einen etwa gleichgroßen Verkündigungsengel bezogen. Diese Kombination, die formal an Mariä Verkündigung erinnert, betont die Kernaussage der Legende, nämlich die Verheißung des Engels, die Rochus erst zum Nothelfer macht und die allein die Hoffnung der pestgeplagten Menschen auf die

69

Fürbitten des Heiligen begründet. **[1/100]** Die Legende wird hier also eher theologisch zusammengefaßt und interpretiert. Daneben hat sich im Laufe der Zeit eine fast rührend wirkende volkstümliche Version durchgesetzt, die Rochus mit einem

kleinen Engel, der sich um die Pestwunde kümmert **[1/113]**, und/oder mit dem Hund zeigt, der ihm das Brot vom Tisch des reichen Grundbesitzers in die Waldhütte bei Piacenza brachte. **[1/106, 1/107, 1/112]** Der Engel beugt sich dabei über die Beule oder trägt mit einem Spachtel eine schmerzlindernde Salbe auf, wie es besonders gut auf dem Tafelbild von Bernhard Strigel(?) zu beobachten ist. **[1/103]** Ausnahmsweise hält der Engel die Salbbüchse einfach nur in der Hand. **[1/122 b]**[19] Je nach Herkunft und Zeit der Darstellung konnten die Formen des Brotes, das der Hund im Maul herbeischleppt, recht unterschiedlich sein. Die ikonographische Variante mit Hund und Engel hat sich nach 1500 vor

70

allem nördlich der Alpen durchgesetzt. Nur in den frühen Jahren, als die Ikonographie des bis dahin unbekannten Heiligen noch nicht festgelegt war, begegnen daneben außergewöhnliche Motive wie etwa die Spitalszene **[1/101]** oder der Abschied des Heiligen vor seiner Pilgerschaft. **[1/110]**

Südlich der Alpen folgt die Rochus-Ikonographie zum Teil etwas anderen Vorgaben. In Italien herrscht zunächst der einfache Pilgerheilige mit der Pestbeule vor, der häufig im Typus der sogenannten Sacra Conversazione, das heißt zusammen mit Maria und anderen Heiligen dargestellt ist. Zudem sind die Kultzeugnisse noch zahlreicher und vielfältiger: In Oberitalien haben sich auch noch zahlreiche Fresken mit den Pestheiligen erhalten, die nicht nur in Kirchen und Kapellen, sondern auch noch an den Wänden von Wohnhäusern zu finden sind.[20] Die Bilder an den Profanbauten bezeugen noch eindringlicher, wie präsent die heiligen Helfer im Alltag der pestgefährdeten Menschen waren. Auch in Italien scheinen überwiegend Laien den Rochuskult und die Heiligenverehrung in Pestzeiten befördert zu haben. Aber entscheidend waren hier nicht so sehr die Initiativen von Einzelpersonen, sondern die Anstöße, die von den Bruderschaften und von den Kommunen ausgingen. Dokumentiert werden diese Aktivitäten ganzer Gruppen und Gemeinden am sichtbarsten in den sogenannten Pestbannern, den Gonfaloni. Seit der Mitte des 15. Jahrhunderts sind diese bemalten Fahnen, die in den Pestprozessionen vorangetragen wurden, vor allem in Umbrien und in der Toskana verbreitet. Die Motive auf diesen Fahnen haben gewechselt, aber eins hatten die meisten gemeinsam: den Bezug auf die Vaterstadt, die oft unten in einer Vedute dargestellt ist.[21]

Die Frühgeschichte und die erste große Blütezeit des Rochuskultes reichten bis gegen Mitte des 16. Jahrhunderts. Bereits am Vorabend der Reformation war Rochus zu einem der meistverehrten Heiligen der Christenheit geworden. Allein in Italien sind heute 64 Orte und ungefähr 3.000 Kirchen und Kapellen nach diesem Heiligen benannt. Diese Entwicklung war alles andere als selbstverständlich, selbst wenn man die Kumulierungsbestrebungen berücksichtigt, die man auch sonst in der Heiligenverehrung und bei anderen Frömmigkeitsformen in dieser Zeit beobachten kann. Schließlich gab es mit Sebastian einen speziellen Schutzhelfer gegen die Pest. Rochus war nicht kanonisiert, und sein Kult wurde nicht etwa gezielt von der Amtskirche oder von den großen Orden propagiert. Die legendarische Überlieferung erschien schon einigen kritischen Zeitgenossen und den späteren Reformatoren höchst dubios. Wenn der neue Heilige trotzdem innerhalb weniger Jahrzehnte in ganz Europa so populär wurde, so ist das im wesentlichen auf folgende Umstände zurückzuführen:

zufolge all diejenigen, die den Namen des Heiligen anriefen, von der Pest befreit würden. An diese konkrete Vorhersage, nicht an die Pestheilungen des heiligen Rochus und auch nicht an dessen Eigenschaft und Attraktivität als Pilgerheiliger, knüpften sich die Hoffnungen der Gläubigen. Wie ein Zauberspruch mußte diese Prophezeiung in ihren Ohren klingen.

1. Der heilige Rochus wirkte als frommer Pilger zweifellos volksnäher als Sebastian und hatte der Legende zufolge am eigenen Leibe die Leiden erfahren, gegen die er immun machen sollte.
2. Wichtiger aber war wohl die Verheißung eines Engels am Schluß der erbaulichen Legende, der-

3. Eine dritte Erklärung für den Erfolg des heiligen Rochus ist in den Formen und Bedingungen der Kultförderung zu suchen. Ein Heiligenkult verbreitet sich nicht, sondern er wird verbreitet. Wohlhabende und einflußreiche Laien, Kaufleute und gelehrte Humanisten haben, wie oben bemerkt, zum atemberaubenden Erfolg des neuen Pestheiligen in ganz Europa beigetragen und seinen Kult zum Teil recht eigenmächtig und eigenständig gegenüber den Vertretern der Amtskirche in ihren Heimatgemeinden etabliert.[22]

*Pestaltar. St. Andreas-Kirche,
Kalckreuth, 1516*

4. Der vierte und entscheidende Grund für die Popularität
des heiligen Rochus ist aber
zweifellos in den Pestepidemien selbst zu sehen.
Der Kult des Heiligen ist nicht zur Zeit des
Schwarzen Todes (1348–1350), sondern erst nach
der Mitte des 15. Jahrhunderts entstanden. Deut-

licher noch als wirtschafts- und sozialgeschichtli-
che Quellen bezeugt die Verbreitung des Kultes
also die verheerende Wirkung gerade jener lokal
begrenzten, aber regelmäßig wiederkehrenden
und häufig heftigen Pestausbrüche.
Dieser Eindruck verstärkt sich noch, wenn man
beobachtet, wie sich der Kreis der heiligen Helfer

gegen die Pest in jener Zeit immer mehr ver-
größerte.[23] Denn Sebastian und Rochus waren
nur die wichtigsten, aber nicht die einzigen Fürbitter in Pestzeiten. Gegen diese grausame und
unerklärliche Krankheit konnten gar nicht genug
heilige Helfer in Anspruch genommen werden.
Auf Altären, in Gebetbüchern und auf Pestblättern begegnen zusammen mit den eigentlichen
Pestheiligen oft und nicht zufällig weitere
Schutzpatrone in derselben Funktion. Das trifft
etwa auf den Annenaltar in der Andreaskirche in
Kalchreuth bei Nürnberg zu. Der Altar wurde
1516 von Ulrich Starck und seiner Frau Katharina, geb. Imhoff, gestiftet. Gegen die Pest und
andere Gefahren werden dort
gleich eine ganze Schar heiliger Helfer mobilisiert: die heilige Anna Selbdritt, die heilige
Katharina, die Namenspatronin
der Stifterin, und die heilige
Barbara, auf den Außenseiten
die Heiligen Christophorus und Sebastian, auf
dem wohl später angefügten Standflügel der heilige Rochus sowie auf der Predella die Gruppe der
Vierzehn Nothelfer.[24]
Ähnlich wie im Bildprogramm der Altäre sind
die Pestheiligen im engeren und im weiteren
Sinne auch auf einigen Pestblättern oder in Pest-
gebeten zusammengestellt. Für viele solcher Beispiele mag eine Pestlitanei aus einem Kölner
Gebetbuch aus dem ersten Viertel des 16. Jahrhunderts stehen: »Wer dese namen alle dage lyst
und by eme draget, der sal behoit syn vor der
pestilencien: Sante Anthonis bit. S. Sebastianus,
bit vur. Sente Martinus bit. Sente Nicasius bit.
Sent Rochus bit. Sente Amandus bit.«[25] Allein
das tägliche Hersagen dieser Heiligennamen
versprach also Schutz vor der bösen Seuche.
Im wesentlichen lassen sich um 1500, von der
Gottesmutter Maria einmal abgesehen, drei
Gruppen von Schutzheiligen gegen die Pest
unterscheiden:
1. Die klassischen Pestheiligen Sebastian und
Rochus.
2. Die große Gruppe von Nothelfern, die aus
unterschiedlichen Gründen zu Pestheiligen
geworden waren und überregional verehrt wur-

Pestgebet in einem nieder-
deutschen Gebetbuch.
Köln 16. Jahrhundert
(Württembergische Landes-
bibliothek Stuttgart)

den. Viele von ihnen hatten ihren eigentlichen
Zuständigkeitsbereich erweitert (z.B. die Krankheitspatrone Antonius, Kosmas und Damian,
Valentin, Hiob, Vierzehn Nothelfer etc.). Das gilt
insbesondere für die Schutzheiligen gegen den
sogenannten »jähen Tod« (Christophorus, Barbara, Georg, Heilige Drei Könige usw.). Andere
wie z.B. Papst Gregor d. Große, die heilige Anna,
Martin von Tours oder auch Achatius mit seinen

zehntausend Soldaten wurden deswegen verehrt,
weil ihre Fürbitte einst von der Pest befreit hatte.[26] Je nach Herkunft, persönlichen Vorlieben
und hagiographischen Kenntnissen des Hilfe-
suchenden konnte der Kreis der Patrone erweitert werden.[27]
3. Diözesan-, Stadt- und Kirchenpatrone, persönliche Schutzheilige oder auch Heilige, deren
Festtag gerade während der akuten Pestwochen
bevorstand oder gefeiert wurde.
Das ausgehende 15. Jahrhundert hat also nicht
nur einen neuen spezifischen Pestheiligen hervorgebracht, sondern gleich eine ganze Reihe
weiterer heiliger Helfer gegen die Seuche akti-
viert. Ausschließlich für die Pest war freilich nur
der heilige Rochus zuständig. Wenn er (und Sebastian) zusammen mit anderen Heiligen vor-
kommen, dann könnten auch diese in ihrer Spe-
zialfunktion als Pestheilige gemeint sein. Aber
dies ist nicht der einzige Grund, warum der Kult
dieses Heiligen in dieser Ausstellung so nachdrücklich dokumentiert ist. Denn der Rochuskult ist außerdem eine der ganz wenigen Neuerungen, die im späten Mittelalter eindeutig und

73

ausschließlich infolge der Seuchenwellen zu verzeichnen sind. So unumstritten es auch ist, daß Totentänze, das Motiv der drei Lebenden und drei Toten, das Grabbild des verwesenden Leichnams und andere Vergänglichkeitsbilder nach dem Schwarzen Tod von 1348 vermehrt dargestellt worden sind, so schwer läßt sich zeigen, wann diese Themen erstmals nachzuweisen sind und inwieweit sie mit den Pestepidemien zusammenhängen.

II. Pestheilige und Amulettzauber während der Reformation und der Gegenreformation

Die Pesteinbrüche hielten auch im 16. Jahrhundert unvermindert an. Nach wie vor war man davon überzeugt, daß nur die göttliche Gnade Hilfe bringen könne: »Sola iuvat pietas superum« – so drückte es der elsässische Humanist Sebastian Brant einmal aus. Die Heiligen waren als Vermittler weiterhin gefragt. Doch die spätmittelalterlichen Formen der Verehrung und auch die persönliche Einstellung wandelten sich unter dem Einfluß von Reformation und Gegenreformation; mit der Renaissance kamen zudem andersartige Abwehrmittel gegen die Pest auf.

1. Pestheilige als Zielscheibe der Kritik der Reformatoren

1532 und danach in mehreren Neuauflagen erschien in Augsburg in deutscher Übersetzung das moralphilosophische Werk des italienischen Humanisten Francesco Petrarca (1304–1374) »De remediis utriusque fortunae« (Vom Trost in Glück und Unglück bzw. »Von der Artzney bayder Glueck des Guten und Widerwertigen«). Das in Dialogform gehaltene Trostbuch für alle Lebenslagen handelt in einem der Zwiegespräche zwischen den allegorischen Partnern »Schmerz« und »Furcht« sowie der »Vernunft« auch »Von dem Sterben oder Pestilenz« (II 92). Der dazugehörige Titelholzschnitt [1/125] zeigt einen Pestkranken auf einem Krankenbett, der von den Angehörigen gepflegt und bejammert wird. Lei-

chen und Tierkadaver vervollständigen das Bild des Grauens. Das Bild steht damit für den allmählichen Übergang von den religiösen zu profanen Pestdarstellungen. Noch interessanter als dieser Aspekt des ungewöhnlichen Pestbilds ist aber das, was man in dieser Ausgabe nicht mehr sehen kann: Links oben waren ursprünglich die Pestheiligen Sebastian und Rochus zu sehen, die jedoch gelöscht wurden, da inzwischen auch in Augsburg die Reformation eingeführt worden war.[28] In vollständiger Form ist der Holzschnitt bereits früher in einem Gesundheitsbuch in spanischer Sprache publiziert worden, das Louis Lobera d'Avila, der Leibarzt Karls V., verfaßte und das ebenfalls Heinrich Steiner 1530 in Augsburg verlegte. Dort illustriert das Bild [1/126] die Auswirkungen der Pest und läßt deutlich Sebastian und Rochus erkennen.[29]

So einfach und radikal wie auf diesem Holzschnitt konnten die Reformatoren ansonsten nicht mit den Auswüchsen der Heiligenverehrung im allgemeinen und mit den Pestheiligen im besonderen fertigwerden. Insbesondere die Verehrung des heiligen Rochus war den reformatorischen Kritikern seit langem suspekt. Martin Luther hatte schon um 1516 lebhaft Anstoß am Kult dieses »obskuren« Heiligen (ignotae vitae et auctoritatis) genommen, der nur seines Namens wegen zum Pestheiligen auserkoren worden sei: Rochius klinge im Deutschen wie Rache – meine also die Pest als Rache Gottes.[30] Mit dieser Polemik stieß Luther vermutlich größtenteils auf taube Ohren, zumal er eigentlich nur anstrengendere Alternativen bieten konnte. Wie fanden sich die Menschen in den protestantischen Gebieten in den Notzeiten zurecht, nachdem ihnen die Schar der heiligen Helfer sozusagen über Nacht abhanden gekommen war? Hatte doch die neue Lehre insbesondere den naiven Glauben an die Heiligen als »abgöttisch« verworfen, Wallfahrten zu angeblich wundertätigen Marienbildern verdammt, die Privatmessen und -andachten in den Familienkapellen und die Seitenaltäre für obsolet erklärt.

Die Probleme wurden in der Tat gerade in den Pestjahren offenkundig.[31] Möglicherweise hat der notgedrungene Verzicht auf die bisher übli-

1/125

Petrarca-Meister:
Die Auswirkungen der Pest.
Kolorierter Holzschnitt in:
F. Petrarca: »Das Glückbuch/
Beydes des Gutten und
Boesen ...«, Augsburg 1539

1/126

Petrarca-Meister:
Die Auswirkungen der Pest.
Holzschnitt in: L.L. de Avila:
»Vanquete de nobles
cavalleros ...«, Augsburg 1530

chen Trostmittel – wie etwa die Zuflucht zu den Heiligen – viele noch eher und stärker als zuvor dazu animiert, sich dem Pestgeschehen durch Flucht zu entziehen. So scheint es kein Zufall, daß gerade die führenden Reformatoren sich genötigt sahen, autoritativ zur Frage nach der Flucht vor der Pest Stellung zu nehmen. Martin Luther, der Nürnberger Prediger Andreas Osiander und andere haben dies in ausführlichen Denkschriften und Predigten getan und dabei auch Ratschläge zur Seelsorge in Pestzeiten gegeben. Luther empfiehlt in seiner Schrift »Ob man vor dem Sterben fliehen möge« **[1/35]** regelmäßigen Kirchgang und Predigthören, alle acht oder vierzehn Tage Beichte und Sakrament sowie die Hinterlegung eines Testaments. Rechtzeitig, nicht etwa erst in der Todesstunde, solle man nach dem Kaplan verlangen. Luther bejahte zwar in seiner Schrift von 1527 grundsätzlich das Recht zur Flucht, aber er erklärte eindeutig die Daheimgebliebenen, die einen »starken Glauben« beweisen, zu »moralischen Siegern«.

Die aufmunternden Worte und der Trost Luthers waren offenbar bitter nötig. Denn gerade in seiner unmittelbaren Umgebung in Wittenberg suchten viele Menschen, nachdem sie sich der früheren Notanker beraubt sahen, ihr Heil in der Flucht. Genüßlich spießten die Gegner Luthers das Verhalten seiner Mitbürger auf und nutzten es für ihre Zwecke. Gegen Mitte September 1527 höhnte ein Predigermönch in Leipzig in aller Öffentlichkeit über die verzagte Flucht der Wittenberger: In den Anfängen der Christenheit seien die Leute froh und überzeugt von der Richtigkeit ihres Glaubens dem Tod entgegengegangen, während nun die vornehmsten Anhänger der neuen Lehre als erste Reißaus nähmen.

Es war nicht das letzte Mal, daß sich Luther mit der Pest und der Flucht seiner verzagten Mitbürger konfrontiert sah. Als 1538 wieder einmal die Seuche in Wittenberg grassierte, ging er öffent-

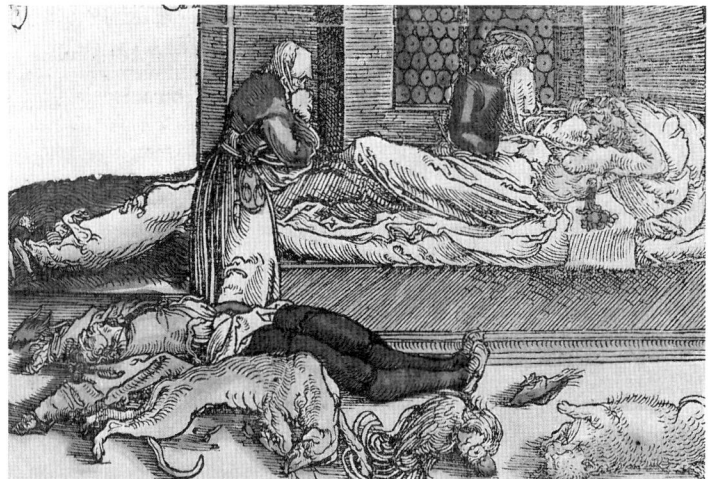

lich hart mit denen ins Gericht, die sich der Gottesstrafe durch die Flucht entzogen hatten. Die fluchtwilligen und bereits geflohenen Bürger warnte er, er werde zum Nutzen der Notleidenden ihr Brennholz auf den Anger bringen und verbrennen und ihre Korn- und Biervorräte an die Armen verteilen lassen. Christus sei der einzige Halt und verlage den unbedingten Einsatz für den Nächsten. Insofern konnte sich der Reformator nur darüber wundern, daß sich das Volk im Lichte des neuen Evangeliums stärker zu fürchten scheine als im Papsttum, und spekulierte: »Das ist die ursach, daß wir uns im Papstthum verließen auf das Verdienst der Mönche und Anderer! Itzund muß ein Jeder auf sich selbs sehen, wie er gläubt, und also dahin fahren.«

Dies war in der Tat das Kernproblem, und es war auch anderswo nicht leicht, nunmehr die Fürbitten um Rettung vor der Pest und die Verantwortung nicht mehr an Mönche und Priester oder an Heilige delegieren zu können. Dies läßt sich auch in Nürnberg feststellen, der Hochburg des Rochuskultes. Nur wenige Schritte vom Rochusaltar der Imhoffs entfernt, bemühte sich ein anderer bedeutender Vertreter der neuen Lehre, der Nürnberger Prediger Andreas Osiander, den Gläubigen im Pestjahr 1533 Zuversicht und Gottvertrauen einzuflößen. Auch er zeigt sich in der Predigt besorgt darüber, daß seine Glaubensgenossen »ungeschickter weyß« über die von Gott verhängte, grausame Plage erschrecken, mit »allerley gewohnlicher wort und werck« ihre Angst verdrängen und »gefarlicherweiß« Liebesdienste unterlassen, die sie dem Nächsten wie Christus selbst schuldig sind, daß sie dadurch den Schwachen Anlaß zum Ärgernis werden und dem »hailigen evangelio« innerhalb und außerhalb des Nürnberger Gebietes »nachrede« erwächst. Diese Bemerkung deutet wieder darauf hin, daß das Verhalten in Pestzeiten und die Flucht insbesondere auch im Nürnberger Umland – wie in Wittenberg und Leipzig – in den großen Glaubensstreit hineingezogen wurde.

Aber auch in Nürnberg waren die Gemüter in Pestzeiten nur schwer zu beruhigen. 1543 brach wieder einmal die Pest ein, und dieses Mal legte Veit Dietrich (1506–1549), der langjährige Begleiter Luthers und inzwischen Prediger an St. Sebald, der anderen Hauptkirche Nürnbergs, den 91. Psalm (Wer unter dem Schutz des Allerhöchsten sitzt ...) in einer Trostpredigt aus. Gegen die Verzagtheit seiner Mitbürger zog er noch schärfer vom Leder als seine Vorgänger. Man müsse achtgeben, daß man nicht vor lauter Furcht ein »vihisches, wohnsinniges Herz« wie die »blinde gottlose Welt« bekomme. Gezielt nahm er die Heiligenverehrung aufs Korn: »Wir wissen alle, was für abgötterey im Bapstumb gewesen ist und noch sonderlichen in sterbenßleufften, das man S. Rochus, S. Sebastian, S. Barbara angeruffen und mancherleyweyse ihnen gedienet hat, darumb das man durch solche ver-

storbene heiligen, so es anders heiligen sind, verhoffet hat für der pestilentz sicher zu sein«. Viele Nürnberger haben also auch nach der Reformation Zuflucht bei den Nothelfern, vor allem am Rochusaltar, gesucht. Vielleicht lag es auch daran, daß sich Osiander mit seinem Vorschlag, die Kirchen von den »Lügenbildern« und den Nebenaltären zu säubern, beim Rat nicht durchsetzen konnte.

Diese Andeutungen mögen genügen. Ein abschließendes Urteil ist noch nicht möglich. Aber Luthers Rechtfertigungslehre, die das Verdienst »guter Werke« in Frage stellte, hat möglicherweise unbeabsichtigt die Bereitschaft zu solidarischer Hilfe gegenüber den Nächsten vermindert und den Wunsch, sich dem Pestgeschehen zu entziehen, verstärkt. Die neue Lehre war nicht unbedingt dazu angetan, die Ängste der Gläubigen zu vertreiben.

2. Neue Pestmedien: Pestmedaillen und Amulette

Geschichte, Kunstgeschichte und Volkskunde richten ihr Augenmerk mit jeweils unterschiedlichen Fragestellungen auf unterschiedliche Quellen und Objektgruppen. Historiker und Kirchenhistoriker beschäftigen sich mit den sozialen und wirtschaftlichen Konsequenzen und den Auswirkungen der Pest auf die Frömmigkeitspraxis, Kunsthistoriker nehmen die Altäre, Skulpturen, Tafelbilder und die Erzeugnisse des Kunsthandwerks in den Blick, Volkskundler betrachten den Abwehrzauber und Aberglauben vermeintlich breiter Bevölkerungsschichten als ihre Domäne. Diese Schwerpunktsetzung der einzelnen Wissenschaftsdizsplinen mag für die Aufbereitung des heterogenen Quellenmaterials von Vorteil sein, erschwert jedoch eine angemessene Würdigung der Pestreaktionen. Zum einen trennt sie, was hinsichtlich der Motive der Auftraggeber und Benutzer zusammengehört, zum anderen geht sie von einem traditionellen Verständnis von ›Volksfrömmigkeit‹ aus, die als Frömmigkeit breiter Schichten im Gegensatz zu ›aufgeklärten‹ Devotionsformen gebildeter Kreise begriffen wird. Diese Vorstellung dürfte zumindest oder auch gerade in Pestzeiten kaum zutreffen. Die Schutzpatrone gegen Krankheit und Pest sind von allen Volksschichten, wenn auch mit jeweils anderen Mitteln, verehrt worden. Entscheidend für die Wahl dieser Mittel war nicht so sehr die mehr oder weniger ›fromme‹ oder ›abergläubische‹ Religiosität, sondern die finanziellen Möglichkeiten des Betreffenden. Pestblätter und Pestpillen haben sich schon im 15. Jahrhundert gleichermaßen gelehrte Humanisten, reiche Kaufleute und weniger vermögende Handwerker besorgt. Bisamäpfel [1/25] oder Riechkapseln, die mit wohlriechenden Duftstoffen gefüllt waren, waren bereits im späten Mittelalter als Vorbeugemittel gegen die Pest beliebt. Als Anhänger von Rosenkränzen, an Gürteln, mit einer Kette am Fingerring befestigt oder um den Hals getragen, ist die aromatische Kugel auf einer Reihe von Porträts hochrangiger Persönlichkeiten zu entdecken. Zur selben Zeit, als Luther die Heiligenverehrung nicht zuletzt am Beispiel des Rochuskultes geißelte, gab sein Landesherr, Friedrich der Weise, das beste Beispiel dafür ab, wie vielfältig und einfallsreich ein vermögender Laie gerade in Pestzeiten seine Arrangements mit Gott und den Heiligen treffen konnte. Verschiedene Stiftungen in Wittenberg und Torgau legen davon beredtes Zeugnis ab. So ließ der Kurfürst eine Reliquienmonstranz mit Stücken von der Dornenkrone Christi mit den Zierfiguren der Heiligen Sebastian und Rochus schmücken und im Wittenberger Heiltumsbuch von Lukas Cranach (1509) festhalten. Die ebendort bereits verzeichnete Partikel »von Sant Rocho« genügte ihm nicht. Von seinem Agenten in Venedig, wo man seit 1485 den Leichnam des Heiligen aufbewahrte, erbat er sich 1516 weitere Reliquien des Pestheiligen »etiam in minutissima particula vel qualitate« (seien sie also auch noch so klein und von minderer Qualität).[32] Man sollte also besser von ›Laienfrömmigkeit‹ sprechen, wenn man den Gegensatz zu theologisch geprägten religiösen Übungen hervorheben will. Womit man sich im Einzelnen gegen die grausige Pest zu schützen suchte, das hing auch im 16. Jahrhundert weniger von der inneren Einstellung als vielmehr vom Geldbeutel ab.

Die neuen Bildmedien und Pestrelikte, die damals aufkamen, also Medaillen und Plaketten, Gedenkmünzen sowie Amulette aller Art, waren nur eine neue zeitgenössische, aber keine schichtenspezifische Spielart früherer Abwehrpraktiken. Wer sie als Reste uralter bäuerlicher Volksreligion versteht oder sie umgekehrt als Konstrukt und kirchliches oder soziales Disziplinierungsmittel der intellektuellen Elite begreift, dürfte gleichermaßen irren.[33] Zwar kamen diese Bildträger zum Teil erst im 16. Jahrhundert auf oder erlebten einen neuen Aufschwung, aber bezüglich Zweck und Funktion sind sie zusammen zu sehen mit den oben erwähnten Pestblättern und Reliquien aus früherer Zeit. Denn die meisten Pestamulette waren nicht rein profaner Natur, sondern wiesen christliche Motive auf oder kombinierten zumindest religiöse Symbole mit magischen Zeichen.[34] Amulette, ein Wort, das wohl von amoliri (abwenden) herzuleiten ist und im heutigen Sprachsinn erst seit Ende des 16. Jahrhunderts gebraucht wurde, waren in der Regel kleinere Gegenstände, die am Körper getragen wurden und die dem Träger magischen Schutz bieten sollten.

Die Medaillen- und Plakettenkunst, die stark von den humanistischen Interessen der Renaissance angeregt wurde, hat seit der ersten Hälfte des 16. Jahrhunderts auch spezifische Medaillen, Denk- und Schaumünzen hervorgebracht, die dem Pestthema gewidmet waren. Diese runden Schaumünzen und Medaillen sowie die meist eckigen Plaketten, die durchweg doppelseitig im Flachrelief hergestellt wurden, waren nicht für den Umlauf bestimmt, sondern waren als Schau- und Erinnerungsstücke gedacht. Sie wurden nicht nur als Einzelstücke vertrieben und verwandt, sondern sind häufig als Votivgabe an Turmmonstranzen, Glocken oder auch an Rosenkränzen anzutreffen. Da auch die Prägemedaillen oft mit Heiligenfiguren wie auch mit Heilszeichen verziert waren, gehören auch sie im weiteren Sinn zu den Amuletten.
Nicht so sehr frommen Abwehrzauber, als vielmehr geistlichen Trost sollten die sogenannten Wittenberger Pesttaler [1/136, 1/137] bieten, die von ca. 1515 bis 1620 in Wittenberg oder

1/137

Pesttaler. Silber, 1531

1/154

*Rochussiegel. Silber,
16./17. Jahrhundert*

Joachimsthal sowie in Niedersachsen und Westfalen geprägt wurden.[35] Nicht die Heiligen, sondern Szenen des Alten und Neuen Testaments rücken hier ikonographisch in den Vordergrund.[36] Auf der Vorderseite erkennt man die Anbetung der ehernen Schlange durch die Israeliten, auf der Rückseite ist typologisch die Kreuzigung Christi gegenübergestellt. Die dazugehörigen, lateinisch oder deutsch wiedergegebenen und manchmal stark abgekürzten Texte wurden entweder als umlaufende Umschrift oder als Inschrift unter die Abbildungen eingepaßt. Sie erläuterten durchweg die Darstellungen mit den entsprechenden Bibelstellen. Die eherne Schlange, die sich um den Kreuzespfahl oder das Zeichen Tau ringelt, erinnert an den Zug der Israeliten aus Ägypten, die von Hunger und Durst gepeinigt, ihre Wanderung ins Gelobte Land nicht mehr fortsetzen wollten. Da ließ Gott Feuerschlangen gegen sein Volk los, so daß viele starben. Als Moses daraufhin Gott um Schonung und Milde bat, gab ihm dieser zur Antwort: »Fertige dir eine Feuerschlange an und befestige sie an einer Stange! Jeder aber, der gebissen ist und sie anschaut, soll am Leben bleiben.« Man tat, was Gott geheißen hatte, und die eherne Schlange hatte die vorausgesagte Wirkung (Numeri 21, 4–9). Auf den Pesttalern ist das Heilszeichen in der Wüste oft als Tau dargestellt und damit – wie auf den früheren Pestblättern – mit dem biblischen Bericht über das Strafgericht Gottes an den Ägyptern verknüpft worden (Exodus 12, 12ff.). Bei dieser Gelegenheit wurden bekanntlich die Israeliten verschont, deren Häuser mit dem Opferblut des

geschlachteten Lammes in Tau- oder Kreuzform bezeichnet waren. Beide Episoden des Alten Testamens sind als Vorbild für die Erlösung der Menschheit durch den Kreuzestod Christi verstanden worden (vgl. Johannes 3, 14–16).

Schon seit dem frühen 16. Jahrhundert ist auch das sogenannte Annanisapta-Tau-Zeichen in der typischen schleifenförmigen Umrahmung bekannt. Der magische Tauring nennt auf der Vorderseite den Gottesnamen Tetragrammaton, das Deckwort Jahwes, auf der Rückseite das noch nicht befriedigend erklärte Wunderwort Annanisapta Dei, das gegen die Gefahren der Welt immun machen sollte. Dazu auf beiden Seiten CP = contra pestem, das den Ring eindeutig als Pestphylakterium ausweist.

Unter den Medaillen und Plaketten der Renaissance war ferner das sogenannte Rochussiegel früh und überregional verbreitet.[37] Dieses alchimistische Pestamulett **[1/154]** zeigt auf der Vorderseite wieder das besagte Zeichen Tau gemeinsam mit anderen magischen Symbolen – so den Gottesnamen (INRI) und das Notariquon AGLA, das aus Ateh Gebor Le-olahm Adonai (Du herrschst ewiglich, Herr) zusammengezogen ist. Umrahmt werden die Zeichen von der Umschrift: SIGNUM ROCHI CONTRA PESTEM PATRONUS (Zeichen des heiligen Rochus, des Patrons gegen die Pest). Auf der Rückseite ist der heilige Georg zu sehen, der dem Drachen die Lanzenspitze in den Rachen stößt. In der Randzone wird auch dieser Heilige um seine Fürbitte gebeten: S. GEORGIUS O(RA) P(RO) N(OBIS). Ähnliche Formeln und magische Zeichen wie auf dem Rochussiegel finden sich auch auf einem Pestkreuz aus Kupferblech **[1/135]**: Es zeigt Siegel und Initialen von Beschwörungsformeln, Sonne, Mond, verschiedene Kreuzformen mit der erwähnten Chiffre AGLA, eine Scheibe mit drei konzentrischen Kreisen und 24 Kreuzchen, INRI und der Anrufung der heiligen Gertrud.

3. Die Antwort der katholischen Reform: das Beispiel des ›tridentinischen Musterbischofs‹ Karl Borromäus

Die Auswüchse der Heiligenverehrung, die Vermischung mit magischen Vorstellungen und die Kritik der Reformatoren an solchen Fehlentwicklungen haben auf katholischer Seite zu einer Neubesinnung und zu einem neuen Umgang mit den heiligen Patronen geführt. Auf dem Konzil von Trient (1545–1563) wurden Funktion und Formen der Heiligenverehrung neu definiert.

1/130

F. de Poilly nach P. Mignard: Der heilige Karl Borromäus unter den Pestkranken. Kupferstich, 17. Jahrhundert

Die veränderte Einstellung zeigt sich beispielhaft im Verhalten und in den Anweisungen des Erzbischofs von Mailand, Karl Borromäus (1538–1584), während der Pestjahre 1576–1578. Die verheerende Pest, die damals in ganz Norditalien wütete und im August 1576 mit voller Schärfe auch in Mailand ausbrach, wird sogar vielfach als »peste di S. Carlo« bezeichnet. Die Bezeichnung verweist auf die unermüdliche Fürsorge des Erzbischofs für die notleidende Bevölkerung.[38] Der Kardinal besuchte persönlich die Pestbefallenen im Lazarett und in den Privathäusern und ließ ein Lazarett für die Aufnahme und Isolierung der Kranken herrichten. **[1/130]** Er schonte weder die Mittel der Kirche noch sein Privatvermögen, um die Bedürftigen mit Nahrung und Kleidung zu unterstützen. Tuche, Vorhänge und Wandteppiche seines eigenen Palastes ließ er beispielsweise in Stoffballen umarbeiten, aus denen dann Kleidung für die Armen geschneidert werden konnte: 800 Ellen roten und 700 Ellen violetten Tuches, daneben auch grüne und andersfarbige Ballen erbrachte die Aktion. Die wenigen Adligen, die in der Stadt geblieben waren, forderte er nachdrücklich zu ähnlichem Einsatz auf. Aber als das Sterben und die Angst weiter um sich griffen, entließen die Wohlhabenden ihr Dienstpersonal, die Geschäfte wurden geschlossen, breite Bevölkerungsschichten waren dem Hunger preisgegeben. Gegen die wachsende Arbeitslosigkeit ging der Kardinal mit vielfältigen Arbeitsbeschaffungsmaßnahmen vor. Um die

Kleinkinder, die während der Pest zu Waisen geworden waren, am Leben zu erhalten, rief er Ammen aus dem Umland in die Stadt.

Parallel zu diesen Aktivitäten suchte der Kardinal mit kirchlichen Veranstaltungen den vermeintlichen Zorn Gottes zu besänftigen – und zog sich dabei den Zorn der weltlichen Obrigkeit zu. Barfuß führte er Bußprozessionen an, weihte dem heiligen Rochus eine neue Kapelle und regte ein feierliches Gelübde der Stadt zu Ehren des heiligen Sebastian, dieses »Mailänder Märtyrers«, an. Kern des Pestgelübdes (Oktober 1576) war der Neubau der Sebastianskirche, Prozessionen am Festtag des Heiligen und die Herstellung eines kostbaren Reliquiars. Als im Herbst 1576 eine allgemeine Quarantäne verhängt wurde, ließ Karl Borromäus an gut sichtbaren Plätzen Altäre aufstellen, an denen siebenmal täglich die Messe

79

zelebriert wurde. Von den Fenstern aus konnten die eingeschlossenen Einwohner an diesen Messen und Bittgottesdiensten teilhaben. An diesen Stellen errichtete man Säulen, die mit einem Kreuz gekrönt waren. Hauswände und Mauern wurden mit Bildern der Heiligen Sebastian und Rochus bemalt. Nicht zuletzt wegen seines Engagements während der Pestmonate wurde Karl Borromäus bereits 1610 heiliggesprochen und seitdem zusammen mit Sebastian und Rochus als spezieller Schutzpatron gegen die heimtückische Krankheit verehrt.[39]

Genauso bemerkenswert wie der persönliche Einsatz des Mailänder Erzbischofs sind seine Stellungnahmen und Anordnungen zur Seelsorge in Pestzeiten, die er in den Pastoralbriefen von 1576 und in den Protokollen der Provinzialkonzilien niedergelegt hat.[40] Die außergewöhnlichen Instruktionen für Bischöfe und Priester, die weit über den Mailänder Raum hinaus Beachtung fanden, behandeln sowohl religiöse wie höchst weltliche Angelegenheiten. Im Einzelnen geht es darin um die Zusammenarbeit der Pfarrer mit den Gesundheitsbehörden, um Krankenbesuche, Versehgänge und Begräbnisse, um die Durchführung von Prozessionen, um Fastenübungen und andere Bußleistungen sowie um die Aufstellung von Kreuzen und provisorischen Altären an den Straßenecken während der Quarantäne. Gegenstand der Dekrete sind aber auch Desinfektionsmaßnahmen in öffentlichen und privaten Gebäuden, die hygienische Verwahrung der Kirchenausstattung, der Bau von Notunterkünften für Pestopfer (sog. capanne), die Ernährung der vielen Kranken und Hungernden sowie die Anlage zusätzlicher Friedhöfe und die Führung von Verzeichnissen über die Pestkranken und -toten.

Es gibt keine andere Quelle aus dem 14.–17. Jahrhundert, in der so ausführlich, so systematisch und so detailliert die Aufgaben und Pflichten der Seelsorger zu Pestzeiten festgelegt wurden. Wohl nirgendwo sonst wird so evident, wie eng in solchen Notzeiten geistliche Betreuung, Frömmigkeitsformen, Sozialfürsorge, Vorbeugemaßnahmen und Hygieneverordnungen sowie die Gewährleistung der öffentlichen Ordnung

zusammengehörten. Was man in früheren Zeiten nur erschließen kann, was gelegentlich einmal angedeutet wird oder was man allenfalls in Ansätzen realisiert findet, wird hier explizit angesprochen, bündig zusammengefaßt und im Zeichen der ›Katholischen Reform‹ oder Gegenreformation akzentuiert. Das trifft auch auf die eher versteckten und kaum beachteten Äußerungen des Karl Borromäus über die Rolle der Heiligen in Pestzeiten zu. Diese Bemerkungen sind nicht nur deshalb interessant, weil wir wieder einige neue sogenannte Pestheilige kennenlernen, sondern weil sie recht gut erkennen lassen, wie sich die Auswahlprinzipien im Vergleich mit der Zeit vor der Reformation veränderten.

Karl Borromäus favorisierte in seinen Briefen und im Synodaldekret von 1579 nicht einen bestimmten Pestheiligen, sondern mobilisierte gleich eine ganze Schar heiliger Helfer. Das war im Prinzip nichts Neues. Gegen die Pest konnten schon früher gar nicht genug Schutzpatrone gewonnen werden. Aber wenn ich recht sehe, hat niemand vor Karl Borromäus so viele Heilige zugleich gegen die Pest bemüht. So empfahl er Fürbitten an seinen Amtsvorgänger und Kirchenvater Ambrosius und an Mailänder Erzbischöfe des frühen Mittelalters. Mit Nachdruck beschwor er das Vorbild anderer Heiliger: »Da gerade in Pestzeiten weit mehr durch Hunger als durch die Seuche dahingerafft werden« – so lautet die hochinteressante Begründung – mögen sich die Reichen und die Behörden an Gregor dem Großen ein Beispiel nehmen, der während der Pest und Teuerung freigiebig Getreide an das notleidende Volk verteilt habe. Denselben Einsatz gegen Hunger und Pest verlangte der Kardinal an anderer Stelle von seinen Bischöfen und Pfarrern, und zwar »gemäß dem Beispiel heiliger Männer, des Märtyrers Cyprian, der Bischöfe Basilius' des Großen und Nikolaus', Bernardins von Siena und des seligen Rochus, die alle auf wunderbare Weise bei ansteckender Krankheit geholfen haben«. Wie effektiv Prozessionen in Pestzeiten seien, das beweisen nach Auffassung des Mailänder Kardinals ebenfalls die Zeugnisse verschiedener Heiliger, insbesondere die Pestprozession Papst Gregors des Großen, der sich

590 auch nicht durch den Tod von 80 Menschen während dieser Prozession habe beirren lassen. Karl Borromäus verfolgte mit diesen Anweisungen verschiedene Ziele zugleich. Zunächst einmal ging es ihm im Sinne der Tridentinischen Reform ganz allgemein um eine verbesserte Seelsorge, um die religiöse Bildung der Laien und um eine Erneuerung der Heiligen- und Reliquienverehrung. Dazu paßt, daß Borromäus anhand recht vielfältiger Quellen den Reigen der Pestpatrone um eben solche Heilige erweiterte, die in ihrem Verhalten eine Richtschnur für den praktischen gesellschaftlichen Einsatz abgegeben hatten. Die Pestheiligen waren nicht so sehr gefragt, weil sie sozusagen wie von Zauberhand von der Pest erlösen konnten, sondern wurden eher bemüht, um den Gläubigen in den Fährnissen des Alltags das Gebot der Nächstenliebe einzuschärfen. Mit dem Hinweis auf das Vorbild der Heiligen appellierte Borromäus unter anderem konkret an das Pflichtgefühl der Pfarrer, ihre Aufgaben selbst wahrzunehmen und diese nicht, wie es häufig geschah, an Vikare zu delegieren und sich davonzumachen. Von daher ist auch der Nachdruck zu verstehen, mit dem er bei einigen Heiligen den Besuch und die eigenhändige Speisung von Pestkranken hervorhebt. Die Beispiele tätiger Nächstenliebe, wie sie die Heiligen boten, waren immer auch als ein Appell zu verstehen, der Vaterstadt und den Schutzbefohlenen nicht den Rücken zu kehren.

Die Heiligen und die Wundergeschichten konnten zudem in aktuellen Auseinandersetzungen mit der weltlichen Obrigkeit als gute, wenn auch fadenscheinige Argumentationshilfe dienen. Wenn Borromäus etwa erwähnt, Gregor der Große habe ungeachtet der Todesfälle während einer Prozession die entsprechenden Bußübungen fortgeführt, so wehrte er sich damit offenbar gegen die Vorschriften und Vorwürfe der Mailänder Gesundheitsbehörde, die jedwede Menschenansammlung, und damit auch die großen Prozessionen, zu unterbinden suchte.[41] Der wochenlange erbitterte Streit zwischen dem Erzbischof und dem Magistrat über die Zulassung und Fortführung der Prozessionen ist eines der wenigen ausführlich dokumentierten Beispiele dafür, wie Frömmigkeitsformen und Vorbeugemaßnahmen, kirchliche und weltliche Obrigkeit in Pestzeiten miteinander in Konflikt geraten konnten. Voraussetzung für solche Streitereien war natürlich nicht zuletzt, daß sich die Ansteckungstheorie, die wenige Jahre zuvor von Hieronymus Fracastoro voll entwickelt worden war, immer stärker durchsetzte. Am Mailänder Beispiel kann man wieder einmal sehen, wie Frömmigkeits- und Sozialgeschichte eng miteinander verbunden waren und wie man diese Wandlungen gerade in Pestzeiten besonders gut beobachten kann. Die Heiligenverehrung folgte in den Jahrzehnten vor und nach dem Tridentinum zum Teil anderen Gesetzen. Aber selbst scheinbar identische Frömmigkeitsformen, die so bereits seit langem gepflegt wurden, erscheinen nun in einem anderen Licht. Konkret gesagt: Eine Pestprozession zur Zeit Gregors des Grossen oder auch noch um 1500 war etwas anderes als eine Prozession, die in vollem Bewußtsein der Gefährdung durch Ansteckung nach 1550 abgehalten wurde.

III. Heiligenkult und Pestabwehr in der Barockzeit

Während des 17. Jahrhunderts wurden weite Teile Europas zum letzten Mal von besonders heftigen Pestausbrüchen heimgesucht. Die tiefgreifenden Wirkungen auf die Frömmigkeitspraxis sind noch heute unübersehbar: an den Votivkirchen, Pestaltären und Heiligenbildern und -statuen, die im Zeichen der Pest entstanden sind, sowie an den Pestsäulen in Süddeutschland und Österreich, den neuen Mahnmalen im Zeitalter des Barock. Nicht der Schwarze Tod von 1348, die schlimmste Katastrophe in der Geschichte Europas, nicht die regionalen Epidemien des 14.–16. Jahrhunderts, sondern die letzten europäischen Pandemien des 17. Jahrhunderts haben die meisten und sichtbarsten Spuren hinterlassen.

1. Kultausweitung und Pestrealität im Zeitalter des Barock

Die Schutzheiligen gegen die Pest waren begehrter als je zuvor. Auf den Altargemälden, Votivtafeln, Statuen und anderen Pestzeugnissen, die im 17. Jahrhundert und danach entstanden sind, sind sie unübersehbar. Erneut erweiterte sich der Kreis der Spezialpatrone, die an einzelnen Orten oder auch überregional gegen die Pest angerufen wurden.

Aus der Schar der neuen Heiligen ragt zweifellos der Mailänder Kardinal Karl Borromäus heraus. Zusammen mit Sebastian und Rochus bildet er nun das Dreigestirn der klassischen Pestheiligen, das häufig gemeinsam dargestellt ist.[42] Doch während Sebastian nur auf Umwegen zu seinem Pestpatronat gekommen und der pesterprobte legendäre Rochus längst in himmlische Sphären entrückt war, blieb die Erinnerung an den unermüdlichen Einsatz des Mailänder Erzbischofs höchst lebendig. Hinzu kam, daß sein Kult maßgeblich vom Papsttum und den Jesuiten gefördert wurde. Schon kurz nach der Heiligsprechung (1610) wurden dem heiligen Karl Borromäus Kirchen und Altäre geweiht. Allein in Rom errichtete man ihm zu Ehren nach der Kanonisation gleich drei Kirchen. Fast auf allen Altarbildern und Einzelgemälden ist der neue Heilige mitten unter den Pestkranken aktiv. **[1/130]** Man sieht ihn, wie er den Pestkranken eigenhändig die Kommunion reicht **[1/128]**, wie er von Pestleichen umgeben für die Überlebenden Gott um Hilfe anfleht. **[1/129]** Zuweilen trägt er den Strick, das Zeichen der Askese, um den Hals. Als Attribute sind ihm manchmal Kruzifix und Totenschädel beigegeben. Zentren seines Kultes, der während der Pandemien des 17. Jahrhunderts mächtig aufblühte, waren Italien, Österreich, Frankreich und Belgien.

Von den übrigen Pestpatronen, die unter dem Eindruck der Pestwellen erstmals als spezielle Helfer angerufen wurden, seien nur einige wenige genannt, die auch überregional verehrt wurden.[43] Der Franziskanereremit Franz von Paola oder Paula (1436?–1507) aus Kalabrien, der Gründer des Ordens der Minimen bzw. Paulaner, stand schon zu Lebzeiten im Ruf eines Wundertäters, begab sich auf Geheiß des Papstes an den Hof des schwerkranken französischen Königs Ludwigs XI., um ihn auf einen christlichen Tod vorzubereiten. Bei seiner Ankunft in der Provence soll er mit dem Zeichen des Kreuzes Pestkranke von ihrem Leiden erlöst haben. Bereits 1519 wurde er heiliggesprochen. Die Wunder des Heiligen hat Peter Paul Rubens in einem Gemälde verherrlicht. **[1/175]**

In ähnlicher Weise setzte der große niederländische Maler auch dem heiligen Franz Xaver ein Denkmal, der auch als Pestheiliger verehrt wurde.[44] Der Spanier Franz Xaver (1506–1552) schloß sich 1534 dem Jesuitenorden an und nahm dann seine Missionsarbeit in Ostindien und Japan auf. 1622 wurde er zusammen mit dem Ordensgründer Ignatius von Loyola heiliggesprochen und zum Vorbild der neuzeitlichen Missionare. Daneben wurde der volkstümliche Heilige, dessen Kult tatkräftig von der Gesellschaft Jesu gefördert wurde, ob seines Einsatzes für die Pestkranken und Sterbenden auf Goa gerühmt. Daher wurde er im 17. und 18. Jahrhundert unter anderem als Patron gegen die Pest und für eine gute Sterbestunde verehrt. In Neapel ernannte man ihn am Ende des Pestjahrs 1656 offiziell zum Patron der Stadt.

Recht spät und überraschend kam Rosalia von Palermo zu ihrem Pestpatronat. Die Grafentochter Rosalia lebte im 12. Jahrhundert und hatte sich als Einsiedlerin in Höhlen und Grotten auf Sizilien zurückgezogen. Erst nach der mysteriösen Auffindung ihrer Gebeine in der Nähe von Palermo im Pestjahr 1624 setzte die allgemeine Verehrung der Büßerin ein, die in ihrer Heimatstadt dem Wüten der Pest Einhalt gebot und daher auch anderswo in diesem Anliegen angefleht wurde.

Die »Erzmärtyrin« Thekla, die Gefährtin und Schülerin des heiligen Paulus, wurde schon seit dem frühen Mittelalter im Morgen- wie im Abendland hochverehrt. Im späten Mittelalter wurde sie wegen ihres dreifachen Martyriums (Feuer, Bestien und Schlangen) als Helferin in der Sterbestunde angerufen, und auf einem Retabel in der Kathedrale von Barcelona taucht

1/121
Pestfahne.
Öl/Lw, 18. Jahrhundert

So war der heilige Sebastian auch während der späteren Pestepidemien als Schutzhelfer gefragt. In der Barockzeit erscheint er mit Vorliebe als römischer Krieger in antiker Rüstung und Helm. Auf Amuletten ist er wie auf den Votivbildern **[1/95]** nach wie vor präsent.[45] Talismane in Form von Pest- oder Sebastianspfeilen, nicht selten aus edlem Metall gefertigt und um den Hals oder am Hut getragen, hatten Hochkonjunktur. **[1/140, 1/141]** Entweder waren diese Pfeile mit christlichen Buchstabenfolgen, Monogrammen wie den Kreuztiteln und Sätzen versehen, wie sie auch auf den übrigen Medaillen vorkamen. Zuweilen waren sie mit Medaillons geschmückt, auf denen zum Beispiel zusätzlich die Muttergottes und der heilige Sebastian abgebildet waren. **[1/142, 1/143]** Die Segenskraft dieser kleinen Nachbildungen war umso größer, als sie vielfach mit Reliquien in Berührung gebracht worden waren.[46]

Noch augenfälliger als die erneute Hinwendung zum heiligen Sebastian ist jedoch die zweite große Expansionsphase des Rochuskultes im 17. Jahrhundert. Während noch Papst Sixtus V. um 1590 die Absicht gehabt haben soll, entweder diesen Heiligen »heiligzusprechen« oder ihn aus dem Kreis der Heiligen zu streichen, hat ihm Urban VIII. (1623–1644) einen festen Platz in der Liturgie zugewiesen (1629). Aber diese kirchliche Aufwertung hätte der Heilige eigentlich gar nicht nötig gehabt. Auch ohne amtskirchlichen Segen wäre er sicher zur Zuflucht vieler Gläubiger geworden, als 1630 die verheerenden Pestepidemien über ganz Europa hereinbrachen.

Kaum noch zu übersehen sind die vielen anonymen Gemälde, Votivbilder und Statuen, die seit dem 17. Jahrhundert diesen Heiligen darstellen. Die kultische Verehrung verdichtete sich in Europa zwischen 1630 und 1670 immer mehr – das mögen die spanischen Beispiele veranschaulichen, die in der Ausstellung vereint sind. **[1/116, 1/119, 1/122 f–o, 1/124]** Zusätzlich wurden dem Kult nach der Eroberung Mittel- und Südamerikas durch Spanier und Portugiesen neue Räume erschlossen. Das Bild mit dem Pilgerheiligen, der seine Pestbeule entblößt und von einem Hund mit Brot versorgt wird, wurde nun selbst auf den Philippinen geläufig. **[1/122 p]**

sie neben Sebastian als Pestpatronin auf. Aber in dieser Funktion ist sie vor allem durch die Befreiung der Stadt Este von der Pest 1630, wie sie auf einem Gemälde von Tiepolo in der Kirche der Heiligen in Este verherrlicht wurde, weithin bekannt geworden. Der Erfolg dieser und anderer neuer Heiliger gründet sich auf verschiedene Ursachen: auf das Bedürfnis der Menschen nach Vorbildern, die sich in der konkreten Not bewährt hatten, auf die aktuelle Popularität mancher dieser Heiligen, auf die gezielte Förderung der Kulte durch die Orden der Jesuiten und Paulaner, auf Zufälligkeiten wie Reliquienfunde zur rechten Zeit. Aber es war durchaus nicht so, daß die neuen Heiligen den bewährten Pestpatronen den Rang abgelaufen hätten.

Zumindest partiell hat sich auch in der Rochus-ikonographie einiges geändert. Die Skulpturen und kleineren Einzelbilder wiesen keine bemerkenswerten Unterschiede im Vergleich zur ersten Phase der Rochusverehrung auf. Den älteren Traditionen der italienischen Gonfaloni folgt auch noch das Votivbild aus Saragossa von 1649 [1/120], das dem Maler Mazo zugeschrieben wird: Die beiden Pestheiligen Rochus und Sebastian suchen den Zorn Christi abzuwenden, der mit seinen bekannten drei Pfeilen die Stadt Saragossa bedroht, die am unteren Bildrand in einer hübschen Vedute abgebildet ist. Vermutlich haben die Stadtväter von Saragossa selbst das Bild in Auftrag gegeben. Überhaupt scheint die Diözese ein Zentrum des Rochuskultes gewesen zu sein,

1/120

Christus, der heilige Rochus und der heilige Sebastian über der Stadt Saragossa. Öl/Lw, 17. Jahrhundert

denn allein 26 Pfarrkirchen waren dem Pestpatron geweiht.[47]

Bezüglich Ikonographie und Funktion ist die Pestfahne aus Flintsbach (am Inn) vergleichbar, die Georg Zegler (1730–1785) zugeschrieben wird. [1/121] Auf der Vorderseite sind Rochus, der jugendliche Sebastian mit seinen Pfeilen und der heilige Benno miteinander vereint – der Münchner Stadtpatron Benno vervollständigt die Gruppe, da Stiftsherren der Münchner Peterskirche zugleich Pröbste auf dem Petersberg über Flintsbach waren. Laut der Inschrift auf der Rückseite hat die Pfarrei Flintsbach im Pestjahr 1611 eine jährliche Wallfahrt am Rochusfest nach dem Petersberg und die Darbringung einer brennenden Wachskerze gelobt. Wallfahrer mit Rosenkränzen und das Begräbnis eines Pestopfers sind auf dem oberen Bildfeld zu erkennen.[47a]

Doch das Votivbild aus Saragossa und die Fahne aus Flintsbach sind nicht typisch für die Barockzeit. Einige der bekannteren größeren (Altar-)Bilder zeigen nämlich, wie sich auch die Darstellung des heiligen Rochus wandelte und sich der Präsentation des heiligen Karl Borromäus anglich. Rochus steht nicht mehr ziemlich statisch allein oder mit Maria und anderen Heiligen im Bildraum, sondern ist in engagierter Fürbitte oder bei der Pflege von Pestkranken dargestellt, die nun ebenfalls zunehmend ins Bild rücken. Der Heilige wird sozusagen in die irdische Pestrealität einbezogen. So malte, um nur das berühmteste Beispiel zu nennen, Peter Paul Rubens 1623 im Auftrag der Rochusbruderschaft in Aalst/Alost die große Votivtafel in der dortigen Martinskirche. Rochus, der bemerkenswerterweise nicht mehr durch seine Pestbeule näher gekennzeichnet ist, erscheint hier als heiliger Fürbitter (im Kerker) über den Pestkranken, die im unteren Bildfeld verzweifelt um Hilfe flehen. Christus kommt dem heiligen Vermittler entgegen und weist mit der Rechten zugleich auf die tröstende Verheißung der Tafel, die der begleitende Engel in der Hand hält: »Eris in peste patronus« (Du wirst der Schutzhelfer während der Pest sein). Eine Replik dieses Tafelbildes, die wenige Jahre später angefertigt worden sein dürfte, ist in die Dresdener Gemäldegalerie gelangt.[48] **[1/174]** Zum Altarbild in Alost gehören die beiden Predellenbilder, die Szenen der Rochuslegende wiedergeben (Versorgung des Heiligen bei Piacenza mit Brot durch den Hund des Grundbesitzers; Tod des Heiligen), sowie das Marienbild in der Altarbekrönung, das unter anderem von den Statuen der Pestheiligen Adrian und Christophorus flankiert wird.

Noch bewegter geht es auf dem Bild eines oberitalienischen Meisters aus der ersten Hälfte des 17. Jahrhunderts zu. **[1/127]** In der nächtlichen Pestszene eilt der jugendliche Heilige eine Treppe herab, um sich um eine pestkranke Frau und deren Kind zu kümmern, während aus den Hauseingängen weitere Kranke auf die Balustrade geschleppt werden.[49]

Jahrzehnte nach dem Ende der letzten großen Epidemie in Marseille entstand 1780 nach Art eines historisches Ereignisbildes ein weiteres wichtiges Zeugnis des Rochuskultes. Noch vor dem Höhepunkt seiner großen künstlerischen Karriere und vor den Jahren seines politischen Engagements malte Jacques-Louis David (1748–1825) nämlich in Rom für das Krankenhaus in Marseille das Bild »Der heilige Rochus bittet die Jungfrau Maria um Heilung der Pestkranken« (1780). Auch auf diesem seinerzeit stark beachteten Gemälde, einem der wenigen Bilder dieses Malers mit religiösem Inhalt, wird die Dramatik des traurigen Geschehens hervorgekehrt.[50]

1/127
Der heilige Rochus erscheint den Pestkranken. Öl/Holz, 17. Jahrhundert

2. Schutzsegen und -kreuze sowie Gedenksäulen gegen die Pest

Die alten und neuen Pestpatrone sind selbstverständlich sowohl auf den mehr privaten Devotionalien breiter Bevölkerungsschichten als auch auf den spektakulären neuen Pestdenkmalen der Barockzeit vertreten. Noch umfassender, vielfältiger und wahlloser als in früheren Zeiten, so scheint es zumindest, wappneten sich die Menschen im 17. Jahrhundert mit Amuletten und Talisman gegen die Seuchen. Selbst Mediziner

vertrauten auf die Heilwirkung bestimmter Amulette.[51] Vergebens suchte der Mailänder Kardinal Friedrich Borromäus, ein Neffe des heiligen Vorgängers, in einem Edikt von 1630 den schlimmsten Auswüchsen solcher abergläubischen Praktiken beizukommen. Freilich verliefen auch damals die Grenzen zwischen Heiligenkult, Reliquienverehrung, Gebetspraxis und

magischen Beschwörungsformeln, also zwischen frommem und heidnischem Abwehrzauber, fließend. Das demonstriert schon eine kleine Auswahl der einschlägigen Schutzmittel. Beliebt waren etwa Benediktskreuze, -pfennige und -medaillen. **[1/83, 1/156]** Den Pfennigen, die man auf der Brust oder im Geldbeutel bei sich

trug, am Rosenkranz befestigte oder auch unter
der Schwelle des Hauses vergrub, wurden Wun-
derkräfte gegen Seuchen, Krankheiten und
Naturkatastrophen zugeschrieben. Die Gedenk-
stücke aus Silber, Messing, Kupfer oder Blei, die
gegen Mitte des 17. Jahrhunderts in Umlauf
kamen, wurden angeblich schon im 11. Jahrhun-
dert vom Mönchspapst Leo IX. empfohlen, der
die Befreiung von einem Halsgeschwulst dem
Mönchsvater Benedikt zugutehielt.[52] Derartige
Kreuze und Medaillen enthalten oft zusätzlich
die Buchstaben des Benediktussegens, die stell-
vertretend für lateinische Verse stehen und
Anfechtungen jeder Art bannen sollten:
Vade Retro Satanas
Nunquam Mihi Suade Vana;
Sunt Mala Quae Libas
Ipse Venena Bibas;
Crux Sacra Sit mihi Lux,
Non Draco Sit Mihi Dux.
(Satan, weiche du zurücke; nie mit Eitlem mich
bedrücke. Willst ja doch nur Böses bringen. –
Magst die Gifte selbst verschlingen usw.). Die
Inschriftbuchstaben C.S.P.B. in den Ecken der
Rückseite stehen für »Crux Sancti Patris Bene-
dicti«.
Auch die zu Hunderten überlieferten Ulrichs-
kreuze wurden als Heilmittel gegen Pest und
Viehplagen angesehen. Als Wallfahrtskreuze
oder auf Gebetszetteln und Weihemedaillen wurden sie im 17. und 18. Jahrhundert am Grab des
heiligen Ulrich in Augsburg angeboten.[53]
Besonders populär wurden aber in der Barockzeit die verschiedenartigen Pestabwehrkreuze
und -segen. In verschiedenen Versionen und
Bedeutungen sind sie vor allem an einigen süddeutschen Wallfahrtsorten ausgegeben worden.
Ein Musterbeispiel für die Kombination der entsprechenden Kreuze, Segen, Heiligen und Symbole ist die prächtige feuervergoldete Kupferplatte aus dem 18. Jahrhundert. **[1/148]** Die Tafel,
mit der man Seuchen und Naturkatastrophen zu
bannen suchte, war Pestamulett, Wettersegen
und Berührungsreliquie zugleich. Glaube und
Aberglaube, Heiligenverehrung und Abwehrzauber sind untrennbar miteinander verbunden.
Magischen Schutz versprach schon das Material

der Tafel, die wohl in einer Wohnstube oder einer
Kapelle aufgehängt war. Die Vorderseite versteht
sich als »Das Heilige Sig-Zeichen wider die
Pest«. Im Mittelpunkt steht das doppelbalkige
Caravacakreuz mit den Buchstaben des Zacha-
riassegens, an den Seiten und unter dem Kreuz
sind die Pestpatrone Sebastian, Rochus und
Rosalia eingraviert. Darunter verweisen gereimte
Verse auf die Heilkraft des Kreuzes:
Diß H[eilig] Creutz mein from(m)er Christ,
Dir ein gewisses Mittel ist,
Für Leibs sowohl als Seelen Gfahr,
Darumb es fleissig auffbewahr.
Wichtigstes Bildelement der Vorderseite war also
das Caravacakreuz. Das doppelbalkige Kreuz mit
den glockenförmigen Enden soll bereits seit dem
13. Jahrhundert in Caravaca (bei Murcia/ Spani-
en) nachweisbar gewesen sein. Der Legende
nach brachten Engel 1232 das Kreuz mit einem
von der Kaiserin Helena zurückgelassenen Partikel vom Kreuzesholz Christi aus Jerusalem zur
Messe des Priesters Ginesius nach Caravaca.
Während dieser Messe geschah ein Bekehrungs-
wunder: Ein Maurenfürst trat zum Christentum
über. Doch erst im 17. Jahrhundert wurde der
Caravacakult vornehmlich von den Jesuiten in
ganz Europa verbreitet. In Deutschland wurde
er vor allem nach dem Dreißigjährigen Krieg
populär. Den Sieg der katholischen Liga über den
Winterkönig Friedrich V. in der Schlacht am
Weißen Berge 1620, durch den Böhmen wieder
für den Katholizismus gewonnen wurde, schrieb
man nicht zuletzt der Wirkung des Caravaca-
kreuzes zu, mit dem ein Karmeliter das Heer vor
dem Kampf gesegnet hatte. Jenes Kreuz gelangte
als Geschenk nach Altötting, wo es seit den 40er
Jahren des 17. Jahrhunderts verehrt wurde. Die
dort im Devotionalienverkauf angebotenen Neu-
bildungen waren als Amulettkreuze gegen Pest
und Fährnisse aller Art heiß begehrt. Das Kreuz
wurde geradezu zum Triumphzeichen der
Gegenreformation.
Der Amulettwert der Platte wird durch die Buchstabenfolge des Zachariassegens erhöht. Der
Initialsegen gegen die Pest, der auf den Jerusale-
mer Patriarchen Zacharias (Anf. 7. Jh.) oder den
gleichnamigen Benediktinerpapst (8. Jh.) zu-

1/148

Pesttafel mit den Heiligen Sebastian und Rochus sowie der heiligen Magdalena und einem Zachariaskreuz. Vergoldete Bronze, 18. Jahrhundert

rückgeht, ist im Druck erstmals im sogenannten »Geistlichen Schild« (1647) bezeugt. Auf unserem Amulett erkennt man den Kreuzestitel (INRI) eine Buchstabenfolge, die durch Kreuze und die Anrufung der Namen Christi (IHS = Jesus) und Mariä (MRA = Maria) unterbrochen ist. Die Kreuze bedeuten Sprüche, die mit Crux Christi beginnen (z.B. Crux Christi, salva me – Kreuz Christi, errette mich), jeder Buchstabe steht für einen Bibelvers (Z: Zelus domus tuae liberet me! – Die Sehnsucht nach deinem Haus befreie mich / D: Deus, deus meus expelle pestem a me et a loco isto et libera me – Gott, o mein Gott, halte die Pest von mir fern und von diesem Ort und befreie mich usw.).[54] Die Lettern stoßen am Kreuzesfuß auf ein weiteres Heilszeichen, das Herz Jesu mit den drei Nägeln.

Die Bildnisse der Pestheiligen Sebastian, Rochus und Rosalia verliehen dem Siegeszeichen gegen die Seuche zusätzliche Kraft. Die Einsiedlerin Rosalia, die Patronin von Palermo, ist unterhalb der beiden anderen Schutzpatrone in ihrer Grotte mit den üblichen Attributen abgebildet: auf dem Kopf trägt sie einen Kranz von Rosen, in der Rechten hält sie den Kruzifix, vor ihr liegen Totenkopf und ein Buch.

Auf der Rückseite ergeht ein »Andächtiger Ruff zu Gott, durch die Fürbitt deß H[eiligen] Martyrer DONATI, dessen Festtag den anderten Sontag im Monat Juni gehalten wird, vor Schauer und schädlichem Ungewitter, auch zeitlich- und ewigen Donner Knall, und Feuer bewahret zu werden.« Unterhalb der Überschrift ist der heilige Donatus in einem abgegrenzten Bildfeld als römischer Soldat mit der Märtyrerpalme in der Hand dargestellt. Unbeeindruckt von Blitz, Donner und Hagel empfiehlt er kniend die Früchte des Feldes der göttlichen Fürsorge. Eingefaßt wird das Bildnis von den Fürbitten an Donatus um die Verschonung von Unwettern aller Art. Die Verehrung des römischen Märtyrers Donatus, der von dem heiligen Donatus von Arezzo und dem gleichnamigen Bischof von Besançon zu unterscheiden ist, begann erst in der Mitte des 17. Jahrhunderts. Die Reliquien des ominösen Katakombenheiligen wurden 1652 aus Rom ins Jesuitenkolleg nach Münstereifel übertragen. Während dieser Aktion wurde ein Jesuitenpater vom Blitz getroffen, erholte sich aber von den Folgen wunderbarerweise nach Anrufung des Heiligen; diese Episode und wohl auch der Namensanklang (an Donner) machten den Heiligen zum Patron gegen Unwetter, Feuer und Regenschäden.

Am unteren Ende der Tafel findet sich eine wichtige Bestätigung: »Hat die Heiltumb angerühret«. Es handelt sich bei der Amulettafel also um eine Kontaktreliquie, die mit Reliquien in Berührung gebracht worden war. Das verstärkte zusätzlich ihre Schutzwirkung und machte sie in den Augen mancher Kritiker abergläubischer Praktiken unverdächtig. Theoretisch könnten mit dem Heiltum das Caravacakreuz in Spanien oder auch Reliquien desjenigen Gnadenortes (z.B. Altötting) gemeint sein, an denen die Tafel angeboten wurde. Wahrscheinlich jedoch hatte man die Reliquien des heiligen Donatus »angerührt«.

87

Die Jesuiten in Münstereifel haben nun im Laufe des 17. und 18. Jahrhunderts Partikel der wertvollen Gebeine an befreundete Jesuitenkollegien, an prominente Einzelpersonen, aber auch an Kirchen und Wallfahrtsziele in weiterer Entfernung verschenkt. Schwerpunkt des Kultes wurden neben dem Rheinland Süddeutschland und Österreich. Wo die Tafel angefertigt und verkauft wurde, läßt sich also vorerst nicht sagen.

Die Theologen beurteilten die Zachariasformel wie auch das Caravacakreuz zwiespältig. Doch dessenungeachtet erfreuten sich derartige Pestamulette und Flugblätter, oft garniert mit Gebeten zu den Pestheiligen, vor allem in Süddeutschland und Österreich im 17. und 18. Jahrhundert großer Beliebtheit. **[1/147, 1/148]** Im sogenannten Haussegen oder Glückseligen Hauskreuz **[1/153]**, das in variablen Typen vor allem in Süddeutschland, Böhmen und Österreich verbreitet war, finden sich die Kreuze und Spezialsegen mit weiteren Pestabwehrzeichen und -symbolen vereint.[55] Noch im 19. Jahrhundert wurden Falt-

zettel gedruckt, auf denen die Zeichen und Buchstaben des komplizierten Segens und der »Flammengebete« erläutert wurden. **[1/151, 1/152]**
Unter den Sonderformen findet man das Donauwörther Pestkreuz **[1/157]** mit dem heiligen Benedikt auf der Vorder- und der Pietà auf der Rückseite.[56] Dabei handelt es sich um ein Wallfahrtskreuz mit einem dritten Querbalken in Form eines Fußes. Das Original im Donauwörther Reliquienschatz birgt eine Kreuzpartikel, die wahrscheinlich zu Beginn des 11. Jahrhunderts aus Konstantinopel in das neugestiftete Kloster kam. Diese Nachbildungen mit Amulettcharakter wurden nur relativ kurz während des 18. Jahrhunderts ausgegeben. HIS (Hoc in Signo vinces) und auf der Rückseite CSSD (Crux sanctissima Domini). Erneut konnte das Kreuz äußerlich in verschiedenen Formen und Kombinationen begegnen. Recht außergewöhnlich ist eine Reliquienkapsel mit dem Kreuz und einer Tonfigur des heiligen Sebastian. **[1/144]** Nicht nur auf den genannten Devotionalien, sondern auch auf den neuen Pestmonumenten der Barockzeit spielten die alten und neuen Heiligen eine dominierende

1/133 a, b
Exvotos für den heiligen Rochus
aus der Sammlung Engeler

Rolle. Und wie die große Masse der Amulette, so sind auch die spektakulärsten der Pestzeugnisse, die uns überliefert sind, erst während der letzten Pestwellen entstanden. Gemeint sind zum einen die großen Votivkirchen, vor allem aber die großartigen Dreifaltigkeits- oder Pestsäulen, die im 17. und 18. Jahrhundert aufgrund von Pestgelübden auf den zentralen Plätzen süddeutscher, österreichischer, böhmischer, rumänischer und ungarischer Städte errichtet wurden. Gewidmet waren sie der Trinität sowie den jeweiligen Pestpatronen, die auf jenen Säulen dargestellt sind.[57]

3. Neue Bewährungsproben für die Pestheiligen im 19. und 20. Jahrhundert

Die letzten größeren Pestepidemien suchten Europa zu Beginn des 18. Jahrhunderts heim. Aber das Ende der Pest war nicht gleichbedeutend mit der Verabschiedung der Pestpatrone. Insbesondere der Rochuskult lebte vom 18. bis ins 20. Jahrhundert fort. Mehrere Gründe haben das Weiterleben ermöglicht: Während des 18. Jahrhunderts konnte man schließlich noch nicht wissen, daß die Pest in Europa tatsächlich aufgehört hatte. Sich mit Hilfe des heiligen Rochus und anderer Heiliger gegen neuerliche Einbrüche zu wappnen, schien zunächst durchaus ratsam. Zweitens war die Popularität dieses Pilgerheiligen mittlerweile schon zu groß geworden, als daß der Kult ohne weiteres hätte einschlafen können. Zudem hatte sich das Aufgabenfeld des Heiligen schon vor 1700 laufend erweitert. Man bemühte ihn als Patron gegen Hautkrankheiten aller Art, gegen Typhus und andere ansteckende Krankheiten; der Heilige, der selbst die Tiere des Waldes von der Pest geheilt haben soll und dem buchstäblich ein Hund zur Seite stand, wurde selbstverständlich auch gegen Viehseuchen und Tollwut angerufen; aber auch gegen die Reblaus, die »Pest des Weinbergs«, wurde er mobilisiert.

Vor allem aber erhielt seine Verehrung infolge der Choleraepidemien des 19. Jahrhunderts einen neuen Schub. Während der Seuchenein-

fälle seit 1831 bis gegen Ende des Jahrhunderts suchte man sich – insbesondere in Frankreich – immer wieder auf vielfältige Weise der Fürsprache dieses Heiligen zu versichern. Die einschlägigen Devotionalien konnte man fast unverändert weiterbenutzen oder neu herstellen. Der Begriff »Pest« stand schließlich auch für die Cholera, und nur hier und da machte man sich die Mühe, die Gebetstexte entsprechend abzuändern. **[3/75]**

Ferner wurde der Zuständigkeitsbereich des heiligen Rochus auch in andere Richtungen erweitert. In Schwaben wurde er auch von und für Frauen angerufen, die schwer gebären.[58] Eine Reihe von alpenländischen Exvotos vor und nach 1900 rückte gerade diese spezielle Funktion des Heiligen in den Vordergrund. **[1/133]** Dieses Motiv mag lokale Ursprünge haben, könnte mit ansteckenden Kinderkrankheiten in Verbindung stehen, mit den Krötenopfern in Württemberg und anderswo zusammenhängen, aber es könnte auch an den Beginn der Rochuslegende anknüpfen. Schließlich war die Mutter des Heiligen lange kinderlos geblieben und hatte daher Gott und Maria lange um den erwünschten Nachwuchs gebeten.

Angesichts der vielfältigen Erweiterung der Kompetenzen des Heiligen verwundert es nicht, daß mancherorts der Kult nicht etwa langsam versickerte, sondern sogar neu belebt wurde. Das bekannteste Beispiel ist die Rochusverehrung in Bingen, wo man nach der Pest von 1666 eine Kapelle baute, die mehrmals zerstört und wiedererrichtet wurde und noch 1754 eine eigene Rochusbruderschaft gründete. Eher zufällig wurde ausgerechnet der Rochusberg bei Bingen zu einer der bekanntesten Kultstätten des Pestheiligen in Deutschland. Er verdankt seinen Ruf bekanntlich dem beschwingten Reisebericht Goethes, der am 16. August 1814 die Wallfahrt zur Rochuskapelle miterlebte. Goethe fertigte später in Erinnerung an den heiteren Tag sogar eine kleine Zeichnung an, die Rochus als jugendlichen Pilger zeigt, wie er sein Elternhaus verläßt und allen irdischen Gütern entsagt. Nach diesem Entwurf hat er dann ein Gemälde malen lassen, das rheinische Freunde der Rochuskapelle in Bingen stifteten. Die Beschreibung des politisch-religiösen Rochusfestes war noch nicht abgeschlossen, als ihm beim nächsten Rheinbesuch im Sommer 1815 der Kölner Kunstgelehrte Sulpiz Boisserée von Brauchtum, Kirchenfesten und Prozessionen im Rheinland erzählte. Goethe habe dazu bemerkt: das sei doch ein Leben; sie in Weimar müßten sich behelfen mit der Gelehrsamkeit.[59]

Anmerkungen

1. Detmar: Lübische Chronik (Städtechroniken 19: Lübeck 1), 1884, S. 522 (zitiert in freier Übertragung aus dem Niederdeutschen)

2. Vgl. speziell Heinrich Dormeier: Laienfrömmigkeit in den Pestzeiten des 15./16. Jahrhunderts, in: N. Bulst, J. Delort (Hg.): Maladies et société (XIIe-XVIIIe siècles), Paris 1989, S. 269–306; Joachim Wollasch: Hoffnungen der Menschen in der Zeit der Pest, in: Historisches Jahrbuch 110, 1990, S. 23–51; zu allgemein Jean Delumeau, Angst im Abendland. Die Geschichte kollektiver Ängste im Europa des 14. bis 18. Jahrhunderts, Reinbek bei Hamburg 1985

3. Suzanne Lustenberger: Martin Schaffner. Maler zu Ulm, Ausstellungskatalog Ulm (Schriften des Ulmer Museums, Neue Folge, Bd. 2), 1959, S. 82–84 Nr. 8; Hartmut Boockman in: Martin Luther und die Reformation in Deutschland, Nürnberg 1983, S. 46 Nr. 42 (mit weiterer Lit.); Marie-Therès Schmitz-Eichhoff: St. Rochus. Ikonographische und medizinhistorische Studien (Kölner medizinhistorische Beiträge. Arbeiten der Forschungsstelle des Instituts für Gesch. der Medizin der Univ. Köln 3), Köln 1977, S. 225–227

4. Zum Holzschnitt und zur Pestschrift vgl. Karl Sudhoff: Deutsche medizinische Inkunabeln (Studien zur Geschichte der Medizin 2/3), Leipzig 1908, S. 176ff. Nr. 201

5. Vgl. Hans Holbein d.Ä. und die Kunst der Spätgotik, Ausstellungskatalog Augsburg 1965, S. 121 Nr. 112 mit Abb. 118

6. Jules Viard: La messe pour la peste, in: Bibliothèque de l'École des Chartes 61, 1900, S. 334–338

7. Zur Geschichte des Kultes unter anderem Detlev von Hadeln: Die wichtigsten Darstellungsformen des H. Sebastian in der italienischen Malerei bis zum Ausgang des Quattrocento (Zur Kunstgeschichte des Auslandes 48), Straßburg 1906; Henri Mollaret, Jacqueline Brossolet: La peste, source méconnue d'inspiration artistique, in: Koninklijk Museum voor schone Kunsten, Antwerpen. Jaarboek [Antwerpen] 1965, S. 3–112, bes. S. 76–80; Marie Madeleine Antony-Schmitt: Le culte de Saint-Sébastien en Alsace (Recherches et documents 24), Strasbourg/Colmar 1977; Sylvie Forestier (Hg.): Saint Sébastien. Rituels et figures, Ausstellungskatalog Paris, Musée national des arts et traditions populaires, Paris 1983

8. Paul Heitz, Wilhelm Ludwig Schreiber: Pestblätter des 15. Jahrhunderts (Einblattdrucke des 15. Jahrhunderts 2), Straßburg 1901, 2.Aufl. 1918, bes. S. 8–13; Gisela Ecker: Einblattdrucke von den Anfängen bis 1555, Bd. 1, Göppingen 1981, bes. S. 50f.

9. Heitz, Schreiber (wie Anm. 8), Taf. 16; vgl. W.L. Schreiber: Handbuch der Holz- und Metallschnitte des XV. Jahrhunderts, Bd. 3, Leipzig 1927, Nr. 1688

10. Schreiber (wie Anm. 9), Bd. 3, Nr. 1679; vergleichbar ein Sebastiansblatt (ebd. Nr. 1685a), das in der oberen Hälfte den Heiligen (O got verzich dem folck yr sind) und in Halbfigur

Gott mit dem Richtschwert zeigt (Ich wird sy strafen) und darunter das Gebet Sixtus' IV. (1471–1484) gegen die Pest mit den Zeichen TAU und dem Kreuzestitel (INRI) und einem Ablaßversprechen kombiniert: Durch das zaichen thau T von der pestilentz und erlöß uns Jesu Christe. Das ist der sighaft Tytel: Jesus T Nazarenus, ain könig der Juden. Cristus ist kumen im frid, und got ist werden mensch Jesus T Amen. Sprich V Pater noster und V Ave Maria. – XL tag applas; vgl. Abb. (mit fehlerhafter Transkription) bei L. Hansmann, L. Kriss-Rettenbeck: Amulett und Talisman (wie Anm. 34) S. 149 Abb. 402

11. Heitz, Schreiber (wie Anm. 8), Taf. 20; Karl Sudhoff: Ein Augsburger Pestblatt, ca. 1472–1474, in: Archiv für Geschichte der Medizin 2, 1909, S. 113f. mit Taf. V; vgl. auch Abb. bei H. Boockmann in: Athenaion-Bilderatlas zur Deutschen Geschichte (Handbuch der Deutschen Geschichte 5), Frankfurt a.M. 1968, Taf. 236

12. Zum Blatt u.a. Heitz, Schreiber (wie Anm. 8), Taf. 31; Matthias Mende: Hans Baldung Grien. Das graphische Werk, Unterscheidheim 1978, S. 56 Nr. 299/300 mit Abb. (Risse um 1505/07); A.-C.Klebs, E.Droz: Remèdes contre la peste, Paris 1925, S. 81 Nr. 82 (Druck angebl. aus Landshut bei Joh. Weissenburger); Gisela Ecker: Einblattdrucke von den Anfängen bis 1555. Untersuchungen zu einer Publikationsform literarischer Texte (Göppinger Arbeiten zu Germanistik 314), Bd. 1, Göppingen 1981, S. 276 Nr. 65 (datiert ca. 1520)

13. Zur Geschichte des Rochuskultes maßgeblich Heinrich Dormeier: St. Rochus, die Pest und die Imhoffs in Nürnberg vor und während der Reformation. Ein spätgotischer Altar in seinem religiös-liturgischen, wirtschaftlich-rechtlichen und sozialen Umfeld, in: Anzeiger des Germanischen Nationalmuseums 1985, S. 7–72; ergänzend ders.: Venedig als Zentrum des Rochuskultes, in: Volker Kapp, Frank-Rutger Hausmann (Hg.): Nürnberg und Italien. Begegnungen, Einflüsse und Ideen (Erlanger Romanistische Dokumente und Arbeiten 6), Tübingen 1991, S. 105–127; ebendort weitergehende Quellen- und Literaturangaben zu den folgenden Ausführungen

14. Diesbezüglich nicht korrekt etwa Schmitz-Eichhoff (wie Anm. 3); Irene Vaslef: The role of St. Roch as a plague saint: a late medieval hagiographic tradition, Diss. phil Washington (The Catholic University of America) 1984; vgl. auch F. Scorza Barcellona: Artikel Rochus, in: Lexikon des Mittelalters 7 (1994) Sp. 926, der die vagen Angaben der (ebendort zitierten) älteren hagiographischen Lexika wiederholt; unscharf auch K. Bergdolt: Der Schwarze Tod in Europa. Die große Pest und das Ende des Mittelalters, München 1994, S. 160

15. Ergänzend zu Dormeier (wie Anm. 13), bes. S. 11f., vgl. Werner Williams-Krapp: Die deutschen und niederländischen Legendare des Mittelalters. Studien zu ihrer Überlieferungs-, Text- und Wirkungsgeschichte (Texte und Textgeschichte. Würzburger Forschungen 20), Tübingen 1986, S. 237f. u. 455

16. Elisabeth Rücker: Hartmann Schedels Weltchronik. Das größte Buchunternehmen der Dürer-Zeit, München 1988

17. Für entsprechende Hinweise anläßlich einer Besichtigung der Tafeln im Mai 1987 danke ich den Herren Dr. Pfeiffer und Dr. Martin Angerer vom Stadtmuseum in Regensburg. Laut Inventar des Regensburger Museums wurden die Gemälde 1955 aus Regensburger Privatbesitz erworben und stammen wohl aus dem Nachlaß des Bischofs Öttl von Eichstätt (+1866)

18. Maria Consuelo Oldenbourg: Hortulus animae [1494]–1523. Bibliographie und Illustration, Hamburg 1973, bes. S. 44 Nr. L 62, S. 45 Nr. L 64, S. 93ff. Taf. 15; Peter Ochsenbein: Hortulus anime, in: Die deutsche Literatur des Mittelalters. Verfasserlexikon, Bd. 4 (2. Aufl.), Berlin/New York 1983, Sp. 148–154; vgl. allgemein Franz Xaver Haimerl: Mittelalterliche Frömmigkeit im Spiegel der Gebetbuchliteratur Süddeutschlands (Münchener Theologische Studien I 4), München 1952; zu den Stundenbüchern Joachim M. Plotzek: Andachtsbücher des Mittelalters aus Privatbesitz, Ausstellungskatalog Köln, Schnütgen-Museum, Köln 1987, mit älterer Lit. (S. 64); zu den Rochusgebeten auch Redemptus Menth: Der hl. Pestpatron Rochus und seine Meßformulare in den Drucken des Missale Romanum bis 1570 und im O.F.M., in: Franziskanische Studien 21, 1934, S. 208–231, bes. S. 210

19. Ob Strigel das Bild gemalt hat, ist zweifelhaft; kein Hinweis auf dieses Bild bei Gertrud Otto: Bernhard Strigel, München/Berlin 1964

20. Vgl. Dormeier, Laienfrömmigkeit (wie Anm. 2), S. 303–305 mit Abb. 4 (Borgo Valsugana)

21. Zu den Gonfaloni (mit Abb.) vgl. Francesco Santi: Gonfaloni umbri del Rinascimento, Perugia 1976

22. Vgl. Dormeier, Laienfrömmigkeit (wie Anm. 2), bes. S. 270–298 (Beispiel Friedrichs des Weisen), S. 300 (Kultförderung an anderen Orten)

23. Vgl. dazu und zum folgenden grundsätzlich mit weiterführenden Angaben Dormeier, Laienfrömmigkeit (wie Anm. 2), bes. S. 285–292

24. August Gebesseler: Stadt und Landkreis Erlangen. Bayerische Kunstdenkmale 14, München 1962, S. 128; Kurt Pilz: Kalchreuth und seine Pfarrkirche St. Andreas. Geschichte und Kunstwerke, in: Erlanger Bausteine zur fränkischen Heimatforschung 21, 1974, S. 127–131, bes. S. 130

25. Stuttgart, Württemberg. Landesbibl.: Cod. brev. 32, Niederdeutsches Gebetbuch, Köln, 1. Drittel 16. Jh. (Mundart ripuarisch); vgl. V.E. Fiala, W. Irtenkauf: Die Handschriften der Württembergischen Landesbibliothek Stuttgart I 3: Codices Breviarii, Wiesbaden 1977, S. 49

26. Vgl. Dormeier, Laienfrömmigkeit (wie Anm. 2), S. 290 Anm. 67, S. 301 (St. Martin), S. 290f. (St. Anna)

27. Dietrich Heinrich Kerler: Die Patronate der Heiligen, Ulm 1905, S. 266–273, zählt über 60 Pestheilige auf. Diese undifferenzierte Liste ist freilich noch nicht einmal vollständig

28. Vgl. Hans-Joachim Raupp: Die Illustrationen zu Francesco Petrarca, »Von der Artzney bayder Glueck des guten und widerwertigen« (Augsburg 1932), in: Wallraf-Richartz-Jahrbuch 45, 1984, S. 91ff. mit Abb. 31 (und älterer Lit.)

29. Vgl. Welt im Umbruch, Ausstellungskatalog Augsburg 1980, Bd. 1, S. 176f. Nr. 97f.

30. Hierzu mit weiteren Belegen Dormeier, St. Rochus (wie Anm. 13), S. 53

31. Zum folgenden vgl. ausführlich (mit Einzelbelegen) H. Dormeier: Die Flucht vor der Pest als religiöses Problem, in: Klaus Schreiner (Hg.): Laienfrömmigkeit im späten Mittelalter (Schriften des Historischen Kollegs, Kolloquien 20), München 1992, S. 331–397, bes. S. 372–381

32. Zum Beispiel des sächsischen Kurfürsten (mit Einzelbelegen) vgl. Dormeier, Laienfrömmigkeit (wie Anm. 2), bes. S. 270–283

33. Vgl. zur neueren grundsätzlichen Diskussion dieser Fragen Christoph Daxelmüller: Zauberpraktiken. Eine Ideengeschichte der Magie, Zürich 1993

34. Zu den folgenden Ausführungen vgl. im einzelnen Lieselotte Hansmann, Lenz Kriss-Rettenbeck: Amulett und Talisman, München 1969; H. Maué, L. Veit: Münzen in Brauch und Aberglauben, Ausstellungskatalog Mainz 1982; A. und E. Knuf: Amulette und Talismane: Symbole des magischen Alltags, Köln 1984

35. L. Pfeiffer, C. Ruland: Pestilentia in Nummis. Geschichte der großen Volkskrankheiten in numismatischen Documenten. Ein Beitrag zur Geschichte der Medicin und der Cultur, Tübingen 1882; dies.: Die deutschen Pestamulette; zugleich ein Nachtrag zur »Pestilentia in Nummis«, in: Deutsches Arch. für Gesch. der Medizin und medizin. Geographie 8, 1885, S. 465–497; Viktor Katz: Die erzgebirgische Prägemedaille des XVI. Jahrhunderts, Prag 1932, S. 39–50 mit Taf. I–V

36. Zu den biblischen Pestbildern vgl. auch den Beitrag von Katrin Achilles-Syndram in diesem Band

37. Zum Rochussiegel vgl. Hanns Otto Münsterer: Amulettkreuze und Kreuzamulette. Studien zur religiösen Volkskunde, Regensburg 1983, S. 42f.; Lenz Kriss-Rettenbeck: Bilder und Zeichen religiösen Volksglaubens, München 1963, Abb. 144; Pachinger: Über Krankheitspatrone S. 253; Hansmann, Kriss-Rettenbeck (wie Anm. 34), Abb. 416; J. Nohl: Der Schwarze Tod (1924), S. 122

38. Zum folgenden (mit Einzelnachweisen und Literatur) H. Dormeier: Il culto dei santi a Milano in balia della peste (1576–1577), in: Giulia Barone, Marina Caffiero, Francesco Scorza Barcellona (Hg.): Modelli di santità e modelli di comportamento. Contrasti, intersezioni, complementarità, Torino 1994, S. 233–242

39. Einige der Maßnahmen, etwa die Errichtung der Straßenkreuze oder der starke Passionskult, dürften nicht so unmittelbar mit der Pest zusammenhängen, wie bislang angenommen wurde; vgl. dazu Susanne Mayer-Himmelheber: Bischöfliche Kunstpolitik nach dem Tridentinum. Der Secunda-Roma-Anspruch Carlo Borromeos und die mailändischen Verordnungen zu Bau und Ausstattung von Kirchen (tuduv-Studien: Reihe Kunstgeschichte, Bd. 11), München 1984, bes. S. 50–58 u. 257–265

40. Vgl. insbes. A. Ratti (Hg.): Acta ecclesiae Mediolanensis, Bd. III, Mailand 1892, Sp. 581–607 (De cura pestilentiae)

41. Zu den Verboten der Gesundheitsbehörde, die Borromäus auf dem Höhepunkt zu reduzierten ›Stellvertreter-Prozessionen‹ zwang, vgl. M. Formentini: La dominazione spagnola in Lombardia, Mailand 1881, S. 217 (Erlaß vom 18. Jan. 1577)

42. Vgl. etwa das eindrucksvolle Blatt mit der Schutzmantelmadonna mit den drei Pestheiligen über dem Pestlazarett von Mailand, abgebildet u.a. von Mollaret, Brossolet (wie Anm. 7), S. 50 Abb. 33

43. Zum folgenden vgl. die einschlägigen Nachschlagewerke wie die Bibliotheca Sanctorum, das Lexikon der christlichen Ikonographie etc.

44. Zu den einschlägigen Gemälden von Rubens (und dessen Kopien) vgl. H. Vlieghe: Corpus (wie unten Anm. 47), S. 21–26 Nr. 103 mit Abb. 1–5 (Franz von Paola), S. 26–35 Nr. 104–104h (Wunder des Franz Xaver)

45. Zur Votivtafel vgl. L. Kriss-Rettenbeck: Ex voto. Zeichen, Bild und Abbild im christlichen Votivbrauchtum, Zürich/Freiburg i. Br. 1972, Abb. 201; ähnliche Votivbilder des 17.–19. Jhs. abgebildet bei Wilhelm Theopold: Votivmalerei und Medizin. Kulturgeschichte und Heilkunst im Spiegel der Votivmalerei, München 1978, S. 131–137

46. Franz Leskoschek: Sebastianspfeil und Sebastiansminne. Vergessene Wallfahrtskultformen aus der Pestzeit, in: Leopold Schmidt (Hg.): Kultur und Volk, Festschrift für Gustav Gugitz, Wien 1954, S. 229–236; ebd. auch zur sog. Sebastiansminne vor allem im bayerischen Ebersberg, wo man Wein aus der Hirnschale des Heiligen direkt oder mit Hilfe silberner Röhrchen den Gläubigen reichte

47. Vgl. Schmitz-Eichhoff (wie Anm. 14), S. 63f. (nach älterer Lit.)

47a. Die letzte Reise. Sterben, Tod und Trauersitten in Oberbayern. Ausstellungskatalog, hg. von Sigrid Metken, München 1984, S. 157f. Nr. 190

48. Rudolf Oldenbourg: P.P. Rubens. Des Meisters Gemälde (Klassiker der Kunst 5), 4. Aufl., Stuttgart und Berlin o.J., S. 274; H. Vlieghe: Corpus Rubenianum: Saints II, Brüssel 1973, Taf. 100–105.; zur Dresdener Kopie vgl. Karl Woermann: Katalog der Königlichen Gemäldegalerie zu Dresden, 1. Aufl. 1887, 7. unveränd. Aufl. 1908, Nr. 998

49. Vgl. Schmitz-Eichhoff (wie Anm. 14), S. 281

50. David e Roma. Ausstellungskatalog Rom, Accademia di Francia, Rom 1981, S. 106f. (mit Abb. und Lit.)

51. Vgl. Martha R. Baldwin: Toads and Plague: Amulet Therapy in Seventeenth-Century Medicine, in: Bulletin of the History of Medicine 67, 1993, S. 227–247

52. Über die umfassende vermeintliche Kraft und Wirkung dieses Pfennigs vgl. auch den Innsbrucker Einblattdruck von 1664, abgeb. von Münsterer (wie Anm. 37), S. 130 Abb. 60

53. Wolfgang Augustyn: Das Ulrichskreuz und die Ulrichskreuze, in: Manfred Weitlauff (Hg.): Bischof Ulrich von Augsburg 890–973. Seine Zeit- sein Leben- seine Verehrung. Festschrift aus Anlaß des tausendjährigen Jubiläums seiner Kanonisation im Jahre 993, Weißenhorn 1993, S. 267–315 (mit Abb.), bes. S. 307–315

54. Zum Zachariassegen vgl. Ludwig Gombert: Der Zachariassegen gegen die Pest, in: Hessische Blätter für Volkskunde 17, 1918, S. 37–52; Münsterer (wie Anm. 37), S. 182–186

55. Vgl. dazu Kriss-Rettenbeck (wie Anm. 37), S. 47f. mit Abb. 134: Gebets- und Segenszettel mit doppelbalkigem Kreuz, Zachariassegen, Dreifaltigkeit, Maria mit Kind, Sebastian, Rochus und Rosalia. Im Gebet geht es u.a. um Schutz vor verheerenden Krankheiten und jedem Übel des Leibes und der Seele. Gebrauchsort Griesbach, 18./19. Jahrhundert; Hansmann, Kriss-Rettenbeck (wie Anm. 34), Abb. 434; Münsterer (wie Anm. 37), S. 114 Abb. 36

56. Vgl. L. Kriss-Rettenbeck (wie Anm. 37), Abb. 132; vgl. dazu Münsterer, Amulettkreuze (wie Anm. 37), S. 153–157

57. Vgl. z.B. A. Grünberg; Pestsäulen in Österreich (Österreich-Reihe 122/124), Wien 1960

58. Dazu G. Lammert: Volksmedizin und medizinischer Aberglaube in Bayern usw., Würzburg 1869, S. 165f.; zu den Krötenopfern, die Frauen in Württemberg und in Vorarlberg vor der Entbindung dem heiligen Rochus darbrachten, vgl. Schmitz-Eichhoff (wie Anm. 14), S. 81

59. Goethes Werke, Hamburger Ausgabe, Bd. 10 (Autobiographische Schriften II), München 9. Aufl., 1989, kommentiert von W. Loos und E. Trunz, S. 401–428; dazu Nachwort S. 727–731 (mit Lit. und Zitat S. 729, nach E. Firmenich-Richartz: Die Brüder Boisserée, Bd. 1, 1916, S. 407); das Rochus-Gemälde von Louise Seidler und Heinrich Meyer nach Goethes Entwurf u.a. abgebildet von Schmitz-Eichhoff (wie Anm. 14), Abb. 40

Als im Krieg Israels gegen die Philister die Lade des Bundes des Herrn im israelischen Lager eintraf, brach dort ein zuversichtliches Jauchzen aus. Die Jubellaute beunruhigten die Philister, hatten doch die »mächtigen Götter« der Hebräer

Katrin Achilles-Syndram

»So macht nun Abbilder eurer Beulen und eurer Mäuse«

Die Pest als Thema der bildenden Kunst

den Ägyptern neben Fröschen, Lokusten und anderen Plagen die Pestseuche in die Wüste gesandt. Sie wandten sich zum Angriff und bemächtigten sich des Heiligtums, das sie in ihre Stadt Asdod transportierten und dort im Tempel neben dem Standbild des Gottes Dagon aufstellten. Gott der Herr zerschmetterte daraufhin nicht

nur zornig die Figur Dagons, sondern bestrafte den Frevel der Philister mit der gefürchteten Pest. Die hastige Verlagerung der Bundeslade innerhalb des Städtebundes der Philister bewirkte nichts, denn überall machte die Hand Gottes »einen großen Schrecken mit Würgen in der ganzen Stadt. Und welche Leute nicht starben, die wurden geschlagen mit Beulen, daß das Geschrei der Stadt auf gen Himmel ging.« Nach sieben Monaten empfahlen Weissager die Rücksendung der Bundeslade mit einem »Schuldopfer«, einem Kästchen »mit fünf goldenen Beulen und fünf goldenen Mäusen«. Zu den fünf Fürsten der Philister sprachen sie: »So macht nun Abbilder eurer Beulen und eurer Mäuse, die euer Land verderbt haben, daß ihr dem Gott Israels die Ehre gebet.« (1. Sam. 6,5)
Die Beschreibung einer Pestseuche im Buch des Propheten Samuel, die durch einen merkwürdigen Zufall der Überlieferung auf die wissenschaftlich erst viel später nachgewiesene Rolle kleiner Nager bei der Übertragung des Erregers »Yersinia pestis« bzw. »Pasteurella pestis« anzuspielen scheint, ist nicht das einzige Zeugnis für die Verbreitung pestartiger Epidemien in der antiken Welt.[1] Der berühmte Bericht des Thukydides[2] über die sozialen Auswirkungen der athenischen Pest von 429 v. Chr. fand seine literarische Nachahmung nicht nur am Hof Kaiser Justinians, sondern auch in dem Geschichtswerk des Johannes Kantakuzenos aus der zweiten

Hälfte des 14. Jahrhunderts.[3] Dem griechischen Arzt Hippokrates sind bereits Beobachtungen zur Symptomatik und Theorien über Ursachen und Behandlungsmöglichkeiten der Krankheit zu verdanken. Die hippokratischen Schriften mit den Kommentaren des Galen, die seit dem 15. Jahrhundert auch im griechischen ›Originaltext‹ gelesen wurden,[4] behielten in Ermangelung besserer Erkenntnisse ihre Gültigkeit bis weit in die Neuzeit. Für Jahrhunderte stellte jedoch die Bibel die vorrangige Quelle für die bildliche Gestaltung des Themas dar.
Eines der erzählerisch reichsten Beispiele ist in der 1250 in Paris entstandenen illuminierten Bibelhandschrift des Alten Testaments enthalten, die sich heute in der Pierpont Morgan Library in New York befindet.[5] Auf zwei durch Rahmenwerk und Architekturen geschickt unterteilten Bildseiten wird die »Pest der Philister« in mehreren Episoden geschildert. Nachdem die ›kraftlose‹ Figur des Gottes Dagon im Tempel von seinem Piedestal gestürzt ist (fol. 21 r. unten), häufen sich im anschließenden Bildstreifen links Pesttote vor den Häusern einer Stadt; auf den Kadavern tummeln sich Scharen von Ratten (fol. 21 v. oben). Auch spätere Illustratoren halten an der nicht ganz verständlichen Gewohnheit fest, die in der Bibel erwähnten Feldmäuse durch große Ratten zu ersetzen.[6] Weiter rechts folgen die Stammesfürsten der Philister dem von jungen, säugenden Kühen gezogenen Wagen mit der Bundeslade und den plastischen Ex voti zu den Leuten von Bet-Semes, die sie bei der Weizenernte antreffen (1. Sam. 6,10–13). Umfassende alttestamentliche Illustrationszyklen blieben während des 13. Jahrhunderts selten, doch entwickelte sich, von Frankreich ausgehend, nach der Trennung der bebilderten Bibeln von den auf Textvollständigkeit ausgerichteten Studienbibeln die ›Bible historiée‹ zu einem eigenen Genre. Die im Verhältnis kleinformatigen Historienbibeln, die zunächst handschriftlich vervielfältigt wurden, boten bei verkürzter, leicht faßbarer Textredaktion eine Fülle von Bildmaterial zu den Geschichtsbüchern des Alten Testaments. Sie kamen dem Informationsbedürfnis des weder sprachlich noch theologisch

vorgebildeten Laien nach und waren bei einem breiten Publikum geschätzt. Zu den etwa 50 erhaltenen Exemplaren zählt die Historienbibel Ms. germ. fol. 516 der Staatsbibliothek zu Berlin.[7] Um 1430 wurde sie vermutlich in Köln in niederdeutscher Sprache geschrieben. Das Blatt fol. 44 v. ist der Beulenplage gewidmet, der sechsten von zehn Plagen, mit denen Gott sich Anerkennung durch den Pharao verschaffen wollte. Oberhalb des zweispaltig angeordneten Textes nimmt die Szene fast die Hälfte der Seite ein. In Abweichung von den aufwendigen Verfahren der traditionellen Buchmalerei bediente sich der in den Niederlanden ausgebildete Künstler einer zeitsparenden, billigeren Technik, nämlich der aquarellierten Federzeichnung. Besonders auf Papier läßt sie sich ›leichthändig‹ und ohne Grundierung ausführen. Eine baumbestandene Berglandschaft mit Burgen steht für das Land der Ägypter. Gottvater im Wolkenkranz übermittelt Mose den Auftrag, eine Handvoll Ofenruß in die Höhe zu werfen: »Er wird (…) an Mensch und Vieh Geschwüre mit aufplatzenden Blasen hervorrufen, in ganz Ägypten.« (Ex. 9,9) Wie ein Funkenregen sprühen aus Moses rechter Hand ›Krankheitskeime‹ über die Menschen. Die Toten und Sterbenden, die links von ihren Verwandten beklagt werden, sind am ganzen Körper von häßlichen Pestbeulen bedeckt. Die bewährten Kompositionen der Historienbibeln inspirierten im späteren 15. Jahrhundert Holzschneider bei der Illustration der ersten Bibeldrucke. Ein mit Ms. germ. fol. 516 eng verwandtes Beispiel hat der Kölner Verleger Heinrich Quentell bei der Vorbereitung seiner um 1478 erstmals mit zahlreichen Abbildungen gedruckten Bibel herangezogen.[8] Deutliche Übereinstimmung zu der Hand-

schrift weist insbesondere der Quentell-Holzschnitt mit der Darstellung der Beulenplage auf.[9] Ein anderer Bildtypus liegt hingegen der entsprechenden Illustration in der 1485 bei Johann Reinhard Grüninger erschienenen Straßburger Bibel [1/159] zugrunde.[10] Nicht nur sind hier die links beim Ofen stehenden Figuren Arons und Moses mit Buchstaben gekennzeichnet, sondern neben den Toten häuft sich auch gemäß der Bibelschilderung das verendete Vieh; nur undeutlich findet man die Pestbeulen angegeben. Die ausgestellte Grüninger-Bibel der Staatsbibliothek zu Berlin ist grob handkoloriert. Hersteller wie Käufer bemühten sich auf diese Weise, ihre Druckwerke der vertrauten Farbwirkung illuminierter Handschriften anzunähern. Das eingangs beschriebene Thema »Die Pest bei den Philistern« erfährt wiederum in der Kölner Quentell-Bibel [1/158] ihre eindringlichste Formulierung.[11] Während links der Richter Eli tot zusammengebrochen ist (1. Sam. 4,18), wird rechts der Transport der Bundeslade von einer Invasion langschwänziger Ratten begleitet, die, überraschend in ihrer prägnanten, dynamischen Formgebung, den gesamten Vordergrundbereich füllen.

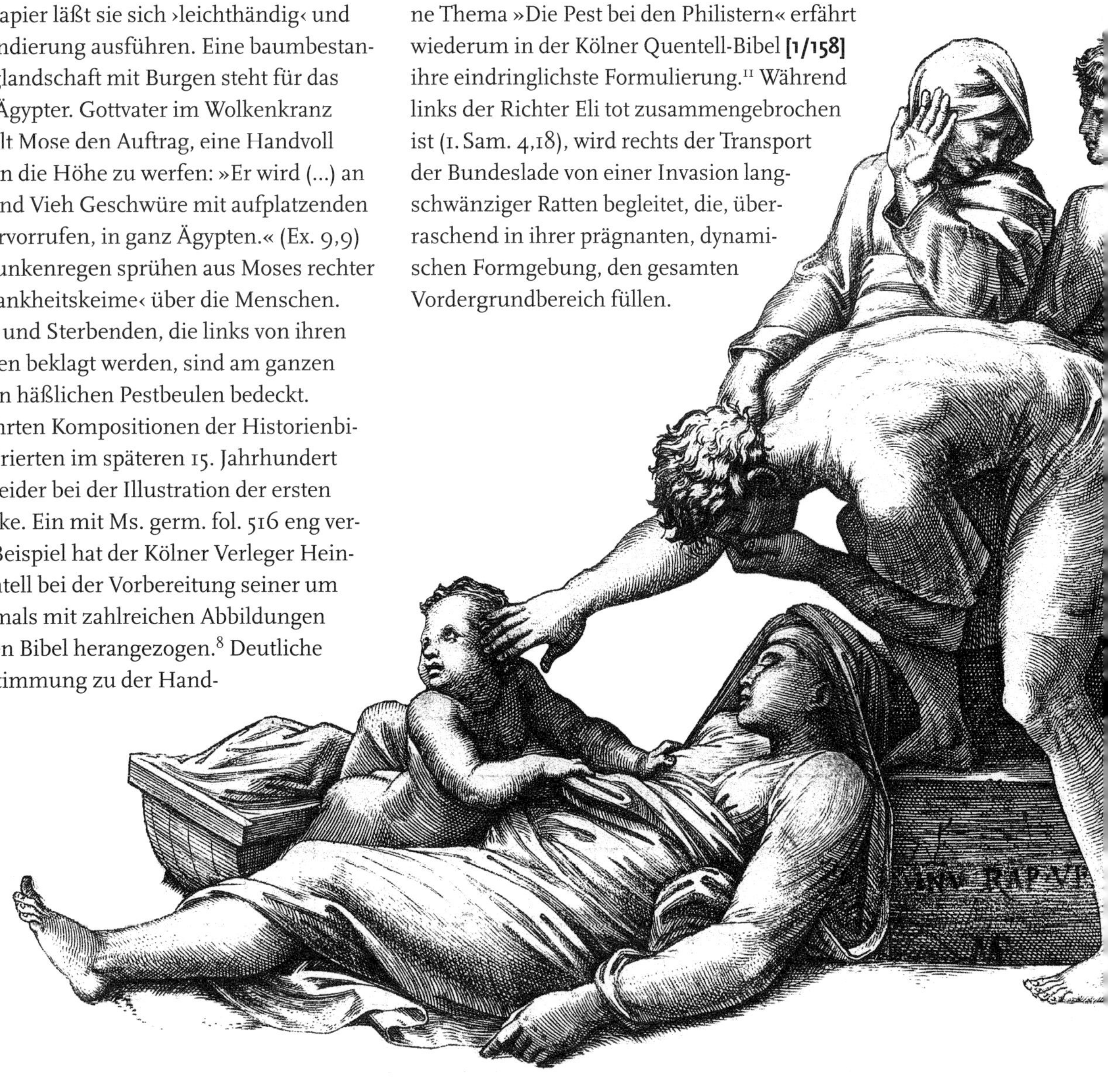

1/164

M. Raimondi nach Raffael:
Die Pest in Phrygien
(Il Morbetto). Kupferstich,
um 1515/16 (Ausschnitt)

Die Pest der Philister.
Buchmalerei in:
Bibelhandschrift, Paris 1250
(Pierpont Morgan Library)

An anderen Stellen des Alten
Testaments wird die Pest als
tödliche Gottesstrafe durch den
mit Pfeil und Bogen schießen-
den Gottvater verdeutlicht. Die
Bibel befindet sich hier in Übereinstimmung mit
der antiken Mythologie: Auch Apollo hatte Krank-

heit und Verderbnis mittels Pfeilen übersandt.
Der Prophet Habakuk, der in einem Psalm den
Sieg Gottes besingt, sagt über dessen Kommen:
»Die Seuche zieht vor ihm her, die Pest folgt seinen Schritten.« (Hab. 3,5) Weiter heißt es über
den zornigen Kampf Gottes: »Du hast den Bogen
hervorgezogen, du hast die Pfeile auf die Sehne

gelegt«. (Hab. 3,9)[12] In der Szene des »Büßenden David« ist es ein Engel, der nach dem Willen Gottes das Volk Israel mit Pestpfeilen schlägt. Nachdem König David eine Volkszählung veranlaßt hatte, erzürnte sich Gott, denn nur in seinem Buch ist verzeichnet, wer leben oder sterben soll (Ex. 32,32). Durch den Propheten Gad stellte er ihm drei Strafen zur Auswahl. David erkannte seinen Frevel und wählte die dreitägige Pestseuche. Als der Pestengel das Volk richtete, betete er zu Gott: »Ich bin es doch, der gesündigt hat (...). Aber diese, die Herde, was haben sie getan? Laß deine Hand gegen mich und das Haus meines

Rechts: 1/158
Die Philister rauben die Bundeslade und werden mit der Pest bestraft. Holzschnitt in: Biblia, niedersächsisch, Köln um 1478

Die Beulenplage. Aquarellierte Federzeichnung in: Historienbibel, niederrheinisch, um 1430 (Staatsbibliothek zu Berlin PK)

Unten rechts: 1/159
Die Beulenplage. Kolorierter Holzschnitt in: Biblia, deutsch, Straßburg 1485

Vaters sein!« (2. Sam. 24,17) Das Gebet Davids ist häufig dargestellt worden und figuriert auch unter den Holzschnitt-Illustrationen der von Grüninger und Quentell herausgegebenen Bibeln.[13] Die 1520 datierte Radierung des Lucas van Leyden [1/160] zeigt David unter dunklen Wolken in einsamer Zwiesprache; Hut, Szepter und Harfe hat er am Boden abgelegt.[14] Eine Diagonale erstreckt

sich von Davids rechtem Fuß über seinen Rücken und die erhobenen Arme bis in die linke obere Bildecke. Dort erscheint dem Herrscher in einer Himmelsöffnung die bewegte Figur des mit Pfeilen ausgerüsteten Engels. Gegenüber Dürers vergleichbar aufgebauter Komposition »Joachim mit dem Engel«[15] erscheint die Diagonalwirkung weitaus zwingender. Lucas van Leyden stand zu

1/160
L. van Leyden: Der büßende David. Radierung, 1520

dem älteren Nürnberger Meister in einem Verhältnis der Bewunderung und Herausforderung, das gegen 1520 einen Höhepunkt erreichte. Um 1518–1520 fertigte er als erster niederländischer Künstler sieben Radierungen an, die von entsprechenden Versuchen Dürers angeregt sind. Der »Büßende David« ist ein Dokument für Leydens ›malerische‹ Denkweise, die derjenigen Dürers entgegengesetzt ist. Durch dichte Schraffuren und die Ätzung der Kupferplatte erzielte er ein toniges Grau, das auch das Gesicht Davids überzieht. Die Dunkelheit unterstreicht die Bedrohlichkeit der Lage und die

Verzweiflung Davids, doch geht die auf Stimmungswerte gerichtete, mehr psychologische Erfassung des Themas hier auch zu Lasten einer deutlichen ›Lesbarkeit‹.

Aegidius Sadelers Kupferstich nach Marten de Vos **[1/161]**, Teil einer um 1590 ausgeführten Serie über die Geschichte Sauls und Davids, nimmt dieselbe Begebenheit als Grundlage einer vielfigurigen und eleganten Inszenierung.[16] Die Darstellung verknüpft die Erscheinung des Pestengels mit der daran anschließenden Episode des Bußopfers. Gad hatte David beauftragt, auf der außerhalb Jerusalems gelegenen »Tenne des Arauna« einen Altar zu errichten. Für 50 Silberschekel kaufte David von Arauna die Tenne sowie seine Rinder, baute einen Altar und hielt ein Brandopfer ab, dessen Aufwand belohnt wurde: »Der Herr aber ließ sich erweichen, und die Plage hörte auf in Israel« (2. Sam. 24,25). Die Bildunterschrift widmet sich Davids Gebeten und zitiert einen Vers des Psalms »De profundis«: »Würdest du, Herr, unsere Sünden beachten, Herr, wer könnte bestehen?« (Ps. 130,5)[17] Zusammen mit Pieter Bruegel dem Älteren hatte der Antwerpener Maler Marten de Vos Italien bereist. In seinem »Bußopfer Davids« arbeitet er hinsichtlich der Raumgliederung mit den durch Bruegel eingeführten Neuerungen der flämischen Landschaftskunst. Den Betrachter einbeziehend, agieren die Hauptpersonen auf einem Vordergrundplateau, das nach rechts durch die ›Kulisse‹ der Rauchsäule abgeschlossen ist. In Diagonalrichtung nach links wandert der Blick über eine Ebene, auf der Pesttote in höchst manierierten Haltungen liegen, bis er schließlich im Hintergrund die großartigen Bauwerke der Stadt Jerusalem wahrnimmt.

Nach der Pestpandemie von 1348 spielte die Pest als Krankheitserscheinung und historisches Ereignis in der bildenden Kunst eine auffallend geringe Rolle. Die allgegenwärtige Gefahr eines Todes ohne Sterbesakramente bestimmte jedoch nach verbreiteter Forschermeinung das Lebensgefühl des spätmittelalterlichen Menschen; die Pest habe also indirekt, über die kollektive Todesangst, das Bild vom Tod in Literatur und Kunst verändert.[18] Gegen diesen Standpunkt ist –

neben weiteren Argumenten – vorzubringen, daß zum einen Themen wie der Totentanz auf literarischen und bildlichen Vorläufern des 13. Jahrhunderts fußen und zum anderen das Entstehen des beständigen Memento mori des Spätmittelalters durch ein Zusammentreffen vielfältiger Umstände begünstigt wurde,[19] unter denen die häufigen Seuchenzüge nur eine der Facetten sind. Die um die Mitte des 14. Jahrhunderts festgeleg-

te Totentanz-Ikonographie begründete eine überaus erfolg-reiche Bildtradition, die, vor allem in Kriegs- und Krisen-zeiten, bis in die Gegenwart hinein aufgegriffen wurde. Als Totentanz wird ein Reigen bezeich-net, in dem Vertreter der Stände und Berufe in hierarchischer Abfolge jeweils in Begleitung eines Verstorbenen bzw. des Todes schreiten. In seinem Standardwerk über den mittelalterlichen Totentanz postuliert Rosenfeld, daß die frühe-sten Totentänze der Dichtung und Monumental-malerei durch große Pestkatastrophen veranlaßt gewesen seien, eine These, die nicht in jedem Fall der näheren Überprüfung standhält. Für den Großbasler Totentanz beruft er sich allein auf die von Matthäus Merian 1621 bezeugte »Volksüber-lieferung«.[20] Der bei den Dominikanern an der äußeren Seite der Friedhofsmauer angebrachte Großbasler Totentanz war bis zu seiner Zer-störung Anfang des 19. Jahrhunderts eine weit-hin bekannte Sehenswürdigkeit. Unsere Kennt-nisse über den Zyklus beruhen unter anderem auf den Kopien Matthäus Merians des Älteren, die als Folge von 41 Radierungen nebst Titelblatt in zwei Auflagen 1621 und 1649 erschienen sind.[21] In Anpassung an das Papierformat ist bei Merian wie in allen graphischen Totentänzen der Aufzug der einzelnen Tanzpaare gegenüber der Gesamtheit des Reigens hervorgehoben. Die vier ausgewählten Radierungen **[1/162 a–d]** belegen, daß man sich den Tod um die Mitte des 15. Jahr-hunderts noch nicht als Gerippe, sondern als Leiche mit ›fleischigem‹ Körper vorstellte. Durch Verkleidungen imitiert der Tod seine Opfer, er begegnet ihnen individuell. Die Gleichförmigkeit des etwas früheren Kleinbasler Totentanzes ist

differenzierterer Temperamentschilderung gewi-chen. Schellenklingelnd umhüpft der Tod den Narren, während er dem Blinden am Rand einer tiefen Grube kaum spürbar die Hundeleine

durchtrennt. Im Großbasler Totentanz sind damit Entwicklungen angedeutet, die in der 1523–1526 ausgearbeiteten Holzschnittserie Hans Holbeins des Jüngeren mit ihren prächti-gen, auf genrehafte Details bedachten Szenen kulminieren.[22]

Stefano della Bellas Radierungen aus der Folge »Les cinq morts« **[1/163 a–c]** variieren den mittel-alterlichen Totentanz, der von ruhiger Gemes-senheit wie ständekritischer Haltung geprägt war, und fassen das Thema allein unter dem Aspekt der gewalttätigen Entführung.[23] In der Anordnung der »Fünf Tode« geht dem Raub zweier Kinder, einer Frau und eines Greises der »Tod als Heerführer« voraus. Die Blätter entstan-den um 1648 während eines mehrjährigen Auf-enthaltes des Florentiners in Paris und beziehen sich auf den damals noch sichtbaren Totentanz in den Arkadengängen des den Friedhof Aux Innocents auf drei Seiten begrenzenden Bein-speichers.[24] Dieser Freskenzyklus, der Jean Le Fèvres unter dem Eindruck der Pariser Pestepi-demie von 1374 verfaßte »Danse de macabré« illustriert, ist 1424/25 entstanden und gehört zu den frühesten monumentalen Gestaltungen des Themas.[25] Sinnreich siedelt Stefano della Bella seine als Gegenstücke sich ergänzenden Darstellungen »Der Tod raubt ein Kind« **[1/163 a, b]** auf dem Friedhof der »Unschuldigen Kinder« an: Im Hintergrund sind die Kirche Sts-Innocents mit den »beaux charniers« sowie die Croix Glatine und der Turm von Notre-Dame des Bois zu erkennen. Während die Architekturen und das pittoreske Treiben auf dem Friedhof ganz zurückgenommen sind, bauen sich die Raptus-Gruppen des Vordergrunds aus der Untersicht zu gewaltiger Größe auf. Jedes der Figurenpaare verwickelt sich mit im Wind flatternden Stoffbahnen zu einem wild bewegten Knäuel. Es erinnert in seiner gerundeten, kompakten Gesamtform an einen Straußenvogel und läßt, zu dem ovalen Bildformat effektvoll in Korrespondenz gesetzt, den Totentanz des Stefano della Bella zu einem Auftritt bizarrer Mischwesen werden.

1/164

M. Raimondi nach Raffael:
Die Pest in Phrygien (Il Morbetto).
Kupferstich, um 1515/16

In nachmittelalterlicher Zeit setzte der um 1515/16 publizierte Kupferstich des Marcantonio Raimondi **[1/164]** den Maßstab für jede weitere szenische Darstellung der Pest.[26] Marcanton, einer der bedeutendsten italienischen Graphiker des 16. Jahrhunderts, beschäftigte sich während seiner römischen Jahre insbesondere mit der Umsetzung von Raffael-Inventionen in den Kup-

ferstich. Das unter dem irrtümlichen Titel »Die Pest in Phrygien« bekannte Blatt, italienisch auch »Il Morbetto« genannt, ist im 2. Zustand durch Inschriften bezeichnet, die Vergils großem mythologisch-historischem Epos, der Aeneis, entnommen sind.[27] Die Verse beziehen sich auf eine jegliches Leben verderbende Seuche, die in Kreta »aus verpestetem Himmel« kurz nach dem Eintreffen des Aeneas und seiner Leute ausgebrochen war. Eine weitere Inschrift auf einem Stein rechts unten informiert den Betrachter, daß es sich um eine Komposition Raffaels handelt.[28] Der Kupferstich gliedert sich in eine Nacht- und eine Tagseite, die durch eine Terme mit dem Bildniskopf des Dichters voneinander getrennt sind. Raffael schließt sich mit der Nachtszene an Vergils finsteres Traumbild von der Erscheinung der »heiligen Bilder der Götter, der phrygischen Penaten« vor dem schlafenden Aeneas an, ein Stoff, der auch der zeitgenössischen Vorliebe für das Nachtstück und dramatische Lichteffekte entgegenkam.

Die Nachtseite links ist als Innenraum angelegt. Eine Treppe führt zu dem Lager eines Mannes, dessen Krankheitsbild zwei Frauen erörtern – seine kontemplative Haltung weist zugleich auf den Traum des Aeneas. Unterhalb der Treppe betrachtet ein Knabe bei Fackelschein drei tot im Stall liegende Schafe, während er ein viertes Schaf von den Kadavern fernzuhalten sucht. Die Tagseite besteht aus einer gegen den Hintergrund abgeschlossenen Ruinenlandschaft, in die als Sinnbild der antiken Kultur zwei kannelierte Säulentrommeln eingefügt sind. Hier repräsentiert eine tote Mutter, an deren Brust ihr Säugling zu gelangen sucht, das Massensterben. Die Figuren in ihrer Nähe zeigen die von Thukydides angesprochenen Reaktionen der Angehörigen. So läßt eine der trauernden Frauen ohnmächtig den Kopf in die Arme sinken, während sich hinter ihr ein Mann zur Flucht wendet. Der rechts über die Mutter gebeugte Mann hält sich die Nase zu. Dieses aus der Lazarus-Ikonographie hinlänglich bekannte Motiv veranschaulicht jedoch nicht nur den Leichengestank, sondern auch die seit Hippokrates und Galen gültige miasmatische Lehre. Dem Hinweis auf die Ursa-

1/165

A. Caroselli nach N. Poussin:
Die Pest von Asdod. Öl/Lw, 1631

che der Pest entspricht auf der
Nachtseite die Fackel, die für
die reinigende Kraft des Feuers
und damit für die Pestprophy-
laxe steht. Die Position des Kranken schließlich
scheint ärztlichen Anordnungen zu folgen, nach
denen Pestkranke wegen der Kontagiosität der
Ausdünstungen von den Pflegekräften erhöht
zu betten seien.[29] Tatsächlich waren für Raffael
eigene Krankheitsbeobachtungen und die Wiedergabe zufälliger historischer Details kein
Anliegen. »Il Morbetto« ist vielmehr ein Dokument der Abstraktion und der breiten humanistischen Bildung des Künstlers. Bei ausgeklügelter
Komposition umfaßt es in zwei literarischen
Ebenen sowohl den antiken Mythos als auch die
– über neuzeitliche Fachliteratur rezipierte –
klassische Pestmedizin in den Aspekten Ursa-
chenforschung, Vorbeugung und Heilbehand-

lung. Es vermittelt darüber hinaus, durch die alte
Pathosformel der toten Mutter und die Ausarbeitung der Affekte das Gemüt des Betrachters erre-
gend, die Tragik und die furchtbaren menschlichen Konsequenzen der Seuche. Aufgrund seiner geschlossenen, allgemeingültigen Formulierung empfand man das Blatt in allen Epochen als
ein künstlerisches Vorbild, aus dem zu zitieren
geradezu eine Verpflichtung war.
Vor dem Hintergrund der zeitgenössischen
italienischen Pestepidemien widmete sich der in
Rom lebende französische Maler Nicolas Poussin
1630/31 der Pest. Hatte Raffael das Wüten der
Seuche in die Welt des Heroenmythos verlegt, so
greift Poussin in seiner »Pest von Asdod«[30] wiederum auf den biblischen Stoff zurück. Ohne die
inhaltliche Differenz zu beachten, verarbeitet er
in dem Gemälde Raffaels ›Pestvokabular‹ und
erschließt es durch die Hervorhebung der dra-

matischen Komponente für das 17. und 18. Jahrhundert. Der Komposition Poussins, die in einer Reihe von Kopien **[1/165]** und Kupferstichen Verbreitung fand,[31] war wie dem großartigen Blatt des Marcanton ruhmvolles Nachleben beschieden. Der ausgestellte Kupferstich von Jean Baron nach einer auf Poussin basierenden Zeichnung des Guillaume Courtois **[1/166]** gibt die Komposition seitenverkehrt wieder.[32] Die Szene spielt vor einer Stadtkulisse, deren zentraler Straßenzug

1/166

J. Baron nach G. Courtois: Die Pest von Asdod (nach N. Poussin). Kupferstich, um 1647

zu einem Obelisken führt. Auf die Abhängigkeit der Anordnung von Sebastiano Serlios Illustration der Tragischen Bühne (1545) wurde hingewiesen. In der vielfigurigen Vorstellung lassen sich zwei Handlungszonen unterscheiden. Während eine eng zusammengedrängte Gruppe im Mittelgrund aufgeregt den Sturz des Götterbildes diskutiert, entwickelt sich das Pestthema reliefartig am vorderen Bildrand. Poussin paßt sich mit dieser Regie der im Gegensatz zur französischen Tradition auf tiefenräumliche Wirkung zielenden italienischen Bühnenarchitektur an. Ist die Hauptfigur der toten Mutter auch nicht bildparallel, sondern in Verkürzung gegeben, so erweist sich die gesamte Gruppe nicht zuletzt durch den Mann, der seine Nase schützt, als Raffael-Zitat.

Ein Paar am linken Rand des Kupferstichs zieht seine Kinder weg, zu seinen Füßen, ebenfalls in Anspielung auf Raffael, bei einer Säulentrommel trauernde und verzweifelte Menschen. Den von Raffael geprägten ›Pesttopoi‹ fügt Poussin, im Hintergrund, einen weiteren hinzu, das Wegschaffen einer Leiche, ein in der Folge immer wieder aufgegriffenes Motiv, das in einer Radierung des Guillaume Courtois **[1/169]** sogar als selbständiges Sujet auftritt. Der mittelalterlichen Bildredaktion entsprechend, nutzt Poussin in seinem Werk, das einer zu drastischem Realismus neigenden Stilphase um 1628–1635 angehört, freie Bildflächen für die naturnahe Darstellung großer Ratten. Die »Pest von Asdod« verrät nicht allein Poussins über den »Morbetto« weit hinausgehende, fundierte Auseinandersetzung mit Raffael; sie bezeugt zugleich seine von aktuellen Epidemien unabhängige künstlerische Absicht, im Rahmen der Pestthematik erstmals eine große Ansammlung ›leidenschaftlich‹ bewegter Menschen zu bildlicher Einheit zusammenzuführen. Nicolas Poussins Gemälde »Die Pest von Asdod« ist eine auf die strenge Renaissancebühne berechnete Inszenierung, der aus einer der Dekorationen – wie aus einer Loge – zwei Zuschauer folgen. Etwa 50 Jahre später, um 1679/80, ersetzt der vor allem als Zeichner hervorgetretene Raymond Lafage in seiner Radierung »La Peste des Philistins« **[1/167]**[33] diese theaterhafte Aufmachung durch eine Örtlichkeit mit natürlich scheinendem Raumaufbau. In einer hügeligen Landschaft befinden sich ein altes Kloster und klassizisierende Bauwerke, in deren rechtem die Bundeslade steht. Vor dem Heiligtum sieht man in der von Poussin übernommenen Disposition die aufgebrachte Menge und den Leichentransport, im Vordergrund die Mutter mit dem Säugling, den sich die Nase zuhaltenden Mann, das Paar mit Kind und die nachdenkliche Gestalt bei der Säulentrommel. Poussins harten Reliefstil mildert Lafage durch eine malerisch aufgelockerte, bogenförmige Anordnung und das Repoussoir eines stehenden Soldaten. Das besondere Interesse des Künstlers, der wegen seiner virtuosen Handschrift bei Sammlern geschätzt war, gilt dem lebendigen

Spiel von Licht und Schatten, wobei die Wiedergabe der Beleuchtungseffekte durch den freien, skizzierenden Einsatz der Radiernadel unterstützt wird.

Die »Pest der Philister« des französischen Malers Jean-Jacques Lagrenée, gen. »le jeune« [1/168], entstand während eines längeren Rom-Aufenthaltes 1765, also fast ein halbes Jahrhundert nach dem letzten Aufflammen der Pest 1720 in Marseille.[34] Der Künstler bedient sich der Pestmotive Poussins und verwendet diese in kompositioneller und technischer Variation. Links erhebt sich in extremer Nahsicht der Tempel mit der Bundeslade. Die stehenden Figuren, die über die zertrümmerte Statue des Gottes Dagon beraten, ergeben mit den dicht vor ihnen liegenden Pesttoten einen kompakten dreieckigen Aufbau, der nur rechts den Blick auf die im Hintergrund tätigen Leichenknechte erlaubt. Im Unterschied zu Lafage nimmt Lagrenée mit Vergnügen das Detail der Ratten auf. Die in

1/168

J.J. Lagrenée: Die Pest der Philister. Radierung, 1765

1/167

R. Lafage: Die Pest der Philister. Radierung, um 1679/80

La Peste des Philistins.

Lavis-Manier ausgeführte Radierung mit dem kräftigen Helldunkel einer braun lavierten Federzeichnung ist ein Beispiel für die im 18. Jahrhundert intensivierten Bemühungen, den Duktus von Zeichnungen im Druck nachzuahmen.

Von ganz anderem Charakter scheint bei flüchtiger Betrachtung die Radierung des in Rom tätigen Cortona-Schülers Guillaume Courtois [1/169] zu sein, welche die Bestattung von Pesttoten in einer mit ruinösen Großbauten versetzten Landschaft thematisiert.[35] Doch auch diese Bildidee ist aus den Vorgaben Raffaels und Poussins abgeleitet. Die Aufgabe des zentralen Blickpunkts kommt wie bei Poussin einem abgebrochenen Obelisken zu. Von Poussin stammt auch das Motiv der beiden Leichenträger, das Courtois herauslöst und monumental in den Vordergrund rückt, ferner die beiden gestikulierenden Zuschauer auf den Substruktionen links im Hintergrund. Auf Raffael geht demgegenüber die Anregung zurück, die Szene bei Nacht spielen zu lassen: Während die Landschaft in kaltes Mondlicht getaucht ist, werden die Träger von einem Knaben mit Fackel begleitet, wie er schon im »Morbetto« vorgekommen war. Der Kupferstich des Jean Baron [1/166] belegt, daß der junge Courtois um 1647 Poussins »Pest von Asdod« intensiv studiert hatte. Das bei Poussin entlehnte Motiv des Leichentransports bestimmte wenig später die Komposition seines ersten offiziellen Auftragswerks, des Freskos »Abdon und Sennen beerdigen christliche Märtyrer« in der römischen Kirche S. Marco (1653–1657), zu dem sich ein auch stilistisch Poussin nahestehender Kompositionsentwurf erhalten hat.[36] Für die Datie-

J. Lepautre: Die Pest in Ägypten.
Kupferstich, 17. Jahrhundert
(Kunstsammlungen der Veste Coburg)

1/170

L. Audran nach S. Bourdon:
Die Pflege der Kranken. Radierung,
Ende des 17. Jahrhunderts

rung des ausgestellten Blattes geben die Arbeiten für S. Marco den Zeitrahmen.

Poussins Pestmotive wurden natürlich auch für die Illustration anderer Bibelstellen herangezogen. Der Kupferstich des bekannten Ornamentstechers Jean Lepautre aus einer zehnteiligen Serie »Die Geschichte des Mose«[37] schildert die ägyptische Beulenplage (Ex. 9,8–10) mit den Motiven der Mutter, des Leichentragens und des Gestanks – auf die im Mittelalter texttreu einbezogene Figur des Ruß streuenden Mose wurde verzichtet. Die Protagonisten des Pestthemas, die durch differenzierten Ausdruck ihrer ›Leidenschaften‹ das Interesse des Betrachters fesseln sollen, reihen sich am vorderen Bildrand in symmetrischer Anordnung. Sie rahmen den Ausblick auf verendetes Vieh und einen toten Hund. Weiter hinten geht in der durch Palmen als exotisch gekennzeichneten Landschaft aus einer dunklen Wolke Unwetter nieder. Die Pest dürfte somit in Verbindung mit der fünften (Ex. 9,2–6) und der siebten Plage (Ex. 9,22–25) dargestellt sein, deren Strafen in einer Viehseuche und Hagelschlag bestanden.

Auf die Voraussage Jesu vom Weltgericht, bei dem der König »die Schafe von den Böcken scheidet« (Mt. 25,33–40), bezieht sich die Thematik der »Sieben Werke der Barmherzigkeit«.

Innerhalb der zyklischen Darstellungen der Nächstenliebe wurde dem fünften Werk, »Die Kranken besuchen«, bisweilen durch die erschwerten Bedingungen der Pest eine dramatische Note verliehen. In dem nach Sébastien Bourdon ausgeführten Kupferstich des Louis Audran **[1/170]**[38] schwebt der Pestengel mit dem Richtschwert über einer vielfach gestaffelten Architekturkulisse, einer Spezialität des besonders in seinem Spätwerk von Poussin beeinflußten Malers Bourdon. Um ein leeres Postament gruppieren sich zahlreiche Personen, die mit der Versorgung einer kranken Frau befaßt sind und einen Verstorbenen betrauern. In einem höhlenartigen Gewölbe, wie es zuerst Rubens **[1/174]** den pestkranken Sündern symbolhaft zugewiesen hatte, bemerkt man ein zwischen Kadavern an der Brust der toten Mutter säugendes Kind. Die rund ein halbes Jahrhundert jüngere Radierung des François Hutin **[1/171]**[39] verlegt die Krankenpflege in die Nachbarschaft der antiken Monumente Roms – eine Umgebung, in der das sehr realistisch vorgetragene Motiv des Fütterns auffällt. Das von kompositioneller und strichtechnischer Sicherheit zeugende Blatt erfreut durch Frische und Unmittelbarkeit: von der akademischen Distanziertheit der Invention Bourdons ist hier nichts spürbar.

An den Liebesdienst der Krankenpflege läßt sich der interessante Kupferstich von Gilles-Edmé Petit nach Vorlage des in Rom lebenden Histori-

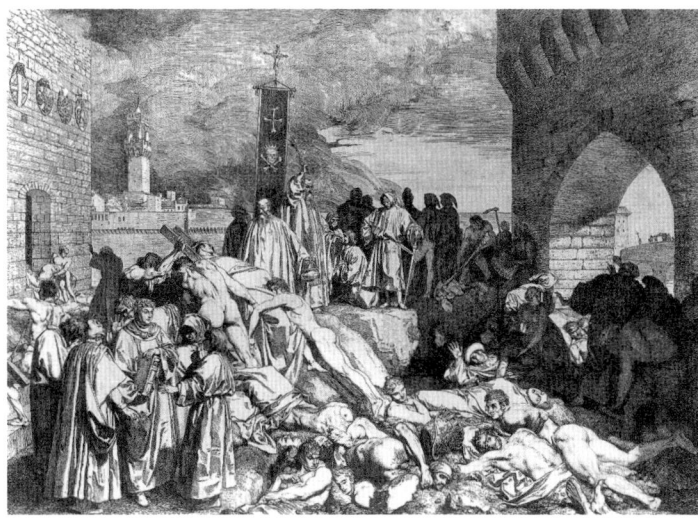

G.E. Petit nach P. Mignard:
Die Pest von Epirus. Kupferstich,
erste Hälfte 18. Jahrhundert

L. Sabatelli: Die Pest in Florenz.
Radierung, 1802 (Staatliche
Kunstsammlungen Dresden)

enmalers Pierre Mignard [1/172] anschließen.[40] Laut Bildunterschrift illustriert die zumeist als »Pest von Epirus/ Ägina« bezeichnete Darstellung das bereits erwähnte Bußopfer Davids. Mignards Szene entspricht etwa dem von Marten de Vos [1/161] gewählten Augenblick, in dem David, des Pestengels gewahr werdend, auf der Tenne des Arauna ein Brandopfer darbringt (2. Sam. 24,17–25). Das biblische Geschehnis, angesprochen durch den die Lüfte verpestenden Engel und die Gestalt des opfernden David in der Säulenvorhalle des Tempels links, liefert jedoch nur die Rechtfertigung für die im Vordergrund sich ausbreitende Schilderung der pflegerischen und therapeutischen Maßnahmen gegen die Pest. Medikamentöse Behandlungsformen rahmen die zentrale Figurengruppe, die das Aufschneiden eines Achselbubos an einer Frau und das Auffangen des Eiters vorstellt, wobei der Operateur seinerseits von der Seuche dahingerafft wird.[41] Dieses Bildmotiv, eine Erfindung Mignards, übernimmt kompositorisch die Rolle der toten Mutter und ihrer Kinder in Poussins »Pest von Asdod«. Der rechts unbekleidet aus einem Haus flüchtende Mann und die Kranken, die im Hintergrund an einem Brunnen Abkühlung suchen, folgen dem Pest-Exkurs des Thukydides, der ausführlich auf

die unerträgliche innere Hitze der Pestkranken eingeht,[42] während das Feuerbecken aus der Bebilderung der ärztlichen Fachliteratur bekannt ist. Von allen bisher besprochenen Pestdarstellungen setzt sich diejenige Mignards im medizinischen Sinne am detailliertesten mit der Pest auseinander. In ihrer fast aufdringlichen Erzählgenauigkeit kann sie sich jedoch mit der ebenso vereinfachten wie vielschichtigen Bildaussage von Raffaels »Morbetto« nicht messen.

Pierre Mignard hatte im 17. Jahrhundert den Stoff des büßenden David als Vorwand für eine in Wirklichkeit profane pestmedizinische Darstellung gewählt. In seiner 1802 vollendeten Radierung »Die Pest in Florenz« erweckt der florentinische Historienmaler Luigi Sabatelli den Anschein geschichtlicher Authentizität, indem er in einer Bildunterschrift auf Giovanni Boccaccios Beschreibung der Pest von 1348 verweist.[43] Sabatelli schockiert den Betrachter durch den direkten Blick in ein vor der Stadt ausgehobenes Massengrab, in das mittels eines Traggestells immer mehr Tote geworfen werden. Die vom unteren Bildrand überschnittene Grube wird an drei Seiten von einer Menschenmenge gesäumt, zu der nicht nur Geistliche und Trauernde, sondern auch vornehme Florentiner mit einer Ausgabe des Decamerone gehören. Als raumbildendes Element ragt von rechts ein riesiger Torbogen in die Szene, der zugleich einen tiefen Schatten wirft und harte Helldunkel-Kontraste hervor-

ruft. Die großzügige, in zahlreichen Studienblättern vorbereitete Komposition der »Pest in Florenz« fand anhaltend positive Resonanz und kann als Sabatellis bedeutendste druckgraphische Leistung angesehen werden. Ein kritisches Wort brachte jedoch der Direktor der Uffizien, Tommaso Puccini, vor. Sabatelli beantwortete es in einem Brief folgendermaßen: »(...) es ist wahr, obwohl meine Toten herabhängende Gliedmassen haben (...), drücken sie nicht den Horror des Todes oder gar des Pesttodes aus. Durch das Zeichnen nach wirklichen Leichen hätte ich in dieser Hinsicht sicher mehr Lorbeer ernten können. Doch das schwierige Unterfangen, die Körper nach meiner Vorstellung hinzulegen und zu gruppieren, ließ es mich vorziehen, mit lebenden Modellen zu arbeiten. Meine Bildidee von diesen Massen an Kadavern hätte ich nicht gern geändert, denn (...) sie schien mir am besten dazu geeignet, die entsetzliche Verwüstung und Verzweiflung zu beschreiben, zu der es in Florenz aufgrund der fatalen Umstände gekommen war.«[44] Die Äußerung Sabatellis verdeutlicht exemplarisch, daß die bildenden Künstler nicht unbedingt an einer veristischen Schilderung der mit der Pest einhergehenden Erscheinungen interessiert waren. Tod, Krankheit, Trauer, Grauen oder Melancholie sind Themen von übergeordneter Bedeutung, bei deren Umsetzung sie sich allein ihrer Idee und den künstlerischen Gesetzmäßigkeiten verpflichtet fühlten.

1/174

nach P.P. Rubens: Der heilige Rochus unter den Pestkranken. Öl/Nußbaum

Die permanente Pestgefahr hatte im ausgehenden Mittelalter die Sehnsucht nach einem speziellen Seuchenheiligen aufkommen lassen. In der norditalienischen Stadt Brescia kursierten Berichte über einen längst verstorbenen Rompilger aus Montpellier namens Rocco, der sich bei der Pflege von Pestopfern selbst infiziert hätte und deshalb den Nöten der Betroffenen mit Verständnis und Fürsorge begegnen würde. Francesco Diedo, Statthalter Venedigs in Brescia, veröffentlichte 1479 die »Vita« dieses sagenhaften Mannes; über Venedig verbreitete sich sein aufblühender Kult auf den Handelswegen.[45] Bereits 1484 gelangte in Nürnberg eine deutsche Diedo-

Übersetzung zum Druck; der von Peter Imhoff dem Älteren in die Nürnberger Lorenzkirche gestiftete Altar mit der Illustration der Rochus-Legenden war um 1492/93 vollendet. Die sehr bald etablierte, allenfalls aus theologischer Sicht bekämpfte Verehrung des neuen Pestpatrons fand ihren Widerhall in einer Flut von Einzeldarstellungen. Schnell behauptete Rochus seinen Platz neben dem seit alters für Pestepidemien zuständigen Sebastian, mit dem er, wie beim italienischen Bildtyp der Sacra Conversazione, vielfach ein Paar bildete.[46] Der 1510 datierte Holzschnitt des von Dürer beeinflußten schwäbischen Meisters Hans Schäufelein **[1/98]** läßt erkennen, daß den konkurrierenden Heiligen anfangs unterschiedliche Rollen zugewiesen wurden.[47] Dem jungen und unnahbar schönen antikischen Helden Sebastian steht der alte, kranke Pilger und tatkräftige Pfleger Rochus als volkstümliche Identifikationsfigur gegenüber. Es war Jacopo Tintoretto, der große venezianische Manierist, der im Rahmen seiner umfangreichen Gemäldeprogramme für die Confraternita der Scuola Grande di San Rocco in Venedig Bildthemen wie »Der heilige Rochus unter den Pestkranken« (1549)[48] oder »Die Verklärung des heiligen Rochus« (1564)[49] prägte. Über das Rochus-Verständnis der Zeit und die bis dahin möglichen künstlerischen Lösungen weit hinausreichend, erwiesen sich die Schöpfungen Tintorettos als das Fundament der barocken Rochus-Ikonographie.

Während des 17. Jahrhunderts wurde der Antwerpener Künstler Peter Paul Rubens im Zuge des französischen Akademie-Streits um den Primat von Farbe oder Linie als ›Gegenspieler‹ des Klassizisten Poussin verstanden. Wie Poussin mit der »Pest von Asdod«, so lieferte auch Rubens mit seinem Gemälde »Der heilige Rochus unter den Pestkranken« ein Schlüsselwerk der Pestthematik.[50] Das über 4 m hohe Altarbild in der Kirche St. Martin, Alost (Aalst), wurde im Auftrag der St. Rochus-Bruderschaft von Alost in den Jahren 1623–26 ausgeführt. In der Ausstellung ist es durch eine kleinformatige Kopie **[1/174]** aus königlich sächsischem Besitz vertreten.[51] Die Komposition gliedert sich in zwei

Etagen. Zu ebener Erde, vor dem verschatteten Bogen eines brückenartigen Aufbaus, erbittet eine Gruppe halbnackter Pestopfer mit eindringlichen Gebärden die Hilfe des Heiligen. Die stehende Figur rechts führt den Blick in die Höhe des Podestes, auf dem Rochus in Pilgertracht bei seinem Hund kniet. Links hinter ihm erscheint ein Engel, rechts nähert sich in verbindlichem Gestus Christus, um, auf das Schrifttäfelchen des Engels deutend, zu versichern: »ERIS IN PESTE PATRONUS«. An Tintoretto anknüpfend, bezieht Rubens in sein Rochus-Bild die Kranken ein, verzichtet aber im Gegensatz zu dem älteren Venezianer auf Pestbeulen und andere erzählerische Zutaten. Die Allgemeingültigkeit seiner Leidensschilderung wird durch die bei aller Bewegtheit der Figuren beruhigte, ausgewogene Gesamtanordnung unterstrichen. Auch die Darstellung des erhobenen Rochus hat ihre Wurzeln im späten 16. Jahrhundert. Eine bemerkenswerte Neuerung ist jedoch bei Rubens die den Interzessionsgedanken geradezu umkehrende Stellung des Heiligen zu Christus,[52] der, seinerseits Auferstandener und Erlöser der Menschheit, den sündigen, in höhlenartiger Umgebung kauernden Kranken Erlösung durch die Gestalt ihres leidenden Patrons zu versprechen scheint. Rubens' Auffassung war von nachhaltigem Einfluß. Sie lebt selbst in der 1780 von Jacques-Louis David für die Kapelle des Pestlazaretts in Marseille geschaffenen Fassung des »Heiligen Rochus unter den Pestkranken« nach, einem durch Davids Lehrer Joseph Marie Vien vermittelten offiziellen Auftragswerk, das an die Verheerungen des letzten europäischen Pestzugs von 1720 zu gemahnen hatte.[53]

Zu den Heiligen, die neben Sebastian und Rochus gegen die Pest angerufen wurden, gehörte der in Paola, Kalabrien, geborene Asket Franz von Paula (1416–1507). Dieser hatte durch wunderbare Erweckungen und Heilungen von sich reden gemacht und 1454 den Orden der Paulaner (Minimen) gestiftet. Nachdem König Ludwig XI. von Frankreich in seinen Armen gestorben war, wurde er auch von dessen Nachfolgern verehrt und erlangte in Frankreich beachtliche Popularität. Während der Herrschaft Marias de'Medici,

deren Landsmann er war und die durch die Förderung seines Kults die Tradition der französischen Könige betont fortzusetzen suchte, intensivierte sich das Interesse für seine Person.[54] Auf Maria de'Medici geht die Stiftung eines Reliquiars für seine in Tours bewahrten Gebeine zurück; im Jahr 1627 wurde in der Stadt eine Minimenkirche gegründet. Offenbar erging zu dieser Zeit an Rubens der Auftrag für ein Franz von Paula gewidmetes Altarwerk, das jedoch – vielleicht wegen der Entmachtung der früheren Regentin – nicht ausgeführt wurde. Das Vorhaben ist durch drei vorbereitende Ölskizzen dokumentiert, die sich in Dresden, München und Sudeley Castle, Winchcombe, erhalten haben.[55] In ihnen wird die wunderbare Erleuchtung und Erhebung des Heiligen im Park von Plessis-les-Tours in Anwesenheit des Volkes und des französischen Hofes gezeigt. Eine Beschreibung dieses Ereignisses war kurz zuvor in Rom erschienen.[56] Die ausgestellte, seit 1741 in Dresden befindliche Holztafel [1/175] wurde an den Seiten angestückt und in gröberer Malweise ergänzt.[57] In dem wohl eigenhändigen Mittelteil ist in drei nach Höhe und Entfernung gestaffelten Ebenen eine gegenüber dem Rochus-Altar von Alost komplizierte, figurenreiche Komposition entwickelt, die insbesondere die vielfältige Tätigkeit Franz von Paulas als Wunderheiler und Totenerwecker einbezieht. Der untere Bereich in der unmittelbaren Nähe des Betrachters ist den körperlich und psychisch Kranken mit ihren Betreuern gewidmet. Die jeweiligen Gebrechen veranlaßten den Künstler, extreme Stellungen und Bewegungsmotive vorzutragen und dabei sogar auf Raffaels »Transfiguration Christi« im Vatikan anzuspielen. Über eine breite, in Diagonalrichtung verlaufende Treppe ist eine Schloßterrasse zu erreichen, von der aus Angehörige des Königshauses dem Schauspiel folgen. In ringförmiger Gesamtanordnung umschließt die Menschenmenge den Ort, über dem Franz von Paula, hell gewandet und von einem Lichtkranz verklärt, in himmlischen Sphären schwebt. In den einer späteren Arbeitsphase angehörenden Studien von München und Sudeley Castle hat Rubens Unklarheiten der räumlichen Situation beseitigt und die Personen dynamischer gruppiert. Ein eindeutiger Hinweis auf die Pest findet sich in den drei Stücken nicht, es sei denn, man möchte den perspektivisch verkürzten männlichen Akt, der auch in Rubens' »Wundern des heiligen Benedikt«[58] auftaucht und den Vergleich mit der Berliner Lazarus-Zeichnung erlaubt,[59] der Übereinkunft gemäß als Pestkranken deuten.

1666 erhielt der venezianische Maler Antonio Zanchi von der Bruderschaft der Scuola Grande di San Rocco in Venedig den Auftrag zu einem Gemälde, das für die rechte Treppenhauswand des Scuolengebäudes bestimmt war und an die 1630 in der Stadt wütende Pestseuche erinnern sollte.[60] Das repräsentative Projekt verschaffte dem jungen Künstler die willkommene Gelegenheit, sein Talent in engster Nachbarschaft zu den gefeierten Dekorationszyklen des Jacopo Tintoretto zu beweisen. Zanchi führte seine aus Tintorettos »Erscheinung des heiligen Rochus« (1588)[61] entwickelte Komposition auf zwei unregelmäßig begrenzten Leinwänden aus, deren Verbindung eine am Ort vorhandene, in die Bildwirkung einbezogene Architekturgliederung herstellt. Dem monumentalen Werk geht der in schwärzlich-braunem Kolorit gehaltene Modelletto des Kunsthistorischen Museums in Wien [1/176] voraus.[62] Die Szene entfaltet sich auf einem gegen den Vordergrund und nach rechts von Kanälen begrenzten Stadtplatz. Kranke und Verzweifelte richten dort ihre Gebete an den Fürbitter Rochus, der über ihnen mit Christus und Maria auf einer von Engeln getragenen, im Sonnenlicht erstrahlenden Wolke erscheint. Das Geschehen auf der rechten Bildseite steht in

1/175

P.P. Rubens: Die Wunder des heiligen Franz von Paola. Öl/Eichenholz, 1627/28

krassem Gegensatz zu den Hoffnungen dieser Menschen. Von einer steinernen Brücke aus werden Leichen auf einen Lastkahn geworfen, auf dem schon eine tote Mutter mit ihrem Kind liegt. Ein schwarz verhüllter Mann hält sich vorbeieilend die Nase zu. Die der Treppensteigung im Palast angepaßte diagonale Bewegungsrichtung von den Toten unten rechts bis hin zu den himmlischen Gestalten gewinnt in der ausgeführten Fassung noch an Deutlichkeit. Mit ihrer großartigen Dramaturgie und ihrem Tintoretto naturalistisch ausdeutenden Figurenstil begeisterte die Pestdekoration Kritiker aller Zeiten und begründete Zanchis herausragende Stellung innerhalb der venezianischen Malerei des 17. Jahrhunderts.

Seit dem 14. Jahrhundert galten vor allem zwei prophylaktische Maßnahmen als geeignet, Ansteckungen zu vermeiden: die Flucht der Gesunden und die Absonderung der Kranken. In das Jahr 1490 fällt in Nürnberg die – aus venezianischen Erfahrungen schöpfende – Gründung des Pesthauses St. Sebastian, dessen Errichtung 1528 abgeschlossen war.[63] Von der Bedeutung des Pestkrankenhauses als Bauaufgabe zeugen eine Reihe von Architekturplänen und topographischen Darstellungen des 16. und 17. Jahrhunderts. Der Nürnberger Landschaftskünstler Hans Lautensack liefert beispielsweise mit seiner 1552 datierten, von drei Platten gedruckten »Ansicht der Stadt Nürnberg von Westen« [1/61] eine sehr genaue Abbildung des in demselben Jahr niedergebrannten ersten Sebastiansspitals.[64]

Unter ganz anderen Gesichtspunkten befaßte sich in Wien, im Anschluß an die österreichischen Pestjahre 1678–1681, Ludovico Burnacini mit dem Thema. Als Architekt und Theateringenieur stand der Italiener in Diensten Kaiser Leopolds I. Von hoher Qualität ist sein zeichnerischer Nachlaß, der fast geschlossen in das Österreichische Theatermuseum gelangte. Bekannter als Burnacinis Pestlandschaften [1/81], die wohl in den Zusammenhang seiner Tätigkeit für die Neugestaltung der Wiener Pestsäule zu stellen und nach 1687 zu datieren sind,[65] wurde seine im Kupferstich reproduzierte Zeichnung eines Pesthospitals.[66] In der Literatur findet die gedruckte Fassung unter Titeln wie »Das Innere des Pesthospitals in Wien 1679« häufig Erwähnung.[67] Die sehr fein durchgeführte Bleistiftzeichnung kann jedoch kaum topographische oder historische Authentizität für sich beanspruchen. Burnacini, der in Wien mit pompösen Bühnendekorationen Furore machte, entwirft das Hospital in Form einer zweigeschossigen offenen Holzbaracke. Die überdachten Bereiche sind der Versorgung der Kranken vorbehalten, während im Vordergrund der Transport der mit Seilen nach unten beförderten Leichen zu den eilends ausgehobenen Massengräbern geschildert wird. Durch drapierte Vorhänge erhält das Theaterhafte der Szenerie einen zusätzlichen Akzent. Dramatische Umstände im Schicksal der Pestkranken regten nicht nur Burnacini zu phantastischer Gestaltung an. Immer wieder sind es von jetzt an ruinöse oder verliesartige Architekturen, die den Lebensort dieser bedauernswerten Kreaturen bezeichnen.

Das Pestbild des kurtrierischen Hofmalers Januarius Zick mag hier zu den Lazarettdarstellungen gezählt werden, obwohl keine geschlossene Räumlichkeit vorgegeben ist.[68] Die bewußtlos vegetierenden Pestkranken, unter ihnen zwei Kinder, verteilen sich vielmehr zwischen pittoresken Ruinen. Durch weite, fensterartige Bogenstellungen ist in der Ferne eine Stadt zu erkennen. Der Ausblick aus beengtem Dunkel in eine lichtdurchflutete Landschaft wird von jetzt an zu einer wiederkehrenden Disposition der Lazarettszenen. Das in weißlich-grünen Tönen spielende Inkarnat zweier nackter Leichen im Vordergrund stößt grell gegen den übrigen Farbklang ab und erfüllt den Betrachter mit Schauder. Über dem gekrümmten Körper des Toten links zeigt sich die Pest in Siegerpose. Mit der Sense als Handwerkszeug und in einen Umhang gehüllt, tritt sie in der Gestalt eines Skeletts wirkungsvoll vor verschattetes Mauerwerk. Zutreffend hat Knorre das gegen Ende der Zickschen Karriere entstandene Werk als »Todesallegorie« bezeichnet. Geprägt durch holländischen Barock und französisches Rokoko, durch Vorbilder wie Rembrandt oder Jean-Honoré Fragonard, vermochte sich Zick den politischen Umwälzungen seiner Zeit und den neuen, klassizistischen Strömungen der Malerei kaum anzuschließen. Seine späten Arbeiten wurden von moderneren Zeitgenossen heftig kritisiert. So drückt sich in dem Gemälde »Die Pest« vielleicht auch die Resignation des alternden Künstlers und die Trauer über das Ende einer höfisch bestimmten, galanten und sinnenfrohen Epoche aus.

untermauert wird, dient der Heroisierung der napoleonischen Feldzüge. Um die Person des Generals zu verherrlichen und zu überhöhen, beschwört Gros nicht nur das mythische Privileg der »Rois thaumaturges«, sondern greift auch das Kompositionsmuster des »Ungläubigen Thomas« auf.[70] Motive wie das des sterbenden Arztes rechts verbinden das Werk zugleich mit älte-

1/176

A. Zanchi: Die Pest in Venedig.
Öl/Lw, 1666

Zu der persönlichen Interpretation Zicks steht das im Pariser Salon von 1804 ausgestellte Kolossalgemälde »Bonaparte bei den Pestkranken in Jaffa« des aus der Davidschule hervorgegangenen Historienmalers Antoine-Jean Gros **[1/132]** in unbedingtem Kontrast.[69] Der Bezug auf die Einnahme Jaffas und die Pestepidemie von 1799, der durch eine realistisch wiedergegebene islamische Architektur

ren französischen Pestdarstellungen. Das kleinformatige »Pesthospital« des Spaniers Francisco Goya aus einer um 1808–1812 ausgeführten Gemäldefolge »Desastres de la Guerra« spiegelt die entgegengesetzte politische Haltung.[71] Goya war Hofmaler unter König Joseph, dem Bruder Napoleons, doch unterstützte er mit Entschiedenheit den Kampf seiner Landsleute gegen die verhaßte Fremdherrschaft der Franzosen. Seine berühmte, die »Greuel des Krieges« anprangernde Serie von 82 Radierungen entstand während der Jahre 1803–1813 und bildete den Ausgangspunkt für die gemalten Versionen des Themas. Nach dem Vorbild Rembrandts, arbeitet Goya in seinem Pestbild mit expressiven Beleuchtungseffekten, die den in Dunkelheit hausenden, niedergeschlagenen und abgestumpften Menschen Visionen einer besseren Zukunft vermitteln. Théodore Géricault, einer der innovativsten französischen Maler in der ersten Hälfte des 19. Jahrhunderts, hat für seine orientalische Pestszene ein düsteres Gewölbe gewählt, aus dem eine Tür den Blick ins Freie eröffnet.[72] Ein warmer Lichtschein überzieht fünf dicht gedrängt liegende Pestkranke. An der in wolkigem Blau leuchtenden Wand hinter ihnen lehnen Lanzen, als würden sie auf Phantasien der Fiebernden deuten. Deren aussichtsloses Schicksal läßt jedoch eine tote Frau erahnen, die, bis auf den nackten Oberkörper in weißes Tuch gehüllt, den Vordergrund einnimmt. Im Schatten eines Pfeilers links neben ihr wartet eine verschleierte Figur: die Pest. Die Haltungen der Todgeweihten, von denen einer den Rücken krampfverzerrt dem Betrachter zuwendet, ein anderer den Kopf in Resignation aufstützt und ein dritter flehend die Hände ringt, zeigen enge Bezüge zu Géricaults »Flos der Méduse« von 1818/19 bzw. den zugehörigen Studien; das kleinformatige »Pestlazarett« wird kurz darauf, noch vor dem Aufbruch des Künstlers nach London im Jahr 1820, entstanden sein. Zwar scheint die Thematik von Antoine-Jean Gros' Jaffa-Bild angeregt, doch steht das farblich delikate, über durchscheinender Federzeichnung in sehr freier, malerischer Manier angelegte Werk eher für die Abkehr von dem früheren Vorbild.[73] Géricault, der sich für den körperlich und seelisch leidenden Menschen wie auch für das Aussehen von Sterbenden interessierte, übersetzte seine Beobachtungen in eine drastische, von romantischem Pathos erfüllte Bildsprache und bediente sich einer eher an Rubens als an den Klassizisten orientierten Malweise. Daß der Pestkranke im Trauergestus auch eine Verbeugung vor Jacques-Louis Davids erwähntem Rochus-Bild in Marseille beinhaltet, schließt sich damit nicht aus.

Personifizierte Darstellungen der Pest bleiben bis zum 18. Jahrhundert selten. In Hendrick Goltzius' allegorischem Kupferstich »Currus belli« von 1578[74] gehört die Pest zum Gefolge des Krieges, im Skulpturenprogramm der Dreifaltigkeitssäule auf dem Graben in Wien [1/82] hat sie die Gestalt einer sterbenden Alten angenommen. Bei Januarius Zick vermischt sich das Aussehen der Pest erstmals mit dem traditionellen Bild vom ›Tod als Sensenmann‹, eine Vorstellung, der man während des 19. Jahrhunderts mehrfach begegnet. Théodore Géricault arbeitet das die Sense schwingende Gerippe besonders deutlich in einer Studie aus, die im Bezug zu seinem Gemälde in Richmond gegenseitig angelegt ist und in Nachbarschaft der Pest die Gruppe einer Mutter mit ihren Kindern zeigt.[75] Das Blatt steht damit in überraschender Parallele zu Karl Theodor Pilotys Bleistiftzeichnung »Der schwarze Tod«, der 1855 ausgeführten Illustration eines Pestgedichts von Hermann Lingg.[76] [1/177] Hier hat die ›Sensenfrau‹ ihren Auftritt rechts neben den gedruckten Versen. In theatralisch flatterndem schwarzem Gewand überbringt sie Trauerkränze, während im Hintergrund auf einem mit Pesttoten bedeckten Feld wiederum die tote Mutter zu erkennen ist. Dieser heroischsentimentale Vorwurf findet in der ornamentalen Wirkung der den Textblock flächenhaft rahmenden Pflanzen und Kranzschleifen sein Gegengewicht. Als Militärarzt im Ruhestand widmete sich der von König Maximilian II. geförderte Lingg geschichtlichen Studien und der Schriftstellerei.[77] Im Umkreis des von Emanuel Geibel angeführten Münchner Dichterkreises gab er dabei auch Stoffen wie der »Besiegung der Cholera« (1873) dramatische Form. Karl Piloty setzte sich nicht nur in seinen Zeichnungen, in denen er mit weichem Bleistift illusionistische, ›malerische‹ Werte auszudrücken suchte, von dem linearen Umrißstil der nazarenisch ausgerichteten Münchner Akademiker ab. Unter dem Eindruck der französischen und vor allem der belgischen Romantik entwickelte er auch für seine großen Historienbiler eine persönlichere, koloristisch bestimmte Ausdrucksweise. Künstlerische ›Handschriften‹ wie die

1/177
*K. Th. von Piloty: »Der schwarze
Tod«. Bleistiftzeichnung, 1855*

Zeichnungen[78] eine Komposition vor, die dem späteren Wiener Malerfürsten schlagartig internationale Aufmerksamkeit verschaffte. Es handelte sich um drei zu einem Fries sich ergänzende querformatige Gemälde, die Trilogie einer Orgie.[79] Zu diesem provozierenden Sujet hatte er sich durch die Lektüre von Robert Hamerlings Dichtung »Ahasver in Rom« (1865) inspirieren lassen. Als geschickte Werbestrategie erwies es sich für Makart, weder einen Bildtitel zu nennen noch die ›obszöne‹ Darbietung öffentlich zu kommentieren. Vertreter des Publikums, je nach Veranlagung begeistert oder angewidert, diskutierten Titel wie »Die sieben Todsünden« oder »Après nous le Déluge« (Nach uns die Sintflut), literarisch Gebildete plädierten in Gedanken an die erotischen Erzählungen des Decamerone für »Die Pest in Florenz«. Im Mittelbild der »Pest« gruppieren sich um eine Hetäre in schwindelerregendem Treiben Personen, deren Standort in dem goldgewölbten Saal und deren Beziehung untereinander nicht erkennbar ist; ein mäßigendes Moment hätte die Darstellung erst mit dem als Bekrönung vorgesehenen Abbild von Michelangelos Brügger Madonna erhalten. In einem Virtuosenstück der Malerei thematisiert Makart unter Vermeidung eines Handlungszusammenhanges allein Dekadenz und morbide Fleischlichkeit in grotesker Übersteigerung von Thomas Coutures 20 Jahre älterem Gemälde »Römer der Verfallszeit«[80]: ein Pinsel- und Farbrausch, der das Ende der historischen Genres vorwegnimmt. Makarts in Salzburg bewahrte Ölskizze »Liebespaar, von Bacchanten umgeben« **[1/178]** hat man unter die 1867 einsetzenden Vorarbeiten zur »Pest in Florenz« einreihen wollen.[81] Eine mit Blumen bekränzte Frauengestalt ruht nackt auf einem Lager, an dessen Rand sich ihr Liebhaber schlafend niedergelassen hat. Dieser trägt ein bis zum Hals geschlossenes rotes Kostüm, obwohl in der Umgebung des Paares unbekleidete Männer und Frauen mit Amoretten ein Liebesfest feiern. Das Stück steht stilistisch den frühen, historisierenden Darstellungen Makarts nahe, unter denen auch der Gegenstand des »Bacchanals« vorkommt. Es reflektiert ferner italienische Mythologien des 16. Jahrhunderts wie »Venus

Pilotys kamen beim Publikum an und setzten sich bald allgemein durch. Sie prägten bereits die Kunstszene Münchens, als der junge österreichische Maler Hans Makart 1861 in das Piloty-Atelier eintrat. Die am Vorbild seines Lehrers orientierten historischen Stoffe gab Makart frühzeitig auf und wandte sich, fasziniert vom Werk des Paolo Veronese, der Dekorationsmalerei zu. Um 1867/68 bereitete er in einigen seine eklektizistische Manier verratenden

113

1/178

H. Makart: Liebespaar,
von Bacchanten umgeben.
Öl/Lw, 1863/64

mit schlafendem Adonis«, wohl Eindrücke der Italienfahrt von 1863. Eine dem Pest-Triptychon vergleichbare sexistisch-aggressive Wirkung geht von den nackten Körpern der Salzburger Studie nicht aus. Mit einer Datierung um 1863/64 läßt sich die Liebesszene nur noch indirekt zur »Pest in Florenz« in Beziehung setzen.

Während Makarts Pestbilder im Triumph durch Deutschland reisten, arbeitete der französische Historienmaler Élie Delaunay an einer »Pest in Rom«, die im Salon von 1869 mit viel Beifall bedacht wurde.[82] Die Darstellung spielt um 680, zur Zeit des sich festigenden Sebastianskultes, und bezieht sich auf eine Textstelle in Jacopo de Voragines Legende des Heiligen. Dort ist die Rede von einem guten Engel, dem ein Teufel nachfolgte »mit einem Spieß, der schlug, wenn der Engel es gebot, und machte so das Sterben«.[83] Beeindruckt zeigten sich Delaunays Kritiker vor allem von der bildräumlichen Wirkungskraft einer perspektivisch jäh sich verkürzenden römischen Straße. Arnold Böcklin begeisterte dreißig Jahre später seine Anhänger mit der ent-

sprechenden Raumkonstruktion seines Gemäldes »Die Pest« (1898).[84] Andree betrachtet dieses Werk als »das letzte Wort« des schweizerischen Malers, der 1901 in Florenz gestorben ist. Anlaß zu der Darstellung gaben zunächst persönliche Erlebnisse Böcklins während der Cholera-Epidemie in München 1873. In Florenz bereitete er 1876 ein Gemälde über diese Krankheit in Zeichnungen vor. Er verwendete die Blätter später für die »Pest«, eine Bildidee, die wiederum aus der Unzufriedenheit des Künstlers mit den verschiedenen Fassungen seiner apokalyptischen Komposition »Der Krieg« (1896/97) hervorgegangen war. Die Verschmelzung mehrerer Seuchen und der Kriegsgefahr »zu einem gleichnishaften Bild vom plötzlichen, unvermittelten Tod«[85] läßt sich übrigens gegen Ende des 19. Jahrhunderts vielfach feststellen. Der auf geflügeltem Drachen frontal gegen den Betrachter stürmende Todesbote des hartfarbigen Basler Gemäldes ist schon in den Cholera-Entwürfen angelegt, deren deutlichste Ausarbeitung die weiß gehöhte Tuschpinselzeichnung in Darmstadt **[3/109]** erfuhr.[86] Hinsichtlich seiner Bewegungsenergie läßt sich Böcklins Pestdämon am besten mit dem

»Schwarzen Tod« in Giovanni di Paolos Berliner Bicchernentafel von 1437 vergleichen.[87] Als Antipode Hans Makarts führte Böcklin in der zweiten Hälfte des 19. Jahrhunderts eine idealistische, klassizisierende Richtung an. Mit dem Ziel, schicksalhaftes Einwirken äußerer Kräfte auf den Menschen in ›Lebensgesetzen‹ zu erfassen, entwickelte er Personifikationen und Symbole im Verlauf seiner Arbeit zu überzeitlichen Bedeutungsträgern existentieller Bedrängnis und tiefen seelischen Erlebens.

Zu den Künstlern, die das Werk Böcklins als wesensgemäß empfanden, gehörte der Leipziger Maler und Bildhauer Max Klinger. Sein »Pestlazarett« des Jahres 1903 ist innerhalb der Folge »Vom Tode II/Opus XIII« **[1/179]** die zweite Fassung des Themas Krankheit, das für den Tod der »armen Massen« stehen sollte.[88] Hatten die Künstler bei der Gestaltung von Pestlazaretten bis in die Zeit der Romantik zumeist an das ungesunde Milieu von Ruinen oder Gefängnissen gedacht, so überliefert Klinger in seinem Blatt detailfreudig das Aussehen eines modernen Krankensaales der Zeit um 1900. Links und rechts eines Mittelganges reihen sich stabile Metallbetten, hohe Fenster versprechen die ausreichende Zufuhr von Licht und Luft. Die ausgezehrten, fiebrigen Kranken liegen mit freiem Oberkörper da oder strecken zur Kühlung die Füße unter ihren Decken hervor. Gegenüber den älteren Darstellungen hat sich für Klinger die gedankliche Richtung umgekehrt. Fensteröffnungen, Türen oder landschaftliche Ausblicke beschreiben nicht mehr die Sehnsucht der in Dunst und Dämmer Siechenden nach Helligkeit, gesellschaftlicher Integration und Freiheit; von den Fenstern geht vielmehr Bedrohung für den hygienischen, wohlgeordneten Kosmos des Krankenhauses aus. Sturmböen drücken die Fensterflügel auf, lassen die Vorhänge wild flattern, werfen Hocker und Nachtgeschirr zu Boden. Das plötzlich hereinbrechende Unwetter ist Vorspiel eines Alptraums: In Gestalt riesiger Rabenvögel dringt die Pest in die Anstalt und wählt ihre Opfer. Hilfloses Entsetzen spricht aus den Gesichtern der

1/180

J. Ensor: König Pest. Radierung, 1895

Kranken, doch für sie tritt die mit steifer Ordenstracht bewehrte Pflegerin in Aktion. Die Gewißheit des Kruzifixes im Rücken, schwingt sie heroisch den Rosenkranz und setzt der Erscheinung den unbeirrten Widerstand des Glaubens entgegen. Eingebunden in den Lebenskreis von Werden und Vergehen, siegt in dem Zyklus »Vom Tode II« der Tod über den sterblichen Menschen, ohne als sein Vernichter Macht zu erlangen.

Denn trotziger Ernst und wuchtige Figurenbildungen übermitteln ebenso wie zwei an Ewigkeit und Schönheit gerichtete Blätter Klingers Botschaft vom letztendlichen »Sieg der idealen Kräfte über den Tod«.[89]

Zeitlebens interessierte sich der belgische Maler und Graphiker James Ensor für Edgar Allan Poes Welt der romantisch-phantastischen Greuel. Ensors 1895 datierte Radierung »König Pest« **[1/180]**[90] ist durch die gleichnamige Erzählung des Amerikaners inspiriert, die in ihrer ersten Fassung 1835 erschienen war.[91] Ensor wählt für seine Illustration den Augenblick, in dem die englischen Seemänner Legs und Hugh Tarpaulin nach einer Zechtour gewaltsam eine Haustür im Bereich des abgeriegelten Londoner Pestgebietes öffnen. In dem höhlenartigen Büro und Weinkeller eines Leichenbestatters sitzen bizarre Gestal-

115

ten um einen Tisch, an dem »König Pest der Erste« das Knochenszepter hebt. Sein bleicher, einem Totenschädel ähnlicher Kopf wird durch strahlenartig angeordnete Trauerfedern geschmückt, auch gebühren Seiner Majestät innerhalb des düsteren Blattes die stärksten graphischen Kontraste. Eine Punschbowle und Trinkschalen zeigen wie auch die verzerrten Visagen an, daß die Gruppe längst nicht mehr nüchtern ist. Zu den »Paraphernalien« der abscheulichen Residenz gehört schon bei Poe das mit einem Bein am Deckenhaken angebundene Skelett. Aus der Schädeldecke dringt der unruhige Lichtschein brennender Holzkohlen, der von den über dem Gebräu aufsteigenden Dampfbahnen zurückgeworfen wird. Ungeachtet des zunächst komischen Fortgangs der Geschichte – Tarpaulin bricht bei dem sich bietenden Anblick in unbotmäßiges, wieherndes Gelächter aus – dürfte das taumelnde Geripppe für Ensor von zentralem Sinngehalt gewesen sein. 1895 brachte der durch Ablehnung verbitterte, menschenscheue und angstgepeinigte Künstler graphische Arbeiten wie »Dämonen, die mich belästigen«, »Christus, von Dämonen gequält«, »Skelette wollen sich aufwärmen« oder »Der Tod verfolgt die Herde der Menschen« hervor.[92] Die schauerliche, durch Bruegel den Älteren und die gestalterischen Techniken Rembrandts befruchtete Bildwelt Ensors fand breiteres Verständnis erst während des Expressionismus, in dem wiederum A. Paul Weber und Hans Fronius künstlerisch verwurzelt sind.

In der 1966 datierten Lithographie »Die Seuche« des aus Arnstadt gebürtigen zeitkritisch-satirischen Graphikers A. Paul Weber fliegt ein Gerippe mit Medusenhaupt auf skelettiertem Vogel über die Straßen einer Großstadt.[93] Die Darstellung geht auf den Holzschnitt »Der Genfer Friedensengel« zurück, der 1932 in dem von Ernst Niekisch und A. Paul Weber herausgegebenen »sozialistischen und nationalrevolutionären« Monatsblatt »Widerstand« enthalten war.[94] In dieser früheren Fassung ist die Inkarnation der Seuche eine verwesende Leiche auf schwarz gefiedertem Vogel, die die Geißel als Reitpeitsche führt. Der »Genfer Friedensengel« bezieht sich

auf das Scheitern der 1932 nach Genf einberufenen Abrüstungskonferenz des Völkerbundes, in deren Verlauf die deutsche Forderung nach militärischer Gleichstellung nicht eingedämmt werden konnte. Weber, Teilnehmer am Ersten Weltkrieg und entschiedener Antimilitarist, vermittelt in dem aufrüttelnden Bild der Seuche seine Ahnungen eines zukünftigen Krieges. Die Ansicht Dorschs, daß in dem Friedensengel das Pestgemälde Arnold Böcklins wiederholt sei, erscheint zu einfach. Vielmehr kombiniert Weber mehrere Bildtraditionen des Todes und der Pest wie die des geflügelten Reiters, der Leiche, des Skeletts, des unheilbringenden Vogels und sogar der schlangenhaarigen Spukgestalt Medusa. Daß die fliegenden Geripppe des James Ensor und Max Klingers »Pestlazarett« Weber bekannt gewesen sind, kann als wahrscheinlich gelten.

1983 erprobte der Wiener Maler und Illustrator Hans Fronius in einem mit Kaltnadel überarbeiteten und »Die große Pest« betitelten Blatt die heute seltener gebrauchte Kupferstichvariante des Mezzotinto.[95] Zwei gespenstische Träger mit hohen Spitzhüten transportieren eine Pestleiche auf einer Bahre. Die vom Bildrand überschnittenen, starr nach unten blickenden Männer und die an dünnem Arm spinnenartig unter dem Leichentuch hervorragende rechte Hand des Toten kommen dem Betrachter furchterregend nahe, während weiter entfernt eine Frau im Gestus des Entsetzens und der Trauer die Arme hebt. Über den einsamen, aus neblig-schmutzigem Dunkel vage ›herausgeschabten‹ Figuren lastet die Stimmung des Unheimlichen. Als talentierter Erzähler unterlegte Fronius seinen Traumbildern von Schicksal, Tod und Untergang häufig geschichtliche und literarische Stoffe. In der »Großen Pest« nimmt er wie Karl Ruß [1/173] Bezug auf die Geschichte der Stadt Wien, spannt aber zugleich durch die Auswahl des Pestmotivs einen Bogen von Nicolas Poussins Illustration der biblischen Pest [1/166] über den Kupferstich des Guillaume Courtois [1/169] bis in das späte 20. Jahrhundert.

Die Pest kann als ein Bildthema verstanden werden, das in neuerer Zeit vor allem expressiv-visionär disponierte Persönlichkeiten angesprochen hat, das jedoch kaum jemals zu einer medizingeschichtlich relevanten Schilderung von Krankheitssymptomen, Hospitälern, Heilmaßnahmen oder Schutzvorrichtungen führte. Wichtiger als diesbezügliche Exaktheit waren die jeweils hinter der Pestdarstellung stehenden formalen oder geistigen Anliegen der Künstler. Die übermenschliche Macht, die Unentrinnbarkeit der über Jahrtausende in ihrer Ursache nicht erklärlichen Pestseuche boten die Möglichkeit zu religiöser, dramatischer, psychologischer oder surrealer Interpretation. Auch nach ihrem Erlöschen in Mitteleuropa blieb die Pest Metapher für das Ausgeliefertsein des Menschen, für die Geringfügigkeit des individuellen Lebens angesichts der maßlosen und unberechenbaren Herrschaft des Todes in Zeiten von Kriegen und Katastrophen.

Anmerkungen

1. Die Identität der in der Antike »deber« (hebr.), »λοιμός« (griech.), »pestis« oder »lues« (lat.) genannten Infektionskrankheiten mit der Pest ist erst für die ›Pest des Justinian‹ (541–544) gesichert. Im hebräischen Bibeltext ist eigentlich von »Beulen am Darmausgang« die Rede; eine Diskussion dieser Krankheitsbeschreibung bei John Findley Drew Shrewsbury: The Plague of the Philistines, in: ders.: The Plague of the Philistines and Other Medical-Historical Essays, London 1964, S. 13–39. In derbem Ton erklärt übrigens die um 1460 entstandene fränkische Historienbibel Ms. germ. fol. 565 der Staatsbibliothek zu Berlin bei der Zeichnung fol. 130 v., die Mäuse hätten den Philistern den Darm angefressen, »vnd [es] faullt in der hinder«; zur Bibelhandschrift vgl. Hans Wegener: Beschreibende Verzeichnisse der Miniaturen-Handschriften der Preußischen Staatsbibliothek zu Berlin, Bd. 5, Die Handschriften bis 1500, Leipzig 1928, S. 79–90

2. Thukydides, II, 47–54

3. Vgl. Klaus Bergdolt: Der Schwarze Tod in Europa. Die große Pest und das Ende des Mittelalters, München 1994, S. 14–17, mit weiterer Literatur. Die byzantinischen Aufzeichnungen sind der westlichen Welt natürlich nicht zugänglich gewesen. Eine griechische Thukydides-Abschrift brachte erst 1423 Giovanni Aurispa nach Italien. Auf der Grundlage weiterer Manuskripte entstand 1448–1452 eine Übersetzung ins Lateinische, eine gedruckte Ausgabe erschien in Venedig 1502; vgl. Otto Luschnat: Thukydides der Historiker, in: Paulys Realenzyklopädie der classischen Altertumswissenschaft, Suppl.-Bd. 12, Stuttgart 1970, Sp. 1085–1354, bes. Sp. 1310

4. Die Galen-Rezeption des Mittelalters erfolgte über arabische Textfassungen; vgl. H. Schipperges, R.J. Durling: Galen im Mittelalter, in: Lexikon des Mittelalters, München/Zürich 1989, Sp. 1082–1084

5. Old Testament Miniatures. A Medieval Picture Book with 283 Paintings from The Creation to The Story of David, komm. v. Sydney C. Cockerell, London o.J. [1969], fol. 21 r. u. v.

6. Henri H. Mollaret, Jacqueline Brossolet: La peste, source méconnue d'inspiration artistique, in: Jaarboek van het Koninklijk Museum voor Schone Kunsten Antwerpen, 1965, S. 3–111, hier bes. S. 103 ff.

7. Hans Wegener (wie Anm. 1), S. 147–151; Zimelien. Abendländische Handschriften des Mittelalters aus den Sammlungen der Stiftung Preußischer Kulturbesitz Berlin, Ausst.-Kat. Berlin 1975/76, S. 154f., Nr. 110; Glanz alter Buchkunst. Mittelalterliche Handschriften der Staatsbibliothek Preußischer Kulturbesitz Berlin, Wiesbaden 1988, S. 178, Nr. 83

8. Rudolf Kautzsch: Die Holzschnitte der Kölner Bibel von 1479, Straßburg 1896 (Studien zur deutschen Kunstgeschichte, 7). Die Holzschnitte der in westniederdeutscher und niedersächsischer Sprache erschienenen Kölner Bibel sind 1483 in die von Anton Koberger in Nürnberg veranstaltete Ausgabe übernommen worden.

9. Staatsbibliothek zu Berlin PK, Handschriftenabteilung, Sign. Inc. 1009.2°. Vgl. Albert Schramm: Der Bilderschmuck der Frühdrucke, Bd. 8, Die Kölner Drucker, Leipzig 1924, Tf. 81, Abb. 384; The Illustrated Bartsch, German Book Illustration Before 1500, Bd. 82, Anonymous Artists 1478–1480, New York 1982, S. 42, Nr. 1478/180

10. Albert Schramm: Der Bilderschmuck der Frühdrucke, Bd. 20, Die Straßburger Drucker, T. 1, Tf. 5, Abb. 27; The Illustrated Bartsch, German Book Illustration Before 1500, Bd. 85, Anonymous Artists 1484–1486, S. 102, Nr. 1485/88

11. Schramm (wie Anm. 9), Tf. 99, Abb. 419; The Illustrated Bartsch (wie Anm. 9), S. 59, Nr. 1478/214. Die Szene in abweichender Redaktion auch bei Grüninger: Staatsbibliothek zu Berlin PK, Handschriftenabteilung, Sign. Inc. 2274.4°, fol. 203 r.; vgl. Schramm (wie Anm. 10), Tf. 11, Abb. 61; The Illustrated Bartsch (wie Anm. 10), S. 108, Nr. 1485/122

12. Vgl. Ps. 7,12–14; Ps. 91,5–6

13. The Illustrated Bartsch (wie Anm. 9), S. 64, Nr. 1478/224; The Illustrated Bartsch (wie Anm. 10), S. 109, Nr. 1485/132

14. Adam Bartsch: Le peintre graveur, Bd. 7, Wien 1808, S. 353, Nr. 29; Jacques Lavalleye: Lucas van Leyden – Pieter Bruegel d.Ä. Das gesamte graphische Werk, Wien/München 1966, Nr. 122

15. Bartsch (wie Anm. 14), S. 131, Nr. 78

16. Hollstein's Dutch and Flemish Etchings, Engravings and Woodcuts ca. 1450–1700, Bd. 21, Amsterdam 1980, S. 10, Nr. 15

17. Entspricht Psalm 129 nach der Zählung der Vulgata

18. Vgl. Richard W. Gassen: Pest, Endzeit und Revolution. Totentanzdarstellungen zwischen 1348 und 1848, in: Thema Totentanz. Kontinuität und Wandel einer Bildidee vom Mittelalter bis Heute, Ausst.-Kat. Mannheim 1986, S. 11–26, bes. S. 18; Eva Schuster: Zur Thematik des Totentanzes, in: dies.: Mensch und Tod. Graphiksammlung der Universität Düsseldorf. Bestandskatalog, Düsseldorf 1989, S. XVII-XXI, bes. S. XVIII

19. Vgl. die ›klassische‹ Darstellung von Johan Huizinga: Das Bild des Todes, in: ders.: Herbst des Mittelalters. Studien über Lebens- und Geistesformen des 14. und 15. Jahrhunderts in Frankreich und in den Niederlanden, 11. Aufl., Stuttgart 1975, S. 190 ff.

20. Hellmut Rosenfeld: Der mittelalterliche Totentanz. Entstehung – Entwicklung – Bedeutung, Münster/Köln 1954 (Beihefte zum Archiv für Kulturgeschichte, H. 3), S. 103. Rosenfeld sieht die Entstehung der Basler Totentänze in direktem Zusammenhang mit der Pestepidemie von 1439. Für den Großbasler Totentanz ist jedoch eine spätere Datierung um 1450 anzunehmen.

21. Hollstein's German Engravings, Etchings and Woodcuts 1400–1700, Bd. 26 A, Rosendaal 1990, S. 179–184, Nr. 668 a–b; vgl. bes. Alexander Goette: Holbeins Totentanz und seine Vorbilder, Straßburg 1897, S. 111–146

22. Hollstein (wie Anm. 21), Bd. 14 A, Rosendaal 1988, S. 202–206, Nr. 99. Holbeins »Bilder des Todes« wurden

1538 in Lyon mit 41 Bildern und 1562, ebenfalls in Lyon, mit 58 Bildern gedruckt.

23. Alexandre de Vesme: Stefano della Bella. Catalogue Raisonné, bearb. v. Phyllis Dearborn Massar, New York 1971, S. 66, Nr. 87–91 m. Abb.; Françoise Viatte: Stefano della Bella: »Le cinque morti«, in: Arte illustrata 5, 1972, S. 198–209. Vgl. auch Schuster (wie Anm. 18), S. 16f., Nr. 42–48 m. Abb.

24. Die Anlage wurde 1669 abgebrochen. Über das rege Treiben auf dem von zahlreichen Pfarreien belegten Friedhof eindrücklich Huizinga (wie Anm. 19), S. 206f.

25. Rosenfeld (wie Anm. 20), S. 118ff.

26. Adam Bartsch: Le peintre graveur, Bd. 14, Wien 1813, S. 314, Nr. 417; Venezia e la peste 1348–1797, Ausst.-Kat. Venedig 1979, S. 238f., Nr. |a 12| m. Abb.; Innis H. Shoemaker: The Engravings of Marcantonio Raimondi, Ausst.-Kat. Lawrence (Kansas), 1981, S. 118f., Nr. 31 m. Abb.

27. Aeneis III, 148, 140

28. Zwei in Florenz (Gabinetto Disegni e Stampe degli Uffizi, Inv. 525 E v.) und Windsor Castle (Inv. 0117) erhaltene Zeichnungen, letztere eine Detailstudie des Landschaftshintergrundes, bestätigen Raffaels Urheberschaft. Vgl. Eckhart Knab u.a.: Raphael. Die Zeichnungen, Stuttgart 1983, S. 600, Nr. 450, 452 m. Abb.

29. Vgl. Pietro da Tossignano: Consilium clarissimi doctoris domini Petri de Tausignano pro peste euitanda, in: Joannes de Ketham, Incipit fasciculus medicine (...), Venedig 1500, mit dem Holzschnitt »Der Arzt am Bett eines Pestkranken«. [1/22] Der Arzt und Universitätslehrer Pietro da Tossignano, Schüler des Taddeo Alderotti, war im 14. Jahrhundert neben Gentile da Foligno der bedeutendste Galen-Kommentator Bolognas. Sein »Consiglio per la peste« fand nicht nur bei Fachgelehrten große Resonanz. Erstmals in Venedig 1491 gedruckt, erschien es zwei Jahre später in italienischer Übersetzung und erlebte zahlreiche Neuauflagen, u.a. 1508, 1509, 1510 und 1513

30. Paris, Musée du Louvre, Inv. 710; vgl. Doris Wild: Nicolas Poussin. Paintings. A Catalogue Raisonné, London 1980, Bd. 2, S. 33, Nr. 31 m. Abb.; Christopher Wright, Poussin, Zürich 1985, S. 148, Nr. 30 m. Farbabb. 9; Nicolas Poussin 1594–1665, Ausst.-Kat. Paris 1994/95, S. 200–202, Nr. 43 m. Abb.; Konrad Oberhuber: Poussin. The Early Years in Rome. The Origins of French Classizism, Oxford 1988, S. 285, Nr. 84 m. Farbabb. Es sei an dieser Stelle darauf hingewiesen, daß es sich bei der in der medizingeschichtlichen Literatur bisweilen noch als »Poussin« geführten »Pest in Athen« der ehem. Slg. Cook, Richmond (heute Slg. Saul Steinberg, New York), um die von Longhi dem Flamen Michiel Sweerts zugeschriebene Komposition handelt; Roberto Longhi: Zu Michiel Sweerts, in: Oud Holland 51, 1934, S. 271–277; Michael Sweerts en Tijdgenossen, Ausst.-Kat. Rotterdam 1958, S. 48, Nr. 33 m. Abb. 38; Rolf Kultzen: Michael Sweerts als Lernender und Lehrender, in: Münchner Jahrbuch der bildenden Kunst 3. F., 38, 1982, S. 122

31. Vgl. Georges Wildenstein: Les graveurs de Poussin au XVIIe siècle, in: Gazette des Beaux-Arts 97, 1955, S. 73–371, bes. S. 131–133, Nr. 23, 24 m. Abb.; Anthony Blunt: The Paintings of Nicolas Poussin. A Critical Catalogue, London 1966, S. 25, bei Nr. 32; Nicolas Poussin (wie Anm. 30), S. 200, bei Nr. 43

32. Wildenstein (wie Anm. 31), S. 131f., Nr. 23

33. A.-P.-F. Robert-Dumesnil: Le peintre-graveur français ou Catalogue raisonné des estampes gravées par les peintres et les dessinateurs de l'école française, Bd. 2, Paris 1836, Nr. 3–II. Die Komposition ist wiederholt in einer Radierung von Charles Simonneau; M.Ch. Le Blanc: Manuel de l'amateur d'estampes, Bd. 3, Paris 1889, S. 524, Nr. 30

34. Prosper de Baudicour: Le peintre-graveur français continué, ou catalogue raisonné des estampes gravées per les peintres et les dessinateurs de l'école française nés dans le XVIIIe siècle, Bd. 1, Paris 1859, S. 221, Nr. 36; Marc Sandoz: Les Lagrenée, Bd. 2, Jean-Jacques Lagrenée 1739–1821, Paris 1988, S. 172, Nr. 9 B. Vgl. Mollaret, Brossolet (wie Anm. 6), S. 106, Abb. 74

35. Le Blanc (wie Anm. 33), Bd. 2, Paris 1856, S. 59, Nr. 5; Robert-Dumesnil (wie Anm. 33), Bd. 1, Paris 1835, S. 213, Nr. 1 (Suppl.)-I

36. Kunstmuseum Düsseldorf, Kupferstichkabinett, Inv. FP 4471. Dieter Graf: Die Handzeichnungen von Guglielmo Cortese und Giovanni Battista Gaulli, 2 Bde, Düsseldorf 1976 (Kataloge des Kunstmuseums Düsseldorf. Handzeichnungen, Bd. 2/1), S. 23, Nr. 2 m. Abb.

37. Andreas Andresen: Handbuch für Kupferstichsammler oder Lexicon der Kupferstecher, Maler-Radirer und Formschneider, Bd. 2, Leipzig 1873, S. 266, Nr. 3

38. Le Blanc (wie Anm. 33), Bd. 1, Paris 1854, S. 105, Nr. 7. Vgl. zu Bourdon Charles Ponsonailhe: Sébastien Bourdon. Sa vie et son œuvre, Paris 1886, S. 300, Nr. 2–8

39. Baudicour (wie Anm. 34), Bd. 2, Paris 1861, S. 138f., Nr. 5–I

40. Die Komposition ist auch in Kupferstichen von Girard Audran (Le Bl. 207), Matijs Pool (Le Bl. 26) und L. du Guernier überliefert; vgl. Mollaret, Brossolet (wie Anm. 6), S. 7, Abb. 2

41. Zur Krankheitsschilderung des Mignard vgl. Eugen Holländer: Die Medizin in der klassischen Malerei, 3. Aufl., Stuttgart 1923, S. 206f.; Mollaret, Brossolet (wie Anm. 6), S. 17; Helmut Vogt: Das Bild des Kranken. Die Darstellung äußerer Veränderungen durch innere Leiden und ihrer Heilmaßnahmen von der Renaissance bis in unsere Zeit, München 1969, S. 80. 1804 begegnet der sterbende Arzt übrigens in Antoine-Jean Gros' »Pesthospital von Jaffa« (vgl. 1/132)

42. Thukydides, II, 49

43. Georg Kaspar Nagler: Neues allgemeines Künstler-Lexikon, 3. Aufl., Bd. 15, Leipzig o.J., S. 532, Nr. 44; Luigi Sabatelli (1772–1850). Disegni e incisioni, bearb. v. Beatrice Paolozzi Strozzi, Ausst.-Kat. Florenz 1978 (Gabinetto Disegni e Stampe degli Uffizi, 50), S. 50–52 m. Abb. 47. Ein die Widmung an

den Marchese Capponi umfassender Abdruck des imposanten Blattes (Lugt 1518) befindet sich im Dresdner Kupferstich-Kabinett (Inv. A 130005); bedauerlicherweise konnte es für die Ausstellung nicht entliehen werden.

44. Zitiert nach Luigi Sabatelli (wie Anm. 43), S. 51f.; Übersetzung der Verf.

45. Vgl. den Beitrag von Heinrich Dormeier in diesem Band. Zur Frühgeschichte des Rochus-Kultes außerdem grundlegend Heinrich Dormeier: St. Rochus, die Pest und die Imhoffs in Nürnberg vor und während der Reformation, in: Anzeiger des Germanischen Nationalmuseums, 1985, S. 7–72, bes. S. 11ff.

46. Aufgrund der Materialfülle noch immer unverzichtbar Marie-Theres Schmitz-Eichhoff: St. Rochus. Ikonographische und medizingeschichtliche Studien, Köln 1977 (Arbeiten der Forschungsstelle des Instituts für Geschichte der Medizin, Bd. 3)

47. Bartsch (wie Anm. 26), Bd. 7, S. 257, Nr. 37; Karl Heinz Schreyl: Hans Schäufelein. Das druckgraphische Werk, 2 Bde, Nördlingen 1990, S. 89, Nr. 391 m. Abb. Vgl. auch Bartsch, S. 259, Nr. 48/Schreyl, S. 124, Nr. 696 mit der Aktdarstellung des heiligen Sebastian. Über die Typisierung der beiden Heiligen Schmitz-Eichhoff (wie Anm. 46), S. 221ff.

48. Venedig, Chiesa di San Rocco. Rodolfo Pallucchini, Paola Rossi: Tintoretto. Le opere sacre e profane, 2 Bde, Mailand 1982, S. 158, Nr. 134 m. Abb. 178–180

49. Venedig, Scuola Grande di San Rocco, Sala dell'Albergo. Pallucchini, Rossi (wie Anm. 48), S. 188, Nr. 261 m. Abb. 348

50. Corpus Rubenianum Ludwig Burchard, T. 8, Saints, bearb. v. Hans Vlieghe, London/New York 1973, Bd. 2, S. 142–144, Nr. 140 m. Abb. 102

51. Katalog der Königlichen Gemäldegalerie zu Dresden. Kleine Ausgabe, bearb. v. Hans Posse, 8. Aufl., Dresden/Berlin 1912, S. 104, Nr. 998; Corpus Rubenianum (wie Anm. 50), Bd. 2, S. 142, bei Nr. 140 (Copies, 2)

52. Vgl. Schmitz-Eichhoff (wie Anm. 46), S. 282ff.

53. Marseille, Musée des Beaux-Arts. Antoine Schnapper: David. Témoin de son temps, Fribourg 1980, S. 50–52 m. Farbabb.; Jacques Louis David 1748–1825, Ausst.-Kat. Paris 1989/90, S. 105f. m. Farbabb. Vgl. weiter Schmitz-Eichhoff (wie Anm. 46), S. 285f.

54. Vgl. Julius S. Held: The Oil Sketches of Peter Paul Rubens. A Critical Catalogue, 2 Bde, Princeton (N.Y.) 1980, S. 556f.

55. Corpus Rubenianum (wie Anm. 50), Bd. 2, S. 21–26, Nr. 103 a-c m. Abb. 1–3; Held (wie Anm. 54), S. 558–560, Nr. 405–407 m. Tf. 394–396

56. Francesco Victon: Vita, et Miracula S.P. Francisci a Paula (...), Rom 1625; eine zweite Ausgabe folgte Paris 1627

57. Held (wie Anm. 54), S. 558, Nr. 405 m. Tf. 394; P.P. Rubens (1577–1640), Ausst.-Kat. Retretti 1991, S. 98–100 m. Farbabb.; Gemäldegalerie Dresden Alte Meister. Katalog der ausgestellten Werke, Leipzig 1992, S. 335, Nr. 967 m. Abb.

58. Brüssel, Musées Royaux des Beaux-Arts de Belgique, Inv. 809. Corpus Rubenianum (wie Anm. 50), Bd. 1,

S. 110–115, Nr. 73 m. Abb. 125

59. Staatliche Museen zu Berlin, Kupferstichkabinett, Inv. KdZ 5684; Hans Mielke, Matthias Winner: Peter Paul Rubens. Kritischer Katalog der Zeichnungen. Originale – Umkreis – Kopien, Ausst.-Kat. Berlin 1977 (Die Zeichnungen Alter Meister im Berliner Kupferstichkabinett), S. 68–70, Nr. 22 m. Abb.

60. Alberto Riccoboni: Antonio Zanchi e la pittura veneziana del Seicento, in: Saggi e memorie di storia dell'arte 5, 1966, S. 53–135, bes. S. 57f., 75–77, 107f. m. Abb. 30

61. Venedig, Scuola Grande di San Rocco, Sala Superiore, Altartafel. Pallucchini, Rossi (wie Anm. 48), S. 231, Nr. 459 m. Abb. 584

62. Venezia e la peste (wie Anm. 26), S. 274ff. m. Kat. |a 49| u. Farbabb. VII; Oreste Ferrari: Bozzetti italiani dal Manierismo al Barocco, Neapel 1990, S. 260; Die Gemäldegalerie des Kunsthistorischen Museums in Wien. Verzeichnis der Gemälde, Wien 1991, S. 136, m. Abb. Tf. 244

63. Dormeier (wie Anm. 45), S. 34. Architekt des an der Deutschherrnwiese gelegenen Spitals war Hans Beheim d. Ä.; Günther P. Fehring, Anton Ress: Die Stadt Nürnberg, 2. Aufl., bearb. v. Wilhelm Schwemmer, München 1977 (Bayerische Kunstdenkmale, 10), S. 469

64. Friedrich Wilhelm Heinrich Hollstein: German Engravings, Etchings and Woodcuts, Bd. 21, Amsterdam 1978, S. 50, Nr. 5, linkes Drittel (als Ansicht nach Westen); vgl. Annegrit Schmitt: Hanns Lautensack, Nürnberg 1957 (Nürnberger Forschungen, Bd. 4), S. 87f., Nr. 51 m. Abb. 66. Die Radierung nicht erwähnt bei Dieter Jetter: Zur Typologie des Pesthauses, in: Sudhoffs Archiv für Geschichte der Medizin und der Naturwissenschaften 47, 1963, 291–300

65. Vgl. etwa die beiden Bleistiftzeichnungen Wien, Österreichisches Theatermuseum, Cod. min. 29, fol. 57 a/1 und a/2. Flora Biach-Schiffmann: Giovanni und Ludovico Burnacini. Theater und Feste am Wiener Hofe, Wien/Berlin 1931, S. 136

66. Wien, Österreichisches Theatermuseum, Sign. Cod. min. 29, fol. 54 a/1. Biach-Schiffmann (wie Anm. 65), S. 84 m. Abb. 56; der Kupferstich ebd., S. 126, Nr. 132

67. Vogt (wie Anm. 41), S. 83; W. Schreiber, F.K. Mathys: Infectio. Ansteckende Krankheiten in der Geschichte der Medizin, Basel 1986, S. 25; Mollaret, Brossolet (wie Anm. 6), S. 52; Bilder vom Tod, Ausst.-Kat. Wien 1992/93, S. 157, Nr. 1.1.1. m. Abb.

68. Mollaret, Brossolet (wie Anm. 6), S. 66f. m. Abb. 46; Deutsche Barockgalerie, bearb. v. Eckhard von Knorre, Augsburg 1970 (Städtische Kunstsammlungen Augsburg. Bayerische Staatsgemäldesammlungen, Bd. 2), S. 211 m. Abb. 90 u. Farbtf. 7; Josef Straßer: Januarius Zick (1730–1797). Gemälde – Graphik – Fresken, Weißenhorn 1994, S. 424, Nr. G 390 m. Abb. 170 und weiterer Literatur

69. Paris, Musée du Louvre. Walter Friedländer: Napoleon as »Roi thaumaturge«, in: Journal of the Warburg and Courtauld Institutes 4, 1940/41, S. 139–141; Henri H. Mollaret, Jacqueline Brossolet: A propos des »Pestiférés de Jaffa« de A.J. Gros, in: Jaarboek van het Koninklijk Museum voor Schone Kunsten Antwerpen, 1968, S. 263–308; Manfred Heinrich Brunner: Antoine-Jean Gros. Die napoleonischen Historienbilder, Diss. Bonn 1979, S. 141–180

70. Diese Deutungen eingeschränkt bei Brunner (wie Anm. 69), S. 149ff.

71. Madrid, Marqueses de la Romana. Pierre Gassier, Juliet Wilson: The Life and Complete Work of Francisco Goya, 2. Aufl., New York 1981, S. 263 m. Abb. 919

72. Richmond (Va.), Museum of Fine Arts, Inv. 59-7. Germain Bazin: Théodore Géricault. Étude critique, documents et catalogue raisonné, Bd. 6, Génie et folie. Le radeau de la Méduse et les monomanes, Paris 1994, S. 168, Nr. 2097 (»Scène de peste à Missolunghi«) m. Farbabb. und weiterer Literatur. Vgl. auch Mollaret, Brossolet (wie Anm. 6), S. 52 m. Abb. 37

73. Géricault hatte sich auch mit einer Pestkomposition des flämischen Barockmalers Jakob van Oost (Paris, Musée du Louvre, Inv. 1672) beschäftigt, wie Übereinstimmungen etwa bei dem Motiv der toten Frau zeigen. Die beiden ihm zugeschriebenen Kopien nach diesem Bild sind jedoch wohl nicht authentisch; vgl. Bazin (wie Anm. 72), Bd. 2, L'Œuvre: Période de formation. Étude critique et catalogue raisonné, Paris 1987, S. 298, S. 440f., Nr. 336, 336 A

74. Bartsch (wie Anm. 26), Bd. 3, S. 36, Nr. 108; E.K.J. Reznicek: Die Zeichnungen von Hendrick Goltzius, 2 Bde, Utrecht 1961, S. 52; Wolfgang Harms (Hg.): Illustrierte Flugblätter aus den Jahrhunderten der Reformation und der Glaubenskämpfe, bearb. v. Beate Rattay, Ausst.-Kat. Coburg 1983 (Kataloge der Kunstsammlungen der Veste Coburg), S. 246f., Nr. 120 m. Abb.

75. Kohle, braun laviert, Deckweiß. Boston, Museum of Fine Arts, Inv. 68.565 r°. Théodore Géricault 1791–1824, Ausst.-Kat. Winterthur 1953, S. 40, Nr. 122; Bazin (wie Anm. 72), S. 168, Nr. 2098 m. Abb.

76. Der von Emanuel Geibel herausgegebene, seinerzeit vielbeachtete Sammelband seiner Gedichte war zuerst Stuttgart 1854 erschienen.

77. Vgl. Günther Häntzschel: Lingg, Hermann Ritter v., in: NDB, Bd. 14, Berlin 1985, S. 623f.

78. Eine Gruppe von elf Bleistiftzeichnungen befindet sich in der Graphischen Sammlung des Münchner Stadtmuseums; vgl. Hans Makart. Triumph einer schönen Epoche, Ausst.-Kat. Baden-Baden 1972, S. 44–47, Nr. 14–24 m. Abb.

79. Hans Makart (wie Anm. 78), S. 48–51, Nr. 25 m. Farbabb.; Gerbert Frodl: Hans Makart. Monographie und Werkverzeichnis, Salzburg 1974, S. 302f., Nr. 100/1–3 mit Abb. und älterer Literatur

80. Paris, Musée du Louvre. Albert Boime: Thomas Couture and the Eclectic Vision, New Haven/London 1980, S. 131ff. m. Tf. VI.1

81. Hans Makart (wie Anm. 78), S. 52, Nr. 26 m. Abb.; vgl. Frodl (wie Anm. 79), S. 287, Nr. 35

82. Musée National du Luxembourg. Catalogue des Peintures, Sculptures et Miniatures, bearb. v. Charles Masson, Paris 1927, S. 22; Robert Rosenblum: Die Gemäldesammlung des Musée d'Orsay. Mit einem Vorwort von Françoise Cadrin, Köln 1989, S. 54–55 m. Farbabb.

83. Die Legenda aurea des Jacobus de Voragine, übers. v. Richard Benz, Heidelberg 1975, S. 132

84. Basel, Kunstmuseum, Depositum der Eidgenössischen Gottfried-Keller-Stiftung, Inv. 114. Rolf Andree: Arnold Böcklin. Die Gemälde, Basel/München 1977 (Œuvrekataloge Schweizer Künstler, 6), S. 534, Nr. 471 m. Farbtf. 45; Arnold Böcklin 1827–1901, Ausst.-Kat. Basel 1977, S. 220, Nr. 202 m. Farbtf. 55

85. Friedrich W. Kastner: Gründerzeit, Kaiserreich und Weimarer Republik – Totentanzdarstellungen zwischen 1871 und 1933, in: Thema Totentanz. Kontinuität und Wandel einer Bildidee vom Mittelalter bis Heute, Ausst.-Kat. Mannheim 1986, S. 43–229, bes. S. 163

86. Arnold Böcklin (wie Anm. 84), S. 237, Nr. Z 217 m. Tf. 18; Dieter Koepplin: Zu Böcklins Zeichnungen und Kritzeleien, in: A. Böcklin 1827–1901, Ausst.-Kat. Darmstadt 1977, Bd. 2, S. 252–254 m. Abb. 18 u. S. 272, Nr. Z 59

87. Staatliche Museen zu Berlin, Kunstgewerbemuseum, Inv. K 9224. Le Biccherne. Tavole dipinte delle magistrature senesi (secoli XIII-XVIII), bearb. v. L. Borgia u.a., Rom 1984, S. 142, Nr. 51; Miklós Boskovits: Frühe italienische Gemälde, redig. v. Erich Schleier, Berlin 1987 (Gemäldegalerie Berlin. Katalog der Gemälde), S. 179, bei Nr. 69

88. Hans Wolfgang Singer: Max Klingers Radierungen, Stiche und Steindrucke. Wissenschaftliches Verzeichnis, Berlin 1909, S. 91, Nr. 234–VI. Hinsichtlich der Gesamtkonzeption hatte Klinger 1888 erläutert, daß die ersten drei der zwölf Blätter »die armen Massen der Menschheit darstellen von ihren Hauptfeinden, Massentod, 1. Krieg, 2. Pest, 3. Elend [bedrängt]«; vgl. Max Klinger. Die graphischen Zyklen, Ausst.-Kat. München 1990, S. 52ff.

89. Vgl. die zeitgenössische Interpretation bei Max Schmid: Klinger, 3. Aufl., Bielefeld/Leipzig 1906 (Künstler-Monographien, 41), S. 94–106, bes. S. 96

90. Auguste Taevernier: James Ensor. Catalogue illustré de ses gravures, Brüssel 1973, Nr. 100 m. Abb.; The Illustrated Bartsch, Bd. 141 (Supplement), bearb. v. James N. Elesh, New York 1982, Bd. 1, S. 184f., Nr. 102; Kommentar Bd. 2, S. 209; Eva Schuster: Mensch und Tod. Graphiksammlung der Universität Düsseldorf. Bestandskatalog, Düsseldorf 1989, S. 51, Nr. 143

91. »King Pest. A Tale Containing an Allegory« bezieht sich auf die Pest in London 1665

92. Vgl. Schuster (wie Anm. 90), S. 50–52, Nr. 139–146 m. Abb.; vgl. Frank Edebau: James Ensor und der Tod, in: Hans Helmut Jansen (Hg.): Der Tod in Dichtung, Philosophie und Kunst, Darmstadt 1978, S. 133–143

93. Klaus J. Dorsch: A. Paul Weber. Werkverzeichnis der Lithographien, Lübeck 1991 [unpag.], Nr. 2221 m. Abb.

94. Helmut Schumacher, A. Paul Weber. Das illustrierte Werk 1911–1980, Lübeck 1984, S. 208. Bei Hugo Fischer: A. Paul Weber. Zeichnungen, Holzschnitte und Gemälde, Berlin 1936, Tf. 7, bereits unter dem Titel »Die Seuche« abgebildet

95. Leopold Rethi (Bearb.): Fronius. Das druckgraphische Werk 1922–1987, mit einem Essay von Wolfgang Hilger, Wien 1987, S. 196, Nr. R 286 m. Abb.; vgl. Memento Mori. Der Tod als Thema der Kunst vom Mittelalter bis zur Gegenwart, Ausst.-Kat. Darmstadt 1984, S. 118, Nr. 86 m. Abb.

1/1

Pestwagen

um 1600; Eiche; 80 x 245 x 160 cm

Oldenburg, Landesmuseum Oldenburg

[Depositum im Staatlichen Museum für Naturkunde und Vorgeschichte]

1/2

Pestbahre

1682; Holz; 70 x 287 x 73 cm

Niederzimmern, Pfarramt Niederzimmern

1/3

Marktprivileg Karls IV. für die Reichsstadt Nürnberg vom 16. November 1349

Pergament mit Majestätssiegel, Siegel: Wachs; 20,3 x 31,5 cm, Siegel: Dm 10 cm

Nürnberg, Staatsarchiv Nürnberg

[Reichsstadt Nürnberg, MA 1992, Urkunde 760]

1/4

Urkunde Herzog Stephans II. über den Verkauf der Landshuter Juden vom 17. Februar 1349

Pergament mit Wachssiegel am Band; 13,7 x 26,7 cm, Siegel: Dm 6 cm

München, Bayerisches Hauptstaatsarchiv

[Kurbayern U 6204]

1/5

»Visis effectibus, quorum causa latet«

Pestgutachten der Medizinischen Fakultät der Universität Paris

französisch; 2. Hälfte 14. Jh.; Handschrift auf Pergament, roter Buchschmuck, Einband: Holz, Leder; 25,8 x 17 cm

Erfurt, Wissenschaftliche Allgemeinbibliothek der Stadt Erfurt, Abteilung wissenschaftliche Sondersammlungen

[Cod. Ampl. Quart. 194, Bl. 63–65']

1/6

»Dus ist der brieff den des roemischen kuenigs artz hat gesannd der edelen frawen von Palaw fur den gemainenn prechen der pestalenncz 82°«

in: deutschsprachige Sammelhandschrift, fol. 19vab

3. Drittel 15. Jh.; rote und schwarze Tinte auf Papier, Einband: Holz, Leder; 31,3 x 21 cm

München, Bayerische Staatsbibliothek, Handschriften- und Inkunabelabteilung [Cgm 216]

1/7

Gott sendet Pestpfeile auf die Menschheit

15. Jh.; kolorierter Holzschnitt; 8,1 x 6 cm

Wien, Graphische Sammlung Albertina

[Einblattdruck, Bd. 8]

1/8

Weltgericht

Titelblatt in: »Regimen zu deutsch Magistri philippi Culmachers von Eger wider die grausamen erschrecklichenn Totlichen pestelentz«

bei Martin Landsberg, Leipzig

o.J. (um 1495); Holzschnitt; Bild: 12,2 x 9,1 cm, Buch: 20,8 x 15,7 cm

München, Bayerische Staatsbibliothek, Handschriften- und Inkunabelabteilung [4° Inc. s.a. 593]

1/9

»Hie seit es wo von der gebrest kumpt«

Abbildung in: »Ein tractat contra pestem preseruatiue vnd regiment«, Bl. A3v

Straßburg; 1500; Holzschnitt, Buchdruck; 21 x 15,6 cm

Berlin, Staatsbibliothek zu Berlin PK, Handschriftenabteilung [8° Inc. 2550]

1/10

»Zü dem Ersten sollen wir got anrůffen vnd genad begeren«
Abbildung in: »Ein Neüw geordent Regiment/ wyder
den tödtlichen gebresten der Pestelentz«, Bl. A2v
Oppenheym
1519; Holzschnitt, Buchdruck, 10 Bll.; Bild: 5 x 6,6 cm,
Buch: 19 x 13,2 cm
Berlin, Staatsbibliothek zu Berlin PK,
Handschriftenabteilung [Iu 2290 R]

1/11

»Buchlein der Ordnung/ wie sich der mensch halten sol/ zu
den zyten diser grůsenlichen kranckheit.«
Heinrich Steinhöwel (um 1420–1482)
bei Johannes Zainer, Ulm
1473; Buchdruck, 40 Bll.; 20,2 x 14,3 cm
Berlin, Staatsbibliothek zu Berlin PK,
Handschriftenabteilung [8° Inc. 2581]

1/12

»Liber pestilentialis de venenis epidemie. Das buch der
vergift der pestilentz das da genant ist der gemein sterbent
der Trüsen Blatren.«
Hieronymus Brunschwig
bei Johann Reinhard Grüninger, Straßburg
1500; Buchdruck, 36 Bll.; 27,5 x 20,4 cm
Berlin, Staatsbibliothek zu Berlin PK,
Handschriftenabteilung [4° Inc. 2313]

1/13

»Regiment wider die Pestilentz.«
Pestregiment mit Abbildung eines Pestlaßmännleins
bei Fryderich Beypuß, Nürnberg
1520; Holzschnitt, Typendruck; Blatt: 41 x 27 cm
Berlin, Staatsbibliothek zu Berlin PK,
Handschriftenabteilung [YA 110m]

1/14

»Ain anzaigung ainer gegründte/ Warhaffte/ vnd Erfarne
Ertzney vnd Cur«
Pestregiment mit Abbildung eines Pestlaßmännleins
Johannes Vogt der Jüngere
Augsburg; um 1550; Holzschnitt, Typendruck;
36 x 27,5 cm
Berlin, SMB, Kupferstichkabinett [D-337-10]

Regiment wider die Pestilentz.

Wann aber der allmechtig got yezu zeyten vns menschen vmb vnser sünd willen mit vahender muß der pestilentz, zo mügklich strafft/ welche zorn vnd straffung mit einiger artzney nit zu wider stan ist/dan mit der ernstlicher warer rechten rew/lautter beycht vnd büß. Darumb so sol der mensch vor allen dingen mit rew/beycht/büß/vnd ein güten vesten fürsatz fürbaß nymmer zu sünden/sich zü got keren vnd vnserm herren Jesum christum/vn de inamen vnd Eren seyner lieben mütter Marie/vnd seyner heyligen martrers sant Sebastiane vn sant Rocho alle tag andechtigklich anrüffen vn bitten/das er vns auß seiner barmhertzigkeit die straff vnd plag sollichs gebrech von vns nem vnd vns zu besserung vnsers lebens volkomen alter/vnd vernünfftig selige ende zuuerleihen geruch. Darnach sol der mensch die hilff natürlicher artzney auch süchen vnd gebrauchen vnd sich regieren vnd halten als hernach volget.

¶ Von vier lassen wan der mensch gesundt ist.

¶ Des ersten wann der mon im zaichen der Wag ist/so solen lassen auff den henden zwischen dem daumen vnd zaiger. Zü dem andern mal soltu lassen wann der mon in dem schützen ist/so laß an den armen die median zu dem dritte mal so lastu wan der mon in de wider ist auff den füssen bey der kleinen zehen. Zu dem vierden mal/wann der mon ist in dem wasserman/so soltu aber auff den henden bey de kleinsten finger lassen. Vn die vier lassen solt du in ein monat vollbringen. Ob dir aber sollichs nit gelegen wer/so solen doch all monat einest lassen.iij. oder .iiij. tag vor oder nach dem Volmon.

¶ Wie man lassen soll.

¶ Es ist zu wissen das/das leib an dreyen enden leit in dem mensche. Des ist in dem hirn in dem hertzen/in der leber. Darumb sich gar eben waiß der gebrech ein anstoß oder kumpt/es sey beüle oder blater/an dem hals/bey den oren/vnder den knien so kumpt der brechen von den hirn/vn weiß der mensch das innen wirt/als bald so soll man im lassen an der hand zwischen den daimen vnd dem zeyger.

¶ Würdest du aber innen beüle oder blater auff den schulteren oder auff den nack so kumpt es aber vo dem hirn/so läßt im auff der handt zwische de kleine finger vñ dem nächste bar bey es zeicht die gifft von danne.

¶ Empfindest du aber des gebrechen vnder den üchsen oder vnder den armen so kompt das von dem hertzen/so soll man in also bald lassen auff den armen zu der median es sey frü der spat/der mesch sey jüng oder alt vnder den .lxx. jaren/vnd ob.vj. jaren.

¶ Ob du aber bey den gemechten an den beinen etwas entpfindest/so solt du lassen an den füssen inwendig vor den knoden an den nechsten zweyen aderen bey eynander so zeucht es das gifftig blüt von der leber/wann das kumpt von den brechen vergifft würt.

¶ Wer aber sich das sich der gebrech erzeigte an den lenden mitt blateren oder anderen geschweren/so kompt das von den nyeren/de sol man auch lassen an den füssen bey der kleinen zehen/vnd bey der nechsten ader bey/das zeucht das gifft von dannen.

¶ Item vnd merck wol eben an welchem ende sich der gebrech erzeigt/das du in an der selben seyten lassest/es sey an henden oder an den füssen oder an den armen. Vnd hüt dich das du im an andern stett nit lassest so vil nit/wan liessest du im an der gesunden seyt so im nüt an wer so zeucht sich das vergifft blüt in das güt blüt vnnd würde eine mit dem anderen vergifft/vnd möcht der mensch groß not leyden/vnd möcht on den todt kaum hin kummen.

¶ So der gebrech den menschen an kumpt/es sey vnder den knüen/hinder den oren/an dem hals/vnder den üchsen oder bey den gemechten oder wo dz ist/als vor geschriben stat. Als bald du sie empfindest vnd innt würst so laß zestunde/vnnd nym ha sämel in ein handt wol/vnd sedt das in essig das es in güter dicke werd vnd lind/vnd nym ein lot dryackerß/vnd ein halb lot zertriben saffran/rür das vnder einander zu einem pflaster vnnd bind im das auff ein wullin tüch über den gebrechen so er aller wermest leide mag/vnd laß in das.vj. stund ob ligen es du im das abnemest.

¶ Ist es das der gebrech vnder dem pflaster weychet oder ab/so ist der mensch des lebens gesicheret das er des gebrechs nit stürbe/so sol man im ein frisch pflaster dar über thün als vor.

¶ Man sol im geben metridat mit essig zertribe des tag zu.iiij. malen/vnd mag man den metridat nit gehaben/so geb man im triackers mit essig vnd mit saffran gemischet/das wöret vnnd stillet das böß gifft. Vnnd ob der sich hitz hat/noch dan gib im das zutrincken. Auch gib im by venellen wasser zu trincken/vnd hüt dich das du im nüt hitziges gebet zetrincke vn hüner vn hüner brü ist nit güt. Vn auch essig vn well de mit saltz vn stüb in durch ein leynen tüch vnd truck das dar in/vn truck das feücht wasser der auß/vnd waß der sich geschwitzet/so bestreich in mit dem heissen tüch überal vnd halt in nach dem schwaiß gar warm.

¶ Ein gut stuck. ¶ Um pillule/sibne alwochen einest geuo/so du schlaffen gast/od all tag eine am morgen so du auff staist/ist auch vast güt. Doch so du des tags pillule hast ein genome/sol kein triackers zu dir komen.

¶ Item Auch sol man sich vast hüten vor vberger fülli/vor allen baden/sunda vor badstuben.

vor triben lufft/als nebel vnnd regen/vnnd vor nachte lufft/vor zorn vnd müt/vnd vor bösen geschmack/kalt wasser/milch vnnd vor allen stein obs/vnd vbertrag den kummer nit zu lang bey dir/vnd nün all wochen pillule wie vor bsret. Trinck nüt on durst/hüt dich vor übeiger vnkeüsch ait/vnd vor übeiger feücht/vnd sonderbar vor kurbsen vn erd äpffel/dein speiß soll mit wenig essig ganischen seiin/vnd sonder so die zeyt heiß ist oder der mensch hitzig.

¶ An dem morgen so du aufftaist/so erbuch deine glider nit zu vast vnd leg dich warm an vnd ergang dich wol/vnd biß nit lang nüchter/wesch dein hend dick vnd im gesaltzem wasser/vnd laß das selben antrucken/vnd verheb keine blast/vnd über übe dich nit mit keiner arbeit/noch mit keinem lauffen/noch mit keinen anderen sachen/vnd hab dein haupt vnd füß warm.

¶ Artzney wider brech den menschen ankumpt.

¶ Welche den gebreche anst für vnd sich der gebrech erzeygt mit beüle od blatteren/der soll lassen b ze man in in den nechsten .xij. stunden zu hilff kunie als er des erste sich tragen empfindet/ wann wer das nit thüt in der selbe zeyt/so ists zu spat kumpt/vnd ist nimer dar zü zehünd dañ das man guet soll lassen/wann die gifft ist dañ ehitziget vnd widerkert an die selbe zeyt vnd ist.

¶ Ein gut wasser.

¶ Du sole nemen/vmber gem mettrunden/langen pfeffer/galgen/muscat/yetliche ein halb loe/libanelin/rauten/salbey yetliche ein lot/mastir/carbobli/pariß keiner/cadamomi yetliche ein quintlin/wechhalter ber ein lot/saffren ein halb lot. Das thü als zu samen vnd benn es mit gebrante wein auß. Diß vor geschriben wasser ist güt für den gebrechen vnd für alle böse gifft vnd allen gifften lufft/vnd für alle bösen geschmack vnnd dampff/vnd ist gut dem haupte/vnd krefftiget das hertz/vnd sterckt den magen/vnd gut für alle kalt feücht gebrechen. Vnd so man biß wasser so hitzig ist/so beweget es vnnd entzündet die bösen hitz in dem menschen/das sie weichen müssen mit bösen schweissen von dem mensche/da von sol man sie all morgen brauchen als vil als in ein nußschal mag.

¶ Magstu des wassers nit gehaben/so solt du all morgen.viij. wachhal ter dar nüchter essen/vnd es vil triackers als vor bon zutribe/in essig vil den trincke. Oder nim lössel vol roßwasser/vnd müsch das mit einem lössel vol weines/vnd thü darunder ein halb haselnuß schalen vol boley vnd polium armenij gepuluert oder zestoßen/vnd rür es vndereinander/trinck das des abens vnnd zwil des morgens so du auff kraft ist seer nutz vnd gut auß vil vrsachen.

¶ Ein ander kostlich wasser.

¶ Um weissen dipta/naterwurtz/valerian/meister wurtz/tormentill fernel/angai/yedes.ij.lot.stoß disse wurtzeln zu puluer/darnach thü in an maß vol gebranten wain/vnd so du etwas entpfindest/so nim.iij. lossel vol des lautteren weins wie er od den wurtzelen stat/vnd trinck in vnd schwitz dar auff. Ein ander Docto ratet so man es brauche will an junge leuten/so sol man nemen essicr für den gebranten wein/vnd brauche wie obstat. Darumb möcht eins.ij.glöser haben vn in yedes ein halb maß thün/in eines essig/in sander gebranten wein/vnd yeder wurtzel ein lot. De essicr soll man brauchen für die jungen/vnd das gebranten wein für alte gestanden menschen.

¶ Ob du aber deren stuck keins gehabt möcheßt so solt du dich doch der letzi vnd des pflasters gebrauchen als obstat/eingenomen mit einem triackers vnd essick/doch bey zeyt vnnd dar auff geschwitzt so würst on sorg.

¶ Ein bewart wasser.

¶ Um Spitzienwegrich/Rauten/Zwybeln/yedes vil als das ander wan dich der gebrech an kompt so trinck des wassers/schwitz dar auff.

Vnd also hand ir gnügsam vnd das best auff das kürtzest diser kunst außgezogen/des sich ein yetlich sol vnd mag behelffen.

¶ Getruckt zu Lauten berg/ Durch Fyderich Beypuß Anno domini M.D. xx.

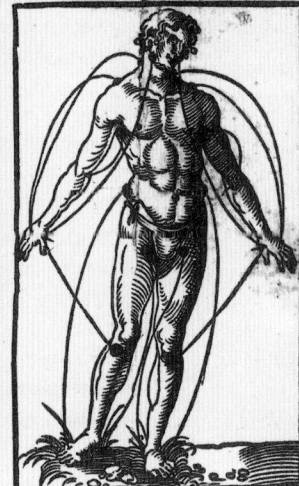

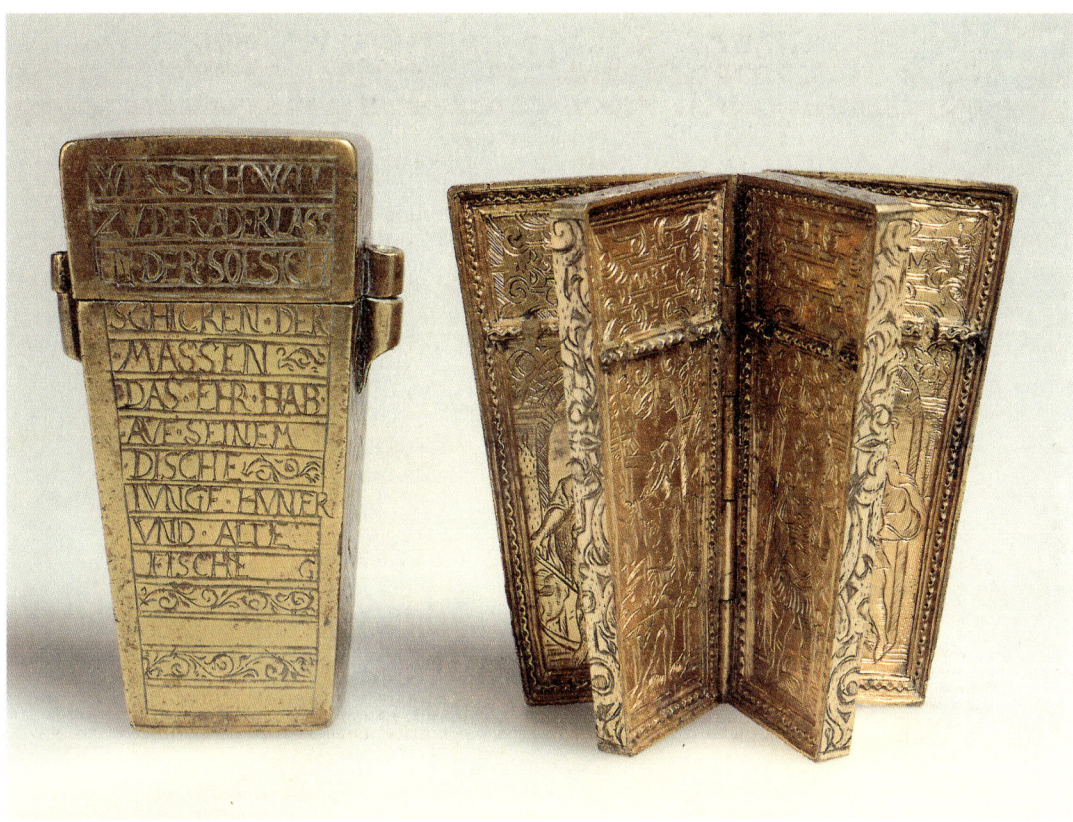

1/15

»Bericht auff dis neben gestelt bilde/ von wegen des
Aderlassens/ welche Ader/ vnd wo man die selben/ in zeit
der Pestilentz/ nach jedes malns der fürgefallen note
gelegenhait/ zulassen pflegt/ vnd lassen soll.«
Flugblatt mit Abbildung eines Pestlaßmännleins
Hans Ostendorfer
bei Hans Kohl, Regensburg
1555; Holzschnitt, Typendruck; Bild: 14,2 x 9,8 cm,
Blatt: 31,6 x 40,6 cm
Nürnberg, Germanisches Nationalmuseum,
Kupferstichkabinett [HB 2158, Kapsel 1259]

1/16

»Eigentlicher bericht Von Aderlassen in der zeit der
Pestilentz/ vnd von Cur der Pestilentz Druesen/ auch wie
man sich in regierender Straff der Pestilentz halten soll.«
Flugblatt mit Abbildung eines Pestlaßmännleins
bei Stephan Michelspacher, Augsburg
1616; Kupferstich, Typendruck; Plr: 8 x 22,6 cm,
Blatt: 56,6 x 27,1 cm
Wolfenbüttel, Herzog August Bibliothek [IP 45]

1/17

»Demnach durch Gottes verhengnus vmb vnser Suende
willen/ ein vnterschiedlich Fleckfieber alhier zu Dreßden
heimischer weise einschleichen will ...«
Pestregiment von Caspar Kegler
bei Matthes Stöckel, Dresden
1607; Typendruck; 53 x 30,2 cm
Nürnberg, Germanisches Nationalmuseum,
Kupferstichkabinett [HB 17964, Kapsel 1259]

1/18

Aderlaßetui
1583; Bronze, vergoldet; 8,8 x 4,2 x 2 cm
Lübeck, Museum für Kunst und Kulturgeschichte der
Hansestadt Lübeck [1488]

1/19

*Chirurgische Instrumente zur Behandlung von
Pestkranken*
Metall
a) L 65 cm; b) L 45 cm; c) L 43 cm; d) L 46 cm;
e) L 47 cm
Paris, Collection du Service de la Peste de l'Institut
Pasteur [MP 29768]

1/19

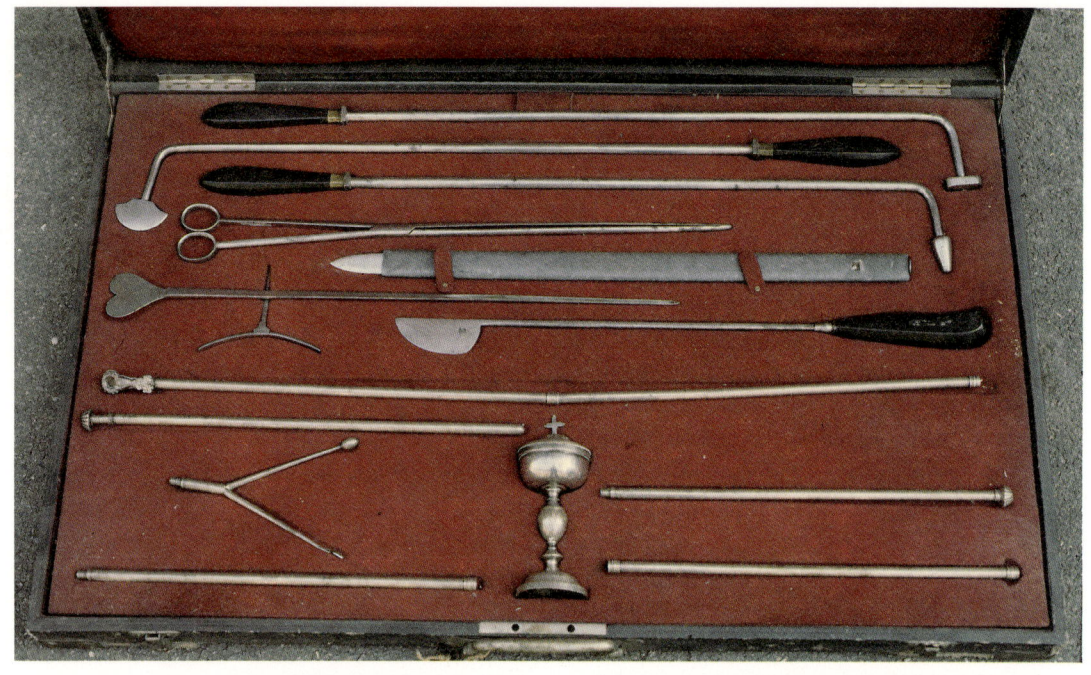

1/21

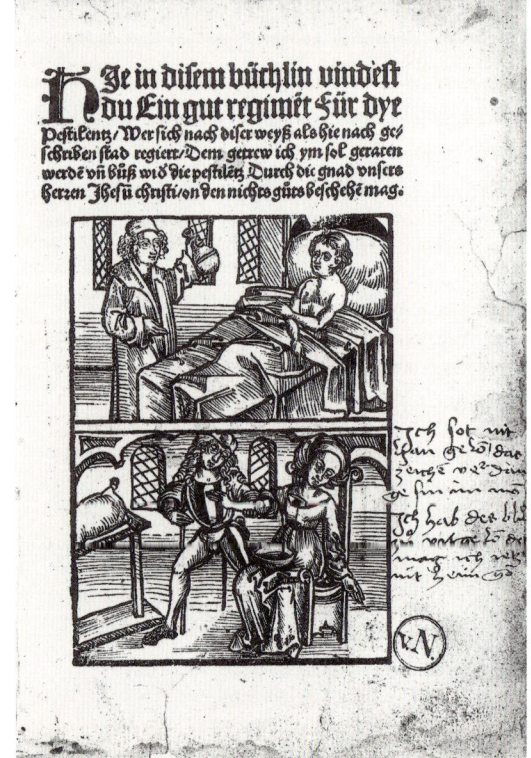

1/23

1/20
Arzt bei der Incision von Bubonen
Abbildung in: »Item ein fast koestlicher spruch von der
pestilencz und anfenglich von den zeichen die ein
künfftige pestilencz beteuten«, Bl. 1
Hans Folz (ca. 1450–1513)
1482; Holzschnitt, Buchdruck, 12 Bll., zum Teil
rubriziert; Bild: 13,4 x 9,8 cm, Buch: 20 x 14,4 cm
München, Bayerische Staatsbibliothek, Handschriften-
und Inkunabelabteilung [4° Rar. 185]

1/21
*»Hie in disem büchlin vindest du Ein gut regiment für dye
Pestilentz/ Wer sich nach diser weyß als hie nach
geschriben stad regiert/ Dem getrew ich ym sol geraten
werden vnd büß wid die pestilentz/ Durch die gnad vnsers
herren Jhesu christi/ on den nichts güts beschehen mag.«*
Pestregiment mit einer Titelabbildung: Aderlaßszene
und Harnbeschau
bei Mathias Hüpfuff, Straßburg
1502; Holzschnitt, Buchdruck, 18 S.; 19,3 x 14 cm
Berlin, Staatsbibliothek zu Berlin PK,
Handschriftenabteilung [Iu 2230 R]

1/22
Der Arzt am Bett eines Pestkranken
Abbildung in: »Incipit fasciculus medicine«
Joannes de Ketham
bei Joannes & Gregorius de Gregoriis, Venedig
1500; Holzschnitt, Buchdruck; Bild: 28,7 x 19,8 cm,
Buch: 32,5 x 19,8 cm
Berlin, SMB, Kunstbibliothek [Gris 977 mtl]

1/23
Arzt, Pfleger und Angehörige am Bett eines Pestkranken
Jost Amman (1539–1591)
Abbildung in: »Zwey Buecher Theophrasti Paracelsi
des erfarnesten Artzes/ von der Pestilentz vnd ihren
zůfaellen.«, S.684

bei S. Feyrabend und S. Hueter, Frankfurt a. M.
1565; Holzschnitt, Buchdruck; 13,6 x 13 cm
u.re. mon.: I A
Berlin, SMB, Kunstbibliothek [Lipp Ph 3 mtl]

1/24

1/24
Räucherpfanne
16. Jh.; Eisen; Dm 12 cm, L 15,5 cm
Leipzig, Medizinhistorische Sammlung des
Karl-Sudhoff-Institutes für Geschichte der Medizin

1/25
Bisamapfel
2. Hälfte 15. Jh.; Silber, getrieben, gegossen, graviert;
Dm 3,5 cm
Köln, Museum für angewandte Kunst [H 832 CL]

1/26
*»Vorzeichnis der Artzneyen/ zur Praservation oder
verhuetung vnd Curation, oder entledigung der Pest/ welche
allenthalben einzuschleichen beginnet. Mit vermeldung/ in
welcher Taxa oder bezalung sie von Reichen vnd Armen in
der Apotecken zu bekommen/ Aus trewlicher vorsorge E.E.
wolweisen Raths der Stadt Berlin/ vor Ihre Buergerschafft
in Druck verfertiget«*
bei Fridrich Hartmann, Frankfurt a.d. Oder
1598; Buchdruck, 20 S.; 17,8 x 14,5 cm
Berlin, Staatsbibliothek zu Berlin PK,
Handschriftenabteilung [Iu 2787 R]

1/27
Darstellung einer Theriakzubereitung
in: »Das buch zu destilieren die zusamen gethonen
ding«
Hieronymus Brunschwig
bei Johann Reinhard Grüninger, Straßburg
1519; Holzschnitt, Typendruck; 14,8 x 13,5 cm
Dresden, Sächsische Landesbibliothek
[Pharm.gen. 11 n]

1/25

1/28

»Romanischer Doctor der Artzney« – »Wie hie Figürlich ist
zu sehen/ Zu Rom die ArtzneyDoctor gehen/ Wan sie die
krancken thun Curieren/ an der pest, wo sie thuet
Grassieren/ der Hut, Rock, und gantz Newetracht/ wird
von gwingter Leinwath gemacht/ In die Kappen machen sie
Brillen/ und die Schnäbel thun sie einfillen/ mit sachen so
den bösen lüfften/ abwöhren daß sie nicht vergifften/ ein
Stab auch tragend in der hand/ Zaigt an ihr verrichtung
und stand«
Matthäus Rembold (tätig ca. 1629–1657)
Kupferstich; 19,9 x 12,4 cm
sign. u.re.: Mat. Remb. fecit.
Berlin, Staatsbibliothek zu Berlin PK,
Handschriftenabteilung [Iu 2496 R]

1/29

»Vorstellung des Doct. Chicogneau Cantzlers der
Vniversitaet zu Montpellier; welcher A°. 1720 vom Könige in
Franckreich nach Marseille geschicket worden, um denen
mit der Pest behafteten Leuten beyzustehen.«
um 1725; kolorierter Kupferstich; 26,1 x 17,8 cm
Nürnberg, Germanisches Nationalmuseum,
Kupferstichkabinett [HB 13157, Kapsel 1260]

1/30

»Abriß und Vorstellung derer Herrn Doctorum Medicinae
zu Marseille, als welche während Pestzeit in Corduan
leder gekleidet, mit einem die Pest vertreibenden
Rauchwerck angefüllten Nasen=Futer, und mit einem
kleinen Stecklein in der hand den Krancken den Pulß
damit zu fühlen, versehen gewesen.«
bei Martin Engelbrecht?, Augsburg
um 1720–30; kolorierter Kupferstich und Radierung;
29,5 x 18,9 cm
Nürnberg, Germanisches Nationalmuseum,
Kupferstichkabinett [HB 25623, Kapsel 1260]

1/31

Portrait des Basler Arztes Theodor Zwinger in
Alltagskleidung und im Schnabeldoktorkostüm
um 1700; Öl/Kupfer; 23,8 x 34,2 cm
Basel, Historisches Museum Basel

1/32

Plastische Darstellung eines Arztes mit Pestschutzkleidung
17. oder frühes 18. Jh.; Elfenbein; H 16 cm
Ingolstadt, Deutsches Medizinhistorisches Museum

1/33

Costume d'un Chirurgien quarentenaire, du Lazaret, de Marseille, en 1819.

1/37

1/35
»Ob man vor dem Sterbñ fliehen muge«
Martin Luther (1483–1546)
Wittenberg
1527; Buchdruck, 12 Bll.; 18,5 x 14,3 cm
Dresden, Sächsische Landesbibliothek
[Hist.eccles. E. 299, 22]

1/36
Hostienreichstab
17./18. Jh.; Silber; L 115 cm
Paris, Collection du Service de la Peste de l'Institut
Pasteur

1/33
»Costume d'un Chirurgien quarentenaire du Lazaret, de Marseille, en 1819«
Abbildung in: »De la peste observée en Égypte;
Recherches et Considérations sur cette Maladie«
Antoine-Barthélemy Clot-Bey (1793–1868)
Verlag: Fortin Masson et Cie, Libraires Éditeurs, Paris
kolorierter Stahlstich, Buchdruck; 20,6 x 12,6 cm
Berlin, Staatsbibliothek zu Berlin PK [Iu 3705]

1/34
*»Im Funffzehnhundert Zway und sechzigsten Jar // Alls
der Sterb und Pest in Nurmberg hefftig war // Hatt dise
Stadt Nördlingen in guetten trawen // Eingenommen dise
Herren und Frawen // Derselben trew und Freundtschafft
zu gedencken // Thetten sie willig disen Schilldt
herhencken«*
Trinkstubenschild der 1562 vor der Pest nach
Nördlingen geflüchteten Nürnberger Patrizier mit den
Wappen und Namen von 31 Nürnberger
Patrizierfamilien
Tempera/Holz; Dm 120 cm
Nördlingen, Stadtmuseum Nördlingen [1367]

1/37
*Exvoto zum Gedenken an die Pest in Munderfing von
1712–1714*
nach 1714; Öl/Holz; 78 x 63 cm
Braunau am Inn, Heimatverein »Alt Braunau« [U/8]

1/38
*Seuchenreglement des Bürgermeisters und des Rates der
Stadt Dresden*
Erlassen am 12. Oktober 1606 auf Befehl des
Kurfürsten Christian von Sachsen
Buchdruck; 32,7 x 18,5 cm
Berlin, Deutsches Historisches Museum,
Slg. Dokumente I [65/617]

129

1/39

Attest der Professoren der Medizin, der Ärzte und Wundärzte der Stadt Basel vom Aufhören der Pest in dieser Stadt, gezeichnet den 25. Mai 1668 mit dem Siegel der Stadt Basel

Buchdruck, 2 Bll., Siegel: Wachs unter Papier;
33,7 x 22 cm
Berlin, Staatsbibliothek zu Berlin PK,
Handschriftenabteilung [4° Iu 5224 R]

1/39

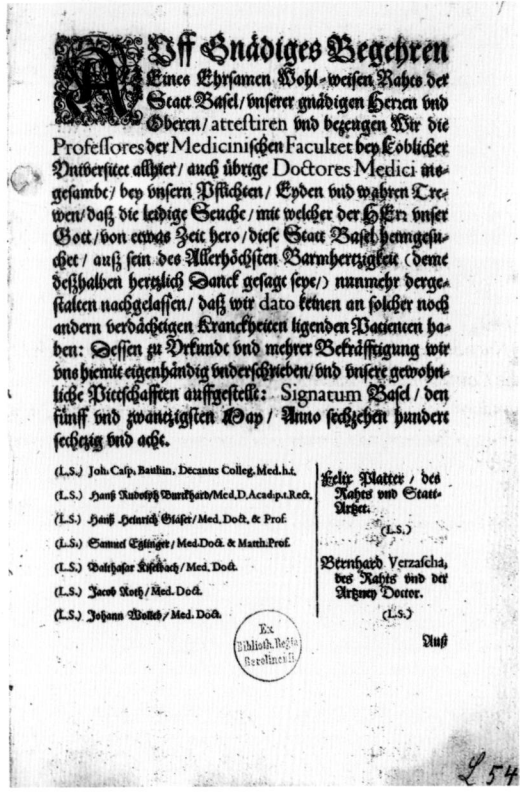

1/40

»Nachdem an vielen benachbarten/ als Coblentz/ Bobbart/ vnd anderer orteren des Rheins und Moselstraums durch heimsuchung des Allmechtigen/ die abschewliche Kranckheit der Pestilentz eine zeit hero fast heßlig zu grassieren angefangen ...«
Verordnungen des Rates der Stadt Köln vom 13. August 1612 gegen eine Ausbreitung der Pest
Buchdruck, Unterschrift: Tinte; 22,2 x 33,5 cm
Berlin, Deutsches Historisches Museum,
Slg. Dokumente I [1989/1063]

1/41

»Christliche Erinnerung/ neben kurtzer Historischer Verzaichnus/ Wie offt Gott der Herr/ von Anno 1042. biß dahero/ wegen vbermachter Sünde/ mit der Pest/ neben anderen Plagen/ dise Statt Augspurg habe heimgesucht. Menigklich zu wahrer Buß vnd besserung deß Lebens edirt«
Flugblatt mit einer Chronik der Augsburger Pestepidemien
Kupferstich: Raphael Custos, Text: Kaspar Augustin
1629; Kupferstich, Typendruck; Plr: 10,5 x 26,5 cm,
Blatt: 50,7 x 30 cm
sign. u.re. im Plr: R: Custodis F.
Wolfenbüttel, Herzog August Bibliothek [IP 46]

1/42

*Anweisung zur Säuberung von »inficierten Logiamentern«,
Dresden, 21. Dezember 1680*
Buchdruck; 32,5 x 18 cm
Berlin, Deutsches Historisches Museum,
Slg. Dokumente I [65/618]

1/43

»Pestis tela praevisa, Das ist: Nuetzliche Anleitung/ Wie Bey diesen besorglichen Zeiten Reiche und Arme vor der abscheulichen Seuche der Pestilentz durch bewaerte Schutz=Mittel sich bewahren«
Pestordnung, herausgegeben von
D. Georg Christoph Petri von Hartenfels
verlegts Benjamin Hempel, Erfurt
1682; Kupferstich, Buchdruck, 168 S.; 14 x 8 cm
Dresden, Sächsische Landesbibliothek
[Pathol.spec. 1021]

1/44

*Verordnung über das Verbot von Reisen nach Erfurt,
Friedenstein, 9. Januar 1683*
Buchdruck, Siegel unter Papier; 33,5 x 40,7 cm
Berlin, Deutsches Historisches Museum,
Slg. Dokumente I [53/495]

1/45

Absperrung des von der Pest befallenen Dorfes Niederzimmern
Zeichnung in: »Historische Nachrichten von Erfurt«,
Bl. 940
1682/83; Tinte, Feder, aquarelliert; Zeichnung:
42,5 x 32,5 cm
Erfurt, Stadtarchiv Erfurt [5/900-36]

Nachdem an vielen benachbarten/ als Coblentz/ Bobart/ vnd andern orteren des Rheins vnd Moselstraums durch heimsuchung des Allmechtigen/ die abscheuliche Kranckheit der Pestulentz eine zeit hero fast hefftig zu grassieren angefangen/ Auch in der that gespürt wirdt/ daß viele Leuth von den orthen sich hiehin in der Person begeben vnd niderlassen/ auch ihre Haußgerath/ Bett/ Leingewandt/ Kleyder/ vnd andere notturfft anhero verschaffen/ Auß welchem dieser Statt vnd Bürgerschafft gleichmessige gefahr/ leidt/ vnd beschwernuß leichtsamb möchte verursacht werden/ Als will ein Erb. Rhat hiemit solche zulassung vnnd auffnehmung außwendiger Personen/ Kleyder/ Beth/ Leingewandt/ vnd dergleichen Güter/ sonderlich/ welche von insicierten ortern herkommen/ hinfüro ernstlich verbotten/ Auch den Bürgern vnnd Soldaten/ denen die Wacht vertrawet/ gleicher gestalt befohlen haben/ gute auffsicht zutragen / daß obgemelte zulassung/ auffnehmung vnd einführung frembder Personen vnd Güter gentzlich verhütet/ oder doch ohne beiwilligung eines Erb. Rhats oder der Herrn Bürgermeisteren nicht gestattet werde/ Solt aber jemandt vor sich selbst diesem zu wider handelen/ auch Hauß Kammeren/ vnd anderen verpleib darzu verliehen/ der sol ipso facto in fünff vnd zwentzig Goldtgülden straff verfallen/ vnd sonst nach gelegenheit ferner arbitrari straff gewertig sein/ darnach sich ein jeder zu richten. Geben vnder vnserm Secret Siegel/ am 13. Augusti/ Anno 1612.

Demnach die Erfahrüng bezeüget/ daß vngeacht der nach Erforderung der Noth von Zeit zu Zeiten geschärfften/ vnd auff Leib vnd Lebens-Straffe gerichteten Verordnungen/ sich dennoch verschiedene leichtfärtige vnd verwegene Vnterthanen dieses Fürstenthums nicht gescheuet/ nacher Erffurt vnd die darzu gehörige Oerther zu gehen/ vnd theils ihr Gewerbe daselbst zu treiben/ theils vns einem allzufrühzeitigen Mitleiden ihre etwa krancke/ oder doch aus Verdacht des Contagii eingeschlossene Freunde zu besuchen/ theils andere Geschäffte alda zu verrichten/ nachmals aber heimlich wieder zu den Ihrigen einzuschleichen/ oder vnter allerhand Praetexten wieder zurück zu kehren. Welchem gefährlichen Beginnen aber vmb desto weniger nachzusehen/ je grösser das vnglück ist/ welches diesen Landen dadurch zugetragen werden kan: Als werden auff gnädigsten sonderbaren Fürstl. Befehl hiermit diejenige Anstalten/ welche zu Abwendung der immer näher androhenden Contagion hiebevor ergangen sind/ nicht nur erneuert/ vnd denen Beampten/ Gerichtshaltern/ vnd Räthen der Städte/ wie nicht weniger auch deren sämtlichen Vasallen/ weß Condition vnd Würden die seyn/ Cantzley-Räthen vnd Befehlshabern in Krafft dieses anbefohlen/ ermehnte Verordnungen denen Vnterthanen auffs neue vorlesen/ vnd zur Wissenschafft bringen zu lassen/ sondern auch durch diesen offenen Anschlag jedermänniglich ernstlich gewarnet/ sich diese vnnachbleibliche schweren Leibes- vnd Lebens-Straffe der Stadt Erffurt vnd zugehöriger Dorffschafften/ wie auch aller andern der Infection wegen verdächtigen Oerther gäntzlich zu enthalten. Und sind die von daher kommende Personen ohne Haafte/ daß kein Paß oder nicht/ an den Gräntzen abzuweisen/ vnd nach Erforderung der Vmbstände mit Gewalt abzutreiben. Wornach sich jederman zu achten/ vnd vor wircklicher Belegung mit solcher Schärffe/ welche bereit einige auf sich gezogen haben/ zu hüten wissen wird. Datum Friedenstein den 9. Januarii 1683.

1/40   1/46

1/46

Gedenkmedaille auf die Pestepidemie in Erfurt im Jahre 1683
Av.: Der Erzengel Michael, auf einem Skelett stehend, steckt das Flammenschwert in die Scheide; Umschrift: MORS IUGULANS CEDIT VITA SALUSQ : REDIT.; auf dem Schild: SVM: D. IN A 1683 ZV ERFF. ERSTOR. PERSON. 9437
Rev. im Abschnitt: ERPHORDIA A PESTE LIBERA. ANNO 1683. EXEUNTE.; Umschrift: HOC REDEUNTE PERIT CONTAGIOSA LUES
1683; Silber, 28,5 gr.; Dm 49 mm
Hamburg, Museum für Hamburgische Geschichte, Münzkabinett
[1959/75, Nr. 627]

1/47

Warnzeichen Pest
Erfurt 1683
Druck
Philadelphia (Pennsylvania), Philadelphia Museum of Art

1/48

Warnzeichen Pest
Bogen mit vier Exemplaren
1682/83; Druck; 21 x 18 cm
Duderstadt, Stadtarchiv Duderstadt
[Stadt Duderstadt, Rep. 11 Nr. 3027]

1/49   1/44

»Nachdeme/ eingeloffenem zuverlässigen Berichten nach/ die Contagion in Pohlen nicht allein nicht aufhören, sondern sich/ je länger je mehr/ weiter ausbreiten solle ...«
Plakatanschlag mit Bekanntmachung der Maßnahmen des Fränkischen Kreis-Konvents gegen ein Eindringen der Pest in ihre Lande, Nürnberg, 12. Oktober 1708
Buchdruck; 31 x 38,2 cm
Berlin, Deutsches Historisches Museum, Slg. Dokumente I [57/121]

1/50

»Des Raths zu Dreßden Ordnung/ Wie bey ereignenden gefaehrlichen Seuchen/ und anderen ansteckenden Kranckheiten/ die Inwohner und Buergerschaft hiesiger Churfl. Residentz=Stadt/ sambt denen hierzu bestallten Bedienten auff einen und den andern Fall sich zu verhalten. Nebenst angefuegten Medicinischen Unterricht«
bei Johann Jacob Winckler, Dresden
1711; Buchdruck, 22 u. 4 S., 19,7 x 16,2 cm
Dresden, Deutsches Hygiene-Museum, Bibliothek
[11/132 K]

1/51

Verfügung eines allgemeinen Fast-, Buß- und Bet-Tages für den 16. Oktober und Verbot von allen unzüchtigen Werken aufgrund der sich annähernden Pest
Verordnung König Friedrichs I. in Preußen, Coelln, 2. September 1709
Buchdruck, 2 Bll., Wachssiegel; 34 x 21 cm
Berlin, Landesarchiv Berlin
[Rep. 240, Acc. 2270, Nr. 149]

Nachdem durch Gottes Verhängnüß die Pest je mehr und mehr überhand nimmt / und dßhalb höchstnöthig seyn will / daß alle ersinnliche Gegen-Veranstaltungen gemacht / die Fremdde Ankommende nicht nur in denen Thoren auffs schärffeste befaget / sondern auch auf alle Weise verhütet werde / daß Niemand von verdächtigen oder auch andern Orten / durch Ersteigung der Zäune und Palisaden bey der Landwehr / entwedr bey Nächtlicher oder auch anderer Zeit / sich in die Residentzien oder deren Vor-Städten mit Vebengehung der ordentlichen Thore und Schlagbäume einschleichen könne; So ordnen und befehlen Se. Königl. Majestät hiemit ernstlich / daß wann jemand in dergleichen unternehmen / sich durch Ersteigung der Zäune und Palisaden hineinzuschleichen / ertappet würde / derselbe sofort in Hafft gezogen / und nachhero auf dem Platz / wo er übersteigen wollen / oder würcklich übergestiegen / at dem Strange abgestraffet und aufgehänget werden solle; Dafern er aber sich auf flüchtigen Fuß setzen / und ihm sonst nicht beyzukommen seyn würde / soll die Miliz befugt seyn / Feuer auf ihn zu geben / und ihn todt zu schiessen. Ferner ist Sr. Königl. Majestät ernstlicher Wille und Befl / daß wann ein oder der andere von denen Passagiren / oder sonst ankommenden Fremdden / ohne dem gewöhnlichen Logir-Zedel in der Stadt oder denen Vor-Städten sich einfinden und darüber betreten / oder auch / wann der Wirth und Eigenthümer des Hauses / einen solchen bey ihm sich aufhaltenden Menschen / er sey / wer er wolle / ohne Vorzeigung dieses Logir-Zedels aufnehmen / und gehöriges Orts nicht angeben würde / beyde nach befinden mit Staupen-Schlägen oder gar Lbens Straffe angesehen werden sollen: Wornach sich jedermänniglich zu achten und vor Schaen zu hüten. Gegeben alten Landsberg / den 1ten Augusti / 1710.

Friderich.

L.S.

J. M. F. v. Blaspiel.

1/52

1/52

»Nachdem durch Gottes Verhängnuß die Pest je mehr und mehr überhand nimmt ...«
Verordnung König Friedrichs I. in Preußen über die Todesstrafe für unerlaubtes Übertreten der Pestsperren, Landsberg, 1. August 1710
Buchdruck; 29 x 36,5 cm
Berlin, Landesarchiv Berlin
[Rep. 240. Acc. 2270, Nr. 552]

1/53

Die Einführung von Gesundheitspässen
Verordnung König Friedrichs I. in Preußen, Cölln, 4. September 1710
Buchdruck; 32 x 38,5 cm
Berlin, Landesarchiv Berlin
[Rep. 240 Acc. 2270, Nr. 553]

1/54

»Danck=Gebeth / Welches / an dem / von Sr. Koenigl. Majestaet in Preussen / auf bevorstehenden zweyten Pfingst=Feyertag / wird seyn / der 25. May / dieses 1711. Jahres angeordnetem Danck=Feste / Wegen der durch Gottes Gnade / auffhoerende Seuchen der Pestilentz / nach der Predigt vorzubeten ist.«
Buchdruck, 4 Bll.; 22 x 16,5 cm
Berlin, Landesarchiv Berlin
[Rep. 240 Acc. 2270, Nr. 153]

1/55

Einreise- und Einfuhrverbot für Personen und Waren aus infizierten Gegenden
Verordnung König Friedrichs I. in Preußen, Landsberg a.d.Warthe, 8. August 1712
Buchdruck; 32,5 x 41 cm
Berlin, Deutsches Historisches Museum,
Slg. Dokumente I [1988/997.25]

1/56

Verbot des Handels mit Hamburg wegen der dort herrschenden Pest
Verordnung König Friedrich Wilhelms I. in Preußen, Berlin, 16. August 1713
Buchdruck, 2 Bll.; 31,5 x 20,5 cm
Berlin, Deutsches Historisches Museum,
Slg. Dokumente I [57/130]

1/57

»Wir Buergermeister und Rath der Stadt Querfurth/ attestiren hiermit/ welcher gestalt Vorzeiger dieses Gottfried Frisch und Andreas Dietrich beyderseits hiesige Bürger der Stadt Querfurt von hier/ als einen Gott Lob gesunden und von allen ansteckenden Pestilentzalischen Seuchen und Kranckheiten befreyten Orte/ nach Halle mit zwey Wagen Getreydigt zu reisen gesonnen ...«
Pestpaß vom 7. Dezember 1719
Gedrucktes Formular mit handschriftl. Eintragungen; 20,3 x 31,3 cm
Berlin, Deutsches Historisches Museum,
Slg. Dokumente I [52/2910]

1/58

Bekanntmachung von Erleichterungen für den Personen- und Warenverkehr aufgrund des Nachlassens der in Frankreich herrschenden Pest, Dresden, 15. Juni 1723
Buchdruck, handschriftliche Eingangsbestätigung; 35 x 43 cm
Berlin, Deutsches Historisches Museum,
Slg. Dokumente I [52/2171]

1/59

»Ihrer Koenigl. Majestät in Pohlen, etc. als Chur-Fuerstens zu Sachsen, etc. etc. anderweites MANDAT, Wegen der in dem Koenigreiche Franckreich, Sich je mehr und mehr ausbreitenden CONTAGION, und Derer, dargegen anbefohlenen Anstalten«
Verordnung des Kurfürsten Friedrich August von Sachsen vom 10. Oktober 1721
Königl. Hof-Buchdrucker Johann Conrad Stoeßel, Dresden
Buchdruck, 4 Bll.; 35 x 21,5 cm
Berlin, Deutsches Historisches Museum,
Slg. Dokumente I [52/2171]

1/60
Ansicht von Venedig
in: »Civitatis orbis terrarum«
Hg.: Georg Braun (1542–1622), Franz Hogenberg
(vor 1540–1590)
1572–1618; Kupferstich; Plr: 33,6 x 48,5 cm
Dresden, Sächsische Landesbibliothek
[Ital. F 15875 = A 12330]

1/61
*Die Stadt Nürnberg von Westen mit Ansicht des Pesthauses
St. Sebastian*
Hans Lautensack (1542–1561/66)
1552; linkes Blatt einer Radierung in drei Platten;
37,5 x 55,8 cm
mon. mittleres Blatt: HLS
München, Staatliche Graphische Sammlung [66057a]

1/62
Das Pesthaus St. Sebastian bei Nürnberg
1702; Radierung; 16,6 x 26,1 cm
bez. u.M.: Laceret bej Nürnb. 1702
München, Staatliche Graphische Sammlung [226141]

1/63

*»Le remarqvable et magnifique bastiment de l'hospital
Sainct Lovis constrnict dv regne de Henri grand 4me dv
nom roy de france et de navarre lan 1608«*
Ansicht des Pesthospitals St. Louis in Paris mit
erläuterndem Text zur Baugeschichte und zur Nutzung
des Hospitals
I. Poinsart, C. Chastillon Chaalonnois
1641; Kupferstich; Plr: 32,4 x 73,3 cm,
Blatt: 68,5 x 76,5 cm
sign. u.re. im Plr: J. Poinsart ex
Berlin, Staatsbibliothek zu Berlin PK, Kartenabteilung
[Kart. Y 8652]

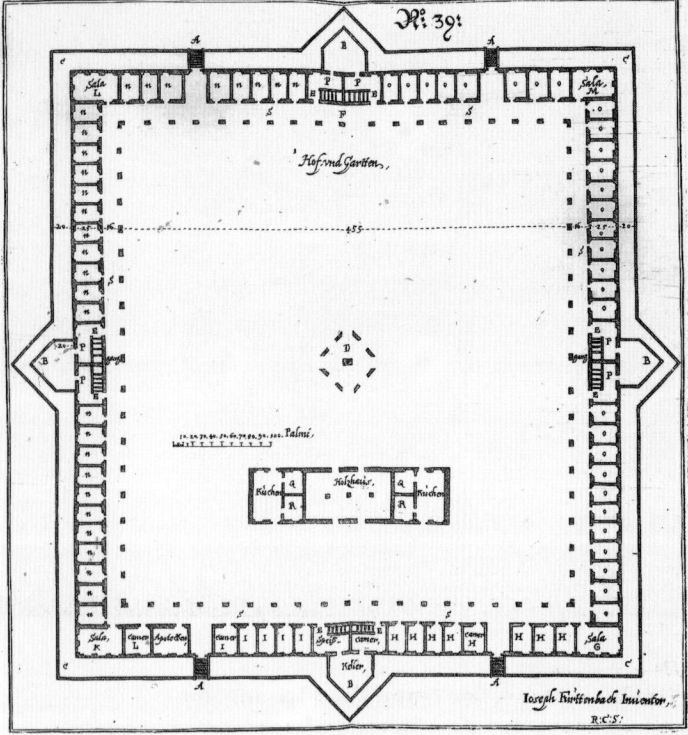

1/64

1/64

Grundriß eines Lazaretts
in: »ARCHITECTURA CIVILIS«, Bl. 39
Joseph Furttenbach (1591–1667)
bei Jonas Saurn, Ulm
1628; Kupferstich; Plr: 24,3 x 23,5 cm
sign. u.re.: Ioseph Furttenbach Inuentor, R : C : S:
Berlin, SMB, Kunstbibliothek [OS 1445 mtl]

1/65

Projekt eines Pesthauses für München
Abbildung in: »Kurzer Vnderricht vnd Guetachten wie
mann sich bey ietzigen Sterbens-Lauffen
Praeseruieren, vnnd Da iemand inficiert wurde
curieren solle. Sambt Ainer Instruction für die
Wundarzt und Warter auch andern welche sich bey
dergleichen Kranckhen brauchen lassen«
Malachias Geiger (1606–1671)
1649; Kupferstich, Buchdruck, 29 S.;
Plr.: 16,0 x 20,4 cm
München, Stadtmuseum München, Bibliothek
[M I/483/1-3]

1/66

»Grundriss zu einem Pesthause«
in: »John Howard's Esq. Mitgliedes der Koenigl. Soc.
der Wissenschaften Nachrichten von den
vorzueglichsten Krankenhaeusern und Pesthaeusern
in Europa.«, Plan 3
aus dem Englischen herausgegeben von D. Christian
Friedrich Ludwig; bey Georg Joachim Goeschen,
Leipzig
1791; Buchdruck, XVI u. 616 S.; 21 x 13,5 cm
Dresden, Sächsische Landesbibliothek [Med.for. 502m]

1/66

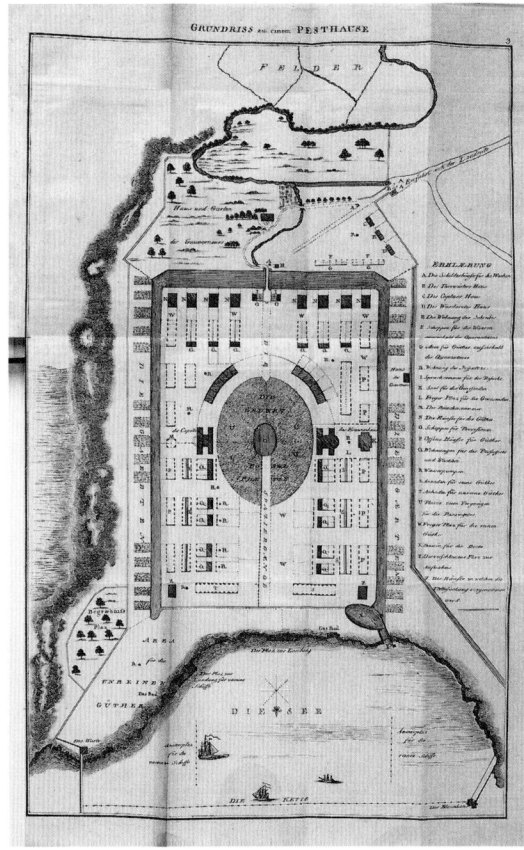

1/67

*»Projects Plan Nach welchen die Neue Contumaze auf der
Türckysche Granitz und zwars zu Mitrowitz am Sau
Strom zu erbauen ohmasgebigst angetragen«*
Johann Georg Zöller
1769; Tusche/Papier, aquarelliert; 44,7 x 64,7 cm
sign. u.re.: Joh. Georg Zöller Sappeur Lieutenant
Wien, Österreichisches Staatsarchiv [Sanitäts-
Hofkommission, Contumaz Pläne, Plan N° 4 (Fol. 16)]

1/70

1/68

»Szluiner Contumaz Hauses Grundriß und Profil, wie es
A.° 1771 gestanden ist.«
Anton von Pintershoffen
1771; Bleistift, Tusche/Papier, aquarelliert;
49 x 69 cm
sign. u.re.: Anton v. Pintershoffen,
Ingenieur Lieutenant
Wien, Österreichisches Staatsarchiv, Kriegsarchiv
[Sanitäts-Hofkommission, Contumatz Pläne,
Plan N° 21 (Fol. 120)]

1/69

»Szluiner zuzurichten kommenden alten Contumaz
Haußes Grundris und Profil.«
Anton von Pintershoffen
1771; Tusche/Papier, aquarelliert; 53,3 x 73,4 cm
sign. u.re.: Anton v. Pintershoffen,
Ingenieur Lieutenant
Wien, Österreichisches Staatsarchiv, Kriegsarchiv
[Sanitäts-Hofkommission, Contumatz Pläne,
Plan N° 21 (Fol.119)]

1/70

»ESQUELETTE saemmtlicher k.k. Militair-Graenzen
reducirt aus verschiedenen Kriegs-Karten mittelst 10 zur
Basis dienenden astronomisch berechneten Puncten 1800«
1800; kolorierte Federzeichnung; 66,8 x 136 cm
Wien, Österreichisches Staatsarchiv, Kriegsarchiv
[Kartensammlung, B IX a 750]

1/71

»Consilium Medicum, Oder Freundliches Gespraech/ Uber
den betruebten vnd armseligen Zustand der Kaeyserl.
Residentz- vnd Haupt-Stadt Wien in Oesterreich/ bey diser
gefaehrlichen/ vnd vorhero nie erhoerten Contagion. Mit
hoechstnutzlichen Befrag- vnd Antwortungen/ von deren
Ursprung/ Ursachen/ Progreß oder Zunehmung/ von
unterschiedlichen Differentien vnd Proprietaeten/ oder
Eigenschafften/ Umbstaend/ Accidentien/ Expertentzen/
und Observationen/ Item Wie man solle allen Zufaellen
vorkommen/ vnd sich in der Diaet verhalten. Zwischen dem
Polylogum Curiosulum, vnd dem Orthophilum Medicum«
Paul de Sorbait (1624–1691)
bei Johann Baptist Mayer, Salzburg
1679; Buchdruck, XIV u. 119 S.; 13,5 x 8 cm
Berlin, Staatsbibliothek zu Berlin PK [Iu 5246]

1/72

Bildnis des Paul de Sorbait
Gerhart Bouttats
Kupferstich; 33,3 x 20,7 cm
Wien, Institut für Geschichte der Medizin der
Universität Wien [II R 312/4]

1/73

»Mercks Wienn/ Das ist: Deß wuetenden Todts Ein
umbstaendige Beschreibung/ In Der beruehmten Haubt
und Kayserl. Residentz Statt in Oesterreich/ Im sechzehen
hundert/ und neun und siebentzigsten Jahr/ Mit
Beyfuegung so wol Wisen als Gwissen antreffender Lehr.«
Titelabbildung mit Tod und Vienna vor der Stadt Wien
Abraham a Sancta Clara (1644–1709)
1680; Buchdruck, 212 S.; 16 x 10,5 cm
Berlin, Staatsbibliothek zu Berlin PK,
Handschriftenabteilung [Db 8762 R]

1/76

1/74

»Mercks Wien/ Dreßden und Leipzig/ Das ist: Deß
wuetenden Todts Ein umstaendige Beschreibung/ In Der
beruehmten Haupt- und Kaeyserl. Residentz=Stadt in
Oesterreich/ Wie auch der beruehmten Chur-Saechs.
Residentz=Stadt Dreßden und Leipzig/ Im sechzehen
hundert/ und neun und siebentzigsten und Achtzigsten
Jahr/ Mit Beyfuegung so wol Wissen als Gewissen
antreffender Lehr.«
P.A.S.C. / R.A.B. u. K.P.
bei Heinrich Friesen, Frankfurt a. M.
1681; Buchdruck, 12 S.; 18,2 x 14,9 cm
Berlin, Staatsbibliothek zu Berlin PK,
Handschriftenabteilung [Db 8767 R]

1/75

1/75

»Loesch Wienn/ Das ist: Ein Bewoegliche Anmahnung zu
der Kayserl. Residentz=Statt Wien in Oesterreich/ Was
Gestalten Dieselbige der so viel tausend Verstorbenen
Bekandten und Verwandten nicht wolle vergessen/ welche
vor einem Jahr zur harten Pest-Zeit ohne gewoehnliche
Leichbesingnuß/ ohne Begleitung der Freundschafft etc.
elend unter die Erde gerathen.«
Titelabbildung mit trauernder Vienna
Abraham a Sancta Clara (1644–1709)
bei Peter Paul Vivian, Wien
1680; Buchdruck, 89 S.; 16,5 x 9,5 cm
Berlin, Staatsbibliothek zu Berlin PK,
Handschriftenabteilung [Db 8741 R]

1/76

»Oesterreichisches Deo Gratias, Das ist: Eine ausfuehrliche
Beschreibung eines Hochfeyerlichen Danck=Fests/ Welches
Zu Ehren der Allerheiligsten Dreyfaltigkeit wegen gnaediger
Abwendung der ueber uns verhuengten schweren Struff der
Pest in der Kaeyserlichen Haupt= und Residentz=Stadt
Wienn/ den 17. Junii A. 1680. durch die Loebl. N. O.
Herren Land=Staend hoechstauferbaulich angestellet
worden. Samt einer kurtzen Predigt/ so vor einer
Volckreichen Versammlung in der Mitte der Stadt bey der
Saeulen der Allerheiligsten Dreyfaltigkeit vorgetragen.«
Titelabbildung mit Darstellung der hölzernen Pestsäule
Abraham a Sancta Clara (1644–1709)
bei Peter Paul Vivian, Wien
1680; Buchdruck, 44 S.; 16,5 x 10 cm
Berlin, Staatsbibliothek zu Berlin PK,
Handschriftenabteilung [Db 8571 R]

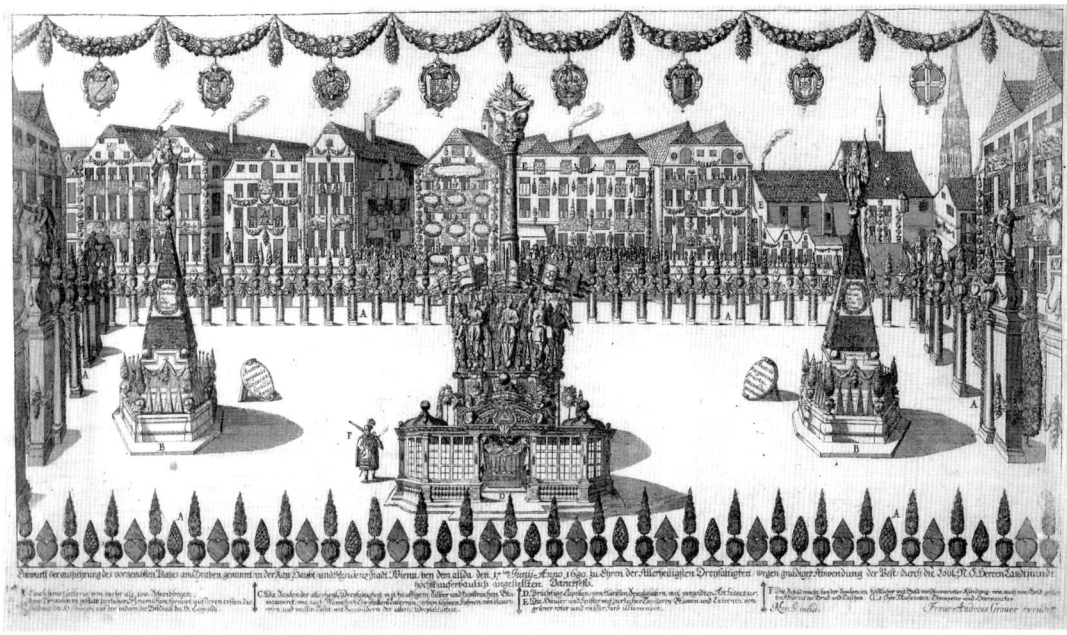

1/77

»*Der grausame/ von Gott verhengte/ Und im Finstern
schleichende/ doch zimlich entdeckte Meuchel-Moerder/
Das ist: Gruendlicher Bericht Von der Pest*«
mit einer Illustration zum Bibelvers 2 Samuel, Vers 24:
»Weil du versuendigt dich/ durch deß Volcks stolzes
Zaehlen; So mußt von Hunger/ Schwert/ und Pest/
dir eins erwählen. – Ach Herr/ die Wahl ist schwehr/
ich foerchte mich vor allen! Doch weil ich waehlen soll:
Laß in dein Hand uns fallen«
Peter Rommel; Kupferstecher: Daniel Steudner
(tätig Augsburg, 2. H. 17.Jh.)
bei Matthias Wagner, Frankfurt a.M.
1680; Buchdruck, III u. 235 S.; 16,5 x 10,7 cm
sign. Kupferstich u.re.: D. Steudner sculp.
Berlin, Staatsbibliothek zu Berlin PK [Iu 5252]

1/78

Das Pestlazarett am Alsergrund
Votivbild auf die Pest von 1679
um 1680; Öl/Lw; 94 x 116 cm
Wien, Pfarre St. Michael

1/79

Die erste, hölzerne Pestsäule auf dem Graben
Johann Martin Lerch
1679; Kupferstich; 42,4 x 25 cm
sign. u.M.: I M Lerch fec
Wien, Historisches Museum der Stadt Wien [31.299]

1/80

»*Entwurff der ausziehrung des vornembsten Platzes am
Graben genannt/ in der kay. Haubt- und Residenz Stadt
Wienn/ bey dem allda den 17ten Junii Anno 1680 zu Ehren
der Allerheiligsten Dreyfaltigkeit/ wegen gnädiger
Abwendung der Pest/durch die Löbl. N.Ö.: Herren
Landständt*«
Johann Martin Lerch
1680; Kupferstich; Plr: 33,3 x 59 cm, Blatt: 43 x 61,8 cm
sign. u.re.: MLerch incid: Franc. Andreas Groner
excudit
Wien, Historisches Museum der Stadt Wien [87.010]

1/81

*Zwei Entwurfsskizzen zur Neugestaltung der Wiener
Pestsäule*
Ludovico Burnacini (1636–1707)
nach 1687; Blei/Papier; Blatt a1: 35,5 x 24 cm, Blatt a2:
35 x 20 cm
mon. jeweils u.re.: LBF.
Wien, Österreichisches Theatermuseum
[Cod. min. 29 fol 58a/1 und 58a/2]

1/82

Die vollendete Dreifaltigkeitssäule im Graben
Bartholomäus Kilian (1630–1696)
nach Ludovico Burnacini (1636–1707)
1697; Kupferstich; 144 x 77 cm
sign. u.M.: Ludovicus Octavius Burnacini Invenit et
Delineavit Bartholomae Kilian sculpsit Aug. Vind.
Wien, Graphische Sammlung Albertina
[Kasten 9 Zwf. Bl. 36]

1/83
Benediktuspfennig
Av.: Darstellung der hölzernen Pestsäule in Wien
Rev. beschriftet: SS : TRIAS REFVGIVM VIENNENSIVM.
18. Jh.; Kupfer; 28 x 24 mm
Hamburg, Museum für Hamburgische Geschichte,
Münzkabinett [1959/75, Nr. 398a]

1/84
*Gedenkmedaille auf die San Carlo Borromaeo gewidmete
Votivkirche zu Wien*
Daniel Warou (um 1674–1729)
Av.: Profil Kaiser Karl VI.; Umschrift: CAROLVS VI –
CAESAR AVG
Rev.: Frontansicht der Kirche; im Abschnitt: DIVO
CAROLO BOROM: EX VOTO MDCCXVI; Umschrift:
QVOD POPVLVS – PESTE LIBERATVS
Silber, 70,5 gr.; Dm 55 mm
sign. Rev. im Rund: WAROV
Hamburg, Museum für Hamburgische Geschichte,
Münzkabinett [1959/75, Nr. 653]

1/85
*»Veuë de l'hôtel de Ville de Marseille, et d'une partie de son
Port – Dessiné sur le Lieu pendant la peste arrivée en 1720.«*
Jacques Rigaud (1681–1753), vermutlich nach Michel-
Jacques-Gaspard Serre (1658–1733)
Radierung; Plr: 37 x 54,8 cm, Blatt: 50 x 67 cm
sign. u.li.: J.R. Ingen. inven. et Sculp.; u.re.: Rigaud jnu.
Sculp.
Coburg, Kunstsammlungen der Veste Coburg,
Kupferstichkabinett [IX.568.172]

1/86
»La peste dans la ville de Marseille en 1720«
Simon-Henri Thomassin (1687–1741) nach
Jean-François de Troy (1679–1752)
1727; Kupferstich; Plr: 59,5 x 90,2 cm,
Blatt: 64,3 x 94,5 cm
sign. u.li.: Peint par J.B. de Troy fils; u.re.: Gravé par
S. Thomassin 1727
Coburg, Kunstsammlungen der Veste Coburg,
Kupferstichkabinett [VII.252.325]

1/87
*»Das Anno 1720. im Monat Juni mit der erschroecklichen
Strafe Gottes/ der entsetzlichen Pestilentz heimgesuchte
Marsilien«*
Kupferstich; Plr: 18,8 x 29,1 cm, Blatt: 48 x 38,5 cm
Paris, Bibliothèque Nationale, Cabinet d'Estampes
[Qb 1720. Coll. Hennin. t. 89n° 7761 et Qb1 1720]

1/88
Bericht über die Pest in Hongkong im Jahre 1894
Alexandre Yersin (1863–1943)
in: Annales de l'Institut Pasteur, Bd. 8, 1894,
S. 662–667
Buchdruck; 24,3 x 18 cm
Berlin, Robert Koch-Institut, Bibliothek [II A 6b:23]

1/88

1/89
Medaille auf Alexandre Yersin (1863–1943)
Av.: Bildnis Yersins
Rev.: INSTITUT PASTEUR – COLONIAUX DOCTEUR
YERSIN
Bronze; Dm 72 mm
sign. Av. u.re.: Benjamin 71
Paris, Musée d'Histoire de la Médecine

Fig. 18. — Early and advanced Pneumonic Plague patients. (Chapter V.)

Fig. 19. — Admitting plague patients in the open air, Harbin 1921. (Chapter V.)

1/90

»*Khanpur Station showing Disinfecting Lines and Hospital*«
in: The Plague in India 1896/1897, Vol. IV: Maps and Charts, Map. No. 18
Compiled by R. Nathan, Calcutta
kolorierte Lithographie; M: 1 inch = 200 feet, 35,6 x 50,8 cm
Berlin, Robert Koch-Institut, Bibliothek [IL 23: 11, Bd. 4]

1/91

»*Bilder aus der Zeit der Lungenpest=Epidemien in der Mandschurei 1910/1911 und 1921*«
Dr. med. Roger Baron Budberg (1867–1926)
Verlag von Conrad Behre, Hamburg
1923; Buchdruck, 312 S.; 22 x 15 cm
Berlin, Staatsbibliothek zu Berlin PK [Iu 5795]

1/92

»*A Treatise on Pneumonic Plague*«
mit Abbildungen von der Lungenpestepidemie in der Mandschurei 1921
Wu Lien-Teh
Publications of the League of Nations, Genf
1926; Buchdruck, XIV u. 466 S., 40 Tafeln; 24 x 16 cm
Berlin, Robert Koch-Institut, Bibliothek [IL 23: 22]

1/93

1/93
»Die Pest«
Abbildung in: »Simplicissimus«, 15. Jg., Nr. 47, vom
20. Februar 1911
Thomas Theodor Heine (1867–1948)
Lithographie; Bild: 24 x 20 cm, Blatt: 37 x 27 cm
Berlin, Staatsbibliothek zu Berlin PK
[2° Stabi 1623, Bd. 15 (1910/11)]

1/94
Schutzmantelmadonna von Kaisheim
mit einem Gebet in lateinischer Sprache
Hans Holbein der Ältere (1460/70–1524)
um 1502; Holzschnitt, Typendruck; 34,8 x 26,8 cm
Berlin, SMB, Kupferstichkabinett [1-57 (N)]

1/95
Votivtafel mit Darstellung des heiligen Sebastian
1680–1700; Öl/Lw; 79 x 65 cm
München, Bayerisches Nationalmuseum [Kr V 270]

1/96
Der heilige Sebastian
Einblattdruck mit einem handschriftlichen Pestgebet
um 1490; Holzschnitt, handschriftlicher Zusatz;
14,9 x 13,3 cm
Nürnberg, Germanisches Nationalmuseum,
Kupferstichkabinett [H 5521, Kapsel 7]

1/97
*»Vil menschen weren der pestilencz frey westen sy dar für
ein rechte ertzney«*
Pestregiment mit zwei Szenen:
1. Martyrium des heiligen Sebastian
2. Der heilige Achatius wird mit seinen Soldaten von
Dornen gepeinigt
bei Günther Zainer, Augsburg
um 1472; Holzschnitt, Typendruck, 2-spaltig,
rubriziert; Blatt: 40,5 x 26 cm
Leipzig, Universitätsbibliothek Leipzig,
Sondersammlungen [Ed. vet. s.a.m. 68r]

1/98
Die Heiligen Rochus und Sebastian
Hans Schäufelein (1480/85–1538/40)
1510; Holzschnitt; 23,1 x 15,3 cm
mon. u.M. auf Täfelchen: HS (ligiert)
Wien, Graphische Sammlung Albertina
[Klebeband D I 22, fol. 32 (1937-2000)]

1/99
*»Ein geystliche ertzeney fur die grausam erschrecklich
pestilentz«*
Pestregiment mit zwei Szenen:
1. Die Madonna mit den Heiligen Rochus und
Sebastian
2. Gottvater, König David und Moses
Erhard Schoen (nach 1491–1542)
bei Friedrich Peypus, Nürnberg
um 1525; Holzschnitt in drei Blöcken, Typendruck;
28 x 39,8 cm
Gotha, Schloßmuseum Gotha, Kupferstichkabinett
[Xyl. II. 276 / 37,14 a/b]

1/100
Szenen aus der Legende des heiligen Rochus
Teile eines Rochusaltars
a) Geburt des Heiligen
b) Der Heilige verläßt seine Eltern
c) Der Heilige im und vor dem Spital in Piacenza
d) Der Heilige in einer Waldhütte bei Piacenza, besucht
von einem Edelmann der Umgebung und ernährt von
dessen Hund
e) Der Heilige wird nach seiner Rückkehr in die
Heimat unerkannt als Spion verhaftet
f) Der Heilige stirbt und wird nach seinem Tode von
seinen Verwandten erkannt
Schule des Hans Leonhard Schäufelein
um 1530; Öl/Holz; Tafeln a) – d) 68 x 51 cm,
Tafeln e) – f) 49,5 x 49,5 cm
Regensburg, Museen der Stadt Regensburg
[K 1955/24 a-f]

1/101

Der heilige Rochus am Krankenbett
Titelabbildung in: »Das leben des heiligen herrn sant
Rochus«
Nürnberg, o.J. (1484); Holzschnitt, Buchdruck,
rubriziert; Bild: 15,8 x 9,5 cm, Blatt: 20,5 x 14,5 cm
München, Bayerische Staatsbibliothek, Handschriften-
und Inkunabelabteilung [4° Inc. c.a. 366]

1/102

Der heilige Rochus
Titelabbildung in: »Vita sancti Rochi«
Francesco Diedo
bei Peter Friedberg, Mainz
o.J. (um 1494/95); Holzschnitt, Typendruck, rubriziert;
Bild: 11,5 x 10 cm, Blatt: 19,3 x 14 cm
München, Bayerische Staatsbibliothek, Handschriften-
und Inkunabelabteilung [4° Inc. s.a. 1198]

1/103

Der heilige Rochus
Bernhard Strigel (1460–1528)
um 1490; Öl/Holz; 107, 5 x 60 cm
Zürich, Sammlung Engeler

1/104

Der heilige Rochus
in: »Liber Chronicarum«
Hermann Schedel (1440–1541)
Nürnberg; 1493; altkolorierter Holzschnitt,
Typendruck; Blatt: 34 x 23,2 cm
Zürich, Sammlung Engeler

1/101

1/95

1/105

Der heilige Rochus
in einem »Hortulus animae«
Straßburg; um 1510; Holzschnitt; 6,4 x 5,4 cm
Zürich, Sammlung Engeler

1/106

Der heilige Rochus
in einem »Livre d'Heures«
Paris; um 1510; Metallschnitt, Druck in Schwarz und
Rot; 13,5 x 9 cm
Zürich, Sammlung Engeler

1/107

Gefangennahme Christi
in einem »Livre d'Heures«
unten links in Bordüre der heilige Rochus
bez.: Passio domini nostri iesu christi secundum
Johannem.
Paris; um 1510; altkolorierter Metallschnitt; 13,5 x 9 cm
Zürich, Sammlung Engeler

1/111

Der heilige Rochus
in einem »Hortulus animae«
Hans Springinklee
Nürnberg; 1519; Holzschnitt; 11,5 x 8 cm
Zürich, Sammlung Engeler

1/112

Der heilige Rochus
in einem »Livre d'Heures«
Bildunterschrift: Sancte roche ora pro me.
um 1520; farbige Miniatur, Pergament; 15,7 x 10,5 cm
Zürich, Sammlung Engeler

1/104   **1/108**

Der heilige Rochus
in einem »Hortulus animae«
Nürnberg; 1510; Holzschnitt; 9,8 x 6,2 cm
Zürich, Sammlung Engeler

1/109

Der heilige Rochus
in einem »Hortulus animae«
Hans Springinklee
Nürnberg; 1516; altkolorierter Holzschnitt; 14 x 9 cm
Zürich, Sammlung Engeler

1/110

Der heilige Rochus
in einem »Heiligen-Leben«
Jacobus de Voragine
Straßburg; 1517; Holzschnitt, Typendruck; 15 x 24 cm
Zürich, Sammlung Engeler

1/113

Der heilige Rochus
in einem »Seelengärtlein«,
Nürnberg; um 1530; Holzschnitt; 13,5 x 8,5 cm
Zürich, Sammlung Engeler

1/114

Der heilige Rochus
Pieter Kuits
Flandern; 1635; Holzschnitt; 22,7 x 15,2 cm
sign. u.: A. Sallares. pin – 1635. – P.K.
Zürich, Sammlung Engeler

1/115
Der heilige Rochus
Pietro Testa von Lucca (1611–1650)
1640; Radierung; 27,3 x 19,5 cm
bez. u.li.: Giod (unleserlich) Rossi le Stampa in Roma
(unleserlich)
Zürich, Sammlung Engeler

1/116
Der heilige Rochus
Aufschrift: EN VALLADo. EN CASA DE ALONSO DEL
RIEGO
Spanien; 17. Jh.; Holzschnitt; 25 x 17, 5 cm
Zürich, Sammlung Engeler

1/117
Der heilige Rochus und ein Bischof
Levante/Spanien; Mitte 15. Jh.; Öl/Holz; 89 x 81 cm
Zürich, Sammlung Engeler

1/118
Der heilige Rochus
flämisch/niederländisch; 16. Jh.; Öl/Holz;
62,3 x 42,5 cm
Zürich, Sammlung Engeler

1/119
Der heilige Rochus
Spanien; 17. Jh.; Öl/Lw; 52,2 x 22 cm
Zürich, Sammlung Engeler

1/120   1/117
*Christus, der heilige Rochus und der heilige Sebastian über
der Stadt Saragossa*
Mazo (um 1612–1667) zugeschrieben
Spanien; 1649; Öl/Lw; 135 x 98,5 cm
Zürich, Sammlung Engeler

1/121
Pestfahne
Georg Zegler (1730–1785) zugeschrieben
Öl/Lw, doppelseitig bemalt; 119 x 88 cm
Flintsbach, Katholisches Pfarramt

1/113

1/122 a

1/122 b

1/122 d

1/122 e

1/122 f

1/122 g

1/122 h

1/122 p

SAN. ROQUE

1/124

1/122

Eine Serie plastischer Darstellungen des heiligen Rochus
a) flämisch-niederländisch; 1480–1500; Linde;
H 55 cm
b) Süddeutschland; um 1580; Eiche; H 60 cm
c) spanisch-deutscher Stil; um 1580; Eiche; H 79 cm
d) spanisch-deutscher Stil; 16. Jh.; Nußbaum; H 32 cm
e) Spanien; 1550–1580; Nußbaum; H 55,5 cm
Schule des Juan de Juni
f) Salamanca/Spanien; um 1650; Nußbaum; H 115 cm
g) Kastilien/Spanien; um 1680; Nußbaum; H 30,8 cm
h) Spanien; um 1680; Ulme; H 66 cm
i) Palencia/Spanien; 17. Jh.; Nußbaum; H 75 cm
j) Valladolid/Spanien; 17. Jh.; Nußbaum; H 64,5 cm
k) Kastilien/Spanien; um 1680; Nußbaum; H 43 cm
l) Spanien; um 1680; Nußbaum; H 86 cm
m) Nordspanien; Ende 17. Jh.; Nußbaum; H 79 cm
n) Kastilien/Spanien; um 1700; Nußbaum; H: 88 cm
o) Nordspanien; 1700–1720; Nußbaum; H 59,5 cm
p) Philippinen; 1760–1780; Nußbaum; H 37 cm
bez. u.M.: SAN ROQue
Zürich, Sammlung Engeler

1/123

Der heilige Rochus
schweizerisch-elsässischer Raum; Ende 15. Jh.;
Knochenschnitzerei nach Art der Embriachi-Werkstatt;
H 10,5 cm
Zürich, Sammlung Engeler

1/124

Der heilige Rochus
Relief
Medina del rio seco/Spanien; um 1600; Nußbaum;
51 x 39 cm
Zürich, Sammlung Engeler

1/125

Die Auswirkungen der Pest
Petrarca-Meister (tätig 1516–1522)
in: »Das Glückbuch/ Beydes des Gutten und Boesen/
darinn Leere und trost/ weß sich menigklich hierinn
halten soll/ Durch Franciscum Petrarcam vor im Latein
beschriben/ und yetz grüntlich verteütscht/ mit
schoenen Figuren/ Concordantzen/ Register/durchaus
gezieret/ der gestalt vor nie gesehen.«
aufgeschlagen: »Das XCII.Capitel/von dem
brechen/sterben/und pesti/lentz/die weit und brait
umb sich frisset/tobet/und wuettet.«
Übersetzer: Stephanus Vigilius
bei Heinrich Stainer, Augsburg
1539 (1. Aufl.1532); kolorierter Holzschnitt,
Buchdruck, Einband: Holz, Leder; Bild: 10 x 15,5 cm,
Blatt: 31,6 x 23,0 cm
Berlin, Staatsbibliothek zu Berlin PK,
Handschriftenabteilung [4° Np 1762a R]

1/126

Die Auswirkungen der Pest
Petrarca-Meister (tätig 1516–1522)
in: »VANQVETE DE NOBLES CAVALLEROS E MODO DE
BIVIR DESDE que ... e trata del regimiento curatiuo e
preseruatiuo delas fiebres Pestilenciales e dela
Pestilencia ...«
Luis Lobera de Avila
bei Heinrich Stainer, Augsburg
1530; Holzschnitt; Bild: 10 x 15,5 cm, Blatt: 15 x 20 cm
München, Bayerische Staatsbibliothek, Handschriften-
und Inkunabelabteilung [4° A. obst. 19/5]

1/127

Der heilige Rochus erscheint den Pestkranken
oberitalienisch; 1. Hälfte 17. Jh.; Öl/Holz; 63,5 x 42 cm
Budapest, Szépmüvészeti Múzeum [4233]

1/128

*Der heilige Karl Borromäus reicht einem Pestkranken die
Kommunion*
Januarius Zick (1730–1797)
1787; Öl/Lw; 47,5 x 34 cm
sign.: ja: Zick inv.: et pinx.: 1787
Berlin, SMB, Gemäldegalerie [Nr. 1923]

1/129

Der heilige Karl Borromäus fleht um das Nachlassen der Pest in Mailand

Jean-Michel Moreau (1741–1814) nach Joseph Antoine David, gen. de Marseille (1725–1789)

1764; Radierung; Plr: 26,6 x 19,3 cm, Blatt: 31,3 x 20,8 cm

sign. u.li.: David Massiliensis delineavit 1764.; u.re.: Moreau Sculpsit.

Coburg, Kunstsammlungen der Veste Coburg, Kupferstichkabinett [X. 67. 11]

1/129

1/130

Der heilige Karl Borromäus unter den Pestkranken

François de Poilly (1623–1693) nach Pierre Mignard (1612–1695)

Kupferstich; 63,7 x 45 cm

sign. u.li.: Petrus Mignard archetypum Pinxit Romae pro Altari Maiori S. Caroli ad Catinarios; u.re.: De Poilly Sculp. et exc. Romae Superior licentia cum priuil. Regis Christ^mi

Wien, Graphische Sammlung Albertina [Klebeband Fr. II. 17, fol. 24]

1/131

Der heilige Rochus

bez.: ERIS IN PESTE PATRONUS

1840; kolorierte Lithographie; 31,0 x 21,8 cm

Zürich, Sammlung Engeler

1/132

»Bonaparte touchant les Pestiférés«
Jean-Baptiste Thibault (1809–?)
nach Jean-Antoine Gros (1771–1835)
um 1830; kolorierter Holzschnitt; 41,8 x 63,8 cm
Philadelphia (Pennsylvania), Philadelphia Museum
of Art ['58–133–248]

1/133

*Fünf Exvotos für den heiligen Rochus aus der Sammlung
Engeler, Zürich*
a) Aufschrift: EX VOTO 1875
alpenländisch; 1875; 21,2 x 31,6 cm
b) Aufschrift: 1875
alpenländisch; 1875; 25,4 x 34,4 cm
c) Aufschrift: ex-voto 1883
alpenländisch; 1883; 19,2 x 26,5 cm
d) Aufschrift: ex voto 1901
alpenländisch; 1901; 20,1 x 30 cm
e) Aufschrift: ex-voto 1906
alpenländisch; 1906; 19,8 x 30,4 cm

1/134

Pestkruzifixus
Meinrad Guggenbichler (1649–1723)
Anfang 18. Jh.; Linde; 119 x 99 cm
Köln, Schnütgen-Museum [A 325]

1/135

Pestkreuz
15. Jh.; Kupfer; 21 x 18 cm
Bludenz, Museum der Stadt Bludenz

1/136

Pesttaler mit Öse
Av.: Darstellung von Pesttoten und der Anbetung des
Schlangenpfahls; beschriftet: 15-28 NVM-RI 21;
Umschrift: DER HER SPRAC ZV MOSE MAC DIR EIN
ERNE SLANG UND RICHT SI ZVM ZEIGEN AVF WER
GEPISN IST VND SICT SI AN DER SOL LEBEN
Rev.: Darstellung der Anbetung des gekreuzigten
Christus; beschriftet: IOAN-NES 3; Umschrift: GLEIC WI
DIE SLANG SO MVS DES MENSEN SON ERHOET WERDN
AVF DAS AL DI AN IN GLAVBEN HABEN DAS EWIC
LEBEN
1528; Silber, vergoldet; Dm 48 mm
Hamburg, Museum für Hamburgische Geschichte,
Münzkabinett [1959/75, Nr. 281]

1/134

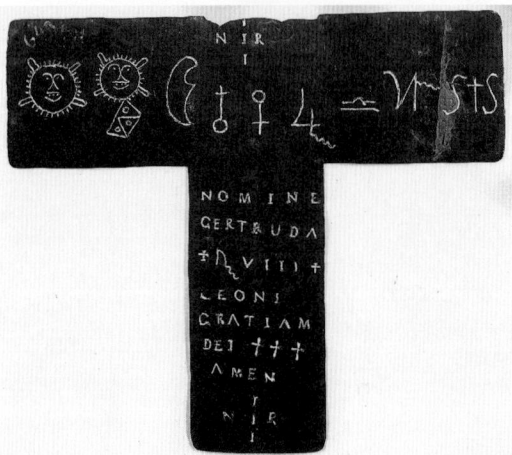

1/135

1/137

Pesttaler
Av.: Darstellung der Anbetung des Schlangenpfahls,
rechts kniet Moses; beschriftet: DER HER SPRACH ZV
MOSSE MACHE DIR AIN ERNE SLANGE VN RICHT SI
ZVM ZAICHEN AVF WER GEBISSE IST VND SICHT SI AN
DER SOL LEBEN – NVMERI ZI MDXXXI
Rev.: Darstellung der Anbetung des gekreuzigten
Christus, in der Ferne Jerusalem; beschriftet: WIE DI
SLANG: SO MOSE ERHOHET: SO MVS DES MENSCHEN
SON ERHOHET WERDEN AVF DAS ALL DI AN IN GLAVBN
HAB DA EWIG LEBE IOHA 3
1531; Silber, 28 gr.; Dm 41 mm
Hamburg, Museum für Hamburgische Geschichte,
Münzkabinett [1959/75, Nr. 286]

1/138
Pesttaler
Av.: Golgathaszene; Umschrift: DIE AEHRIN SCHLAN
SO MOSES AUFRICHTET ANSAHEN WVRDEN WIDER
GESVNNT
Rev.: Die eherne Schlange; Umschrift: DES HERREN
CHRISTI BLUTT IST ALLEIN GERECHT VND GVTT
1562; Silber; Dm 52 mm
München, Bayerisches
Nationalmuseum
[Kr MA 45]

1/138

1/139
Klippe mit Rad und Pfeil
16. Jh.; Silber, 46,5 gr.; 5,2 x 5,2 cm
Hamburg, Museum für Hamburgische Geschichte,
Münzkabinett [1959/75, Nr. 592]

1/140
Zwei Sebastianspfeile mit Ösen
18. Jh.; Messing; a) L 2,5 cm, b) L 4,2 cm
Hamburg, Museum für Hamburgische Geschichte,
Münzkabinett [1959/75, Nr. 593a/b]

1/141
Zwei Sebastianspfeile mit Ösen
19. Jh.; a) Kupfer, b) Messing, versilbert; L je 3,3 cm
Hamburg, Museum für Hamburgische Geschichte,
Münzkabinett [1959/75, Nr. 594a/b]

1/142
Zwei Sebastianspfeile
a) Av.: auf dem herzförmigen Medaillon ist der heilige
Sebastian dargestellt, aus dessen Körper zwei Engel
Pfeile ziehen; auf dem Schaft: S. SEBAS. M. EBERS.
Rev.: im Medaillon IHS mit Herz Jesu und drei
Kreuzhügeln; auf dem Schaft: ORA PRO NOBIS
Silber; L 3,9 cm
[Kr A 1107]
b) Messing; L 3,7 cm
[Kr A 1759]
München, Bayerisches Nationalmuseum,

1/143
Pestpfeil
im Medaillon: Av.: Kreuzigung
Rev.: Muttergottes mit Kind und heiligem Sebastian
Silber; L 5,5 cm
München, Bayerisches Nationalmuseum [Kr A 1911]

1/142
1/143

1/144

1/144
Reliquienkapsel
enthält u. a. Tonfigur des heiligen Sebastian und ein
Donauwörther Pestkreuz
2. Hälfte 18. Jh.; Messing, Ton; 7,1 x 5,1 cm
München, Bayerisches Nationalmuseum [Kr A 504]

1/145
Zwei alchimistische Amulette wider die Pest
Av.: Bildnis des heiligen Sebastian
Rev.: Bildnis des heiligen Rochus
jeweils umgeben von alchimistischen Zeichen
17. Jh.; Blei; Dm 44 mm
Hamburg, Museum für Hamburgische Geschichte,
Münzkabinett [1959/75, Nr. 368a/b]

1/146

Pestamulett
oben Maria, links der heilige Sebastian, rechts der
heilige Rochus, unten die heilige Rosalia
Anfang 17. Jh.; versilbert; Dm 42 mm
Zürich, Sammlung Engeler

1/147

*Andachtsbild mit den Heiligen Sebastian und Rochus sowie
der heiligen Magdalena und einem Zachariaskreuz*
18./19. Jh.; Kupferstich; 12,7 x 8,4 cm
München, Bayerisches Nationalmuseum [Kr Z 206]

1/148

*Pesttafel mit den Heiligen Sebastian und Rochus sowie der
heiligen Magdalena und einem Zachariaskreuz*
bez. o.: Das Heilige Sig=Zeichen. Wider die Pest.;
bez. u.: Diß Hl. Kreutz mein frommer Christ …
18. Jh.; Bronze, graviert und vergoldet; 18,7 x 10,2 cm
München, Bayerisches Nationalmuseum [30/824]

1/149

Zachariaskreuz mit Öse
Av.: Darstellung des heiligen Antonius; beschriftet:
ECCE CRVCEM DOMINI FVGITE PARTES AD VERSAE /
VICIT TRIBV LEO DE IVDA RADIX DAVID ALLE. ALLE:
Rev.: Darstellung der heiligen Maria; mit der
Buchstabenfolge des Zachariassegens beschriftet
19. Jh.; Messing; 6,5 cm
Hamburg, Museum für Hamburgische Geschichte,
Münzkabinett [1959/75, Nr. 587]

1/150

Zachariaskreuz mit Öse
Av.: Darstellung des heiligen Sebastian zwischen den
Querbalken; beschriftet: SAB + Z + HGF + FRS
Rev.: Darstellung des heiligen Rochus zwischen den
Querbalken; beschriftet: + Z + DIA + BZ +
Messing; L 7,1 cm
Hamburg, Museum für Hamburgische Geschichte,
Münzkabinett [1959/75, Nr. 585]

1/151

»Kurze Flammengebete um Abwendung der Seuche«
vierseitiger Faltzettel mit Erläuterung der Zeichen und
Buchstaben des Zachariassegens
19. Jh.; Buchdruck; 18,9 x 22,6 cm
München, Bayerisches Nationalmuseum [Kr Z 560]

1/152

*»Die St. Zacharias-Medaille gegen Pest und ansteckende
Krankheit«*
vierseitiger Faltzettel mit Erläuterung der Zeichen und
Buchstaben des Zachariassegens
bei Carl Poellath, Schobenhausen (Obb.)
19. Jh.; Buchdruck; 13,4 x 17,4 cm
München, Bayerisches Nationalmuseum [Kr Z 154]

1/153

Amulettzettel
um 1750; Kupferstich, Radierung; 15,9 x 11,9 cm
Nürnberg, Germanisches Nationalmuseum,
Kupferstichkabinett [HB 5452, Kapsel 1200]

1/154

Rochussiegel
Av.: Umschrift: SIGNVM ROCHI CONTRA PESTEM
PATRONVS
Rev.: Darstellung des heiligen Georg
16./17. Jh.; Silber; Dm 37 mm
München, Bayerisches Nationalmuseum [Kr MA 46]

1/155

Der heilige Rochus
Anhänger aus Silber
Spanien; 18. Jh.; Silber; 7 x 4,5 cm
Zürich, Sammlung Engeler

1/150

1/153 1/156

Zwei Medaillen vom Wallfahrtsort Altötting
a) Av.: Darstellung des Gnadenbildes; Umschrift:
S. MARIA IN ALTENOETTING BITT VOR VNS
Rev.: Darstellung Christi und zweier Heiliger;
Benediktussegen; Umschrift: ECCE CRVCEM FVGITE
PATRES ADVERSAE 1684
1684; Silber, 11,5 gr.; 4,0 x 3,5 cm
b) Av.: Darstellung der heiligen Kapelle und
Benediktussegen; beschriftet: DIE H. CAPELLN
Rev.: Darstellung des Gnadenbildes; Umschrift:
S. MARIA IN ALTENOETING BITT VOR VNS.
17. Jh.; Messing, vergoldet; 4,2 x 3,7 cm
Hamburg, Museum für Hamburgische Geschichte,
Münzkabinett a) [1959/75, Nr. 413], b) [1959/75, Nr. 415]

1/157

Donauwörther Pestkreuz
Av.: in der Mitte des mittleren Querbalkens die
Donauwörther Pestpieta, Zachariassegen
Rev.: in der Mitte des mittleren Querbalkens
Benediktus, Benediktussegen
Messing; 6,5 x 3,2 cm
München, Bayerisches Nationalmuseum [76/106,86]

1/158

*Die Philister rauben die Bundeslade und werden mit der
Pest bestraft*
Abbildung in: Biblia, niedersächsisch
bei Heinrich Quentell, Köln
um 1478; Holzschnitt; 11,6 x 19,2 cm
Berlin, Staatsbibliothek zu Berlin PK,
Handschriftenabteilung [2° Inc. 1009, fol. 119v]

1/159

Die Beulenplage
Abbildung in: Biblia, deutsch
bei Johann Reinhard Grüninger, Straßburg
1485; kolorierter Holzschnitt; 10,2 x 13,6 cm
Berlin, Staatsbibliothek zu Berlin PK,
Handschriftenabteilung [4° Inc. 2274, Bd. 1, fol. 56v]

1/160

Der büßende David
Lucas van Leyden (1494–1533)
1520; Radierung; 11,8 x 7,9 cm
u.li. auf einem Tüchlein mon.: L und dat.: 1520
München, Staatliche Graphische Sammlung [146521]

1/161

Der büßende David
Aegidius Sadeler (um 1570–1629) nach Marten de Vos
(1532–1603)
um 1590; Kupferstich; Plr: 20,3 x 25,7 cm
sign. u.M.: Martin de Vos figura; u.re.: Johan. Sadler
excud
Coburg, Kunstsammlungen der Veste Coburg,
Kupferstichkabinett [VII.252.325]

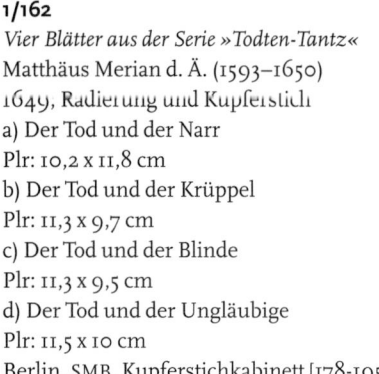

1/162

Vier Blätter aus der Serie »Todten-Tantz«
Matthäus Merian d. Ä. (1593–1650)
1649, Radierung und Kupferstich
a) Der Tod und der Narr
Plr: 10,2 x 11,8 cm
b) Der Tod und der Krüppel
Plr: 11,3 x 9,7 cm
c) Der Tod und der Blinde
Plr: 11,3 x 9,5 cm
d) Der Tod und der Ungläubige
Plr: 11,5 x 10 cm
Berlin, SMB, Kupferstichkabinett [178-1957]

1/163 a–c

1/163

Drei Blätter aus der Serie »Les cinq Morts«
Stefano della Bella (1610–1664)
Paris; 1648; Radierung
a) Der Tod raubt ein Kind
Plr: 18,5 x 15 cm
sign. u.re. außerhalb des Bildovals: ST Bella f
[696-48]
b) Der Tod raubt ein Kind
Plr: 18,4 x 14,9 cm
[697-48]
c) Der Tod raubt eine Frau
Plr: 18,7 x 15 cm
sign. u.re. außerhalb des Bildovals: ST Bella
[698-48]
Berlin, SMB, Kupferstichkabinett

1/164

Die Pest in Phrygien (Il Morbetto)
Marcantonio Raimondi (um 1480–1530) nach Raffael
(1483–1520)
o.li. an der Wand die Inschrift: EFFIGIES SACRAE
DIVO[RVM] PHRIGI:; u.M.: LINQVEBANT / DVLCES ANI /
MAS, AVT AE / GRA TRAHE / BANT / CORP[ORA]
um 1515/16; Kupferstich; 19,9 x 25,5 cm
sign. u.re.: INV. RAP. VR. MAF
Berlin, SMB, Kupferstichkabinett [843-24]

1/165
Die Pest von Asdod
Angelo Caroselli (1585–1652) nach Nicolas Poussin
(1594–1665)
1631; Öl/Lw; 128,9 x 204,5 cm
London, National Gallery [Nr. 165]

1/166
Die Pest von Asdod (nach Nicolas Poussin)
Jean Baron (1616–1660) nach einer Zeichnung von
Guillaume Courtois (um 1628–1679)
um 1647; Kupferstich; 41 x 49 cm
sign.: Nic. Poußinus inuen. et Pinx. Guill. Courtois
Burgû. delin. Joan. Baronius Tolosani Sculp. Romæ
sup.^m licentia
1/169 Berlin, SMB, Kupferstichkabinett [111-67]

1/168   **1/171**
Die Pest der Philister
Jean-Jacques Lagrenée, gen. »le jeune« (1739–1821)
1765; Radierung; Blatt: 21,2 x 27,8 cm
sign. u.li.: Lagrenée n°. 6
Berlin, SMB, Kupferstichkabinett [378-59]

1/167
Die Pest der Philister
Raymond Lafage (1656–1684)
um 1679/80; Radierung; 20,3 x 27,1 cm
sign. u.li.: Lafage fecit; bez. handschriftlich u.M.:
La Peste des Philistins
Berlin, SMB, Kupferstichkabinett [346-59]

1/169
Die Pest
Guillaume Courtois (um 1628–1679)
Radierung; Plr: 29,5 x 30 cm
sign. u.re.: Guil.^mo Cortese pinxit
Berlin, SMB, Kupferstichkabinett [317-54]

1/170
Die Pflege der Kranken
Louis Audran (1670–1712) nach Sébastien Bourdon
(1616–1671)
Kupferstich; Plr: 26,8 x 34,7 cm
sign. u.li.: S. Bourdon pinxit; u.re.: L. Audran Sculp.
Coburg, Kunstsammlungen der Veste Coburg,
Kupferstichkabinett [IX.375.4]

1/171
Die Pflege der Kranken
François Hutin (1686–1758)
Radierung; Plr: 23,1 x 17 cm
sign. u.li.: FR · HVTIN · IN · INC ·
Berlin, SMB, Kupferstichkabinett [318-1920]

1/172
Die Pest von Epirus
Gilles-Edmé Petit (um 1694–1760)
nach Pierre Mignard (1612–1695)
Kupferstich; Plr: 28,8 x 36,9 cm
sign. u.li.: Mignard pinxit. Petit Sc.
Coburg, Kunstsammlungen der Veste Coburg,
Kupferstichkabinett [IX.587.30]

1/173
*»Die große Pest in Wien, an welcher in einem Jahre vom
Jänner bis November 122.849 Menschen starben. 1679«*
Karl Russ (1799–1843)
Feder in Grau, braun laviert; Blatt: 19 x 27 cm
Wien, Österreichische Nationalbibliothek,
Porträtsammlung [Pk 783, Nr. 149]

1/174
Der heilige Rochus unter den Pestkranken
nach Peter Paul Rubens (1577–1640)
Öl/Nußbaum; 56 x 35,5 cm
Dresden, Staatliche Kunstsammlungen,
Gemäldegalerie Alte Meister [Nr. 998]

1/175
Die Wunder des heiligen Franz von Paola
Peter Paul Rubens (1577–1640)
1627/28; Öl/Eichenholz; 64,5 x 73 cm
Dresden, Staatliche Kunstsammlungen,
Gemäldegalerie Alte Meister [Nr. 967]

1/176
Die Pest in Venedig
Antonio Zanchi (1631–1722)
1666; Öl/Lw; 99 x 135 cm
Wien, Kunsthistorisches Museum [G Nr. 430C,
Leihgabe des Vereins der Museumsfreunde]

1/177
»Der schwarze Tod«
Randzeichnung zu einem Gedicht von Hermann Lingg
in: Gedichte von Hermann Lingg, hg. v. Emanuel
Geibel, 2. Aufl., Stuttgart/Augsburg, 1855, S. 33
Karl Theodor von Piloty (1826–1886)
1855; Bleistift; 17,5 x 11 cm
München, Staatliche Graphische Sammlung
[Skizzenbuch 125]

1/178
Liebespaar, von Bacchanten umgeben
Hans Makart (1840–1884)
1863/64; Öl/Lw; 22,5 x 43,8 cm
Salzburg, Residenzgalerie [396]

1/179

1/179
Pestlazarett
Max Klinger (1857–1920)
1903; Kupferstich und Radierung; Plr: 36,5 x 31,2
u.li. in der Platte mon.: MK und dat.: 03; typogr.
bez.: O.FELSING BERLIN IMPR: MAX KLINGER.
Berlin, SMB, Kupferstichkabinett [93-1904]

1/180
König Pest
James Ensor (1860–1949)
1895; Radierung; 10 x 12,1 cm
sign. u.li. in der Platte: J. Ensor 95; mit Bleistift bez.:
Le Roi Peste James Ensor 1895
Berlin, SMB, Kupferstichkabinett [20-1985]

Die Debatte ging 1994 durch alle Medien: Sollten, wie geplant, die letzten existierenden Pockenviren, die tiefgefroren in amerikanischen und russischen Labors lagern, vernichtet werden oder nicht? Die Befürworter der Vernichtung befürchteten, daß die Viren durch einen Unfall austreten und die fast vergessene, hochinfektiöse Ausschlagskrankheit, die über Jahrhunderte unzählige Kinder umgebracht oder entstellt hatte, sich auf der Welt wieder heimisch machen könne. Die Gegner der Vernichtung meinten, die letzten Exemplare des Krankheitserregers sollten der Medizin erhalten bleiben, weil man an ihnen womöglich noch Forschungen anstellen müsse. Überdies sei es ethisch schwer zu rechtfertigen, eine Lebensform durch Menschenhand vorsätzlich auszulöschen.[2] Der Plan, die Viren zu vernichten, wurde vorläufig zu den Akten gelegt. Die Debatte aber hatte eines wieder einmal deutlich in Erinnerung gerufen: Die Pocken sind die einzige Infektionskrankheit des Menschen, die durch umgesetzte medizinisch-wissenschaftliche Erkenntnis ganz von der epidemiologischen Weltkarte gelöscht wurde. Ende der siebziger Jahre wurden die letzten Pockenfälle gezählt. Danach traten sie nur noch in sehr vereinzelten Fällen in abgeschirmten Labors auf und konnten sich nicht weiter fortpflanzen. Gleiches wurde bislang noch bei keiner anderen Seuche erreicht. Es nimmt daher nicht wunder, daß die Verdrängung der Pocken durch die Pockenschutzimpfung von der medizinischen Wissenschaft, und nicht nur von ihr, seit ihren Anfängen bis heute als einer ihrer größten Triumphe gefeiert wird, der an Bedeutung der Entdeckung des Penicillins durchaus gleichkommt. Genausowenig nimmt es wunder, daß Edward Jenner, der die Methode der Kuhpockenimpfung oder »Vakzination« vor fast genau 200 Jahren in die wissenschaftliche Medizin einführte, bis heute als gleichsam medizinischer ›Heiliger‹ gehandelt wird. Läutete Jenner damit doch das Zeitalter der Präventions-

Eberhard Wolff

»Triumph! Getilget ist des Scheusals lange Wuth«

Die Pocken und der hindernisreiche Weg ihrer Verdrängung durch die Pockenschutzimpfung [1]

medizin ein und, mehr noch, das Zeitalter einer Medizin, die in vorher ungekannter Weise wirkungsvoll in das Krankheitsgeschehen eingreifen konnte. Mit der Einführung der Pockenschutzimpfung vor zwei Jahrhunderten zeigte sich ein Vorgeschmack dessen, was wir heute als moderne Medizin kennen.[3]

Was bei all diesem Jubel allerdings meistens unter den Tisch fällt, sind die Schwierigkeiten und Probleme, die mit der Umsetzung dieser Entdeckung einhergingen. Daß dieser Triumph der Medizin nur langsam, mit komplizierten Umwegen, vielen Nebenwirkungen und ›sozialen Kosten‹ erreicht wurde, ist heute kaum mehr bekannt. Auf sie das Augenmerk zu legen heißt nicht, das Verdienst einer Entdeckung schmälern zu wollen, sondern realistischer einschätzen zu können, wie relativ sich medizinischer Fortschritt bei genauerem Hinsehen darstellen kann. Eine solche Perspektive reiht sich ein in die derzeitige Forschungstendenz, ›neue Wege‹ in der Seuchengeschichte zu begehen, die mehr wollen, als nur die Dramatik früherer Seuchenzüge als Legitimation für die moderne Medizin zu benutzen.[4]

Wie kompliziert der Weg der Pockenauslöschung war, zeigt allein schon die Tatsache, daß es nahezu ein Jahrhundert brauchte, um die Pocken zu einer sehr seltenen Krankheit zu machen. **[2/18]** Noch in den frühen 1870er Jahren durchzog eine verheerende Pockenepidemie ganz Europa. Erst danach gelang es mit der Zeit, große Pockenepidemien langfristig und sicher zu verhindern. Schließlich bedurfte es eines weiteren knappen Jahrhunderts, um die Krankheit auf der ganzen Welt zu verdrängen. Dies lag bei weitem nicht einfach nur daran, daß Ärzte zu wenig impften, die Regierungen Impfkampagnen zu wenig forcierten oder die Bevölkerung »impfmüde« war, wie es heute gängigerweise genannt wird. Es brauchte Jahrzehnte, bis die Wirksamkeit des jeweiligen Impfstoffes, die Wirkungsdauer der Impfung und die möglichen gesundheitlichen Risiken dieses medizinischen Eingriffs exakt eingeschätzt und Gefahren umgangen werden konnten. Genauer gesagt täuschte sich ein großer Teil der Ärzteschaft jahrzehntelang über

158

Wirkungsgrenzen und Gefahren der Impfung. Es waren auch nicht allein medizinische Mißerfolge und Irrtümer, die die Eindämmung der Pocken herauszögerten und Rückschläge hervorriefen. Manche Regierungen waren nachlässig oder desinteressiert an Impfkampagnen. Andere Staaten wiederum schossen über das Ziel hinaus und erregten durch ihre allzu rigoros verfügten Impfgesetze Widerstände in der Bevölkerung. Einige Regierungen wiederum verzichteten auf strenge Gesetze, weil sie aus bewußter politischer Überlegung nicht zu weit in die Freiheit des einzelnen Menschen oder die Autonomie der Familie eingreifen wollten.

Am häufigsten beklagten sich Ärzte darüber, daß die Bevölkerung ihre Kinder nicht willig genug zur Impfung »hergebe« – Klagen, die bis heute immer wieder geäußert werden. Das konnte auf Nachlässigkeit und Unverständnis der Eltern beruhen, mußte es aber nicht immer. Manche Eltern waren skeptisch gegenüber Neuerungen, die ihren Nutzen über Jahrzehnte nicht augenfällig genug bewiesen hatten. Schon damals konnte das Vertrauen zwischen Arzt und Patient gestört sein. Andere Eltern

2/17 a
Impfschein. 1830

2/34 a
Impflanzette. 19. Jahrhundert

hatten mehr Furcht vor einem Impfschaden als vor den Pocken selbst oder meinten, die Pocken seien eine unumgängliche, ja für die körperliche Entwicklung notwendige Krankheit. Manche Eltern hatten zudem religiöse Bedenken, wenn sie glaubten, mit der Impfung nicht in Gottes Willen eingreifen zu dürfen. Andere wiederum lehnten sich auch deshalb gegen die Maßnahme auf, weil sie von oben verordnet worden war. Mit impffreudigen Ärzten und skeptischen und impfgegnerischen Eltern kleiner Kinder trafen zwei medizinische Kulturen aufeinander, die oftmals nicht dieselbe Sprache sprachen.

Klagen über eine zu geringe Annahme der Impfung waren so alt wie die Impfung selber. Die Ärzteschaft gehörte zu den lautesten Rufern nach Zwangsmaßnahmen. Doch nur ein Teil der deutschen Regierungen konnte sich durchringen, die Impfung einfach gesetzlich verpflichtend zu machen. Ärzteschaft und Staat versuchten es zunächst mit ›weichen‹ Methoden wie Aufklärungsschriften, Empfehlungen, ja vereinzelt mit positiven Anreizen wie Prämien. Mit den Jahrzehnten gingen viele Staaten in kleinen Schritten zu härteren Maßnahmen wie einem indirekten Impfzwang über, etwa als Bedingung für die Zulassung zu Schulen oder für die Gewährung von Unterstützungsleistungen.

Ein einheitlicher Impfzwang für ganz Deutschland wurde erst nach der Reichsgründung und den Erfahrungen der damaligen letzten großen Pockenepidemie im Jahre 1874 verfügt.[5]

Bereits in den Jahrzehnten zuvor hatten die Bedenken gegen die Pockenschutzimpfung in der Bevölkerung und unter einigen, häufig naturheilkundlich ausgerichteten Ärzten jedoch schon deutlich

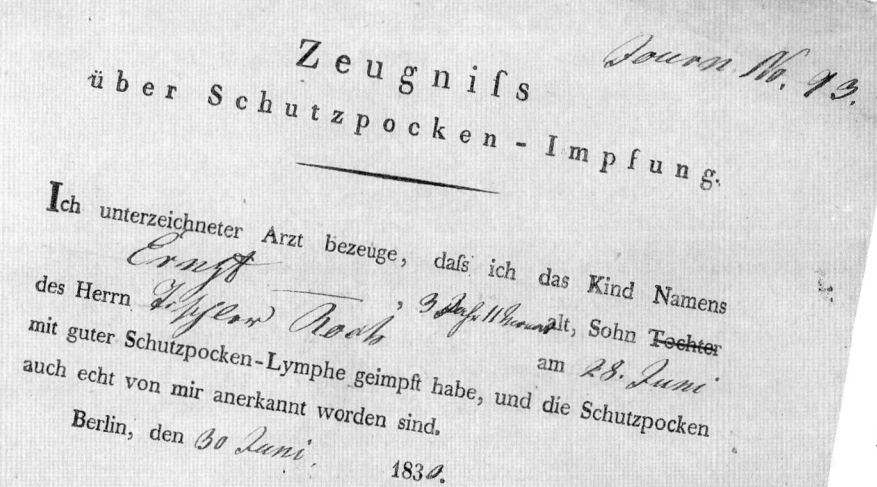

Zeugniß über Schutzpocken-Impfung.

Journ. No. 13.

Ich unterzeichneter Arzt bezeüge, daß ich das Kind Namens *Ernst* des Herrn *Taylor Roch*, 3 Jahr 11 ... alt, Sohn ~~Tochter~~ mit guter Schutzpocken-Lymphe geimpft habe, und die Schutzpocken auch echt von mir anerkannt worden sind.

Berlin, den 30 Juni 1830.

Dr. Gräfe.

an Umfang zugenommen. Das Impfgesetz stellte nur noch einen weiteren Auslöser dar für das Erscheinen eines Widerstands gegen die Vakzination, der einen bis dahin ungekannten Umfang annahm und mit neuen Ausdrucksformen einherging. Es entstand eine breit und öffentlichkeitswirksam agierende Impfgegnerbewegung, die sich in Zeitschriften, Büchern, Broschüren, Flugblättern wie auch vor Gericht und in Parlamenten heiße argumentative Schlachten mit der damals sich formierenden Schulmedizin lieferte.

In dieser Hinsicht ist die Geschichte, wie die Pockenkrankheit als Seuche durch die Impfung verdrängt wurde, alles andere als nur die Geschichte eines der größten Triumphzüge medizinischer Wissenschaft. Sie kann ein plastisches Beispiel dafür abgeben, daß die Medizin nie abgetrennt von anderen Lebensbereichen, von politischen, sozialen oder religiösen Fragen gesehen werden kann. Medizin ist ein Teil der menschlichen Kultur und kein abgeschlossener Bereich, in dem es lediglich um wissenschaftliche Tatsachen geht.

I. Die Pocken – ein alltäglicher Schrecken bis ins 18. Jahrhundert

War zwischen dem 14. und dem 17. Jahrhundert vor allem die Pest die große ›Skandal‹-Seuche bzw. ›Leitkrankheit‹, so war seuchengeschichtlich gesehen das 18. Jahrhundert dasjenige der Pocken.[6] Sicherlich waren Pockenepidemien schon viel früher aufgetreten. Über Jahrhunderte wiederholten sie sich immer wieder. Unter der Masse der als Pocken bezeichneten Erkrankungen waren jedoch auch Fälle von Windpocken, teils sogar von Masern oder anderen akuten Ausschlagskrankheiten. Das Krankheitsbild der echten Pocken (lateinisch: »variola«) wurde in der Wissenschaft und viel mehr noch in der Alltagspraxis erst im Verlauf des 18. Jahrhunderts schärfer abgegrenzt.

Die Pockenkrankheit, in der Umgangssprache und in der Wissenschaft lange Zeit auch »Blattern« genannt, ist eine akute Erkrankung des Menschen durch den Pockenvirus. Diese Krankheitsursache war jedoch bis zum Beginn des 20. Jahrhunderts nicht bekannt.[7] Die Krankheit unterscheidet sich von der heute noch üblichen Kinderkrankheit der Windpocken (lateinisch: »varicella«) vor allem durch ihre viel größere Gefährlichkeit. Nach einer 10–13tägigen Inkubationszeit und einigen Tagen fieberhaften Initialstadiums treten bei den Pocken im Gesicht und auf der ganzen Haut Pusteln hervor, die mit der Zeit eitern und abtrocknen. **[2/1]** Bei einer besonders schweren Erkrankung fließen die Pusteln ineinander und entstellen den Körper, besonders das Gesicht, auf eine schreckenerregende Weise. Der akute Krankheitsverlauf dauert etwa zwei Wochen.

Besonders eindrucksvoll wie auch genau ist das Krankheitsbild der Pocken in zwei Gemälden festgehalten, die den damals 16jährigen Großherzog Ferdinand II. von Toskana, einen Medici, während zwei Stadien seiner Erkrankung im Oktober des Jahres 1626 zeigen. **[2/2, 2/3]** Die beiden Porträts des flämischen Hofmalers der Medici, Justus Sustermans, sind ein medizinhistorisches Dokument von besonderer Qualität, nicht nur wegen der großen Detailtreue eines ausnahmsweise ungeschönten Fürstenporträts, sondern weil parallel dazu ein Hoftagebuch existiert, das den Verlauf der Erkrankung genau festhielt.[8] Dies war auch ein Ausdruck des großen Interesses, das die Renaissance der exakten Naturbeobachtung entgegenbrachte. Ferdinands Krankheit begann mit Kopfschmerzen und hohem Fieber. Ab dem fünften Tag erschienen die ersten Pusteln, die ab dem siebten Tag zu eitern begannen. Das erste Porträt, das diesen Zeitpunkt festhielt, zeigt einen Ausschlag von Pusteln, die an Wangen, Nase und Kinn bereits zusammenfließen. Am neunten Tag, dem Zeitpunkt des zweiten Bildes und Höhepunktes der Krankheit, hatten die nun vollständig eiternden Pocken sein Gesicht dermaßen anschwellen lassen, daß der Medici für zwei Tage die Augenlider nicht mehr öffnen konnte. Ab dem elften Tage war er wieder frei von Fieber, und die Krusten der Pusteln begannen sich zu lösen. Das Unangenehmste war das ihn immer noch quälende

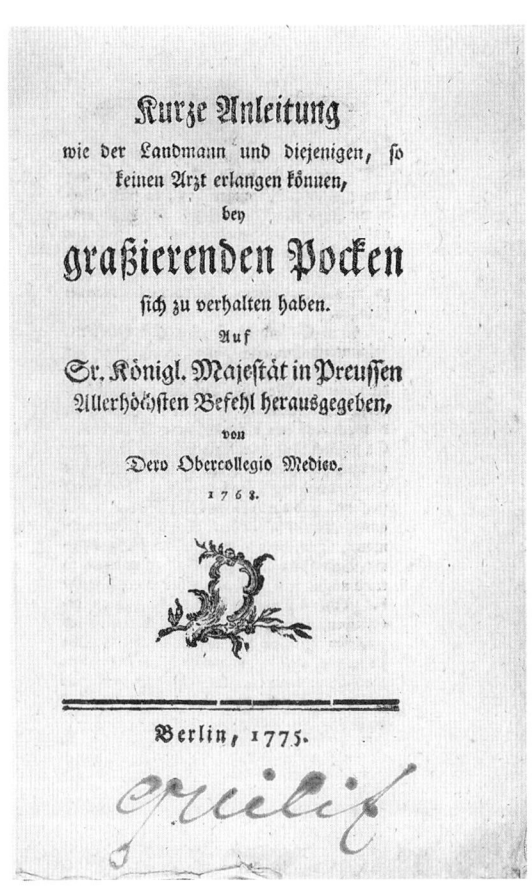

»Kurze Anleitung ...«.
Anweisungen für das Verhalten
während einer Pockenepidemie,
Hg.: Kgl. Preuss. Medizinisches
Oberkollegium, Berlin 1775

lebenden die berüchtigten Pockennarben, zum Teil aber auch andere bleibende Schäden wie eine Erblindung zurück. Bis zu ihrer endgültigen Eliminierung gab es keine Therapie, um eine ausgebrochene Pockenkrankheit wirksam zu behandeln.

Die Pocken waren die längste Zeit eine typische Kinderkrankheit, einfach aus dem Grund, weil ein Großteil der Menschen sie bereits als Kind bekam. Erwachsene, die die Pocken noch nicht durchgemacht hatten, waren allerdings keineswegs sicher vor ihnen. Bis weit ins 19. Jahrhundert hinein traten die Pocken in allen Ständen und Schichten auf. Auch vor großen Herrschern machten sie nicht halt. 1768, im Alter von 50 Jahren, erlitt die österreichische Kaiserin Maria Theresia noch eine Pockenerkrankung. Für ihre Genesung wurde eigens eine Gedenkmedaille [2/4] geprägt.

Ähnlich, wie heute das Gespräch über AIDS in aller Munde ist, wurden im 18. Jahrhundert die Pocken in vorher ungekannter Weise als Problem wahrgenommen. Unzählige Schriften von Ärzten, die sich an die Wissenschaft, die gebildete Bevölkerung oder den »Landmann« wandten, debattierten die Ursachen der damals so genannten »Pockennoth« und gaben Ratschläge zu ihrer Verhütung oder dem besten Verhalten bei einer Erkrankung. [2/6] Diese Aufmerksamkeit gegenüber der Krankheit lag nicht zuletzt auch daran, daß sie nun schlimmer denn je grassierte. Sie herrschte endemisch, d.h. irgendwo im Land wütete sie immer. Sie brach in beinahe regelmäßigen Intervallen von vier bis sieben Jahren, d.h. wenn genügend ansteckungsfähige Kinder nachgewachsen waren, epidemieartig aus und infizierte einen großen Teil der Bevölkerung, welcher die Krankheit noch nicht durchgemacht hatte. Das waren meist die nachgeborenen oder beim letzten Mal verschonten Kinder. Die Seuche kam, brachte die Kinder um oder bewahrte sie für die Zukunft vor nochmaliger Ansteckung. Ein Einzelbeispiel mag dies illustrieren: Von den neun Kindern des pietistischen Pfarrers Philip Matthäus Hahn in Württemberg machten zwischen 1775 und 1789 alle bis auf zwei die Pocken durch. Zunächst erkrankten während einer Epi-

Jucken der Pusteln. Nach zweieinhalb Wochen konnte er erstmals das Bett wieder verlassen. Die nahezu einzige Therapie scheint in den ersten Tagen der Aderlaß gewesen zu sein. Daß erst nach zwei Wochen die Fenster seines Krankenzimmers wieder geöffnet wurden, muß ebenfalls ein Teil der damaligen Behandlungsweise gewesen sein: Man versuchte die Kranken so warm wie möglich zu halten. Ferdinand II. überlebte die Pocken.

War ein Kind – oder seltener ein Erwachsener – mit den Pocken infiziert, so mußte das nicht unbedingt Lebensgefahr bedeuten. Die Sterblichkeit an dieser Krankheit zeigte sich in der Geschichte höchst unterschiedlich und schwankte durchschnittlich um zehn Prozent. Je nach Schwere der Epidemie konnte lediglich einer von zwölf, genauso aber auch jeder dritte Infizierte sterben. Als Folge der Krankheit blieben für die Über-

demie im Jahre 1775 innerhalb gut dreier Wochen seine fünf Kinder der ersten Ehe. In den Jahren 1785 und 1789 erkrankte noch jeweils eines seiner vier Kinder aus zweiter Ehe.[9] »Ohne bestimmte Zahlen anzunehmen«, schreibt der Pockenhistoriker Paul Kübler, »ist man doch zu dem Schlusse berechtigt, daß weitaus der größte Theil der Menschen die Blattern durchmachen mußte.«[10] Vasold hat in jüngster Zeit dafür plädiert, solche Schätzungen nach unten zu korrigieren und eine Erkrankungsquote von zwei Dritteln für zuverlässiger zu halten.[11]

Die Pocken hatten damit auch einen erheblichen Anteil an der ohnehin großen Kinder- und Säuglingssterblichkeit dieser Zeit. Sie waren eine der häufigsten, wenn nicht die häufigste Todesursache der Kinder. Vor allem in den letzten Jahren des Jahrhunderts, als sie besonders in Europa wüteten, töteten sie, teils geschätzt, teils berechnet, in Deutschland jährlich mehr als 60.000 Menschen, in Preußen etwa 40.000 oder etwa vier Promille der Gesamtbevölkerung.[12]

Aus der Sicht der Menschen hatten die Pocken einen eigentümlichen Doppelcharakter. Einerseits stellten sie für die Bevölkerung in der Regel einen Schrecken dar, waren sie doch eine ernsthafte Bedrohung von Leib und Leben der Kinderschaft. Zudem waren sie auf dem Höhepunkt ihres Verlaufes eine ziemlich unansehnliche, ja ekelerregende Krankheit, wie die abgebildeten Moulagen eindrucksvoll zeigen. Was diese Abbildungen darüber hinaus nicht vermitteln können, ist der entsetzliche Gestank, der von einem Patienten auf der Höhe seiner Pockenkrankheit ausging. Auf der anderen Seite stand jedoch die Allgegenwart der Pocken. Sie waren so weit verbreitet, daß es sozusagen als Selbstverständlichkeit angesehen wurde, daß ein Kind einmal in seinem Leben die Pocken durchmachen müsse. »Es ist nur ein Pockenkind«, sagte man dem Hallenser Medizinprofessor Juncker, als er sich in dieser Zeit bei einer Beerdigung über die Teilnahmslosigkeit der Trauergemeinde wunderte. Hauptsorge der Eltern war es daher weniger, die Kinder vor einer

2/5
D. A. Vater:
»Das Blatter=Beltzen«,
Wittenberg 1721

Erkrankung zu schützen, als sie gut »durch die Pocken« zu bringen. Diese Krankheit war damit keine plötzliche und unerwartete Katastrophe wie etwa die Cholera und zum Teil die Pest, sondern eine relativ erwartbare Bedrohung. Aus diesem Grund wurde sie viel mehr noch als die anderen Seuchen zum Bestandteil des individuellen oder kollektiven Alltagslebens der Familien.

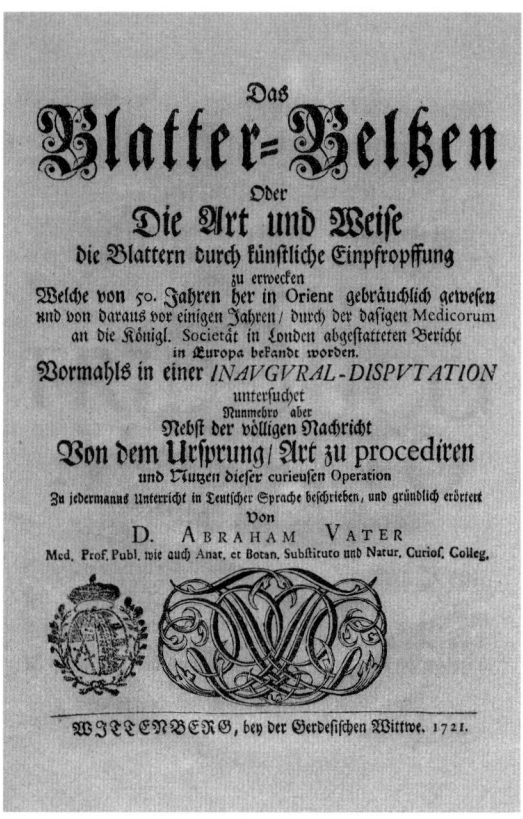

II. »Variolation« – der Vorläufer der Pockenschutzimpfung

Daß das Zeitalter der Impfungen mit Jenner eingeläutet wurde, ist im Grunde genommen falsch. Denn viele Jahrzehnte vor 1796, als der englische Landarzt den ersten Versuch unternahm, einen Menschen durch Einimpfen der relativ ungefährlichen Kuhpocken gegen die mit ihnen verwandten Menschenpocken zu immunisieren (»Vakzination«), wurde bereits in begrenztem Umfang eine andere Art des vorbeugenden Pockenschutzes praktiziert, die »Variolation«.

Diese Methode war die Einimpfung echter Menschenpocken. Die künstlich herbeigeführte Infektion, nach Möglichkeit mit Pockenmaterial aus einer leichten Epidemie, sollte wesentlich ungefährlicher, schwächer und kontrollierter ablaufen als eine spontane Erkrankung. Die einmal durchgemachte Krankheit bot Schutz vor einer späteren, zufälligen und womöglich wesentlich ernsthafteren Pockenerkrankung. Zeitgenössisch wurde die Variolation als »künstliche Blattern« von den »natürlichen Blattern« unterschieden. Ein anderer geläufiger Begriff für diese Maßnahme war zu dieser Zeit derjenige der »Inokulation«, der genau genommen lediglich der Sammelbegriff für alle Formen von Impfungen ist, von denen es damals aber nur diese eine gab.

Es war unter anderem die Frau des britischen Botschafters in Konstantinopel, Lady Mary Wortley Montague, die die Ärzte ihrer Heimat auf die in der Volksmedizin ihrer Umgebung verbreitete Praxis der Pockeninokulation hingewiesen und in der Folge für eine Einführung der Methode in England geworben hatte. Im Jahre 1721 wurde diese Maßnahme dort erstmals angewandt, geriet in den 1730er Jahren fast ganz außer Gebrauch, um dann ab den 1760er Jahren wieder einige Popularität und Ausbreitung zu erreichen. Die erste Variolation in Deutschland erfolgte nicht lange nach der Einführung in England. Auch in Deutschland war dieses Verfahren in der Volksmedizin als sogenanntes »Blatter-Beltzen« bereits vereinzelt praktiziert worden. Das ausgestellte Buch des Arztes Abraham Vater [2/5] ist demnach eines der frühesten medizinischen Werke, das auf dieses Verfahren hinweist. Eine etwas weitere Ausbreitung erfuhr die Methode erst in der zweiten Jahrhunderthälfte.[13] In den größeren deutschen Städten liegen die Anfänge der Variolation in den 1750ern und 1760ern. Genauere Zahlen vorgenommener Variolationen konnten bislang nur selten beigebracht werden. Auch wenn eine ganze Reihe Ärzte in der Variolation bereits die Utopie einer pockenfreien Welt heranbrechen sah,[14] blieben die Erfolge doch begrenzt. Selbst ein überzeugter Impfer wie der Bückeburger Aufklärer und Arzt

Bernhard Christoph Faust hatte bis 1794 nur 200 solcher Impfungen vorgenommen.[15] In den 1790er Jahren war die Methode zumindest jedoch in den Oberschichten mancher Städte relativ weit verbreitet.

Vielen lagen die Vorteile der Variolation klar auf der Hand. Besonders freimütig beschrieb im Jahre 1769 die »Vossische Zeitung« einige von ihnen: »Nach Briefen von Jamaika wird das Blatterneinimpfen in dieser Insel stark getrieben. Ein Gentleman hat allein gegen dreitausend Neger inoculirt, und ihm ist nur einer gestorben. Da die Blattern sonst oft eine große Menge dieser Menschen wegzuraffen pflegen, so hofft man, dass durch diese Procedur die Neger wohlfeiler werden, und dieses endlich auf den Zucker- und Rumpreiss Einfluss haben dürfte.«[16] Besondere Förderung erhielt die Variolation in Rußland.[17] Katharina die Große ließ sich 1768 von dem prominenten englischen Inokulator Dimsdale die Pocken einimpfen. [2/16 h]

Die Stimmung für oder gegen die Variolation war sowohl in der Bevölkerung als auch unter der Ärzteschaft und den Regierungen nicht nur gegensätzlich, sondern auch wechselhaft. Treffend faßte der Wiener Professor De Haen im Jahre 1755 die Entwicklung zusammen: »(...) seit 18 Jahren (...) hat die Einimpfungsmethode verschiedene Schicksale erfahren: bald wurde sie, wie z.B. in Frankreich und den Niederlanden, aufgenommen und angerühmt; bald schrie das Volk dawider, oder die Gerichtshöfe setzten ihrem ferneren Fortgange Verordnungen entgegen: hier wurde sie aus den Städten aufs platte Land verwiesen, dort auf einige Zeit gar eingestellt. Bald wußte man nicht mehr, was man von der ganzen Methode zu sagen oder zu glauben hätte; weil es heute schien, als wenn sie ganz sicher durchaus würde angenommen werden, und in kurzer Zeit aber sie doch nur selten angewandt wurde: kaum war sie verdammt und verworfen, kam sie wieder in ihr voriges Ansehen.«[18]

Alfons Fischer sah 1933 in seiner »Geschichte des deutschen Gesundheitswesens« den Grund für die geringe Ausbreitung der Variolation im Widerstand »der von Vorurteilen erfüllten Bevölkerung«.[19] Doch ist dies eine grobe und unzutreffende Verkürzung eines komplexen Phänomens. Statt auf »Vorurteilen« basierte Skepsis gegenüber der Variolation auf festen Überzeugungen, direkter Erfahrung oder ernsthafter Abwägung der Vor- und Nachteile. Die Motive, diese Präventionsmethode nicht an seinen Kindern vornehmen zu lassen, waren im großen und ganzen die gleichen, wie sie später dann gegen die Vakzination vorgebracht wurden: Glaube an die medizinische Notwendigkeit oder Unumgehbarkeit der Pocken, ihre göttliche Verursachung etwa als Strafe und damit das Verbot, in das Schicksal einzugreifen. Eine wichtige Rolle spielte auch die Angst vor dem Gesundheitsrisiko durch die Variolation. Der aufklärerische Mainzer Arzt Georg Wedekind referierte in seiner Diätetik-Vorlesung von 1789/90 zusätzlich den Glauben, daß die gelinden eingeimpften Pocken eine andere Krankheit seien und somit nicht schützten. Weiterhin nannte er Zweifel an der Wirksamkeit der Variolation angesichts von Menschen, die nach der Inokulation an den Pocken erkrankt waren, die Hoffnung der Menschen, die Pocken überhaupt nicht zu bekommen und schließlich das Motiv, mit der Pockenimpfung Gefahr zu laufen, sein Kind durch bewußte Entscheidung umzubringen, mithin als Mörder dazustehen.[20] An anderer Stelle sieht Wedekind im Jahre 1781 in vielen unglücklich verlaufenen Variolationen die Ursache für Mißtrauen und Abneigung.[21]

Eine weitere Ursache der schleppenden Verbreitung der Impfung waren ihre Kosten. Häufig wurde die Impfung von Ärzten auf eine aufwendige Art und Weise durchgeführt, eingebettet in vielfältige diätetische Maßnahmen,[22] was sie für einfache Leute zu teuer machte. Pockeninokulationen beschränkten sich deshalb, solange sie in Deutschland durchgeführt wurden, auf die gesellschaftlichen Eliten.

Auch innerhalb der akademischen Medizin gab es eine ebenso umfangreiche wie heftige medizinische und philosophische Debatte um Sinn, Nutzen und Legitimität der Maßnahme, einen Menschen vor einer Krankheit mit der bewußten Ansteckung durch dieselbe Krankheit zu schüt-

zen.[23] Schließlich hielten sich die deutschen Regierungen allgemein mit einer staatlichen Förderung oder Forderung der Pockenimpfung zurück.

In der Tat hatte die Variolation des 18. Jahrhunderts im Gegensatz zur späteren Vakzination vor allem zwei ernstzunehmende Nachteile, die ihre Vorteile widrigenfalls ganz aufheben oder gar übertreffen konnten. Auf der individuellen Ebene konnte sich die Infektion mit echten Menschenpocken für den Impfling zu einer richtigen, schweren und unbegrenzten Pockenerkrankung ausweiten, dem Impfling lebenslange Gesundheitsschäden (z.B. Blindheit) beibringen oder gar tödlich für ihn enden. Der württembergische Oberfinanzrat Friderich Eser berichtet in seiner Autobiographie, wie er kurz vor der Einführung der Vakzination im Sommer des Jahres 1800 im Alter von zwei Jahren inokuliert wurde und welche Folgen dies hatte: »Die Pockenkrankheit sollte vermöge der Impfung einen milden Verlauf nehmen. Allein sie trat in rapider Weise auf, der ganze Körper wurde mit Blattern bedeckt, in einem Kniegelenke blieb für längere Zeit eine besorgniserregende Schwäche, und auf den Armen entstanden tiefe, bis auf das Bein gehende eiternde Wunden, deren Heilung mehrere Wochen erforderte, und deren Narben noch nach 60 Jahren sichtbar sind.«[24]

Wie groß dieses Risiko für das geimpfte Individuum war, wurde vielfach und mit unterschiedlichem Ergebnis zu berechnen versucht. Nach dem Begründer der deutschen Bevölkerungsstatistik, Johann Peter Süßmilch, starb jeder 300. Impfling, und zehn Mal mehr hatten mit Nachkrankheiten zu rechnen.[25] Eine englische Risikoberechnung von 1727 besagte, das Risiko, an den geimpften Pocken zu sterben, sei 2:182, während das des natürlichen Pockentodes 2:17 sei.[26]

Auf der kollektiven Ebene hatte die Variolation den zweiten großen Nachteil, daß durch sie der Ansteckungsstoff der Pockenkrankheit noch weiter fortgepflanzt wurde, als er es bei einer Epidemie ohnehin getan hätte. Schlimmstenfalls konnte durch die Variolation in einem Ort sogar eine Pockenepidemie erst ausgelöst werden.

III. Edward Jenner und die Einführung der Vakzination

Edward Jenner, der im Jahre 1749 geborene und 1823 gestorbene Wundarzt aus dem englischen Berkeley in Gloucestershire,[27] kam nicht von alleine und nicht als einziger auf die Idee, daß zwischen den Menschenpocken und dem am

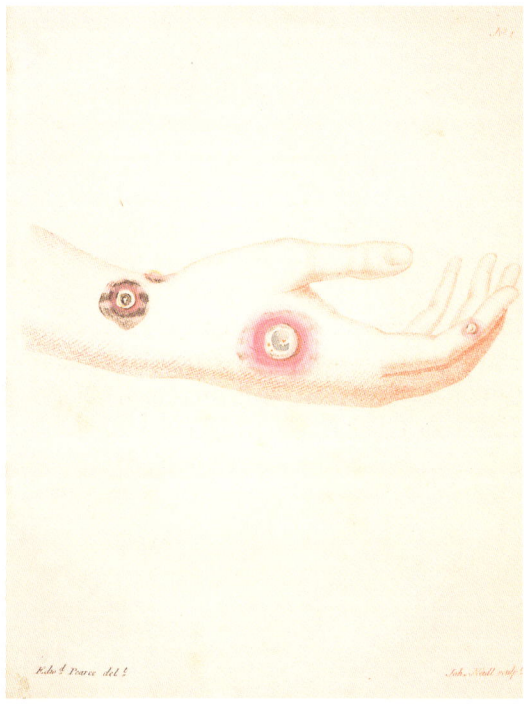

2/7
Die Hand der Kuhmagd Sarah Nelmes. Kolorierter Kupferstich in: E. Jenner: »Disquisitio ...«, 1799

Euter von Kühen immer wieder gesehenen Ausschlag, den Kuhpocken, eine Verwandtschaft bestehe. Er war auch nicht der erste, der Menschen mit Flüssigkeit aus der Kuhpocken-Pustel am Euter eines Rindes gegen die Menschenpocken schützte. Jenner hatte dieses Wissen aus der volksmedizinischen Praxis seiner Umgebung übernommen. Dieses Wissen um den Schutz vor den Pocken war früher bereits anderen aufgefallen, und zum Teil hatten sie regelrecht mit Kuhpocken geimpft.[28] Was das Besondere an Jenner war und was ihn in die Medizingeschichte eingehen ließ, ist, daß er mit dieser Idee seit 1796 eingehende Versuche anstellte und sie 1798 erstmals für die medizini-

sche Fachwelt veröffentlichte. Ihm kommt deshalb das unbestrittene Verdienst zu, die von ihm so genannte »Vakzination« in die wissenschaftliche Medizin eingeführt zu haben und mit dieser vergleichsweise effizienten und sicheren Methode eine neue Ära der Präventivmedizin begründet zu haben.

Der ›Geburtstag‹ der Vakzination war der 14. Mai des Jahres 1796, als Jenner seinen ersten Impfstoff von der Kuhmagd Sarah Nelmes nahm, die sich beim Melken an der Hand mit Kuhpocken infiziert hatte. Jenner ließ diese Hand seiner ersten Impfstofflieferantin sogar in Kupfer stechen, um der wissenschaftlichen Öffentlichkeit zu zeigen, wie diese auf den Menschen übertragenen Kuhpockenpusteln aussahen. **[2/7]** Mit diesem Stoff impfte er den Jungen James Phipps, wartete, bis sich auch bei diesem Pusteln entwickelt hatten und wieder abgeheilt waren, um schließlich die Gegenprobe zu machen: Er impfte dem Jungen sechs Wochen später echte Menschenpocken ein und einige Monate darauf nochmals, doch entwickelte sich bei ihm keine Pockenkrankheit. Mit diesem einen Fall war zwar noch kein Beweis der Wirksamkeit seiner Schutzmethode gegeben, doch es wurde mit zunehmenden Versuchen immer wahrscheinlicher, daß die Schutzwirkung so ablief, wie Jenner es sich dachte.

Seit dieser Zeit scheiden sich die Geister an Edward Jenner. In der wissenschaftlichen Fachwelt wurde seine Arbeit anfangs mit großer Skepsis aufgenommen. Die neue Methode konnte sich dann doch noch durchsetzen und verbreitete sich so schnell wie kaum eine andere medizinische Innovation in England, Europa und bald auch der ganzen Welt. Jenner selbst erfuhr zunehmend mehr Ehren, unter anderem im Jahre 1802 eine Gratifikation des Parlaments in Höhe von 10.000 Pfund. Nachfolgende Medizinergenerationen glorifizierten Jenner regelrecht, wie es auf verschiedenen Gedenkmedaillen **[2/9, 2/10]** zum Ausdruck kommt.

Vor allem in England, dem Mutterland der Vakzination, entstand schnell eine heftige wissenschaftliche Kontroverse um den Nutzen der neuen Methode.[29] Die Medizingeschichtsschreibung

2/10

Medaille auf Edward Jenner, um 1800

Häufig unterschiedlich interpretiert ist eine der bekanntesten Impf-Karikaturen, die »Kuh-Pokken, oder: Die wundervollen (wundersamen) Wirkungen der neuen Inokulation!« **[2/22]** von James Gillray aus dem Jahre 1802. Sie karikiert die Impfung im Londoner »Smallpox and Inoculation Hospital«. Mit dem Impfenden in der Mitte könnte Jenner gemeint sein, die ängstliche junge Frau, die er gerade impft, könnte Britannia symbolisieren. Ein Junge hält davor einen Kübel mit »Vaccine-Pocken von der Kuh« hoch. Von links drängt eine Menge armer Patienten durch die Tür herein. Ein hochmütiger Assistent löffelt eine »opening-Mixture«, ein Abführmittel, in die Münder der wartenden Patienten. Dies war eine der vor der Variolation durchaus üblichen Begleittherapien. Unter den bereits Geimpften ist ein großes Chaos ausgebrochen, da ihnen kleine Kühe aus den verschiedensten Körpertei-

hat es sich dabei bis heute häufig zu einfach gemacht und die frühen Kritiker einfach als am Alten hängende, mehr oder weniger wirre Köpfe bezeichnet, die überdies noch eigennützige Motive gehabt hätten. Doch die Vakzination war so neu, daß sie ihren Nutzen noch nicht so schnell bewiesen haben konnte. Darüber hinaus war es bei weitem noch nicht möglich, alle Gefahren auszuschließen. Karikaturen illustrierten diese Debatte, aber, wie immer bei Karikaturen, verzerren, überspitzen und ironisieren sie die Gegensätze auch. In vielen impffreundlichen Karikaturen wurde die Vakzination so dargestellt, wie sie damals von vielen auch empfunden wurde: als die Innovation, als der Fortschritt schlechthin, der mit dem überkommenen Alten aufräumt.

2/23

»La Vaccine aux Prises avec la Faculté.« Kolorierte Radierung, um 1800

Das kommt z.B. auf der französischen Radierung »Die Vakzination im Streit mit der Fakultät« vom Beginn des 19. Jahrhunderts zum Ausdruck.[30] **[2/23]** Eine starke, angriffsbereite und dynamische Kuh, die Impfung symbolisierend, ist hier dabei, einen Esel im Talar, das meint die an alten Traditionen klebende Wissenschaft, im wahrsten Sinn des Wortes auf die Hörner zu nehmen.

Viele impffreundliche Karikaturen stellten Jenner als Heroen der damals modernen Medizin dar, wobei allerdings die Grenze zwischen ernsthafter Vergötterung Jenners und augenzwinkernder Ironie nie so ganz klar ist. Nicht zuletzt englische Karikaturisten dieser Zeit beherrschten ihr Metier und die Kunst der Andeutung auf eine so professionelle Weise, daß es heute nicht immer einfach ist, eine eindeutige Botschaft zu dechiffrieren – wenn sie denn je eine eindeutige Botschaft vermitteln wollten.

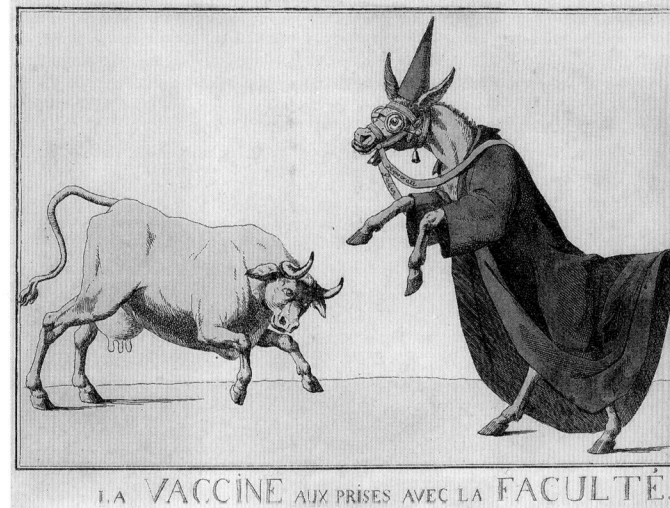

LA VACCINE AUX PRISES AVEC LA FACULTÉ.

len wachsen. Ein Autor meinte, sie wüchsen ihnen gerade aus den Körperstellen, die für ihre menschlichen Schwächen stünden. Der geschwätzigen Frau ganz rechts wächst sie aus dem Mund, dem Neugierigen oben aus dem Ohr, dem Trinker aus der Schnapsnase.[31] Gillray hat es hier offensichtlich ganz bewußt offen gelassen, ob er selbst die Vakzination nun für gut oder für schlecht hielt.

Daß ein Mensch durch die Kuhpockenimpfung zum Rind wird, daß ihm Hörner und ein Kuhschwanz wachsen, das dürfte selbst damals kaum jemand wirklich geglaubt oder befürchtet haben. Aber daß es nicht ausgemacht sei, welche Auswirkung es haben könne, wenn den Menschen Materie eines Tieres eingeimpft wird, ob sich nicht doch gewisse tierische Qualitäten übertragen könnten, das war ein Argument, mit dem eine ganze Reihe von Ärzten und Patienten die alte Variolation zunächst der Vakzination vorzogen. Hörner und Kuhschwänze sind hier eher als Symbol zu verstehen. Eine demgegenüber konkret gemeinte Befürchtung war die vor allen möglichen Krankheiten, die durch die Impfung entstehen könnten.

Auch in Deutschland gab es seit den Anfängen der Vakzination Ärzte wie den Berliner Mediziner und Philosophen Marcus Herz, der sich skeptisch über die Vakzination äußerte und sie »Brutalimpfung« nannte, was einerseits »grob« und »gewalttätig« meinte, sich andererseits aber auch auf den tierischen Ursprung des Impfstoffs bezog. Eine große Debatte um das Für und Wider von Vakzination und Variolation gab es hier allerdings, zumindest unter der Ärzteschaft, nicht. Mit wenigen Ausnahmen kann man die Stimmung der Mediziner gegenüber der Neuerung nur als euphorisch bezeichnen.

IV. Euphorie und Skepsis

Die Anfänge der Vakzination auf dem Kontinent fallen in etwa mit der damaligen Jahrhundertwende zusammen. Die große Welle beginnt 1800. Rührige Ärzte brachten Impfstoff aus England mit, oder sie ließen ihn sich aus England schicken, teils von Jenner selbst. Damit stellten sie eigene Versuche an und berichteten in den Fachzeitschriften darüber. Bei dem regen brieflichen Austausch, den viele von ihnen zudem untereinander hatten, verbreitete sich die Innovation mit dem Impfstoff in erstaunlicher

2/22

J. Gillray: »The Cow-Pock – or – The Wonderful Effects of the New Inoculation!« Kolorierte Radierung, 1802

Geschwindigkeit. Noch im Jahr 1800 dürfte in jeder großen und mittleren Stadt Deutschlands bereits mindestens einige Male geimpft worden sein. Bis die Bevölkerung in Deutschland, und mehr noch in ganz Europa, zum überwiegenden Teil geimpft war, bis eine flächendeckende und kontinuierliche Versorgung der Bevölkerung mit Impfangeboten existierte, brauchte es aus den verschiedensten Gründen jedoch noch einige Jahrzehnte.

The Cow Pock _ or _ the Wonderful Effects of the New Inoculation! _ vide the Publications of y Anti Vaccine Society

In Berlin war Johann Immanuel Bremer (1745–1816) der Arzt, der sich am eifrigsten um die Ausbreitung der Vakzination bemühte. Bereits 1800 brachte er in einer »Vaccinations-Schule« den Kollegen seine Impftechnik bei, im Folgejahr veröffentlichte er sein erstes Buch über die Impfung **[2/8]** und wurde 1802 erster Leiter des »Königlich-preußischen Schutzblattern-Instituts«, das nicht allein unzählige Impfungen teils kostenfrei anbot, sondern sich auch darum bemühte, möglichst frischen Impfstoff von Kühen oder Menschen zu bekommen, um Ärzte in der näheren und weiteren Umgebung damit zu versorgen. Das Bremersche Institut entwickelte sich zu einer Art Zentralstelle für das Impfgeschehen in Preußen und darüber hinaus.[32]

Die Ärzteschaft nicht nur in Deutschland empfand Jenners Entdeckung als ein Geschenk des Himmels. Nicht nur, daß man endlich eine wirklich verhältnismäßig effiziente Präventionsmaßnahme anzubieten hatte – die Impfung paßte sich auch völlig in den Zeitgeist der späten Aufklärung ein. Stand man der Pockenseuche bislang vergleichsweise machtlos gegenüber, so war die Vakzination – in Anlehnung an das Kantsche Verständnis von Aufklärung – eine Chance, den Menschen aus seiner medizinischen Unmündigkeit herauszuführen, seine gesundheitlichen Geschicke selbst in die Hand zu nehmen und die Natur ein Stück mehr zu beherrschen. Die Vakzination ist deshalb bis heute eines der Paradebeispiele für die Aufklärungsmedizin. Kein Wunder also, wenn die aufgeklärte Ärzteschaft, ja die Gesellschaft der Aufklärung überhaupt, auf breiter Basis in eine Art Impf-Euphorie verfiel. »Triumph! Getilgt ist des Scheusals lange Wuth« heißt es in der Umschrift einer Medaille auf Jenners Entdeckung. **[2/10]** Pathetisch beschreibt Bremer auch den Augenblick, an dem er im Jahre 1812

erstmals direkt von einer Kuh auf »vier Landkinder« impft, »unter frohem Jubeln der anwesenden Väter, Mütter, Kinder und Kindeskinder. Dieser Augenblick war feierlich, denn den ganzen Tag war die Sonne unter schwarzen Wolken verborgen, und gerade bei diesem Acte beleuchtete sie auf einmahl beim Untergang mit ihren hellsten Strahlen die klare Lymphe auf der Lancette. Es war der 14. May, der Tag, wo Jenner vor 16 Jahren das erste Kind von einer Kuh impfte und dadurch die Menschen beglückte.«³³ »Kuhpockenschwindel« nannte der impfskeptische Frankfurter Arzt und Satiriker Johann Christian Ehrmann dies in ironischer Doppeldeutigkeit.³⁴ Die schönsten Worte für die Impf-Euphorie fand jedoch der sächsische Pfarrer Thierfeld **[2/15]**, 1812 bereits auf die ersten Jahre der Vakzination zurückblickend: »Blattern impfen war vor ohngefähr zehn, zwölf Jahren in eine menschenfreundliche Wuth ausgeartet, und Menschen aus allen Ständen legten Hand an, wenn sie ein Kind in ihre Gewalt bekommen konnten.«³⁵
Das wäre an sich nichts Schlimmes gewesen, hätten die Ärzte nicht die Möglichkeiten dieser

Methode völlig überschätzt und die noch engen Grenzen ihres eigenen Wissens darüber weitgehend mißachtet. Viele von ihnen nahmen in fahrlässiger Weise an, die Vakzination werde immer und lebenslänglich wirken und berge keinerlei Gefahren. Das Pockenproblem schien ihnen gelöst. Entsprechend hatte eines der

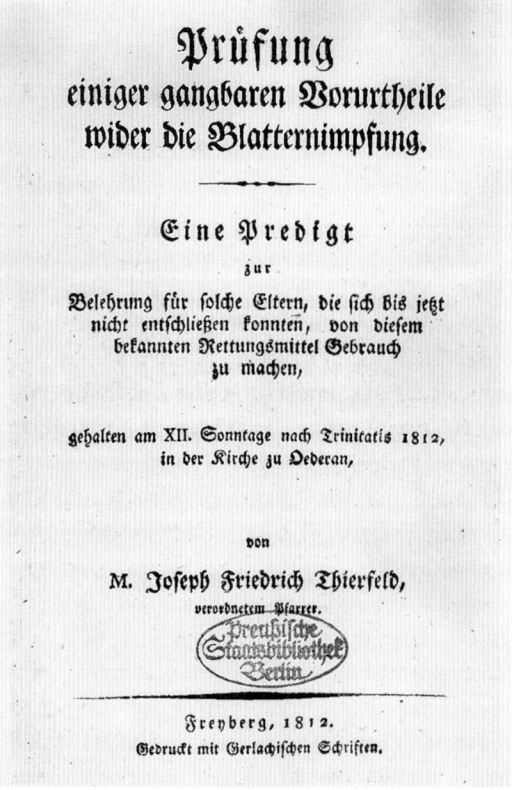

frühen Bücher über die Vakzination bereits im Jahre 1803 den utopisch-naiven Titel »Die Pokken sind ausgerottet«.³⁶
Die aufklärerisch bewegten Ärzte erlitten deshalb nachgerade einen Schock, wenn sie ihre Methoden anwenden wollten und vor allem auf dem Lande und in den unteren Sozialschichten nicht auf Begeisterung für die Impfung, sondern auf Desinteresse, Skepsis oder offene Ablehnung bei den Eltern impffähiger Kinder stießen.³⁷ Sicherlich ließen die Einwohner vieler Orte ihre Kinder willig impfen, manche fragten sogar danach. Auf der anderen Seite weigerten sich viele Eltern, teils sogar die Bewohnerschaft ganzer Dörfer zumindest zeitweise kategorisch, die

Maßnahme durchführen zu lassen. Aufgeklärte Ärzte, Lehrer und Pfarrer erklärten dies gemeinhin pauschal mit dem allgemeinen »Vorurtheil« des dummen Landmannes oder des »Pöbels«, doch damit bewiesen sie allenfalls ihr Unverständnis gegenüber der vormodernen, traditionalen Gesellschaft. Es würde den vorhandenen Rahmen sprengen, die Motive, die Impfung zu verweigern, wie sie etwa der sächsische Pfarrer Thierfeld in seiner gedruckten Predigt [2/15] angesprochen hatte, auch nur aufzulisten.[38] In der Hauptsache zweifelten diese Eltern am Nutzen der Maßnahme und fürchteten ihre Schädlichkeit. So glaubten sie etwa, die Pocken seien ein notwendiger Reinigungsvorgang des Körpers von schlechten Säften, den die Impfung verhindere. Dadurch entstünden womöglich schlimmere Ersatzkrankheiten. Solche Vorstellungen waren nicht aus der Luft gegriffen, und zum Teil hatte sie die akademische Medizin in früheren Zeiten auch vertreten. Außerdem konnten sich diese Eltern ebenso wie die impffreudigen Ärzte auf Beobachtungen berufen, die ihre Ansichten stützten. Was im Grunde genommen den größten Unterschied zur euphorischen Ärzteschaft darstellte, war die viel geringere Bereitwilligkeit, mit einer noch unbekannten Innovation auch nur ein kleines gesundheitliches Risiko einzugehen. Hinzu kamen noch religiöse Erwägungen, ob es denn im christlichen Sinne recht sei, in das gesundheitliche Schicksal, das ja auch eine Gottesstrafe sein könne, so einfach eingreifen zu wollen.

V. Impfpropaganda

Die Frage, wie die mangelnde Bereitschaft der Bevölkerung, sich impfen zu lassen, überwunden werden sollte, war ein ernsthaftes Problem, mit dem sich die Ärzteschaft, die Regierungen und die Medizinalverwaltungen über viele Jahrzehnte abmühten. Grundsätzlich boten sich nur wenige Lösungen an, die allesamt ihre Probleme mit sich brachten: überzeugen, Anreize schaffen oder zwingen. Letzten Endes gibt es für ähnliche Fälle auch heute kaum andere Wege.

Eine gangbare, aber nicht immer die erfolgreichste Möglichkeit war diejenige, die Bevölkerung von der »segensreichen« Wirkung der Vakzination zu überzeugen. Unzählige Ärzte verfaßten damals Bücher, Broschüren und Aufsätze, in denen sie den Fortgang der Impfung in ihrer Gegend dokumentierten, die Schwierigkeiten bei ihrer Ausbreitung festhielten und ihre Bemühungen beschrieben, der Impfung »Eingang zu verschaffen«, wie sie sich ausdrückten. Das mühseligste Geschäft war es, die jeweiligen Eltern im direkten Gespräch einzeln zu überzeugen. Manchmal hatten sie damit Erfolg. Hatten die Eltern aber die feste Überzeugung, daß die Impfung nicht gut für ihre Kinder sei, nützte alles Reden nichts.

Um diese Schwierigkeiten zu umgehen, ließen sich Ärzte und Regierungen einige andere Maßnahmen einfallen, die allesamt recht typisch für die damals üblichen allgemeinen ›Volksaufklärungs‹-Bemühungen waren.[39] Das zeigt sich am deutlichsten darin, daß die meisten Überzeugungsversuche sich des geschriebenen Wortes bedienten. Weniger aufwendig als die persönliche ›Belehrung‹ war es nämlich, die Argumente, warum die Ablehnung der Impfung in ihren Augen eine grundfalsche Einstellung sei, in gedruckter Form in populären Aufklärungsschriften unters Volk zu bringen. Sie erschienen unter Titeln wie »Empfehlungsschreiben«, »Belehrungen«, »Aufmunterungen« oder »Unterricht« für das »Landvolk«. In der Regel waren die Schriften bewußt einfach, etwa katechismusartig in Frage-und-Antwort-Form gefaßt, damit sie für die breite Bevölkerung, die sie las oder vorgelesen bekam, auch verständlich waren. Schon damals vermuteten jedoch böse Zungen in der Ärzteschaft, daß »Deutschland mit so vielen Schriften und Schriftchen über diese Materie des Tages überschwemmt« werde, weil hier vor allem junge Ärzte die Absicht hätten, »sich den zärtlichen Müttern zu empfehlen, und dadurch Ruf und Kundschaft zu erwerben«.[40]

Besonders einfallsreich für seine Zeit zeigte sich der impfbegeisterte Bückeburger aufklärerische Arzt Bernhard Christoph Faust. Er ließ seine Argumente für die Vakzination als großes Flug-

169

blatt **[2/11]** unter dem Titel »Zuruf an die Menschen: Die Blattern, durch Einimpfung der Kuhpocken, auszurotten« drucken, damit es an
öffentlichen Orten wie Gaststuben ausgehängt
werden könne. Faust schrieb im Jahre 1804 viele
der deutschen Regenten an und schlug ihnen
vor, sein Flugblatt nachdrucken und verteilen zu
lassen. Einige von ihnen gingen auf den Vorschlag ein. Auf Anregung des Bremerschen
Impfinstituts in Berlin etwa wurden in Preußen
mit den Jahren 20.000 Exemplare gedruckt.⁴¹
Noch heute existiert der »Zuruf« in den Biblio-
theken in den verschiedensten Auflagen mit
unterschiedlichsten Druckorten.
Einen anderen Weg der ›Impfpropaganda‹, der
auch die Analphabeten direkt erreichte, schlugen
aufklärerische Pfarrer ein. Als geistige Elite ihres
Ortes sahen sie es ebenfalls als ihre Aufgabe an,
die traditionale Bevölkerung von den neuen Errungenschaften zu überzeugen. Sie predigten
von der Kanzel herab, daß es einzig im Sinne
Gottes sein könne, sich und seine Kinder auf
Erden gesund zu erhalten und mithin impfen zu
lassen. Einige der Pfarrer ließen diese Predigten
auch noch drucken, wie es etwa der sächsische
Pfarrer Thierfeld tat **[2/15]**, damit sich Kollegen
ihrer bedienen konnten. Manche Regierungen
verpflichteten die Pfarrer sogar dazu, zumindest
staatliche Regelungen verlesen zu lassen. Immerhin aber ernteten Pfarrer, die von solchen
»Nützlichkeitspredigten« begeistert waren, auch
die Kritik einiger ihrer Kollegen, vornehmlich
der katholischen. Diese sahen darin eine Entwei-
hung der Institution ›Kanzelpredigt‹, die doch
lediglich zur Verkündigung von Gottes Wort da
sei.
Noch zielgerichteter als die allgemeine Predigt
konnten die kirchlichen Bräuche im Lebenslauf
für die Impfpropaganda eingesetzt werden. In
Genf etwa wurden die Eltern bereits bei der Taufe ihrer Kinder dazu ermahnt, diese auch impfen
zu lassen. Einer Impfung gleich mit der Taufe,
die zuweilen vorgeschlagen wurde, standen
jedoch medizinische Gründe entgegen: Die Kinder waren dann noch zu klein für eine Impfung.
Einfacher war es in späteren Jahrzehnten, als die
Notwendigkeit einer Wiederimpfung allgemein

anerkannt war, diese in protestantischen Gegenden mit dem Konfirmationsunterricht oder
anderswo mit der Schulentlassung zu verbinden.
Neben der Propaganda gab es die Möglichkeit,
den Eltern Anreize für die Impfung zu schaffen
oder zunächst Hindernisse dafür aus dem Weg
zu räumen. Daß die Impfung kostenlos sein
müsse, war allerdings nur für manche der deutschen Regierungen eine Selbstverständlichkeit.
Der bayerische Staat etwa übernahm die Kosten
für die seit 1807 verbindliche Impfung und
bezahlte in zehn Jahren runde 136.000 Gulden;
das war etwa ein Achtel des damaligen Gesund-
heitsetats.⁴² Anderen Regierungen, wie etwa der
württembergischen, war es eine »zu große Belä-
stigung der öffentlichen Cassen«,⁴³ die Bezahlung der Impfärzte auf die staatlichen Etats zu
übernehmen. Hier waren bis 1875 einzig die
anerkannten Empfänger von Armenfürsorge von
den Impfkosten befreit. Und dies, obwohl Ärzte
mehrfach darauf hingewiesen hatten, daß in vielen Fällen einfach ›das Bezahlen‹ das Haupthin-
dernis für die mangelnde Annahme der Impfung sei (die damaligen Kosten für eine Impfung
entsprachen ungefähr dem Wert von einigen
Pfund Schwarzbrot). Die württembergische Regierung erwies sich hier alles andere als modern.
Den volkswirtschaftlichen Nutzen der Impfung
wollte sie gerne haben, den ›Schwarzen Peter‹
der Kosten schob sie aber lieber auf die Bevölkerung ab – oder auf die Ärzte: Wenn diesen die
Vakzination so angelegen sei, sollten sie auch
umsonst impfen.
Einen Anreiz ganz anderer Art für die Kinder
ließ sich wiederum der Arzt Bernhard Christoph
Faust einfallen. In seinem Wohnort Bückeburg
ließ er über viele Jahre an jedem 14. Mai, dem
Geburtstag der Vakzination, das sogenannte
»Krengelfest« feiern. Dabei machten die Kinder
zu Ehren von Jenner einen Umzug, bei dem ein
aus Porzellan nachgebildeter Arm mit Impfpusteln darauf mitgetragen wurde. Jedes Kind, das
sich danach von Faust impfen ließ, bekam als
Belohnung eine Brezel (»Krengel«). Als Kinder-
fest im Andenken an Faust wird dieser Brauch –
ohne Impfung, aber mit Krengeln – seit einiger
Zeit wieder begangen.⁴⁴

Geldprämien für die Impfung wurden den Kindern bzw. ihren Eltern anfangs vereinzelt gezahlt, etwa in Bayern. Vor allem in den ersten Jahren hielten sich die Kosten dafür auch noch im Rah-

Impfpusteln an der Bauchhaut des Kalbes, angelegt zwecks Gewinnung des Schutzpockenstoffes.

2/30
»Impfpusteln an der Bauchhaut des Kalbes, angelegt zwecks Gewinnung des Schutzpockenstoffes.« Moulage

men. Als es jedoch darum ging, die gesamte Kinderschaft zu impfen, war es doch wesentlich billiger, statt eines materiellen Anreizes Zwang anzuwenden. Prämien wurden dann nur noch für diejenigen gezahlt, die mithalfen, Probleme der Impfstoffversorgung zu lösen. Um dies zu verstehen, muß jedoch in einigen Sätzen auf die damalige Impftechnik eingegangen werden.

Die Impftechnik: ein Exkurs

Für eine ausreichende Versorgung mit Impfstoff gab es in den ersten Jahrzehnten nur zwei Möglichkeiten. Die eine war, sich unter Kühen solange umzuschauen, bis man echte Kuhpocken an einem der Euter entdeckt hatte. Diese sogenann-

ten »originären Kuhpocken« waren aber ein verhältnismäßig seltenes Phänomen. Überdies waren die Bauern sehr vorsichtig, eine solche Krankheit ihrer Kühe publik werden zu lassen, weil sie befürchteten, sie könnten oder dürften eine auf diese Art kranke Kuh dann nicht mehr verkaufen. Aus diesem Grunde erhielten Bauern, die originäre Kuhpocken meldeten, in vielen Gegenden Geldprämien, selbst im sparsamen Württemberg. Mit diesem Stoff hätte man aber nur sehr wenige Kinder impfen können, und außerdem führte er in der Regel zu recht starken Impfreaktionen. Die Technik, solche Impfpusteln auf der Haut einer Kuh durch Infektion künstlich hervorzurufen und damit einen auch verträglichen Impfstoff in großen Mengen herzustellen [2/30], war zwar bereits in der ersten Hälfte des 19. Jahrhunderts entwickelt worden, aus verschiedenen Gründen wurde sie aber erst im letzten Drittel des Jahrhunderts breit angewandt.

Üblich war in den ersten beiden Dritteln des 19. Jahrhunderts eine andere Methode, das sogenannte »Abimpfen« oder »Überimpfen«. Dazu nahm man die »humane Lymphe« (im Gegensatz zur »animalen«, d.h. vom Tier genommenen) aus der gefüllten Impfpustel eines eine gute Woche zuvor vakzinierten Kindes und impfte sie, durch Stiche oder Schnitte, dem noch ungeschützten Kind ein.

Im Alltag der Impfpraxis machte es fast kontinuierlich Probleme, Eltern zu finden, die ihr Kind zum Abimpfen hergaben. Hier war der Widerstand, solange mit humanem Impfstoff gearbeitet wurde, noch wesentlich größer als der gegen das Geimpftwerden selbst. Worauf dieser Widerstand basierte, ist eine verzwickte Angelegenheit, die bis heute nicht eingehend untersucht und geklärt ist. Die meisten zeitgenössischen Ärzte begnügten sich damit, diesen Widerwillen zu beklagen und über die renitenten Mütter zu schimpfen, welche die in ihrer Blüte stehenden Impfpusteln oft auch bewußt aufstachen oder -schnitten, damit der Arzt nicht mehr abimpfen könne. Manche Mütter glaubten, das Abimpfen täte ihren Kindern weh, manche befürchteten, daß damit der Impfschutz verloren ginge.

171

Andere wiederum hatten Angst vor schädlichen Auswirkungen aufgrund heute schwer zu rekonstruierender volksmedizinischer Vorstellungen von Krankheitsübertragung.

Der gangbarste Weg, den Unwillen zum Abimpfen zu überwinden, war auch hier, einen Anreiz zu schaffen. Häufig behalfen die Ärzte sich damit, daß sie einer nicht sehr begüterten Mutter etwas Geld dafür versprachen, daß sie von ihrem Kind abimpfen ließ. Doch zeigten sich hier Probleme, wie sie heute teils ähnlich vom bezahlten Blutspendewesen bekannt sind: Es waren vor allem die ganz Armen, in sozial unsicheren Verhältnissen Lebenden, für die eine solche Prämie einen großen Anreiz darstellte. Bei diesen war aber wiederum die Gefahr größer, daß die Kinder eine der Krankheiten hatten, von denen die Übertragbarkeit angenommen wurde, die der Arzt aber nicht so einfach entdecken konnte.

Ein anderer Weg, das Impfen-, vor allem aber auch das Abimpfenlassen attraktiver zu machen, war, als Anerkennung speziell geprägte Medaillen zu verteilen. Auf ihnen wurde Jenners Entdeckung und die Euphorie darüber auf eine heute noch interessante Weise allegorisch dargestellt. Die Ausstellung zeigt eine ganz Reihe von ihnen. Seien dies nun Kinder, die mit einem »Ehre sey Gott in der Höhe« eine Kuh umtanzen, während ein Putto diese bekränzt **[2/9]**; sei es ein Knabe, der eine Blume in der Hand hält und mit der anderen auf die Impfpustel an seinem Oberarm hinweist **[2/16 c]**; sei es nun Asklepios (Äskulap), die griechische Gottheit der Heilkunde, welche Venus, die Göttin der Schönheit, beschützt, weil die Impfung dem Menschen eben diese erhält und vor den entstellenden Pockennarben bewahrt **[2/16 f]**; sei es ein bewaffneter Krieger, dessen Schild eine Kuh ziert und der eine Mutter und ihr Kind vor einem Drachen, den Pocken, beschützt. **[2/16 a]** Eine Medaille **[2/16 c]** zeigt am Oberarm eines Knaben fünf Impfpusteln. Dies gibt einen Hinweis darauf, daß im 19. Jahrhundert wesentlich mehr Impfschnitte oder -stiche am Arm gemacht wurden als in den letzten Jahrzehnten der Vakzination, die die meisten von uns noch erlebt haben. Zudem wurden die Kinder üblicherweise auf

dem anderen Oberarm genauso oft geimpft. Allerdings wurden nur in den seltensten Fällen lediglich dafür, sein Kind impfen zu lassen, Medaillen verschenkt. Einer der wenigen, die dies taten, war der praktische Arzt Dr. Friedrich Wilhelm Ludwig Hirt in Zittau, der seine Silbermedaille **[2/16 c]** in den Anfängen der Vakzination »zum Andenken an die Schutzblattern« verteilte.[46] Der Text vieler dieser Medaillen macht hingegen deutlich, daß sie nicht für die Impfung, sondern das Abimpfenlassen vergeben wurden: Auf ihnen heißt es »Für willige Mittheilung des Impfstoffes« **[2/16 a]**, »Zum Andenken an erhaltenen und mitgetheilten Schutz« **[2/16 b]** oder, auf französisch, für die »Propagation de la Vaccine«. **[2/16 d]** Die Wendung »zum Andenken« macht auch deutlich, daß der Anreiz bei diesen Medaillen nicht so sehr im materiellen Wert begründet lag. Selbst wenn sie zur Mehrheit aus Silber waren, sollten diese Medaillen doch mehr mit ihrem symbolischen Wert wirksam werden. Hier wurde eben versucht, mit einem typisch bürgerlichen Medium der Ehrenbezeugung auch die breite Masse der Impflinge zu erreichen. Ob es dort aber ebenso viel Wirkung zeitigte, bleibt fraglich. Ein schönes Beispiel, wie eine Mutter eine solche Medaille ›umnutzte‹, wurde über den »Hofrath Bremer«, den Sohn von J.I. Bremer, der in des Vaters Fußstapfen getreten war, in Berlin im Jahre 1824 festgehalten: Als er diese Mutter ermahnte, weil sie nach seiner Ansicht ihr Kind noch nicht hatte impfen lassen, hielt sie ihm zum Beweis des Gegenteils die Impfmedaille entgegen, die ein Arzt ihr elf Jahre zuvor eigenhändig für das Abimpfen überreicht hatte. Die Anerkennungsmedaille war sozusagen zum Impfschein geworden.[47]

Zur Beförderung der Impfung mögen alle diese Überzeugungsversuche und Anreize zwar durchaus etwas beigetragen haben. Letztlich konnten sie das Problem aber nicht lösen, daß dennoch ein nicht geringer Teil der Eltern, sei es aus Nachlässigkeit, aus Ablehnung der Impfung oder aufgrund verschiedenster widriger Umstände, nicht dazu gebracht werden konnte, seine Kinder zum Impfen zu bringen. Aus diesem Grund hatte vor

allem die Ärzteschaft schon früh und immer
wieder dafür plädiert, der Staat solle hier aktiv
werden und die Eltern gesetzlich zur Impfung
zwingen. Mit den Jahrzehnten entsprachen auch
mehr und mehr der deutschen Staaten dieser
Forderung. Damit war aber ein neues Kapitel im
Verhältnis zwischen Staat und Bevölkerung eingeleitet, das in einen etwas größeren Zusammenhang gestellt werden muß.

VI. Der Zugriff des Staates

Die Einführung der Vakzination wird meistens
deshalb als so bedeutend angesehen, weil mit ihr
eine Seuche von der Erde getilgt werden konnte.
Ebenso bedeutend ist die Pockenschutzimpfung
aber dadurch, daß sie erstmals die gesamte
Bevölkerung zum Objekt einer vom Staat bzw.
der Medizinalbürokratie betriebenen Maßnahme

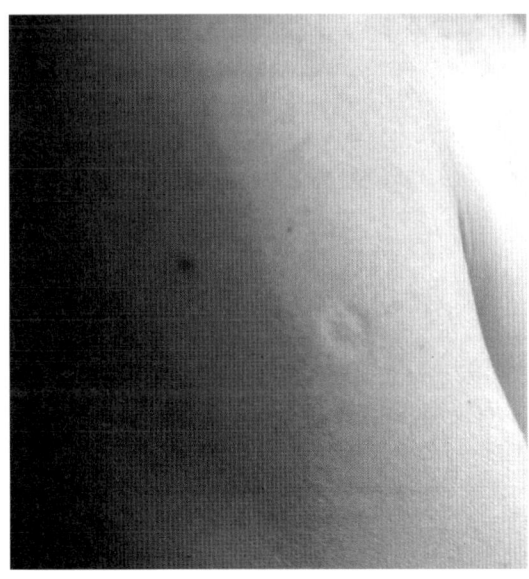

*Impfnarbe am Oberarm
des Autors*

machte.[48] Dieser Zugriff auf
den Patienten zeigte sich – wie
sonst nirgends – ganz konkret
und eigentlich bis heute in den Impfnarben, die
die Menschen am Oberarm mit sich trugen und
meist noch tragen. Der heute so oft kritisierte
Zustand, daß der Mensch in seinen gesundheitlichen Belangen in einem dichten System profes-
sioneller Medizin staatlicher Regelung und Kon-

trolle ist, was Ivan Illich in den 70er Jahren als
»Medikalisierung« beschrieben und kritisiert
hat, nahm mit der Vakzination zwar nicht seinen
Anfang, aber die Impfung war doch die erste
Maßnahme, in der die aufklärerischen Utopien
eines staatlich völlig durchorganisierten und
-kontrollierten Gesundheitssystems, die sogenannte »Medizinische Polizei« (»Polizei« meinte
damals eher Verwaltung), erstmals in einer Maßnahme flächendeckend und engmaschig praktiziert wurde.[49]
Dieser Zugriff zeigte sich nicht allein im Impfzwang, sondern auch in der entstehenden Bürokratie, die den Impfzustand der Bevölkerung
immer genauer festhielt. Waren es zunächst nur
vereinzelte grobe Impflisten von Ärzten oder
Pfarrern, so entstanden mit den Impfbüchern
neben den Geburts- und Sterberegistern der
Pfarrer die ausführlichsten Bevölkerungslisten
ihrer Zeit, in denen peinlich genau festgehalten
wurde, welche Kinder bereits geimpft waren und
welche noch nicht. Noch heute erinnert die Masse der Impfbücher in den Archiven an diese
Anfänge einer modernen Medizinalbürokratie.
Genrezeichnungen vor allem aus dem späten
19. Jahrhundert, die ländliche Impfungen auf
Rathäusern und in Wirtsstuben romantisch verklärten, lassen in den meisten Fällen auch dieses
Auftreten der Bürokratie (etwa in der Person
des Impflistenführers) oder der Obrigkeit (etwa
in der Person des Ortspolizisten) erkennen.
Neben dem Impfarzt sind diese in der Regel
die einzigen Männer auf solchen Bildern unter
einer Schar von Müttern mit impfpflichtigen
Kindern.[50]
Das Pendant zum Impfbuch der Verwaltung war
auf der Seite der Patienten der Impfschein, das
Zeugnis über eine erfolgreich und regelrecht
durchgeführte Impfung. **[2/17 a–g]** Noch heute
gehört ja das persönliche Impfbuch zu den wichtigen Unterlagen der Menschen, die sie oft gleich
neben der Geburtsurkunde aufbewahren.
Bevor auf breiter Basis Zwangsgesetze erlassen
wurden, griffen die Regierungen zunächst
regelnd in die Ausführung der Pockenprophylaxe
ein,[51] wie es der sächsische Kurfürst etwa im Jahre 1805 tat. **[2/13]** Solche Regelwerke bestimmten

173

zum Beispiel, meist auf Anraten der Medizinal-
kollegien, wer berechtigt sei, die Impfung durchzuführen. **[2/12]** Sollte dies auch nichtmedizini-
sches Personal dürfen, also die Eltern selber oder
die Pfarrer? Sollte das gesamte medizinische Personal zur Impfung berechtigt werden, also auch
Hebammen und handwerkliche Wundärzte, die
in ihrer großen Anzahl die breite Versorgung der
Bevölkerung mit gesundheitlichen Dienstlei-
stungen dieser Zeit gewährleisteten? Sollten einzig und allein akademisch gebildete, approbierte
Ärzte, von denen es damals nicht allzuviele gab,
die Impfung ausführen dürfen? Oder sollten
vom Staat gar eigens Ärzte angestellt werden, die
nichts anderes taten, als über Land zu reisen und
die Kinder zu impfen? Die einzelnen deutschen
Regierungen kamen in dieser Frage zu den
unterschiedlichsten Ergebnissen. In Preußen
etwa durften zeitweise auch die Pfarrer und Lehrer impfen,[52] in Bayern konnten sich die akademischen Ärzte bald ein Impfmonopol sichern.[53]
In Württemberg durften auch die meisten hand-
werklichen Wundärzte impfen und führten den
Löwenanteil der Impfungen aus.[54]
Der Impfzwang ging noch einen wesentlichen
Schritt weiter als die reine Impfbürokratie.
Er griff in das gesundheitliche Verhalten und
den Willen des Individuums selbst ein. Ebenso
uneinheitlich, wie die Impfberechtigung in
Deutschland vor ihrer Vereinheitlichung im
Zuge der Reichsgründung von 1871 gehandhabt
wurde, entschieden die Regierungen auch über
die Frage, ob sie die Bevölkerung zur Impfung
ihrer Kinder verpflichten sollten. Im Lauf der
Jahrzehnte reihten sich allerdings immer mehr
Staaten in die Gruppe der Länder mit Impfzwang ein.
Von den deutschen Flächenstaaten war es zunächst Bayern, das bereits seit 1807 einen verhältnismäßig rigiden Zwangskurs fuhr. Das hatte
jedoch eine Nebenwirkung, die in der Geschichte
bis heute häufig übersehen wurde. Der Impfzwang wurde offensichtlich besonders scharf im
damals zu Bayern geschlagenen Tirol durchgesetzt. Der Tiroler »Freiheitskampf« unter Andreas Hofer gegen die Bayerische Obrigkeit hatte,
nach Ansicht einzelner Historiker, seine Wurzeln

auch in dem sehr konkreten Herrschaftsdruck,
der mit dem bayerischen Impfzwang ausgeübt
wurde.[55] Wie stark diese Wurzeln jedoch waren,
läßt sich nur schwer rekonstruieren.
Langsam folgten, in unterschiedlicher Intensität,
andere deutsche Staaten dem bayerischen Vorbild, etwa das Großherzogtum Baden (1815), das
Königreich Württemberg (1818) oder das Königreich Hannover (1821). In Sachsen und im Stadt-
staat Hamburg wurde bis in die 1870er Jahre
kein Impfgesetz erlassen. Ebenso war es in
Preußen, doch gab es hier eine stattliche Anzahl
indirekter Druck- und Zwangsmaßnahmen, und
in der Praxis unterer Verwaltungsebenen wurde
oft direkter Zwang ausgeübt.[56]
Daß die Rechtslage so unterschiedlich war, lag
daran, daß die vielen gesetzgebenden Gewalten
eine zentrale Frage jeweils unterschiedlich beant-
worteten, auf die es bis heute keine objektiv richtige Antwort gibt. Welches Gut ist höher einzu-
schätzen: die angenommene, relative medizinische Schutzwirkung dieser Maßnahme für die
gesamte Gesellschaft oder die individuelle Freiheit des einzelnen, zu entscheiden, ob man diesen Schutz für sich oder seine Kinder als medizinisch sinnvoll bzw. ethisch-moralisch legitim
erachtet.[57]
Für die Ärzteschaft war diese politische Frage
meistens klar. Einer von ihnen etwa meinte, um
die Bevölkerung »aus ihrer moralischen Schlaf-
sucht zu wecken, ließe sich noch allein von einer
landesherrlichen Verordnung, worin den Unterthanen die Impfung zur Pflicht gemacht und
gleichsam anbefohlen würde, etwas erwarten.
Es könnte zwar das vielleicht etwas zu hart
scheinen, allein, wer wird es wagen, den Vater
zu tadeln, wenn er seinem an Verstand noch
unmündigen Kinde, das noch keinen Willen hat
und nicht unterscheidet, was gut und böse ist,
geradezu befiehlt, dies oder jenes zu thun, in der
festen Überzeugung, daß die Vollziehung seines
Befehls die glücklichsten Folgen für dasselbe
haben und daß ihn dasselbe einst bei weiterer
Überlegung noch dafür Dank wissen werde? In
diese Categorie gehören meines Erachtens auch
jene Unterthanen, die zwar nicht dem Alter, –
aber der Verstands-Reife nach Kinder sind, und

es kann keine Ungerechtigkeit seyn, ihnen immer noch mit möglichster Schonung eine Wohlthat gleichsam aufzudringen, für die sie nur jetzt keinen Sinn haben und die sie gewiß bald als solche erkennen müssen, wenn sie nicht alles menschliche Gefühl verläugnen wollen.«[58]

Die Gesetzgeber dagegen hielten häufig den Schutz der individuellen Freiheitsrechte (oder auch nur ihre eigene Bequemlichkeit) solange aufrecht, bis sie angesichts einer neuerlich ausgebrochenen Pockenepidemie dem Druck derer, die einen Zwang forderten, letztlich nachgaben. So war es in Württemberg, das in den Jahren vor dem Impfgesetz von 1818 eine Epidemie erlebt hatte, und so war es im gesamten Deutschland, als der allgemeine Impfzwang auch als Folge der gewaltigen Epidemie im Zuge des deutsch-französischen Krieges 1870/71 erlassen wurde. Allerdings standen die Gesetzgeber nicht vor der reinen Alternative »Impfzwang – ja oder nein«. Darüber hinaus gab es noch eine Unzahl feinster Abstufungen, wie direkt und wie stark der Zwang sein konnte. Viele der Staaten versuchten es zunächst mit indirekten Zwangsmaßnahmen. Das begann etwa bei der Drohung, im Falle einer Pockenerkrankung ganze Häuser unter Quarantäne zu stellen, was für die Bewohner eine recht empfindliche Maßnahme darstellte, weil sie damit vom Broterwerb abgeschnitten waren. Zudem sollten die Bewohner noch die Kosten der Sperre tragen. Andere Verordnungen sahen vor, daß an Pocken gestorbene, ungeimpfte Personen auf den Friedhöfen nur an abgelegener Stelle, etwa bei den Abdeckern, beigesetzt werden dürften. Solche Regelungen sollten ganz gezielt auch die Impfwilligkeit fördern. Ob sie mehr als nur vereinzelt angewandt wurden, ist allerdings fraglich.

Eine andere Regelung war diejenige, daß Kinder nur dann zur Schule zugelassen wurden, wenn sie einen Impfschein vorweisen konnten. Manchen Eltern kam die Zurückweisung von der Schule gerade zupaß, weil sie ihre Kinder lieber bei der häuslichen Erwerbsarbeit als in der Schule sahen. Auch der Zugang zu einzelnen Berufen wurde mit einer vorangegangenen Impfung verknüpft. Im Jahre 1826 etwa wurde vom königlich sächsischen Bergamt bekanntgegeben, daß nur noch geimpfte Personen oder solche, welche die Blattern bereits überstanden hatten, zum Bergbau zugelassen würden. **[2/14]**

Wie so oft, wurden auch bei der Frage der Impfung die Unterschichten eher mit der disziplinierenden Kraft des Staates konfrontiert. Wer staatliche Unterstützungsleistungen wie etwa Armenfürsorge erhalten wollte, mußte in den meisten Staaten dem Buchstaben des Gesetzes nach zunächst seinen Impfschein vorlegen. Einen direkten Impfzwang verfügten manche Gesetze lediglich für den Fall einer Pockenepidemie. Andere Verordnungen verpflichteten lediglich die zum Militär eingerückten Rekruten oder alle Kinder ab bestimmten Jahrgängen, (wieder-) geimpft zu werden. Selbst dieser direkte Zwang konnte je nach Schärfe der Sanktion noch unterschiedlich streng sein. Wenn die Verweigerung lediglich mit einer einmaligen Geldstrafe belegt war, konnten unwillige Eltern sich davon ›loskaufen‹. Manche Gesetze sahen jedoch eine jährlich sich wiederholende, ja sogar jeweils sich verdoppelnde Strafe oder Gefängnis für eine Weigerung vor. Nur in den seltensten Fällen dürfte ein Impfzwang jedoch in der Form durchgeführt worden sein, daß Kinder gegen den Willen der Eltern mit körperlicher Gewalt zum Impfen gebracht wurden.

Hinzu kam außerdem, daß der Buchstabe des Gesetzes in der Verwaltungspraxis sehr unterschiedlich angewendet wurde. Manche Regelungen wurden viel weniger konsequent durchgeführt, als es die Gesetze erlaubten. Manchmal praktizierte die Verwaltung aber auch Zwangsmaßnahmen, deren Härte von den Gesetzen überhaupt nicht gedeckt war.

VII. Die Zeit der Ernüchterung

Daß sich manche Regierungen schwer taten, harte Impfzwangsgesetze zu erlassen, lag unter anderem auch an der mit den Jahren nach der Anfangseuphorie sich breit machenden Ernüchterung und Verunsicherung, was die Wirksamkeit und die Sicherheit der Maßnahme anging.

zu pag. 398.

Vergleichende Uebersicht

der natürlichen Blattern, der geimpften Blattern und der Kuh- und Schutzblattern, in Absicht ihrer Wirkungen auf einzelne Personen und auf die ganze menschliche Gesellschaft.

Geschichte.		Zufälle, welche diese Krankheiten begleiten, oder ihnen folgen, und die sowohl von ihrer Ansteckungs-Fähigkeit als ihrer Tödtlichkeit abhängig sind.								
Schon seit 12 Jahrhunderten kannte man diese Krankheit als eine zerstörende Pest der menschlichen Gesellschaft, die in jedem Jahr eine unzählige Menge Menschen dahin raffte.		Gefahr.	Ausschlag.	Nothwendigkeit das Zimmer zu hüten.	Zeitverlust.	Geldausgaben.	Nothwendige Vorsichts-Maßregeln.	Medizinische Behandlung.	Entstellung.	Nachkrankheiten.
Allgemeine Eigenschaften.	Tödtlichkeit.									
Natürliche Blattern. Sie sind ansteckend. In einzelnen Fällen gelinde, größtentheils aber heftig, schmerzhaft, eckelhaft und lebensgefährlich.	Von 6 Pers. die sie bekommen, stirbt eine von, die Hälfte der Mensch. bekommt sie; mithin stirbt an d. einzig. Krankh. immer d. 12te.	Einer unter dreyen bekommt sie immer auf eine gefährliche Art.	Häufige, schmerzhafte und entstellende Pusteln.	Nothwendigkeit, von andern abgesondert im Zimmer zu verbleiben, Zeitverlust und mehr oder minder beträchtliche Geldausgaben, welche letztere einzelne Personen, Familien und ganze Ortschaften betreffen.			Vorsichts-Maßregeln sind größtentheils vergeblich.	Medizinische Behandlung ist nothwendig, sowohl während der Krankheit, als nach derselben.	Gruben, Risse, Narben u. s. w. welche die Haut und vorzüglich das Gesicht entstellen.	Skropheln unter jeder Gestalt, Krankheiten der Haut u. s. w. Der Drüsen, der Gelenke u. s. w. Blindheit, Taubheit u. s. w.
Geimpfte natürliche Blattern. Sie sind ansteck. In den meisten Fällen zwar gelinde, in einigen aber auch heftig, schmerzhaft, eckelhaft u. lebensgefährlich.	Von 200 geimpften stirbt Einer.	Einer unter 30 od. 40 bekommt d. Krankh. unter einer gefährlichen Gestalt.	Immer entstehender Ausschlag in grösserer oder geringerer Menge.	Nothwendige Absonderung im Zimmer, Zeitverlust und oft beträchtliche Geldausgaben.			Nothw. Vorbereitung durch Diät u. Medik. Vermeid. gew. J. Z. neml. d. der stärksten Kälte u. Hitze—gew. Leb.Period., als zarte Jug. u. spätes Alter, u. gew. Gatt., Konstit., wie im allg. schlechte Gesundheitsb., Zahnen d. Kind., Schwangerschaft u. s. w.	Medizinische Behandlung ist gewöhnlich nothwendig.	Entstellungen können entstehen, wenn die Krankheit heftig wird.	Krankheiten derselben Art, wie die oben genannten, als Folgen, jedoch weniger häufig.
Kuh- und Schutzblattern. Sie s. nicht ansteck., u. bey gehöriger Leitung immer gelinde, unschädlich, selten schmerzh., gefahrlos u. ein untrüglich. Schutzmittel gegen die naturl. Blattern.	Niemals tödtlich.	Gefahrlos.	Eine einzige Pustel auf dem geimpften Theile.	Weder nothwendige Absonderung im Zimmer, noch Zeitverlust und Geldausgaben.			Weiter keine Vorkehrungen, als solche, welche die Leitung der Impfung betreffen.	Medikamente sind nicht erfoderlich.	Keine nachfolgende Entstellung oder Mißstaltung.	Keine nachfolgende Krankheit.

Gefahren und Folgen von Pocken, Variolation und Vakzination, in: »Ehrhart's Magazin für technische Heilkunde«, 1805

Bei der Einführung der Vakzination waren die Ärzte zum größten Teil davon ausgegangen, daß eine regelrecht durchgeführte Impfung alle Vorteile mit der Variolation teile und ein Leben lang sicher vor einer Pockenerkrankung schütze, die Nachteile, ein größeres Gesundheitsrisiko, aber nicht besitze. Beides stimmte so nicht.

Nachdem die neue Methode in allen Ländern eingeführt und in wenigen Jahren eine erstaunliche Anzahl von Kindern geimpft worden war, verschwanden die zuvor so alltäglich gewesenen Pockenseuchen zwar nicht überall abrupt von der Bildfläche, aber sie gingen doch ganz erheblich zurück. Zehn Jahre nach Einführung der Vakzination waren die Pocken in Württemberg etwa zu einer sehr seltenen Todesursache geworden. Welchen Anteil die Vakzination daran aber wirklich hatte, ließ sich damals und läßt sich bis heute nicht genau bestimmen.[59] Andere Einflußfaktoren können die nach den Epidemien bestehende Gruppenimmunität, ungefährlichere Virusstämme oder der Verzicht auf die die Pocken verbreitende Variolation gewesen sein. Die Impfbegeisterten führten den Rückgang allerdings einzig auf die Vakzination zurück.

2/8
Die Entwicklung der Impfpocken vom 3. bis zum 16. Tag. Kolorierter Kupferstich in: J.I. Bremer: »Die Kuhpocken ...«, 1801

pustel auf dem Arm des Impflings war bereits in den ersten Jahren der Vakzination ein wichtiges Thema, und viele Autoren veröffentlichten in ihren Büchern zum Teil kolorierte Kupferstiche, die ihren Kollegen das regelrechte Aussehen der Pusteln zeigen sollten. **[2/7, 2/8]**
Doch kam die Zeit, in der die Menge der Pockenfälle bei zuvor Vakzinierten nicht mehr auf diese Weise erklärt werden konnte und dieses Phänomen, man nannte es die »Varioloiden«,[60] auch bei vielen von anerkannten Ärzten Geimpften auftrat. Da diese Pockenfälle aber in der Regel

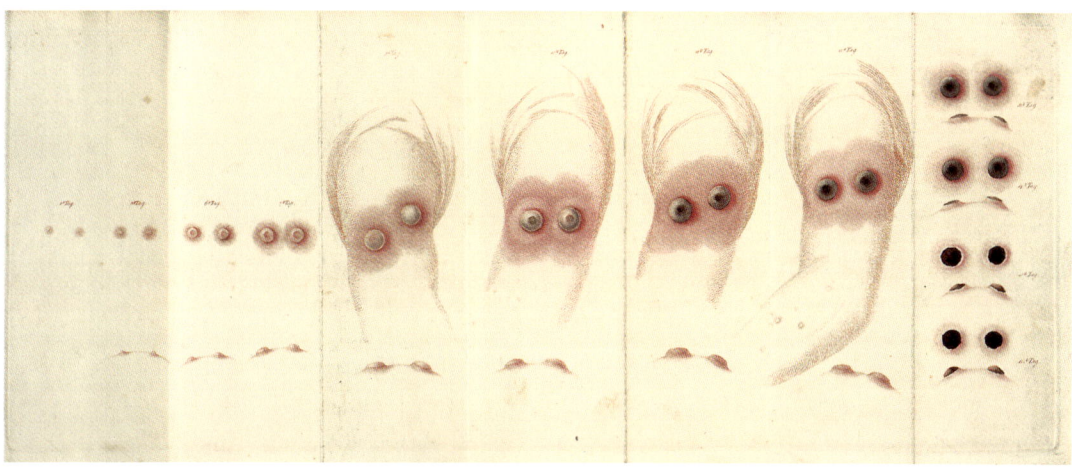

Um so größer war die Verwirrung, als runde zwanzig Jahre nach der Einführung der Impfung plötzlich wieder mehr und mehr Personen an den Pocken erkrankten, wenngleich auch bei weitem nicht mehr so viele und nicht mehr in der früher gekannten Gefährlichkeit. Überdies waren auch unter den Erkrankten zunehmend mehr Personen, die in früheren Jahren bereits geimpft worden waren. Für die Ärzteschaft lag die naheliegendste Erklärung für dieses Phänomen zunächst darin, zu behaupten, solche Personen seien früher falsch geimpft worden. Sie äußerten etwa häufig den Vorwurf, in diesen Fällen hätten eben unwissende Bader und Wundärzte sogenannte »unechte Kuhpocken« geimpft oder den Erfolg der Impfung aus Unwissenheit oder Bequemlichkeit auch dann attestiert, wenn er sich nicht recht eingestellt hatte. Die Unterscheidung von echten und unechten Kuhpocken und mithin das Erkennen einer richtigen Impf-

leichter verliefen, verfestigte sich unter einem nicht geringen Teil der Ärzteschaft die Meinung, es handle sich hier, ähnlich wie bei den Windpocken, um eine eigenständige Krankheit, vor der die Vakzination nicht schütze. Vor allem in den 1820er und 30er Jahren debattierte die medizinische Wissenschaft die Frage der Eigenständigkeit der Varioloiden recht kontrovers. Keines der beiden Lager konnte eindeutig beweisen, daß es selbst recht und das andere unrecht hatte. Unterstützt wurde die Ansicht der Eigenständigkeit der Varioloidenkrankheit sicherlich auch durch den Umstand, daß die Mediziner ihre Probleme damit hatten, sich selbst und der Öffentlichkeit einzugestehen, daß sie sich mit der Annahme, die Vakzination schütze lebenslänglich, getäuscht hatten und auf die eigene Euphorie hereingefallen waren.
All dies hatte zur Folge, daß die Erkenntnis der Notwendigkeit einer Wiederimpfung und deren

wirkliche Durchführung nach etwa zehn Jahren sich langsamer durchsetzte, als es aus der heutigen Sicht notwendig gewesen wäre. Das Militär war die erste Bevölkerungsgruppe, die komplett wiedergeimpft (»revakziniert«) wurde, teils mit Erfolg, teils ohne. **[2/17 b]** Den Anfang machte dabei das württembergische Militär bereits im Jahre 1829. Anderswo wurden Jugendliche bei der Schulentlassung freiwillig revakziniert. Doch die Wiederimpfungszahlen blieben im Vergleich zu den Erstimpfungen gering. Die Bevölkerung war skeptisch, die Regierungen zurückhaltend, und die Ärzteschaft hatte ihren früheren Enthusiasmus verloren. Es brauchte bis zum Erlaß des Reichsimpfgesetzes im Jahre 1874, bis alle nachwachsenden Jahrgänge

Umschlag von William White:
»The Story of a Great Delusion«, 1885

diese Prozedur durchliefen und damit für den Rest ihres Lebens einen verhältnismäßig sicheren Schutz vor den Pocken hatten.

Das Phänomen der Pocken bei zuvor bereits Geimpften löste nicht nur eine Enttäuschung und Ernüchterung bei der Ärzteschaft aus, sondern auch Verwirrung. Wie sollte nun festgestellt werden, ob ein Geimpfter noch gegen die Pocken geschützt sei? Eine Zeitlang, in den 1830er Jahren, glaubte man, am Aussehen der Impfnarben ein oder mehrere Jahrzehnte nach der Vakzination erkennen zu können, ob noch ein Impfschutz bestehe. Auch dies erwies sich als Fehlannahme, und begonnene Reihenuntersuchungen der Impfnarben wurden wieder fallengelassen. Ein anderer Versuch war es, die Schutzwirkung der Vakzination zu verlängern, indem die Ärzte bei der Impfung mehr und mehr Impfschnitte machten. Die Zahl konnte in den 1830er Jahren leicht zehn, ja manchmal zwanzig übersteigen. Was bei der Einführung der Methode schon bald wie ein Triumphzug aussah, bei dem eine segenbringende Ärzteschaft die Bevölkerung in kürzester Zeit von einer ihrer Geißeln befreien sollte, erwies sich im Detail als eine Entdeckung, deren richtige Kenntnis und Anwendung voller Tücken steckte. Immer wieder mußte die Ärzteschaft Fehler im Detail zugestehen, was verständlicherweise das Vertrauen der Patienten auf die Dauer nachhaltig erschütterte. Es ist daher kein Wun-

der, wenn die spätere Impfgegnerbewegung diese Schwachstellen ausdrücklich benannte. Am deutlichsten zeigt dies die Umschlagillustration eines englischen impfgegnerischen Buches aus dem Jahre 1885. Es wurde von William White veröffentlicht und trägt den Titel »The Story of a Great Delusion« (Die Geschichte einer großen

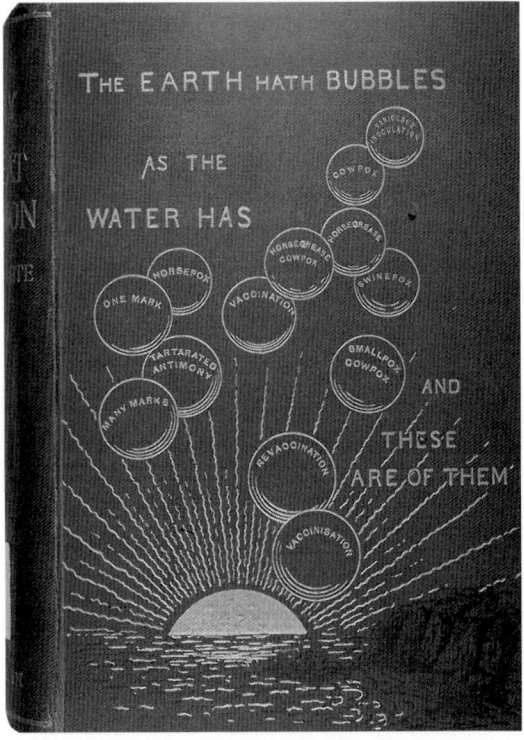

Täuschung). An einer Uferlandschaft sieht man Blasen über dem Wasser aufsteigen. Sie sind bezeichnet mit den Fehlannahmen, die die impffreundliche Medizin korrigieren mußte, etwa diejenigen der Impfschnitte und Impfnarben (»one mark«, »many marks«). Warum sollte dann die Wiederimpfung (»revaccination«) nicht genauso eine Täuschung sein? Daneben stehen frühere Kehrtwendungen und wieder zurückgenommene Behauptungen, etwa der abrupte Wechsel von der Pockeninokulation (»variolous inoculation«) zur Jennerschen Impfung (»vaccination«). Wenn viele Ärzte nach Einführung der Vakzination nun nur noch die Risiken und Nachteile der alten Methode hervorhoben, die sie zuvor so verteidigt und gelobt hatten, warum sollte ihre Meinung nicht nochmals umschwenken und nun die Vakzination nur noch Nachteile haben? Eine weitere Fehlannahme hatte Jenner noch zu Lebzeiten korrigieren müssen. Er hatte zunächst angenommen, daß die Kuhpocken (»cowpox«) auf die Krankheit der sogenannten »Pferdemauke« zurückgeingen.[61] Auch dies hatten die Impfgegner im Jahre 1885 noch nicht vergessen und nutzten es als Argument, die Behauptungen der Schulmedizin über die Wirkungsweise und den Nutzen der Vakzination insgesamt in Zweifel zu ziehen. Hinzu kam der lange Zeit ziemlich leichtfertige Umgang der Impfärzte mit der Gefahr, daß dem Impfling beim Überimpfen der Vakzine vom Abimpfling eine Krankheit übertragen wurde. Daß es überhaupt Krankheiten gab, die auf diese Weise übertragbar waren, war in der Medizin kaum umstritten. Welche es waren, war vor allem um die Mitte des 19. Jahrhunderts noch keineswegs exakt zu bestimmen. Im Zentrum der entsprechenden Diskussion stand vor allem die Syphilis, aber auch die Rachitis und die Skrophulose. Die impffreudige Ärzteschaft verteidigte sich in der Regel mit dem Argument, die Abimpflinge und ihre Familien besonders genau auf ihren Gesundheitszustand zu untersuchen. Die Gefahr, die von einem infizierten Impfstoff ausging, war vor allem im letzten Drittel des 19. Jahrhunderts eine der zentralen Besorgnisse von Eltern, die der Impfung skeptisch gegenüberstanden. Die kolorierte Lithographie aus der New Yorker Zeitschrift »Puck« **[2/25]** schloß sich dieser durchaus realistischen Befürchtung an und fordert dazu auf, besser nicht zu impfen als unreinen Impfstoff zu verwenden. Eine bedrohlich aussehende Kuh infiziert hier mit verunreinigter Vakzine ein verängstigtes kleines Kind, das verlassen auf der Kinderstation eines Krankenhauses liegt. In der großen Impfdebatte, die in dieser Zeit auch die deutsche Öffentlichkeit beschäftigte, spielte besonders die Furcht vor dem Überimpfen der Syphilis eine wichtige Rolle. Das Problem konnte erst gelöst werden, als in den 1880er Jahren Impfstoff in großen Mengen auf Kühen ›gezüchtet‹ wurde **[2/30]** und die Passage über den Menschen damit hinfällig wurde.

2/25

J. Keppler:

»Better not Vaccinate than Vaccinate with Impure Virus.«

Kolorierte Lithographie, 1880

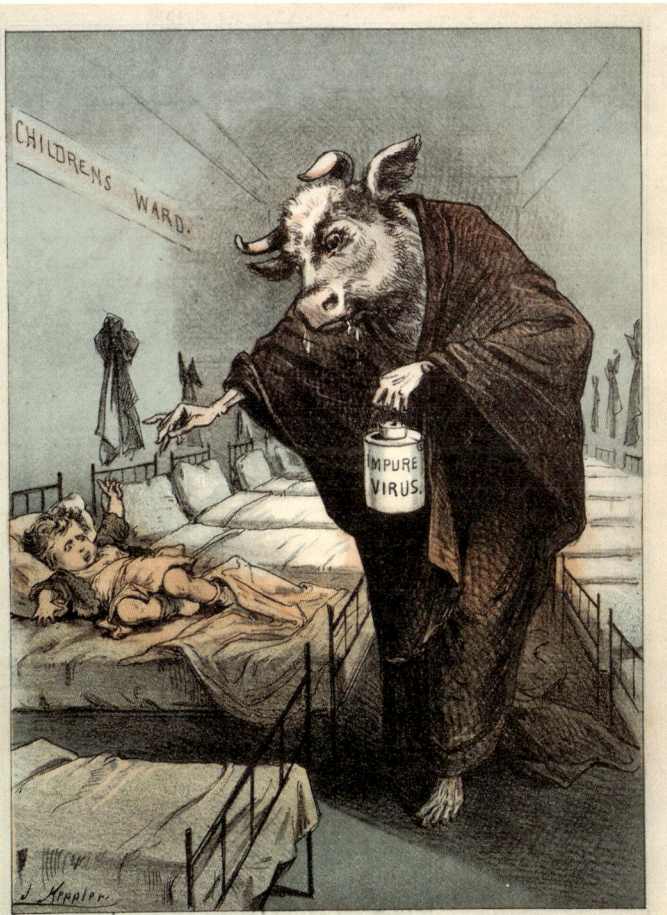

BETTER NOT VACCINATE THAN VACCINATE WITH IMPURE VIRUS.

VIII. Eine Bewegung gegen Impfung und Impfzwang

Kritiker von Impfungen hatte es bekanntlich gegeben, seitdem es diese Präventionsmethode gab. Seit der Mitte des 19. Jahrhunderts entstand jedoch etwas quantitativ wie qualitativ Neues, eine breitenwirksame öffentliche Debatte außerhalb der engen medizinischen Kreise um Sinn und Nutzen der Impfung. Treibende Kraft der Kritik war eine regelrechte Impfgegnerbewegung, getragen mehrheitlich von Nichtärzten und zum Teil organisiert in impfgegnerischen Vereinen.[62] **[2/28]** Neben einer Unzahl von Büchern, Broschüren und Flugblättern gab diese

Werden Sie Jmpfgegner! Anmel...
Jmpfgegner-Verei... Mylius Str. 4.
Plauen.

Bitte weitergeben!

Die Pockenimpfung

der verhängnisvollste Aberglaube des 19. und 20. Jahrhunderts.

Einem Schmutzigen, der dich um Rat fragt, wirst du sicher antworten: „Wasche und bade dich fleißig, so bleibst du rein." Wenn aber ein anderer käme und sagte: „So du dich schützen willst vor dem Schmutze, so kratze eine Messerspitze davon zusammen, mache drei Schnitte in deinen Oberarm und schmiere die Unreinigkeit hinein," so würde dir wohl bange sein um den Verstand dieses Ratgebers.

Und wenn du in alten Büchern liest, wie quacksalbernde Hexenweiblein im Mittelalter die armen Kranken allerhand „Unrat und Teufelsdreck" einnehmen ließen, so lächelst du mit stolzer Ueberlegenheit über den finsteren Aberglauben vergangener Zeiten.

Wenn aber dein Kindlein 1 oder 2 Jahre alt geworden, und es ist sorgsam gepflegt, täglich gebadet und gewaschen und vor aller Unreinigkeit geschützt worden, und du glaubst: „Wenn mein Kind in solcher Weise sein Lebelang seinen Körper pflegt und reinhält, dann wird Seuche aller Art mit Gottes Hilfe fern von ihm bleiben," so hast du deine Rechnung gemacht ohne . . . den verhängnisvollen Aberglauben dieses Jahrhunderts.

Und du hast ferner vergessen, daß wir in einem Zeitalter leben, wo zwar in religiösen Dingen volle Glaubensfreiheit herrscht, nicht aber in medizinisch-ärztlichen Dingen. Mögen auch gewisse Glaubenssätze der medizinisch-ärztlichen „Wissenschaft" noch so verschoben und unnatürlich sein – du mußt glauben, was die Dogmen der Mediziner-Kaste vorschreiben und mußt dich den Konsequenzen ihrer Glaubenslehren willenlos unterwerfen.

Nun hängt an dem ehrwürdigen Haupte dieser „medizinischen Wissenschaft" noch vom vorigen Jahrhundert her ein Zopf in Gestalt eines Wundermittels, das nächst der Abkochung von weißem Hundekot bei den Medizinmännern der Vergangenheit wohl als der größte Stolz der „Dreckapotheke" galt. Seitdem nämlich die Arzneikunde des Abendlandes im vorigen Jahrhundert erfahren hatte, daß von den alten Hexenweibern im Orient außer dem Handel mit Lebenselixieren und Liebestränken auch noch ein sehr einträglicher Hokus-Pokus zur Ausbeutung der Furcht vor den Blattern getrieben werde (jene Weiber machten einen Schnitt in Arm oder Fuß, tauchten einen Wollfaden in Pockeneiter, legten ihn in die Wunde und spiegelten den also Mißhandelten vor, sie wären nun gegen die Pocken geschützt), seitdem ruhte der Industriegeist der damaligen Wunderdottoren des Abendlandes nicht, bis sie auch diese Verhöhnung der Natur und Vernunft ihren Quacksalberkünsten einverleibt hatten.

Solch eine drastische Wunderkur lag ja ganz im Geiste jener Zeit und in dem mirakelbedürftigen Charakterzug der unwissenden Menge und der trotz allen philosophischen Aufklärungen in mystischen Vorstellungen befangenen Gebildeten. Ein Rat: „Wasche und bade dich fleißig, nähre und kleide dich naturgemäß, wohne und schlafe vernünftig, sei mäßig in allen Dingen!" – solch ein Rat klingt gar so verständig und natürlich, ist außerdem mit so manchen Unbequemlichkeiten verbunden, die den lazen Gewohnheiten des Bedürfnismenschen zuwiderlaufen. Aber ein Schnitt ins Fleisch, das Hineinschmieren einer mysteriösen Materie, das ist vielleicht schmerzhaft und wohl auch unheimlich – aber es ist doch so seltsam wunderbar, es ist so ein prächtig übernatürlicher Unsinn, daß der wunderbedürftige Gläubige sich wahrlich nichts Besseres wünschen könnte. War's nicht schon so bei dem mirakelsüchtigen aussätzigen syrischen Feldhauptmann in der Schrift? „Gehe hin und wasche dich siebenmal im Jordan!"

ließ ihm der Prophet sagen. Da erzürnete Naeman und kehrete um . . .

Zum Unglück für den Geldbeutel jener kurierenden Industrieritter erwies sich aber besagte „Inoculation der Pocken" als so gefährlich – sie verbreitete selbstverständlich die Pocken, statt sie auszurotten –, daß sie alsbald in den meisten Ländern bei schweren Strafen verboten wurde. Da fand sich ein Retter in dem Engländer Zenner, der das Märchen von den Kuhpocken aufbrachte und dadurch zum Segen wurde für alle geldbedürftigen und praxislosen Aerzte des nächsten Jahrhunderts. Es ist hier nicht der Ort, den Beweis zu führen, daß es niemals originäre (ursprüngliche) Kuhpocken gegeben hat; gleichviel – ob Kuhschmutz oder übertragener Menschenschmutz – die Tatsache besteht, daß in unserem Zeitalter der Hygiene, der Krankheitsverhütung durch Reinlichkeit im allgemeinen und Antiseptik (Fäulnisbekämpfung) im besonderen . . . noch das traurige Ueberbleibsel aus einer Zeit des Aberglaubens, der Charlatanerie als ein Wahrzeichen unserer modernen Heilkunde gilt!

Noch trauriger aber ist es, daß es die Unfehlbarkeit unserer Medizinpäpste bisher zuwege gebracht hat, auch auf die Andersgläubigen einen Druck und Zwang auszuüben, zu dem wir nur in den schwärzesten Zeiten der Inquisition in der Geschichte ein Gegenstück finden.

Du magst noch so felsenfest überzeugt sein, daß nur Reinlichkeit dein Kind gegen Pocken und andere Schmutzkrankheiten – denn die Wiege aller Krankheiten ist der Schmutz – zu schützen vermag; daß das Schmutzeinimpfen die größte Gefahr ist, die überhaupt die Gesundheit und das blühende Leben deines Kindes bedrohen kann; du magst es für ein Verbrechen gegen Gott und dein Gewissen ansehen, wenn du an deinem Kinde die ekelhafte Prozedur vornehmen läßt – in unserem Zeitalter der Humanität, der Toleranz wirst du im Deutschen Reiche einfach gezwungen, gegen Ueberzeugung und Gewissen zu handeln – oder, falls du dich mit Geld loskaufen kannst, ins Gefängnis zu wandern. Viele Existenzen sind buchstäblich vernichtet worden dadurch, daß übereifrige Verwaltungsbeamte immer neue und wieder neue – oft in demselben Jahre vielfach wiederholte Geld- und Haftstrafen über brave und überzeugungstreue Bürger verhängten. Sollte es wirklich mit politischer Weisheit vereinbar sein, wenn sich ein Staat solcherweise zum Büttel einer einseitigen Majorität von ärztlichen „Autoritäten" hergibt? Möchten doch die gesetzgebenden Faktoren bedenken, daß bei der Beurteilung von Impfverweigerern nicht eine frivole Auflehnung gegen Zucht und Sitte, sondern verzweifelte Aufopferung für das Wohl der Kinder, angstvolle Elternliebe, sittliche Ueberzeugung, kurz, moralische Vorzüge der besten Bürger des Staates bestraft werden! . . .

Wenn du also geglaubt hast, du könntest mit dem sichersten und natürlichsten aller Gesundheits-, Vorbeugungs- und Heilmittel, der Reinlichkeit, dein Kind vor Seuchen aller Art schützen, so wird dich der Impfarzt – wenn nötig in Begleitung eines Polizeidieners – alsbald eines anderen belehren. Er nimmt dein Kind, schneidet ihm 4 mal in sein Aermchen und schmiert einen Brei hinein, den jene Hexenweiblein wohl „Teufelsdreck" genannt haben würden, den unsere medizinische Wissenschaft aber mit dem wohltönenden Namen „Schutzpockenlymphe" belegt hat. Was für ein Ding diese Lymphe ist, mag dir Dr. med. Böhm (Friedrichroda) sagen:

Preis des Flugblattes: 10 Stck. 25 Pf., 100 Stck. 2 M., 1000 Stck. 12 M.

Germania's Noth und Klage über die Vergiftung ihrer Kinder.
(Virusation nach Dr. Nittinger.)

Unter der deutschen Eiche sizt trauernd Germania. Zu ihren Füßen ligt ihre Tochter die edle **Libertas** getödtet von den drei Impfstichen, wodurch die **Staatsgewalt** jedem Deutschen die freie Verfügung über seinen Leib genommen. Die **Staatsmedicin** träumt wohlgefällig auf dem Faulbett der Impfpraxis. Die Wissenschaft muss sich beschämt abwenden vor dem Vorwurf der „Lüge", den ihr die akademische Jugend zuwirft. Die Kirche zählt die Geborenen und Gestorbenen und verbirgt **das Deficit** in ihren Büchern. Auf der pockenkranken Kuh sizt der **Lanzknecht** des Impfgesezes, der moderne Don Quixote, die Rasirschüssel auf dem Haupte, die Lancette in der Hand um dem Moloch der Vaccination ein neues Opfer zu bringen, deren einige in ihrem Siechthum vor ihm liegen, während eine Mutter ihr leztes Kind begrabt, das die Impfzichter gemordet. Deutschlands Garten — ein Leichenfeld!

2/28
Flugblatt, Hg.: Deutscher Rechtsverband zur Bekämpfung der Impfung, um 1890

2/24
»Germania's Noth und Klage über die Vergiftung ihrer Kinder.« Stahlstich in: Dr. C.G.G. Nittinger: »Die Impfung ein Mißbrauch«, Stuttgart 1867

Bewegung auch eigene Zeitschriften wie etwa den »Impfgegner« [2/29] heraus. Die Bewegung sah die Impfung als ebenso unwirksam wie gesundheitsschädlich an und bezeichnete das Vertrauen in die Vakzination als »Aberglauben«. [2/28] Organisatorisch wurde die Impfgegnerbewegung stark unterstützt von den meist ebenso impfkritischen, im späten 19. Jahrhundert sehr verbreiteten Vereinen der Naturheilbewegung und der Homöopathie sowie von den Tierversuchsgegnern.

Der soziale Hintergrund dieser neueren Impfgegner war ein anderer als in den ersten Jahrzehnten der Vakzination, als sich vor allem auf dem Land und in den unteren Schichten ein unorganisiertes Widerstreben vieler einzelner Eltern gegen diese Innovation gezeigt hatte. Die nun entstehende Impfgegnerbewegung war eher der Ausdruck einer bürgerlichen Kultur, die sich kritisch mit der entstehenden modernen Gesellschaft auseinandersetzte, von der sie aber selbst bereits ein Teil war. Auch die Argumente der Impfablehnung hatten sich zum Teil gewandelt. Eine Furcht davor, mit der Impfung in den göttlichen Willen einzugreifen, gab es nun lediglich noch unter einigen fundamentalistischen religiösen Sekten. Ansonsten lieferte sich die Impfgegnerbewegung viel eher eine Fachdebatte mit der Schulmedizin um Sinn und Nutzen der Vakzination.

Ihren Ausgang nahm die neuere Impfgegnerschaft in den 1850er Jahren mit den Schriften des Stuttgarter Arztes Dr. Carl Georg Gottlob Nittinger. Nittinger war eine schillernde Einzelperson, keineswegs repräsentativ für die Masse der Impfgegner, sondern eher das herausragendste Beispiel für einige fanatische, monomane Einzelkämpfer, die mit allen ihnen zur Verfügung stehenden Mitteln gegen den »Aberglauben« ankämpften, »daß ein dem menschlichen Körper eingeimpftes Thiergift, die Jauche aus der Eiterbeule des Kuheuters ihn gesund, kräftig und blühend machte«.[63] Dieser wohl bekannteste unter den Impfgegnern veröffentlichte im Mai 1848 seine erste zwölfseitige Schrift gegen die Vakzination. Bis zum Jahr 1874 war sein Werk auf 25 Buchtitel mit über 2500 Seiten angewachsen. Nittingers Stil zeigt sich recht deutlich in einer bekannten Illustration aus einem seiner Bücher, nämlich »Germania's Noth und Klage über die Vergiftung ihrer Kinder«. [2/24] Es ist eine Allegorie auf die Impfsituation, wie Nittinger sie sah. Dieses Bild argumentiert nicht, es will Stimmung machen. Es reiht sich damit eher in die Tradition der frühen englischen Karikaturen für und gegen die Jennersche Entdeckung ein, nur daß ihm eben die feinere Ironie abgeht.

Anzahl impfgegnerischer Publikationen, in: Axel Helmstädter: Zur Geschichte der deutschen Impfgegnerbewegung, in: Geschichte der Pharmazie 42, Nr. 2, 1990, S. 21

Im Begleittext erklärte Nittinger selbst das Bild besser, als es dem Außenstehenden möglich ist. Nur eine ganz gezielte Spitze hat er hier aus gutem Grund nicht erwähnt, und zwar den Hut auf der Stange in der linken Bildhälfte. Unzweideutig ist dies ein Geßlerhut, seit Schillers »Wilhelm Tell« das Symbol für die Unterwerfung der Bevölkerung unter despotische Herrschaft. Die Impfung ist für Nittinger somit ein Symbol der politischen Willkürherrschaft über das Volk. Durch die fehlende Erklärung hat sich Nittinger wohl einigen juristischen Ärger erspart, denn der damalige, für das Impfwesen zuständige Innenminister in Württemberg hieß Geßler. Die zeitgenössischen Betrachter verstanden diese Spitze offensichtlich auch ohne einen expliziten Hinweis.

Nittinger wurde bis zu seinem Tod im Jahre 1874 zum Kristallisationskern der immer weiter um sich greifenden Skepsis, was Nutzen und Schaden der Pockenschutzimpfung anbetraf. Von Stuttgart bzw. Württemberg aus breitete sich diese Debatte in den späten 1860er Jahren über ganz Deutschland aus. Ärztliche Berichte registrieren in dieser Zeit erschreckt das Erscheinen einer breiteren Ablehnung der Impfung und rapide sinkende Quoten dort, wo die Impfung noch freiwillig war.

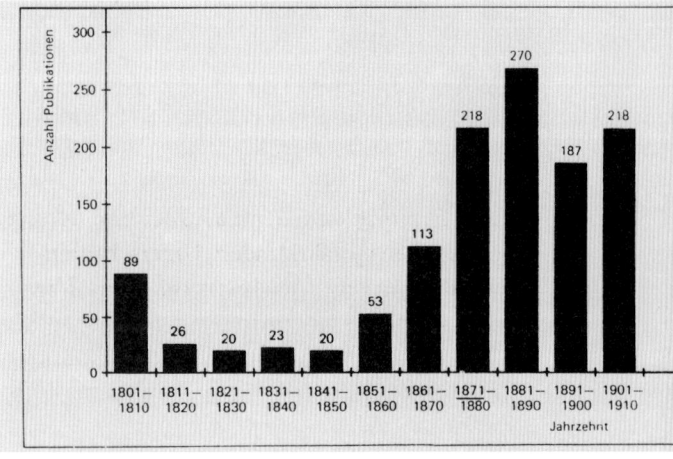

Das Reichsimpfgesetz von 1874 mit seinem für Deutschland einheitlichen Impf- und Wiederimpfungszwang lieferte der Debatte zusätzliche Nahrung.[64] Wie groß diese Bewegung gegen die Impfung in den folgenden Jahrzehnten war, läßt sich schwer einschätzen. Aufgrund des allgemeinen Impfzwangs sagen reine Impfquoten nichts Verläßliches mehr über den Umfang der Impfkritik aus. Offene Impfverweigerungen waren immer ein Minderheitenphänomen. Die Prozentzahl der sogenannten »pflichtwidrigen Entziehungen« fiel z.B. in Sachsen in den ersten fünf Jahren ab 1875 von zunächst 10,3 auf 2,9. Um 1885 entzogen sich zwischen zwei und drei, bis zur Jahrhundertwende dann nur noch ein Prozent. Bis 1920 lag die Quote etwa zwischen einem halben und einem Prozent, um danach bis 1930 wieder anzusteigen auf Werte zwischen eineinhalb und vier Prozent.[65] Aber unter diese Zahlen fielen einerseits auch alle lediglich nachlässigen Eltern, andererseits übersehen diese

Zahlen die viel größere Anzahl derjenigen Eltern, die sich widerwillig dem Zwang beugten oder die Impfung etwa durch Rückstellung der Kinder zu umgehen suchten. Zwischen 1883 und 1887 etwa wurden runde 16 % der Impflinge in Sachsen durch ärztliches Attest, z.B. wegen Krankheit, zurückgestellt, besonders viele eben dort, wo sich auch die Impfgegnerschaft konzentrierte.

Statt in exakten Zahlen zeigte sich die Bedeutung der Impfgegnerschaft vor allem in der öffentlichen Debatte, die sie vom Zaune brach. Eine Zusammenstellung impfgegnerischer Publikationen aus dem Jahr 1912, von dem Pharmaziehistoriker Axel Helmstädter kürzlich in ein Balkendiagramm umgesetzt, zeigt deren Masse im letzten Drittel des 19. Jahrhunderts.[66] Das Diagramm vermittelt darüber hinaus einen plastischen Eindruck vom Auf und Ab der Impfdebatte im gesamten 19. Jahrhundert. Unterschriftensammlungen gegen den Impfzwang, unzählige Petitionen an die Parlamente und einzelne spektakuläre Fälle von Impfverweigerungen ließen damals die Medien aufhorchen. Das Thema »Impfung« wurde immer mehr auch außerhalb der engen medizinischen Kreise debattiert. Zahllose Artikel – waren sie nun für oder gegen die Vakzination – erschienen in Tages- und Wochenzeitungen. Die vielen Genrebilder mit romantisch verklärten ländlichen Impfszenen, wie etwa der »Impftag auf dem Lande«, die in Zeitschriften wie der »Gartenlaube« erschienen, entsprachen nicht nur stilistisch dem Zeitgeist. Sie waren auch gezielt eingesetzte Propagandamittel der Impfbefürworter, um die Vakzination als harmlose Maßnahme erscheinen zu lassen.

In der Praxis ging es in den Impflokalen bisweilen hoch her, selbst wenn die anwesenden Mütter der Impfung wohlgesonnen waren. Am häufigsten klagten Ärzte über das »mörderische Gebrüll«, in das die jungen Impflinge verfielen, wenn eines von ihnen begonnen hatte zu schreien. Eine der eindrucksvollsten Beschreibungen, wenn auch eine überhebliche, wurde von einem deutschen Arzt aus Portugal überliefert: »Die ungezogenen portugiesischen Kinder zerbeißen mir oft die Finger und Hände; Ammen und Wär-

terinnen schreien und schluchzen, wenn sie die Lanzette sehen, sie laufen zur Mutter und klagen den ausländischen Ketzer an, daß er mit einem Messer – wie ein Arm lang – dem Kinde am Halse schnitte; ja, in diesem Augenblicke würde es wohl schon gar nicht mehr seyn! Die in Wuth versetzte Mutter stürzt mit allem Ungestüme heftiger Leidenschaft ins Zimmer und überhäuft ihn mit ausgelassenen und zügellosen Vorwürfen.«[67]

Der Impfstreit war auf beiden Seiten alles andere als sachlich. Auch die impffreundliche Schulmedizin reagierte häufig gereizt und emotional auf die Kritik der Impfgegner. In der Impfkritik verführten ihrer Ansicht nach einige böswillige Agitatoren ein in der Regel dummes Volk. Dieses Unverständnis lag nicht allein daran, daß diese Ärzte einen ihrer größten medizinischen Triumphe nicht gewürdigt sahen. Daneben war eine Kritik von seiten der Nichtärzte auch eine Kritik an der medizinischen Profession überhaupt. War es doch eines der Hauptziele der Ärzteschaft dieser Zeit, sich als autonomer Berufsstand zu etablieren. Eine Ausnahme im Argumentationsstil machte das damals noch recht junge Kaiserliche Gesundheitsamt. Es reagierte auf die Impfgegnerschaft mit einer bewußt seriös und unemotional gehaltenen Veröffentlichung, in der es die Argumente der Impfgegner zu entkräften versuchte. Eine Europakarte z.B. sollte zeigen, daß in Ländern wie etwa Frankreich oder Rußland, Ländern ohne »allgemeine Impfung«, womit letzten Endes der Impfzwang gemeint war, die Pocken noch um ein Vielfaches verbreiteter waren als im Deutschen Reich.[68] **[2/18]**

Ein Ende erfuhr die Impfgegnerbewegung eigentlich nie. Mit einigem Auf und Ab setzte sich die Debatte im 20. Jahrhundert fort. Einen Höhepunkt erlebte sie nochmals im Zuge der ›Impfkatastrophe‹ von Lübeck, als eine Reihe Kinder Anfang der 30er Jahre gegen die Tuberkulose nicht mit abgeschwächten Tuberkulose-Kulturen, sondern mit regulären Erregern geimpft wurde und 77 Kinder starben.[69] Impfgegnerschaft existiert noch heute, wenngleich auch nicht mehr so breitenwirksam, vor allem im sogenannten alternativmedizinischen Milieu, 183

dessen Zeitschriften regelmäßig impfkritische
Artikel veröffentlichen.[70]
Einen größeren Erfolg konnte die Impfgegner-
schaft in Deutschland zu keiner Zeit verbuchen.
Anders war dies vor allem in England, ebenfalls
ein Zentrum der Impfgegnerschaft in Europa.[71]
In Großbritannien war 1853 ein Impfzwang eingeführt und seine Durchführung 1867 verschärft
worden. Die in dieser Zeit sich formierenden
Gegner dieser Gesetzgebung argumentierten
wesentlich politischer als die Impfgegner in
Deutschland, das heißt mit dem Argument der
persönlichen Entscheidungsfreiheit, die dem
Individuum überlassen bleiben müsse bei einer
Frage, die sein eigenes Wohl beträfe. Auch war
ihr politischer Rückhalt in den Parlamenten
größer. Aufgrund des politischen Drucks wurde
1898 eine Gewissensklausel in das Impfgesetz
eingefügt, die es den Eltern ermöglichte, vom
Impfzwang für ihre Kinder entbunden zu werden. Die massenhafte Nutzung dieser Klausel
ließ den Impfzwang schon kurz darauf de facto
fallen. Die Wertschätzung der persönlichen Freiheit des Individuums erkaufte sich Großbritannien allerdings mit einer im Vergleich etwa zu
Deutschand deutlich verzögerten Zurückdrän-
gung der Pocken.

Es würde indes der falsche Eindruck einer lediglich fanatischen und vor allem irrationalen Impfgegnerschaft entstehen, würde hier nicht noch
etwas genauer auf die in dieser Bewegung ver-
wendeten Argumente und Argumentationswei-
sen eingegangen. Impfgegner in Deutschland
vertraten vor allem anderen die Ansicht, daß die
Vakzination erstens gesundheitsschädlich und
zweitens nicht wirksam sei. Angesichts des
damaligen Wissensstandes über die Impfung
waren beide Argumente nicht völlig aus der Luft
gegriffen. Über die Gefahren des Überimpfens
von Krankheiten ist bereits gesprochen worden.
Doch auch mit animalem Impfstoff konnte die
Vakzination zu Erkrankungen führen. Solange
in vorbakteriologischer Zeit Bakterien noch nicht
als Krankheitserreger erkannt waren, bestand
die Möglichkeit, daß etwa durch eine unsaubere
Impflanzette Krankheiten übertragen wurden.
Anfangs hatten einzelne Ärzte den getrockneten

Impfstoff sogar mit ihrem eigenen Speichel wieder flüssig gemacht, ohne um die Gefahr dieses
Vorgehens wissen zu können. Erst als diese
Gefahr eindeutig bekannt war, konnte dieses
Risiko ausgeschaltet werden, indem die Impflanzette vor dem Gebrauch desinfiziert wurde. Eine
weitere, seltenere Gefahr stellte das »Generalisie-
ren« der Impfreaktion auf dem ganzen Körper
dar. Schließlich gab es die damals wie heute verhältnismäßig seltenen Unverträglichkeitsreaktio-
nen. Nur war es damals kaum möglich, im Einzelfall genau nachzuweisen oder auszuschliessen, daß die Erkrankung eines Kindes nach der
Impfung auch wegen der Impfung eingetreten
war – dies hat sich im übrigen bis heute nicht
grundsätzlich geändert. Impfgegner zeichneten
sich in der Regel dadurch aus, daß sie jeweils
den für die Vakzination schlechtestmöglichen
Fall annahmen, während die ärztlichen Befürworter der Impfung das Risiko in der Regel als
minimal ansahen.

Das andere Argument war der Zweifel an der
Wirksamkeit der Vakzination. ›Wissenschaftliche
Tatsachen‹ entstehen nicht schlagartig. Auch der
positive, unanfechtbare Beweis einer Wirksamkeit der Vakzination wurde zwar immer plausibler, konnte aber bis weit ins 19. Jahrhundert
nicht zweifelsfrei gegeben werden. Der äußere
Anschein sprach zum Teil durchaus für diese
Zweifel. Trotz steigender Impfquoten machten
sich die Pocken in Deutschland wieder mehr und
mehr heimisch. Schließlich kam die große Epidemie der frühen 1870er Jahre. In der Stadt Leipzig etwa, wo auch ohne einen gesetzlichen Impfzwang der größte Teil der Kinder zumindest einmal geimpft worden war, starb an dieser Epidemie etwa jeder 100. Bewohner.[72] Angesichts der
hohen Impfquoten erweckten diese Epidemien
erhebliche Zweifel an der Fähigkeit der Vakzination, die Krankheit wirksam zu verhindern.
Zu dieser Perspektive auf die Allgemeinheit kam
aber noch die auf die Einzelperson. Während
der großen Pockenepidemie wurden bis 1872
im Leipziger Hospital 1.727 Pockenkranke aufgenommen, von denen sogar 1.504, das sind fast
neun Zehntel, zuvor geimpft worden waren.[73]
Für die Befürworter der Impfung war dies allen-

falls ein Zeichen der zeitlich begrenzten Wirksamkeit der Impfung. Unter denen, die die Impfung ablehnten, herrschte jedoch eine grundlegende Skepsis. In der Annahme einer nur zeitlich begrenzten Wirkung der Impfung sahen sie eine Ausflucht, ein Rückzugsgefecht der herrschenden medizinischen Anschauungen, wie es bereits mehrfach zu erleben gewesen war.

Das Argument der Unwirksamkeit der Impfung fußte indes nicht allein auf Täuschungen durch subjektive Eindrücke. Im Gegenteil, Impfgegner versuchten immer wieder, diesen Eindruck durch objektive Zahlen zu untermauern. Nicht nur die Befürworter, sondern auch die Gegner der Vakzination argumentierten in großem Umfang mit Statistiken.[74] Um so mehr taten sie dies, je gemäßigter und sachlicher sie versuchten, in der Impfdebatte aufzutreten. Ein Beispiel für einen solchen Impfgegner (oder besser: Impfskeptiker) ist der populäre Autor und liberale Demokrat Georg Friedrich Kolb aus München [2/26], der in seinem erlernten Hauptberuf sogar Statistiker war. Kolb kann als Gegenbild zu Personen wie Nittinger gesehen werden, zumal er sich sogar ausdrücklich von dessen Methoden distanzierte.[75]

Kolb war nicht als Impfgegner auf die Statistik als Argument gestoßen, sondern andersherum. Seine Zweifel, die ihm als professionellem Statistiker beim Betrachten der Impfstatistik an deren Qualität überkamen, ließen ihn auch daran zweifeln, ob die Schutzwirkung wirklich statistisch nachzuweisen sei.[76] In der Tat konnte zu dieser Zeit – und kann im nachhinein bis heute – nicht einwandfrei nachgewiesen werden, daß die Pocken nicht nur nach der Impfung, sondern aufgrund der Impfung zurückgegangen waren. Aus den verschiedensten Gründen war die Impfbürokratie nicht in der Lage, verläßliche Zahlen beizubringen, um vergleichbare Bevölkerungsgruppen auf ihren Impfzustand und ihre Pockenanfälligkeit zu untersuchen. Meistens konnte die Gegenseite handfeste Fehler bei der Gewinnung der Zahlen oder ihrer Interpretation vorbringen. Dies führte zu einer regelrechten »Schlacht auf dem Zahlenberge«, und Kolb selber schrieb bereits 1877: »In Wirklichkeit haben

Freunde wie Gegner, man möchte sagen: ganze Berge von Zahlen aufgehäuft, und jeder Theil hält seine Beweise für überzeugend, alle Einwendungen weit überwältigend.« Es kam auch vor, daß »sogar dieselben Ziffern, von beiden Parteien als schlagende Beweise für ihre Ansichten angerufen wurden«.[77]

In diesem Lichte war die Impfgegnerbewegung eben keine zivilisationskritische Auflehnung gegen eine moderne Welt, in der die Wissenschaft, vor allem die medizinische Wissenschaft mit kalten Zahlen und kalten Impflanzetten den Menschen dominiert und seiner Ganzheitlichkeit beraubt. Statt einer pauschalen Wissenschaftsfeindlichkeit der Impfgegner zeigen die von ihnen benützten argumentativen Mittel eher das Gegenteil. Die Impfgegner ließen sich auf den Streit mit Zahlen und Experten ein. Die Zahl war zum Symbol für Wissenschaftlichkeit geworden. Und ›Wissenschaftlichkeit‹ wurde in der werdenden Industrie- und Wissenschaftsnation des deutschen Kaiserreichs zu einem hoch besetzten, sich selbst legitimierenden Wert. Statistisches Denken beschränkte sich nun nicht mehr auf die gelehrten Kreise, es begann auch den Alltag außerhalb der Wissenschaft zu beeinflussen. Eine außerwissenschaftliche Interessengruppe griff hier die formalen Mittel der Wissenschaftswelt auf. Die öffentliche Impfdebatte war auch auf Seiten der Impfgegner zum großen Teil ein ›Gutachterstreit‹ der Fachleute. Ähnlich heutigen Bürgerinitiativen verstrickten sich hier medizinische bzw. statistische Laien mehr und mehr in einen medizinisch-statistischen Fachdiskurs.

... und heute?

Im vorangegangenen Beitrag wurden immer wieder Parallelen zwischen der Geschichte und der Gegenwart angedeutet. Viel mehr Parallelen könnten noch gezogen werden, von der Schwierigkeit, auch in der heutigen Medizin Ursache-Wirkungs-Zusammenhänge eindeutig zu beweisen, bis hin zu den Grenzen, durch gesundheitliche Aufklärung das Verhalten der Bevölkerung zu beeinflussen. Um auch nur die gegenwärtige Situation, was die Propagierung und die Akzeptanz von Impfungen allgemein angeht, eingehend darzustellen und einzuordnen, bedürfte es gründlicherer Untersuchungen.[78] Nichtsdestotrotz zeigt bereits ein flüchtiger Blick, daß auch heute der Umgang mit Impfungen nicht reibungslos vonstatten geht und Euphorie und Skepsis eng beieinander stehen.[79] Die Öffentlichkeit wartet seit Jahren sehnlich auf einen AIDS-Impfstoff. Warnungen vor dem Zeckenbiß führten bereits zu Formen der ›Impf-Hysterie‹. »Injections« gelten in Teilen der Dritten Welt als Allheilmittel. Auf der anderen Seite sind heute viele Eltern skeptisch gegenüber einem allzu leichtfertigen Impfen ihrer kleinen Kinder, ganz zu schweigen von konsequenten Impfgegnern. Das alles ist nicht weiter verwunderlich, denn auch heute werden die Einstellungen von Patienten wie auch Ärzten nicht einfach nur von objektiv-medizinischen Überlegungen gesteuert, sondern sie sind Ausdruck von subjektiven Erfahrungen, Interessen und Umgangsweisen mit der Gesundheit. Das gleiche, geringe, Gesundheitsrisiko einer Impfung kann für Ärzte, die eine durchschnittliche Erkrankungswahrscheinlichkeit vor Augen haben, eine ganz andere Bedeutung besitzen als für Eltern, die sich die Frage stellen, was wäre, wenn der seltene Einzelfall nun gerade das eigene Kind träfe. Gesetzgeber und Gerichte tun sich heute aus gutem Grund mit der Frage schwer, wann ein Staat sich über solche Bedenken hinwegsetzen und medizinischen Zwang anwenden darf. Es ist nur zu bekannt, daß ein Staat, der zu viel Macht demonstriert, ähnliche Erfahrungen machen könnte wie damals die Bayern in Tirol.

Auch auf ärztlicher Seite basiert die Entscheidung, eine Impfung zu empfehlen oder durchzuführen, nicht nur auf nüchtern-medizinischen Erwägungen. Eine amerikanische Untersuchung brachte vor einigen Jahren zutage, daß viele Ärzte oft medizinisch gar nicht angezeigte Impfungen verabreichen, nur um im Vorfeld jeden öffentlichen Vorwurf einer Unterlassung der Impfung, und sei er auch ungerechtfertigt, zu umgehen, denn dieser könnte sich auf den Ruf des Arztes allemal schlecht auswirken. Sicher ist eben sicher, oder: »shoot them or you're dead«, wie es dort manchmal heißt.[80] Ein anderes Beispiel gab kürzlich ein Medizinaldirektor eines deutschen Gesundheitsamts: Er warf einem Teil der in Deutschland impfenden Ärzte vor, mit der Furcht der Fernreisenden vor exotischen Krankheiten und übertriebenen Impfempfehlungen ein gutes Nebengeschäft machen zu wollen.[81]

Das Beispiel Pockenschutzimpfung, das gemeinhin als Paradebeispiel für ein Patentrezept gegen eine Seuche gilt, hat bei näherem Hinsehen gezeigt, wie sehr dieser Triumph mit Hindernissen und Schönheitsfehlern verbunden war. Der gerade Weg, einfach nur den Fortschritt euphorisch zu begrüßen, hat in Sackgassen geführt; Fortschrittsskepsis dagegen half zum Teil mit, aus diesen Sackgassen wieder herauszukommen. Und wenn auf medizinischem Gebiet der Fortschritt noch so freundlich aussah, so konnte er doch in anderen Bereichen bedenkliche Nebenwirkungen hervorbringen. Letzten Endes zeigt gerade dieses Beispiel, daß es auch gegen Seuchen keine Patentrezepte gibt.

Anmerkungen

1. Dieser Übersichtsartikel fußt zum Teil auf verschiedenen vorangegangenen Veröffentlichungen des Verfassers, auf die im Verlauf des Textes hingewiesen wird. Um den Anmerkungsapparat nicht zu sehr aufzublähen, wird auf diese Arbeiten nur vereinzelt Bezug genommen. Dort findet sich eine eingehendere Behandlung vieler angesprochener Aspekte sowie wesentlich detailliertere Quellen- und Literaturhinweise. Siehe hierzu vor allem Eberhard Wolff: Pockenschutzimpfung und traditionale Medikalkultur. Das Beispiel Württemberg 1801–1818 (Arbeitstitel). Erscheint 1996 in Stuttgart in der Beiheftreihe von »Medizin, Gesellschaft und Geschichte«. Das beste Übersichtswerk über die Geschichte der Pocken, aus dem ebenfalls viele Details entnommen wurden, ist bis heute trotz seiner einseitigen ärztlichen Perspektive P. Kübler: Geschichte der Pocken und der Impfung (= Bibliothek v. Coler, Bd. 1), Berlin 1901. Als internationales Übersichtswerk siehe auch F. Fenner u.a.: Smallpox and its Eradication, Genf 1988; für Deutschland siehe neuerdings: Ragnhild Münch (Hg.): Pocken zwischen Alltag, Medizin und Politik. Begleitbuch zur Ausstellung, Berlin 1994. Eine reiche Quellensammlung ist schließlich Heinrich A. Gins: Krankheit wider den Tod. Schicksal der Pockenschutzimpfung, Stuttgart 1963. Mein Dank gilt den ›Ausstellungsmachern‹ Hans Wilderotter und Michael Dorrmann (beide Berlin), die mir wertvolle zusätzliche Informationen zu den beschriebenen Illustrationen lieferten. Sylvelyn Hähner-Rombach und Thomas Schlich (beide Stuttgart) haben das Manuskript dankenswerterweise kritisch gelesen. Martin Beutelspacher, Tübingen, verdanke ich viele museologische Anregungen.

2. Vgl. z.B. »Hinrichtung verschoben«, in: Der Spiegel Nr. 36, 1994, S. 232

3. Eberhard Wolff: Medikalkultur und Modernisierung. Über die Industrialisierung des Gesundheitsverhaltens durch die Pockenschutzimpfung und deren Grenzen im 19. Jahrhundert, in: Michael Dauskardt, Helge Gerndt (Hg.): Der industrialisierte Mensch. 28. Volkskunde-Kongreß in Hagen, Münster 1993, S. 191–212

4. Als Beispiel siehe – neben dem vorliegenden Band – neuerdings Martin Dinges, Thomas Schlich (Hg.): Neue Wege der Seuchengeschichte (= Medizin, Gesellschaft und Geschichte, Beiheft 6), Stuttgart 1995

5. Siehe Oskar Matzel: Die Pocken im Deutsch-Französischen Krieg 1870/71, Düsseldorf o.J. [1977]

6. Manfred Vasold: Pest, Not und schwere Plagen. Seuchen und Epidemien vom Mittelalter bis heute, München 1991, S. 180–185; Kübler (wie Anm. 1), S. 100

7. Zur Vorgeschichte vgl. Volker Hess: Vom Miasma zum Virus, in: Münch (wie Anm. 1), S. 16–30

8. Zu beidem siehe A. Scholz: Bildbericht zur Pockenerkrankung des Medici-Großherzogs Ferdinand II. aus dem Jahre 1626, in: Dermatologische Monatsschrift 171, 1985, S. 654–659

9. Sabine Sander: » ... Gantz toll im Kopf und voller Blähungen ...«. Körper, Gesundheit und Krankheit in den Tagebüchern Philipp Matthäus Hahns, in: Philipp Matthäus Hahn 1739–1790 – Aufsatzband, Stuttgart 1989, S. 99–112, hier S. 100–102

10. Kübler (wie Anm. 1), S. 100

11. Vasold (wie Anm. 6), S. 181

12. Kübler (wie Anm. 1), S. 99 u. 238

13. Andreas-Holger Maehle: Inokulation in Deutschland im Zeitalter der Aufklärung, in: Münch (wie Anm. 1), S. 42–52. Dies ausführlicher in: ders.: Conflicting Attitudes Towards Inoculation in Enlightenment Germany, in: Roy Porter (Hg.): Medicine in the Enlightenment (= Wellcome Institute Series in the History of Medicine), Amsterdam/Atlanta 1995, S. 198–222

14. Eberhard Wolff: Der Weihnachtsbaum und die medizinischen Utopien. Volkskunde und Medizingeschichte, in: Deutsches Ärzteblatt 91, 1994, S. A3492–3495

15. Irmtraut Sahmland: Bernhard Christoph Faust 1755–1842. Ausstellungskatalog, Bückeburg 1992, S. 86

16. Zitiert nach Sabine Dworak: Die Entwicklung des Impfwesens der Stadt Hamburg. Die Entwicklung der Pockenschutzimpfung von 1800 – 1940, Diss. Med. Hamburg 1984, S. 9

17. Jana Klein: Zur Geschichte der Pocken-Inokulation in Rußland, Diss. Med. Berlin 1974

18. Zitiert nach Kübler (wie Anm. 1), S. 138

19. Alfons Fischer: Geschichte des deutschen Gesundheitswesens, Bd. 2, Berlin 1933, S. 266

20. Martin Weber: Georg Wedekind. Werdegang und Schicksal eines Arztes im Zeitalter der Aufklärung und der Französischen Revolution (= Soemmering-Forschungen, Bd. 4), Stuttgart/New York 1988, S. 47

21. Ebd., S. 414

22. Vgl. z.B. Uta Janssens: Matthieu Maty and the Adoption of Inoculation for Smallpox in Holland, in: Bulletin of the History of Medicine 55, 1981, S. 246–256, hier S. 250

23. Siehe dazu vor allem Maehle (wie Anm. 13)

24. P. Beck (Hg.): Friderich Eser: Aus meinem Leben (1798–1873), Ravensburg 1907, S. 9f.

25. Johann-Peter Süßmilch: Die göttliche Ordnung in den Veränderungen des menschlichen Geschlechts (...) 4. Aufl., Berlin 1798. Die ältere und neuere Sekundärliteratur übernimmt meist Angaben, die besagen, daß in Deutschland jedes 100. bis 300. Kind an dieser Prozedur starb; Kaiserliches Gesundheitsamt (Bearb.): Blattern und Schutzpockenimpfung. Denkschrift zur Beurtheilung des Nutzens des Impfgesetzes vom 8. April 1874 und zur Würdigung der dagegen gerichteten Angriffe, Berlin 1896, S. 17; Gins (wie Anm. 1), S. 17 u. 282

26. Vasold (wie Anm. 6), S. 184

27. Manfred Lücke: Edward Jenner, in: Klassiker der Medizin, Bd. 1, München 1991, S. 309–327; Richard Bernard Fisher: Edward Jenner (1749–1823), London 1991

28. Vgl. z.B. Vasold (wie Anm. 6), S. 220f.; Gins (wie Anm. 1), S. 5f.

29. J. R. Smith: The Speckled Monster. Smallpox in England, 1690–1970, Chelmsford 1987

30. Zu Frankreich siehe Olivier Faure: La vaccination dans la région Lyonnaise au début du XIXe siècle: résistances et révendications populaires, in: Cahiers d'Histoire (Lyon) 29, 1984, S. 191–209; Yves-Marie Bercé: Le chaudron et la lancette. Croyances populaires et médecine préventive (1798–1830), Paris 1984 (vgl. auch meine kritische Auseinandersetzung mit dieser Arbeit in Wolff (wie Anm.1)); Pierre Darmon: La longue traque de la variole. Les pionniers de la médecine préventive, Paris 1987; Calixte Hudemann-Simon: L'Etat et la santé. La politique de santé publique ou »police médicale« dans les quatre départements rhénans 1794–1814 (= Beihefte der Francia, Bd. 38), Sigmaringen 1995, S. 378–445

31. Eugen Holländer: Die Karikatur und Satire in der Medizin, Stuttgart 1905, S. 301f.

32. Ragnhild Münch: Das Berliner Impfinstitut im 19. Jahrhundert, in: dies. (wie Anm. 1), S. 71–80

33. Gins (wie Anm. 1), S. 49

34. Johann Christian Ehrmann: Über den Kuhpocken-Schwindel (...) gegen die Brutalimpfmeistere Soemmering und Lehr. 3 Hefte, Frankfurt o.J. [1802]. Siehe zur ärztlichen Kritik an der Impfeuphorie auch Heinsdorff (1994), S. 64

35. Joseph F. Thierfeld [2/15], S. 14f.

36. August F. Hecker: Die Pocken sind ausgerottet, Erfurt 1802

37. Wolff (wie Anm. 1); Bercé (wie Anm. 30); Eberhard Wolff: Der »willkommene Würgeengel«. Verstehende Innenperspektive und ›genaue‹ Quelleninterpretation – am Beispiel des erwünschten Kindertodes in den Anfängen der Pockenschutzimpfung, in: Dinges, Schlich (wie Anm. 4), S. 105–141

38. Siehe hierzu Wolff (wie Anm. 1)

39. Holger Böning: Medizinische Volksaufklärung und Öffentlichkeit. Ein Beitrag zur Popularisierung aufklärerischen Gedankengutes und zur Entstehung einer Öffentlichkeit über Gesundheitsfragen. Mit einer Bibliographie medizinischer Volksschriften, in: Internationales Archiv für Sozialgeschichte der deutschen Literatur 15, 1990, S. 1–92; Juliane Heinsdorff: Vakzination – ein Geschenk Gottes. Propagierung der Impfung im Dienste medizinischer Volksaufklärung, in: Münch (wie Anm. 1), S. 60–69

40. Siehe die Rezension einer solchen Schrift in: Medicinisch-Chirurgische Zeitung, Bd. IV, 1804, S. 27

41. Münch (wie Anm. 32), S. 74

42. Vgl. Michael Stolberg: Heilkunde zwischen Staat und Bevölkerung. Angebot und Annahme medizinischer Versorgung in Oberfranken im frühen 19. Jahrhundert, Med. Diss. München 1986, S. 363f.

43. Staatsarchiv Ludwigsburg, D72, 183

44. Sahmland (wie Anm. 15)

46. Vgl. Dietrich Tutzke, Blatternsterblichkeit und Pockenschutzimpfung in der Oberlausitz zu Beginn des 19. Jahrhunderts, in: Archiv für Hygiene und Bakteriologie 139, 1955, S. 76

47. Gins (wie Anm. 1), S. 120

48. Ivan Illich: Die Nemesis der Medizin. Von den Grenzen des Gesundheitswesens, Reinbek 1977

49. Vgl. George D. Sussman: Enlightened Health Reform, Professional Medicine and Traditional Society: The Cantonal Physicians of the Bas-Rhin, 1810–1870, in: Bulletin of the History of Medicine 51, 1977, S. 565–584; Ute Frevert: Krankheit als politisches Problem 1770–1880. Soziale Unterschichten in Preußen zwischen medizinischer Polizei und staatlicher Sozialversicherung (= Kritische Studien zur Geschichtswissenschaft, Bd. 62), Göttingen 1984, S. 70–74; Claudia Huerkamp: The History of Smallpox Vaccination in Germany: A First Step in Medicalization of the General Public, in: Journal of Contemporary History 20, 1985, S. 617–635

50. Vgl z.B. Yvonne Monsées: Franz Amling: Impftag auf dem Lande, in: Medizinhistorisches Journal 20, 1985, S. 196–199, Abb. S. 195

51. Vgl. z.B. Johannes-Peter Rupp: Die Entwicklung der Impfgesetzgebung in Hessen, in: Medizinhistorisches Journal 10, 1975, S. 103–120; Gerhard Thaddey: Pockenschutz in Hohenlohe, in: Medizinhistorisches Journal 18, 1983, S. 313–323

52. Huerkamp (wie Anm. 49), S. 623

53. Stolberg (wie Anm. 42), S. 366

54. Wolff (wie Anm. 1), Kap. 3.4.

55. Vgl. z.B. Dietmar Stutzer: Andreas Hofer und die Bayern in Tirol, Rosenheim 1983, S. 61

56. Vgl. z.B. Huerkamp (wie Anm. 49), S. 623f.; Jürgen Stein: Die Pockenvakzination in Preußen bis zum Reichsimpfgesetz von 1874 unter besonderer Berücksichtigung des Regierungsbezirkes Frankfurt (Oder), in: Zeitschrift für ärztliche Fortbildung 81, 1987, S. 1081–1083; Frevert (wie Anm. 49), S. 73f.; Rupp (wie Anm. 51), S. 114f.

57. Eberhard Wolff: Prävention, Impfzwang und die Rolle der Medizinethnologie. Ein Beitrag zu Akzeptanz und Durchsetzbarkeit prophylaktischer Maßnahmen und der Legitimität präventiven Zwangs – aus historisch ethnologischem Blickwinkel, in: Winfried Effelsberg, Ursula Zier (Hg.): Krankheitserleben und Krankheitsempfinden. Ethnomedizinische Ansätze als Grundlagen von öffentlichen Planungen und Entscheidungen im Gesundheitswesen (= curare 14, 1991, H.1/2), S. 79–90

58. Staatsarchiv Ludwigsburg, D6IV, 15

59. Siehe z.B. Anne Hardy: Smallpox in London: Factors in the Decline of the Disease in the 19th Century, in: Medical History 27, 1983, S. 111–138; Andreas-Holger Maehle: Präventivmedizin als wissenschaftliches und gesellschaftliches Problem: Der Streit über das Reichsimpfgesetz von 1874, in: Medizin, Gesellschaft und Geschichte 9, 1990, S. 127–148, hier S. 134; Johanna Bleker, Eva Brinkschulte: Windpocken, Varioloiden oder echte Menschenpocken? – Zu den Fall-

stricken der retrospektiven Diagnostik. Eine Untersuchung anhand der Patientendaten des Würzburger Juliusspitals 1819–1829, in: NTM – Internationale Zeitschrift für Geschichte und Ethik der Naturwissenschaften, Technik und Medizin NF 3, 1995,
S. 97–116, hier S. 109f.; Wolff (wie Anm. 1), Kap. 3.6.
60. Zum folgenden siehe neuerdings auch Bleker, Brinkschulte (wie Anm. 59)
61. Lücke (wie Anm. 27), S. 318–321
62. Hierzu Maehle (wie Anm. 59); Axel Helmstädter: (Post hoc – ergo propter hoc?) Zur Geschichte der deutschen Impfgegnerbewegung, in: Geschichte der Pharmazie. Beilage der Deutschen Apotheker Zeitung 42, 1990, S. 19–23; Paul Trüb u.a.: Die Gegner der Pockenschutzimpfung und ihre Propaganda im 19. Jahrhundert und später, in: Medizinische Monatsschrift 27, 1973, S. 68–77; Eberhard Wolff: Die Schlacht auf dem Zahlenberge. Impfgegnerschaft im späten 19. Jahrhundert – das Beispiel Sachsens, in: Münch (wie Anm. 1), S. 113–128
63. [Karl G.G. Nittinger]: Dr. Nittinger's Biographie. Aus dessen Nachlass vom Jahre 1871. Ein Lebens- und Kampfes-Bild für das edelste Gut der Menschheit, die Gesundheit, Stuttgart 1874, S. 36f.
64. Maehle (wie Anm. 59)
65. Burkhardt: Die Entwicklung der sächsischen Bevölkerung in den letzten 100 Jahren. Statistische Untersuchungen unter besonderer Berücksichtigung der Zusammenhänge zwischen Bevölkerung und Wirtschaft, in: Zeitschrift des Sächsischen Statistischen Landesamtes 77, 1931, S. 1–69 (insbes. S. 37 u. 57f.)
66. Helmstädter (wie Anm. 62), S. 21. Da die Liste aber alles andere als vollständig, sondern verhältnismäßig zufällig ist und zudem Publikationen enthält, die nicht impfgegnerisch sind, gibt das Diagramm statt exakter Zahlen eher einen allgemeinen Eindruck vom Umfang der Debatte.
67. Gins (wie Anm. 1), S. 13f.
68. Kaiserliches Gesundheitsamt (wie Anm. 25), vor allem S. 131f.
69. Susanne Hahn: »Der Lübecker Totentanz«. Zur rechtlichen und ethischen Problematik der Katastrophe bei der Erprobung der Tuberkuloseimpfung 1930 in Deutschland, in: Medizinhistorisches Journal 30, 1995, S. 61–79
70. Siehe z.B. Harris L. Coulter: Impfungen – der Großangriff auf Gehirn und Seele, München 1993; G. Buchwald: Impfen – das Geschäft mit der Angst, Lahnstein 1994; Joachim F. Grätz: Sind Impfungen sinnvoll? Ein Ratgeber aus der homöopathischen Praxis, München 1994
71. Siehe dazu Ann Beck: Issues in the Anti-Vaccination Movement in England, in: Medical History 4, 1960,
S. 310–321; R. M. MacLeod: Law, Medicine an Public Opinion: The Resistance to Compulsory Health Legislation 1870–1907, in: Public Law 1967, S. 107–128 u. 189–211; Smith (wie Anm. 29); Dorothy Porter, Roy Porter: The Politics of Prevention: Anti-Vaccinationism and Public Health in 19th Century England, in: Medical History 32, 1988, S. 231–252; Iris Ritzmann: »Liberty is more important than science«. Die Bewegung gegen die Pockenschutzimpfung in England, Mschr. Ms., Zürich 1993; zu den Vereinigten Staaten siehe Martin Kaufmann: The American Anti-Vaccinationists and Their Arguments, in: Bulletin of the History of Medicine 41, 1967, S. 463–478; für Schweden siehe Marie C. Nelson, John Rogers: The Right to Die? Anti-Vaccination Activity and the 1874 Smallpox Epidemic in Stockholm, in: Social History of Medicine 5, 1992, S. 369–388
72. Vgl. L. Thomas: Beiträge zur Pockenstatistik insbesondere aus der Leipziger Epidemie von 1871, in: Archiv der Heilkunde 13, 1872, S. 167–191, hier S. 170; Siegel: Die Pockenepidemie des Jahres 1871 im Umkreise von Leipzig, in: Archiv der Heilkunde 14, 1873, S. 125–156, hier S. 130f.
73. Wunderlich: Mittheilungen über die gegenwärtige Pockenepidemie in Leipzig, in: Archiv der Heilkunde 13, 1872,
S. 97–106, hier S. 97f.
74. Siehe hierzu ausführlicher Maehle (wie Anm. 59), S. 130ff. und Wolff (wie Anm. 62)
75. Georg Friedrich Kolb [2/26], S. 22
76. Ebd., S. 9
77. Ebd., S. 22
78. Siehe z.B. Reinhold Bergler: Impfbarrieren und Impfmotivation, in: Zentralblatt für Bakteriologie und Hygiene. 1. Abt. Orig. B. 180, 1985, S. 190–222
79. Vgl. zum folgenden auch Wolff (wie Anm. 57)
80. Siehe C. MacCombie: The Politics of Immunization in Public Health, in: Social Science & Medicine 28, 1989, S. 843–849
81. Reisemedizin als Geschäft? (Interview von Lilo Berg mit Klaus Plentz), in: Süddeutsche Zeitung vom 24. Juni 1993, S. 34

Nackt, auf einem Esel sitzend, in den Händen einen Besen und ein Gefäß, auf dem Kopf die Worfel, so wurde die nordindische Pockengöttin Śītalā, die »Kühle«, dargestellt. In Südindien ist ihre anthropomorphe Gestalt, zumindest heute,

Eveline Masilamani-Meyer

Die indische Pockengöttin

eher lieblich und den anderen Göttinnen angepaßt: Sie trägt einen roten Sari, Zeichen des Glückes, der Heirat, hält in ihren vier Händen den Dreizack, die Blut- oder Bettelschale (Sanskrit kapāla), ein Messer und die ḍamaru (Tamil uṭukkai) Trommel; manchmal ist der Dreizack durch eine Schlange ausgetauscht. Ihr Haupt ist von einem Feuerkranz umgeben, denn sie ist eine ›heiße‹ Göttin. Ihr Kopf alleine, der manchmal vor ihr steht und eine andere Form der Pockengöttin ist, erinnert an ihren Ursprung.

In weiten Teilen Südindiens heißt die Pockengöttin Māri, Māriyammaṉ, Māramma, Mariāī. Die berühmte Māriyammaṉ von Samayapuram in der Nähe der Stadt Tiruccirāppaḷḷi (Trichy), Tamilnadu, zeigt mit ihren acht bewaffneten Händen und den ihr zu Füßen liegenden Köpfen der (Krankheits?)-Dämonen ihren gefährlichen Aspekt. Heiß ist die Göttin, denn sie bringt – nein, sie ist – Fieber, Krankheit, besonders Pocken; kühl ist sie, da sie die Krankheit heilt.

2/40

Bildnis der tamilischen Pockengöttin Māriyammaṉ. Offset, 1990

Obwohl in Indien heute kaum mehr Grund besteht, die Pocken zu fürchten, erfreut sich der Kult der Pockengöttin nach wie vor großer Beliebtheit. Besonders bei Haut- und Augenkrankheiten aller Art wird an die Göttin gedacht, denn sie markiert die Haut mit ihren Pockenperlen und hinterläßt ihre ›Opfer‹ oft erblindet. Ikonographisch gesehen können Worfel und Besen mit dem medizinischen Namen der Krankheit in Verbindung gebracht werden: »masūrika« wurden die Pocken in den frühen medizinischen Schriften Indiens genannt, ein Wort, welches von »masūra«, einer gelben Linsensorte, hergeleitet werden kann,[1] Linsen, die wahrscheinlich im täglichen Gebrauch mit Worfel und Besen aussortiert und von Steinen gerei-

nigt wurden. Das Gefäß in ihrer Hand und der großbäuchige Topf, eine andere Form der Göttin, weisen einerseits auf das kühlende Element hin und auch auf Fruchtbarkeit: Sie sind Träger der göttlichen Kraft schlechthin. Andererseits ist der mit Löchern versehene Topf Symbol ihres mit den Pocken gekennzeichneten Körpers. Māriyammaṉ ist hundert- oder gar tausendäugig, und die kleinen Löcher im Topf werden ›Augen‹ genannt. Als Mittel zur Danksagung dient der Topf dem Verehrer, der ihn mit glühenden Kohlen gefüllt zum Tempel der Göttin bringt.

Mythologie

Die Tempellegende vom ReṆukā-Tempel von Paṭavētu (Bezirk North Arcot, Tamilnadu) bringt die Elemente Feuer und Wasser wie folgt mit den Pocken in Verbindung: ReṆukā, mit dem Rumpf einer »Unberührbaren« versehen, wird Dienerin ihres Gatten Jamadagni. Als sie sich mit diesem nach dessen Tod verbrennen will, um zur Satī zu werden, machen es die Götter regnen. ReṆukā bleibt am Leben, und die Götter verwandeln ihre Brandwunden in Pockenperlen und versprechen ihr Ruhm als Pockengöttin. Da ihre Kleider verbrannt sind, bedeckt ReṆukā ihren Körper mit Zweigen des Margosa(Nim)-Baumes. ReṆukās Verschulden war es, ihre Gedanken durch die Erscheinung einer göttlichen Gestalt von ihrem Gatten ablenken zu lassen. Die Strafe, von ihrem Sohn, Paraśurāma, ausgeführt: sie wird geköpft. Nicht nur sie wird geköpft, sondern auch eine »Unberührbare«, in deren Arme ReṆukā sich geflüchtet hat. Paraśurāma belebt die zwei Frauen wieder, vertauscht in der Dunkelheit der Hütte aber ihre Köpfe. Die mit dem Kopf ReṆukās versehene Frau wird zu Māriyammaṉ, zur Pockengöttin. Dieser Mythos erklärt, weshalb die Göttin oft nur in der Form eines Kopfes verehrt wird. Die Göttin vereint in sich Gegensätze, auch jene der Kasten, ist sie doch Königstochter und »Unberührbare« zugleich, oder, in einem südindischen Mythos, Brahmanenfrau eines »Unberührbaren«: Ein Trommler, ein »Unberührbarer«, gab sich als Brahmane aus, studierte die

ihm verbotenen Veden und konnte durch diese List die Brahmanin, Māriyammaṇ, zur Gattin gewinnen. Durch eine Bemerkung ihrer Schwiegermutter mißtrauisch geworden, kam Māriyammaṇ dem falschen Brahmanen auf die Spur. Sogleich reinigte sie sich, indem sie sich verbrannte. Ihren Gatten verfluchte sie, zum Büffelopfer zu werden.

Etwas anders sieht die Legende der Pockengöttin in Kerala aus. Auch dort ist die Göttin das erste Opfer der Pocken; die Pockenpusteln haben jedoch ihren Ursprung im Schweiß Śivas: Bhadrakālī, aus Śivas Stirnauge entstanden, bekämpft den Dämon Dāruka. Manodari, Gattin des Dämons, erlangt durch ihre Askese die Erfüllung ihres Wunsches: Śiva gibt ihr ein paar Schweißtropfen von seinem Körper, mit denen sie Bhadrakālī bekämpfen kann. Wenn sie die Tropfen auf Bhadrakālī wirft, erscheinen die Pocken auf deren Körper. Der aus Śivas Ohr entstandene Bruder Bhadrakālīs will seine Schwester von den Pocken freilecken. Diese jedoch verbietet ihm, mit ihrem Gesicht in Kontakt zu kommen, und erklärt, daß die Pocken in ihrem Gesicht bestehen bleiben sollen. Bhadrakālī rächt sich dann an Manodari: Sie macht sie blind, schneidet ihre Arme, Beine und Ohren ab und macht sie zur »Pockengirlande«, »Vasūrimāla«.[2]

Krankheit und Kult

Von den Pocken heimgesucht zu sein bedeutet, von der Göttin selber besucht zu sein. Ihre Anwesenheit wurde mit einem Büschel Margosa(Nim)-Blätter an der Tür signalisiert, der Patient oder die Patientin mit denselben Blättern gekühlt. Heiße Speisen und »heiße« Aktivitäten wie z. B. Frittieren oder sexuelle Verbindung vermied man, denn die Göttin, so glaubte man, wurde darüber zornig und das Leiden des Opfers noch schlimmer. Verließ sie das Haus, ohne ihr Opfer zu töten, erhielt sie eine Verehrung. Die Pockennarben bedeuteten ein Zeichen der Göttin, ihres Wohlwollens, und wurden in gewissen Gegenden Indiens (z. B. in Rajasthan bei den Mina) mit der geschlechtlichen Reife der jungen

Männer verbunden.[3] Die oft von den Pocken herrührenden Augenkrankheiten oder gar Blindheit wurden einem Nichteinhalten der obigen Regeln während der Krankheit zugeschrieben.[4] Augen aus Gold, Silber oder Ton gefertigt sind häufige Votivgaben an die Pockengöttin. Die von Hautkrankheiten Geheilten bringen der Göttin grobkörniges Salz als Opfer, dessen Form und Farbe an die Pusteln erinnern. Hitze und Kühlung spielen eine große Rolle im Kult der Göttin: Kranke versprechen der Göttin, nach Heilung ihr zu Ehren über glühende Kohlen zu laufen; dabei besteht der Glaube, daß die Göttin mit ihrem Sari die Kohlen kühlt. Im Tempel legt der Priester Butter auf den Kopf der Statue der Göttin. Diese schmilzt und zeigt, daß die Göttin die Hitze der Kohlen absorbiert und damit das Gelübde ihrer Verehrer annimmt. Ein »heißes« Opfer kann auch das Hakenschwingen genannt werden, bei dem früher die Verehrer der Göttin Dank erwiesen, indem sie sich am Rücken aufhingen und einige Meter über dem Boden im Kreis herumschwingen ließen. Heiß sind die Feuertöpfe, welche die Verehrer zur Göttin tragen; die kühlenden Margosa-Blätter schützen dabei ihre Hände. In Margosa-Blätter gehüllt, huldigen einige Verehrer der Göttin, andere umkreisen liegend den Tempel der Göttin, in ihren Händen Zweige vom Margosa-Baum. »Heiß« wiederum waren die früher der Göttin dargebrachten Büffelopfer, und der Brauch, den geopferten Kopf des Büffels mit einem Licht zu schmücken, scheint in der »Mehllampe« weiterzuleben, einer aus Teig geformten runden Lampe, in die Öl und ein Docht gebettet werden und die der Göttin besonders in Südindien während ihres Festes geopfert wird. Diese Opfer an die Göttin sind ihre Nahrung; durch sie anerkennen die Verehrer die Macht der Göttin, und durch sie wird die Harmonie, das Gleichgewicht wiederhergestellt. Durch die Krankheit verlangt die Göttin die Aufmerksamkeit der Verehrer, durch das Opfer des Verehrers zeigt die Göttin ihre Gnade. Die Pockengöttin Indiens, wie andere Krankheits- und unheilbringenden Göttinnen, hat beide Kräfte in ihrer Macht: die negativen und die positiven. Sie ist Krankheitserregerin und Heilerin zugleich. Sie ist kühl und heiß, rein und unrein zugleich, gehört zu den höchsten und den tiefsten Kasten in der Gesellschaft. Wenn die Pockengöttin heute noch eine große Rolle im Leben der Inder spielt, so deshalb, weil sie mehr ist als nur eine Pockengöttin: Sie ist Vermittlerin zwischen Mensch und göttlicher Erkenntnis. Blind sein heißt, das Göttliche nicht sehen. Dies wird in einer Legende über Śītalā zum Ausdruck gebracht: Sie machte einen König sehen, indem sie ihm Lepra und Blindheit anhängte. Erst durch die Dunkelheit, durch die Krankheit konnte der König die Göttin sehen, erlangte er Erkenntnis.[5]

Anmerkungen

1. Ralph W. Nicholas: The Goddess Śītalā and Epidemic Smallpox in Bengal, in: Journal of Asian Studies 41.1., 1981, S. 21–44, hier S. 25
2. A. Aiyappan: Myth of the Origin of Smallpox, in: Folklore 42, 1931, S. 291–293; K.K.N. Unrup: The Cult of Smallpox Goddess in Kerala, in: Religion and Society 24, 1977, S. 55–65
3. Jyotindra Jain: Bavayi and Devi. Besessenheitskult und Verbrechen in Indien, Wien 1973, S. 154ff.
4. Sahab Lal Srivastava: Folk Culture and Oral Tradition, New Delhi 1974, S. 264
5. Edward C. Jr.: A Theology of the Repulsive: The Myth of the Goddess Śītalā, in: J.S. Hawley, D.M. Wulff: The Divine Consort. Rādhā and the Goddess of India, Berkeley 1982, S. 189

2/1 b

2/1

Verschiedene Stadien der Pockenerkrankung
Moulagen aus der Lehrmittelproduktion des
Deutschen Hygiene-Museums
Anfang bis Mitte 20. Jh.
bemalte Wachspositive nach Abformung über der
Natur, diverse Materialien
a) Blütenstadium – Gesicht
18 x 14 x 8 cm
[1995/606]
b) Variola vera – Gesicht
19 x 18 x 6 cm
[1991/788]
c) Variola haemorrhagia (»Schwarze Blattern«) –
Gesicht
17 x 12 x 4,5 cm
[1995/605]
d) Variola vera – Bein eines Kindes
36 x 10,5 x 7 cm
[MM 2240]
e) Variola vera – Arm
26 x 5,5 x 13 cm
[1991/884]
Dresden, Deutsches Hygiene-Museum, Moulagenslg.

2/2

*Großherzog Ferdinand II. von Toskana am 7. Tag seiner
Pockenerkrankung*
Justus Sustermans (1597 – 1681)
1626; Öl/Lw; 43 x 33 cm
bez. o.: IL.SETTIMO.GIORNO.DEL
VAIOLO.D.FERD°.II.GRA.AD.TO.1626
Florenz, Galleria Palatina im Palazzo Pitti
[Inv. Ville 1911, Poggio a Caiano no. 337]

2/3

*Großherzog Ferdinand II. von Toskana am 9. Tag seiner
Pockenerkrankung*
Justus Sustermans (1597–1681)
1626; Öl/Lw; 43 x 33 cm
bez. o.: IL NONO.GIORNO.DEL.VAIOLO.D.FERD°.II.
GRA.D.TO 1626
Florenz, Galleria Palatina im Palazzo Pitti
[Inv. Ville 1911, Poggio a Caiano no. 338]

2/1 c

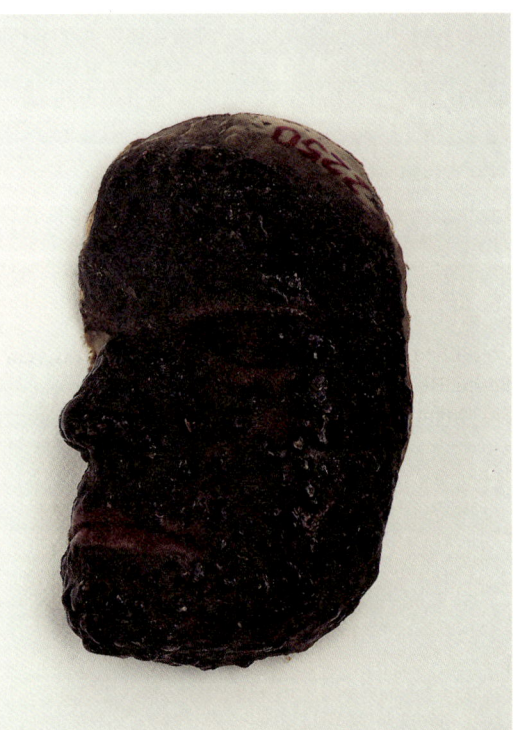

2/4

*Gedenkmedaille auf die überstandene Pockenerkrankung
der Kaiserin Maria Theresia*
Anton Franz Wideman (1724–1792)
Av.: Büste der Kaiserin mit Profil nach rechts;
Umschrift: M THERESIA D G ROM IMP GER HUNG &
BOH RE A A
Rev.: Eine kniende Frau mit Rauchfass beräuchert
einen Altar; im Abschnitt: OB REDDITAM PATRIAE
MATREM 22 IVLII MDCCLXVII; Umschrift: DEO
CONSERVATORI AUGUSTAE
1767; Silber, 35 gr.; Dm 46 mm
sign. Av.u.: A. WIDEMAN
Hamburg, Museum für Hamburgische Geschichte,
Münzkabinett [1959/75, Nr. 676]

194

2/5

*»Das Blatter=Beltzen – Oder – Die Art und Weise die
Blattern durch kuenstliche Einpfropffung zu erwecken –
Welche von 50. Jahren her in Orient gebraeuchlich gewesen
und von daraus vor einigen Jahren / durch der dasigen
Medicorum an die Koenigl. Societaet in London
abgestatteten Bericht in Europa bekannt worden.«*
D. Abraham Vater
Wittenberg, bey der Gerdischen Wittwe
1721; Buchdruck, VII u. 40 S., Einband: Leder mit
Goldprägung; 32,2 x 20 cm
Dresden, Sächsische Landesbibliothek
[Pathol.spec. 684]

2/6

*»Kurze Anleitung wie der Landmann und diejenigen, so
keinen Arzt erlangen koennen, bey graßierenden Pocken
sich zu verhalten haben.«*
Auf Sr. Koenigl. Majestaet in Preussen Allerhoechsten
Befehl herausgegeben, von Dero Oberkollegio Medico,
Berlin
1775 (Erstdruck: 1768); Buchdruck, 16 S.; 18,6 x 11,5 cm
Berlin, Deutsches Historisches Museum,
Slg. Dokumente I [52/2228]

2/7

*Die Hand der Kuhmagd Sarah Nelmes mit Kuhpocken in
verschiedenen Stadien*
Joh. Joseph Neidl (1776–1832) nach Edward Pearce
Abbildung in: »DISQUISITIO DE CAUSSIS ET
EFFECTIBUS VARIOLARUM VACCINARUM.«, Tafel 1
Edward Jenner (1749–1823)
1799; kolorierter Kupferstich, Buchdruck, 70 S.;
Stich: 24,7 x 18,5 cm, Buch: 25 x 19 cm
sign. u.li.: Edwd Pearce del^t; u.re.: Joh. Neidl sculp^t
Berlin, Staatsbibliothek zu Berlin PK [Ko 6530]

2/8

Die Entwicklung der Impfpocken vom 3. bis zum 16. Tag
Abbildung in: »Die Kuhpocken. – Kurzgefaßte
Uebersicht dessen, was wir von der Geschichte, von
dem Verlauf und der Wirkung der Kuhpocken
glaubwürdig wissen, und was in Berlin angestellte
Erfahrungen und Versuche darüber gelehrt haben.«
Johann Immanuel Bremer (1745–1816)
1801; kolorierter Kupferstich; Plr: 18,5 x 47 cm
Berlin, Robert Koch-Institut, Bibliothek [IL 24: 4]

2/9

Medaille auf Edward Jenner
Av.: Brustbild Jenners im Linksprofil; Umschrift:
EDWARD JENNER ENTDECKER DER SCHUTZIMPFUNG
Rev.: Kinder umtanzen eine Kuh, die von einem Putto
mit Blumen bekränzt wird; Umschrift: EHRE SEY GOTT
IN DER HÖHE UND FRIEDEN AUF ERDEN
um 1800; Eisen; Dm 35 mm
Berlin, Stadtmuseum Berlin,
Numismatische Slg. [VI 61/264 o]

2/10

Medaille auf Edward Jenner
verm. Friedrich Wilhelm Loos (um 1762 – ca. 1818)
Av.: Brustbild Jenners; Umschrift: EDUARD JENNER
ENTDECKER DER SCHUTZIMPUFNG D. 14 MAI 1796
Rev.: Darstellung einer Frau, die ein Kind mit einem
von einer Kuh geschmückten Schild vor dem giftigen
Odem eines Drachens schützt; Umschrift: TRIUMPH!
GETILGET IST DES SCHEUSALS LANGE WUTH
um 1800; Silber, 6,5 gr.; Dm 28 mm
sign. Av.u.M.: F LOOS
Hamburg, Museum für Hamburgische Geschichte,
Münzkabinett [1959/75, Nr. 687]

2/11

*»Zuruf an die Menschen: Die Blattern, durch die
Einimpfung der Kuhpocken, auszurotten.«*
Anschlag für die kön. Preuß. Staaten
Bernhard Christoph Faust
März 1805 (5. verb.Aufl.); Druck; 48 x 37,5 cm
Berlin, Robert Koch-Institut

2/12

*»Instruction fuer die zur Impfung der Kuh= oder
Schutzpocken in dem Departement der Koenigl.
Breslauschen Krieges= und Domainen = Cammer
berechtigten Personen.«*
bei Wilhelm Gottlieb Korn, Breslau
1804; Buchdruck, 60 S.; 17 x 10,5 cm
Dresden, Sächsische Landesbibliothek
[Pathol.spec. 687, 71]

2/13

»Generale betr. Kuhpockenimpfung«
Bestimmungen des sächsischen Kurfürsten Friedrich
August zur Ausführung und Förderung der
Kuhpockenimpfung vom 20. Februar 1805
Buchdruck; 36,4 x 21,2 cm
Berlin, Deutsches Historisches Museum,
Slg. Dokumente I [53/110]

2/14

*Bekanntmachung des Koenigl. Saechs. verordneten
Bergamtes in Freiberg, daß künftig nur noch vaccinierte
oder Personen, welche die natürlichen Blattern überstanden
haben, zur Arbeit zugelassen werden*
2. Januar 1826; Buchdruck; 33 x 19 cm
Berlin, Deutsches Historisches Museum,
Slg. Dokumente I [54/141]

2/15

*»Pruefung einiger gangbaren Vorurtheile wider die
Blatternimpfung. – Eine Predigt zur Belehrung fuer solche
Eltern, die sich bis jetzt nicht entschließen konnten, von
diesem bekannten Rettungsmittel Gebrauch zu machen,
gehalten am XII. Sonntage nach Trinitatis 1812, in der
Kirche zu Oederan«*
M. Joseph Friedrich Thierfeld, verordneter Pfarrer
Gedruckt mit Gerlachischen Schriften, Freyberg
1812; Buchdruck, 24 S.; 19,7 x 11,6 cm
Berlin, Staatsbibliothek zu Berlin PK [Ko 7271]

2/16

*Impfmedaillen (Prämien) aus verschiedenen europäischen
Städten und Ländern*
Anfang 19. Jh.
a) Berlin
zwei Exemplare
Ludwig Held (1805–1839)
Prägeanstalt G. Loos, Berlin
Av.: ein mit einem Speer und einem Schild, worauf
eine Kuh zu sehen ist, bewaffneter Krieger schützt eine
Frau und ein Kind vor einem Drachen
Rev.: FÜR WILLIGE MITTHEILUNG DES IMPFSTOFFES
Silber, 5 gr.; Dm 21 mm
sign. Av. im Abschnitt: G. LOOS DIR. – L. HELD FEC.
a1) Berlin, Institut für Geschichte der Medizin [S 131]
a2) Hamburg, Museum für Hamburgische Geschichte,
Münzkabinett [1959/75, Nr. 695]
b) Berlin
Av.: Darstellung eines Kindes, mit der Rechten auf die
Impfpusteln am linken Oberarm deutend; Umschrift:
EDUARD JENNER'S WOHLTAETIGE ENTDECKUNG; im
Abschnitt: VOM 14 MAI 1796
Rev.: ZUM ANDENKEN AN ERHALTENEN UND
MITGETHEILTEN SCHUTZ – GEREICHT VOM DOCTOR
BREMER IN BERLIN 1811
Silber; Dm 25 mm
Berlin, Institut für Geschichte der Medizin [S 129]
c) Zittau
Av.: Darstellung eines Kindes, in der Linken eine Rose
haltend, mit der Rechten auf die fünf Impfpusteln am
linken Oberarm deutend; Umschrift: DIESS ERHAELT
MIR LEBEN GESUNDHEIT U: WOHLGESTALT.

2/16 a

2/16 b

Rev.: ZUM ANDENKEN AN DIE SCHUTZBLATTERN –
VON DR. HIRT IN ZITTAU.
Silber, 12,5 gr.; Dm 23 mm
Hamburg, Museum für Hamburgische Geschichte,
Münzkabinett [1959/75, Nr. 694]
d) Belgien
Joseph Braemt (1796–1864)
Av.: Profil König Leopold I.; Umschrift: LEOPOLD
PREMIER – ROI DES BELGES
Rev.: Darstellung einer Kuh und einer offenen
Impflanzette; beschriftet: PROPAGATION DE LA
VACCINE
Bronze; Dm 33 mm
sign. Av.u.M.: BRAEMT F.
Hamburg, Museum für Hamburgische Geschichte,
Münzkabinett [1959/75, Nr. 727]
e) Paris
Av.: Darstellung einer Kuh und einer offenen
Impflanzette; im Abschnitt: EX INSPERATO SALUS.
Rev.: VACCINATIONS MUNICIPALES DE PARIS
MDCCCXIV.
Silber, 12,5 gr.; Dm 33 mm
Hamburg, Museum für Hamburgische Geschichte,
Münzkabinett [1959/75, Nr. 702]
f) Frankreich
Bertrand Andrieu (1761–1822)
Av.: Profil Napoleons; Umschrift: NAPOLEON –
EMPEREUR
Rev.: Darstellung des Aesculap und der Venus; links
von beiden eine Kuh, rechts eine offene Impflanzette
über einem Impfstäbchen; im Abschnitt: LA VACCINE
MDCCCIV
Silber, 35 gr.; Dm 42 mm
sign. Rev.li.: ANDRIEU F.; Rev.re.: DENON DIR.
Hamburg, Museum für Hamburgische Geschichte,
Münzkabinett [1959/75, Nr. 699]

g) Schweden
Av.: Profil König Karls XV.; Umschrift: CARL XV
SVERIGES NORR GÖTH O VEND KONUNG
Rev.: In einem Eichenkranz: FÖR BEFRÄMIAD
VACCINATION (für Beförderung der Impfung)
Kupfer; Dm 35 mm
sign. Av.u.: L.A.
Hamburg, Museum für Hamburgische Geschichte,
Münzkabinett [1959/75, Nr. 742]

h) Rußland
Av.: Büste der Kaiserin Katharina im Profil;
Umschrift: Ъ · М · ЕКАТЕРИНА · II · ИМПЕРАТ · И
САМОДЕР · ВСЕРОССИИСК (V.G.G. Catharina II.,
Kaiserin und Selbstherrscherin Russlands)
Rev.: Darstellung der Hygiea, die sieben nackte Knaben
unter ihrem Mantel versammelt; Umschrift: ЗА
ПРИВИВАНИЕ ОСПЫ (für Impfung der Blattern)
Bronze; Dm 40 mm
Hamburg, Museum für Hamburgische Geschichte,
Münzkabinett [1959/75, Nr. 733]

2/16 d

2/16 f

2/16 h

2/17

Impfscheine
a) für Ernst Koch
Aussteller: Dr. Gräfe
30. Juni 1830; Formlar mit handschriftlichen
Eintragungen; 19 x 21,5 cm
Berlin, Deutsches Historisches Museum,
Slg. Dokumente I [57/1607]
b) »Attest über die ohne Erfolg wiederholte
Nachimpfung der Schutzblattern. (Revaccination).«
für Gottlieb Gutschke, Grenadier bei dem Füsilier-
Bataillon, 18ten Infanterie-Regiment
1. November 1840; Formular mit handschriftlichen
Eintragungen; 15,5 x 18,5 cm
Berlin, Deutsches Historisches Museum,
Slg. Dokumente I [70/490]
c) für Gustav Radtke, geb. den 21. Dezember 1840
zugleich eine Bescheinigung über Begutachtung der
Schutzpocken
4. Juni 1841; Formular mit handschriftlichen
Eintragungen; 11,1 x 17,6 cm
Berlin, Deutsches Historisches Museum,
Slg. Dokumente I [54/162]
d) für Friedrich Hermann Hänlein
Aussteller: Dr. Zillich
21. April 1865; Papier, Tinte, Siegellack; 16,7 x 21,1 cm
Berlin, Deutsches Historisches Museum,
Slg. Dokumente I [52/2544]
e) für Rudolf Emil Holffmann, geb. den 16. Dezember
1890
16. Juni 1892; Formular mit handschriftlichen
Eintragungen; 20,6 x 16,3 cm
Berlin, Deutsches Historisches Museum,
Slg. Dokumente I [75/349 I]
f) für Karl Wilhelm Pietschmann, geb. den. 2. Oktober
1906
Aussteller: Impfarzt Dr. Boehm
13. Juni 1907; Formular mit handschriftlichen
Eintragungen; 21,2 x 16,6 cm
Berlin, Deutsches Historisches Museum,
Slg. Dokumente I [75/530 I]
g) für Richard Karl Georg Petzoldt
5. September 1918; Tinte und Schreibmaschine auf
Papier; 16,6 x 21 cm
Dresden, Deutsches Hygiene-Museum,
Slg. Medizingeschichte [1994/330]

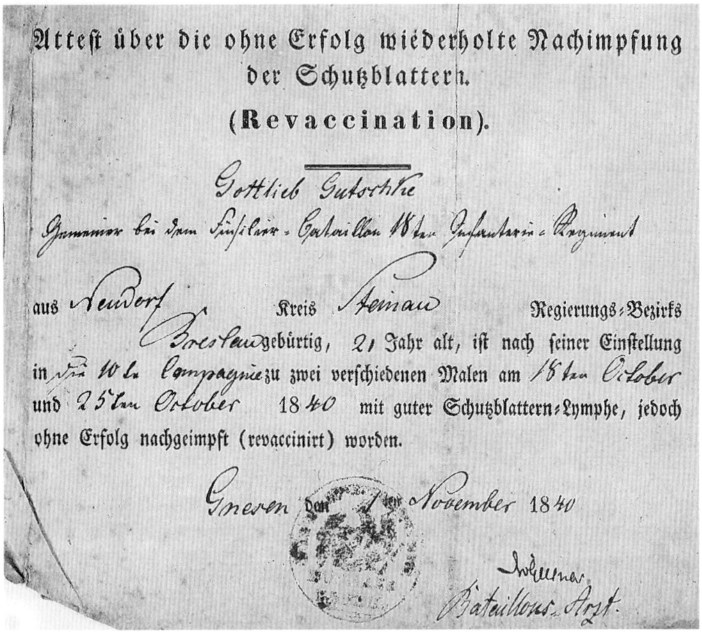

2/17 b   2/18

»Die Häufigkeit der Pockentodesfälle in den Staaten
Europas während des Zeitraumes von 1889–1893.«
Karte in: »Blattern und Schutzpockenimpfung –
Denkschrift zur Beurtheilung des Nutzens des
Impfgesetzes vom 8. April 1874 und zur Würdigung
der dagegen gerichteten Angriffe«, Tafel VII
Bearbeitet im Kaiserlichen Gesundheitsamt, Berlin
1896; kolorierte Lithographie; 41 x 50 cm
Berlin, Robert Koch-Institut, Bibliothek [IL 24: 37]

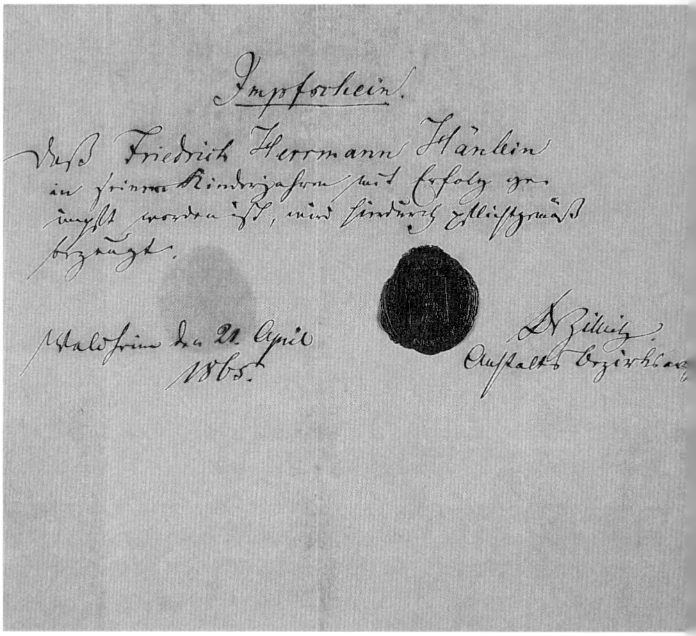

2/19

»Obrigkeitliche Warnung. In dieser Wohnung sind
Menschenpocken.«
Anschlagzettel für pockeninfizierte Häuser
Württemberg; spätes 19. Jh.; Druck; 17,4 x 22 cm
Tübingen, Eberhard Wolff

2/20

Unterbringung von Pockenkranken in Paris
um 1865; Tiefdruck; 24 x 32,2 cm
Zürich, Medizinhistorisches Institut der Universität
Zürich

2/21

»Die erste Impfung in Durazzo, der Hauptstadt
Albaniens«
1914, Zeitungsdruck; 27,2 x 21,1 cm
Zürich, Medizinhistorisches Institut der Universität
Zürich

2/22   2/17 d

»The Cow-Pock – or – The Wonderful Effects of the New
Inoculation! Vide – The Publications of Ye Anti-Vaccine«
Karikatur
James Gillray (1757–1815)
bei H. Humphrey, London
1802; kolorierte Radierung; 23,5 x 34,6 cm
sign. u.M.: Jˢ Gillray, del. & fᵗ
Philadelphia (Pennsylvania), Philadelphia Museum of
Art [Ars Medica Collection, '49-97-35]

2/23

»La Vaccine aux Prises avec la Faculté.«
Karikatur
um 1800; kolorierte Radierung; 21,1 x 29,5 cm
Philadelphia (Pennsylvania), Philadelphia Museum of
Art [Ars Medica Collection, '58-150-2]

2/24

»Germania's Noth und Klage über die Vergiftung ihrer
Kinder.«
Abbildung in: »Die Impfung ein Mißbrauch«
Dr. Carl Georg Gottlieb Nittinger
Druck und Verlag von Emil Ebner, Stuttgart
1867 (2. verm. Aufl.); Stahlstich, Buchdruck, 144 S.;
Blatt: 25,3 x 31,3 cm, Buch: 20,7 x 14,8 cm
Berlin, Staatsbibliothek zu Berlin PK [Ko 8125]

2/17 f

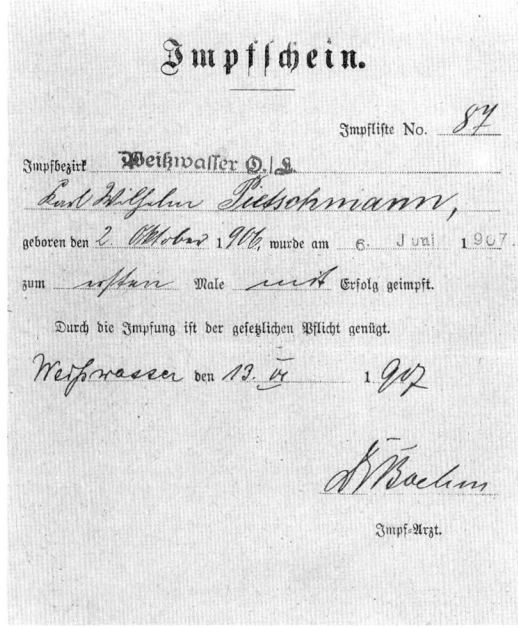

2/25
»*Better not Vaccinate than Vaccinate with Impure Virus*«
Joseph Keppler (1838–1894)
Abbildung in: »Puck«, Vol.7, no.171 vom 16. Juni 1880
kolorierte Lithographie; Blatt: 34 x 25,1 cm
sign. u.li.: J Keppler
Philadelphia (Pennsylvania), Philadelphia Museum of
Art [William H. Helfand Collection 1988-102-109]

2/26
»*Zur Impffrage. – Unzulänglichkeit der bisherigen
Ermittelungen und Verlangen nach Aufhebung des
Impfzwanges.*«
Georg Friedrich Kolb
Verlag von Arthur Felix, Leipzig
1877; Buchdruck, 78 S.; 21,5 x 14,5 cm
Berlin, Staatsbibliothek zu Berlin PK [Ko 8360]

2/27
»*Leitfaden für Impfgegner.*«
Hg.: Impfzwanggegner-Verein zu Dresden
Verlag des Impfzwanggegner-Vereins, Dresden
1894; Buchdruck, 23 S.; 21,8 x 14,2 cm
Dresden, Sächsische Landesbibliothek
[Pathol.spec. 688, 47]

2/28
»*Die Pockenimpfung – der verhängnisvollste Aberglaube
des 19. und 20. Jahrhunderts.*«
Flugblatt
Hg.: Deutscher Rechtsverband zur Bekämpfung der
Impfung
um 1890; 30,3 x 21,4 cm
Dresden, Deutsches Hygiene-Museum,
Slg. Medizingeschichte [1993/249]

2/29
»*Der Impfgegner – Monatsschrift für Volksgesundheit und
gegen ärztliche Irrlehren.*«
Titelblatt der Nr. 1, Jg. 32, vom 1. Januar 1914
Buchdruck; 30,5 x 22,7 cm
Berlin, Robert Koch-Institut, Bibliothek [IL 24: 50]

2/30
»*Impfpusteln an der Bauchhaut des Kalbes, angelegt
zwecks Gewinnung des Schutzpockenstoffes.*«
Moulage aus der Lehrmittelproduktion des Deutschen
Hygiene-Museums
bemaltes Wachspositiv nach Abformung über der
Natur, Pappe, Glas, Stoff; 33 x 33 x 14 cm
Dresden, Deutsches Hygiene-Museum,
Moulagenslg. [1991/768]

2/31
Kratzspatel mit Zahnung an der Schmalseite
Gerät zur Infizierung von Kühen mit Vakzine
Metall; 11 x 2,5 cm
bez. (Prägung): HAUPTNER
Berlin, Robert Koch-Institut

2/32
Scharfer Löffel (Doppellöffel)
Gerät zur Gewinnung von Vakzine
Metall; L 15,5 cm, Dm 2,3 cm
Berlin, Robert Koch-Institut

2/33
Gefäß zur Herstellung von Pockenimpfstoff (Kugelmühle)
Porzellan, Metall; H 19 cm, Dm 15 cm
bez. auf dem Boden (Prägung): HALDENWANGER
Berlin, Robert Koch-Institut

2/36 a

2/36 d

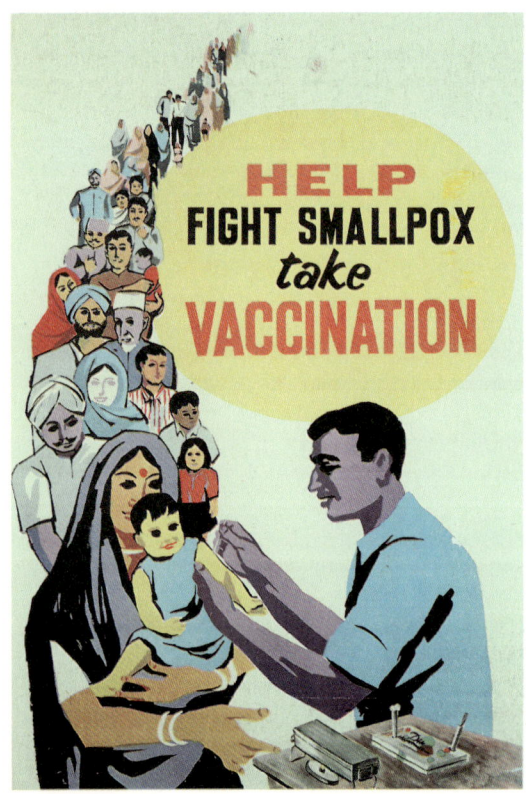

2/34
Impflanzetten
a) in Holzschaft
frühes 19. Jh.; Elfenbein, in Holz gefaßt; L 9,2 cm,
Dm 0,8 cm
Berlin, Institut für Geschichte der Medizin [S 898]
b) in Metallheft
um 1920/30; verchromter Stahl; L 12,5 cm
Berlin, Deutsches Historisches Museum,
Slg. Alltagskultur [Hi 74/104]

2/35
Impfpocken am Oberarm
Wachsmoulage aus der Lehrmittelproduktion des
Deutschen Hygiene-Museums
bemaltes Wachspositiv nach Abformung über der
Natur, Stoff, Holz; 30,5 x 22 x 8 cm
Dresden, Deutsches Hygiene-Museum,
Moulagenslg. [1991/259]

2/36
*Plakate von der weltweiten Kampagne zur
Durchsetzung der Schutzpockenimpfung*
a) Indien
»Help Fight Smallpox take Vaccination«
1968; Farboffsetdruck; 38 x 25 cm
b) Iran
(Groß und Klein: Laßt Euch gegen Pocken impfen)
Farboffsetdruck; 60 x 46 cm
c) Chile
»Viruela – Amenza Constante Defienda su salud,
Vacunese Contra la Viruela«
1975; Farboffsetdruck; 43 x 37 cm
d) Nigeria
»Be Vaccinated this New Year«
Siebdruck; 76 x 51 cm
e) Südafrika
»Smallpox – This Disease Can Destroy a Whole
People.«
1959; Farblithographie; 99 x 63 cm
Liederbach, Behringwerke

2/37
Chinesisches Mädchen mit Pocken
1786; kolorierte Lithographie; 20,2 x 14 cm
Paris, Bibliothèque Nationale, Manuscrits orientaux

2/38
Zwei Plastiken der Pockengottheit der Yoruba
Nigeria
a) Holz, Muscheln, Samenkörner; H 45 cm
Heidelberg, Völkerkundliche Sammlung der I. und E.
von Portheim-Stiftung
b) Holz; H 32 cm
Wien, Museum für Völkerkunde [147.792]

2/39
Plastik einer westafrikanischen Pockengottheit
vor 1911; Lehm, Kaurischalen, Holz, Rohr, Schnur;
16 x 63 x 21 cm
[29577]
dazugehörige Kultgegenstände
a) Fetischtopf
Ton; H 6 cm, Dm 6,5 cm
[29671]
b) Wassertopf
Ton; H 9,5 cm, Dm 6,5 cm
[29672]
c) Wassertopf
Ton; H 6 cm, Dm 6 cm
[29673]
Dresden, Staatliches Museum für Völkerkunde

2/40
Zwei Bildnisse der tamilischen Pockengöttin Māriyammaṇ
1990; Offset; je 50 x 36 cm
Zürich, E. Masilamani-Meyer

2/41
Maske der tamilischen Pockengöttin Māriyammaṇ
1995; Messing; Dm 18 cm
Zürich, E. Masilamani-Meyer

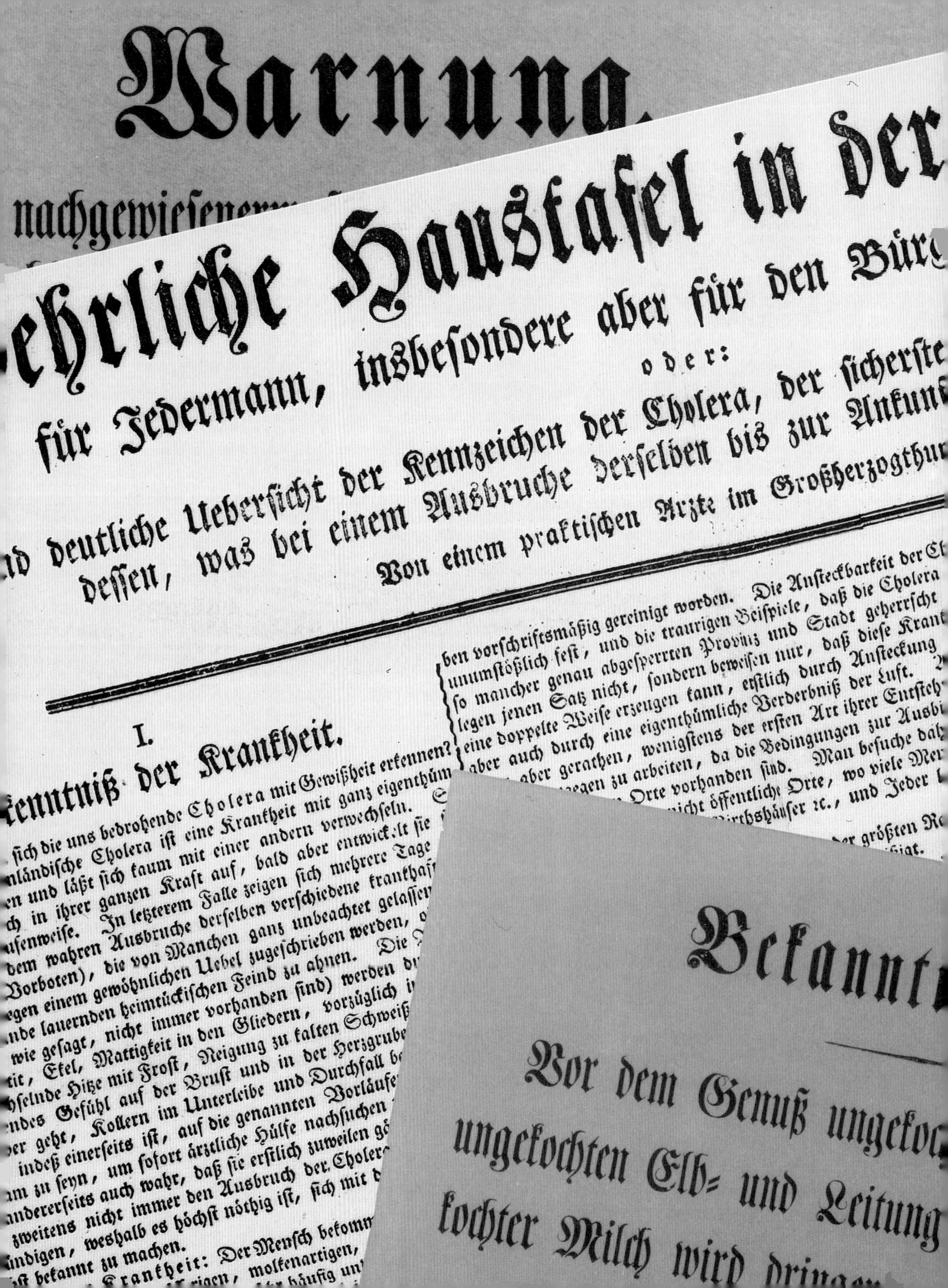

Warnung.

nachgewiesenerm...

...ehrliche Haustafel in der
für Jedermann, insbesondere aber für den Bür...

oder:

...d deutliche Uebersicht der Kennzeichen der Cholera, der sicherste...
dessen, was bei einem Ausbruche derselben bis zur Ankun...

Von einem praktischen Arzte im Großherzogthu...

I.
...kenntniß der Krankheit.

...sich die uns bedrohende Cholera mit Gewißheit erkennen?
...nländische Cholera ist eine Krankheit mit ganz eigenthüm...
...en und läßt sich kaum mit einer andern verwechsel:t sie
...h in ihrer ganzen Kraft auf, bald aber entwick:lt sie
...usenweise. In letzterem Falle zeigen sich mehrere Tage
...dem wahren Ausbruche derselben verschiedene krankhaf...
...Vorboten), die von Manchen ganz unbeachtet gelassen...
...egen einem gewöhnlichen Uebel zugeschrieben werden, o...
...nde lauernden heimtückischen Feind zu ahnen. Die...
...wie gesagt, nicht immer vorhanden sind) werden d...
...it, Ekel, Mattigkeit in den Gliedern, vorzüglich i...
...hselnde Hitze mit Frost, Neigung zu kalten Schweiß...
...ndes Gefühl auf der Brust und in der Herzgrube...
...r geht. Kollern im Unterleibe und Durchfall be...
...indeß einerseits ist, auf die genannten Vorläufe...
...m zu seyn, um sofort ärztliche Hülfe nachsuchen...
...nderseits auch wahr, daß sie erstlich zuweilen g...
...zweitens nicht immer nöthig ist, sich mit de...
...ündigen, weshalb es höchst nöthig ist...
...ist bekannt zu machen.
...Krankheit: Der Mensch bekomm...
...gen, molkenartigen...

...ben vorschriftsmäßig gereinigt worden. Die Ansteckbarkeit der ...
...unumstößlich fest, und die traurigen Beispiele, daß die Cholera
...so mancher genau abgesperrten Provinz und Stadt geherrscht
...legen jenen Satz nicht, sondern beweisen nur, daß diese Krank
...eine doppelte Weise erzeugen kann, erstlich durch Ansteckung
...aber auch durch eine eigenthümliche Verderbniß der Luft. ...
...zugen zu arbeiten, wenigstens der ersten Art ihrer Entsteh...
...gerathen, da die Bedingungen zur Ausbi...
...Orte vorhanden sind. Man besuche dah...
...nicht öffentliche Orte, wo viele Men...
...Wirthshäuser rc.), und Jeder m...
...der größten ...
...siat.

Bekannt...

Vor dem Genuß ungekoch...
ungekochten Elb- und Leitung...
kochter Milch wird dringen...

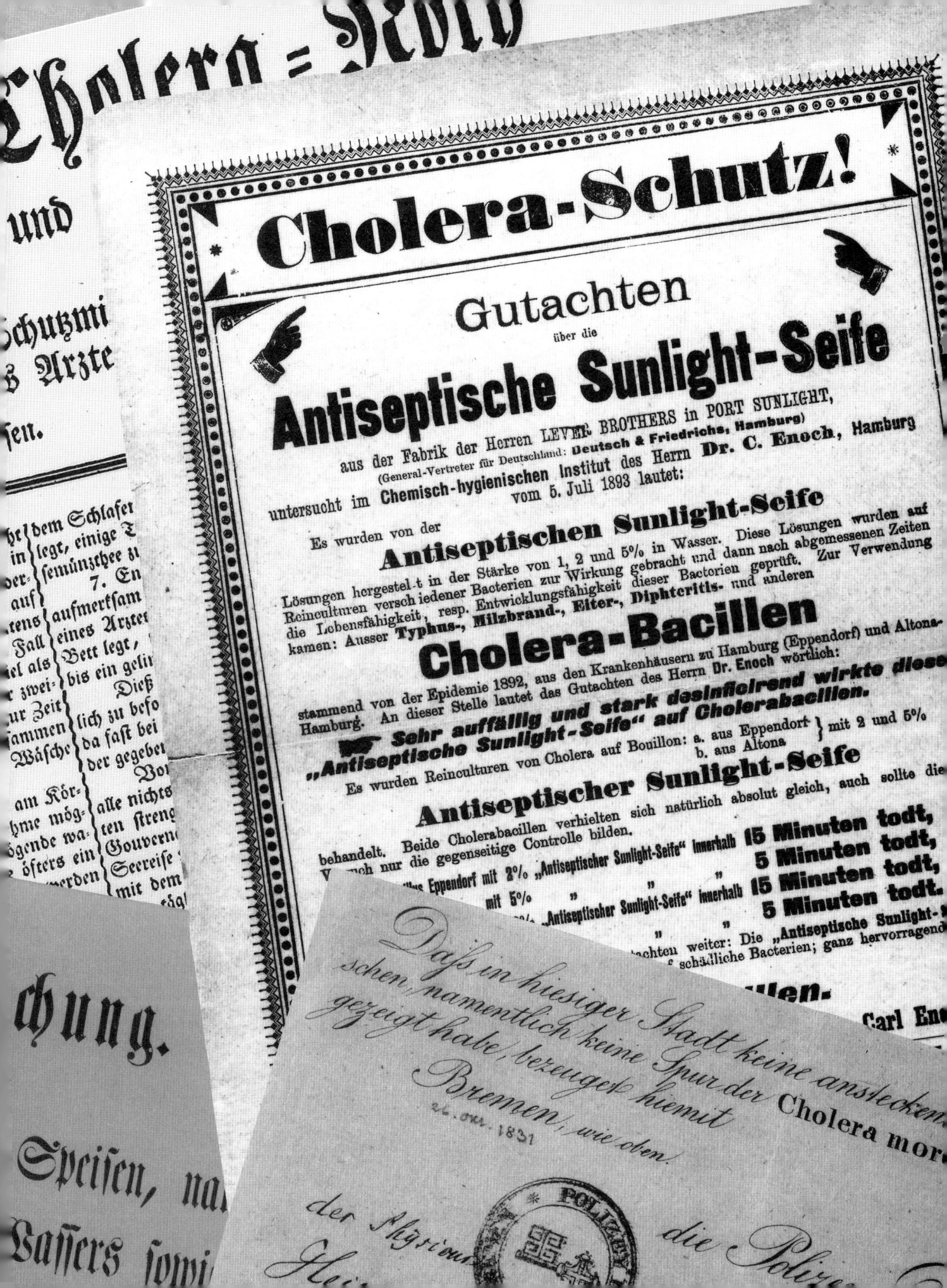

Cholera = Noth

Schuzmi
& Arzte

Cholera-Schutz!

Gutachten
über die

Antiseptische Sunlight-Seife

aus der Fabrik der Herren LEVER BROTHERS in PORT SUNLIGHT,
(General-Vertreter für Deutschland: **Deutsch & Friedrichs, Hamburg**)
untersucht im Chemisch-hygienischen Institut des Herrn **Dr. C. Enoch**, Hamburg
vom 5. Juli 1893 lautet:

Es wurden von der

Antiseptischen Sunlight-Seife

Lösungen hergestellt in der Stärke von 1, 2 und 5% in Wasser. Diese Lösungen wurden auf
Reinculturen verschiedener Bacterien zur Wirkung gebracht und dann nach abgemessenen Zeiten
die Lebensfähigkeit, resp. Entwicklungsfähigkeit dieser Bacterien geprüft. Zur Verwendung
kamen: Ausser **Typhus-, Milzbrand-, Eiter-, Diphteritis-** und anderen

Cholera-Bacillen

stammend von der Epidemie 1892, aus den Krankenhäusern zu Hamburg (Eppendorf) und Altona.
Hamburg. An dieser Stelle lautet das Gutachten des Herrn Dr. Enoch wörtlich:

Sehr auffällig und stark desinficirend wirkte diese
„Antiseptische Sunlight-Seife" auf Cholerabacillen.

Es wurden Reinculturen von Cholera auf Bouillon: a. aus Eppendorf } mit 2 und 5%
b. aus Altona

Antiseptischer Sunlight-Seife

behandelt. Beide Cholerabacillen verhielten sich natürlich absolut gleich, auch sollte die
Versuch nur die gegenseitige Controle bilden.

aus Eppendorf mit 2% „Antiseptischer Sunlight-Seife" innerhalb **15 Minuten todt,**
mit 5% „ „Antiseptischer Sunlight-Seife" „ **5 Minuten todt,**
„Antiseptischer Sunlight-Seife" innerhalb **15 Minuten todt,**
„ „ „ **5 Minuten todt.**

achten weiter: Die „Antiseptische Sunlight-
schädliche Bacterien; ganz hervorragend

Carl Eno

chung.

Speisen, na

Dass in hiesiger Stadt keine ansteck...
...schen, namentlich keine Spur der Cholera mor...
gezeiget habe, bezeuget hiemit
Bremen, wie oben.
26. Oct. 1831

der Physic...
die Polize

»No disease has yet appeared which has caused such fatality and universal terror amongst the natives and visitans of the Indian world as this.« Mit diesen Worten leitete der englische Schiffsarzt James Boyle seinen Bericht [3/1] über eine neuartige und todbringende Krankheit ein, die seit 1817 in ganz Indien wütete und binnen weniger Jahre mehrere hunderttausend Opfer auf dem Subkontinent forderte. Die Rede ist von der Cholera, genauer gesagt, der Cholera »asiatica« oder »indica«. Die Adjektive dienten und dienen zum einen dazu, die geographische Herkunft der Krankheit anzugeben und sie damit von der sogenannten einheimischen Cholera, der Cholera »nostras«, zu unterscheiden.[1] Zum anderen sollte ihre Verwendung in den Abhandlungen des letzten Jahrhunderts nochmals den besonderen Schrecken dieser Krankheit verdeutlichen und verstärken. Asien und Indien werden im 19. Jahrhundert zu Synonymen für Barbarei, Schmutz, Gestank und Unzivilisiertheit; sie bilden die negative Projektionsfläche zu einer Selbstdarstellung Europas, die sich mit den Stichworten Zivilisation, Sauberkeit und Sicherheit umschreiben läßt.[2] In dieses Europa brach erstmals um 1830 das »asiatische Ungeheuer«[3] ein und brachte auch hier Schmutz und Elend zum Vorschein und gewalttätige Aufstände mit sich. Einen späten Nachklang an die gedankliche Unvereinbarkeit von Cholera und Schmutz einerseits und Europa andererseits bilden die berühmt gewordenen Worte Robert Kochs, die er, geschockt von den dortigen Verhältnissen, während der letzten Choleraepidemie in Hamburg 1892 äußerte: »Meine Herren, ich vergesse, daß ich in Europa bin.«[4]

Die Cholera ist eine Erkrankung der Darmschleimhaut, die zu permanentem Erbrechen und Durchfall führt. Der stetige Wasserverlust bewirkt die innere Austrocknung des Körpers und den Verlust lebenswichtiger Mineralien. Ohne Behandlung sterben bis zu zwei Drittel aller Erkrankten innerhalb von ein bis sechs Tagen. Hervorgerufen wird die Cholera durch

Michael Dorrmann

»Das asiatische Ungeheuer«

Die Cholera im 19. Jahrhundert

eine Infektion mit dem Vibrio cholerae, einem im Wasser lebenden Bakterium, das gegen Austrocknung empfindlich ist. In Süßwasser sowie auf feuchtem Untergrund, teilweise auch in Salzwasser, kann es jedoch wochenlang überleben und sich vermehren. Mittels kontaminierten Wassers oder kontaminierter Lebensmittel gelangt es in den Körper, vermehrt sich dort massenhaft im Darm und wird anschließend mit den Dejekten des Kranken ausgeschieden. Nicht jede Infektion führt zwangsläufig zu einer Erkrankung. Fünf- bis zehnmal so häufig wie zum voll ausgebildeten Krankheitsbild führt eine Infektion nur zu leichten Durchfällen oder zu gar keinen Beschwerden.[5] Da der Vibrio sehr sensibel auf Säure reagiert, können insbesondere Schädigungen des Magens, beispielsweise durch mangelhafte Ernährung oder jahrelangen übermäßigen Alkoholgenuß, eine Erkrankung begünstigen.

Auch symptomfreie Keimträger können die Krankheit weiterverbreiten, was stets über den Stuhl von Keimträgern erfolgt. Gelangen deren Fäzes undesinfiziert in die Wasserversorgung einer Siedlung, kommt es meist zu einem explosionsartigen Anstieg der Erkrankungen innerhalb kürzester Zeit. Weniger dramatisch verlaufen Kontaktinfektionen, bei denen mit Dejekten verunreinigte Gegenstände, wie z.B. Kleidung oder Bettlaken, die Quelle der Infektion bilden. Zu Beginn des 19. Jahrhunderts waren diese Fakten allerdings noch lange nicht bekannt; sowohl hinsichtlich der Epidemiologie als auch der Pathologie der Krankheit tappte man lange Zeit im dunkeln. Erst die Entdeckung des Vibrio cholerae durch Robert Koch in den Jahren 1883/84 führte nach jahrzehntelangen Spekulationen zu wissenschaftlich abgesicherten Erkenntnissen.

I. »Das asiatische Ungeheuer« auf dem Weg nach Westen

Entgegen der Annahme Boyles und anderer in Indien praktizierender englischer Ärzte war die Cholera in Bengalen, im Mündungsdelta von Brahmaputra und Ganges, vermutlich schon seit

Jahrhunderten endemisch. Sowohl in Sanskrit-schriften aus dem 4. Jahrhundert v. Chr. als auch in Aufzeichnungen europäischer Besucher aus dem 16. Jahrhundert n.Chr. findet sich ihr Krankheitsbild beschrieben. Auch frühe Wande-rungsbewegungen und ihr Auftreten in anderen Teilen Indiens, möglicherweise sogar in China, können festgestellt werden; insbesondere in den Jahren 1770 bis 1790 kam es gehäuft zu Cholera-epidemien.[6] Neu an dem Ausbruch von 1817 war jedoch zum einen, in welchem Ausmaße und mit welcher Geschwindigkeit die Cholera in den folgenden Jahren über ihr endemisches Gebiet hinaus verschleppt werden sollte, und zum ande-ren, daß sie nicht, wie zuvor, nur die indischen Parias, sondern auch die indi-sche Oberschicht und die in Indien lebenden Europäer befiel.[7] Während die Gründe für die Heftigkeit des

3/77 a
*»Portrait einer Cholera-
Präservativ-Frau«.
Lithographie,
Hamburg 1831/32*

Choleraausbruchs von 1817 im dunkeln liegen – begünstigend wirkten möglicherweise die aus-sergewöhnlichen Wetterverhältnisse der beiden vorangehenden Jahre[8] –, läßt sich die schnelle Verbreitung der Cholera über den ganzen Sub-kontinent und darüber hinaus als Folge der Kon-solidierung der britischen Herrschaft in Indien erklären.[9] Dieser Prozeß wurde begleitet von einer Beschleunigung und Intensivierung des menschlichen Verkehrs, von kriegerischen Ver-wicklungen und Truppenaushebungen im gan-zen Land. Mit den sich dabei in kurzer Zeit quer über den Subkontinent bewegenden Menschen-massen wurde zugleich der Choleraerreger in zu-vor nicht betroffene Gebiete eingeschleppt.

Schon bei dieser ersten, von 1817 bis 1823 anhaltenden und noch deut-licher bei den späteren Pande-mien zeigt sich, daß die Chole-ra zu ihrer Verbreitung und zu ihren verheerenden Aus-wirkungen an bestimmte Vor-aussetzungen geknüpft war, die erst im 19. Jahrhundert gegeben waren. Für ihre Wanderung nach Europa waren dies der Kolonialismus und die Zunahme der Menschen- und Warenströme Richtung Europa, in Europa selbst die Industrialisierung und ihre Begleiterscheinungen. Insbesondere die Entste-hung von Großstädten mit unzureichender sani-tärer Ausstattung und die Armut in den überbe-völkerten Slums europäischer Städte boten der Seuche einen idealen Nährboden.

Bei allem Schrecken und aller Abscheu, den die aus Indien eintreffenden Krankenberichte – in denen Wadenkrämpfe, permanentes Erbrechen und reiswasserähnliche Körperausscheidun-gen die Hauptrolle spielten – in Europa aus-gelöst haben mögen, bestand doch vorerst kein ernsthafter Grund zur Beunruhigung. Indien war weit entfernt. Ärzte wie Boyle oder James Annesly sahen Heilungschancen in einer Therapie, die als »englische« Methode einige Jahre später auch die Behandlung der Cholera in Europa dominieren sollte. Sie bestand hauptsächlich im

Aderlaß und in der Verabreichung von Opium und Calomel (Quecksilberchlorid).[10] Zudem, und das war vermutlich noch beruhigender, kamen fast alle frühen Beobachter der Cholera zu dem Schluß, daß sie nicht den ansteckenden Krankheiten zuzuordnen und somit keine neue Pest sei. Verursacher der Krankheit seien vielmehr, so wiederum Boyle, giftige Sumpfdämpfe, die der Verwesungsprozeß in tropischem Klima mit sich bringe.[11]

Unerwarteterweise erreichten die Ausläufer des ersten Seuchenzugs jedoch die südöstliche Grenze Europas. Im September 1823 wurden in der russischen Stadt Astrachan an der Wolgamündung die ersten Cholerafälle bekannt. Da der Choleravibrio seine Vermehrungsfähigkeit bei einer Wassertemperatur unter etwa 10 Grad Celsius stark einbüßt, war es vermutlich der Wintereinbruch, der die Epidemie

3/2

K.F.V. Hoffmann:
»Die Morgenländische Brechruhr
nach ihrem Zuge und ihrer
Verbreitung ...« Stuttgart 1832

beendete und einer weiteren Ausbreitung der Cholera nach Westen Einhalt gebot.[12]

Karl Friedrich Vollrath Hoffmann hat auf seiner Anfang 1832 erschienenen Karte »Die Morgenländische Brechruhr nach ihrem Zuge und ihrer Verbreitung, auf drei Karten bildlich dargestellt« [3/2] diesen ersten Seuchenzug sehr genau wiedergegeben und die dabei befallenen Orte mit roter Farbe markiert. Sehr deutlich zeigt die Karte, daß die Cholera sich vorzugsweise entlang der großen Flußläufe vorwärtsbewegte; mit infiziertem Flußwasser gelangten die Krankheitskeime weiter stromabwärts. Wie es in der Kartenlegende heißt, breitete sich die Krankheit nach einer Zeit des Stillstandes »im Jahre 1828 mit erneuerter Kraft, vornämlich in den nördl: Teilen Hindostans, von Islamabad bis Dehli und Lahore« aus, »von wo aus sie dann ihren zweiten Zug gegen Westen begann«. Im Laufe dieser zweiten Pandemie, die erst im Jahre 1837 endete, sollten über die von Hoffmann mit grüner Farbe ange-

gebenen Orte und Gegenden hinaus fast alle europäischen Länder, Ostasien, Afrika und Nordamerika befallen werden.[13]

Die Eingangspforte nach Europa bildete wiederum das russische Reich. Der erste offizielle Cholerafall wurde diesmal im August 1829 aus der am Ural gelegenen Stadt Orenburg gemeldet. Ausgehend von der Erfahrung des Jahres 1823 ignorierten die russischen Behörden die Seuche lange Zeit in der Annahme, sie komme wie 1823/24 von alleine zum Stillstand. Ab dem Sommer 1830 bewegte sich die Cholera jedoch beunruhigend schnell in Richtung Norden, so daß man sich in St. Petersburg schließlich doch zum Handeln gezwungen sah. Durch ihren schnellen Vormarsch mittlerweile davon überzeugt, daß die Cholera den ansteckenden Krankheiten zuzuordnen sei, wurde mit einigen Modifikationen das ganze Arsenal von Maßnahmen in Aktion gesetzt, das im 17. und 18. Jahrhundert überall in Europa zur Abwehr der Pest entwickelt worden war. Militärkordons um infizierte Gebiete, Verhängung von Quarantänen und Häuserabsperrungen sowie Reinigung oder Räucherung verdächtiger Stoffe schienen die geeigneten Instrumentarien, die neue ›Pest‹ zu stoppen.[14]

Die Entscheidung der russischen Stellen, die Cholera den kontagiösen Krankheiten zuzurechnen, war von großer Bedeutung und sollte von fast allen von dieser Cholerapandemie betroffenen Ländern übernommen werden. Die Cholera wurde in den nächsten Jahren allgemein unter den Auspizien der jahrhundertelangen europäischen Pesterfahrung betrachtet und bekämpft. Die mit der russischen Einschätzung verbundenen Maßnahmen und deren Begleiterscheinungen hatten ebenso Modellcharakter für ganz Europa.

Trotz Quarantänebestimmungen und Militärkordons hatte die Cholera Mitte September 1830 Moskau erreicht und löste dort einen regelrechten Exodus aus.[15] Die Flucht erschien den meisten das einzige wirklich erfolgversprechende Mittel gegen eine ansteckende Krankheit zu sein. Begleitet wurde der Vormarsch der Cholera in Rußland von mehreren gewalttätigen Tumulten, die sich vor allem an den Absperrungsmaßnah-

men entzündeten. Durch die Einschränkung des Handels verschlechterte sich die Lebensmittelversorgung der eingeschlossenen Bevölkerung; insbesondere die am Existenzminimum dahinvegetierenden Bevölkerungsschichten konnten erhöhte Preise nicht bezahlen. Hinzu kam, daß die die Seuchenreglements durchsetzende Polizei oftmals mit großer Brutalität und Willkür vorging; mehrmals wurden auch Gesunde in Lazarette verschleppt und nur gegen Bestechung wieder entlassen.[16] Schuld an der Eskalation der Gewalt im darauffolgenden Jahr war ein Gerücht, das sich gemeinsam mit der Cholera über Europa verbreitete, vor allem unter ärmeren Schichten auf Glauben stieß und überall Aufstände und Krawalle provozierte. Das in vielen Variationen auftretende Gerücht findet sich in einem Bericht des englischen Botschafters in Berlin, George Edward Chad, an seinen Außenminister Palmerston sehr ausführlich wiedergegeben: Es bestehe unter den ärmeren Klassen der preußischen Bevölkerung, so Chad, die feste Meinung, daß es die Cholera in Wahrheit gar nicht gäbe. Die Toten, die man ihr zuschreibe, wären vielmehr mit einem Gift umgebracht worden. Dieses Gift würde von extra zu diesem Zweck angeworbenen und bestochenen Ärzten unter den Armen verteilt. Die Reichen hätten nämlich aus Angst vor den zahlreicher werdenden Armen, die sich immer schwieriger beherrschen und kontrollieren ließen, den festen Entschluß gefaßt, die Zahl der Armen mit allen Mitteln zu verringern. In Indien hätten die Engländer diesen Plan bereits mit Erfolg angewandt. Ausländische Ärzte, die in Wahrheit die Abgesandten eines in London residierenden zentralen Komitees seien, wären bereits nach Rußland, Polen und Preußen entsandt worden.[17]

So abwegig diese Verschwörungstheorie heute erscheinen mag, für ihre Glaubwürdigkeit gab es zweierlei Anhaltspunkte. Zum einen glichen die Symptome eines an der Cholera Erkrankten äußerlich stark einer Arsenvergiftung.[18] Zum anderen waren in fast allen Ländern überproportional viel Arme unter den Choleraopfern zu finden. Gründe hierfür waren die schlechten hygienischen Verhältnisse in ihren zumeist noch

207

überfüllten Wohnungen, die Kontaktinfektionen begünstigten, und vermutlich auch ihre jahrelange mangelhafte Ernährung. Da es zudem innerhalb der wohlhabenden Schichten bald als unschicklich galt, an der Cholera zu erkranken oder gar zu sterben, wurden dort Cholerafälle oft verschwiegen oder vertuscht. Dies trug zusätzlich zum Eindruck bei, die Cholera sei eine reine Arme-Leute-Krankheit.

Mit den Tumulten verband sich fast nirgendwo eine politische Zielsetzung; der Grad, in dem die Vergiftungstheorie Glauben fand, zeigt jedoch die Schärfe der sozialen Spannungen zwischen Arm und Reich, Regierten und Regierung im Vormärz. Offenkundig schienen in einer mit den neuartigen Phänomenen des Pauperismus und der Überbevölkerungskrise konfrontierten Gesellschaft alle ›Lösungsmöglichkeiten‹ dieser Probleme vorstellbar.[19]

In Rußland nahm das Vergiftungsgerücht das Ausmaß eines regelrechten Verfolgungswahns an, der sich anfangs generell gegen alle Ausländer und Ärzte richtete. Erst später wurden auch Regierungsstellen bezichtigt, an dem Komplott gegen die Armen beteiligt zu sein. Als die Cholera schließlich im Juni 1831 trotz eines dreifachen Seuchenkordons St. Petersburg erreicht hatte, waren alle Einwohner in solchem Maße von dieser Hysterie ergriffen, daß die Anwesenheit der Cholera überall schlichtweg geleugnet und alle Choleratoten als Vergiftungsopfer betrachtet wurden. Besonderen Argwohn erregte, daß eine überforderte und oft rigide vorgehende Polizei mit Gewalt Kranke, aber auch Gesunde in die Hospitäler verschleppte. Bald bildete sich um jeden Krankentransport eine aufgebrachte Menschenansammlung, Kranke wurden aus Ambulanzen befreit, Hospitäler angegriffen. Nach mehreren kleinen Zwischenfällen dieser Art kam es am 22. Juni zu einem gewalttätigen Tumult auf dem Heumarkt, bei dem ein Hospital gestürmt und anschließend zerstört, die dortigen Ärzte mißhandelt, einer sogar gelyncht wurde. Erst durch den Einsatz von Militär konnte die Ruhe notdürftig wiederhergestellt werden; mit weiteren Ausbrüchen kollektiver Gewalt mußte aber stündlich gerechnet werden. In dieser unge-

klärten Situation hoffte Zar Nikolaus I., dem zu keiner Zeit unterstellt worden war, in die Giftanschläge eingeweiht gewesen zu sein, durch einen Auftritt beruhigend auf die Menge wirken zu können. Begleitet von seinen Generälen begab er sich auf den Heumarkt und hielt den dort Versammelten eine Strafpredigt. Ein idealisierendes Erinnerungsblatt [3/3] gibt die Szene wieder, in der der Zar die angeblich in die Tausende gehende Menge aufgefordert haben soll, sich niederzuknien, zu bekreuzigen und Gott für ihre Missetaten um Vergebung zu bitten.[20] Am Ende seiner Ansprache richtete Nikolaus I. an seine Untertanen die rhetorische Frage, ob sie eigentlich Polen oder Franzosen seien, da sie so gegen seine Anordnungen handelten, oder Russen?[21] Gemeint war, daß er von Russen auch in Krisenzeiten nur Gehorsam vor der Herrschaft von Thron und Altar, nicht aber Auflehnung erwartete, so wie sie sich 1830 in der Pariser Julirevolution und, für den Zaren noch bedrohlicher, in dem Novemberaufstand der Polen gegen das russische Regime gezeigt hatte.

Damit ist die fast gleichzeitige Erschütterung der europäischen Ordnung durch die Julirevolution und die Cholera angesprochen, die viele Zeitgenossen dazu brachte, inhaltliche Zusammenhänge und Wechselwirkungen zwischen diesen beiden Ereignissen zu suchen.[22] So war für die Anhänger der Restauration die Seuche die Strafe für die Sünde der begangenen Revolution. Von dem preußischen König Friedrich Wilhelm III. ist bekannt, daß er die Cholera stets in einem Atemzug mit der »politischen Pest aus dem Westen« nannte.[23] Der Massierung von Militär, die Preußen 1831 an seiner Ostgrenze betrieb, kam in diesem Sinne die doppelte Funktion zu, das Übergreifen der »politischen Pest« – des polnischen Aufstandes – und der Cholera auf preußischen Boden zu verhindern.[24] Nachdem die Kordons an der russischen Grenze die Cholera nicht hatten stoppen können, wurden dieser Interpretation zufolge die aufständischen Polen, und damit indirekt die Julirevolution, für die Weiterverbreitung der Cholera nach Mittel- und Westeuropa verantwortlich gemacht.

Hingegen warfen die Anhänger der Julirevolution und der polnischen Erhebung den Russen vor, ein Verbrechen gegen die Menschheit begangen zu haben, als sie zur Niederschlagung des Aufstandes mit ihren infizierten Truppen in Polen einmarschierten und dabei die Verbreitung der Cholera billigend in Kauf nahmen. Die polnische Regierung ging sogar so weit, den Zaren zu beschuldigen, die Cholera, von deren Ansteckungsfähigkeit mittlerweile ganz Europa überzeugt war, gezielt einzusetzen, um das polnische Volk auszulöschen.[25]

Die in Paris erschienene Karikatur »La barbarie et le Choléra morbus entrant en europe« **[3/4]** illustriert diese Deutung.[26] Die russische Kriegsmaschinerie, versinnbildlicht in einem mit verbundenen Augen vorwärtsstürmenden und eine

3/4
»La barbarie et le Choléra morbus entrant en europe.« Lithographie in: »La Caricature«, Paris 1831

Geißel schwingenden Riesen, zertrampelt unter ihren Füßen die sich verzweifelt wehrenden Polen, während in ihrem Gefolge die als Skelett dargestellte Cholera bereits die Sense schwingt. Zugleich beklagt die Karikatur die Untätigkeit der französischen Regierungsmitglieder, die die polnische Aufstandsbewegung entgegen den Erwartungen vieler Liberaler nicht unterstützten und statt dessen am linken Bildrand friedlich in ihren Sesseln schlummern. Unabhängig von der politischen Bewertung steht

fest, daß die seit Februar 1831 andauernden Kampfhandlungen zwischen polnischen und russischen Truppen aufgrund deren unzureichender hygienischer und ärztlicher Versorgung der Verbreitung der Cholera Vorschub leisteten.[27] Die demoralisierende Wirkung, die die Krankheit auf beiden Seiten entfaltete, führte sogar zeitweilig zu einer Einstellung des Krieges.[28]

In Warschau selbst soll die Epidemie über 2.600 Tote gefordert haben;[29] eine Gedenkmedaille **[3/5]** erinnert an das Ende der Epidemie.

II. Contumaz und Räucherkasten

Noch während der Epidemie hatte sich die polnische Hauptstadt zu einem Treffpunkt von Ärzten aus aller Herren Länder entwickelt. Überwiegend waren sie von ihren Regierungen nach Warschau geschickt worden, um sich vor Ort ein Bild von der Gefährlichkeit der Cholera zu machen und um anschließend ihren Regierungen Schutzvorschläge unterbreiten zu können.[30] Einer dieser Ärzte war der im Auftrag der sächsischen Regierung reisende Karl Christian Hille, dessen »Beobachtungen über die asiatische Cholera« **[3/6]** noch im August 1831 erschienen. Wie die seinem Bericht beigelegte »Karte zur Bezeichnung des Ganges der Cholera im Königreich Polen« verdeutlicht, war er der Ansicht, daß die Cholera durch russische Truppen nach Polen und Warschau eingeschleppt worden war, worauf nun auch den westlichen Nachbarstaaten Polens Gefahr drohe. Auch Hille war von der Kontagiosität der Cholera überzeugt, meinte aber, sich bei seinen Krankenbesuchen durch bestimmte Vorsichtsmaßregeln vor einer Ansteckung schützen zu können. Neben der wiederholten Reinigung seiner Kleidung mit Chlorkalk achtete er besonders darauf, nie nüchtern auszugehen und innere Ruhe und Furchtlosigkeit zu bewahren, da insbesondere die »moralische Stimmung« den Körper für eine Ansteckung prädisponiere.[31]

Auf seiner Rückreise nach Sachsen mußte Hille sich bereits den neuen Einreisebestimmungen

fügen, die inzwischen vom preußischen Staat erlassen worden waren. Seit Mai 1831 war die Einreise aus Polen nur noch an zwölf mit Con-

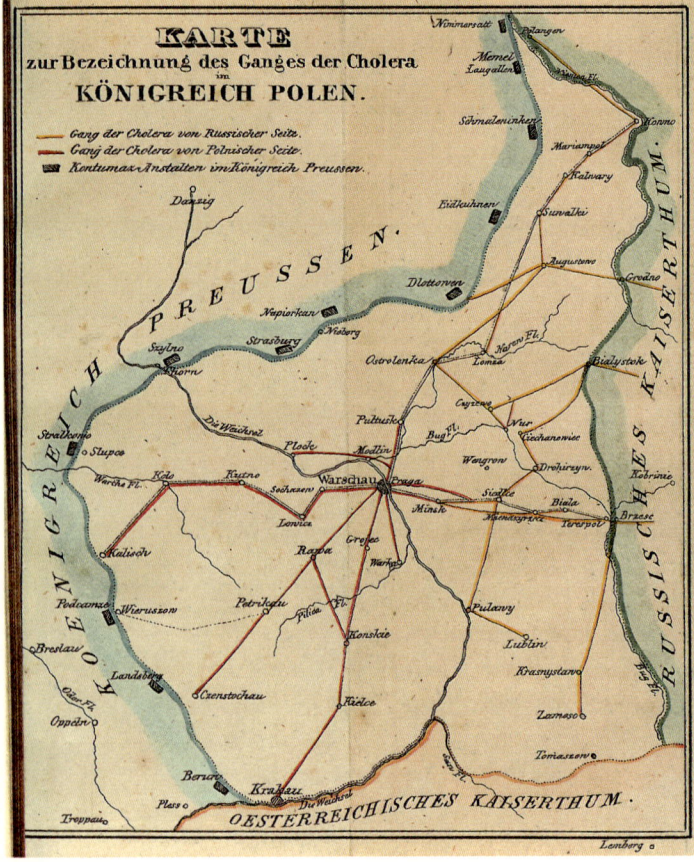

3/6

»Karte zur Bezeichnung des Ganges der Cholera im Königreich Polen.« Kolorierte Lithographie in: D.K.Chr. Hille: »Beobachtungen über die asiatische Cholera ...«, Leipzig 1831

tumazanstalten versehenen Grenzorten gestattet.

Sie sind ebenfalls, gemeinsam mit einer Lageskizze der Contumazanstalt Podcamze, auf der dem Bericht Hilles beiliegenden Karte **[3/6]** verzeichnet. Alle übrigen Grenzübergänge waren geschlossen, und längs der Grenze war Militär stationiert worden, das unerlaubte Grenzübertretungen mit Schußwaffengebrauch beantwortete.[32]

Je nachdem ob der Reisende aus von der Cholera befallenen oder nur aus der Cholera verdächtigen Gebieten kam, mußte er an der Grenze zwanzig oder zehn Tage Contumaz halten. Während dieser Zeit war er von jedem Kontakt mit der Außenwelt, aber auch von anderen Contuma-

zisten abgeschnitten und mußte sich täglich untersuchen lassen. Erst nach der festgesetzten Frist konnte er, mit einem »Entlassungs-Schein« **[3/7]** versehen, einreisen.[33] Ohne diese Bestätigung durften Reisende seit Juni 1831 im Grenzgebiet weder privat noch in Gasthäusern beherbergt werden. Näherte sich der Reisende der Grenze dagegen von der noch nicht infizierten Seite her, so mußte er dies durch Pässe oder Gesundheitsatteste **[3/8]** belegen können.[34] Aber nicht nur Menschen standen unter dem Verdacht, den Krankheitserreger einzuschleppen. Auch Reisegepäck und andere Waren wurden in den Contumazanstalten genau begutachtet. In der Hoffnung, den Ansteckungsstoff damit zu vernichten, wurde das Gepäck je nach Art des Materials gewaschen oder mit Chlordämpfen geräuchert.[35] Besonderer Behandlung wurden Waren unterzogen, die als »giftfangend« kategorisiert worden waren, wie z.B. Federn, Haare, Pelze, Felle und Wolle. Nach wiederholten Räucherungen mußte ihre Ungefährlichkeit zuletzt noch durch Menschenversuche unter Beweis gestellt werden: Die von den Contumazanstalten beschäftigten Reinigungsknechte wurden gezwungen, »taeglich mehrere Male« in den Waren »so tief als moeglich mit ihren entbloesten Armen« herumzuwühlen. Zeigten sich bei den Reinigungsknechten anschließend keine Erkrankungssymptome, so galten die Waren als ungefährlich.[36] Um die Reinigung und den sowohl für den Reisenden als auch für den Staat kostspieligen Aufenthalt zu verkürzen, wurden bald unterschiedliche Verfahren vorgeschlagen. So propagierte der Militärarzt Carl Barrie's seine selbst entwickelten »Luftreinigenden Douchen für gesperrte Räume« **[3/9]**, bei denen ein mit aromatischen Essenzen gesättigter heißer Wasserdampf ein effektiveres Verfahren gewährleisten sollte. Die zu reinigenden Gegenstände sollten dabei in ein verschließbares Behältnis gelegt und in dieses heißer Dampf eingeführt werden. Die Räucherung von Briefen und anderen die Grenze passierenden Dokumenten ließ sich mit geringerem technischen Aufwand bewerkstelligen. Zur Räucherung sahen die preußischen Behörden einen dreigeteilten hölzernen Kasten vor. In das oberste Fach legte man die zu desinfizierenden Papiere. Ganz unten wurden glühende Kohlen deponiert, die den in der Mitte plazierten Essig und ein aus Schwefel, Salpeter und Kleie bestehendes Räucherpulver zum Verdampfen bringen sollten. Nachdem die Briefe fünf Minuten geräuchert worden waren, wurden sie mit einer Pinzette herausge-

3/11 b

Cholera-Brief vom
29. September 1831

in Berlin eine »Immediatkommission zur Abwehrung der Cholera« eingesetzt, der hochrangige Regierungsvertreter angehörten und in deren Hand die Koordinierung und Überwachung aller Vorschriften lag. Grundlage ihrer Entscheidungen war die zum Staatsdogma erhobene Ansicht, daß die Cholera hochgradig kontagiös sei.[39] So stellte die für die überwiegend polnischsprachige Bevölkerung des Großherzogtums

nommen, »mit einem Pfriemen vielfach durchstochen, bei besonders verdächtiger Beschaffenheit wohl auch zur Seite aufgeschnitten, und dann wieder, durch fünf Minuten in die Räuchermaschine gelegt«, wie es in der preußischen Anweisung heißt. Mit einem solchen Pfriemen **[3/10]** behandelte Briefe **[3/11 a, b]** lassen sich an den charakteristischen Einstichslöchern leicht erkennen. Geräucherte Briefe wurden zudem mit einem Sanitätsstempel **[3/11 b, c]** versehen.[37] Alle an den preußischen Grenzen getroffenen Vorrichtungen waren Teil der »Instruktion über das bei der Annäherung der Cholera, so wie über das bei dem Ausbruche derselben in den Königlich Preußischen Staaten zu beobachtende Verfahren«, die am 1. Juni 1831 erlassen worden war. Wie ein Zeitgenosse kritisch-spöttisch anmerkte, handelte es sich dabei ausschließlich um »Erneuerungen der alten nur noch in Archiven aufgefundenen Pestmandate«.[38] Zugleich wurde

Posens in Deutsch und Polnisch verfaßte »Kurze Uebersicht des Seitens des Königl. Preußischen Staates zur Abwendung der durch die asiatische Cholera drohenden Gefahr erlassenen Verordnungen« **[3/12]** schon im einleitenden Satz apodiktisch fest: »Die asiatische Cholera gehoert zu den ansteckenden Volkskrankheiten«.
Weder Räucherung noch Sperrkordon verhinderten jedoch, daß 1831 die Cholera nach Preußen eingeschleppt wurde. Wie eine von dem preußischen Professor für Staatsarzneikunde Karl Wilhelm Wagner bearbeitete Karte **[3/13]** zeigt, sollten bei dieser Epidemie insbesondere die östlichen Regierungsbezirke Danzig, Königsberg, Marienwerder und Bromberg hart getroffen werden. Sie hatten sowohl in absoluten als auch in relativen Zahlen die meisten Opfer zu beklagen.[40] Die Karte zeigt zudem den Weg, den die Cholera im preußischen Staat genommen hat, und die Lage der mit Fortschreiten der Cholera

sukzessive ins Landesinnere zurückverlegten Sperrkordons. Danzig und Königsberg waren die beiden ersten preußischen Städte, die, vermutlich über den Seeweg, infiziert worden waren. Das offenkundige Versagen der Sperrkordons und die Erfahrungen, die diese beiden Städte mit der preußischen »Pestpolizei« machten, intensivierten die bereits lebhafte Diskussion um Sinn und Nutzen von Absperrungsmaßnahmen sowie um die Ansteckungsfähigkeit der Cholera.

In Danzig verursachte die in der »Instruktion« befohlene Absperrung und Bewachung von Häusern mit Cholerakranken so immense Kosten, daß die Stadt nach einigen Wochen vor dem Ruin stand und auf Spenden aus allen Teilen des Königreichs angewiesen war. Gegen Ende der Epidemie mußten rund 1.000 Einwohner verpflegt werden, die zumeist gar nicht erkrankt waren, aber aufgrund der Häusersperren nicht mehr ihrer Arbeit nachgehen konnten. Durch

3/13

K. W. Wagner: »Karte über die Verbreitung der Cholera im Preussischen Staate, bis zum 15 Mai 1832«. Beilage zu: J.C. Albers u. a. (Hg.): »Cholera-Archiv ...«, Berlin 1832

die militärische Zernierung der Stadt wurden die Lebensmittel knapp und teuer, der Handel lag danieder. Auf den Straßen sollen sich Szenen abgespielt haben, von denen man meinen möchte, sie seien direkt aus Defoes berühmter Schilderung der großen Pest in London übernommen worden: An den befallenen Häusern wurden weiße Kreuze angebracht, Ärzte trugen gemäß der Empfehlung der »Instruktion« bei ihren Krankenbesuchen über ihrer gewöhnlichen Kleidung »einen Mantel von Wachsstaffent oder Wachsleinwand«,[41] die Kranken wurden von grobschlächtigen Trägern, die sich vor einer Ansteckung durch Pfeifenrauchen zu schützen suchten, in das Lazarett gebracht.[42]

Als die Cholera einige Wochen später in Königsberg ausbrach, hob Oberpräsident von Schön aufgrund der »in Danzig gemachten trueben Erfahrungen« eigenmächtig einen Teil der Verordnungen auf.[43] Insbesondere wurde von der völligen Einschließung der Stadt und den Häusersperren abgesehen. Die Bekanntmachung dieser Entscheidung erfolgte jedoch zu spät, um den gewalttätigsten Choleratumult zu verhindern, der sich 1831/32 in Preußen ereignete. Die Ursachen für diesen Aufstand, bei dem eine aufgebrachte Menge zeitweise Kontrolle über die ganze Stadt erlangte, sind vielschichtig. Zum einen revoltierten die hauptsächlich beteiligten Handwerksgesellen und Tagelöhner gegen eine Politik, die Lebensmittelverteuerungen und Verdienstausfälle nach sich zog und sie am härtesten traf. Die Auswirkungen dieser Politik konnten für sie lebensbedrohlicher werden als die Cholera selbst. Zum anderen wurde zu Beginn der Epidemie auch in Königsberg nicht an die Existenz der Cholera geglaubt und stattdessen die Vergiftungstheorie zur Erklärung der vielen Todesfälle herangezogen. Provoziert wurde der Aufstand schließlich, wie schon in St. Petersburg, durch ein unverhältnismäßiges Vorgehen der Polizei. Aus einer Menschenansammlung vor dem Königsberger Schloß entwickelte sich am 28. Juli durch das Eingreifen der Polizei ein

Handgemenge, das mit dem Sturm des Polizeibüros und seiner Plünderung endete. Mit dem Ausruf »da ist die Cholera drin, das muß vernichtet werden«, der sich wie ein satirischer Kommentar auf die staatlichen Desinfizierungsanweisungen liest, wurde die gesamte Polizeiregistratur auf den Platz geworfen und zerstört. Mit dem Verlust ihrer Akten verlor die Polizei aber auch die Kontrolle über die bislang gemeldeten Cholerafälle und wurde damit der Möglichkeit beraubt, Häusersperren zu verhängen. Ein Teil der Menge zog anschließend durch die Stadt, warf Fenster ein, mißhandelte Ärzte und demolierte Apotheken, die verdächtigt wurden, an dem Vergiftungskomplott beteiligt zu sein. Obwohl das herbeigerufene Militär scharf schießen ließ und einige der Anführer tötete, gelang es erst einer bewaffneten Bürgergarde gegen Abend, die aufständische Menge aus dem Polizeibüro zu vertreiben. Etwa 150 Personen wurden arretiert.[44]

Ein einige Tage später auf der Straße gefundenes anonymes Flugblatt mit massiven Drohungen gegen die Regierung zeigt, daß die Situation auch jetzt noch keineswegs zur Ruhe gekommen war. Die Königsberger Behörden waren freilich der Ansicht, daß es sich dabei um die »leere Drohung eines unzufriedenen böswilligen Winkelschriftstellers« handle.[45] Auch in die preußische Hauptstadt drangen besorgniserregende Nachrichten über den Königsberger und andere Aufstände in Ostpreußen, an die sich die bange Erwartung anschloß, daß »der Berliner Pöbel sich ebenso wie der aller anderen Städte, welche diese Seuche berührte, gegen den Zwang der Gesundheitspolizei auflehnen werde, noch ehe es sich ihm unterwerfen mußte!«[46]

Mit dem Eindringen der Cholera in Deutschland war diese neue Krankheit endgültig zu einem publizistischen Phänomen geworden. Unmengen von Druckerzeugnissen prasselten in kürzester Zeit auf ein um so mehr verunsichertes Publikum nieder, je widersprüchlicher die Erklärungen über Ursache und Weiterverbreitung der Krankheit ausfielen. Der Katalog zur Leipziger Buchmesse hatte im Herbst 1831 eine eigene Rubrik »Choleraschriften«, die 160 Titel

aufwies.[47] Carl Barrie's, der selbst seinen Anteil zu dieser neuen Literaturgattung beitrug, meinte denn auch sarkastisch: »Es wird so viel und so verschiedentlich von dem Charakter der Krankheit gesprochen, daß man am Ende selbst nicht mehr weiß, ob die Cholera einen Charakter habe oder charakterlos sey.« Wie bei seinem Traktat

»Was ist in der jetzigen Lage Deutschlands nothwendig die Cholera abzuwenden, ohne daß der Handel dadurch gesperrt wird« **[3/14]** läßt sich Ansicht und Zielsetzung fast aller Autoren bereits an den appellativen und umfangreichen Titeln ihrer Bücher ablesen. So war denn auch die Stoßrichtung von Anton Friedrich Fischers Schrift »Es wird Tag! Deutschland darf die herrschende Brechruhr (Cholera) nicht als Pest und Contagion betrachten. Ein Wort an die hohen Staatsbeamten Deutschlands und zur Beruhigung des Publikums« **[3/15]** ebenso deutlich wie die von Friedrich Alexander Simons »Weg mit den Kordons! quand même ... der epidemisch= miasmatische Charakter der indischen Brechruhr, ein grober Verstoß gegen die Geschichte ihres Zuges von Dschissore in Mittelindien nach dem tiefen Keller in Hamburg und der groebste gegen den gesunden Menschenverstand«. **[3/16]** Den aufmerksamen Beobachter mag hingegen irritiert haben, daß letztgenannter Autor noch kurz zuvor ein Büchlein mit dem nicht weniger blumigen Titel »Oeffentliche und persoenliche Vorsichtsmaaßregeln gegen die ostindische Brechruhr oder Cholera morbus, ihre unwidersprechliche und alleinige Verbreitung durch Menschenverkehr sowol in Asien als in Europa, und die dringende Nothwendigkeit der strengsten Quarantaine gegen die, aus damit angesteckten oder kuerzlich angesteckt gewesenen Staedten und Gegenden kommenden Personen, gegruendet auf endliche, naturgemaeße Schlichtung des Streites ueber Kontagiositaet und Nichtkontagiositaet derselben« verfaßt hatte.[48] Hier hatte er in der Frage der Abriegelung infizierter Gegenden die genau entgegengesetzte Position bezogen.

Gemeinsam war ihm und den beiden anderen genannten Autoren, daß sie mittlerweile scharf, wenn auch aus unterschiedlichen Gründen, gegen die von den preußischen und anderen staatlichen Behörden getroffenen Absperrungsmaßnahmen zu Felde zogen. Allerdings hieß dies nicht unbedingt, daß sie die Grundannahme bestritten, auf der die Behörden ihre Maßnahmen getroffen hatten. So war Simon weiterhin von der Kontagiosität der Cholera überzeugt, inzwischen aber zu dem Schluß gekommen, »daß strenge, legitime Absperrungsmaßregeln – und nur solche koennten fruchten – in bevoelkerten Laendern, die nur durch den ungehemmten gegenseitigen Verkehr bestehen koennen, auf die Dauer fast eben so schlimm, ja noch schlimmer, wirken muessen, als die Choleraseuche.«[49] Ebenso wie bei Simon merkt man bei Barrie's deutlich die Nachwirkung der Nachrichten aus Danzig und Königsberg. »Das groeßte Unglueck, welches Deutschland begegnen kann, ist die Handelssperre; es ist ein weit groeßeres Unglueck als die Cholera selbst«[50], lautete sein Credo. Auch er geht von der Ansteckungsfähigkeit der Cholera aus, möchte aber weder die Kordons ganz abschaffen, wie der mittlerweile bekehrte Simon, noch die bisherigen Regelungen beibehalten. Seine Erwägungen zielen vielmehr darauf ab, die Quarantäne effizienter zu gestalten, so daß der Handel nur mehr in geringerem Maße eingeschränkt werde. So ließe sich durch Einrichtung von straff organisierten »Purificationshäusern« die Beobachtungszeit für Waren und Personen von bisher 20 Tagen auf fünf für Waren und drei für Reisende reduzieren. Besonders geeignet zur Beschleunigung der Reinigung von Waren und Personen hielt er die von ihm selbst entwickelte »Purifications-Douche«. **[3/9]**

Fischer hingegen war kein Contagionist, sondern ein Miasmatiker. Die Anhänger dieser Theorie waren der Überzeugung, daß, abhängig von bestimmten jahreszeitlichen, klimatischen und tellurischen Bedingungen, im Boden giftige Dämpfe entstünden, die, einmal an die Luft gekommen, den Menschen mit einer Krankheit »infizieren« würden. Die Cholera galt ihnen demnach nicht als ansteckend, sondern als ein neues, bislang unbekanntes Miasma. Fischer kritisierte in seiner Schrift, die zugleich ein allgemeines Plädoyer für Handels- und Zollfreiheit war, zum einen die hohen Aufwendungen der Staaten für die seiner Theorie zufolge vollkom-

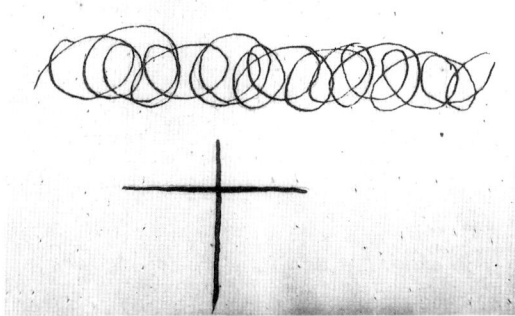

men nutzlosen Absperrungsmaßnahmen. Zum anderen seien solch einschneidende Reglementierungen des Alltags nur in Ländern mit »rohen Völkern« vorstellbar, während in Deutschland »selbst unsere niedern Volksklassen auf einem solchen Grad von Bildung« stünden, »daß sie mit den Russen und Pohlen nicht zu vergleichen« seien.[51]

Beide Theorien, Kontagion und Miasma, werden in der Sekundärliteratur oft strikt entgegenge-

setzt und mit politischen Richtungen verknüpft. Danach seien die Ansteckungstheoretiker gouvernementale, zum Teil reaktionär eingestellte Verfechter strikter Grenzsperren und der Quarantäne, während sich um die antikontagionistische Miasmatheorie die Anhänger des Liberalismus und des freien Handelsverkehrs geschart hätten.[52] Diese Parteiung trifft in unserem Fall nur für die Schrift von Fischer zu, der Antikontagionist war und gegen Handelseinschränkungen plädierte. Barrie's hingegen war Kontagionist, Verfechter der Quarantäne, aber zugleich Anwalt der Handelsinteressen. Simon schließlich war Kontagionist, aber Gegner von Grenzsperren. Verkompliziert wird der Sachverhalt nochmals dadurch, daß beide Theorien zumindest zu dieser Zeit nicht strikt vertreten wurden. Auf beiden Seiten hielt man für den Ausbruch der Krankheit neben dem Vorhandensein des Krankheitserregers, sei es im Miasma oder als Contagium, vielmehr eine spezielle Disposition des Erkrankten für unabdingbar. Hier konnte man sich schnell einigen. Sowohl Barrie's als auch Fischer hatten »die Armen, Schmutzigen, dem Trunke ergebenen«, die »Trunkenbolde und Debauchers« im Verdacht.[53]

III. Großstadt und Cholera

Der Streit zwischen Kontagionisten und Antikontagionisten wurde in Berlin weitergeführt. Dort rangen nach dem Ausbruch der Krankheit Ende August 1831 gleich zwei Journale, die sich ausschließlich mit der Cholera beschäftigten und mehrmals die Woche erschienen, um die Gunst des Publikums. Während die von Johann Ludwig Casper herausgegebene »Berliner Cholera=Zeitung« **[3/17]** die regierungsamtliche Position vertrat, wurde eben diese Position in dem von Albert Sachs herausgegebenen »Tagebuch über das Verhalten der bösartigen Cholera in Berlin« **[3/18]** stark angegriffen. Dies führte zeitweilig sogar zum Eingreifen des Zensors.[54] Aufmacher jeder Ausgabe bildete in beiden Zeitungen eine tabellarische Übersicht mit dem aktuellen Stand der Erkrankungen, Todesfälle und Genesungen.

Daß in der »Berliner Cholera=Zeitung« die Erkrankten namentlich mit Adresse aufgeführt wurden, führte zu mehreren Beschwerdepetitionen der Berliner Stadtverordnetenversammlung an die preußische Regierung. Der Berliner Oberbürgermeister, der die Beschwerden weiterleitete, kommentierte sie wohl nicht ganz zu Unrecht mit den Worten, daß es nur der »bloßen Befriedigung der Neugierde« anderer diene, »wenn die Leute wider ihren Willen ihre eigene Krankheits-Unfälle oder die ihrer Angehörigen so in die öffentlichen Blättern proclamiert sehen«.[55] Die von den Stadtverordneten vorgebrachten Bedenken gegenüber diesem Eingriff in die Privatsphäre der Bürger, der übrigens beibehalten wurde, bezogen sich selbstverständlich nur auf die begüterten Klassen; die Armen der Stadt hatten sich schon im Vorfeld der Epidemie wesentlich einschneidendere Maßnahmen gefallen lassen müssen.

Nachdem man fast überall beobachtet hatte, daß die ersten Cholerafälle einer Stadt stets in den Armenvierteln auftraten, galten diese bald als Gefahrenquelle für die Gesundheit aller

3/22

R. Froriep: »Portrait eines 36jaehrigen Mannes, welcher seit 4 Tagen an der asphyctischen Form der Cholera litt ...« Tafel I in: »Symptome der asiatischen Cholera ...«, Weimar 1832

Einwohner und wurden unter besondere Beobachtung gestellt. So wurde in Berlin schon beim Herannahen der Cholera die Stadt in rund 60 »Schutzbezirke gegen die Cholera« **[3/19]** unterteilt. Für jeden Bezirk wurde eine Kommission erstellt **[3/20]**, die mindestens einen Arzt, einen Beamten mit exekutiver Polizeigewalt und meist auch den Vorsteher der jeweiligen Armenkommission umfaßte. Ihre Aufgabe bestand darin, die Wohnungen »der unbemittelteren Klasse und der Almosenempfänger, in Bezug auf Reinlichkeit, Gesundheits-Verhältnisse der Bewohner ec. durch ihre Deputirte zu revidiren«.[56] Dieser Schutzkommission durfte der Zutritt in die Wohnung nicht verwehrt werden, ihren Anordnungen war Folge zu leisten.

Da die Häuserabsperrungen staatlicherseits mittlerweile zu Wohnungs- oder Zimmersperren reduziert worden waren,[57] versuchte man in Berlin um so intensiver, auf andere Weise über jeden einzelnen Cholerafall Kontrolle zu haben und

genau Buch zu führen. Jeder Hausverwalter mußte eine Liste aller Erkrankungen **[3/21 a]** bei der zuständigen Schutzkommission einreichen. Ein herbeigerufener Arzt trug bei Choleraverdacht den Krankheitsfall seinerseits in ein Journal **[3/21 b]** ein, das der zentralen Kommission zu übergeben war. Außerdem verfügte er vorübergehend eine Schließung des ganzen Hauses

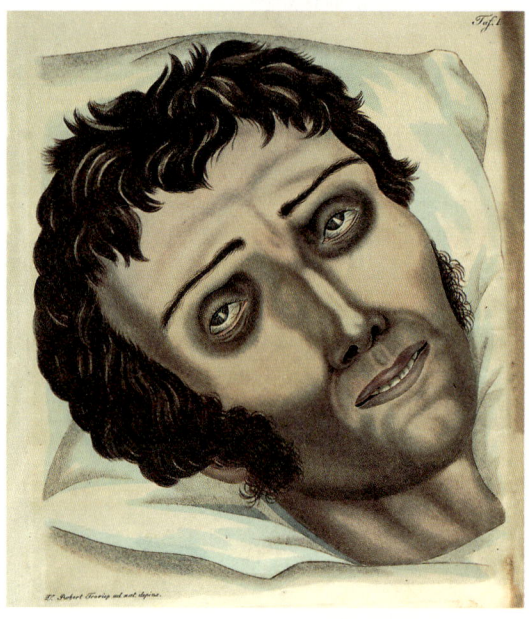

solange, bis alle angetroffenen Bewohner des Hauses und alle Personen, die in den letzten Tagen die Wohnung des Erkrankten frequentiert hatten, auf einem Formular **[3/21 c]** namentlich erfaßt und eventuell zur weiteren Beobachtung in Contumaz gesetzt worden waren. Der Kranke konnte entweder in ein Hospital überführt **[3/21 d]** oder in seiner Wohnung ärztlich betreut werden. Nach seiner Gesundung wurde der Kranke noch eine gewisse Zeit in Contumaz gesetzt, bevor er mit einem Entlassungs-Schein **[3/21 e]** in sein normales Leben zurückkehren durfte. Bei seiner Durchsetzung stieß dieses Überwachungssystem auf einige Probleme. Zu Beginn der Epidemie war die Neugierde, einen leibhaftigen Cholerafall zu sehen, vielfach zu groß, als daß die Wohnungssperren sich hätten aufrechterhalten lassen. Rahel Varnhagen berichtet in einem Brief an ihren Bruder, wie die Berliner zu den ersten Kranken wie »nach dem

Stralauer Fischzug« zogen.[58] Zudem war die Cholera in der öffentlichen Meinung eine peinliche Erkrankung, die mit Schmutz und Armut in Verbindung gebracht wurde. Vermutlich ohne große Überzeugungskraft appellierte daher die offizielle »Berliner Cholera=Zeitung« in dem Artikel »Ist es eine Schande, an der Cholera zu erkranken?« inständig gegen jede Verheimlichung einer Erkrankung.[59] Mochte der Artikel auch im weiteren feststellen, daß die Cholera keineswegs »zu der Klasse der sogenannten ekelhaften Krankheiten« gehöre, so stand doch außerdem ihr Krankheitsbild und ihr Krankheitsverlauf in großem Gegensatz zu den bürgerlichen Vorstellungen von einem Leiden und Sterben in Würde. Unkontrollierbare Entleerungen und Muskelkrämpfe quälten den Patienten und seine Pfleger. Seine Haut verfärbte sich unnatürlich bleigrau, wurde faltig und naßkalt, die Augen sanken ein, der Patient wurde apathisch und sprach mit tonloser Stimme, der sogenannten »Vox

3/23

Stadtplan von Berlin mit farbiger Markierung der von der Cholera befallenen Häuser. Berlin 1831

cholerica«.[60] In übertriebener Form findet sich die Blaufärbung der Haut, das auffälligste Symptom, auf einem in Berlin entstandenen »Portrait eines 36 jaehrigen Mannes, welcher seit 4 Tagen an der asphyctischen Form der asiatischen Cholera litt, und 8 Stunden, nachdem er gemalt worden war, starb« **[3/22]** wiedergegeben.

Wie eine zeitgenössische Karte **[3/23]** zeigt, ereigneten sich zu Beginn der Epidemie die meisten Cholerafälle in der Nähe von stehenden oder kaum bewegten Gewässern, später konzentrierten sie sich in den Hospitälern; insgesamt waren die Armenviertel im Norden und Osten stärker als andere Stadtteile betroffen.[61] Die Epidemie forderte in Berlin 1.462 Menschenleben, rund 0,6 % der damaligen Bevölkerung.[62] Das prominenteste Opfer war der Philosoph Georg Wilhelm Friedrich Hegel, der am 14. November 1831 in seiner Wohnung am Kupfergraben an der Cholera starb.[63] An das Ende der Berliner Epidemie im Januar 1832 erinnert eine Gedenkmünze **[3/24 a]**, die von der Berliner Münze G. Loos hergestellt und in Variationen auch für Breslau

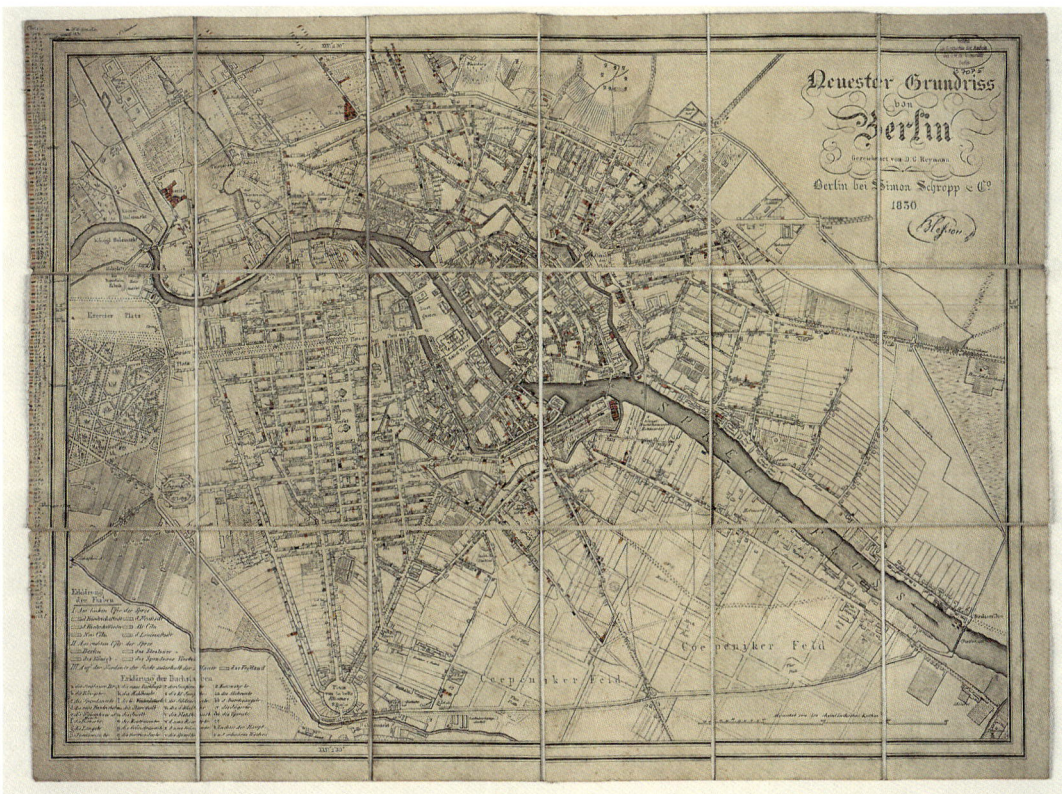

3/24 a
*Gedenkmedaille auf die Berliner
Choleraepidemie von 1831/32*

[3/24 b] und Hamburg **[3/24 c]**
geprägt wurde.[64] Das Motiv des
strafenden Engels und die
Bibelsprüche der Umschriften
lassen erkennen, wie stark unerwartete Schicksalsschläge noch in den religiösen Kategorien
von Strafe und Erlösung gedeutet wurden.
Nicht nur in Berlin, sondern allgemein in Europa war eine Folge der Choleraepidemie ein verstärktes öffentliches Interesse an den Lebensbedingungen der Armen.[65] In Berlin hatten sie sich
übrigens entgegen manchen Befürchtungen
»verständig, vorsichtig, folgsam« gezeigt.[66] Die
neue Sensibilisierung gegenüber Unhygiene,
Schmutz und Gestank in den Armenvierteln
mag zum Teil selbstsüchtigen Motiven des Bürgertums entsprungen sein,[67] zog aber auch ein
neues Verantwortungsgefühl nach sich. Dies
zeigt das Beispiel Bettina von Arnims, die während der Choleraepidemie zum erstenmal die
Armenviertel von Berlin besuchte[68] und elf Jahre
später mit ihrem berühmten Bericht »Dies Buch
gehört dem König« die dortigen Verhältnisse
anprangerte.[69]
West-, Mittel- und Süddeutschland blieben
1831/32 von der Epidemie weitgehend verschont.
Im ganzen Königreich Sachsen waren strenge
Einreisebestimmungen **[3/25]** erlassen worden,
die ein Übergreifen der Seuche verhindern konnten.[70] Als Dank für die Verschonung Dresdens
von der Cholera stiftete Freiherr Ernst von Gutschmidt einen Brunnen **[3/26]** für den dortigen
Wilsdruffer Platz. Dieser von Gottfried Semper
in neogotischem Stil konzipierte »Cholera-Brunnen« wurde 1843 fertiggestellt.[71]

»Lebt wohl ihr Hamburger und Berliner, Ihr
Deutschen alle lebet wohl! Cholera kann nicht
länger bei euch weilen, Cholera sagt euch ewig
Lebewohl.« Mit diesem Abschiedsgruß läßt eine
in Hamburg erschienene Karikatur **[3/27]** die mit
allerlei Gepäck beladene »Madam Cholera« aus
Deutschland abreisen und ein Schiff in Richtung
London nehmen. Die Karikatur spiegelt den
historischen Sachverhalt richtig wider, da die
Cholera mit großer Wahrscheinlichkeit tatsächlich von Hamburg aus nach England eingeschleppt wurde. Allerdings hatte »Madam Cholera« kein Boot in Richtung London bestiegen,
sondern war als blinder Passagier nach Sunderland im Nordosten Englands gefahren.[72]
Nach den ersten Berichten über das Auftreten
der Cholera in Europa hatten sich die englischen
Regierungsstellen ebenfalls von der Kontagiosität dieser Krankheit überzeugen lassen. Ebenso
wie in anderen Ländern wurde ein zentrales Gremium gebildet, das »Central Board of Health«
mit Sitz in London, dem alle Abwehrmaßnahmen oblagen und lokale »Boards of Health« im
ganzen Land unterstanden. Diese sollten insbesondere die Beseitigung von Schmutz und Unrat
in ihren Gemeinden energisch vorantreiben. Als
Äquivalent zu den von Preußen und Österreich
verhängten Landsperren ordnete das »Central
Board of Health« im Frühjahr 1831 eine zweiwöchige Quarantäne für alle Schiffe aus infizierten Gegenden an.[73] In Sunderland, einem vom
Kohlehandel abhängigen Nordseehafen, wollte
und konnte man diese Bestimmung nur unzureichend einhalten; allein schon deshalb, weil
die dazu nötigen Vorrichtungen nicht vorhanden
waren.[74] Obwohl bereits seit Oktober vereinzelt
Krankheitsfälle in Sunderland aufgetreten
waren, die alle Symptome der Cholera aufwiesen, wurde ihr Vorhandensein erst Anfang
November offiziell bekanntgegeben und an das
»Central Board of Health« in London übermittelt. Alle Sunderland verlassenden Schiffe sollten
daraufhin unter Quarantäne gestellt werden.
Aufgeschreckt von den damit drohenden
Geschäftseinbußen fand in der Börse von Sunderland eine öffentliche Versammlung statt, in
der unter dem Druck der Schiffsreeder und

Kohlebergwerksbesitzer der Beschluß gefaßt wurde, es handle sich bei der in Sunderland herrschenden Krankheit keineswegs um die Cholera. Vielmehr habe man es mit einer anderen, bisher unbekannten, aber auf gar keinen Fall anstecken den Krankheit zu tun.[75] William Reid Clanny, der als Arzt dem örtlichen »Board of Health« angehörte, wollte diesen folgenschweren Entschluß, der Sunderland in ganz England diskreditierte und weitreichende Folgen für die Ausbreitung der Cholera haben konnte, nicht mittragen. Auf eigene Faust veröffentlichte er einen Anschlag [3/28], in dem er nochmals das Vorhandensein von Fällen asiatischer Cholera in Sunderland bekräftigte. Allerdings war Clanny, wie schon aus dem Titel seines Buchs »Hyperanthraxis; or, The Cholera of Sunderland« [3/29] hervorgeht, ebenfalls von der Nichtkontagiosität der Cholera überzeugt. Sie sei vielmehr auf »Hyperanthraxis«, einen erhöhten Kohlenstoffgehalt der Luft, zurückzuführen, der krankheitserregende Veränderungen des Blutes verursache.[76] Auf besonderen Unmut stieß in Sunderland, daß der Handel zu See mit Quarantänebestimmungen zu kämpfen hatte, der Verkehr zu Lande hingegen ohne Einschränkungen blieb.[77] Trotz der Kritik lehnte es das »Central Board of Health« ab, infizierte Orte mit »cordons sanitaires« absperren zu lassen. Diese »russische« Methode sei mit dem englischen Verständnis von persönlicher Freizügigkeit nicht vereinbar.[78]

Wie in ganz England, so verlief auch in London, das im Februar 1832 von der Cholera erreicht wurde, die Epidemie 1831/32 aufgrund der fortgeschrittenen kalten Jahreszeit, die die Vermehrungsfähigkeit des Choleraerregers minderte, relativ mild.[79] Trotzdem ist London ein frühes und interessantes Beispiel dafür, welche Rolle unterschiedliche Wasserversorgungssysteme bei sonst gleichen Bedingungen bei der Verbreitung der Cholera spielten. Im Gegensatz zu den meisten anderen europäischen Metropolen verfügte London zu dieser Zeit schon über ein gut ausgebautes Wasserleitungssystem, an das knapp 180.000 Haushalte und Anwesen angeschlossen waren.[80] Betrieben wurden die acht voneinander unabhängigen Wasserwerke von mehreren privaten Firmen, die ihr Wasser der Themse entnahmen und direkt in die Leitungen pumpten. In die Themse mündete aber auch das ungeklärte Abwasser der Stadt, das mit der sukzessiven Einführung des Wasserklosetts enorm an Quantität zugenommen hatte. Kein Wunder, daß das Leitungswasser oft von mehr als zweifelhafter Qualität war. 1828 kam es zu ersten Beschwerden. Das angelieferte Wasser, so ein Bericht, sei nichts anderes, als »eine in Wasser verdünnte Lösung von verfaulenden tierischen und pflanzlichen Rückständen, die gleichermaßen das Auge beleidige, Ekel errege, wie die Gesundheit zerstöre«.[81] Etwa zur gleichen Zeit entstand auch das den Londoner Wassergesellschaften gewidmete satirische Blatt »Monster Soup commonly called Thames Water« [3/31] von William Heath. Unter dem Vergrößerungsglas zeigen sich die im Themsewasser tummelnden Fische, Würmer, Algen und anderen Phantasietiere. Wer diese »Hydras« und »Gorgons« gesehen hat, so die

3/27

»Abschied der Madam Cholera aus Hamburg.« Hamburg 1832

Abschied der Madam Cholera aus Hamburg.

bei L. Stallenheim in Hamburg

Lebt wohl ihr Hamburger und Berliner,
Ihr Deutschen alle, lebet wohl!
Cholera kann nicht länger bei euch weilen,
Cholera sagt euch ewig Lebewohl.

219

3/31

W. Heath: »Monster Soup commonly called Thames Water ...« Kolorierte Radierung, um 1828

Aussage des Bildes, der könne das Leitungswasser eigentlich nur noch angeekelt wegschütten. Aufgrund der vorgetragenen Beschwerden nahmen tatsächlich einige der acht Wassergesellschaften technische Verbesserungen in Angriff. Während der Choleraepidemie sollte sich eben diese technische Ausstattung einzelner Wassergesellschaften mit Filter- oder Sedimentierungsanlagen, noch stärker aber die Lage der einzelnen Wasserentnahmestellen an der Themse in einer stark variierenden Sterblichkeit widerspiegeln. Am höchsten war sie im Stadtteil Southwark, der von den »Southwark Water Works« mit Wasser versorgt wurde.[82] Diese Gesellschaft entnahm ihr Wasser direkt gegenüber eines Hauptausflusses der Londoner Kanalisation und pumpte es ungeklärt zum Verbraucher. Waren Choleraerreger mit den Dejekten eines Erkrankten über die Abwasserkanäle erst einmal in die Themse gelangt, so bestand hohe Wahrscheinlichkeit, daß sie mittels der Wasserleitungen der »Southwark Water Works« in deren gesamten Versorgungsbereich verteilt wurden.[83]

Ähnlich wie in Sunderland wurden die Cholerafälle auch in London zu Beginn der Epidemie mit der Absicht bestritten, die Verhängung von Quarantänemaßnahmen zu vermeiden.[84] Aus diesem Grund mußten sich einige Ärzte den Vorwurf gefallen lassen, die bisherigen Fälle erfunden zu haben, um angeblich vom Staat ausgelobte Prämien für jeden aufgefundenen Cholerafall bzw. für jeden Tag der Epidemie zu erhalten.[85] Bereits Anfang Mai wurde London offiziell für cholerafrei erklärt; zu früh, wie sich bald erweisen sollte. Im Hochsommer kam es zu einem Wiederaufflackern der Epidemie, die bis zum Herbst andauern und wesentlich mehr Todesopfer als im Frühjahr fordern sollte. Mit einer Gesamtmortalität von 0,34 % lag London aber dennoch weit unter anderen europäischen Großstädten, insbesondere unter Paris, das eine Rate von über 2 % aufwies.[86] Von den ersten Tagen der Epidemie in Paris gibt es eine berühmte Schilderung des Augenzeugen

Heinrich Heine. Wie er schreibt, habe man in Paris »jener Pestilenz um so sorgloser entgegengesehen, da aus London die Nachricht angelangt war, daß sie verhältnismäßig nur wenige hinrafft«. Gar mit Neugierde und kecken Sprüchen sei das Eintreffen der Cholera erwartet worden, deren Ankunft für »den 29. März offiziell bekannt gemacht worden, und da dieses der Tag des Demi-Carême und das Wetter sonnig und lieblich war, so tummelten sich die Pariser um so lustiger auf den Boulevards, wo man sogar Masken erblickte, die, in karikierter Mißfarbigkeit und Ungestalt, die Furcht vor der Cholera und die Krankheit selbst verspotteten. Desselben Abends waren die Redouten besuchter als jemals; übermütiges Gelächter überjauchzte fast die lauteste Musik, man erhitzte sich beim Chahût, einem nicht sehr zweideutigen Tanze, man schluckte dabei allerlei Eis und sonstig kaltes Getrinke: als plötzlich der lustigste der Arlequine eine allzugroße Kühle in den Beinen verspürte, und die Maske abnahm, und zu aller Welt Verwunderung ein veilchenblaues Gesicht zum Vorschein kam. Man merkte bald, daß solches kein Spaß sei, und das Gelächter verstummte, und mehrere Wagen voll Menschen fuhr man von der Redoute gleich nach dem Hôtel-Dieu, dem Zentralhospitale, wo sie, in ihren abenteuerlichen Maskenkleidern anlangend, gleich verschieden. Da man in der ersten Bestürzung an Ansteckung glaubte, und die ältern Gäste des Hôtel-Dieu ein gräßliches Angstgeschrei erhoben, so sind jene Toten, wie man sagt, so schnell beerdigt worden, daß man ihnen nicht einmal die buntscheckigen Narrenkleider auszog, und lustig, wie sie gelebt haben, liegen sie auch lustig im Grabe.«[87] Der Bericht von diesem grotesk wirkenden Ausbruch der Seuche inmitten einer Karnevalsveranstaltung inspirierte Alfred Rethel zu der Komposition »Der Tod als Erwürger« [3/32], die eine Folge seines Totentanzzyklus bildet. Rethel gibt den Moment wieder, in dem die ersten maskierten Gäste bereits tot zu Boden gesunken sind.

3/32

G.R. Steinbrenner nach A. Rethel: »Der Tod als Erwürger. Erster Auftritt der Cholera auf einem Maskenball in Paris 1831«. Holzstich 1851

Während im Vordergrund der Tod mit zwei Knochen wie auf einer Geige zum Tanz aufspielt und die eigentlichen Musikanten aus dem Festsaal fliehen, sitzt im Hintergrund die Cholera, ein in Leintuch gehüllter und ausgemergelter Körper mit einer Geißel in der Hand.

In Paris sollte die Choleraepidemie von stärkeren innenpolitischen Turbulenzen begleitet werden als in anderen Großstädten.[88] Die Stellung der aus der Julirevolution hervorgegangenen und vom »juste milieu« getragenen Regierung des Bürgerkönigs Louis Philippe war äußerst unge-

festigt und mußte permanent gegen Angriffe von rechts und links behauptet werden. Auf der einen Seite standen der katholische Klerus, dessen Position durch den Laizismus der neuen Regierung untergraben worden war, zusammen mit den Karlisten, den Anhängern der während der Julirevolution 1830 gestürzten Bourbonendynastie. Auf der anderen Seite waren die von dem halbkonstitutionellen Ergebnis der Julirevolution enttäuschten Republikaner und Arbeiter.[89] Auf-

221

grund dieser ausgeprägten Parteienbildung wurde die Choleraepidemie samt ihrer Folgen häufig in politischen Kategorien wahrgenommen. Anhand einer neuen Waffe in der Hand von Regimegegnern, den Karikaturen, läßt sich dies gut zeigen. »Le ministère attaqué du Choléra morbus« **[3/33]** zeigt, wie die von der Cholera ergriffenen Minister Louis Philippes all das wieder erbrechen müssen, was sie sich in den letzten zwei Jahren zum Schaden der Allgemeinheit angeeignet haben. So gibt der Justizminister die Waage der Gerechtigkeit von sich, während einem anderen die Goldmünzen aus dem Mund sprudeln und der starke Mann der Regierung, Ministerpräsident Casimir Périer, bereits mit grünverfärbtem Gesicht zu Boden gegangen ist – er war am 2. April an der Cholera erkrankt und starb am 16. Mai. Das restliche Ministerium verläßt hastig den Raum. Nur ein unerschrockener Bürger harrt aus und wartet, bis Louis Philippe, dem die Zivilliste von 18 Millionen Francs aus der Hand gerutscht ist, endlich die

3/33

Grandville: »Le ministère attaqué du Choléra morbus«. Kolorierte Lithographie in: »La Caricature«, Paris 1832

Freiheit ›übergibt‹. Verband diese republikanische Karikatur mit der Choleraepidemie die Hoffnung, sie möge ein korruptes System hinwegfegen und die Macht zurück in die Hände der um ihren Erfolg betrogenen Anhänger der Julirevolution legen, so machte ihr karlistisches Pendant **[3/34]** die Julirevolution für die Einschleppung der Seuche nach Paris verantwortlich. Die als Landstreicher kostümierte Cholera bedankt sich bei der mit der phrygischen Mütze, dem Zeichen der Revolution, versehenen Marianne mit folgenden Worten: »Ah! chère Révolution de Juillet! sans toi je serais resté dans le Nord de Russie, c'est toi qui en Révolutionnant la Pologne m'a fait venir dans ce malheureux pays. de la je me suis répandu en Allemagne, en Angleterre, et enfin, grace à toi, chère Révolution de Juillet me voila à Paris. Unissons nous pour le bonheur du Peuple! Vive la Propagande!....«[90] Links und rechts zu ihren Füßen sind bereits zwei Männer, man weiß nicht, ob an der Cholera oder an revolutionärem Gedankengut, zu Boden gegangen. Aufgrund der zeitlichen Abfolge von Revolution und Cholera war für die Karlisten die Schlußfol-

L' ministère attaqué du Choléra morbus.

gerung zwingend, daß die Cholera nur nach Revision der Ergebnisse der Revolution ausgerottet werden könne, was die Rückkehr zum Regime von vor 1830 bedeutete.[91]

Die Julimonarchie selbst setzte auf andere Formen der Propaganda, um während der Epidemie ihre Autorität zu behaupten und ihre Regierungsfähigkeit unter Beweis zu stellen. Zum einen besuchte die königliche Familie mehrere Male die Pariser Cholerahospitäler und stellte damit »bürgerlich mitfühlend« ihre Sorge um die Opfer der Epidemie öffentlich zur Schau. Dabei konnte sie sich jedesmal einer ausführlichen Berichterstattung in der Presse sicher sein.[92] Zum anderen setzte der Staat bei der Bekämpfung der Cholera ganz auf gesundheitspolizeiliche Maßnahmen, indem er die Stadt binnen kürzester Zeit von dem über Jahre hinweg angesammelten Schmutz befreien wollte. Mag ihm bei diesem Vorgehen der Beifall des Bürgertums sicher gewesen sein, so provozierten diese Maßnahmen doch den ersten handfesten Konflikt mit den Unterschichten. Durch die Neuregelung der Müllentsorgung sahen sich die etwa 1.800 Lumpensammler oder »Chiffonniers« von Paris in ihren Einkommensmöglichkeiten geschmälert und reagierten mit heftigen Protesten, die in Straßenschlachten mit der Polizei und den Nationalgarden endeten.[93]

Zu einer Steigerung offener Gewalttätigkeit kam es, als auch in Paris das Gerücht eingetroffen war, die Cholera sei in Wahrheit durch ein in Lebensmittel gemischtes Gift hervorgerufen worden. »Es war als ob die Welt unterginge«, berichtete Heine nach Deutschland. An den Straßenecken »sammelten und berieten sich die Gruppen, und dort war es meistens, wo man die Menschen, die verdächtig aussahen, durchsuchte, und wehe ihnen, wenn man irgend etwas Verdächtiges in ihren Taschen fand! Wie wilde Tiere, wie Rasende, fiel dann das Volk über sie her.« Insgesamt sechs Menschen sollen der Lynchjustiz zum Opfer gefallen sein.[94] Als Drahtzieher galten dem Volk die Reichen und Mächtigen, die bereits seit zwei Jahren vergeblich versucht hät-

3/34

»Le Cholera Morbus«. Kolorierte Lithographie, Paris 1832

LE CHOLERA MORBUS

Ah! chère Révolution de Juillet! sans toi je serais resté dans le nord de la Russie, c'est toi qui en Révolutionnant la Pologne m'a fait venir dans ce malheureux pays, de là je me suis répandu en Allemagne, en Angleterre, et enfin grace à toi, chère Révolution de Juillet me voilà à Paris. Unissons nous pour le bonheur du Peuple! Vive la Propagande!!....

ten, es auszuhungern, um überzählige Esser und potentielle Unruhestifter auszuschalten.[95] Glaubwürdigkeit konnte das Gerücht nur deshalb erhalten, weil wiederum die ärmeren Schichten überproportional unter den Opfern der Cholera zu finden waren. Unter den 18.402 offiziellen Toten waren knapp 60 % Handwerker oder Lohnarbeiter; vermutlich war ebenfalls ein Großteil der Toten von unbekannter Profession zu ihnen zu rechnen, die gemeinsam mit den Kindern nochmals 15 % ausmachten.[96] Besonders bei Lohnarbeitern lag die Sterblichkeit wesentlich höher, als es ihrem Bevölkerungsanteil entsprochen hätte.[97] Bei der letzten gewalt-

223

tätigen Auseinandersetzung in unmittelbarer
Folge der Pariser Choleraepidemie wird der
Zusammenhang zwischen überproportional
hoher Sterblichkeit und Gewaltbereitschaft
gegen einen Staat, der sich um das Los der
Armen nicht zu kümmern, ihnen sogar nach
dem Leben zu trachten schien, noch deutlicher.
Nach der Beerdigung des General Lamarque,
einem der Anführer der Republikaner und ebenfalls ein Opfer der Cholera, kam es am 5./6. Juni
zu einem von den Republikanern angezettelten
Volksaufstand gegen die Julimonarchie. Die blu-
tigsten und hartnäckigsten Kämpfe wurden in
den Vierteln und Straßen ausgetragen, in denen
wenige Wochen zuvor die meisten Choleratoten
zu beklagen gewesen waren.[98]
Gegen den medizinal-polizeilichen Zugriff des
Staates und der mit ihm verbündeten Ärzteschaft
[3/36] setzte die Kirche ihr seelsorgerisches und
karitatives Angebot.[99] Neben der Pflege von Cholerakranken durch Ordensschwestern wurde
durch den Pariser Erzbischof Quelen eine
mildtätige Stiftung ins Leben gerufen, die sich
um Cholerawaisen küm-
mern sollte.[100]
Noch nach dem Ende
der Epidemie geben
zwei verschiedene
Medaillen Zeugnis
von der Konkurrenz
zwischen Staat und
Kirche: Gegen Spendung
von Trost und Hoffnung auf

3/38 und **3/37**
Gedenkmedaillen auf die
Choleraepidemie in Paris 1832

kirchliche Segnungen stehen
ärztliche Kunst und bürgerli-
ches Leistungsprinzip. Die
kirchliche Medaille [3/37] zeigt
auf ihrer Schauseite das Kon-
terfei des Erzbischofs und auf ihrer Rückseite
den heiligen Vinzenz, umringt von Barmherzigen Schwestern und Waisenkindern. Die staatliche Verdienstmedaille [3/38] rückt dagegen einen
Ahnvater der Ärzteschaft in den Vordergrund –
ob Asklepios oder Hippokrates gemeint ist, läßt
sich nur schwer entscheiden. Ihm gelingt es, den
Tod davon abzuhalten, einen Kranken mit sich
zu reißen, während er gleichzeitig einer erkrank-

ten Mutter den Puls fühlt. Wie auf der Rückseite
vermerkt ist, wurde die Medaille für uneigennüt-
ziges und wohltätiges Wirken vergeben. Dem
bürgerlichen Wunsch nach öffentlicher Gratifikation entsprechend ist die Medaille mit dem
Namen des Geehrten versehen; in unserem Fall
handelt es sich um einen Arzt.[101]
Die von der Julimonarchie gewählte Form, ihre
Fürsorge unter Beweis zu stellen, sollte prägend
wirken und sich bei späteren Epidemien wiederholen. Aus der zweiten Hälfte des Jahrhunderts
sind sowohl von Kaiser Napoleon III. [3/39] als
auch von Kaiserin Eugénie [3/40] populäre
Druckgraphiken erhalten, die beide bei dem
Besuch eines Cholerahospitals zeigen.

Über Spanien und Südfrankreich erreichte die
Cholera 1835 Italien, um von dort aus ein zweites
Mal nach Deutschland einzudringen. Anfang
August 1836 wurden Cholerafälle im bayerisch-
österreichischen Grenzort Mittenwald gemeldet,
kurz darauf in München.[102] Sie blieben den
August und September über allerdings so spora-
disch, daß erst ab der letzten Oktoberwoche von
einer richtigen Epidemie in München gesprochen werden kann.
Inzwischen hatte die Cholera bereits etwas von
ihrem Schrecken verloren. Aus den Nachrichten

der vier Jahre zuvor befallenen Städte ging eindeutig hervor, daß sie keine neue Pest war, weder hinsichtlich ihrer Mortalität noch ihrer Anstekkungsfähigkeit. Die unzähligen Ratgeber zur Vorsorge und Behandlung, die seit 1832 erschienen waren, mochten dem Publikum außerdem zumindest ein Gefühl von Sicherheit vermitteln. Zudem konnten die bayerischen Behörden aufgrund der Erfahrungen anderer Städte bei der Wahl der einzusetzenden Mittel bereits etwas differenzierter und behutsamer vorgehen. So führte die offenkundige Nutzlosigkeit von Absperrmaßnahmen dazu, daß die Regierungsstellen in Bayern stark antikontagionistisch eingestellt waren. Eine Haltung, mit der sie sich dem Zeittrend anschlossen, denn seit 1832 war der Kontagionismus stetig im Niedergang.[103] Ungewöhnlich war die soziale Verteilung der Cholerafälle. So ist dem »Generalbericht« über die Epidemie zu entnehmen, daß »vorzugsweise die bemittelte und höhere Klasse der Bewohner es war, die am häufigsten und heftigsten, und die ärmere, die im Verhältniß am wenigsten von der Seuche befallen wurde«.[104] Auch der »Plan über die Verbreitung der Cholera in der Koenigl: Haupt und Residenz Stadt München 1836/37« [3/49] läßt keine Zuordnung der Krankheitsfälle zu Armenvierteln zu. Zu Häufungen kam es in der dicht bebauten Altstadt, in der Nähe von Stadtbächen sowie in Kasernen und Krankenhäusern; neben der Verteilung der Kranken und Toten über die Stadt unterscheidet der Plan nochmals die Woche der Erkrankung. Zur größeren Anfälligkeit der »bemittelten und höheren Klasse« meinte eine Münchner Zeitung: »Diese Thatsache erklärt sich durch von den Minderbemittelten Klassen mit ungetheiltem Eifer benutzte Offizial-Fürsorge, im Gegenhalt zu der Nicht-Aufmerksamkeit einzelner bemittelter Personen auf die hochgesteigerte Intensität des hiesigen Brechruhr-Charakters.«[105] Mit der »Offizial-Fürsorge« ist ein ganzes Bündel von Maßnahmen angesprochen, das die Münchner Behörden getroffen hatten. Neuartig war vor allem die Einrichtung von zwanzig öffentlichen Besuchsanstalten, die rund um die Uhr mit jeweils zwei Ärzten besetzt waren. Diese versorgten die Bevölkerung kosten-

los mit Arzneien, behandelten ambulant, konnten aber bei schweren Fällen ins Haus gerufen werden.[106] Wie ein Augenzeuge mit schwarzem Humor berichtet, waren sie »zur Nachtszeit von Außen durch rothe Laternen erleuchtet, deren ungewöhnlicher Glutschein aus weiter Ferne schon auffällt. Es haben diese rothe Laternen vor wenigen Wochen noch dazu gedient, beim Oktoberfeste auf der Theresienwiese den Lustwandlern zur Nachtszeit die Pfade anzudeuten, wo sie von Pferden und Wagen nicht gefährdet werden konnten. Vorerst waren diese rothen Laternen Signale der Lust und des Vergnügens, nun der Trauer und der Noth. Heute roth und Morgen todt, dieses ist das Schicksal der Menschen und jenes – der Laternen.«[107] Bei ihren Besuchen in den Armenwohnungen nahmen die Ärzte die übliche Liste der Mißstände wahr: »überfüllte, ungesunde, unreinliche, kalte Wohnungen; Mangel an gehöriger Bekleidung, an Bettfournituren, an gesunder Nahrung, Verwahrlosung bei leichten Krankheitsfällen«.[108] Durch eine Vielzahl karitativer Einrichtungen und Spenden schien es in München allerdings möglich, diesen Mißständen, natürlich nur sofern sie bekannt wurden, abzuhelfen.[109] Die Armensterblichkeit wurde vermutlich auch dadurch gesenkt, daß mangelhafte und unzureichende Nahrung als eine Hauptursache der Krankheit erkannt worden war. Als Gegenmaßnahmen führte man eine strenge Aufsicht über das Nahrungsgewerbe ein und errichtete mehrere Suppenanstalten, die verbilligt oder kostenlos warme Mahlzeiten abgaben.[110] Insbesondere die Münchner Ärzte, die »noctuque dieque paratis Auxilio subito choleram depellere morbum«, Tag und Nacht bereit waren, mit sofortiger Hilfeleistung »Cholera morbus« zu vertreiben, würdigt ein Gedenkblatt an die Epidemie von 1836/37. Im ovalen Mittelfeld ist »Cholera Morbvs« [3/50] als Todesengel dargestellt, dessen Sanduhr abgelaufen ist, so daß er den »Abmarsch aus Bayern« antreten muß. Sein Gegenstück »Convalescentia« [3/51] begrüßt die Wiederkehr der »Gesundheit«, die wieder »Stand-Quartier in Bayern« halten solle. Dargestellt als geflügelter Genius, hält sie ein Räucher-

225

gefäß und einen Rosenstrauß, Symbole für die Reinheit der Luft und die Lebenskraft, in ihren Händen. Während die vorige Szenerie von der »Stella fatalis«, dem Unglücksstern, beleuchtet wurde, genießt die Gesundheit »Dei protectio«, göttlichen Schutz.[III] Mit den Ausrufen »Heil dem König! Heil der Staats-Regierung! Heil dem Vatterlande!« schließt sich der Maler anderen zeitgenössischen Berichten an, die stets das Engagement des Königs und des Staatsministers des Inneren, Fürst von Oettingen-Wallerstein, lobend hervorhoben. Letzterer habe sogar persönlich Kranke in ihren Wohnstätten aufgesucht, um sich nach ihrem Befinden zu erkundigen.[II2]

3/50

»Cholera Morbvs – Abmarsch aus Bayern«. Gedenkblatt auf das Ende der Choleraepidemie in Bayern. Aquarell und Gouache, 1837

Sollte es sich bei diesen Bildern um persönliche Exvotos des Malers gehandelt haben, so muß er eines der ganz wenigen Choleraopfer in seinem Heimatort Starnberg gewesen sein. Im ganzen Landgericht Starnberg waren nämlich lediglich elf Personen erkrankt, von denen sieben starben.[II3]

Nach dem Ende der Epidemie im Februar 1836 fand in der Münchner Frauenkirche ein Dankgottesdienst statt, von dem ein Gedenkblatt mit einem »Gebet nach Abwendung der uns betroffenen Trauertage im Winter 1836/37.« **[3/52]** erhalten ist. In der Mitte des Blattes ist eine Sakramentsprozession zu sehen, während kleinere Nebenszenen den Alltag während der Epidemie wiedergeben. Dargestellt sind unter anderem die kostenlose Ausgabe von Mahlzeiten, die Pflege von Kranken und die Beerdigung von Choleraopfern. In dem »Gebet« wird um den Segen für den König, die Priester, die Obrigkeit und die Ärzte gebeten, die sich alle um das Allgemeinwohl verdient gemacht hätten. Über Tod und Leben des einzelnen, Anfang und Ende der Epidemie, entscheide jedoch Gott allein: »Du hast den Boten Deines Willens gesendet und Viele hat er zu Dir berufen. Sein Schwert hing über unsern Häuptern. Dank Dir! Du hast uns wieder befreit und furchtlos kindlich blicken wir zu den Sternen auf, wo unsere heimgegangenen Lieben wohnen.«[II4]

Die religiöse Sinngebung der Epidemie wiederholte sich bei der zweiten Münchner Choleraepidemie im Jahre 1854. Während der Epidemie, die im Juli begonnen hatte, wurde ein »feierliches Bittamt« **[3/53]** vor der Mariensäule abgehalten, nach der Epidemie im Oktober ein »Solemnes Dankamt« **[3/54]** in der Frauenkirche. Während beim Bittamt auch Spenden für bedürftige Opfer gesammelt wurden, diente das Dankamt vor allem der königlichen Selbstdarstellung. Wie es in der Bildlegende heißt, war es von König Maximilian II. selbst angeordnet worden und wurde im Besein des Königs, der königlichen Familie und der Regierung zelebriert. Ließen sich französische Herrscher mit Vorliebe bei ihren Besu-

chen in Cholerahospitälern abbilden, so suchten
die bayerischen Könige die Einheit von Thron
und Altar, von fürstlich-patriarchalischer und
sakraler Fürsorge im Kampf gegen die Choleraepidemien zur Schau zu stellen.

IV. Purgativ und Präservativ

»Unentbehrliche Haustafel in der Cholera=
Noth« **[3/55]**, »Uebersichts=Tabelle der hauptsaechlichsten Vorsichtsmaaßregeln gegen die
Cholera« **[3/56]** oder ähnliche Überschriften trugen die Anschläge und Merkblätter, die bei dro-
hender Annäherung der Chole-
ra veröffentlicht wurden und
sich an ein Laienpublikum
richteten. Sie enthielten eine
Mischung aus Verhaltens-
maßregeln, die eine Erkrankung verhindern sollten und
teils moralischer, teils diäteti-
scher Art waren, sowie ersten Anweisungen zur
Behandlung im Falle der Erkrankung.
Die Behandlungsvorschläge gingen meist über
die Empfehlung gebräuchlicher Mittel aus der
Hausapotheke nicht hinaus und dürften dem
Patienten wohl kaum genutzt haben.
Nicht genutzt, sondern eher geschadet, muß
trotz einer Fülle von Therapievorschlägen und ci-
nes großen Ideenreichtums das Fazit für die ärztliche Behandlung der Cholerakranken lauten.[115]
Egal mit welchen Mitteln man die Kranken zu kurieren suchte, die Letalität, der Anteil der Toten
unter den Erkrankten, blieb fast immer gleich
hoch.[116] Erst die 1909 von Sir Leonard Rogers in
Indien entwickelte Methode,[117] dem immensen
Wasserverlust des Kranken durch intravenöse
Infusionen steriler Salzlösungen entgegenzuwirken, machte aus der Cholera eine Krankheit mit
sehr guten Heilungschancen. Allerdings nur,
sofern sie rechtzeitig erkannt wird und die nötigen medizinischen Vorrichtungen vorhanden
sind.
1831/32 wurde die Therapie dagegen von einer
Behandlungsmethode dominiert, die seit 1817
von englischen Ärzten in Indien angewandt wor-

3/51
*»Convalescentia – Stand-Quartier
in Bayern«. Gedenkblatt auf das
Ende der Choleraepidemie
in Bayern.
Aquarell und Gouache, 1837*

den war. Sie bestand aus einer Kombination von
Aderlaß und medikamentöser Behandlung.
James Annesly, einer ihrer Vertreter, beschreibt
sein übliches Vorgehen folgendermaßen: »Wenn
z.B. ein Kranker um Mittag in das Hospital aufgenommen wurde, an welchem sich alle Symptome der Cholera zeigten, so wurde sogleich eine
Venäsection angestellt, und eine Pille aus Calomel gr. xx und Opii gr. jj. gegeben, welche mit der
Camphormixtur hinuntergeschluckt wurde.«[118]
Ähnlich wie heute das Messen der Temperatur,
so stellte damals der Aderlaß eine Art Reflex-
handlung zu Beginn jeder ärztlichen Behandlung dar; aus dem Blutbild sollte sich eine erste
Diagnose ergeben.[119] Bei der nicht unüblichen

227

3/57
Messer zum Aderlassen. 1813

fortgesetzten Entnahme größerer Mengen Blut konnte der Aderlaß **[3/57]** den Tod des cholerakranken Patienten jedoch erheblich beschleunigen.[120] Calomel, das zweite von Annesly angeführte Mittel, wirkte hingegen als Purgativ und sollte den Verdauungstrakt von dem dort vermuteten »Choleragift« reinigen; zum selben Zweck wurden unter anderem auch Kampfer, Chlorsäure und Wismut **[3/65]** eingesetzt. Neben den von Brech- und Abführmitteln verursachten und den Zustand des Kranken verschlimmernden Flüssigkeitsverlusten bildete die häufige Verabreichung der Abführmittel mittels Klistierspritzen **[3/58]** angesichts ihrer unzureichenden Reinigung zusätzlich eine Gefahr für andere Patienten. Einzig die dritte Komponente der englischen Methode, Opium, mochte dem Patienten helfen; es linderte wenigstens seine Schmerzen. Verabreicht wurde es allerdings, um das vegetative Nervensystem lahmzulegen und damit, wie Dr. Krüger-Hansen aus Güstrow **[3/64]** seine Anwendung begründet, eine »Sistierung der erschöpfenden Ausleerungen« zu erreichen.[121] Andere Ärzte wollten dasselbe Ziel mit wesentlich radikaleren Mitteln erreichen. So schlug beispielsweise ein englischer Arzt vor, den Anus

mittels eines geölten Korkens so dicht zu verschließen, daß keinerlei Flüssigkeit mehr austreten könne.[122]

Einem anderen hervorstechenden Symptom des Erkrankten, seiner gesunkenen Körperwärme, suchte man mit geradezu konträren Maßnahmen entgegenzuwirken. Der preußische Kommerzienrat Friedrich Hempel folgte dem »Erwärmungsprincip« und entwickelte unterschiedliche Vorrichtungen zur Einnahme weingeistiger Dampfbäder. **[3/59]** Fein säuberlich wird in den seinem Buch beiliegenden Konstruktionszeichnungen unterschieden, ob sie für den »bemittelten Mann« oder für den »unbemittelten Städter und Landmann« gedacht seien. »Die Behandlung der asiatischen Cholera durch Anwendung der Kälte« **[3/60]** propagierte dagegen der Berliner Arzt Johann Ludwig Casper. Durch wiederholte Übergießungen, orale und anale Zuführungen von Kaltwasser sollte der Kreislauf des Kranken wieder gehoben werden. Ein von ihm selbst geschilderter Fall macht dabei deutlich, daß vor allem die ärmeren Schichten die Experimentierfreudigkeit ihrer Ärzte im wahrsten Sinne des Wortes ausbaden mußten und dabei unfreiwillig in die Rolle menschlicher Versuchstiere schlüpften: Der Schneidergeselle Eduard

Jartmann wurde »als Betrunkener, der bei schlechtem Wetter auf der Straße gelegen hatte, in einem Cholera-Transport-Korbe« in eine Choleraheilanstalt verschleppt, wo ihm, »um ihn aus seinem höchst bedeutenden Rausche zu erwekken, ein Sturzbad von 3 Eimern kalten Wassers administrirt« wurde. Erst im Krankenhaus infizierte sich der Geselle mit der Cholera. Als sich sein Zustand rapide verschlechterte, wurden ihm weitere kalte Begießungen administriert, er wurde zur Ader gelassen und man brannte einen Spirituslappen auf seinem Bauch ab. Da der

Wasserkuren **[3/61]** an; er wollte aber durch »durchgängige innerliche und äußerliche Leibschwemme« den Ansteckungsstoff der Cholera »im frischen Wasser ersäufen«.[124]
Stärker prophylaktisch waren die von »einem praktischen Arzte« herausgegebenen Diätvorschriften **[3/62]** ausgerichtet. Einer Erkrankung förderlich galt ihm und anderen Ärzten der Genuß jeder »schwer verdaulichen, blaehenden, den Darmkanal erkaeltenden und ihn zu haeufigeren Entleerungen reizenden Kost«, worunter Fische, Milchprodukte und die meisten Gemüse-

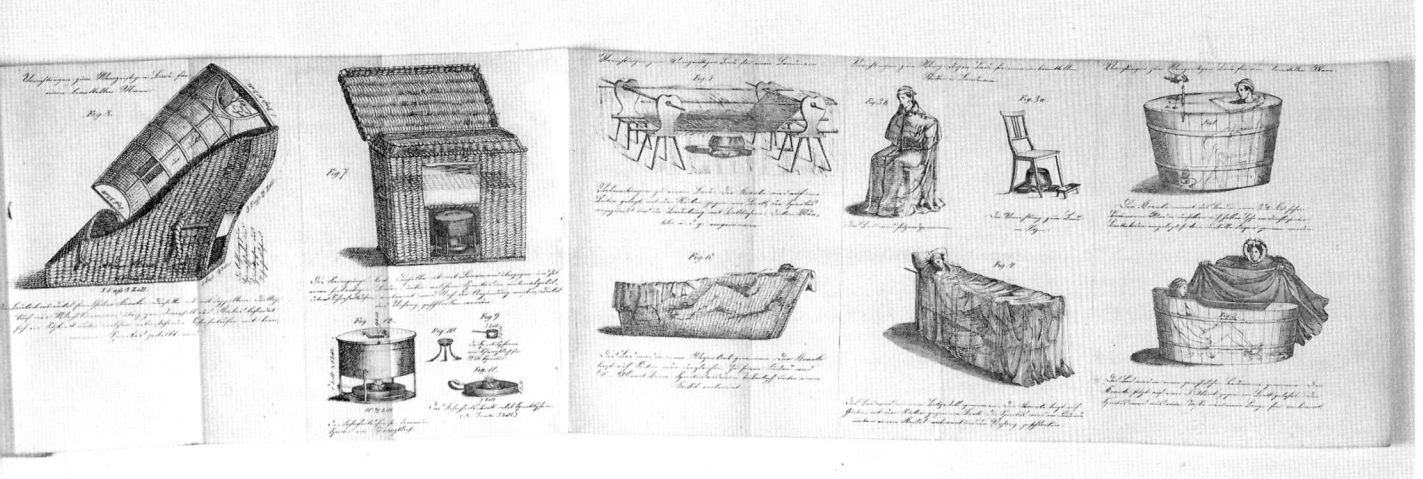

3/59

Vorrichtungen zur Einnahme eines weingeistigen Dampfbades. Lithographie in: Dr. F. Hempel: »Das weingeistige Dampf=Bad ganz besonders in Beziehung auf die Cholera ...«, Berlin 1831

apathische Kranke immer noch keine Reaktion zeigte, wurde schließlich die untere Wirbelsäule mit »kräftigen Würfen eiskalten Wassers traktirt«, wobei er endlich ein Lebenszeichen von sich gab: »Der Kranke schrie dabei jämmerlich.« Zum Schluß der Behandlung erhielt er noch »heiße Umschläge mit verdünnter Salzsäure auf die Unterextremitäten« gelegt.[123] Obwohl der Schneidergeselle sowohl Cholera als auch Behandlung überlebte, verwundert es nach dieser Patientengeschichte nicht, daß der Vorwurf, die Ärzte würden den ärmeren Patienten im Auftrag der Reichen nach dem Leben trachten, so großen Glauben fand. Professor Oertel aus Ansbach wandte zwar ebenfalls

und Obstsorten zu rechnen waren. Daß sich das Volk um solche Vorschläge nicht scherte, im Gegenteil gerade das zeitweilige Überangebot dieser Speisen weidlich nützte, geht aus dem Reisetagebuch von Karl Immermann hervor. Als er »einem armen Menschen, der ein Appendix unseres Hauses ist, eine lange Rede gegen den Branntwein, Salzfleisch, Fische und Gurken« hielt, versetzte der nur trocken: »Wenn ich nur immer viel davon hätte!«[125]
Auch die neue Heilmethode der Homöopathie **[3/63]** wurde angewandt, übrigens mit erstaunlich guten Erfolgen zu Beginn der Epidemie.[126]
Für einen anderen Autor stellte die Cholera eine fiebrige Krankheit dar, die er wie die Malaria durch die Verabreichung von Chinarinde **[3/66]** günstig zu beeinflussen suchte.

Mittel und Methoden der ärztlichen Behandlung änderten sich auch bei späteren Epidemien nur geringfügig; mit Aderlaß und Purgativen wurde der Cholerakranke bis weit in die zweite Jahrhunderthälfte hinein traktiert.[127] Lediglich die Palette der verabreichten Mittel variierte; auch »salpetersaures Silber« [3/67] und »Kalk« [3/68] wurden dem Patienten jetzt verschrieben. Neben den im weiteren Sinn medizinischen Behandlungsmethoden gab es eine Reihe von populärmedizinischen und magischen Praktiken, die Linderung, Heilung und Schutz bei Choleraepidemien versprachen. Ein handschriftliches »Recept von einem Spiritus, welcher äußerst gut & bei einem Anfall von der Cholera sehr dienlich ist« [3/69], empfiehlt eine Mischung aus Branntwein, Kampfer, Salmiak und Pfeffer, mit der, »wenn man sich von der Cholera ergriffen glaubt«, der ganze Körper eingerieben werden sollte. Den weitverbreiteten Glauben an die heilsame Wirkung des Genusses alkoholhaltiger Getränke machte sich ein französischer Likörhersteller zunutze, der während der Pariser Epidemie seine Flaschen mit einem speziellen Etikett [3/70] versah. Darauf ist eine Salonszene in großbürgerlichem Ambiente zu sehen. Dem rechts abgebildeten Pärchen scheint es schon furchtbar schlecht zu gehen, als ein hinzutretender junger Mann sie auf den rettenden Likör hinweist. Die genaue Konsistenz der »Wundertropfen« [3/71] des Schuhmachers Haamann aus Heubude bei Danzig läßt sich hingegen nicht mehr feststellen, da sich dieser Wunderdoktor weigerte, das Geheimnis ihrer Zusammensetzung preiszugeben. Die Cholera muß für ihn ein einträgliches Geschäft gewesen sein; teilweise sollen mehr als 200 Personen pro Tag zu ihm gepilgert sein und ihm seine Tropfen abgekauft haben. Als magischer Schutz wurden zwei Amulette [3/72] benutzt, die während der Münchner Epidemie 1836/37 getragen wurden. Eines von ihnen verspricht, daß es, »in der Magengegend auf dem blosen Leibe getragen«, ein »Talisman gegen die Cholera« sei.

3/73

»Allerheiligstes Kreuz Jesu Christi. Schutz gegen die böse Cholera und alle Krankheiten und Nöthen.« Gebetszettel mit Zachariassegen. Kolorierte Lithographie, München 1854

Angesichts von zahlreichem Leiden und Tod verwundert es nicht, daß an vielen Orten eine Zunahme privater und öffentlich zur Schau gestellter Religiosität konstatiert wurde.[128] Ein Phänomen, das Goethe etwas despektierlich mit den Worten kommentierte, die Menschen hätten sich, »um sich von der furchtbaren Angst zu befreien, durch einen heilsamen Leichtsinn in den Islam geworfen und vertrauen Gottes unerforschlichen Ratschlüssen«.[129] Um Gott gnädig zu stimmen, besann man sich auch auf religiöse Praktiken und Kulte aus Pestzeiten. Neben »Bitt- und Dankgottesdiensten« [3/53, 3/54] sollten erneut der Zachariassegen [3/73] und die Anrufung des heiligen Rochus [3/75] Schutz vor der neuen Seuche bieten.

Der vielfältigen Empfehlungen, wie man sich während einer Choleraepidemie zu verhalten und zu schützen habe, wußte man sich oft nur noch mit Übertreibung und Satire zu erwehren. So karikieren die 1831/32 in mehreren Versionen erschienenen Porträts eines »Cholera-Präservativmannes« [3/76] und einer »Cholera-Präservativfrau« [3/77] die Fülle der angepriesenen Mittel und gleichzeitig die Ängstlichkeit der Zeitgenossen. Zum »Cholera-Präservativmann« schrieb der Feuilletonist Moritz Gottlieb Saphir eine erläuternde Bildlegende: »Ein Mensch, mit allen Präservativen versehen, muß folgendermaßen einhergehen. Um den Leib erst eine Haut von Gummi elasticum, darüber ein großes Pechpflaster, über diesem eine Binde von sechs Ellen Flanell. Auf der Herzgrube einen kupfernen Teller. Auf der Brust einen großen Sack mit warmem Sand, um den Hals eine doppelte Binde mit Wacholderbeeren und Pfefferkörnern gefüllt, in den Ohren zwei Stück Baumwolle mit Kampfer, an der Nase hat er eine Riechflasche von Vinaigre des quatre voleurs hängen, und in dem Munde eine Zigarre. Über den Binden ein Hemd in Chlorkalk, darüber eine baumwollene Jacke, darüber einen heißen Ziegel und endlich eine Weste mit Chlorkalk. Flanellene Unterbeinkleider, Zwirnstrümpfe in Essig gekocht und Schafwollstrümpfe darüber mit Kampfer eingerieben. Sodann zwei Kupferflaschensohlen mit heißem Wasser gefüllt und Oberschuh darüber. Hinter den Waden hat er zwei Wasserkrüge hängen. Sodann einen großen Überrock mit Schafwolle und Chlor und über den ganzen Anzug einen Mantel aus Wachsleinwand und einen dito Hut. In der rechten Tasche trägt er ein Pfund Brechwurzel und ein halbes Pfund Salbei, in der linken Tasche ein Pfund Melissentee und ein Pfund Eberwurzel. In der Westentasche eine Flasche mit Kamillenöl und eine Flasche mit Kampferäther. Auf dem Hut eine Terrine mit Graupensuppe, in der linken Hand einen ganzen Wacholderstrauch und in der rechten ein Rauchgefäß, worauf eine Tasse mit Essig und Gewürznelken. Hinter sich, an den Leib gegürtet, schleppt er einen Karren nach sich, auf welchem sich eine Badewanne, fünfzehn Ellen Flanell, ein Dampfbadeapparat, eine Räucherungsmaschine, acht Frottierbürsten, achtzehn Ziegel, zwei Pelze, ein Bequemlichkeitsstuhl und ein Nachtgeschirr befinden. Über dem Gesicht muß er noch eine Larve aus Krauseminzteig haben. So ausgerüstet und so versehen ist man sicher, die Cholera am ersten zu bekommen.« [130]

In einer anderen Variante ist der »Präservativmann« bereits zum Affen [3/78] mutiert. Als Untertitel ist zu lesen: »Mich nach Vorschrift zu bepacken / Unterließ ich nie; Doch das Nüßchen dort zu knacken / Heißt die Frage – wie?« Rechts im Bild ist die schwer zu knackende Nuß »Cholera« zu sehen, die den Menschen offenkundig zum Narren hielt. Ihr Rätsel zu lösen, die »Nuß zu knacken«, sollte noch mehrere Jahrzehnte in Anspruch nehmen.

V. »Ueber die Verbreitungsweise der Cholera«

Kaum waren die letzten Ausläufer der zweiten Cholerapandemie 1837 erloschen, so wurde aus Bengalen ein erneuter schwerer Seuchenausbruch gemeldet. An ihn schloß sich die dritte Pandemie (1840–1860) an, die 1847 Europa erreichte und in zwei Wellen bis 1854 anhielt. Auch von der vierten (1863–1875), fünften (1881–1896) und sechsten Pandemie (1899–1923) sollten weite Teile Europas betroffen werden, während es von der siebten, heute noch andauernden Pandemie (ab 1936) bis auf eingeschleppte Einzelfälle verschont blieb.[131] Allein Berlin wurde in den 42 Jahren zwischen 1831 und 1873 dreizehnmal von der Cholera heimgesucht, die vor allem in den Jahren 1837, 1849 und 1866 viele Todesopfer forderte.[132] In ganz Preußen waren die Epidemien von 1848/49, 1852, 1855 und 1866 besonders schwer; bei der letztgenannten starben offiziell 114.683 Menschen an der Cholera.[133] Flächendeckend wurde Deutschland zum letzten Mal im Jahre 1873 von der Cholera erfaßt. Damals kam es in vielen Städten und Gemeinden Ost-, Nord- und Mitteldeutschlands zu Epidemien; in Süddeutschland hatte vor allem München schwer zu leiden.[134] Die Münchner Epidemie des Jahres 1873 bildet auch den biographischen Hintergrund für einen 1876 von Arnold Böcklin geschaffenen Entwurf

Portrait eines cholera präservativ Mannes

aus Saphirs Zeitschrift: der deutsche Horizont

3/76 a und **3/76 b**

*Karikaturen des Cholera-
Präservativ-Mannes.
Kolorierte Lithographien, 1832*

232

zu dem nie realisierten Gemälde »Cholera«. Als Böcklin
sich von einem Choleraanfall
ergriffen glaubte, erwachte in
ihm »ganz plötzlich« die
»Sehnsucht nach Italien«, worauf man, wie seine
Frau schreibt, »Hals über Kopf« die Abreise be-

schloß.¹³⁵ Die Komposition **[3/109]** zeigt einen
langhalsigen, geflügelten Drachen, auf dem ein
senseschwingender Tod reitet. Zu Füßen dieses
ungestüm vorwärtsdrängenden Paares sind ihre
sich in Schmerzen windenden Opfer zu erken-
nen.¹³⁶ Wie sehr Pest und Cholera mittlerweile
als austauschbare Symbole für Verderben,

Porträt eines Cholera-Präservativ-Mannes.
nach Saphir.

Ein Mensch, mit allen Präservativen versehen, muß folgendermaßen einhergehen. Um den Leib erst eine Haut von Gummi Elasticum, darüber ein großes Pechpflaster, über diesem eine Binde von 6 Ellen Flanell. Auf der Herzgrube einen Kupfernen Teller. Auf der Brust einen großen Sack mit warmen Sand. Um den Hals eine doppelte Binde, gefüllt mit Wachholderbeeren und Pfefferkörnern, in den Ohren zwei Stück Baumwolle mit Kampher, an der Nase hat er eine Riechflasche von Vinaigre des quatre voleurs hängen, und vor dem Munde einen Kalmuszweig. Über den Binden ein Hemd in Chlorkalk, darüber eine baumwollene Jacke, darüber einen heißen Ziegel, und endlich eine Weste mit Chlorkalk, flanellene Unterbeinkleider, Zwirnstrümpfe in Essig gekocht, und Schafwollstrümpfe darüber mit Kampher eingerieben. Sodann zwei Pantoffeln Sohlen mit heißem Wasser gefüllt und Oberschuh darüber. Unter den Waden hat er zwei Wasserkrüge hängen. Sodann einen großen Überrock aus Schafwolle mit Chlor, und über dem ganzen Anzug einen Mantel aus Wachsleinwand und einen alten Hut. In der rechten Tasche trägt er ein Pfund Melissenthee und ein halbes Pfund Eberwurzel in der linken Tasche ein Pfund Brechwurzel und ein halbes Pfund Salbey. In der Westentasche einen Flacon mit Kamillenöl, und in der Hosentasche eine Flasche Kampheräther. In dem Hut eine Terrine Gratensuppe; in der rechten Hand einen ganzen Wachholderstrauch, und in der linken Hand einen Akazienbaum, hinter sich an den Leib gegürtet schleppt er einen Karren nach sich, auf welchem sich 15 Ellen Flanell, eine Dampfbadmaschine, ein Sechsschaf, 10 Stoßbürsten, 15 Ziegel, zwei Pelze und ein Bequemlichkeitsstuhl befinden. Über das Gesicht muß er noch eine Larve aus Brausemünz entlich haben, und im Munde ein Viertelpfund Kalmus. So ausgerüstet und so versehen, ist man sicher, die Cholera am Ersten zu bekommen.

Krankheit und Tod standen, zeigt sich in dem Umstand, daß Böcklin rund 20 Jahre später den Bildgedanken für sein Gemälde »Die Pest« wieder aufgriff.[137]

Für mehr als ein halbes Jahrhundert wurde die Cholera fast zu einem ständigen Gast in Europa. Schon aus diesem Grund waren Politik, Verwaltung und Wissenschaft herausgefordert, weitere Anstrengungen zu ihrer Erforschung und Bekämpfung zu unternehmen.

Während bei der Pandemic dcr Jahre 1829–1837 die meisten Europäer von den epidemiologischen Konzepten ›Kontagion‹ und ›Miasma‹ gefangen gewesen waren, wurden nach 1848

neue Wege beschritten. Insbesondere wandte man sich jetzt stärker empirischen Forschungen über die Verteilung von Choleraerkrankungen innerhalb einer Gemeinde zu. Zwei bedeutende Vertreter dieser Richtung waren der Londoner

So ausgerüstet, und so versehn ist man sicher die Cholera — am ersten zu bekommen.

3/76 c
»So ausgerüstet, und so versehn ist man sicher die Cholera – am ersten zu bekommen.« Kolorierte Lithographie, 1832

3/78
»Der Praeservativ=Mann gegen die Cholera.« Kolorierte Lithographie, 1831/1832

Armenarzt John Snow und der Münchner Naturwissenschaftler und Mediziner Max von Pettenkofer. Obwohl sie fast gleichzeitig arbeiteten, kamen Snow und Pettenkofer in ihren fast gleichlautenden Arbeiten »Ueber die Verbreitungsweise der Cholera« (engl.: On the mode of communication of cholera) **[3/79]** bzw. »Untersuchungen und Beobachtungen über die Verbreitungsart der Cholera« **[3/81]** doch zu sehr unterschiedlichen Ergebnissen.

Schon während der Londoner Epidemie von 1849 war Snow zu der Überzeugung gelangt, daß die Cholerainfektion mit einer Verunreinigung des Trinkwassers durch Fäkalien in Verbindung stehen müsse. Als es im Sommer 1854 innerhalb von wenigen Tagen zu einer Häufung von Cholera-Todesfällen im Umkreis der Straßenkreuzung Broad Street / Cambridge Street kam, fiel sein Verdacht sofort auf eine Verunreinigung des Wassers der vielbenutzten

Straßenpumpe in der Broad Street. **[3/79]** In mühseliger Kleinarbeit stellte er Nachforschungen über die Trinkgewohnheiten jedes einzelnen Choleraopfers an und konnte bei fast allen nachweisen, daß sie Wasser aus dieser Pumpe getrunken hatten. Ein noch schlagenderer Beweis für die Richtigkeit seiner Theorie war jedoch, daß sich auch Erkrankungen in anderen Teilen Londons auf dieses Wasser zurückführen ließen; so etwa bei einer an der Cholera verstorbenen Witwe aus dem Westend, die sich täglich eine große Flasche Wasser von der Pumpe in der Broad Street bringen ließ, da sie dessen Geschmack

DER PRAESERVATIV-MANN GEGEN DIE CHOLERA.

unglücklicherweise besonders schätzte. Aufgrund seiner Intervention beim zuständigen Kirchensprengel wurde die Pumpe sieben Tage nach Beginn des Choleraausbruchs stillgelegt und so weiteren Todesfällen vorgebeugt. Die zehn Jahre später entstandene Zeichnung von George John Pinwell mit dem Titel »Death's Dispensary«, die den Tod als Pumpenwärter zeigt, illustriert drastisch die Folgen verseuchten Trinkwassers. **[3/80]**

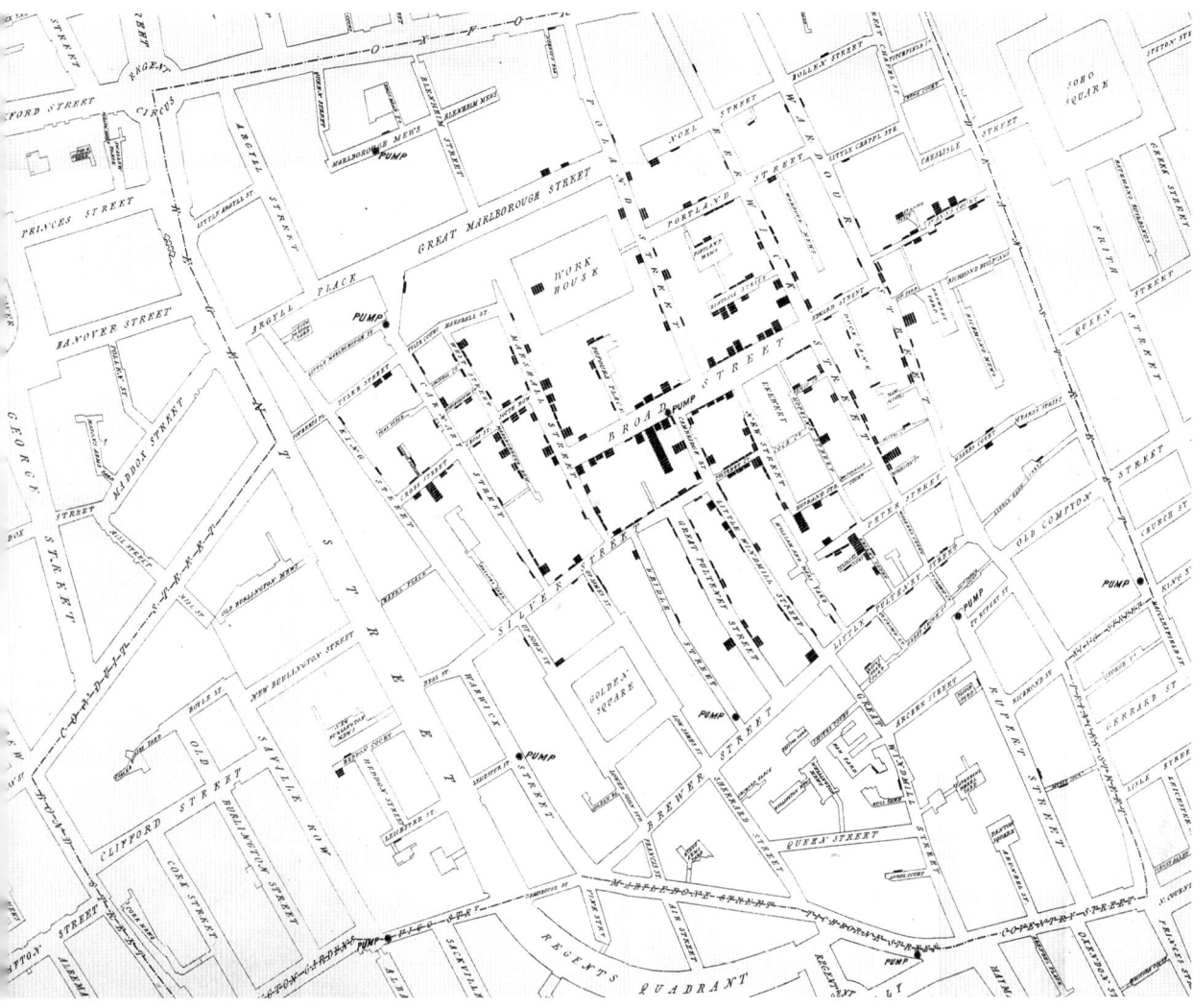

3/79

Die Häufigkeit von Cholera-Todes-fällen nahe der Pumpe in der Broad Street. Karte in: J. Snow: »Ueber die Verbreitungsweise der Cholera«, Quedlinburg 1856

Mit der Betonung der allein entscheidenden Rolle des Trinkwassers stieß Snow jedoch auf den Widerstand der modernen Stadthygienebewegung. Diese hatte sich etwa seit der Mitte des Jahrhunderts formiert und forderte eine verbesserte Entsorgung von Müll, Fäkalien und Abwässern.[138] Nach Meinung ihrer Anhänger waren schlechte sanitäre Verhältnisse der wichtigste Grund für den Ausbruch von Choleraepidemien. Ihr bedeutendster Vertreter in Deutschland war Max von Pettenkofer.

Nach einer Auswertung der Daten der Münchner Choleraepidemie von 1854 kam Pettenkofer zu dem Schluß, daß »die Cholera durch Entwicklung eines Gases bei Zersetzung flüssiger Excrementtheile (gleichviel ob aus Harn oder Koth stammend) in feuchtem, porösem Erdreich (oder Stoffen welche dieses ersetzen) verursacht wird. Diese Excremente müssen von Menschen stammen, welche entweder mehr oder minder an Symptomen der Cholera leiden, vielleicht sogar nur aus von Cholera epidemisch ergriffenen Orten zu kommen brauchen.«[139] Seine Theorie stellt demnach eine Mischung zwischen kontagionistischen und miasmatischen Erwägungen dar: Der Erreger werde zwar von Menschen weitertransportiert, müßte aber, um seine krankheitserregende, »miasmatische« Wirkung entfalten zu können, auf eine bestimmte Sorte, näm-

235

lich feuchten, Boden treffen. Die Ansteckung erfolge über die Luft; eine Verbreitung der Krankheit über das Wasser hielt Pettenkofer für ausgeschlossen. Um weitere Epidemien zu verhindern und die gefährlichen menschlichen Ausscheidungsstoffe unschädlich zu machen, sei die Schließung von undichten Abtrittsgruben und die Einführung der Kanalisation geboten. Pettenkofers Theorien sollten die Diskussion in Deutschland lange Zeit dominieren. Ein Grund hierfür lag sicher darin, daß ihre Schlußfolge-

3/80
G. J. Pinwell: »Death's Dispensary«.
Zeichnung, um 1866

rungen den veränderten hygienischen Standards eines gerade gegenüber Geruchsbelästigungen immer intoleranter werdenden Bürgertums entgegenkamen. Ungeklärt schien nur noch die Frage, was genau denn nun eigentlich der Erreger der Cholera sei. Ein Gift, ein Pilz oder ein winziges Tier?

Als 1883 ein Ausbruch der Seuche in Ägypten gemeldet wurde, entsandten sowohl Frankreich als auch Deutschland ein Wissenschaftlerteam nach Ägypten, um diese Frage zu klären. Die deutsche Kommission wurde von Robert Koch geleitet, der erst im Jahr zuvor den Erreger der

Tuberkulose entdeckt hatte und damit zum führenden deutschen Bakteriologen geworden war.[140] Zur Kommission gehörten außerdem sein Assistent Georg Gaffky, der Marine-Stabsarzt Emil Fischer und der Chemiker Treskow. **[3/82]**

Schon kurz nach Eintreffen der beiden Kommissionen war die Epidemie so weit zurückgegangen, daß keine sinnvollen Forschungen mehr möglich waren und die französische Delegation abreiste. Aus Gründen des nationalen Prestiges befürwortete die deutsche Regierung daraufhin Kochs Wunsch, nach Indien weiterzureisen, um die Cholera in ihrem endemischen Gebiet zu erforschen. Dort gelang es ihm tatsächlich, den Erreger der Cholera zu isolieren. In dem »Bericht über die Thätigkeit der zur Erforschung der Cholera im Jahre 1883 nach Egypten und Indien entsandten Kommission« **[3/83]** ist sein Vorgehen genau nachzulesen. Bei der Obduktion von Choleraleichen hatte er im Darmbereich stets einen Bazillus gefunden, den er aufgrund seiner gebogenen Form »Komma-Bazillus« taufte. Fast ebenso wichtig wie diese Entdeckung – die übrigens dreißig Jahre vor ihm, ohne große Beachtung zu finden, schon der Italiener Filippo Pacini gemacht hatte – war sein Nachweis, daß dieser Bazillus von Keimträgern ausgeschieden wird und sich im Wasser vermehren und weiterverbreiten kann.[141]

Bei seiner Rückkehr nach Deutschland wurde Koch als Nationalheld gefeiert; neben dem Kronenorden zweiter Klasse erhielt er eine Belohnung von 100.000 Mark.[142] **[3/84]** Die Ergebnisse der Kochschen Expedition hatten weitreichende Folgen für die Choleravorsorge und -bekämpfung. Die Bodentheorie Pettenkofers war, auch wenn dieser sich bis zu seinem Tod hartnäckig sträubte, dies zur Kenntnis zu nehmen, widerlegt. Statt dessen galten jetzt als sicherste Vorsichtsmaßnahmen gegen einen Ausbruch der Cholera die Isolierung von Erkrankten und potentiellen Keimträgern, die Desinfektion ihrer Kleidung und Bettwäsche und das Abkochen von Trinkwasser.

VI. »Der Seuchenherd in Deutschland«

»Auch unter Verhältnissen, wie sie noch heute in der bei weitem überwiegenden Zahl der europäischen Städte bestehen, können Choleradejektionen oder das zum Reinigen von Cholerawäsche benutzte Wasser leicht in Brunnen, öffentliche Wasserläufe oder sonstige Entnahmestellen für Trink- und Gebrauchswasser gerathen. Von da finden die Kommabacillen vielfache Gelegenheit in den menschlichen Haushalt zurückzugelangen, entweder mit dem Trinkwasser oder mit dem Wasser, welches zum Verdünnen der Milch, zum Kochen der Speisen, zum Spülen der Geräthschaften, zum Reinigen von Gemüse und Früchten, zum Waschen, Baden u.s.w. dient.«[143] Daß die Richtigkeit dieser von Robert Koch 1884 gezogenen Schlußfolgerungen ausgerechnet in einer der reichsten deutschen Städte unter

3/82 b

Die Teilnehmer der nach Ägypten und Indien entsandten deutschen Cholerakommission. Erster von links: Robert Koch. Fotografie, 1884

Beweis gestellt werden sollte, hätte wohl weder Koch noch sonst jemand im Deutschen Reich für möglich gehalten. Doch acht Jahre später kam es in »Deutschlands Tor zur Welt«, der Hafenstadt Hamburg, zu einem katastrophalen Choleraausbruch, der Hamburg für mehrere Monate in den Blickpunkt der Weltöffentlichkeit rückte und harsche Kritik an der dortigen Regierungs- und Verwaltungspraxis hervorrief.[144] Der Hamburger Hafen bildete zu dieser Zeit für die meisten osteuropäischen Auswanderer eine Zwischenstation auf ihrem Weg nach Amerika. Angesichts einer Hungersnot und einer Welle des Antisemitismus war der Emigrantenstrom aus dem russischen Reich 1891/92 stark angestiegen. Da viele der Auswanderer aus Gegenden Rußlands kamen, in denen es 1892 Cholerafälle gegeben hatte, wurde die Krankheit aller Wahrscheinlichkeit nach von ihnen nach Hamburg eingeschleppt.[145] Am 15. August 1892 wurde von Dr. Hugo Simon ein erster Cholerafall bei einem Kanalarbeiter diagnostiziert, am nächsten und übernächsten Tag folgten weitere, am 19. waren verschiedenen Ärzten bereits 31 neue Fälle bekannt geworden

und am 23. bereits zehnmal so viele. Erst an diesem Tag gaben die Hamburger Behörden zu, daß in ihrer Stadt eine Choleraepidemie ausgebrochen war. Die Zahl der Erkrankungen nahm in den nächsten Tagen rapide zu, bis am 27. August mit über 1.024 neu gemeldeten Fällen der Höhepunkt der Epidemie erreicht war. Zu diesem Zeitpunkt waren insgesamt 3.708 Personen an der Cholera erkrankt und 1.262 gestorben. Eine Woche lang hielt sich die Zahl der Erkrankungen auf gleich hohem Niveau, bis ab dem 2. September ein kontinuierlicher Rückgang festzustellen

war. Bis zum 12. November 1892 erkrankten 16.956 und starben 8.605 Frauen, Männer und Kinder. Dies kam einer Mortalität von 1,34 % gleich. Verantwortlich für den explosionsartigen Anstieg der Erkrankungen und Todesfälle in der letzten Augustwoche, den eine zeitgenössische Statistik **[3/87]** gut veranschaulicht, war die Verunreinigung der zentralen Wasserversorgung Hamburgs mit Choleravibrionen.[146] Allein der Verdacht eines Choleraausbruchs alarmierte die preußische Regierung und das Kaiserliche Gesundheitsamt. Am 23. August, noch vor der offiziellen Bekanntgabe der Epidemie durch

den Hamburger Senat, wurde Robert Koch vom
preußischen Gesundheitsminister nach Hamburg entsandt, um Näheres in Erfahrung zu
bringen. In Hamburg angekommen, warf Koch
den verantwortlichen Hamburger Stellen schwere Versäumnisse vor und kam in dem Zeitungs-
artikel »Hamburg, der Seuchenherd in Deutschland« [3/86] zu dem Fazit: »Ich habe hier gelernt,
wie man einer Cholera-Epidemie nicht begegnen
darf.«

Die Versäumnisse Hamburgs waren kurzfristi-
ger und langfristiger Natur und hatten viel mit
den wirtschaftlichen und politischen Prioritäten
der die Stadt regierenden Handelskreise zu tun.
Zu den längerfristigen Versäumnissen gehörten
Mängel in Hamburgs Kanalisation und Wasserversorgung. Zwar hatte die Stadt nach dem

3/87

»Cholera-Statistik. Hamburg 1892«

großen Brand von 1842 auf
Betreiben des englischen Inge-
nieurs William Lindley das
neuartige Verfahren der Misch-
kanalisation[147] eingeführt und auch eine zentrale
Wasserversorgung in Angriff genommen. Man
ruhte sich jedoch auf diesen frühen sanitären
Errungenschaften aus, die weder in allen Stadtteilen konsequent durchgeführt worden waren,
noch mit der Bevölkerungsentwicklung der Stadt
Schritt halten konnten. So waren Mitte der 80er
Jahre mehr als 5.000 Toiletten immer noch nicht
an das Abwassersystem angeschlossen. Sie bela-
steten stattdessen die Fleete, die die Stadt durch-
ziehenden, offenen Kanäle.[148] Schwerwiegender
sollte sich 1892 auswirken, daß das der Elbe ent-
nommene Leitungswasser seit Jahren unzureichend gereinigt wurde, weil man sich zwischen
Senat und Bürgerschaft nicht über die Finanzie-
rung einer Sandfiltrationsanlage einigen konnte.
Die zentrale Entnahmestelle der »Stadtwasser-
kunst« lag zwar zwei Kilometer oberhalb der
Stadt, wurde bei Flut jedoch regelmäßig mit ver-
schmutztem Hafenwasser überschwemmt. Statt
der unspektakulären Filtrieranlage befürworte-
ten Senat und Bürgerschaft zur selben Zeit den
Ausbau des für den Handel wichtigen Zollhafens
und die Errichtung eines repräsentativen Rat-
hauses.[149]

Zudem dominierten in Hamburg immer noch
die Ansichten Pettenkofers über die Verbreitungsweise der Cholera. Sie ließen sich besser
mit der Laisser-faire-Politik der Honorationen-
herrschaft Hamburgs vereinen, der staatliche
Eingriffe und Zwangsmaßnahmen wie Quarantäne, Isolierung von Kranken und Desinfektion
fremd waren. Im Vorfeld der Epidemie hatte diese Haltung dazu geführt, daß man bei der Internierung der russischen Emigranten äußerst fahr-
lässig vorgegangen war, obwohl die von ihnen
ausgehende Choleragefahr bekannt war.[150] Aus
demselben Grund waren die Hamburger Mediziner mit den Untersuchungsmethoden Kochs
größtenteils unvertraut, so daß sich die bakterio-
logisch abgesicherte Feststellung des ersten Cho-
lerafalls mehrere Tage hinzog.[151] Die verzögerte
Bekanntgabe der Epidemie war aber auch eine
Folge des Einflusses, über den die Handelskreise
in der Stadt verfügten. Schon bei früheren Epidemien hatten sie immer Druck ausgeübt, um die
Diagnose »Cholera« und damit Quarantänemaßnahmen und Handelseinbußen möglichst zu
verhindern.

Als Koch am 24. August in Hamburg eintraf, hatte der Hamburger Senat noch keinerlei Schritte
zur Bekämpfung der Epidemie und zur Aufklärung der Bevölkerung unternommen. Erst auf
Vorhaltungen Kochs entschloß man sich zu Seu-
chenbekämpfungsmaßnahmen, die auf seinen
Postulaten der Verbreitung des Choleraerregers
beruhten. Mit Hilfe der Hamburger Sozialdemo-
kratie, die sich in der Krise als die einzig halb-
wegs handlungsfähige Organisation erwies, wurde ein Flugblatt mit Vorsichtsmaßregeln an alle
Haushalte verteilt.[152] Eine ins Leben gerufene
»Cholera-Commission« ließ überall in der Stadt
Anschläge [3/88 a] anbringen, die vor dem Genuß des verseuchten Elb- und Leitungswassers
warnten. Um die Versorgung der Bevölkerung
mit Wasser weiterhin sicherzustellen, ließ man
68 Wasserwagen [3/93] durch die Stadt fahren
und nahm 43 Stellen zum Abkochen von Wasser
in Betrieb.[153] Auch unkonventionelle Wege wurden eingeschlagen, um der Bevölkerung die
Gefährlichkeit des Leitungswassers einzubleuen.
So erschien ein Couplet mit dem Titel »Wasser

Cholera-Statistik.
Hamburg 1892.

Graphische Darstellung auf Grund der Zahlen des Statistischen Bureaus, bearbeitet von CARL HASSFORTHER.

239

Cholera-Schutz!

Gutachten
über die

Antiseptische Sunlight-Seife

aus der Fabrik der Herren LEVER BROTHERS in PORT SUNLIGHT,
(General-Vertreter für Deutschland: **Deutsch & Friedrichs, Hamburg**)

untersucht im **Chemisch-hygienischen Institut** des Herrn **Dr. C. Enoch,** Hamburg
vom 5. Juli 1893 lautet:

Es wurden von der

Antiseptischen Sunlight-Seife

Lösungen hergestellt in der Stärke von 1, 2 und 5% in Wasser. Diese Lösungen wurden auf Reinculturen verschiedener Bacterien zur Wirkung gebracht und dann nach abgemessenen Zeiten die Lebensfähigkeit, resp. Entwicklungsfähigkeit dieser Bacterien geprüft. Zur Verwendung kamen: Ausser **Typhus-, Milzbrand-, Eiter-, Diphteritis-** und anderen

Cholera-Bacillen

stammend von der Epidemie 1892, aus den Krankenhäusern zu Hamburg (Eppendorf) und Altona-Hamburg. An dieser Stelle lautet das Gutachten des Herrn **Dr. Enoch** wörtlich:

Sehr auffällig und stark desinficirend wirkte diese „Antiseptische Sunlight-Seife" auf Cholerabacillen.

Es wurden Reinculturen von Cholera auf Bouillon: a. aus Eppendorf } mit 2 und 5%
b. aus Altona

Antiseptischer Sunlight-Seife

behandelt. Beide Cholerabacillen verhielten sich natürlich absolut gleich, auch sollte dieser Versuch nur die gegenseitige Controle bilden.

Cholerabacillus Eppendorf mit 2% „Antiseptischer Sunlight-Seife" innerhalb **15 Minuten todt,**
mit 5% „ „ „ **5 Minuten todt,**
Cholerabacillus Altona mit 2% „Antiseptischer Sunlight-Seife" innerhalb **15 Minuten todt,**
mit 5% „ „ „ **5 Minuten todt.**

Als Schlussfolgerung schreibt das Gutachten weiter: Die „Antiseptische Sunlight-Seife" hat einen entschieden desinficirenden Einfluss auf schädliche Bacterien; ganz hervorragend zeigt sich diese Wirkung auf

Cholera-Bacillen.

Hamburg, den 5. Juli 1893. Chemisch-hygienisches Institut **Dr. Carl Enoch.**

Zu haben in allen Drogen- und besseren Colonialwaaren-Geschäften.

Antiseptische Sunlight-Seife.

Rotationsdruck von H. Carly, Hamburg.

Marsch« **[3/94]**, das schlicht, aber um so einprägsamer seine Botschaft vortrug: »Es bringt Gefahr uns immer dar / das schlimme Wasser von der Elbe, / drum rufen wir auch alle hier / tagtäglich immer nur dasselbe: / Gekochtes Wasser Gekochtes Wasser Gekochtes Wasser is gesund, ja ist gesund / Gekochtes Wasser Gekochtes Wasser is gesund etc. – Bazillenreich ist all das Zeug, / was für den Durst uns könnte winken, / drum rathen wir euch alle hier, / auf alle Fälle nur zu trinken: (Refrain) «. Während das Bürgertum diese Warnung penibel zu beherzigen schien, was ihm aufgrund seiner Dienstboten auch keine besondere Mühe bereitete, sah es in der Arbeiterklasse anders aus. Wie das sozialdemokratische »Hamburger Echo« schrieb, fehlte es in den Proletarierwohnungen »vielfach an Heizmaterial, an Geräthen und an Arbeitskraft, um die erforderlichen Vorräthe von gekochtem Wasser bereit zu stellen«.[154] Ein weiterer Schwerpunkt der Gegenmaßnahmen war ein umfangreiches Desinfektionsprogramm. Anweisungen **[3/89]** wurden erlassen, Häuser und Wohnungen, in denen sich Erkrankte aufgehalten hatten, von hastig zusammengestellten Desinfektionskolonnen gereinigt. Letztere gaben allerdings Anlaß zu vielfältigen Klagen: Oft fehlten nach Beendigung ihrer Arbeit Teile des Mobiliars, andere Stücke waren durch die Behandlung mit Karbolsäure schwer beschädigt. Bettzeug und Kleidungsstücke wurden in spezielle Desinfektionsanstalten **[3/96]** gebracht und dort behandelt. Häufig kam gerade das Bettzeug unbrauchbar zurück oder war noch feucht, was möglicherweise neue Krankheiten verursachte.[155] Über der ganzen Stadt hing bald ein durchdringender Geruch von Chlor, Lysol, Karbol und anderen Desinfektionsmitteln. Eine Hamburgerin veranlaßte dies zu der etwas unglücklichen Bemerkung, dieser Geruch »verpestet die Luft«.[156] Mittlerweile blickte die ganze Welt auf Hamburg; Sonderkorrespondenten aus in- und ausländischen Städten Europas reisten an. »The Illustra-

3/98
»Cholera-Schutz! –
Antiseptische Sunlight-Seife.«
Werbeblatt 1893

3/93
E. Horst: »Wasserwagen in der
Cholerazeit – 1892«.
Zeichnung, um 1892

ted London News« beschäftigte sogar einen eigenen Zeichner, um die Szenen, die sich in Hamburg abspielten, für das heimische Publikum festzuhalten. **[3/92]**

Wenig schmeichelhaft für Hamburg waren die offenkundigen Mängel und Versäumnisse, die jetzt vor der Weltöffentlichkeit ausgebreitet wurden. Ein Beispiel war die Unterversorgung der Stadt mit Krankenwagen. Zu Beginn der Epide-

mie mußten Kranke bis zu fünfzehn Stunden auf einen Transport in das Krankenhaus warten. Über die Modalitäten des Transportes berichtet der Wiener Journalist Karl Wagner, der zwei Tage als Krankenträger arbeitete, folgendes: »Die zu benutzenden Gefährte waren Kutschwagen, aus denen die Polster entfernt waren, so daß die Kranken, die wir in eine Decke wickeln mußten, auf dem Sitzkasten befördert wurden. Geradezu unbegreiflich war es, daß in den Boden des Wagens fünf bis sieben Löcher gebohrt worden waren, die den Auswurf der Kranken auf die Straßen beförderten!!! (...) Während meiner Thätigkeit habe ich 132 Kranke befördert, von denen fast die Hälfte unterwegs verstarb.«[157]

worden, in denen zwischen 50 und 70 Särge Platz fanden. Das Aufnahmevermögen der beiden Leichenhallen wurde bald gesprengt, so daß man dazu übergehen mußte, in den einzelnen Stadtteilen zusätzliche, notdürftig zusammengenagelte Leichenhäuser zu errichten. Dort lagerten die Leichen teilweise mehrere Tage uneingesargt. In Ohlsdorf arbeiteten inzwischen 250 Totengräber Tag und Nacht im Schichtwechsel; rund um die Uhr fanden Beerdigungen in neu

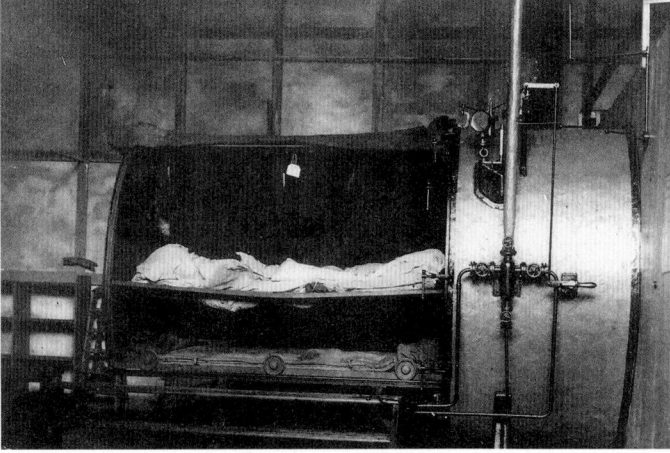

3/96 b
»Choleraepidemie 1892«
Ansicht der Desinfektions-Anstalt II.
Fotografie, 1892

3/96 a
»Choleraepidemie 1892 – Angestellte
der provisor. Desinfectionsanst. W.I.«
Fotografie, 1892

3/96 c
»Choleraepidemie 1892 – Offener
Desinfectionsapparat mit Kleidungs-
und Bettstücken«. Fotografie, 1892

Die Kapazität der Hamburger Krankenhäuser war ebenfalls schnell erschöpft. Eilig wurden acht »Cholerabaracken« **[3/95]** errichtet, die den Bedarf an Krankenbetten allerdings schon nach kurzer Zeit wiederum nicht mehr decken konnten. So mußten Notlazarette in Schulen eingerichtet und vom preußischen Heer sogar ein Feldlazarett entliehen werden.[158]

Nicht nur die Kranken, auch die Unzahl der Toten stellte die Verwaltung vor ungeahnte Transport- und Platzprobleme. Anfangs wurden alle Leichname in die beiden Leichenhäuser am Lübecker- bzw. Holstentor **[3/106]** gebracht, um von dort aus in Sammeltransporten auf den außerhalb gelegenen Friedhof Ohlsdorf gefahren zu werden. Zu diesem Zweck waren Möbelwagen requiriert

ausgehobenen Massengräbern **[3/105 d]** statt.[159] Die Bevölkerung wurde gebeten, einstweilen von dem üblichen Leichengefolge Abstand zu nehmen.

Unterdessen blühten in der Stadt einige Handelszweige auf. Die Apotheken sollen zu Beginn der Epidemie regelrecht belagert worden sein, und auch die Desinfektionsmittel herstellende Chemieindustrie verzeichnete Umsatzsteigerungen.[160] Neue, mitunter skurrile Artikel wurden angeboten. So machte die Firma Frensdorff in einer Anzeige »ganz ergebenst« auf ihren »Desinficirten Closet-Sitzbrettaufleger« **[3/97]** aufmerksam, während die »Antiseptische Sunlight-Seife« **[3/98]** noch ein Jahr nach der Epidemie ihren Absatz mit Hinweis auf die hervorragende Wirkung gegen »Cholera-Bacillen« zu steigern suchte. Daneben kam, gemäß der allgemeinen Überzeugung »Schnaps ist gut für Cholera«, ein spezieller »Cholera-Bitter« und »Cholera-Wein« auf den Markt. Die Brauerei Germania pries ihr Bier gar als »Präservativ gegen die Cholera« **[3/99]** und versicherte, zu seiner Herstellung nur »vorzügliches Quellwasser«, »bestes Malz und prima Hopfen« zu verwenden. Vor allem die Krankenpfleger, Desinfektionstrupps und Leichenkutscher sollen ihre Angst und wohl auch ihren Ekel mit reichlich Alkohol hinuntergespült haben.[161]

Nicht nur die Stadt selbst, sondern das ganze Deutsche Reich schien eine wahnwitzige Angst vor Ansteckung befallen zu haben. Der kaum vorstellbar kleine Krankheitserreger, der so großes Leid verursachte, wurde überall vermutet. In seinem Roman »Semper der Mann« beschreibt der Augenzeuge Otto Ernst, wie sich mitten auf der Straße ein Mann seine Schuhe auszog, um darin nach dem Choleraerreger zu suchen. »Die Bazillen, die Bazillen! Sie sind mir in den Stiefel gekrochen«, rief er dabei aus.[162]

Ein anderer Hamburger erinnert sich, daß man sich nicht nur »alle Correspondenz mit Ham-

Transport von Cholerakranken ins Krankenhaus (Museum für Hamburgische Geschichte)

3/106

E. Niese: »Bei den Leichenhallen vor dem Holstenthor während der Cholera-Epidemie 1892«. Aquarell, 1892

burg verbat, sondern, daß man selbst telephonische Gespräche von Berlin oder Magdeburg von dort abbrach, aus wahnwitziger Furcht oder Dummheit, dadurch angesteckt zu werden.«[163] Handel und Verkehr mit Hamburg gingen rapide zurück, seine Schiffe wurden auf der ganzen Welt in Quarantäne gesetzt und seine Bürger überall scheel angesehen.[164]

»Bürger dieser Straße! Auf zur rettenden That« **[3/100]** forderte ein »Actions=Comite« die Anwohner eines Viertels auf. Die »rettende That« bestand darin, in Höfen und bei kranken und ärmeren Mitbewohnern zu überprüfen, ob die Desinfizierungsmaßnahmen ordnungsgemäß ausgeführt worden waren. Selbsthilfe dieser Art war nur eine der Reaktionsformen, mit denen das Bürgertum Hamburgs den vorwurfsvollen Berichten über die zögerlichen und unzureichenden Maßnahmen ihrer Regierung und die unhaltbaren Zuständen in den Armenvierteln entgegenzuwirken versuchte. So konstituierten sich Anfang September ein zentrales »Hülfs-Comité« und mehrere »Nothstands-Comités«

[3/102] in den einzelnen Stadtteilen, die durch die Cholera in Not geratene Menschen materiell und finanziell unterstützten. Unter anderem stellten sie Desinfektionsmittel, frische Kleidung und Bettwäsche zur Verfügung, versorgten Genesende und Cholerawaisen, errichteten Suppenküchen und gewährten Darlehen. **[3/103]** Die hauptsächlich von wohlhabenden Bürgern und dem Mittelstand getragenen und unterstützten

»Comités« wurden von diesen aber zugleich als »Instrument sozialer Disziplinierung« mißbraucht.[165] Antragsteller mußten sich oft auf ihre persönlichen Verhältnisse hin durchleuchten lassen; »mißbräuchliche Ausnutzung der Wohltätigkeit« wurde oft gewittert und, falls bestätigt, streng geahndet. Sozialdemokraten verweigerte man des öfteren im vorhinein eine Unterstüt-

243

Nr. 251.　　　Dienstag, den 25. Oktober 1892.　　　70,000 Abonnenten.

General-Anzeiger

für Hamburg-Altona.

Abonnementspreis 50 Pf. monatlich, frei ins Haus.
Erscheint an allen Wochentagen Nachmittags zwischen 4 u. 5 Uhr
Haupt-Expedition und Redaktion
Hamburg, Dammthorstraße 23.

Insertionspreis für die Petitzeile 25 Pf.
Reclamezeile 100 Pf.
Bei Wiederholungen entsprechender Rabatt
Beilagen nach Uebereinkunft.

Die Brutstätten der Cholera in Hamburg.

(Nach photographischen Aufnahmen von C. H. A. Schlitte, Große Johannisstraße 4.)

Niedernstraße 22.

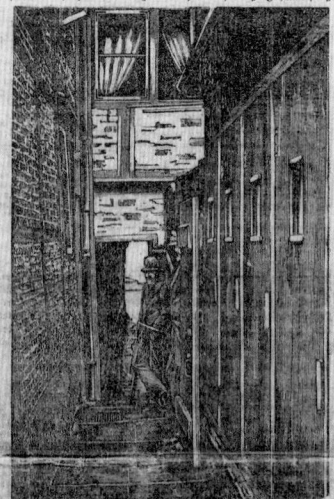

Steinstraße 22 (Durchgang).

Altst. Neustraße 35.

Steinstraße 22 (Hof).

244

zung.[166] Die Organisatoren der einzelnen »Comités« dürften sich in etwa auch mit dem Personenkreis decken, der nach dem Ende der Epidemie mit einer staatlichen Verdienstmedaille [3/104] ausgezeichnet worden ist.

Unter den Opfern der Epidemie war der Anteil der Arbeiterschaft höher als der des Bürgertums. Insbesondere diejenigen, die bei der Ausübung ihres Berufs häufig mit dem gefährlichen Wasser in Berührung kamen, wie z.B. Hafenarbeiter oder Dienstmädchen, mußten ein hohes Erkrankungsrisiko eingehen. Neben dem Beruf spielte die Wohnsituation eine entscheidende Rolle für die Verbreitung der Cholerafälle. Je geringer der zur Verfügung stehende Wohnraum war und je schlechter die sanitären Vorrichtungen, um so größer war die Wahrscheinlichkeit von Kontakt- und Tröpfcheninfektionen.[167] Obwohl auch andere Arbeiterwohnviertel hohe Erkrankungs- und Sterblichkeitsziffern aufwiesen, rückten die Verhältnisse in den sogenannten Gängevierteln der Hamburger Innenstadt bald in das Zentrum der Aufmerksamkeit. Hier lebten etwa 60.000 Menschen, abgeschnitten von Luft- und Lichtzufuhr, dichtgedrängt in überbelegten Klein- und Kleinstwohnungen in einem Straßengewirr aus Gassen, die oft nur ein oder zwei Meter breit waren. Kanalisation war im allgemeinen nicht vorhanden; die Aborte standen auf dem Hof und wurden dort von allen Hausparteien benutzt.[168] Bei einer Besichtigung während der Epidemie hatte Robert Koch sein Entsetzen über diese Verhältnisse in die bereits eingangs zitierten Worte »ich vergesse, daß ich in Europa bin« gefaßt.[169] Nicht nur Robert Koch, auch dem überwiegenden Teil der Hamburger Bürger scheint nicht bekannt gewesen zu sein, was sich abseits der breiten Geschäftsstraßen ihrer Stadt an Schmutz und Elend verbarg. Ein illustrierter Artikel des liberalen »General-Anzeigers« führte seine Leser, wie es bedrohlich hieß, zu den »Brutstätten der Cholera in Hamburg«. [3/85] Nach einer lebhaften

3/85
»Die Brutstätten der Cholera in Hamburg.« Titelblatt von: »General-Anzeiger für Hamburg-Altona«, Oktober 1892

3/104
Gedenkmedaille auf die Hamburger Choleraepidemie von 1892

Schilderung der »vom sanitären Standpunkt unglaublichen Wohnungsverhältnisse« schloß der Autor seinen Bericht mit dem Aufruf: »Denen aber, die berufen sind, über das Wohl und Wehe unserer Bevölkerung zu wachen, rufen wir zu: ›Kain, was hast Du mit Deinem Bruder Abel gemacht?‹ Und der Hamburger Behörde rufen wir zu: ›Siehe da, Deine Sünden!‹«

Dieser Kritik an Hamburgs Regierungssystem und seinen Repräsentanten schlossen sich nach der Epidemie verschiedene Seiten an, allen voran die Sozialdemokraten. Die Liste ihrer berechtigten Vorwürfe war lang: die Handelsinteressen

245

der regierenden Klasse hätten die rechtzeitige Bekanntgabe der Epidemie verhindert, die Verwaltung habe sich während der Epidemie als unfähig erwiesen, die Verhältnisse in den Gängevierteln hätten schon früher energisch bekämpft werden müssen. Der Senat und die Bürgerschaft – das Hamburger Parlament – sahen sich schließlich zum Handeln gezwungen. Während sich die Sanierung der Gängeviertel noch längere Zeit hinzog,[170] waren die Ausdehnung des Wahlrechts auf die mittlere Einkommensklasse und die Einführung des Berufsbeamtentums unmittelbare Folgen der Epidemie.[171] Die damit verbundene Reform der Verwaltung machte auch eine Karikatur in den »Deutschen Wespen« **[3/108]** zum Thema. Auf ihr ist zu sehen, wie die altmodisch gekleideten Bürger Hamburgs hinter der Cholera das Stadttor schließen,

3/108

»Der Abschied der Cholera. – Reform der Verwaltung«. Karikatur in: »Deutsche Wespen«, 1892

das mit der Aufschrift »Reform der Verwaltung« versehen ist. Wie es in der Bildunterschrift heißt, müsse die Reform so durchgreifend sein, »die Thür so geschlossen« werden, »daß der schlimme Gast nicht zurückkehren kann«. Bis auf vereinzelte Fälle im Jahr nach der großen Epidemie, sollte dieser fromme Wunsch in Erfüllung gehen.

Während die Geschichte der Cholera in Deutschland ebenso wie in den meisten anderen europäischen Staaten mit dem 19. Jahrhundert endet, sind in Entwicklungsländern Choleraausbrüche weiterhin eine permanent drohende Gefahr. Heute ist die Cholera nicht nur in ihrem Ursprungsland Indien, sondern in vielen anderen Ländern Asiens, Afrikas und Südamerikas endemisch geworden. Selbst Staaten mit verhältnismäßig guter Infrastruktur wurden in den letzten Jahren immer wieder von der Cholera bedroht. 1975 mußte in der Türkei vor der Gefahr einer Cholerainfektion gewarnt werden, die von verunreinigten Lebensmitteln ausging **[3/110]**; in den Jahren nach 1990 wurden aus Rumänien wiederholt Cholerafälle gemeldet.

Auch Verschleppungen der Krankheit über Kontinente hinweg finden nach wie vor statt. Anfang 1991 gelangte die Cholera über den Pazifik zum

erstenmal nach Südamerika und verursachte vor allem in Peru eine schwere Epidemie, an der über 300.000 Menschen erkrankten und fast 3.000 starben. Die Zahl der weltweit gemeldeten Cholerafälle stieg innerhalb eines Jahres von knapp 70.000 (1990) auf knapp 600.000 (1991).[172]

In ihrem Rückblick auf die Cholerafälle des Jahres 1992 kam die Weltgesundheitsorganisation WHO zu einem ernüchternden Fazit: »Solange nicht erkennbare Fortschritte gemacht werden, um den Lebensstandard in den Entwicklungsländern zu heben, die Versorgung mit sauberem Wasser und ungefährlicher Nahrung sicherzustellen sowie die allgemeine sanitäre Situation zu verbessern, wird sich die siebte Cholerapandemie mit Sicherheit nicht aufhalten lassen.«[173]

Anmerkungen

1. Unter diesem Begriff faßte man seit Hippokrates verschiedene Arten von Durchfällen zusammen, die in ihrem Erscheinungsbild zwar Ähnlichkeiten mit der Cholera aufwiesen, allerdings weniger vehement und nicht epidemisch verliefen; vgl. R. Pollitzer: Cholera, Genf 1959, S. 740ff.

2. Vgl. dazu Vijay Prashad: Native Dirt/Imperial Ordure: The Cholera of 1832 and the morbid resolutions of Modernity, in: Journal of Historical Sociology 7/3, 1994, S. 243–260

3. So Goethe an Marianne Willemer in seinen Briefen vom 13. Januar und 9. Februar 1832; zitiert nach Hans-J. Weitz (Hg.): Marianne und Johann Jakob Willemer. Briefwechsel mit Goethe. Dokumente. Lebens-Chronik. Erläuterungen, Frankfurt a.M. 1965, S. 265 u. S. 269

4. Zitiert nach Richard J. Evans: Tod in Hamburg. Stadt, Gesellschaft und Politik in den Cholera-Jahren, Hamburg 1990, S. 398

5. Vgl. Abram S. Benenson: Cholera, in: Franklin H. Top, Paul F. Wehrle (Hg.): Communicable and infectious diseases, Saint Louis 1976, S. 174–183, hier S. 176

6. Vgl. Georg Sticker: Abhandlungen aus der Seuchengeschichte und Seuchenlehre. Bd. II: Die Cholera, Gießen 1912, S. 104–109. Trotz der zweifelhaften Authentizität einiger Überlieferungen lassen die Mitteilungen insgesamt, so Stickers Fazit auf S. 109, keinen Zweifel daran, »daß die Seuche, die wir heute als Cholera schlechtweg bezeichnen, in Indien schon Jahrhunderte lang einheimisch war und dort ihre Umzüge hielt, bevor sie über Asien zog und nach Europa und in die anderen Erdteile kam.«

7. Besonders die britische Armee wurde stark betroffen; vgl. Die Cholera morbus oder kurze Geschichte des Ursprungs und Verlaufes der indischen epidemischen Brechruhr wie sie seit dem Jahre 1817 geherrscht hat, nebst ihrer Heilart und den gegen sie schützenden Vorsichtsmaßregeln fuer Gebildete aller Stände, dargestellt von einem praktischen Arzte, Leipzig 1831, S. 8; danach soll die 11.500 Mann starke Armee des Marquis Hastings im Dezember 1819 durch die Cholera innerhalb einer Woche 764 Soldaten verloren haben. Daneben seien ihr noch 8.000 Einheimische aus dem Lagertross zum Opfer gefallen.

8. Auf ein Jahr mit starken Regenfällen und Überschwemmungen folgte eine Dürreperiode; vgl. Sticker (wie Anm. 6), S. 110f.

9. Vgl. R.J. Morris: Cholera 1832. The Social Response to An Epidemic, London 1976, S. 21f.

10. Vgl. Boyle [3/1], S. 13–17

11. Ebd., S. 36

12. Vgl. Pollitzer (wie Anm. 1), S. 17–21; Sticker (wie Anm. 6), S. 110–115

13. Im folgenden orientiere ich mich bei Zählung und Jahresangaben der Seuchenzüge an den übersichtlichen Tabellen und Karten bei Patrice Bourdelais, Jean-Yves Raulot: Une Peur Bleue: Histoire du Choléra en France. 1832–1854, Paris 1987, S. 13–44

14. Vgl. Roderick McGrew: Russia and the Cholera. 1823–1832, Madison/Milwaukee 1965, S. 41–65

15. Vgl. Theodor Schiemann: Geschichte Russlands unter Kaiser Nikolaus I. Bd. III: Kaiser Nikolaus im Kampf mit Polen und im Gegensatz zu England und Frankreich. 1830–1840, Berlin 1913, S. 32; danach sollen innerhalb von 12 Tagen 60.000 Menschen Moskau verlassen haben.

16. Ebd., S. 33–35; diese Mißstände hatten bereits im Laufe des Jahres 1830 zu gewalttätigen Tumulten in Tambov und Kursk geführt; vgl. McGrew (wie Anm. 14), S. 68–74

17. Das Original findet sich zitiert bei Richard S. Ross: The Prussian Administrative Response to the First Cholera Epidemic in Prussia in 1831, Diss. Boston 1991, S. 190f.

18. Sticker (wie Anm. 6), S. 482

19. Der Pauperismus wird ab 1830 verstärkt als neue Herausforderung an Staat und Gesellschaft wahrgenommen. Die tatsächlich vorgetragenen Vorschläge zur Lösung reichten über Ehebeschränkungen bis zur Zwangsinfibulation; vgl. Klaus-Jürgen Matz: Pauperismus und Bevölkerung. Die gesetzlichen Ehebeschränkungen in den süddeutschen Staaten während des 19. Jahrhunderts, Stuttgart 1980, insbes. S. 53–93; als Kommentar dazu vgl. auch die bei Simon [3/16], S. XV-XVII, geschilderte Unterhaltung mit einem Berliner Kleidermacher, den er folgendermaßen zitiert: »Alle schreien sie ueber Uebervoelkerung, und nun uns Gott eine so schoene Gelegenheit schickt, die Ueberbevoelkerung los zu werden, nun lehnen sie sich gottloser Weise gegen seinen Willen auf, und keine Stadt und kein Mensch will die Kolehra haben. (...) So ein rechtschaffenes Sterben hat uns lange noth gethan; wir sind einander doch nur im Wege, und machen uns das Bischen Leben blutsauer.«

20. Vgl. Schiemann (wie Anm. 15), S. 144–148; McGrew (wie Anm. 14), S. 106–113; durch seinen spektakulären Auftritt gelang es dem Zaren zwar, die Ruhe in St. Petersburg wiederherzustellen, in den Militärkolonien bei Nowgorod und in Staraja Russa kam es jedoch zu weiteren schweren Choleraunruhen; vgl. Schiemann, S. 149–154; McGrew, S. 117–121

21. Vgl. Schiemann (wie Anm. 15), S. 146f.; McGrew (wie Anm. 14), S. 112f.; unerwartete Folge seines Vergleichs war allerdings, daß nun Polen und Franzosen als Giftmischer verdächtigt wurden; vgl. Schiemann, S. 148

22. Vgl. zum folgenden den Überblick von Richard J. Evans: Epidemics and Revolutions. Cholera in Nineteenth-Century Europe, in: Past and Present 120, 1988, S. 123–146; sowie McGrew (wie Anm. 14), S. 101f.

23. Brief an den Kronprinzen vom 1.8.1831; zitiert nach Thomas Stamm-Kuhlmann: König in Preußens großer Zeit. Friedrich Wilhelm III. der Melancholiker auf dem Thron, Berlin 1992, S. 533

24. In der polnischsprachigen Bevölkerung Preußens gab es zum Teil große Sympathien für die Ziele des polnischen Aufstands; vgl. Barbara Dettke: Die asiatische Hydra. Die Cholera von 1830/31 in Berlin und den preußischen Provinzen Posen, Preußen und Schlesien, Berlin/New York 1995, S. 81–101; vgl. zu diesem Komplex auch Ross (wie Anm. 17), der allerdings die Seuchenprävention als ausschlaggebenden Grund für den Grenzkordon betont; so sein Fazit auf S. 71

25. McGrew (wie Anm. 14), S. 102

26. Vgl. Gerd Unverfehrt (Hg.): La Caricature. Bildsatire in Frankreich 1830–1835 aus der Sammlung von Kritter, Göttingen 1980, Kat.Nr. 23

27. Im April brach die Cholera im russischen Lager mit großer Heftigkeit aus und forderte in kurzer Zeit unter den 9.000 Erkrankten mehr als 3.000 Todesopfer; vgl. McGrew (wie Anm. 14), S. 102ff.

28. Vgl. Schiemann (wie Anm. 15), S. 111

29. McGrew (wie Anm. 14), S. 105

30. Dettke (wie Anm. 24), S. 61

31. Hille [3/6], S. 121

32. Vgl. § 1 des Gesetzes wegen Bestrafung derjenigen Vergehungen, welche die Uebertretung – zur Abwendung der Cholera – erlassenen Verordnungen betreffen, vom 15. Juni 1831 (Gesetz-Sammlung fuer die Koeniglichen Preußischen Staaten, Jg. 1831, Nr. 1290). Da der kleine Grenzverkehr für die ländliche Bevölkerung lebensnotwendig war, kam es mitunter zu Schießereien zwischen Bauern und Militär; vgl. Dettke (wie Anm. 24), S. 114

33. Vgl. § 28 der Instruktion fuer die koeniglichen Kontumaz-Beamten vom 1.6.1831 (Beilage zum 34sten Stueck des Amtsblatts der Koenigl. Regierung zu Potsdam und der Stadt Berlin)

34. Vgl. die Bekanntmachung betreffend die Vorschriften wegen Einfuehrung der Gesundheits=Atteste fuer den Fall, daß die zur Abwehrung der Cholera von den Graenzen des K. Pr. Staates angeordneten Maaßregeln zur Ausfuehrung kommen sollten (Beilage zum 34sten Stueck des Amtsblatts der Koenigl. Regierung zu Potsdam und der Stadt Berlin)

35. Vgl. §§ 31–39 der Instruktion fuer die koeniglichen Kontumaz-Beamten (wie Anm. 33)

36. Anweisung ueber das Desinfektionsverfahren bei den aus Gegenden, wo die Cholera herrscht, kommenden Reisenden, Waaren und Thieren. Anlage zu: Instruktion ueber das bei der Annaeherung der Cholera, so wie ueber das bei dem Ausbruche derselben in den Koeniglich Preußischen Staaten zu beobachtende Verfahren, vom 1.6.1831 (Beilage zum 29sten Stueck des Amtsblatts). Bei diesen Bestimmungen griff man erkennbar auf Erfahrungen mit den Pestkordonen des 18. Jahrhunderts zurück; vgl. Erna Lesky: Die österreichische Pestfront an der K.K. Militärgrenze, in: Saeculum 8, 1957, S. 86–106

37. §§ 25–28 der Anweisung ueber das Desinfektionsverfahren (wie Anm. 36); erst Ende Oktober 1831 wurde diese Praxis beendet, vgl. Amtsblatt, Stueck 44, S. 301; zu Cholerabriefen

vgl. Bruno Valentin: Cholera-Briefe, in: Sudhoffs Archiv 37, 1953, S. 417–421; Klaus Meyer: Die Desinfektion von Briefen. Ein Teil der Abwehrmaßnahmen gegen Seuchen, in: Beiträge zur Geschichte der Pharmazie 40, 1988, S. 18–30

38. Anton Friedrich Fischer [3/15], S. 7; vgl. dazu Evans (wie Anm. 4), S. 332

39. Zur Entscheidungsfindung der preußischen Bürokratie vgl. Dettke (wie Anm. 24), S. 66–76; Ross (wie Anm. 17), S. 43–75; Thomas Stamm-Kuhlmann: Die Cholera von 1831. Herausforderungen an Wissenschaft und staatliche Verwaltung, in: Sudhoffs Archiv 73, 1989, S. 176–189

40. Bis zum Mai 1832 rund 19.000 von insgesamt knapp 32.000 Toten; vgl. W. Wagner: Die Verbreitung der Cholera im Preußischen Staate; ein Beweis ihrer Contagiosität, in: J.C. Albers u.a. (Hg.): Cholera-Archiv mit Benutzung amtlicher Quellen, Bd. 2, Berlin 1832/33, S. 127–271. Während die überwiegend ländlichen Regierungsbezirke Gumbinnen und Posen mit ca. 2.400 bzw. 3.100 Toten ebenfalls noch schwer unter der Cholera zu leiden hatten, konzentrierte sich die Krankheit in Brandenburg fast ausschließlich auf Berlin und Potsdam; die Provinzen Sachsen und Pommern und die westlichen Landesteile wurden zum großen Teil verschont.

41. Instruktion ueber das Verfahren bei Annaeherung der Cholera (wie Anm. 36), Anlage A

42. Vgl. die bei Dettke (wie Anm. 24), S. 102–112, und Ross (wie Anm. 17), S. 75–97, zitierten Schilderungen

43. Vgl. Außerordentliche Beilage No. 16 zu No. 31 des Amtsblattes der Koenigl. Ostpreuß. Regierung von 1831

44. Vgl. den Bericht des Präsidiums des Oberlandesgerichts zu Königsberg an das preußische Justizministerium vom 29.7.1831, Geheimes Staatsarchiv Dahlem, I. HA, Rep. 84a, Nr. 4178, Bl. 177–180; zum Königsberger Aufstand vgl. auch Dettke (wie Anm. 24), S. 134–139; Ross (wie Anm. 17), S. 134–152; Dirk Blasius: Sozialprotest und Sozialkriminalität in Deutschland. Eine Problemstudie zum Vormärz, in: Heinrich Volkmann, Jürgen Bergmann (Hg.): Sozialer Protest, Opladen 1984, S. 212–227, hier S. 222–226

45. Schreiben des Präsidiums des Oberlandesgerichts zu Königsberg an das preußische Justizministerium vom 4. August 1831, Geheimes Staatsarchiv Dahlem (wie Anm. 44), Bl. 202f.

46. Elise von dem Bussche-Kassel: Gräfin Elise von Bernstorff. Ein Bild aus der Zeit von 1789 bis 1835. Aus ihren Aufzeichnungen, 2. Bd., Berlin 1896, S. 219; neben Königsberg war es noch in Memel und Stettin zu Tumulten gekommen; vgl. Evans (wie Anm. 4), S. 315

47. Krüger-Hansen [3/64], S. 1

48. 1831 in Hamburg erschienen

49. Simon [3/16], S. 122

50. Barrie's [3/14], S. V

51. Fischer [3/15], S. 5

52. Vgl. dazu den mittlerweile klassischen Aufsatz von Erwin H. Ackerknecht: Anticontagionism between 1821 and 1867, in: Bulletin of the History of Medicin 22, 1948, S. 562–593

53. Barrie's [3/14], S. 98; Fischer [3/15], S. 12

54. Vgl. Dettke (wie Anm. 24), S. 198f.

55. Vgl. zu diesem Vorgang Landesarchiv Berlin, Rep. 01–02/218, Bl. 4–10 u. Bl. 33–40

56. Verordnung ueber das Verfahren bei der Annaeherung und dem Ausbruche der Cholera in Berlin, Berlin 1831, S. 10

57. Vgl. § 9 der im Amtsblatt Nr. 35 bekannt gegebenen Lockerungen der Vorschriften vom 22.8. Am 6.9. erfolgte eine weitere Lockerung (Amtsblatt Nr. 37). Ein Grund dafür mag in einer Eingabe der städtischen Deputierten im Vorfeld der Epidemie gelegen haben. Sie rechneten aus, daß die Absperrung von einzelnen Häusern und Seitengebäuden enorme Kosten verursachen würde. Allein die Ernährung von Familien in diesen Häusern könnte die Stadt mit 100.000 Talern belasten; vgl. Stamm-Kuhlmann (wie Anm. 39), S. 183

58. Brief vom 8. September; zitiert nach: Rahel. Ein Buch des Andenkens für ihre Freunde, Dritter Theil, Berlin 1834, S. 521; vgl. auch den Bericht Dr. Opperts, Arzt der 58sten Schutzkommission, in der Berliner Cholera=Zeitung, No.7, S. 59f., vom 8. Oktober 1831. Zu einem Cholerakranken in die Bergstraße gerufen, fand er dort die »Wohnung so angefüllt mit Menschen, daß es mir schwer wurde, mir einen Weg zum Kranken zu bahnen.«

59. No. 4 vom 1. Oktober 1831, S. 31f.

60. Vgl. Sticker (wie Anm. 6), S. 336f. u. S. 420; Evans (wie Anm. 4), S. 298; Brigitta Schader: Die Cholera in der deutschen Literatur, München 1985

61. Vgl. Ernst Rodenwaldt: Die Seuchenzüge der Cholera im 19. Jahrhundert, in: Walter Artelt, Walter Rüegg (Hg.): Der Arzt und der Kranke in der Gesellschaft des 19. Jahrhunderts, Stuttgart 1967, S. 201–208, hier S. 202; vgl. Dettke (wie Anm. 24), Tabelle 15, S. 253

62. Vgl. Dettke (wie Anm. 24), Tabelle 1, S. 209

63. Um die besonderen Bestimmungen bei der Beerdigung von Choleraleichen zu umgehen, wurde die wahre Todesursache allerdings verschwiegen; vgl. Helmut Döll: Hegels Tod, in: Zeitschrift für ärztliche Fortbildung 79, 1985, S. 217–219

64. Vgl. dazu Berliner Landesarchiv, Rep. 01–02/253

65. Für Paris vgl. Alain Courbin: Pesthauch und Blütenduft. Eine Geschichte des Geruchs, Frankfurt a.M. 1988, S. 201–212; für London vgl. Norman Longmate: King Cholera. The Biography of a Disease, London 1966, S. 92

66. So Rahel Varnhagen in einem Brief vom 8. September; zitiert nach: Rahel (wie Anm. 58), S. 521

67. Vor allem um Gefährdungen der eigenen Gesundheit vorzubeugen; vgl. Ute Frevert: Krankheit als politisches Problem. 1770–1880. Soziale Unterschichten in Preußen zwischen medizinischer Polizei und staatlicher Sozialversicherung, Göttingen 1984, S. 125–135; für Paris vgl. François Delaporte: The Cholera in Paris, 1832, Cambridge/London 1986, S. 36

68. Vgl. Sabine Schormann: Bettine von Arnim. Die Bedeutung Schleiermachers für ihr Leben und Werk, Tübingen 1993, S. 58f.

69. Die konkrete Entstehungsgeschichte dieses Berichts, für den Bettina von Arnim auf die Recherchen des Schweizer Lehrers Heinrich Grunholzer zurückgriff, begann allerdings erst um 1840; vgl. den Kommentar in: Wolfgang Bunzel u.a. (Hg.): Bettine von Arnim. Politische Schriften (=Werke und Briefe in vier Bänden, Bd. 3), Frankfurt a.M. 1991, S. 830–847

70. Vgl. Kurt Schneider: Die Geschichte der Cholera in Sachsen, Berlin 1938, S. 8–15; Ernst Krehnke: Der Gang der Cholera in Deutschland seit ihrem Auftreten bis heute, Berlin 1937, S. 18, sieht die Verschonung Sachsens vor allem durch geologische Besonderheiten, Wasserscheiden und Gebirgszüge, bedingt.

71. Vgl. Die Denksäule auf dem Wilsdrufer Platze in Dresden, in: Illustrirte Zeitung, 1, 1843, No. 22 , S. 345

72. Zur Choleraepidemie in England vgl. Longmate (wie Anm. 65); Morris (wie Anm. 9); Michael Durey: The Return of the Plague. British Society and the Cholera 1831–2, Dublin 1979

73. Vgl. Morris (wie Anm. 9), S. 21–37

74. Vgl. ebd., S. 54

75. Vgl. ebd., S. 46–50; Longmate (wie Anm. 65), S. 32

76. Vgl. Clanny [3/29], S. 141

77. Vgl. Morris (wie Anm. 9), S. 45

78. Vgl. ebd., S. 53

79. Vgl. Longmate (wie Anm. 65), S. 83–96; Durey (wie Anm. 72), Tabelle 3.1., S. 52; danach lag die Mortalität in London 1832 bei 0,34 %, 1849 bei 0,66 % und 1854 bei 0,45 %. Andere Großstädte wiesen wesentlich höhere Raten auf: Paris 1832 2,18 % und Stockholm 1834 sogar 4,3 %

80. Vgl. Anne Hardy: London's water supply in the nineteenth century, in: W.F. Bynum, Roy Porter (Hg.): Living and Dying in London, London 1991, S. 76–93, hier S. 78; die Angabe bezieht sich auf das Jahr 1828

81. Zitiert nach ebd., S. 83

82. Vgl. Durey (wie Anm. 72), Tabelle 3.4, S. 66

83. Vgl. ebd., S. 59–66

84. Vgl. Longmate (wie Anm. 65), S. 88

85. Vgl. ebd., S. 89

86. Durey (wie Anm. 72), S. 29–31; als mögliche Ursache für diese gravierende Differenz führt Durey die schlechtere Wasserversorgung und die wesentlich höhere Bevölkerungsdichte von Paris an, die Kontaktinfektionen begünstigt habe; ebd., S. 74–76

87. Heinrich Heine: Französische Zustände, Artikel VI; zitiert nach ders: Sämtliche Werke, sechster Band, Leipzig 1912, S. 180

88. Zur Choleraepidemie 1832 in Paris vgl. Delaporte (wie Anm. 67); Catherine Jean Kudlick: Disease, Public Health and Urban Social Relations: Perceptions of Cholera and the Paris Environment, 1830–1850, Diss. Berkeley 1988; Louis Chevalier: Paris, in: ders. (Hg.): Le Choléra. La Première Épidémie du XIXe Siècle, La Roche-sur-Yon 1958, S. 1–45

89. Zur Zielsetzung und Zusammensetzung vgl. Werner Giesselmann: »Die Manie der Revolte«. Protest unter der Französischen Julimonarchie, München 1993, S. 310–348; der Bonapartismus als dritte Parteiung wurde erst später von größerer Bedeutung.

90. Vgl. Patrice Bourdelais, André Dodin: Visages du choléra, Paris 1987, S. 18f.

91. Vgl. Delaporte (wie Anm. 67), S. 60

92. Das Zitat stammt von Heine (wie Anm. 87), S. 188; vgl. Catherine J. Kudlick: Giving Is Deceiving: Cholera, Charity, and the Quest for Authority in 1832, in: French Historical Studies 18/2, 1993, S. 457–481, hier S. 467

93. Vgl. die Schilderung bei Heine (wie Anm. 87), S. 180–182; sowie Giesselmann (wie Anm. 89), S. 221f.; Delaporte (wie Anm. 67), S. 66f.

94. Heine (wie Anm. 87), S. 183; vgl. Giesselmann (wie Anm. 89), S. 222–225

95. Vgl. Giesselmann (wie Anm. 89), S. 226

96. Vgl. Delaporte (wie Anm. 67), S. 77

97. Vgl. Louis Chevalier: Labouring Classes and Dangerous Classes in Paris During the First Half of the Nineteenth Century, London 1973, S. 345–347

98. Vgl. ebd., S. 348

99. Zur Konkurrenz von Staat und Kirche während der Epidemie vgl. Kudlick (wie Anm. 92)

100. Zu Quellen vgl. Archives biographiques françaises, London u.a. 1993, Mf 863, S. 236–304

101. Wie Kudlick (wie Anm. 92), S. 467, schreibt, gehörten unter den so Ausgezeichneten nur 5 % dem Klerus an.

102. Zur Cholera in München vgl. Franz Xaver Kopp: Generalbericht über die Cholera-Epidemie in München einschlüssig der Vorstadt Au im Jahre 1836/37, München 1837; Birgit Brandner: Die Betreuung der Bevölkerung während der Choleraepidemie 1836/37 in München in ärztlicher, pflegerischer, sozialer und seelsorgerischer Hinsicht, Diss. Med. München 1990

103. Dettke (wie Anm. 24), S. 304–308

104. Generalbericht (wie Anm. 102), S. 84

105. Zitiert nach Monika Bergmeier: »Die gute Polizey« – Gesundheitsfürsorge, Sauberkeit und Ordnung, in: Hans Ottomeyer (Hg.): Biedermeiers Glück und Ende. ... die gestörte Idylle 1815–1848. Ausstellungskatalog des Münchner Stadtmuseums, München 1987, S. 85–89, hier S. 88

106. Vgl. Brandner (wie Anm. 102), S. 19

107. Adolph von Schadden: Sentimentale und humoristische Rückblicke auf mein viel bewegtes Leben, Leipzig 1838; zitiert nach Biedermeiers Glück und Ende (wie Anm. 105), S. 314

108. Generalbericht (wie Anm. 102), S. 56

109. Vgl. Brandner (wie Anm. 102), S. 34–41

110. Vgl. ebd., S. 12

111. Vgl. Biedermeiers Glück und Ende (wie Anm. 105), Kat.Nr. 4.1.3 und 4.1.4

112. Vgl. Generalbericht (wie Anm. 102), S. 69

113. Vgl. ebd., Anlage, S. 29

114. Vgl. Sigfried Metken: Die letzte Reise. Sterben, Tod und Trauersitten in Oberbayern. Ausstellungskatalog des Münchner Stadtmuseums, München 1984, Kat.Nr. 192

115. Vgl. Norman Howard-Jones: Cholera Therapy in the Nineteenth Century, in: Journal of the History of Medicine 27, 1972, S. 373–394

116. Vgl. Sticker (wie Anm. 6), S. 501

117. Vgl. Pollitzer (wie Anm. 1), S. 751

118. James Annesley: Ueber die Ostindische Cholera nach vielen eigenen Beobachtungen und Leichenöffnungen. Nach der zweiten Ausgabe von 1829 aus dem Englischen übersetzt von Dr. Gustav Himly, Hannover 1831, S. 153

119. Vgl. Durey (wie Anm. 72), S. 124

120. Vgl. Howard-Jones (wie Anm. 115), S. 374–379

121. Krüger-Hansen [3/64], S. XII

122. Vgl. Howard-Jones (wie Anm. 115), S. 384

123. Casper [3/60], S. 126–132

124. Oertel [3/61], S. 12

125. Zitiert nach Fritz Bröger (Hg.): Karl Immermann. Im Schatten des schwarzen Adlers. Ein Dichter- und Zeitbild in Selbstzeugnissen, Werkproben, Briefen und Berichten, Berlin 1967, S. 322

126. Sticker (wie Anm. 6), S. 503, führt dies auf die überwiegend wohlhabende Anhängerschaft dieser Heilmethode zurück

127. Vgl. Evans (wie Anm. 4), S. 426–430

128. Für England vgl. Morris (wie Anm. 9), S. 129–158; Durey (wie Anm. 72), S. 151; für München vgl. Generalbericht (wie Anm. 102), S. 70; für Hamburg (1892) vgl. Evans (wie Anm. 4), S. 447–455

129. Brief vom 9. Februar; zitiert nach Hans-J. Weitz (wie Anm. 3), S. 269

130. Zitiert nach Eugen Holländer: Die Karikatur und Satire in der Medizin, Stuttgart 1905, S. 105–110

131. Vgl. Bourdelais, Raulot (wie Anm. 13)

132. Vgl. Dettke (wie Anm. 24), Tabelle 3a, S. 213

133. Vgl. Krehnke (wie Anm. 70), passim

134. Vgl. ebd., S. 80–96

135. Zitiert nach Ferdinand Runkel (Hg.): Böcklins Memoiren. Tagebuchblätter von Böcklins Gattin Angela, Berlin 1910, S. 194

136. Vgl. Dieter Koepplin: Zu Böcklins Zeichnungen und Kritzeleien, in: Arnold Böcklin. 1827–1901. Ausstellung zum 150. Geburtstag, veranstaltet vom Magistrat der Stadt Darmstadt, Darmstadt 1977, Bd. 2, S. 238–258, hier S. 252–254; sowie ebd., Kat.Nr. Z 59

137. Vgl. Dorothea Christ, Christian Geelhaar: Arnold Böcklin. Die Gemälde im Kunstmuseum Basel, Basel 1990, Kat.Nr. 60

138. Vgl. John von Simson: Kanalisation und Städtehygiene, Düsseldorf 1983

139. Pettenkofer [3/81], S. 292; vgl. dazu W. Rimpau: Die Entstehung von Pettenkofers Bodentheorie und die Münchner Choleraepidemie vom Jahre 1854. Eine kritisch-historische Studie, Berlin 1935

140. Zu Robert Koch vgl. Thomas D. Brock: Robert Koch. A Life in Medicine and Bacteriology, Madison 1988

141. Bericht [3/83], S. 155–188; vgl. dazu William Coleman: Koch's Comma Bacillus: The First Year, in: Bulletin of the History of Medicine 61, 1987, S. 315–342

142. Vgl. Evans (wie Anm. 4), S. 341

143. Bericht [3/83], S. 188

144. Die folgenden Ausführungen zur Hamburger Choleraepidemie von 1892 basieren sämtlich auf der eindrucksvollen Studie von Evans (wie Anm. 4), insbes. S. 358–711

145. Vgl. ebd., S. 358–360

146. Vgl. ebd., S. 367–377 u. Tabelle 4

147. Die »modernste Anlage der Welt« zu ihrer Zeit, wie Simson (wie Anm. 140), S. 85, urteilt

148. Vgl. Evans (wie Anm. 4), S. 232f.

149. Vgl. ebd., S. 194–213

150. Vgl. ebd., S. 360–362

151. Vgl. ebd., S. 367–372; dazu neuerdings Ursula Weisser: Die Cholera in Hamburg: Nachbetrachtungen zur Diagnose der ersten Erkrankungen und zu den Therapieansätzen in den Krankenhäusern, in: Rainer Ansorge (Hg.): Schlaglichter der Forschung. Zum 75. Geburtstag der Universität Hamburg, Berlin/Hamburg 1994, S. 85–109, hier S. 86–96; Weisser sieht den Grund für die späte Diagnose der Cholera vor allem in einer zu starren Auslegung der bürokratischen Vorschriften von seiten der Hamburger Medizinalbeamten.

152. Vgl. Evans (wie Anm. 4), S. 399–402

153. Vgl. ebd., S. 407f.

154. Zitiert nach ebd., S. 515

155. Vgl. ebd., S. 412

156. Zitiert nach ebd., S. 413

157. Zitiert nach ebd., S. 417

158. Vgl. ebd., S. 418f.; Anna Katharina F. Zülch: Choleralazarette – »eine Vertheidigung gegen die Cholera?«, in: Heidemarie Grahl, Antje Kelm (Hg.): Der blaue Tod. Die Cholera in Hamburg 1892, Hamburg 1992, S. 30–43

159. Vgl. Kathrin Grahl: Tod und Begräbnis, in: Grahl, Kelm (wie Anm. 158), S. 44–49; Evans (wie Anm. 4), S. 421

160. Vgl. Evans (wie Anm. 4), S. 455f.

161. Vgl. ebd., S. 444–446

162. Otto Ernst: Semper der Mann. Eine Künstler- und Kämpfergeschichte, Leipzig 1916, S. 78; den Hinweis verdanke ich Schader (wie Anm. 60)

163. Zitiert nach Evans (wie Anm. 4), S. 469

164. Vgl. ebd., S. 467–473

165. So das Urteil von Evans (wie Anm. 4), S. 163

166. Vgl. ebd., S. 603–614

167. Vgl. ebd., S. 505–589

168. Vgl. Michael Grüttner: Soziale Hygiene und Soziale Kontrolle. Die Sanierung der Hamburger Gängeviertel 1892–1936, in: Arno Herzig, Dieter Langewiesche, Arnold Sywottek (Hg.): Arbeiter in Hamburg. Unterschichten, Arbeiter und Arbeiterbewegung seit dem ausgehenden 18. Jahrhundert, Hamburg 1983, S. 359–371, hier S. 359

169. Zitiert nach Evans (wie Anm. 4), S. 398

170. Vgl. Grüttner (wie Anm. 168)

171. Vgl. Evans (wie Anm. 4), S. 677–684

172. Vgl. die jährlichen Berichte des von der WHO herausgegebenen Weekly Epidemiological Record

173. WHO (Hg.): Weekly Epidemiological Record 68, 1993, S. 155

Bereits im Herbst 1830 flackerten hier und da in Wien und seiner Umgebung vereinzelte Fälle von gastrischen Erkrankungen auf, die aber, da im darauffolgenden Winter katarrhalisch-rheumatische Krankheiten gehäuft auftraten, keine besondere Beachtung fanden.

Manfred Skopec

Die Cholera in Wien

Gegen Ende des Frühlings 1831 stellte sich dann eine sehr weit verbreitete Grippewelle ein, die eine allgemeine Schwächung des Gesundheitszustandes der Bevölkerung zur Folge hatte. Dies bot der sich im Sommer 1831 rapide verbreitenden Cholera ein leichtes Spiel.[1] Aus Rußland waren die ersten Nachrichten über die dort aufgetretene epidemische, »indische«, »asiatische« oder »morgenländische« Cholera gekommen. In Moskau war die Seuche im September 1830 ausgebrochen, und schon am 15. September desselben Jahres hatte der österreichische Generalkonsul Timoni aus Odessa gemeldet: »Die Meinungen der Ärzte über solche zweifelhaften Fälle sind noch immer geteilt, der größere Teil, darunter alle fremdländischen Ärzte, geben zu, daß einige dieser Fälle Symptome

3/41

»Instruction fuer die Sanitaets= Behoerden ...« Wien 1830

des Cholera morbus haben; allein sie leugnen, das Dasein dieser Krankheit als Epidemie zu erkennen, indem sie anführen, daß in allen Hospitälern aller Länder es jederzeit einzelne Fälle des Cholera morbus gebe, daß diese Krankheit aber um sich greifen und viele Individuen ergreifen müßte, wenn sie als Epidemie bestände.«[2] Jedenfalls war die österreichische Regierung gewarnt: Im November 1830 erschien auf allerhöchsten Befehl eine »Instruction fuer die Sanitaets=Behoerden, und fuer das bei den Contumaz=Anstalten verwendete Personale, zum Behufe die Graenzen der k.k. Oesterreichischen Staaten vor dem Einbruche der im kaiserlich Russischen Reiche herrschenden epidemischen Brechruhr (Cholera morbus) zu sichern, und im moeglichen Falle des Eindringens, ihre Verbreitung zu hemmen«. **[3/41]** Die Behörden errichteten an den Einfallsstraßen Contumaz-Anstalten – die österreichische Bezeichnung für Quarantäne – und zwei große Sperrlinien, die ein Eindrin-

gen der Seuche verhindern sollten. **[3/42, 3/43]** Dieser Kordon war lückenlos militärisch besetzt, und nur gewisse Orte waren zum Durchzug für Menschen, Tiere und Waren bestimmt, aber auch hier mußte sich jeder Durchreisende einer 10 bis 20 Tage andauernden Überwachung und Beobachtung unterziehen.

Die Cholera übersprang alle sanitären Kordone, so daß sich eine vom mährisch-schlesischen Gubernium angestellte Untersuchung mit der Frage beschäftigte, ob die im Rücken des Solakordons (Sola ist ein Nebenfluß der Weichsel)

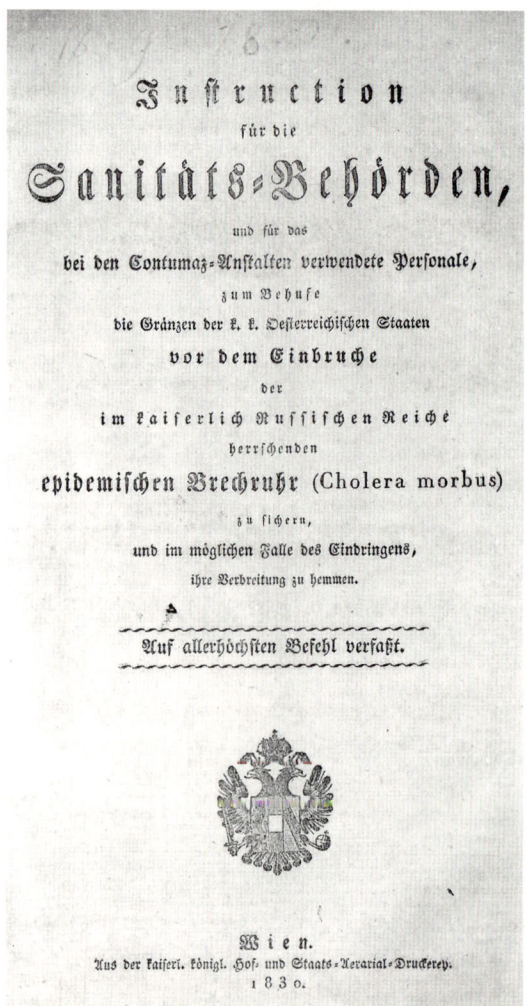

Anfang August 1831 vorgekommenen Sterbefälle, die von den Sanitätspersonen als sporadische Cholera erklärt worden waren, nicht schon die epidemische Brechruhr gewesen seien. Die

3/43

F.K. Wolf: »Das Innere der
Contumaz Anstalt naechst
Schlosshof in N. Österreich«.
Lithographie, 1831

Angelegenheit war für die Regierung von Bedeutung, weil, wie sie ausführt, eine frühere Auflösung des Kordons eine bedeutende Ersparnis, eine größere Schonung des Militärs und eine frühere Befreiung von den hemmenden Sperrmaßregeln bedeutet hätte.[3]

Die ersten Brechdurchfälle ereigneten sich in Wien in der Inneren Stadt zwischen dem 10. und 15. August 1831, bald danach in voneinander weit entfernten Teilen der Vorstädte, so im Lichtental, in der Roßau, in Margareten, auf der Landstraße und im Alserbezirk.[4] Die Zahl der Erkrankungen nahm zunächst nur langsam zu, bis »in der Nacht vom 13. auf den 14. September der bisher im verborgenen angewachsene Feind mit seiner ganzen Kraft hervortrat, nachdem 3 vorausgegangene stürmische und kalte Regentage der herrschenden Krankheits-Constitution einen neuen Impuls gegeben hatten. Dieses erste Auftreten der Epidemie war zugleich ihr stärkstes, und die ersten Tage desselben vom 14. bis 19. September, können als ihr Culminationspunct, so wie die ersten Wochen ihrer Dauer, bis 21. Oct. als Zeitraum der Höhe betrachtet werden, von welcher der ganze fernere Verlauf durch beyläufig 20 Wochen eine zwar allmählige, aber fortwährende Abnahme darstellte.«[5] Die Wiener wurden von panischer Angst erfaßt, sahen sie doch, wie tausende Mitbürger sich unter Schmerzen und Krämpfen erbrachen und von heftigen Durchfällen bis zur Austrocknung des Körpers befallen wurden. Franz Grillparzer vermerkte in seinem Tagebuch: »(...) als an einem Tage anderthalb Hundert erkrankten und verhältnismäßig viele daran starben und noch dazu alle aus den besseren Ständen, ward das Entsetzen allgemein«.[6]

Bei einer Einwohnerzahl von 330.000 und bei 4.362 registrierten Erkrankungen starben bei dieser ersten Cholera-Epidemie in Wien 2.188 Menschen.[7]

Die Mittel, die gegen Cholera angeboten wurden, waren zahllos.[8] Das Bild eines Cholera-Präservativ-Mannes nach M. G. Saphir, einem satirischen Schriftsteller und Feuilletonisten, der wegen seines beißenden und effektbedachten Spottes zu seiner Zeit berühmt war, nennt sie in ironischer

253

Weise. [3/76] Hinter dieser Ironie stand jedoch die Erkenntnis, daß die Medizin der Seuche hilflos gegenüberstand. Ihre Ursache war ja noch unbekannt. Joseph Andreas Stifft, der damalige Protomedicus, glaubte an einen »genius epidemicus« und hob die zur Jahresmitte angeordnete strengste Landessperre als nutzlos wieder auf. Nun glaubte sich die Bevölkerung erst recht schutzlos der Seuche gegenüber. Wenn auch Valentin von Hildenbrand, Vorstand der Lehrkanzel für Innere Medizin, die Theorie eines Hamburger Arztes, daß unsichtbare Infusionstierchen die Cholera erregten, ablehnte und als Hirngespinst bezeichnete,[9] war man sich der Sache doch nicht ganz sicher. Die Behörden fürchteten auch Unruhen unter den Arbeitern.

3/44
J. Trentsensky:
Kaiser Franz II. begutachtet
den Bau des Cholera-Kanals.
Kolorierte Lithographie, 1831

Die sozialen Implikationen der Seuche und die Tatsache, daß Wien bereits eine respektable Industriestadt war, kann auch das schönste Biedermeier-Klischee nicht überdecken.

Fabriken und Handwerksbetriebe schlossen ihre Tore. Tausende Arbeiter waren arbeitslos. Unter dem Zwang der Seuche entschloß sich die Regierung, ein Arbeitsbeschaffungsprogramm zu erstellen: Der längst fällige Abzugskanal am rechten Wien-Ufer wurde mit 5.000 Arbeitern in Angriff genommen [3/44] und das Kriminalgerichtshaus gebaut.

Die Cholera des Jahres 1831 verhalf übrigens auch der Homöopathie in Wien zum Durchbruch. Damals pries nämlich der Arzt, Priester und Homöopath Johann Emanuel Veith von der Kanzel des Stephansdomes herab vor versammeltem Hof ihre Erfolge bei der Seuche, und 1832 wurde die Homöopathie eifrig von Naturforschern und Ärzten bei ihrer Tagung in Wien diskutiert.[10]

Die Cholera hatte also nicht nur deletäre Wirkungen. Sie wurde auch zu einer außerordentlich wichtigen Anregerin der öffentlichen Gesundheitspflege im 19. Jahrhundert. Robert Koch sprach sogar von der Seuche als »unserem alten

Verbündeten«, dessen Herannahen die Bewilligung neuer Kredite für hygienische Maßnahmen erwirke.[11]

In Wien war Jaromir Mundy ein unermüdlicher Mahner und Kämpfer für Sanitätsreformen. 1854 war die Cholera neuerlich durch Wien gegangen. Damals fielen ihr wieder mehr als 2.000 Menschen zum Opfer, darunter auch Johann Baptist Chiari, Lehrer und Freund von Semmelweis.[12] Wieder war alles unklar – wie vor mehr als 20 Jahren. Nur daß die Elendsviertel weit mehr heimgesucht wurden als die Häuser der Reichen, war nicht mehr zu übersehen.

Mundy hörte nicht auf zu mahnen. Nachdem er drei »Offene Sendschreiben an Se. Excellenz den Minister des Inneren« anonym hatte drucken lassen, erklärte er am 22. März 1868 in der Wiener Medizinischen Presse: »Wer schafft uns einen zweiten Van-Swieten an die Seite unseres gütigen Monarchen?! Unterdessen sollen wir also bis September mit den Sanitäts-Reformen warten. Da könnte es geschehen, dass, wenn gerade die Enquêten tagen werden, ein unheimliches Gespenst auch am grünen Tische der offiziellen Sanitätsmitglieder plötzlich Platz – und das Präsidium übernehmen wird. Sein Name ist ›Cholera‹.«[13]

Es war dies übrigens derselbe Jaromir Mundy, der 1881, als Wien unter dem Schock des Ringtheaterbrandes stand, die Situation zu nützen wußte und die Wiener Freiwillige Rettungsgesellschaft gründete.

1884 gelang Robert Koch die Entdeckung des Cholerabazillus. Auf dieser neuen Basis wurde noch im selben Jahr ein Choleraregulativ ausgearbeitet und zur Anwendung gebracht. Auf der 5. Internationalen Sanitätskonferenz in Dresden (1893) wurde eine internationale Konvention erreicht und das in Österreich seit 1884 geübte System der Choleraabwehr in den wesentlichsten Punkten als internationales Choleraregulativ angenommen.[14]

Anmerkungen

1. Joseph Johann Knolz: Darstellung der Brechruhr-Epidemie in der k.k. Haupt- und Residenzstadt Wien, wie auch auf dem flachen Lande in Österreich unter der Enns, in den Jahren 1831 und 1832, nebst den dagegen getroffenen Sanitäts-polizeylichen Vorkehrungen, Wien 1834, S. 27ff.

2. Zitiert nach Isidor Fischer: Der erste Choleraeinbruch in Österreich. Nach Akten der Wiener medizinischen Fakultät aus den Jahren 1831 und 1832, in: Historische Studien und Skizzen zu Natur- und Heilwissenschaft. Festgabe für Georg Sticker, Berlin 1930, S. 134–142, hier S. 134

3. Ebd., S. 134f.

4. Johann Alexander Bozyk: Geschichte der Cholera-Epidemie von 1831/32 in Wien in Wort und Bild, Wien 1944 (Maschinschr., vervielf. Xerokopie im Besitz des Instituts für Geschichte der Medizin der Universität Wien)

5. Knolz (wie Anm. 1), S. 29

6. Zitiert nach Erna Lesky: Meilensteine der Wiener Medizin. Große Ärzte Österreichs in drei Jahrhunderten, Wien/München/Bern 1981, S. 71

7. Gertraud Krebs: Die geographische Verbreitung der Cholera im ehemaligen Österreich-Ungarn in den Jahren 1831–1916 (= Veröffentlichungen aus dem Gebiete des Volksgesundheitsdienstes Bd. 55, H. 6), Berlin 1941, S. 11

8. Erwin H. Ackerknecht: Geschichte und Geographie der wichtigsten Krankheiten, Stuttgart 1963, S. 26, schreibt, daß außer Aderlaß und Abführen mehr als 150 nutzlose oder gar schädliche Mittel angeboten wurden, von denen Opium wohl das einzige war, das zumindest die Symptome linderte.

9. Fischer (wie Anm.2), S. 140

10. Lesky (wie Anm.6), S. 71

11. Zitiert nach ebd.

12. Manfred Skopec: Infektionskrankheiten – Geißeln der Menschheit: Die Cholera, in: wir informieren. Informations- und Kommunikationsmedium für die Mitarbeiter der IMMUNO AG und ihrer Produktionsbetriebe, Heft 4, Wien 1988, S.13–15

13. Die Sanitätsreform kann – warten! in: Wiener Medizinische Presse. Wochenschrift für praktische Ärzte 9, 1868, Sp. 281–282

14. Erna Lesky: Die Wiener medizinische Schule im 19. Jahrhundert, Graz/Köln 1978 (2. Aufl.), S. 292

3/1
»*A Treatise on the Epidemic Cholera of India*«
James Boyle
Kommissionsverlag T. Baker, London
1821; Buchdruck, 75 S.; 23,5 x 15,3 cm
Berlin, Staatsbibliothek zu Berlin PK [Ka 2520]

3/2
»*Die Morgenländische Brechruhr nach ihrem Zuge und
ihrer Verbreitung, auf drei Karten bildlich dargestellt*«
Karl Friedrich Vollrath Hoffmann
bei Carl Hoffmann, Stuttgart
1832; Kupferstich, Buntstift; 51,2 x 67 cm
3/8 Berlin, Staatsbibliothek zu Berlin PK [Ka 11205]

3/3
*Zar Nikolaus I. hält am Tag nach dem Choleratumult eine
Ansprache auf dem Heumarkt in St. Petersburg*
Abbildung in: »Album Russe«
1831; Lithographie; 31,5 x 45,7 cm
Paris, Bibliothèque Nationale, Cabinet des Estampes
[R 17036]

3/4
»*La barbarie et le Choléra morbus entrant en europe.
Les polonais se battent, les puissances font des protocoles et
la france ...*«
Denis-Auguste-Marie Raffet (1804–1860)
zugeschrieben
Beilage zur Zeitschrift »La Caricature«, Nr. 50,
vom 13. Oktober 1831
Lithographie; 27 x 36 cm
Göttingen, Kunstsammlung der Universität Göttingen

3/5
Gedenkmedaille auf die Choleraepidemie in Warschau 1831
Rev.: PIERWSZE ZIAWIENIE SIE CHOLERY W
WARSZAWIE 1831 (Erste Erscheinung der Cholera in
Warschau 1831)
sign. Av.: ST.

Silber, 8 gr.; Dm 23 mm
Hamburg, Museum für Hamburgische Geschichte,
Münzkabinett [1959/75, Nr. 770]

3/6
»*Karte zur Bezeichnung des Ganges der Cholera im
Königreich Polen. – Scizze der Kön. Preuss. Quarantaine-
Anstalt zu Podzamce.*«
in: »Beobachtungen über die asiatische Cholera,
gesammelt auf einer nach Warschau im Auftrage der
K.S. Landesregierung unternommenen Reise«
D. Karl Christian Hille
bei Johann Ambrosius Barth, Leipzig
1831; kolorierte Lithographie, Buchdruck, VIII u.
140 S.; Karte: 17,7 x 14,7 cm, Buch: 19,2 x 12 cm
Dresden, Sächsische Landesbibliothek
[Pathol.spec. 1587]

3/7
»*Entlassungs-Schein fuer den Reisenden N.N. aus der
Contumaz-Anstalt zu N.N.*«
Anlage A. zu: »Instruction fuer die Koeniglichen
Contumaz=Beamten.« (Zweite Ausgabe),
vom 1. Juni 1831
Hg.: Die preußischen Minister v. Altenstein, v. Hake
und v. Brenn
Formular; 35,5 x 38,5 cm
Berlin, Landesarchiv Berlin [Rep. 01-02, Nr. 217, Bl. 20]

3/8
»*Daß in hiesiger Stadt keine ansteckende Seuchen
herrschen, namentlich keine Spur der Cholera morbus sich
hieselbst gezeigt habe, bezeugt hiermit die Polizey
Direction.*«
Gesundheitsbestätigung für Reisende aus Bremen
Aussteller: Polizey Direction Bremen
26. Oktober 1831; Pappe; 9 x 17,3 cm
Berlin, Museum für Post und Kommunikation
[Mappe Cholerabriefe]

3/9
»*Luftreinigende Douchen für gesperrte Räume.*«
P. Suhr
Abbildung in: »RAPPORT sur la nature du cholèra
asiatique – Relation über die Natur der asiatischen
Cholera«
Dr. Carl Barrie's
1832; Lithographie; 28,5 x 21,5 cm
sign. u.re.: P.Suhr, Hambrg.
Berlin, Staatsbibliothek zu Berlin PK [4° Ka 3724]

3/10

Pfriemen zur Desinfektion von Briefen
Metall; 2 x 16 x 57 cm
Paris, Collection du Service de la Peste de l'Institut
Pasteur [MP 29767]

3/14

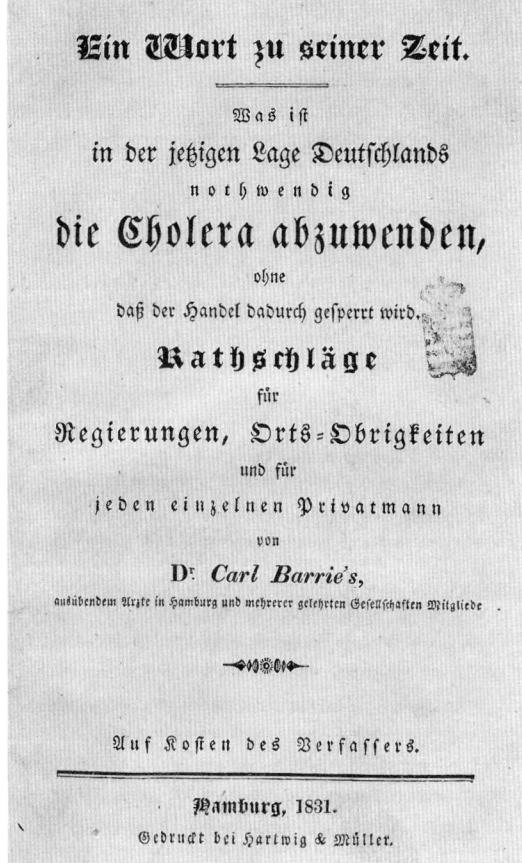

3/11

Cholera-Briefe
a) Brief mit Einstichlöchern eines Pfriemens
28. September 1831; Papier, Tinte; 8 x 17,7 cm
b) »An den Herrn Bau Inspector Schüler zu Pritzwalk«
29. September 1831; Papier, Tinte; 7,3 x 15,2 cm
bez. (Stempel): Desinficirt
c) »An das Königliche Land= und Stadtgericht zu
Gardelegen«
11. Oktober 1831; Papier, Tinte; 8,8 x 16,8 cm
bez. (Stempel): DESINFICIRT
REGIERUNGSBOTENMEISTERAMT zu MAGDEBURG
Berlin, Museum für Post und Kommunikation
[Mappe Cholerabriefe]

3/12

*»Kurze Uebersicht des Seitens des Königl. Preußischen
Staates zur Abwendung der durch die asiatische Cholera
drohenden Gefahr erlassenen Verordnungen nebst einer
Anweisung über das diaetetische Verhalten und ueber
die unverzüglich zu leistende Selbsthuelfe im Falle des
Erkrankens. Zunaechst fuer die Bewohner des Groß-
herzogthums Posen. – Krótki Wykaz Postanowień
wydanych przez Król. Rząd Pruski w celu odwrócenia
niebezpieczeństwa, jakiém cholera azyatycka zagraża wraz
z przepisem wstrzemięźliwego zachowania się i
niezwłocznego użycia własnéj pomocy w razie
zachórowania. Przedewszystkiém dla mieszkańców
Wielkiego Xiestwa Poznańskiego.«*
Gedruckt in der Koenigl. Hofbuchdruckerei von
W. Decker, Posen
1831; Buchdruck, 35 S.; 18 x 11,5 cm
Berlin, Staatsbibliothek zu Berlin PK [Ka 2667]

3/13

*»Karte über die Verbreitung der Cholera im Preussischen
Staate, bis zum 15 Mai 1832«*
Eduard Leidenfrost
Beilage zu: »Die Verbreitung der Cholera im
Preußischen Staate; ein Beweis ihrer Contagiosität«,
in: J.C. Albers u.a. (Hg.): Cholera-Archiv – mit
Benutzung amtlicher Quellen, Bd. 2, S. 127–271
Karl Wilhelm Wagner (1793–1846)
Verlegt von Th. Chr. Fr. Enslin, Berlin
1832; kolorierter Kupferstich, M ca. 1:1.600.000;
50,4 x 58,6 cm
sign. u.re.: gest. von Eduard Leidenfrost
Berlin, Staatsbibliothek zu Berlin PK, Kartenabteilung
[Ka 7366 Kart LS HM]

3/14

*»Ein Wort zu seiner Zeit. – Was ist in der jetzigen Lage
Deutschlands nothwendig die Cholera abzuwenden, ohne
daß der Handel dadurch gesperrt wird. Rathschläge fuer
Regierungen, Orts=Obrigkeiten und fuer jeden einzelnen
Privatmann«*
Dr. Carl Barrie's
gedruckt bei Hartwig & Müller, Hamburg
1831; Buchdruck, VIII u. 60 S.; 19,5 x 12,5 cm
Dresden, Sächsische Landesbibliothek
[Pathol.spec. 1390]

3/15

*»Es wird Tag! – Deutschland darf die herrschende
Brechruhr (Cholera) nicht als Pest und Contagion
betrachten. Ein Wort an die hohen Staatsbeamten
Deutschlands und zur Beruhigung des Publikums.«*
Dr. Anton Friedrich Fischer
Hennings'sche Buchhandlung, Erfurt und Gotha
1832; Buchdruck, 32 S.; 19,6 x 14 cm
Berlin, Staatsbibliothek zu Berlin PK [Ka 7263]

3/16

*»Weg mit den Kordons! – quand même … der epidemisch=
miasmatische Charakter der indischen Brechruhr, ein
grober Verstoß gegen die Geschichte ihres Zuges von
Dschissore in Mittelindien nach dem tiefen Keller in
Hamburg und der groebste gegen den gesunden
Menschenverstand«*
Dr. Friedrich Alexander Simon jun.
bei Hoffmann und Campe, Hamburg
1832; Buchdruck, XVIII u. 146 S.; 17,3 x 11,3 cm
Berlin, Staatsbibliothek zu Berlin PK [Ka 12779]

3/17

*»Berliner Cholera=Zeitung. – Materialien zur Geschichte
und Behandlung der asiatischen Cholera, mit Benutzung
amtlicher Quellen und unter Mitwirkung eines Vereins von
Medicinal=Beamten«*
Hg.: Dr. Johann Ludwig Casper (1796–1864)
bei Ferdinand Dümmler, Berlin
1831/32; Buchdruck, 300 S.; 26,2 x 21,5 cm
Berlin, Staatsbibliothek zu Berlin PK [Ka 1800]

3/18

*»Tagebuch über das Verhalten der bösartigen Cholera in
Berlin. Eine Sammlung von Aufsätzen pathologisch-
therapeutischen, gesundheits-polizeilichen und populär-
medicinischen Inhalts in Bezug auf den Verlauf der
Epidemie im In- und Auslande.«*
Hg.: Dr. Albert Sachs (1803–1835)
im Verlage der Finckeschen Buchhandlung, Berlin
1831/32; Buchdruck, 366 S.; 25 x 22 cm
Berlin, Staatsbibliothek zu Berlin PK [Ka 7864]

3/19

*»Plan von Berlin nach seiner Eintheilung in Schutzbezirke
gegen die Cholera, bestimmt vom Gesundheits-Comité für
Berlin.«*
Schwartzkopf
1831; Lithographie, M 1:12.500; 55 x 57 cm
sign. u.re.: gravt von Schwartzkopf, Schrift von Voss.
Berlin, Staatsbibliothek zu Berlin PK, Kartenabteilung
[Kart. X 17588]

3/16

> **Weg mit den Kordons!**
> quand même.....
> der
> epidemisch = miasmatische Charakter
> der
> **indischen Brechruhr,**
> ein
> grober Verstoß gegen die Geschichte ihres Zuges
> von Dschissore in Mittelindien nach dem tiefen
> Keller in Hamburg
> und der
> gröbste gegen den gesunden Menschenverstand.
> mit
> Beziehung auf die von Burdach, Lorinser und
> C. W. Hufeland in Nro. 265, 275, 276,
> 277 und 307 der preußischen Staatszeitung
> von 1831 enthaltenen Artikel.
> Von
> **Dr. Friedrich Alexander Simon** jun.
> praktischem Ärzte in Hamburg.
>
> Si omnes consentiunt, ego non: dissentio!
>
> **Hamburg, 1832.**
> Bei Hoffmann und Campe.

3/20

»Bestallung als Mitglied der …ten Schutz=Commission«
Aussteller: Ober=Buergermeister, Buergermeister und
Rath hiesiger Koenigl. Residenzien
August 1831; Formular; 34,6 x 20,2 cm
Berlin, Landesarchiv [Rep. 01-02, Nr. 222, unfol.]

3/21

*Formulare zur Erfassung des Krankenstandes in den
einzelnen Schutzbezirken*
Anlagen C. bis G. zu: »Verordnung ueber das
Verfahren bei der Annaeherung und dem Ausbruche
der Cholera in Berlin«
1831; Druck; je 21 x 38,5 cm
a) »Nachweisung der in dem Hause …straße Nr. …, vom
…ten bis zum …ten (Datum) erkrankten, genesenen oder
gestorbenen Personen.«
b) »Journal ueber den Zu= und Abgang der
Cholera=Kranken in dem Bezirke der …ten
Schutz=Commission.«
c) »Personen=Nachweisung von dem Hause in der
…straße, Nr. …«
d) »Begleitschein fuer den aus seiner Wohnung (event.
Angabe des sonstigen Orts) nach der Heilanstalt
(naehere Bezeichnung derselben) befoerderten
Cholerakranken.«

e) »Entlassungsschein fuer den in {(der Privatwohnung)/(der Contumaz=Anstalt)}, ...straße, Nr. ..., contumaziert gewesenen N.N.«
Berlin, Landesarchiv [Rep. 01-02, Nr. 259, Bl. 77-81]

3/22
»Portrait eines 36 jaehrigen Mannes, welcher seit 4 Tagen an der asphyctischen Form der asiatischen Cholera litt, und 8 Stunden, nachdem er gemalt worden war, starb.«
Dr. Robert Froriep
in: »Symptome der asiatischen Cholera, im November und December 1831 zu Berlin abgebildet und beschrieben«, Tafel I
im Verlag des Landes=Industrie=Comptoirs, Weimar 1832; kolorierter Kupferstich; 25,2 x 21 cm
sign. u.li.: Dr. Robert Froriep ad nat. depinx.
Dresden, Sächsische Landesbibliothek [Pathol.spec. 365]

3/23
»Neuester Grundriss von Berlin«
mit farbiger Markierung der von der Cholera befallenen Häuser
D.G. Reymann
bei Simon Schropp & Co., Berlin
1832; aquarellierte Lithographie, M ca. 1:10.000; 35 x 49 cm
Berlin, Institut für Geschichte der Medizin [S 313]

3/24
Gedenkmedaillen deutscher Städte auf die Choleraepidemie 1831/32
Christoph Carl Pfeuffer (1801–1861)
Prägeanstalt G. Loos, Berlin
1832; Dm je 37 mm
Av.: Darstellung des Engels der Vernichtung, der die weibliche Personifikation der Stadt mit Flammenschwert und Giftbecher bedroht; Umschrift: DEMÜTHIGET EUCH NUN UNTER DIE GEWALTIGE HAND GOTTES
Rev.: Dankgebet der weiblichen Personifikation der Stadt; Umschrift: BEI DEM HERRN IST GNADE UND VIEL ERLÖSUNG
sign. Av.re. im Rund: C. PFEUFFER F.; Rev.u.li.: G. LOSS D.
a) Berlin
Av. im Abschnitt: BERLIN VON DER ASIAT. CHOLERA ERREICHT D. 31 AUG. 1831
Rev. im Abschnitt: VON DER PLAGE ERLÖSET D. 30 IANUAR 1832
Silber
Berlin, Institut für Geschichte der Medizin [S 20]

b) Breslau
Av.: BRESLAU VON DER ASIAT. CHOLERA ERREICHT D. 29 SEPT. 1831
Rev.: VON DER PLAGE ERLÖSET D. 4 IANUAR 1832
Bronze
Hamburg, Museum für Hamburgische Geschichte, Münzkabinett [1959/75, Nr. 752]
c) Hamburg
Av.: HAMBURG VON DER ASIAT. CHOLERA ERREICHT D. 8 OCT. 1831
Rev.: VON DER PLAGE ERLÖSET D. 22 IANUAR 1832
Silber
Hamburg, Museum für Hamburgische Geschichte, Münzkabinett [1959/75, Nr. 749a]

3/25
»Bekanntmachung, die Fortdauer der Maasregeln gegen die asiatische Cholera betreffend.«
Anschlag vom 30. Oktober 1831
Hg.: Der Rath der Stadt Leipzig
Buchdruck; 37,5 x 48 cm
Berlin, Deutsches Historisches Museum, Slg. Dokumente I [53/109]

3/26
»Das Postgebäude u. der neue Brunnen.«
bei Gustav Täubert, Dresden
1843; Radierung; Bild: 7 x 10,8 cm
Dresden, Stadtmuseum Dresden [1981/K 263]

3/27
»Abschied der Madam Cholera aus Hamburg.«
Karikatur
bei L. Stettenheim in Hamburg
1832; Lithographie; 26 x 19 cm
bez. unter dem Bild: Lebt wohl ihr Hamburger und Berliner, Ihr Deutschen alle lebet wohl! Cholera kann nicht länger bei euch weilen, Cholera sagt euch ewig Lebewohl.
Hamburg, Staatsarchiv Hamburg, Plankammer [Mappe 272]

3/28
»Cholera Morbus. To the Public.«
Anschlag
William Reid Clanny (1776–1850)
12. November 1831; Druck
Sunderland, Sunderland Museum & Art Gallery (Tyne & Wear Museums)

3/39

NAPOLÉON III   Visitant les cholériques à l'Hôtel-Dieu.   56.

Le 20 octobre 1865, au plus fort de l'épidémie, l'Empereur, qu'aucun danger ne retient dès qu'il s'agit de tendre à la faiblesse ou au malheur une main secourable, allait, à l'improviste, visiter l'Hôtel-Dieu. Pendant plus d'une heure, Sa Majesté a parcouru les salles, s'arrêtant au lit de tous les malades atteints du choléra, les interrogeant, les rassurant et leur prodiguant les plus bienveillantes consolations. L'émotion était grande parmi ces pauvres gens, et bien des yeux se sont mouillés de larmes; elle n'éclatait pas moins vivement au dehors, et, au départ de l'Empereur, une foule compacte, qui s'était spontanément rassemblée sur la place Notre-Dame, a voulu, par ses chaleureuses acclamations, remercier le Souverain de son infatigable sollicitude pour tous ceux qui souffrent.
Tel est le grand acte de courageux dévouement et de charité vraiment chrétienne qui a produit dans la population de Paris et de la France tout entière un sentiment si profond d'admiration et de reconnaissance pour Napoléon qui sait braver le péril en face de la maladie comme sous le feu des canons ennemis.

3/29
»Hyperanthraxis; or, The Cholera of Sunderland.«
mit einer handschriftlichen Widmung an den
preußischen König Friedrich Wilhelm III.
William Reid Clanny (1776–1850)
bei Whittaker, Treacher, and Arnott, London
1832; Buchdruck, IV u. 149 S., Goldschnitt,
Einband: Leder; 21,5 x 14,2 cm
Berlin, Staatsbibliothek zu Berlin PK,
Handschriftenabteilung [Ka 9012 R]

3/30
»Blue Stage of the Spasmodic Cholera – Sketch of a Girl
who died of Cholera in Sunderland, November, 1831.«
Lithographie
Sunderland, Sunderland Museum & Art Gallery
(Tyne & Wear Museums)

3/31
»Monster Soup commonly called Thames Water. being a
correct represention of that precious stuff doled out to us !!! –
Microcosm dedicated to the London Water Companies«
Karikatur
William Heath (1795–1840)
um 1828; kolorierte Radierung; 26 x 37,6 cm
Philadelphia (Pennsylvania), Philadelphia Museum of
Art ['55-103-4]

3/32
»Der Tod als Erwürger. Erster Auftritt der Cholera auf
einem Maskenball in Paris 1831«
Gustav Richard Steinbrenner nach Alfred Rethel
(1816–1859)
bei Ed. Schulte (J. Budden'sche Buch- und Kunsthandl.)
in Düsseldorf
1851; Holzstich; Bild: 31 x 27,5 cm, Blatt 46 x 35 cm
Dresden, Staatliche Kunstsammlungen Dresden,
Kupferstich-Kabinett [A 1880–75]

3/33
»Le ministère attaqué du Choléra morbus«
Delaporte nach Jean-Ignace-Isidore Gérard, gen.
Grandville (1803–1847)
Beilage zur Zeitschrift »La Caricature«, Nr. 79,
vom 3. Mai 1832
kolorierte Lithographie; 26,5 x 35,5 cm
Paris, Musée de l'Histoire de la Médecine [89.10.0017.]

3/34
»Le Cholera Morbus«
Karikatur
bei T. Blanchard, Paris
1832; kolorierte Lithographie; 28,5 x 20,2 cm
bez. unter dem Bild: Ah! chère Révolution de Juillet!
sans toi je serais resté dans le nord de la Russie, c'est toi
qui en Révolutionnant la Pologne m'a fait venir dans ce
malheureux pays. de la je me suis répandu en

L'IMPÉRATRICE EUGÉNIE Visitant les cholériques. 58

On connaît la visite mémorable faite par l'Empereur, le 20 octobre 1865, aux cholériques de l'Hôtel-Dieu. À son tour, l'Impératrice Eugénie, cédant à l'élan de son cœur généreux et compatissant, s'est rendue, deux jours après, le 23 octobre, dans trois des grands hôpitaux de Paris, l'hôpital Beaujon, l'hôpital de la Riboisière et l'hôpital Saint-Antoine, dont presque toutes les salles étaient alors occupées par les victimes de l'épidémie régnante : aucune expression ne saurait dire la reconnaissance de tous ces malheureux.

Un touchant épisode a signalé cette noble démarche d'une Souveraine descendant ainsi du trône pour consoler la souffrance. L'un des malades, dont la vue s'obscurcissait sans doute aux approches de la mort, ayant répondu à une question de l'Impératrice : « Oui ma sœur : — Mon ami, lui observa la sœur, ce n'est pas moi qui vous parle, c'est l'Impératrice. — Ne le reprenez pas, dit vivement sa Majesté, c'est le plus beau nom qu'il puisse me donner ! » Ce saint nom de Sœur, en effet, l'impératrice en était bien digne en ce moment, et elle s'honorait justement de le mériter.

En donnant ce magnifique exemple de courage et d'humanité, l'auguste Épouse de Napoléon fit montré une fois de plus à la France que son âme est à la hauteur du rang qu'elle occupe, et il n'y a qu'une voix dans toutes les bouches pour remercier l'Impératrice et pour la bénir.

Imp. lith. Pellerin & Cⁱᵉ a Epinal.   Propriété des éditeurs Déposé.

Allemagne, en Angleterre, et enfin, grace à toi, chère Révolution de Juillet me voila à Paris. Unissons nous pour le bonheur du Peuple! Vive la Propagande! ...
Paris, Bibliothèque Nationale, Cabinet des Estampes [Qb 1 1831. Nov. 1831. Avril 1832]

3/35
Bildnis einer jungen Pariserin, vor und nach ihrer Erkrankung an der Cholera
in: »DEL COLERA-MORBO ASIATICO, EN POLONIA, EN ALEMANIA, EN FRANCIA Y EN PARIS, DURANTE LAS EPIDEMIAS DE 1831 Y 1832«

3/35

Dn. A.V. Brandin
1832; kolorierter Stahlstich; 19,4 x 23,1 cm
bez. unter dem Bild: Una Joven de Paris. – La misma atacada del Colera algunas hovar [horas?] antes de ler muerta.
Berlin, Staatsbibliothek zu Berlin PK [Ka 4160]

3/36
»Gazette Médicale de Paris, Journal spécial du Choléra-Morbus«
Titelblatt der N° 51, Bd. 3, vom 28. Juni 1832
Druck; 30 x 21 cm
Paris, Jacqueline Brossollet

3/37
Gedenkmedaille auf die Choleraepidemie in Paris 1832
Raymond Gayrard (1777–1858)
1832; Bronze; Dm 38 mm
Av.: Büste des Pariser Erzbischofs Quélen im Profil; Umschrift: HYACINTVS LVD: DE QVELEN ARCHIEPISCOPVS PARISIENSIS
Rev.: Der heilige Vinzenz, zu seinen Füßen barmherzige Schwestern mit Kindern; im Abschnitt: CHOLERA MORBO INGRAVESCEŃTE MDCCCXXXII; Umschrift: ORPHANO TV ERIS ADJVTOR
sign. Rev.u.M.: GAYRARD F
Hamburg, Museum für Hamburgische Geschichte, Münzkabinett [1959/75, Nr. 767]

3/38

Gedenkmedaille auf die Choleraepidemie in Paris 1832
Emile Rogat (um 1800–1852)
1832; Bronze; Dm 85 mm
Av.: Aeskulap (?), mit der Linken einer kranken Mutter
den Puls fühlend, während er mit der Rechten den Tod
davon abhält, einen am Boden liegenden Kranken zu
ergreifen; im Abschnitt: INVASION DU CHOLERA EN
1832
Rev.: Eichenkranz um die Inschrift: POUR HONORER
LE ZÈLE CHARITABLE ET DESINTÉRESSÉ
sign. Av.re.: E. ROGAT 1832
a) Paris, Musée de l'Histoire de Médecine
b) Hamburg, Museum für Hamburgische Geschichte,
Münzkabinett [1959/75, Nr. 765]

3/39

Kaiser Napoleon III. bei einem Besuch im Cholerahospital
1866; Holzstich; 28,1 x 41,3 cm
Paris, Musée National des Arts et Traditions Populaires
[C 53.86.4808]

3/40

Kaiserin Eugénie bei einem Besuch im Cholerahospital
1866; kolorierte Lithographie; 28 x 40 cm
Paris, Musée National des Arts et Traditions Populaires
[C 53.41.93]

3/41

*»Instruction fuer die Sanitaets=Behoerden, und fuer das bei
den Contumaz=Anstalten verwendete Personale, zum
Behufe die Graenzen der k.k. oesterreichischen Staaten vor
dem Einbruche der im kaiserlich Russischen Reiche
herrschenden epidemischen Brechruhr (Cholera morbus)
zu sichern, und im moeglichen Falle des Eindringens, ihre
Verbreitung zu hemmen.«*
18. November 1830; Buchdruck, 17 S.;
35 x 21 cm
Wien, Institut für Geschichte der Medizin der
Universität Wien [HS 2271]

3/42

»Contumaz Anstalt naechst Schlosshof«
Franz Karl Wolf (1765–1836)
Lithographie; mit Rahmen: 36 x 45 cm
bez. unter dem Titel: Auf Verlangen der ersten daselbst
am 6ten August 1831 aufgenommenen Gesellschaft
gezeichnet, und der dort aufgestellten löbl: Direction
aus Achtung und Dankbarkeit gewidmet.
sign. u.re.: Nach der Natur v. F. Wolf.
Wien, Institut für Geschichte der Medizin der
Universität Wien [II RS 5.155]

3/43

*»Das Innere der Contumaz Anstalt naechst Schlosshof in
N.Österreich«*
Franz Karl Wolf (1765–1836)
1831; Lithographie; mit Rahmen: 36 x 45 cm
bez. unter dem Titel: nach der Natur gezeichnet den
12ten August 1831
sign. u.re.: Nach der Natur v. F. Wolf.
Wien, Institut für Geschichte der Medizin der
Universität Wien [II RS 2.349]

3/44

Kaiser Franz II. begutachtet den Bau des Cholera-Kanals
Joseph Trentsensky (1793–1839)
1831; kolorierte Lithographie; 33,4 x 45,1 cm
Wien, Historisches Museum der Stadt Wien [81.470]

3/45

*Bildnis einer jungen Wienerin, vor und nach ihrer
Erkrankung an der Cholera*
Eug. Talbaux nach J.H. Schneider
in: »Du Choléra-Morbus en Russie, en Prusse et en
Autriche, pendant les années 1831 et 1832«, Pl. 1
M.M. Auguste Gerardin, Paul Gaimard
1832; kolorierter Kupferstich; 21,5 x 13,5 cm
bez. unter dem Bild: Jeune femme de Vienne, âgée de
23 ans. – La même, 1 heure après l'invasion du Choléra,
et 3/4 d'heure avant sa mort.
sign. u.li.: Peint d'après nature par le Dr. J. H.
Schneider; u.re.: Gravé par Eug. Talbaux.
Berlin, Staatsbibliothek zu Berlin PK [Ka 4020]

3/46

»Andenken an Maria Hilf – Chollera Kapelle«
Farbdruck; 8,1 x 5,7 cm
Wien, Niederösterreichisches Landesmuseum

3/47

Die Heimsuchung der Austria durch die Cholera
Leopold Bucher (1797–?)
1832; Feder, Aquarell und Deckfarben auf Karton;
26 x 32,3 cm
sign. u.re.: v. L. Bucher. 832.
Wien, Österreichische
Nationalbibliothek,
Porträtsammlung
[Pk 500, 26]

3/48

3/45

3/46

Andenken an Maria Hilf
Chollera Kapelle.

3/48
Gedenkmedaille auf die Choleraepidemie in Wien 1831/32
1832; Hohl-Medaille, Silber, 23 gr.; Dm 44 mm
Av.: Darstellung des Strafengels mit Schwert und
Giftbecher sowie der trauernden Vienna, im
Hintergrund die Silhouette der Stadt Wien; auf dem
Piedestal: WIEN VON DER CHOLERA ERREICHT D:
14: SEP: 1831; Umschrift: HERR DEIN WILLE GESCHEHE
Rev.: stehende Vienna mit dankender Gebärde vor
einem brennenden Altar; beschriftet: ERLÖST D 1 APRIL
1832; Umschrift: BEY DEM HERRN IST GNADE
sign. Rev. im Abschnitt: WIEN BEY F MACHTS
Hamburg, Museum für Hamburgische Geschichte,
Münzkabinett [1959/75, Nr. 771]

3/49
»Plan über die Verbreitung der Cholera in der Koenigl:
Haupt und Residenz Stadt München 1836/37.«
Carl Heinrich Wenng (1787–1854)
Steingravierung; 66,8 x 75 cm
sign. u.li.: Gez. und gest. v. C.Wenng in München
München, Stadtmuseum München, Graphische
Sammlung [P 1562]

3/50
»Cholera Morbvs – Abmarsch aus Bayern«
Gedenkblatt auf das Ende der Choleraepidemie in
Bayern
Gall Renb.
1837; Aquarell und Gouache; 48 x 32,5 cm
München, Stadtmuseum München, Graphische
Sammlung [Z (C 14) 1854]

3/47

3/51
»Convalescentia – Stand-Quartier in Bayern«
Gedenkblatt auf das Ende der Choleraepidemie in
Bayern
Gall Renb.
1837; Aquarell und Gouache; 47, 5 x 32,5 cm
sign. u.re.: pinx. Gall Renb. in Starnberg
München, Stadtmuseum München, Graphische
Sammlung [Z (C 14) 1855]

3/52
»Gebet nach Abwendung der uns betroffenen Trauertage im
Winter 1836/37.«
Gedenkblatt auf das Ende der Choleraepidemie in
München
Ignaz Bergmann (1797–1865)
1837; Lithographie; 45,8 x 37,6 cm
sign. u.li.: Lithogr.u.zu finden bei J. Bergmann in
München
München, Stadtmuseum München, Graphische
Sammlung [M II/299]

Lithogr. u. zu sholen bei J.Bergmann in München.   Gedr. v. J.Lacroix.

Gebet

nach Abwendung der uns betroffenen Trauertage im Winter 18⁵⁰⁄₅₁.

Herr der Welt! der Menschen Vater! der Du liebreich prüfend strafst und schonst. Du willst, ein allgerechter und zugleich erbarmensvoller Richter, daß wir durch die Probezeit hienieden zur unendlichen Glückseligkeit vollkommener Geister vorbereitet, zu Deines Anschauens ewiger Wonne geläutert werden. Du hast den Boten Deines Willens gesendet und Viele hat er zu Dir berufen. Sein Schwert hieng über unsern Häuptern. Dank Dir! Du hast uns wieder befreit und furchtlos kindlich blicken wir zu den Sternen auf, wo unsere heimgegangenen Lieben wohnen.

Getrösteter Armen und Waisen Thränen stehen, Herr! um Deinen Segen für den König, der nächst Dir ihnen Vater ist, für Deines Altares Diener, die Spender des Heiles, für die Obrigkeit, die so liebreich fürsorgend sich bewies, für die Aerzte, deren Aufopferung und Treue in der Noth sich bewährte.

Die dem Throne am nächsten stehen, besuchten helfend und rathend die Spitäler und die Hütten. Die Edelsten des Volkes weihten ihre Paläste der Krankenpflege. Mildthätige Bürger spendeten Kleider und heilsame Nahrung. Unser König aber war unser guter Engel! Er hat mit den Seinen liebevoll mit uns ausgehalten, tröstend und ermuthigend uns beigestanden in den Tagen der schwersten Prüfung.

Segne Ihn, segne Sein Haus, Seines Thrones Stützen, segne alle Wohlthäter, die geistig und leiblich uns hülfreich waren, empfange, was sie Deinen Armen thaten, als hätten sie es Dir gethan! Segne uns und unser Vaterland, verschone uns fürder, sei uns gnädig, Herr! um Jesu willen Amen.

3/53

»Zur Erinnerung an das feierliche Bittamt welches am Montag den 28ten August 1854 Früh um 9 Uhr (...) abgehalten wurde«
Gedenkblatt auf den während der Choleraepidemie vor der Münchner Mariensäule abgehaltenen Bittgottesdienst
bei Carl Hohfelder, München
1854; Lithographie; Blatt: 42,5 x 28,5 cm
München, Stadtmuseum München, Graphische Sammlung [M III/247]

3/54

»Solemnes Dankamt.«
Gedenkblatt auf den von König Maximilian II. zum Ende der Cholera angeordneten Dankgottesdienst in der Münchner Frauenkirche
V. Ruhr
bei Carl Hohfelder, München
1854; Lithographie; Blatt: 40,5 x 26 cm
sign. u.re.: gez. u. lith.v. V. Ruhr.
München, Stadtmuseum München, Graphische Sammlung [M III/250]

3/55

»Unentbehrliche Haustafel in der Cholera=Noth fuer Jedermann, insbesondere aber fuer den Buerger und Landmann, oder: gruendliche und deutliche Uebersicht der Kennzeichen der Cholera, der sichersten Schutzmittel gegen dieselbe und alles dessen, was bei einem Ausbruche derselben bis zur Ankunft des Arztes zu thun ist.«
Von einem praktischen Arzte im Großherzogthum Posen
Druck und Verlag der Neuen Günterschen Buchhandlung, Glogau und Lissa
1831; Buchdruck; 48 x 43 cm
Berlin, Staatsbibliothek zu Berlin PK [Ka 2630]

3/56

»Uebersichts=Tabelle der hauptsaechlichsten Vorsichtsmaaßregeln gegen die Cholera und die wirksamste Heilmethode nach geschehener Ansteckung bis zur Ankunft aerztlicher Hilfe«
o.J. [1832]; Buchdruck, zweifarbig; 53 x 42,5 cm
Dresden, Sächsische Landesbibliothek [Pathol.spec. 370, 80]

3/57

Messer zum Aderlassen
1813; Messing, Stahl, Futteral: Pappe; L 9,8 cm, B 3 cm
bez. (Prägung): PROCTOR
Berlin, Institut für Geschichte der Medizin [S 109]

3/58

Klistierspritze mit Etui
2. Hälfte 19. Jh.; Zinn, Holz, Leder, Etui: Holz, mit Samt ausgeschlagen; L 35 cm, Dm 2 cm
Leipzig, Medizinhistorische Sammlung des Karl-Sudhoff-Institutes für Geschichte der Medizin und der Naturwissenschaften

3/59

Vorrichtungen zur Einnahme eines weingeistigen Dampfbades
Abbildungen in: »Das weingeistige Dampf=Bad ganz besonders in Beziehung auf die Cholera – dem Staedter und Landmann empfohlen«, Fig. 1-12
Dr. Friedrich Hempel
in Commission bei E.S. Mittler, Berlin
1831 (2. Aufl.); Lithographie, Buchdruck, 20 S.; Tafel: 18,5 x 78 cm, Buch: 18,5 x 12 cm
Dresden, Sächsische Landesbibliothek [Pathol.spec. 1432]

3/60

»Die Behandlung der asiatischen Cholera durch Anwendung der Kälte; physiologisch begründet, und nach Erfahrungen am Krankenbette dargestellt«
Dr. Johann Ludwig Casper (1796–1864)
bei Ferdinand Dümmler, Berlin
1832; Buchdruck, XII u. 132 S.; 20,5 x 12,8 cm
Dresden, Sächsische Landesbibliothek [Pathol.spec. 1406]

3/61

»Die indische Cholera – Einzig und allein durch kaltes Wasser vertilgbar«
Professor Dr. Oertel
bei Friedrich Campe, Nürnberg
1831; Buchdruck, 20 S.; 24 x 21 cm
Berlin, Staatsbibliothek zu Berlin PK [Ka 12655]

3/62

»Unentbehrlicher Rathgeber für Alle, welche sich durch zweckmaeßige Diaet in Bezug auf Speisen und Getraenke vor der asiatischen Cholera schützen wollen.«
Von einem praktischen Arzte
in der Nicolai'schen Buchhandlung, Berlin, Stettin und Elbing
1831; Buchdruck, 31 S.; 20 x 12,4 cm
Berlin, Staatsbibliothek zu Berlin PK [Ka 12555]

Zur Erinnerung

an das feierliche Bittamt welches am Montag den 28ten August 1854 Früh um 9 Uhr, veranstaltet von mehreren Wohlthätern und Wohlthäterinen, vor der Marien-Säule in München dem Standbilde der Schutzpatronin Bayerns, abgehalten wurde, um von Gott dem Allmächtigen und durch die Fürbitte der seligsten Gottesmutter Maria die gnädige Abwendung der in der Stadt herrschenden Cholera zu erflehen.

Sr Hochwürden der Herr geistliche Rath u. Stadtpfarrer Schuster celebrirte das Hochamt, Sr Excellenz der Herr Erzbischof Graf von Reisach, der k. Regierungspräsident Frhr. v. Zu-Rhein, der k. Stadtkommandant Herr Generalmajor v. Harold, der Bürgermeister Herr v. Steinsdorf mit mehreren Mitgliedern des Stadtmagistrats und eine unzählige Menge Andächtiger aus allen Ständen u. Alter wohnten dieser wahrhaft erhebender Feier — sichtlich ohne Ausnahme in tiefer Andacht bei. — Das hiebei freiwillig geflossene Opfer betrug 1366 fl. 32 kr u. wurde für arme Cholerakranke verwendet.

Dank Allen, die sich darum verdienstlich gemacht!

Eigenthum der lith. Kunstanstalt des Carl Hohfelder in München

ge dr. v. D. Braitschaft.   gez u. lith v. V. Ruhr.

Solennes Dankamt.

Höchsteigen angeordnet von Seiner Majestät dem Könige Maximilian II, fand diese große kirchliche Feier am 17. October 1854 Vormittags 11¼ Uhr in der Metropolitankirche zu Unserer lieben Frau in München statt, um Gott dem Allmächtigen für die gnä= dige Abwendung der epidemischen Brechruhr in tiefster Andacht zu danken. Sr. Eminenz der Herr Erzbischof Graf von Rei= sach celebrirte das Hochamt und darauf gefolgtes Tedeum. Sr Majestät der König in Begleitung des großen Cortege, die königl. Hoheiten Prinz Adalbert, Frau Prinzessin Luitpold und Prinzessin Alexandra, ferner die Herrn Staatsminister u. Staatsräthe, die hohe Generalität, sowie sämtliche Mitglieder der kgl. Stellen u. Behörden, sämtliche Offizierkorps aller Waffengattungen der Garnison u. der k. Landwehr, daß die Stadtpfarreien u. die barmherzigen Schwestern wohnten dieser erhebenden Feier an.   Eigenthum der lith Kunstanstalt des C. Hohfelder in München.

Unentbehrliche Haustafel in der Cholera = Noth

für Jedermann, insbesondere aber für den Bürger und Landmann,

oder:

gründliche und deutliche Uebersicht der Kennzeichen der Cholera, der sichersten Schutzmittel gegen dieselbe und alles dessen, was bei einem Ausbruche derselben bis zur Ankunft des Arztes zu thun ist.

Von einem praktischen Arzte im Großherzogthum Posen.

I.
Erkenntniß der Krankheit.

F. Woran läßt sich die uns bedrohende Cholera mit Gewißheit erkennen?

A. Die morgenländische Cholera ist eine Krankheit mit ganz eigenthümlichen Kennzeichen und läßt sich kaum mit einer andern verwechseln. Sie tritt bald plötzlich in ihrer ganzen Kraft auf, bald aber entwickelt sie sich langsam und stufenweise. In letzterem Falle zeigen sich mehrere Tage oder Stunden vor dem wahren Ausbruche derselben verschiedene krankhafte Erscheinungen (Vorboten), die von Manchen ganz unbeachtet gelassen, von Anderen hingegen einem gewöhnlichen Uebel zugeschrieben werden, ohne den im Hintergrunde lauernden heimtückischen Feind zu ahnen. Die Vorboten (die jedoch, wie gesagt, nicht immer vorhanden sind) werden durch Mangel an Appetit, Ekel, Mattigkeit in den Gliedern, vorzüglich in den Waden, abwechselnde Hitze mit Frost, Neigung zu kalten Schweißen, Schwindel, drückendes Gefühl auf der Brust und in der Herzgrube, das jedoch bald vorüber geht, Kollern im Unterleibe und Durchfall bezeichnet. So wichtig es indeß einerseits ist, auf die genannten Vorläufer der Krankheit aufmerksam zu seyn, um sofort ärztliche Hülfe nachsuchen zu können, so ist es doch andererseits auch wahr, daß sie erstlich zuweilen gänzlich fehlen, und daß sie zweitens nicht immer den Ausbruch der Cholera mit Bestimmtheit vorankündigen, weshalb es höchst nöthig ist, sich mit dem Bilde der Krankheit selbst bekannt zu machen.

Bild der Krankheit: Der Mensch bekommt Durchfall und gleichzeitiges Erbrechen einer wässerigen, molkenartigen, ganz geruch- und farbenlosen Flüßigkeit, welche Entleerung sehr häufig und in großer Menge erfolgt. *Zugleich klagt der Kranke, der bis zum Tode bei vollem Bewußtseyn bleibt, über einen heftigen Druck in der Brust und Herzgrube, gleichsam als wenn eine schwere Last auf beiden läge;* man hört ein starkes Poltern im Unterleibe, es stellt sich ein unerlöschlicher Durst, besonders nach kalten Getränken (die gerade schädlich sind) ein, das Gesicht wird entstellt, die Stimme rauh und heiser, der Puls am Arme unfühlbar, die Haut eiskalt und stellenweise bläulich oder gar schwärzlich, und an den Fingern in Falten gerunzelt (wie bei Wäscherinnen), und die Urinabsonderung ist ganz und gar unterdrückt. Hierzu gesellen sich endlich krampfhafte Zuckungen in den Gliedmaßen (vorzüglich in den Waden), die sich später über den ganzen Körper erstrecken, der höchste Grad der Erschöpfung und der Tod. Beim Uebergange zur Besserung wird die Haut allmählig wärmer, die Ausleerungen hören nach und nach auf, der Puls kehrt wieder zurück, es tritt Urinabsonderung ein und die Krämpfe schwinden. Wird demnach Jemand von den so eben genannten Qualen, oder einem Theil derselben ergriffen, bekommt er Durchfall und Erbrechen, dabei aber zugleich ein lästiges Gefühl in der Herzgrube, haben die entleerten Stoffe ein weiß graues Ansehn und sind sie ohne Geruch, ist das Gesicht entstellt, die Haut eiskalt und an den Fingern zusammengeschrumpft, findet sich heftiger Durst, völliges Verhalten des Urins und krampfhaftes Ziehen an Händen und Füßen ein: so kann man mit Gewißheit annehmen, daß er von der Cholera befallen worden und daß seine Wiederherstellung in den allermeisten Fällen von der schleunigsten Anwendung des später anzugebenden Verfahrens einzig und allein abhängt.

II.
Schutzmittel gegen die Cholera.

F. Welches sind die sichersten Schutzmittel gegen die Cholera?

A. In allen Ländern, wo diese Seuche bis jetzt geherrscht, in Rußland, Polen und Preußen, hat man den Einflüssen nachgespürt, welche den Ausbruch der Krankheit begünstigen oder ihn abhalten, und eine tausendfache Erfahrung hat unwiderleglich dargethan, daß übermäßige Furcht, Unsauberkeit, Erkältung und diätetische Fehler aller Art die häufigste Veranlassung war, und daß sich jeder vor der Cholera sichern kann,

1) wenn er alle Angst und übermäßige Furcht aus seinem Gemüthe verscheuchet und sich vertrauensvoll Dem hingiebt, der unsere Tage gezählt und ohne dessen Willen kein Sperling vom Dache fällt. Eine Anleitung zur Erweckung des religiösen Muths giebt der 90te und 91te Psalm. Aber auch Leidenschaften anderer Art, wie Gram, Kummer, Sorge ꝛc., muß man so viel als möglich zu bezähmen und das Gemüth in ruhiger, heiterer Stimmung zu erhalten suchen.

2) Wenn er die Vorschriften der für unser Wohl väterlich besorgten hohen Behörden genau befolgt und alle Gemeinschaft mit Personen und Sachen, die aus verdächtigen Gegenden kommen, oder die mit Cholerakranken wirklich in Berührung waren, so lange streng vermeidet, bis dieselben vorschriftsmäßig gereinigt worden. Die Ansteckbarkeit der Cholera steht unumstößlich fest, und die traurigen Beispiele, daß die Cholera dennoch in so mancher genau abgesperrten Provinz und Stadt geherrscht hat, widerlegen jenen Satz nicht, sondern beweisen nur, daß diese Krankheit sich auf eine doppelte Weise erzeugen kann, erstlich durch Ansteckung und zweitens aber auch durch eine eigenthümliche Verderbniß der Luft. Auf jeden Fall ist es aber gerathen, wenigstens der ersten Art ihrer Entstehung so viel als möglich entgegen zu arbeiten, da die Bedingungen zur Ausbildung der zweiten nicht an jedem Orte vorhanden sind. Man besuche daher auch zur Zeit der Cholera-Epidemie nicht öffentliche Orte, wo viele Menschen zusammen kommen, wie Schenken, Wirthshäuser ꝛc., und Jeder lasse seine Wäsche zu Hause waschen.

3. Es ist ferner nöthig, daß man sich der größten Reinlichkeit am Körper, an den Kleidern und in der Wohnung befleißigt. Man nehme möglichst wöchentlich einmal ein lauwarmes Seifenbad; der Unvermögende wasche wenigstens den Körper mit angefeuchteten Lappen ab, nehme öfters ein Fußbad, wobei indeß jede Erkältung auf's Sorgfältigste vermieden werden muß. Man wechsele, so oft als es thunlich ist, die Bett- und Leibwäsche, hüte sich jedoch ganz kalte oder gar feuchte Wäsche anzulegen. Was die Wohnzimmer betrifft, so hat man darauf zu sehen, daß die Luft in denselben rein erhalten werde. Man entferne sofort jede Unreinlichkeit aus denselben, fege sie täglich aus, lüfte sie durch das öftere Oeffnen der Fenster und sorge dafür, daß nicht viele Menschen und etwa noch gar Thiere (wie Hunde, Katzen, Vögel) in einem Zimmer zusammen schlafen, wodurch die Stubenluft verdorben und der Ausbruch der Cholera begünstigt wird. Bei armen Leuten, besonders auf dem Lande, ist es jedoch beim besten Willen nicht auszuführen möglich, daß in kalter Jahreszeit nicht mehrere Menschen in einem Zimmer zusammen wohnen sollten. Hier suche man die Luft durch die von den Aerzten empfohlene und in der Erfahrung bewährt gefundene Mittel zu reinigen. Die gewöhnlichen Räucherpulver sind eben so wenig Luftreinigungs-Mittel, als die allgemein berühmten Wachholderbeeren, ihre Wirkung besteht bloß darin, daß sie schlechte Gerüche und Ausdünstungen weniger bemerkbar machen, ohne jedoch die in der Ausdünstung enthaltene Schädlichkeit zu vernichten, diese Kraft besitzt einzig und allein der Chlor, der am sichersten in der Form von Chlorkalk angewendet wird. Man kaufe in der Apotheke ½ bis 1 Pfund Chlorkalk (er ist sehr billig im Preise), thue einen bis zwei Eßlöffel voll in eine Schaale, gieße etwas warmes Wasser darauf und lasse es im Zimmer an einem dunklen Orte offen stehen, so lange, bis der Kalk allen Geruch verloren hat, wo er dann durch frischen zu ersetzen ist. Das Besprengen der Wohnung mit einer Chlorauflösung (man nimmt auf eine große Flasche Wasser etwa zwei Eßlöffel voll Chlorkalk und schüttelt es gut durch einander) ist ebenfalls sehr nützlich.

4. Man sey mäßig in Speisen und Getränken. Auch die gesündesten Speisen werden nachtheilig, wenn sie im Uebermaß genossen worden. Als durchaus schädlich zu betrachten sind: Sauerkraut und alle Kohlarten ohne Ausnahme, Klöße und Mehlsuppen, viel Obst, Erbsen, Bohnen, Kartoffeln, Gurken, Salate aller Art, saure Suppen, Saucen mit Milch oder Sahne bereitet, fettes Schweinefleisch (auch Gänse- und Entenfleisch ist nicht zuträglich), Räucher- und Pöckelfleisch, wohin auch Schinken gehört, Krebse, Wurst, Käse, getrocknete und gesalzene Fische, Lachs, Aal, Neunaugen, Flundern ꝛc. Von den Getränken sind saure Milch, Molken, Meth, Limonade, nicht ausgegohrnes Bier, das sogenannte Dünn- oder Tischbier, junge Weine, ängstlich zu meiden. Zu empfehlen sind dagegen frisches Kalb-, Hammel- und Rindfleisch, Hühner, Wildpret (weich gekocht) und die Brühen davon, Grütze, Graupe, Reis, Sago, frische Fische, die aber lebend in die Küche kommen müssen, weich gekochte Eier, Brod-, Semmel- und Kartoffelsuppe; zum Getränke: abgekochtes Wasser, etwas überschlagenes gut ausgegohrenes und nicht saures Bier, oder für Wohlhabende Wasser mit etwas Rothwein vermischt. Der mäßige Genuß eines guten Weins (Portwein, Madeira, Malaga, alter Ungar) oder Brandweins (Pfeffermünz, Kalmus, Wachholder ꝛc.) ist besonders des Morgens vor dem Ausgehn (denn nüchtern darf man nicht ausgehen) recht zuträglich, dagegen disponirt das Uebermaß der geistigen Getränke ganz vorzüglich zur Cholera, da nach den bisher gemachten Erfahrungen Trunkenbolde gewöhnlich und am häufigsten von dieser Seuche befallen werden.

5. Man hüte sich vor jeder Erkältung, besonders des Unterleibs und der Füße. Man kleide sich daher wärmer als gewöhnlich, trage warme Strümpfe und eine Flanellbinde um den Leib, wechsele die Wäsche und vorzüglich die Strümpfe, so oft sie durch Regen oder Schweiß feucht geworden, genieße kein kaltes Getränk, bade nicht kalt und am allerwenigsten in einem offenen See oder Strome, setze sich nicht auf nasses Gras, bringe des Nachts nicht im Freien zu und bewahre sich vor jeder Zugluft.

6. Man begebe sich weder des Mittags noch des Abends unmittelbar nach dem Essen zur Ruhe und verzehre daher das Abendbrod einige Stunden vor dem Schlafengehen, doch ist es nützlich, später und bevor man sich zu Bette legt, einige Tassen warmen Flieder-, Chamillen-, Pfeffermünz- oder Krausemünzthee zu trinken, um eine gelinde Hautausdünstung zu bewirken.

7. Endlich vernachläßige man keine Krankheit, besonders sey man aufmerksam auf einen etwa eintretenden Durchfall, den man in Abwesenheit eines Arztes dadurch am sichersten beschränkt, daß man sich sogleich ins Bett legt, warm zudeckt und oft warmen Flieder-, Chamillenthee ꝛc. trinkt, bis ein gelinder Schweiß hervorbricht.

Dieß sind also die Vorsichtsmaßregeln, die Jeder genau und pünktlich zu befolgen hat, wenn er von der leidigen Cholera verschont bleiben will, da fast bei jedem bisher von dieser Seuche Befallenen eine Vernachläßigung der gegebenen Vorschriften nachgewiesen werden kann.

Von den vielen empfohlenen medicinischen Schutzmitteln, die indeß alle nichts nützen, wenn nicht zugleich das vorgeschriebene diätetische Verhalten streng beobachtet wird, nenne ich nur das vom Fürsten Lobkowitz, Gouverneur von Lemberg (er erfuhr es von A. Kraus, der es auf einer Seereise von einem engl. Schiffsarzte kennen lernte), welches in Gallizien mit dem glücklichsten Erfolge angewendet wurde. Es besteht darin, daß man täglich 2 Tropfen Chamillenöl auf Zucker nimmt und zugleich ein auf Leder gestrichenes Pflaster von gewöhnlichem weißen Pech auf der Herzgrube trägt. Fällt dieß Pflaster nach einiger Zeit ab, so wird ein neues an seine Stelle gelegt.

III.
Behandlung der bereits ausgebrochenen Krankheit.

F. Was hat man beim Ausbruche der Cholera bis zur Ankunft eines Arztes zu thun?

A. Bei einer Krankheit, die einen so raschen Verlauf hat, daß sie binnen wenigen Stunden tödtlich wird, ist es allerdings nothwendig, auch den Nichtarzt, zumal den Bewohner des platten Landes, mit den Mitteln bekannt zu machen, durch welche das Uebel zwar nicht immer gänzlich beseitigt, jedoch in seinem Laufe gehemmt, und durch deren Anwendung dem später hinzukommenden Arzte günstig vorgearbeitet wird.

Man bringe den Kranken sogleich und ohne allen Verzug ins Bett (Dienstboten und überhaupt arme Personen, die zu Hause nicht gehörig verpflegt werden können, ins Cholera-Lazareth), decke ihn mit Federbetten, wollenen Decken, Pelzen oder Mänteln gut zu, ordne die schnelle Zubereitung von warmem Flieder- oder Pfeffermünzthee an, lege währenddeß dem Patienten ein Handteller großes Senfpflaster (gestoßene Senfkörner, etwas Roggenmehl und starker Essig werden untereinander gerührt und in der Consistenz eines weichen Teigs auf Leinewand gestrichen, und kann man hier, um die Wirkung zu verstärken, noch etwas gestoßenen Pfeffer hinzuthun) auf die Herzgrube und eben ein solches auf die Wade, welches dann eine halbe Stunde lang liegen bleibt, gebe demselben den nun fertig gewordenen Thee heiß zu trinken, jedoch nicht viel auf einmal, sondern lieber oft, etwa alle zehn Minuten und jedesmal eine kleine Portion. Wird auch diese kleine Quantität bald wieder ausgebrochen, so muß man sich deshalb nicht abschrecken lassen, einige Minuten nach dem Erbrechen wiederum eine andere zu geben. Zugleich lege man mit heißem Wasser gefüllte Bettwärmer (Krüge) an und zwischen die Beine, so wie gewärmte Teller, Stürzen oder Dachziegeln auf den Unterleib, reibe die Beine, den Leib, Rückgrath und die Arme des Leidenden mit Flanelllappen, die in gewärmten starken Brandwein, oder, was noch besser ist, in ein Gemisch von Kampferspiritus und Spanische Pfeffertinktur eingetaucht werden, sanft aber anhaltend unter der Bettdecke, ohne den Kranken im mindesten zu erkälten, ein, und suche überhaupt denselben in einen gelinden warmen Schweiß zu bringen, der durch öfteres Verabreichen von warmen Getränken mehrere Stunden lang unterhalten werden muß, bis der während dieser Zeit herbeigerufene Arzt das Weitere veranlaßt. Schließlich ist noch zu bemerken, 1) daß der Kranke zur Verrichtung des Stuhls das Bett nicht verlassen darf, damit er sich nicht erkälte, und daß ihm daher ein Steckbecken oder eine ähnliche Vorrichtung untergeschoben werde. 2) Daß die Entleerungen sogleich aus dem Zimmer geschafft werden, und daß man zur Reinigung der Luft die oben beschriebene Chlorräucherung vornehme, auch wohl noch Essig auf heiße Steine gieße, und 3) daß man endlich in der angegebenen Hülfsleistung nicht ermüde und etwa den Kranken für verloren halte, wenn der günstige Erfolg (d. h. ein warmer Schweiß) nicht bald eintreten sollte, da es viele Beispiele giebt, wo es nach mehrstündiger Anstrengung gelungen ist, ganz erstarrte und fast leblose Personen, die von der Cholera befallen waren, wieder ins Leben zurückzurufen.

Glogau und Lissa, 1831.
Druck und Verlag der Neuen Günterschen Buchhandlung.

Preis: 2 Sgr.
50 Exemplare für 2 Rthlr.

Seite 268: **3/55**

3/63

»Die homoeopathische Behandlung der Cholera«
Dr. Friedrich Foster Quin
in der Arnoldischen Buchhandlung, Dresden und
Leipzig
1832; Buchdruck, 56 S.; 20 x 13 cm
Dresden, Sächsische Landesbibliothek
[Pathol.spec. 1481]

3/64

»Opium als Hauptmittel in der Cholera.«
Dr. Krüger-Hansen
bei J.M. Oeberg & Co., Güstrow und Rostock
1832; Buchdruck, XVI u. 136 S.; 20,4 x 12,9 cm
Berlin, Staatsbibliothek zu Berlin PK [Ka 12780]

3/65

»Ideen und Erfahrungen ueber die Natur und Behandlung
der Asiatischen Brechruhr mit besonderer Beziehung auf
die Anwendung des Wismuths gegen dieselbe«
Dr. Leopold Leo
im Verlag von S.H. Maerzbach, Warschau
1832; Buchdruck, V u. 95 S.; 19 x 12,5 cm
Dresden, Sächsische Landesbibliothek
[Pathol.spec. 1456]

3/66

»Neue specifische Heilmethode der epidemischen Cholera
oder (richtiger) des Cholera=Fiebers mittelst des
fiebervertreibenden Princips der Chinarinde.«
in der Hahn'schen Hofbuchhandlung, Hannover
1831; Buchdruck, VIII u. 69 S.; 20,6 x 12,5 cm
Dresden, Sächsische Landesbibliothek
[Pathol.spec. 1538]

3/67

»Die Choleraheilung mit salpetersaurem Silber.«
Dr. Immanuel Levy
Verlag von Josef Max und Komp., Breslau
1849; Buchdruck, IV u. 176 S.; 21,1 x 14 cm
Berlin, Staatsbibliothek zu Berlin PK [Ka 12950]

3/68

»Der Kalk als directes Heilmittel gegen die asiatische
Cholera.«
Dr. Alois Pasquali
Mechitaristen-Buchdruckerei, Wien
1855; Buchdruck, 30 S.; 21,7 x 16,3 cm
Berlin, Staatsbibliothek zu Berlin PK [Ka 12960/2]

3/69

»Recept von einem Spiritus, welcher äußerst gut & bei
einem Anfall von der Cholera sehr dienlich ist«
um 1840; Handschrift, Tinte auf Papier; 16,3 x 20,5 cm
Berlin, Deutsches Historisches Museum,
Slg. Dokumente I [84/56 I]

3/70

»Liqueur pour le Choléra – Tisane contre le Choléra«
Etikett eines Likörs
um 1832; kolorierter Holzstich; 9 x 12 cm
Paris, Bibliothèque Nationale, Cabinet des Estampes
[Li mat. 12a (1820–1878), pochette 1820–1839
Vins et liqueurs]

3/71

»Der Schuhmacher Haamann in Heubude und seine
Wundertropfen wider die Cholera.«
E. Bangßel
in der S. Anhuth'schen Papier-, Kunst- und
Buchhandlung, Danzig
1831 (2. Aufl.); Buchdruck, 70 S.; 17,1 x 10,6 cm
Berlin, Staatsbibliothek zu Berlin PK [Ka 12596]

3/72   **3/72 a**

Zwei Amulette gegen die Cholera
1836; Kupfer
a) Medaille
Dm 32 mm
Av. beschriftet: TALISMAN
GEGEN DIE CHOLERA
Rev. beschriftet: DIESE MEDAILLE
WIRD IN DER MAGENGEGEND AUF
DEM BLOSEN LEIBE GETRAGEN
b) herzförmiger Anhänger
Dm 48 mm
Av.: Darstellung der hl. Maria; Umschrift:
O MARIA OHNE SÜNDEN EMPFANGEN –
DU UNSRE ZUFLUCHT BITT FÜR UNS
Rev.: in einem Oval ein M, aus dem ein Kreuz
wächst; unten zwei kleine flammende Herzen,
das rechte von Dornen umflochten, im linken ein
Schwert
Hamburg, Museum für Hamburgische Geschichte,
Münzkabinett [1959/75, Nr. 763 u. 376]

3/73

»Allerheiligstes Kreuz Jesu Christi. Schutz gegen die böse
Cholera und alle Krankheiten und Nöthen.«
Gebetszettel mit Zachariassegen
bei Carl Hohfelder, München
1854; kolorierte Lithographie; Blatt: 36 x 26 cm
München, Stadtmuseum München,
Graphische Sammlung [M III/248]

3/74
»*Notre-Dame protectrice contre le choléra.*«
Gebetszettel
kolorierte Lithographie; 41,8 x 31,7 cm
Paris, Musée National des Arts et Traditions Populaires
[61.66.131]

3/77 b

3/75
»*San Roque Abogado contra la Peste*«
Gebetszettel mit Anrufung des heiligen Rochus um
Schutz vor der Cholera
bei L. Turgis, Paris
Mitte 19. Jh.; kolorierte Lithographie; 17,3 x 10,5 cm
Zürich, Sammlung Engeler

3/76
Drei Karikaturen des Cholera-Präservativ-Mannes
1832; kolorierte Lithographien
a) »Portrait eines cholera präservativ Mannes«
Blatt: 44,9 x 34,6 cm
[82.999]
b) »Porträt eines Cholera-Präservativ-Mannes.«
Blatt: 30,8 x 21,3 cm
[98.224]
c) »So ausgerüstet, und so versehn ist man sicher die
Cholera – am ersten zu bekommen.«
Blatt: 32,1 x 47,8 cm
[20.892a]
Wien, Historisches Museum der Stadt Wien

3/77
Zwei Karikaturen der Cholera-Präservativ-Frau
1831/32; Lithographien
a) »Portrait einer Cholera-Präservativ-Frau«
bei L. Stettenheim, Hamburg
23 x 20,7 cm
b) »Neuestes Blatt des allgemeinen Moden Journals.
Portrait einer Cholera-Präservativ-Dame«
koloriert; 21,5 x 15 cm
Hamburg, Staatsarchiv Hamburg, Plankammer
[Mappe 272]

3/78
»*Der Praeservativ=Mann gegen die Cholera.*«
Karikatur
1831/32; kolorierte Lithographie; 28 x 20 cm
bez. unter dem Bild: Mich nach Vorschrift zu
bepacken / Unterließ ich nie; Doch das Nüßchen
dort zu knacken / Heißt die Frage – Wie?
Berlin, Stadtmuseum Berlin,
Graphische Slg. [XI 5306 K]

3/79
*Die Häufigkeit von Cholera-Todesfällen nahe der Pumpe
in der Broad Street*
Karte in: »Ueber die Verbreitungsweise der Cholera«
John Snow (1813–1858)
Verlag von H.C. Huch, Quedlinburg
1856 (nach der 2. engl. Ausgabe); Lithographie,
Buchdruck, VIII u. 150 S.; Karte: 41,5 x 42,3 cm,
Buch: 20,5 x 13 cm
Berlin, Staatsbibliothek zu Berlin PK [Ka 11360]

NOTRE-DAME PROTECTRICE
CONTRE LE CHOLÉRA.

HISTORIQUE
EN VERS PATOIS,

qu'on peut chanter sur l'air de Saint-Gens.

Un sias à Carpentras
Regarda doou las
En lia la ribanbello
Quedne per lei souèn
D'uno Capello
S'ouprès d'un pouèn.

Coumm que lian dounn
D. de Santa
Aqua bein juste,
Cessas soun coutar
Uno Vierj' ougusto
Que gari sein retar.

N'an esprouva l'effet
Din mai que d'un sujet,
Mais surtou quan la pesto
Ero din lou pays,
Qu'aussitôt eil' arresto
Amaï les ennemis.

Oussi vesès toujour
Lei malaoux d'aleintour
Se li reindre, si podous,
Ou d'ooumein li manda
Lei giens d'ountè s'einrodous
Per lei recoummanda.

Siès quaouqué picho cha
Que parlo pas einca
Sa maïré vou devino
Per la tendresso qu'a,
Et per eou s'echemino
Vès lou même cousta.

Coummo rés vai jamaï
Fair' un parier essaï
Sein pourtar un beou cierji
Qu'ativo su iou cham,
L'ooutar d'aquello Vierji
Brillo coumm' un diaman.

A travers la clarta
Verès sa Majesta
De gloiro rayounnaato,
Jittar un uf piétoux
Ou sa man tou' puissanto
Dessu lei pregadoux.

Es rar si après aco
N'ein vesès pas beouco
Que jittoun lour bequios,
Et sein van ein couroun
Redire à lour famios
Qu'aro se trouvon bein.

A queou qués pas veingu,
Mais que lia cresigu,
Eïtan bein n'ein prousito
Et se levo soudain
Per remercia vito
La Vierj' oumé sein gien.

Noun satisfa d'aco
Fouertoun un ex-veto
Din la santo Capello,
Qu'a la pousterita
Lou miracle rappello...
Oussi vun abor n'ia !

Ce que nous prev'oou clar
Qués sufli de pregar
De bouca cœur nouesto Damo
Eme soun très-cher Fis,
Fer', d'oou corps et de l'amo,
Estre soudain garis.

Aneia, aneis li doun
Quan sara de besoun,
Et surtou de sa festo,
Qués lou 10 de juillet, —
Car sa vertu célesto
Alor fai mai d'effet.

CANTIQUE
EN VERS FRANÇAIS,

SUR L'AIR :

Heureux qui dans sa maisonnette.

Peuple chrétien, peuple fidèle,
Quel avantage n'as-tu pas
D'avoir auprès de Carpentras
Une spéciale chapelle,
Où tu retrouves la santé
En y faisant cette prière :
« O Notre-Dame de Santé !
» Daignez de nous avoir pitié
» Dans toute espèce de misère. »

BIS FAIT PAR LE CHŒUR.

« O Notre-Dame de Santé !
» Daignez de nous avoir pitié
» Dans toute espèce de misère. »

Pères et mères de familles,
Allez-y donc avec ferveur,
Quand vous voyez que le malheur
Presse vos garçons ou vos filles,
Et vous l'en verrez écarté
En répétant cette prière :
« O Notre-Dame de Santé !
» Daignez de nous avoir pitié
» Dans toute espèce de misère. »

Et vous, enfants, que la tendresse
Fait pleurer en voyant, hélas !
Vos bons parents près du trépas,
Si vous voulez que leur mal cesse,
Allez, avec naïveté,
Réciter la même prière :
« O Notre-Dame de Santé !
» Daignez de nous avoir pitié
» Dans toute espèce de misère. »

Si parfois quelque épidémie
Venait sévir sur le pays,
Ou que l'on vît les ennemis
Y porter une guerre impie,
Pour arrêter leur cruauté
Il suffit de cette prière :
« O Notre-Dame de Santé !
» Daignez de nous avoir pitié
» Dans toute espèce de misère. »

Nous donc que la piété rassemble
Auprès de son auguste autel,
Surtout en son jour solennel,
Faisons entendre tous ensemble
A cette Mère de bonté,
Cette unique et sainte prière :
« O Notre-Dame de Santé !
» Daignez de nous avoir pitié
» Dans toute espèce de misère. »

Et sans doute la confiance
Qu'en Notre-Dame on placera
Un très-bon effet produira,
Car on sait, par expérience,
Quelle est sa sensibilité
En entendant cette prière :
« O Notre-Dame de Santé !
» Daignez de nous avoir pitié
» Dans toute espèce de misère. »

Par Victor **MONARD**
d'Orpierre.

ORAISON.

O incomparable Vierge, Mère de Dieu, Reine des Anges, Avocate des pécheurs, Refuge des affligés ! O Marie, pleine de pouvoir et de bonté ! jettez, s'il vous plaît, un regard favorable sur vos serviteurs prosternés devant vous ; faites, par votre intercession, que nous soyons du nombre des Justes sur la terre et des Elus dans le ciel. C'est aujourd'hui et pour toujours que nous nous mettons sous votre auguste protection. Nous vous prenons et vous choisissons pour notre maitresse, notre patronne et pour notre appui. Vous êtes notre espérance et notre consolation, soyez encore notre force et notre lumière ; éloignez de nous tout ce qui peut déplaire à votre cher Fils, notre Seigneur et Rédempteur Jésus-Christ, et, par votre crédit auprès de lui, préservez nos villes, nos villages et tous les habitants du CHOLÉRA, de la guerre, de la famine, et de tous les maux qui affligent l'humanité. Ainsi soit-il.

Propriété de l'éditeur. (Déposé.)

Fabrique de PELLERIN, Imprimeur-Libraire à ÉPINAL.

Bekanntmachung.

Vor dem Genuß ungekochter Speisen, namentlich ungekochten Elb= und Leitungs=Wassers sowie ungekochter Milch wird dringend gewarnt.

Hamburg, den 1. September 1892.

Die Cholera=Commission des Senats.

3/88 a

Durch Sand filtrirtes Wasser, Genuss unschädlich!

Die Cholera-Commission des Senats.

3/88 b

3/80
»Death's Dispensary«
George John Pinwell (1842–1875)
um 1866; Bleistift/Papier; 20 x 16 cm
Philadelphia (Pennsylvania), Philadelphia Museum of Art [1984-17-1]

3/81
»Untersuchungen und Beobachtungen über die Verbreitungsart der Cholera nebst Betrachtungen über Maßregeln, derselben Einhalt zu thun.«
Max Pettenkofer (1818–1901)
J.G.Cotta'sche Buchhandlung, München
1855; Buchdruck, X u. 374 S.; 22 x 15 cm
Berlin, Staatsbibliothek zu Berlin PK [Ka 11380]

3/82
Die Teilnehmer der nach Ägypten und Indien entsandten Cholerakommission
1884; Fotografien (alte Abzüge)
Loescher & Petsch, Hof-Photographen
a) von links: Georg Gaffky, Treskow, Robert Koch, Emil Fischer
10,3 x 16,7 cm
[RKM 87–134]
b) von links: Robert Koch, Treskow, Emil Fischer, Georg Gaffky
16,5 x 10,5 cm
[RKM 87–133]
Berlin, Robert Koch Museum

3/83
»Bericht über die Thätigkeit der zur Erforschung der Cholera im Jahre 1883 nach Egypten und Indien entsandten Kommission«
Bearb.: Dr. Georg Gaffky (1850–1918) unter Mitwirkung von Dr. Robert Koch (1843–1910)
Verlag von Julius Springer, Berlin
1887; Buchdruck, 272 S., 86 S. Anlagen und 30 Tafeln; 27 x 21 cm
Berlin, Robert Koch Museum

3/84
Schreiben des Staatssekretärs des Innern an Robert Koch vom 31. Mai 1884
Benachrichtigung über eine Belohnung von 100.000 M für die Entdeckung des Choleraerregers
Tinte auf Papier; 32,8 x 20,2 cm
Berlin, Robert Koch Museum [RKM 87-131]

3/85
»Die Brutstätten der Cholera in Hamburg.«
Titelblatt von: »General-Anzeiger für Hamburg-Altona«, Nr. 251, vom 25. Oktober 1892
nach photographischen Aufnahmen von E.H.A. Schlitte
Zeitungsdruck; 47,3 x 33,5 cm
Hamburg, Staatsarchiv Hamburg, Plankammer [Mappe 272]

3/86
»Hamburg, der Seuchenherd in Deutschland.«
in: »Das Illustrirte Blatt«
Robert Koch (1843–1910)
1892; Zeitungsdruck; 37,5 x 27,3 cm
Hamburg, Staatsarchiv Hamburg, Plankammer [Mappe 272]

3/87
»Cholera-Statistik. Hamburg 1892«
1892 (5. Ausgabe); Buchdruck; 75,5 x 54,3 cm
Hamburg, Staatsarchiv Hamburg, Plankammer [Mappe 272]

3/88
Wandanschläge aus der Zeit der Choleraepidemie
Hg.: Die Cholera-Commission des Senats
Zeitungsdruck
a) »Bekanntmachung. – Vor dem Genuß ungekochter Speisen, namentlich ungekochten Elb= und Leitungs=Wassers sowie ungekochter Milch wird dringend gewarnt.«
1. September 1892; Zeitungsdruck; 21,5 x 31,5 cm

3/88 c

b) »Durch Sand filtrirtes Wasser. Genuss unschädlich!«
1892; Zeitungsdruck; 22 x 32,8 cm
bez. handschriftlich o.li.: an den Anschlagssäulen
angeklebt
c) »Warnung.«
Warnung vor dem Genuß rohen Obstes
13. September 1892; Zeitungsdruck; 21,5 x 31,5 cm
Hamburg, Staatsarchiv Hamburg, Plankammer
[Mappe 272]

3/89
»Bekanntmachung, betreffend die Desinficirung der
Wasserkasten.«
Hg.: Die Cholera-Commission des Senats
15. September 1892; Buchdruck; 33 x 21 cm
Hamburg, Staatsarchiv Hamburg, Plankammer
[Mappe 272]

3/90
»Hamburg 1892, während der Choleraepidemie bei Tag
und bei Nacht.«
Gedenkblatt mit Ansichten der Stadt
Lithographie; 41 x 50,8 cm
Hamburg, Staatsarchiv Hamburg, Plankammer
[Mappe 272]

3/91
»Hamburger Bilder aus der Cholera-Zeit 1892.«
Leporello mit zehn Fotografien
bei Knackstedt & Näther, Hamburg
Lichtdruck, Einband: Pappe; 9,7 x 15 cm
Hamburg, Staatsarchiv Hamburg, Plankammer
[Mappe 272]

3/92
»The Cholera in Hamburg: Sketches by our Special Artist,
Mr. J. Schönberg.«
in: »THE ILLUSTRATED LONDON NEWS«, Vol. 101,
Nr. 2789, S. 436f., vom 1. Oktober 1892
Druck; 41,7 x 60,5 cm
bez. unter den Abbildungen: Linen being left with
customs officers for disinfection – The Harbour at
Hamburg – Orphans registering their names outside
the Police-Station
Hamburg, Staatsarchiv Hamburg, Plankammer
[Mappe 272]

3/93
»Wasserwagen in der Cholerazeit – 1892«
Emil Horst (1854–1910)
Bleistiftzeichnung; 43 x 32 cm
sign. u.re.: Emil Horst
Hamburg, Museum für Hamburgische Geschichte,
Einzelblattslg. [Kassette Q 235; 1938/83]

3/94
»Wasser Marsch. – Gekochtes Wasser ist gesund.«
Noten für Gesang und Klavier
H. Maier
Hamburg; Buchdruck; 33,8 x 53,8 cm
Hamburg, Staatsarchiv Hamburg, Plankammer
[Mappe 272]

3/95
»Inneres einer Cholerabaracke vor dem
Marienkrankenhause.«
G. Koppmann & Co.
Fotografie (alter Abzug); 26,6 x 39 cm
bez. u.re.: aufgenom. im Auftrage der Bau-Deputation,
Hamburg, Oktober 1892
Hamburg, Museum für Hamburgische Geschichte,
Einzelblattslg. [Kassette Q 235; 1914/256]

3/96
Die Arbeit der Desinfektionsanstalten
H. Feuerbach
1892; Fotografien (alte Abzüge); je 11 x 17 cm
sign. u.re.: aufgen.v.Amateurphotogr. H. Feuerbach
Hamburg
a) »Choleraepidemie 1892 – Angestellte der provisor.
Desinfectionsanst. W. I.«
b) »Choleraepidemie 1892«
Ansicht der Desinfektions-Anstalt II.
c) »Choleraepidemie 1892 – Offener
Desinfectionsapparat mit Kleidungs- und Bettstücken«
Hamburg, Staatsarchiv Hamburg, Plankammer
[Mappe 272]

3/97
»Hierdurch gestatten wir uns, Euer Wohlgeboren auf
unsere neu erschienen Desinficirten Closet-Sitzbrettaufleger
(...) ganz ergebenst aufmerksam zu machen«
Werbeblatt
H. Frensdorff & Co.
1892; Buchdruck; 30 x 23,7 cm
Hamburg, Staatsarchiv Hamburg, Plankammer
[Mappe 272]

3/105 d

3/98
»Cholera-Schutz! – Antiseptische Sunlight-Seife.«
Werbeblatt
1893; Zeitungsdruck; 32 x 23,5 cm
Hamburg, Staatsarchiv Hamburg, Plankammer
[Mappe 272]

3/99
Werbeblatt für Bier als Präservativ gegen die Cholera
Direktion der Brauerei Germania, Wandsbek
1892; Zeitungsdruck; 29,1 x 22,8 cm
Hamburg, Staatsarchiv Hamburg, Plankammer
[Mappe 272]

3/100
»Bürger dieser Straße! Auf zur rettenden That!«
Aufforderung zur gemeinsamen Desinfektion der
Höfe und Wohnungen
Hg.: Das Actions=Comite für den Herrengraben,
Teilfeld, Sägerplatz u. Düsternstrasse
1892; Zeitungsdruck; 21,3 x 27 cm
Hamburg, Staatsarchiv Hamburg, Plankammer
[Mappe 272]

3/101
»Ein Wohlthäter, der nicht genannt sein will, hat mich
beauftragt, an eine Anzahl Unbemittelte geeignete
Desinfectionsmittel und Vorbeugemittel gegen die Cholera
unentgeltlich auszutheilen.«
Bekanntmachung
Dr. H. v. Reiche, Bahnhofs-Apotheke
1892; Zeitungsdruck; 33 x 21,5 cm
Hamburg, Staatsarchiv Hamburg, Plankammer
[Mappe 272]

3/102
»Unterstützungsgesuche von Einwohnern Borgfelde's,
welche durch die Cholera in Noth gerathen sind, werden an
allen Wochentagen von 8 bis 10 Uhr in der Volksschule,
Bürgerweide 35 entgegengenommen.«
Bekanntmachung
Hg.: Das Borgfelder Nothstands-Comité
1892/93; Buchdruck; 33,6 x 29,6 cm
Hamburg, Staatsarchiv Hamburg, Plankammer
[Mappe 272]

3/103
»Schuldschein.«
Formular für Darlehen an in Not geratene Personen
1892/93; Druck; 29,3 x 22,5 cm
Hamburg, Staatsarchiv Hamburg, Plankammer
[Mappe 272]

3/104
Gedenkmedaille auf die Hamburger Choleraepidemie
von 1892
August Vogel (?-1932)
Bronze, 120 gr.; Dm 71 mm
Av. beschriftet: DEN HELFERN IN DER NOTH
Rev. beschriftet: DAS DANKBARE HAMBURG 1892
sign. Av. im Rund: AVogel fc.
Hamburg, Museum für Hamburgische Geschichte,
Münzkabinett [1959/75, Nr. 806a]

3/105
Leichentransport und Beerdigung während der
Choleraepidemie 1892
Fotografien (Reproduktionen)
a) »Cholera in Hamburg 1892 – Leichenträger«
b) »Cholera in Hamburg 1892 – Entladung der
Leichenwagen«
c) »Cholera in Hamburg 1892 – Inneres der
Leichenhalle«
d) »Cholera in Hamburg 1892 – Massengrab«
Hamburg, Museum für Hamburgische Geschichte,
Einzelblattslg.

3/106
»Bei den Leichenhallen vor dem Holstenthor während der
Cholera-Epidemie 1892«
Ernst Niese (1833–1899)
Aquarell, Tusche; Blatt: 45 x 58 cm
sign. u.re.: E. Niese October 1892
Hamburg, Museum für Hamburgische Geschichte,
Einzelblattslg. [Kassette Q 235; 1904/414]

3/107
»Gedenket der Toten«
Gedenkblatt mit Ansichten von Hospitälern und
Friedhöfen
1892; Zeitungsdruck; 37,3 x 54 cm
Hamburg, Staatsarchiv Hamburg, Plankammer
[Mappe 272]

3/108
»Der Abschied der Cholera. – Reform der Verwaltung«
Karikatur in: »Deutsche Wespen«, 30/42
1892; Druck; 24 x 18 cm
bez. unter dem Bild: Hoffentlich wird in Hamburg
hinter der scheidenden Cholera die Thür so
geschlossen, daß der schlimme Gast nicht
zurückkehren kann.
Hamburg, Staatsarchiv Hamburg, Bibliothek
[A 835-801]

3/109
Entwurf zu einem Gemälde »Cholera«
Arnold Böcklin (1827–1901)
1876; Pinsel mit Tusche, mit weißer Kreide gehöht,
schwarzes Papier; 36 x 26,8 cm
Darmstadt, Hessisches Landesmuseum [HZ 3388]

3/110
»Kolera«
Plakat mit der Warnung vor verunreinigten
Lebensmitteln
Türkei; 1975; Farboffsetdruck; 59 x 42 cm
Liederbach, Behring-Werke

Gedenkblatt an Hamburgs Schreckenstage.

3/107

3/109

275

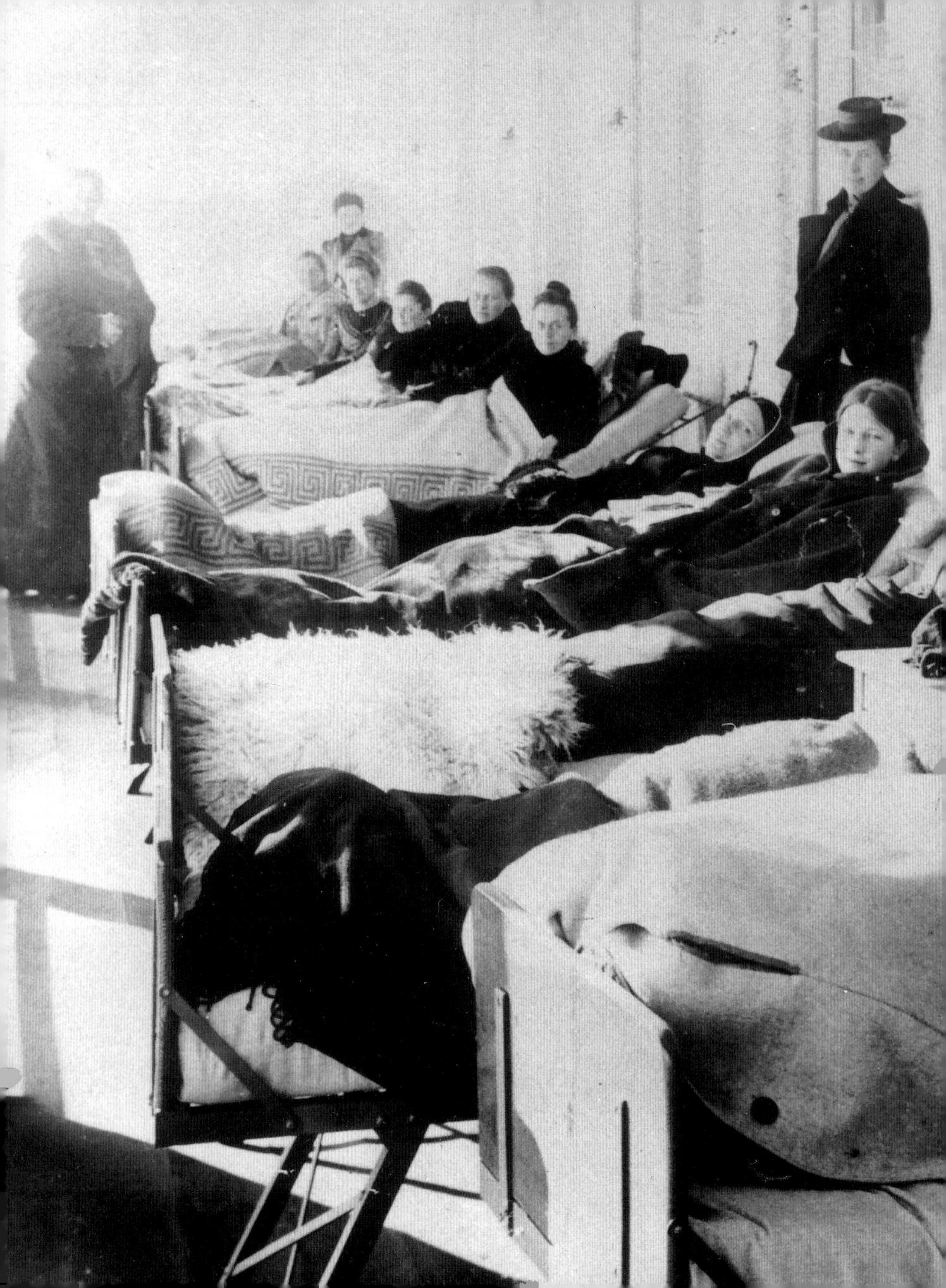

»Ich sehe blaß aus«, sagte Byron, als er in den Spiegel sah. »Ich würde gern an einer Schwindsucht sterben.« »Weshalb?« fragte ihn ein Freund, der Byron im Oktober 1810 in Athen besuchte. »Weil die Damen alle sagen würden: ›Seht doch den armen Byron, wie interessant sieht er als Sterbender aus‹.« [1]

Sylvelyn Hähner-Rombach

Künstlerlos und Armenschicksal

Von den unterschiedlichen Wahrnehmungen der Tuberkulose

»Das Übermaß der Arbeit erschöpfte Fantine, der leichte, trockene Husten wurde schlimmer (...). Sie hatte fieberglänzende Augen und Schmerzen zwischen den Schultern. Sie hustete stark (...). Sie mußte siebzehn Stunden täglich nähen.« [2]

»(...) immer wieder stossen wir in unserer Fürsorgetätigkeit vereinzelt auf asoziale und antisoziale Offentuberkulöse, die nur mit Mitteln eines drakonischen Gesetzes als Seuchenquellen ausgemerzt werden können.« [3]

Die zitierten Passagen stammen aus drei verschiedenen Epochen – aus den Jahren 1810, 1862 und 1934 – und zeigen, wie unterschiedlich Tuberkulose und Tuberkulosekranke jeweils wahrgenommen und dargestellt wurden. In dem Begriff ›Bild der Krankheit‹ sollen diese jeweils vorherrschenden gesellschaftlichen Wahrnehmungen und Darstellungen von Krankheit zusammengefaßt werden. Im Unterschied zu dem medizinischen Terminus ›Krankheitsbild‹ umfaßt dieser Begriff kulturelle, soziale, historische und medizinische Aspekte in ihrem jeweiligen zeitlichen Kontext. Man könnte auch sagen, daß das ›Bild der Krankheit‹ die Ausformung einer sozialen Konstruktion von Krankheit ist.[4]

Anders als bei Seuchen wie Pest und Cholera variiert die Wahrnehmung und Darstellung von Tuberkulosekranken seit dem 18. Jahrhundert in starkem Maße. Ein Resultat dieser Veränderungen ist das heutige Erstaunen angesichts der Tatsache, daß die Tuberkulose früher in die Kategorie ›Seuchen‹ fiel. Denn viele haben heute noch immer das Bild des individuell an ›Schwindsucht‹ erkrankten Schriftstellers vor Augen, wenn sie an Tuberkulose denken, und nicht die große Zahl der Opfer, die diese Krankheit im 19. und zu Beginn des 20. Jahrhunderts forderte.

Die in verschiedenen Epochen bestehenden und sich überschneidenden Bilder von der Tuberkulose – die ›romantische Krankheit‹ im 18. bis zum 19. Jahrhundert, die ›Krankheit des Proletariats‹ Ende des 19. und zu Beginn des 20. Jahrhunderts, die ›asoziale Krankheit‹ zur Zeit des Nationalsozialismus, die ›besiegte Krankheit‹ in den 70er Jahren unseres Jahrhunderts, die ›Krankheit der Randgruppen‹ seit den 90er Jahren – weisen bereits auf die jeweils vorherrschende Krankheitserklärung und Krankheitsbekämpfung hin. Wird ein Leiden als Schicksal, Strafe oder Zeichen des Auserwählt-Seins betrachtet, so erübrigt sich im allgemeinen eine tiefergehende Frage nach dem Zustandekommen oder nach Maßnahmen zur Bekämpfung dieses Zustandes. Besonders in der Literatur sind die verschiedenen Bilder der Tuberkulose gut dokumentiert. So war sie in der Romantik die schicksalhafte Krankheit der Genies, der Künstler, der Liebenden und der Bohème, während sie im Naturalismus die heimtückische Krankheit des Proletariats wurde, die in engem Zusammenhang mit den elenden Lebens- und Arbeitsbedingungen dieser Schicht gesehen wurde. In Thomas Manns Roman »Der Zauberberg« schließlich wird die Krankheit wieder in eine andere Gesellschaftsschicht verlegt, in einen Teil des Bürgertums, der in seiner Fin-de-siècle-Stimmung eine Ästhetisierung der Krankheit betrieb.

Nicht zuletzt durch die literarische Bearbeitung der Tuberkulose hat sich die Gleichsetzung von Tuberkulose und Lungen-Schwindsucht durchgesetzt, die, wenn auch die verbreitetste, so doch nicht die einzige tuberkulöse Erkrankung ist. Die bildende Kunst hat ebenfalls häufig Tuberkulosekranke, oft in Anlehnung an die medizinische Physiognomie, wie sie unter anderem von dem Baden-Badener Arzt Karl Heinrich Baumgärtner (1798–1886) entwickelt wurde, dargestellt. Baumgärtner stellt in seiner »Kranken-Physiognomik« [4/1] die »nach der Natur gemalten« Tafeln von Schwindsüchtigen und anderen Kranken der sprachlichen Beschreibung zur Seite, um in einer Zeit, in der die Diagnostik noch in den Kinderschuhen steckte, eine Hilfe zur Diagnosestellung zu geben. Bei der Auseinandersetzung von Künstlern mit der Tuberkulose spielten häufig persönliche Schicksalsschläge eine ausschlaggebende Rolle. So beispielsweise bei Edvard Munch. Sein 1885/86 in mehreren Fassungen entstandenes Werk »Das kranke Kind« **[4/2]** zeigt die Schwäche und das Leiden eines jungen, tuberkulosekranken Mädchens. Im Alter von fünf Jahren hatte Munch seine Mutter und im Alter von vierzehn seine fünfzehnjährige Schwester verloren. Nicht nur sie, sondern auch sein 1889 gestorbener Vater waren Opfer der Tuberkulose.

Nicht selten handelt es sich bei dem von Künstlern festgehaltenen ›romantischen‹ Bild der Kranken um Selbstporträts. Die Grundzüge ihrer Porträts sind unabhängig vom sozialen oder beruflichen Stand des Dargestellten: Hohlwangige Gesichter, blasse, durchscheinende Haut mit teilweise fiebrigen Flecken, hervortretende, ernste Augen sind die hervorstechendsten Merkmale. Entscheidend ist der Gesamtausdruck: Ausdruck und Anklage des Schmerzes oder Betonung einer ätherischen Erscheinung.

Bevor auf die verschiedenen Bilder der Tuberkulose, die Bekämpfung und Behandlung der Tuberkulose, die Entdeckung des Tuberkulose-Erregers und den Tuberkulin-Sturm näher eingegangen wird, soll in Anbetracht des Verschwindens dieser Krankheit aus dem gegenwärtigen Bewußtsein kurz erklärt werden, was die Tuberkulose eigentlich ist.

4/50c
Spucknapf

I. Was ist Tuberkulose?

Die Tuberkulose ist eine chronische Infektionskrankheit. Sie wird durch spezifische bakterielle Erreger, die verschiedenen Typen des Mycobacterium tuberculosis, hervorgerufen und kann alle Organe und körpereigenen Systeme befallen. Die Übertragung kann durch Einatmung infektiöser Tröpfchen, Staubpartikel oder eingetrockneter Exkrete, durch Aufnahme von tuberkulös infizierter Milch oder tuberkulös infiziertem Rindfleisch erfolgen. Ob und in welchem Ausmaß die Krankheit bei einer Person ausbricht, ist ebenso wie ihr Verlauf von der Anzahl und der Aktivität der Erreger sowie von der Empfänglichkeit und Widerstandskraft des befallenen Organismus gegenüber den Erregern abhängig. Bei der Erstinfektion kommt es zunächst zu einer unspezifischen Entzündung, die in einem späteren Stadium durch die Anwesenheit von Tuberkeln – knötchenförmigen Gewebeveränderungen – spezifisch tuberkulös wird. Die Tuberkel schmelzen zusammen und es kommt zum Gewebszerfall. Als Folge dieses Gewebszerfalls können bei der Lungentuberkulose Hohlräume, sogenannte Kavernen, entstehen **[4/3 h]**, von denen sich der Begriff der ›Aufzehrung‹ der Lunge herleitet.

Die pulmonale oder Lungen-Tuberkulose ist zugleich die häufigste Form der Tuberkulose; neben ihr gibt es sogenannte extrapulmonale tuberkulöse Erkrankungen – insbesondere der Haut, der Knochen, des Darms, des Urogenitalsystems (Nieren-, Blasen-, Hoden-, Nebenhodentuberkulose), der Mandeln – und die tuberkulöse Hirnhautentzündung. Die Erscheinungsformen sind so unterschiedlich, daß bis zur Entdeckung des Tuberkulose-Erregers bei vielen Erkrankungen nicht vermutet wurde, daß es sich um eine tuberkulöse Infektion handeln könnte. Die auffälligsten Formen der Tuberkulose sind die der Haut **[4/3 a–d]** und der Knochen **[4/3 g]**, die bei dem Erkrankten ein zum Teil schauriges Aussehen hervorriefen, das ihn nicht selten zur Randexistenz verurteilte. **[4/4]** Daneben gibt es tuberkulöse Halslymphdrüsen **[4/3 e–f]**, die retrospektiv mit der sogenannten Scrophulose identifiziert

4/1

*»Lungenschwindsucht.
Phthisis pulmonalis.« Kupferstich
in: K. H. Baumgärtner:
»Kranken-Physiognomik«, 1842*

werden.[5] Die Scrophulose hat
eine eigene Geschichte und
wurde bis zu Kochs Entdek-
kung ebenfalls kaum in
Verbindung mit der Krank-
heit gebracht, die seit dem
19. Jahrhundert als Tuberkulose bezeichnet
wird.[6] Eine Tatsache, die angesichts der völlig
unterschiedlichen Erscheinungsformen nicht
verwundert.

1. Phthise, Schwindsucht, Tuberkulose
Drei Begriffe für drei verschiedene Krankheiten?

Bei der Beschäftigung mit der Geschichte der
Tuberkulose stößt man auf unterschiedliche
Begriffe zur Bezeichnung einer Krankheit, die
nachträglich nicht ganz korrekt unter dem Terminus ›Tuberkulose‹ subsumiert wird. Denn der
Terminus ›Tuberkulose‹ beschreibt erst seit Ende
des 19., Anfang des 20. Jahrhunderts eine eini-
germaßen klar umrissene Krankheit mit nach-
weisbaren Erregern, einem übereinstimmenden
klinischen Bild und typischer Symptomatik.
Diese Kategorien lassen sich nicht einfach auf
Krankheitszustände der Vergangenheit übertragen. Da ihre zeitgenössische Beschreibung aber
eine gleiche oder ähnliche Symptomatik auf-
weist, hat die Medizingeschichte die Geschichte
dieser Krankheit(en) in zwei Phasen eingeteilt:
einerseits in die Zeit der Phthise oder Schwindsucht als Sammelbegriff einer Reihe von Krankheiten, die von ›Auszehrung‹ gekennzeichnet
waren und allmählich zum Tode führten, andererseits in die Zeit des pathologisch-morphologi-
schen Begriffs der Tuberkulose, in der die Krankheitsbeschreibung und Differenzierung exakter
wurde. Sie setzt etwa um 1834 ein, als Johann
Lukas Schönlein erstmals die Bezeichnung
›Tuberkulose‹ gebrauchte. Das Jahr 1882 mit der
Entdeckung des Tuberkulose-Erregers als Krankheitsursache markiert den Beginn einer dritten
Ära. Denn nun entschied die nachweisbare An-
bzw. Abwesenheit dieses spezifischen Erregers
über die Zugehörigkeit des Krankheitsbildes zur
Tuberkulose.

*Lungenschwindsucht.
Phthisis pulmonalis.*

II. Bilder der Krankheit: Die ›romantische Krankheit‹ oder die ›Krankheit des Proletariats‹?

Bei der Beschäftigung mit dem Bild der Krankheit am Beispiel der Tuberkulose fällt zweierlei
auf. Zum einen die gleichzeitige Existenz zweier
sich widersprechender Bilder der Krankheit: die
romantische Krankheit als Zeichen des Auserwählt-Seins einerseits und die Armuts-Krankheit
der Masse der Bevölkerung andererseits. Zum
anderen, daß sich längerfristig das romantische
Bild als das durchsetzungsfähigere erwiesen hat,
obwohl die Tuberkulose als Massenphänomen
die Ängste des 19. und 20. Jahrhunderts in sehr
starkem Maße beschäftigt hat.

1. Die romantische Krankheit

Notwendige Voraussetzung für die Entstehung
des Bildes vom ›auserwählten‹ Kranken ist ein

allgemein geringes Auftreten dieser Krankheit. Das romantische Bild der Tuberkulose entstand während des 18. Jahrhunderts, als die Krankheit selbst noch nicht sehr verbreitet war, und hat sich bis zum epidemischen Auftreten der Schwindsucht Mitte des 19. Jahrhunderts behauptet. Zeugnisse für dieses Bild finden wir nicht nur bei Schriftstellern und Malern, auch die Mediziner selbst trugen dazu bei.[7]

Die ›romantische Schwindsucht‹ war »ein Leiden, das mit einer existentiellen Verwundung zusammenhing. Die Krankheit war nur Ausdruck der tiefsten inneren Wahrheit des Schwindsüchtigen, eine ›Ausnahmeerscheinung‹ zu sein, ein Wesen, das gefährdet, dadurch aber nur um so auserlesener ist. Man rühmte seine ätherische Schönheit, die sehr zart, blaß und durchsichtig war. Aber man war auch fasziniert von der Leidenschaft, die ihn verzehrte. Diese Leidenschaft äußerte sich in der Glut der Liebe, aber auch in einem besonderen künstlerischen Empfinden, im Sinn für alles Schöne, Schöpferische –

das ganze Jahrhundert lang bestand eine besondere Beziehung zwischen Tuberkulose, Kunst und literarischem Schaffen. Das Fieber, die Auszehrung waren daher nur der körperliche Ausdruck eines Feuers, das bald die Glut der Sehnsucht, bald des Genies war, und die Blässe des Kranken belebte. Die glänzenden Augen, die roten Wangen waren Ausdruck eines selbstzerstörerischen Seelenfeuers: die Tage des Tuberkulosekranken verglühten.«[8]

Neben den Künstlern scheinen die Liebenden und die Bohèmiens ›anfällig‹ für diese Krankheit zu sein, man denke nur an Alexandre Dumas' »Kameliendame« Marguerite Gautier, die den Typ der aufopfernden Liebenden, der hochherzigen Sünderin verkörpert und an der Schwindsucht zugrunde geht. Von Guiseppe Verdi 1853 in der Oper »La Traviata« vertont und über dreizehnmal verfilmt, wurde diese Figur einer der Prototypen der romantischen Krankheit.

Die zahlreichen schriftlichen Nachlässe tuberkulosekranker Künstler, sei es der Briefwechsel Franz Kafkas oder die Tagebuchaufzeichnungen Marie Bashkirtseffs, zeigen beim Fortschreiten der Krankheit den Wechsel von der anfänglichen romantischen Verklärung der Krankheit hin zum Schrecken und dem realen Leiden an der Krankheit. Dennoch hält sich der Mythos des sanften, schönen Todes. So beschrieb John Middleton Murry, der Ehemann von Katherine Mansfield, ihren Tod im Vorwort des 1927 posthum veröffentlichten »Journal« mit folgenden Worten: »Ich habe niemals jemanden so schön gesehen wie sie an jenem Tag und werde niemals wieder jemanden sehen, der so schön ist; es war, als hätte die einzigartige Vollkommenheit, die ihr stets eigen war, vollständig Besitz von ihr ergriffen. Um ihre eigenen Worte zu benutzen: das letzte Körnchen ›Ablagerung‹, die letzten ›Spuren irdischer Erniedrigung‹ waren für immer gewichen. Doch hatte sie ihr Leben verloren, um es zu retten.«[9]

Mit der massenhaften Verbreitung der Schwindsucht, besonders unter der arbeitenden Klasse, änderte sich zwangsläufig das Bild des Kranken, wenn auch eine Zeitlang beide Bilder nebeneinander her bestanden.

4/3 a

Hauttuberkulose an der Nase

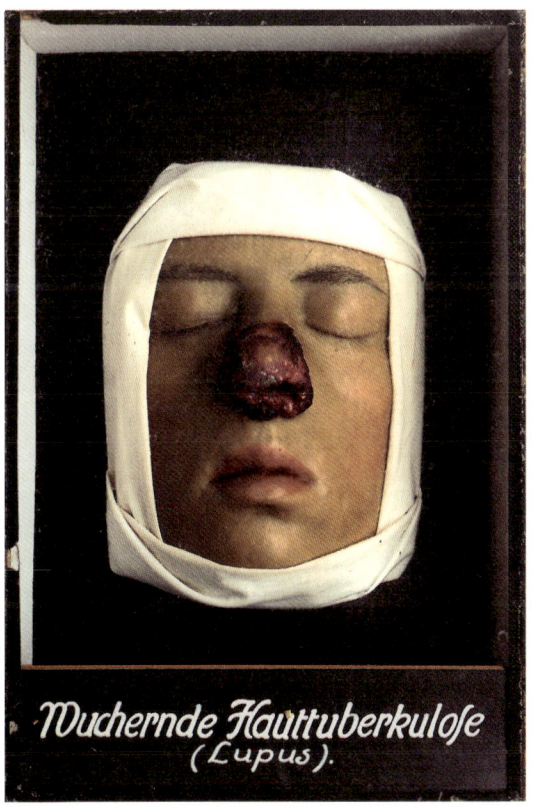

 Wuchernde Hauttuberkulose (Lupus).

2. Die Krankheit des Proletariats

Im 18. Jahrhundert kommt es in England, speziell in London, mit der Industrialisierung und ihren Folgen – Verschlechterung der Wohnungsverhältnisse, mangelhafte Ernährung, Überanstrengung durch langandauernde und schwere Arbeit – zu einem massenhaften Auftreten der Tuberkulose, das mit einer zeitlichen Verzögerung auch die Großstädte des Kontinents erreicht. Die eigentliche Breitenwirkung der Tuberkulose beginnt im 19. Jahrhundert, in dem sie trotz ihres langsamen Verlaufs schnell zur ›Geißel der Menschheit‹ avanciert.

Etwa ab der Mitte des 19. Jahrhunderts wurde die stark angestiegene Zahl der Tuberkulosetoten zu einer massiven Bedrohung. Immer häufiger wurde in der Öffentlichkeit und von Auto-

4/6 und **4/7**
H. Zille, zwei Karikaturen

Vor der Armenküche   „Wat jiebt's heite, Kleener?"
                       „Blauen Heinrich!"

„Wenn ick will, kann ick Blut in den Schnee spucken!"

ren, wie z.B. in dem Buch von Hans Fortwängler **[4/11]**, der Ausdruck ›Volksseuche‹ verwendet, um das Ausmaß zu verdeutlichen. So starben in der zweiten Hälfte des 19. Jahrhunderts auf dem Gebiet des Deutschen Reiches jedes Jahr 100.000 bis 120.000 Menschen an der Schwindsucht, sehr viel mehr waren daran erkrankt.[10] Besonders betroffen waren die Zwanzig- bis Vier-

zigjährigen, die im produktiven Alter standen und deren Tod damit auch volkswirtschaftliche Bedeutung zukam. Statistiken über Häufigkeit und geographische Verbreitung wurden aufgestellt und veröffentlicht **[4/5]**, um die Gefahr für Staat und Gesellschaft nachzuweisen und geeignete Maßnahmen wie den Ausbau von Lungenheilanstalten, Tuberkulosefürsorgeanstalten und des sozialen Wohnungsbaus zu veranlassen. Diese Statistiken brachten zutage, daß die Masse der Erkrankten zum Proletariat gehörte,[11] was angesichts der Lebens-, Wohn- und Arbeitsbedingungen, in denen diese Menschenmassen dichtgedrängt zu existieren gezwungen waren, nicht verwundert.[12] Sozialreformer, die Untersuchungen über den Zusammenhang zwischen sozialer Lage und Krankheit anstellten, bezeichneten dann auch die Krankheit als »Die Proletarierkrankheit« **[4/10]** und forderten Verbesserungen der Lage der arbeitenden Klasse. Unterstützung erhielten sie von sozialkritischen Künstlern wie beispielsweise Heinrich Zille, der besonders den alltäglichen Umgang mit der Krankheit darstellte. Eines seiner »Bilder aus dem Berliner

Milljöh« zeigt eine Warteschlange vor einer Armenküche, an der gerade ein kleiner Junge vorbeikommt und »Blauen Heinrich« anbietet. **[4/7]** »Blauer Heinrich« hieß die Taschenspuckflasche, in der der Auswurf des Tuberkulösen gesammelt wurde. Auf einem anderen Bild brüstet sich ein kleines Mädchen mit der Tatsache, daß es »Blut in den Schnee spucken könne«; eine Anspielung auf den häufig mit Blut durchsetzten tuberkulösen Auswurf. **[4/6]**

In der Karikatur »Berliner Wohnungselend« **[4/8]** von Thomas Theodor Heine werden hinge-

»die Schwindsucht an den Hals getanzt hat«, scheint aber weiter nicht schlimm, denn, so das Kalkül der Eltern, »Gott sei Dank, sie ist verlobt«. **[4/9]**

Nach der Entdeckung des Tuberkulose-Erregers war es möglich, den ›Bazillenträger‹ zu identifizieren, was oft auch eine Schuldzuweisung beinhaltete. Mangel an Hygiene, Alkoholkonsum, überhaupt fehlende ›vernünftige‹, also ›bürgerliche‹ Lebensweise galten als Ursache für den Ausbruch oder die Verschlimmerung der Krankheit.

4/8 und **4/9**
Thomas Theodor Heine,
zwei Karikaturen

gen die schon wie Knochengerippe aussehenden schwindsüchtigen Kinder von ihren Eltern mit dem Spruch »Wenn ihr groß seid, kriegt ihr es um so schöner. Dann dürft ihr in das Lungensanatorium« vertröstet. Wie sehr die Krankheit auch das kleinbürgerliche Milieu beschäftigte, hatte derselbe Zeichner einige Jahre zuvor mit seiner Karikatur »Nach der Ballsaison« gezeigt. Daß die Tochter sich

Aus der Existenz dieser sich stark unterscheidenden Bilder der Tuberkulose haben Claude Herzlich und Janine Pierret in ihrem Buch »Kranke gestern, Kranke heute« folgenden Schluß gezogen: »Im Laufe des 19. Jahrhunderts wurde die Tuberkulose also nacheinander in doppelter Bedeutung in Ketten gelegt; einerseits Leidenschaft, Müßiggang und Luxus im Sanatorium, das Leben ›für sich‹, das ganz mit dem Genuß beschäftigt ist; andererseits der Bazillus, die

283

Elendshütte ohne frische Luft und Sonne, die Entkräftung, die in einem grausamen Todeskampf endet. Für die Tuberkulose gab es also zwei unterschiedliche Bewertungen: das Preisen des Schwindsüchtigen und die Brandmarkung des Keimträgers.«[13]

III. Aufklärung und Bekämpfung: »Nicht auf den Boden spucken!«

Wichtig im Kampf gegen die Ausbreitung der Tuberkulose war deren Früherkennung. Zu diesem Zweck wurden spezielle Fürsorgestellen für Tuberkulose, die erste in Halle an der Saale 1899, eingerichtet. Ihre Aufgaben reichten von der ›Aufspürung‹ Tuberkulosekranker bis hin zur Beschaffung von stärkenden Lebensmitteln, Heilkuren und Wohnungen.[14] Der Besuch der Fürsorgeschwester, dessen Kontroll- und Disziplinierungscharakter den Besuchten nicht entging, war nicht immer erwünscht – nicht zuletzt aus Angst vor den Reaktionen der Nachbarn oder der Bekanntgabe der Erkrankung am Arbeitsplatz –, brachte aber in vielen Fällen Verbesserungen der Versorgung mit sich. Hand in Hand mit der Früherkennung ging eine umfangreiche Aufklärungskampagne, deren Hauptzweck die Information über die Entstehung der Krankheit, die Wege der Ansteckung und die Aufforderung zur Reinlichkeit war. Diese Kampagne begann Ende des 19. Jahrhunderts mit der zentralen Verteilung von Tuberkulose-Merkblättern durch das Kaiserliche Gesundheitsamt in Berlin. Die Merkblätter wurden immer wieder neu aufgelegt bzw. von anderen Institutionen in abgeänderter Form vertrieben und begnügten sich mit kurzgefaßter Aufklärung über Art, Verbreitung und Verhütung der Tuberkulose. [4/13, 4/14] Als erste Maßnahmen wurden Spuckverbotstafeln in öffentlichen Gebäuden und Verkehrsbetrieben aufgehängt und Spucknäpfe aufgestellt. Des weiteren wurden neben Lichtbildvorträgen, die den örtlichen Tuberkulose-Fürsorgestellen bzw. Vereinen zur Bekämpfung der Schwindsucht unent-

4/18 c

Bildtafel zur Erkennung und Verhütung der Tuberkulose, um 1925

geltlich zur Verfügung gestellt wurden, Plakate und Bildtafeln vertrieben. Die Hauptinhalte der vom Deutschen Hygiene-Museum in den 30er Jahren vertriebenen Tafeln [4/18] waren ebenfalls der Schutz vor Ansteckung, die Übertragungswege der Tuberkulose oder, sehr anschaulich, »Die ersten Anzeichen der Lungentuberkulose«. Diese Bildtafeln sollten an häufig frequentierten Plätzen wie Schulen, Fabriken, Krankenhäusern etc. aufgestellt werden.

Neben Broschüren und Büchern kamen auch Filme und Theaterstücke im Kampf gegen die Tuberkulose zum Einsatz. So wurde beispielsweise das vom Zentralkomitee zur Bekämpfung der Tuberkulose erworbene Aufklärungsstück »Blaue Jungen« 42mal in Sachsen aufgeführt, bevor es auch in anderen deutschen Staaten, z.B. Württemberg, gezeigt wurde.[15] Der Vertrieb des »Gutachtens der Königlich Preußischen Wissenschaftlichen Deputation für das Medizinal-Wesen betreffend Maßregeln gegen Verbreitung der Tuberkulose« [4/12] regte einige Länderregierungen des Deutschen Reichs dazu an, sich mit der Tuberkulosebekämpfung im eigenen Land zu beschäftigen.[16]

Der Inhalt der meisten Aufklärungs-Broschüren läßt sich auf folgenden Nenner bringen: »Im Zentrum der Aufmerksamkeit steht die Negativfigur des ›unreinlichen‹ Tuberkulösen, von dem alles ausgeht. Er ist unreinlich, weil er nicht ordnungsgemäß in Spucknäpfe, sondern auf Fußböden oder in Taschentücher spuckt. Auch das Taschentuchspucken gilt als grob unhygienisch, weil es das Vertrocknen und Verstäuben des Sputums befördert. Allerdings hängen dem Tuberkulösen überall Sputumreste an, an Händen, Lippen, Bekleidung, an allem, was er als Werkzeuge anfaßt, anhustet, an den Mund nimmt, irgendwie benutzt; überall hin werden von ihm Bakterien geschmiert, stäuben von ihm Bakterien ab. Weil viele Bodenspucker auch noch die Angewohnheit haben, Sputum auf dem Boden ›auszutreten‹, tragen sie zusätzlich an ihren Schuhen den Staub des Verderbens überall hin.«[17]

Die Aufforderungen zur Reinlichkeit wenden sich in der Hauptsache an die Frauen. Ihnen

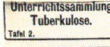

Wie die Tuberkulose übertragen wird.

Ansteckung durch ausgehustete Tröpfchen.

Ansteckung durch tuberkelpilzhaltigen Staub.

Ansteckung durch verschmierten Schmutz.

Ansteckung durch ungekochte Milch tuberkulöser Kühe.

Hergestellt: Deutsches Hygiene-Museum, Dresden. Lith. u. Druck von Dr. Trenkler & Co. Aktiengesellschaft, Leipzig.

wird letztendlich die Verantwortung zugeschrieben, wenn wegen ihrer angeblichen Unreinlichkeit auf dem Boden spielende Kinder tuberkulös werden. Auffallend an den Schautafeln ist auch die Darstellung des gewünschten oder empfohlenen Standards der Wohnungen, die von der Ausstattung her eher an kleinbürgerliche als an Wohnungen der sozialen Unterschichten angelehnt sind, sich also kaum an den tatsächlichen Zuständen orientieren. **[4/18 d]**

Neben der Reinlichkeit tritt die Lüftung und Besonnung der Räume als wesentlicher Faktor der Tuberkuloseprävention und -bekämpfung. Auch dies, gemessen an der Lage der meisten Proletarierwohnungen, ein ›frommer Wunsch‹ bzw. ein Versuch, mit dem Argument der Gesundheit bürgerliche Vorstellungen über angemessenes Wohnen in den Köpfen der Masse der Bevölkerung zu verankern.

Die ausgestellten Plakate zur Tuberkulosebekämpfung lassen sich in drei Gruppen einteilen. Die eindrucksvollste Gruppe stellt die Bedrohung in das Zentrum: Die Tuberkulose-Faust, die »nach Dir« greift **[4/19, 4/20]**, bzw. die personifizierte Tuberkulose. Auf sie richten sich acht Schwertspitzen, die verschiedene Aspekte der Tuberkulose-Bekämpfung

4/24
»Dr. Brehmer'sche Lungenheilanstalt Görbersdorf in Schlesien.«
Werbeprospekt, um 1891

repräsentieren. Genannt werden unter anderem: Hygiene, Sonne, Mäßigung. **[4/16]** Die zweite Gruppe möchte die Bevölkerung ›humorig‹ erziehen, ihre Ermahnungen bringt sie gerne in Reimform vor, damit sie sich besser einprägen. **[4/21]** Die dritte Gruppe schließlich stellt die Aktivitäten der mit der Bekämpfung betrauten Institutionen, Mittel oder Menschen in den Mittelpunkt. **[4/17, 4/22]**

Zur Bekämpfung der Tuberkulose im 20. Jahrhundert wurden alle Medien eingesetzt, außer den genannten gab es noch Tuberkulose-Wandermuseen, die in größeren Städten Station machten, Tuberkulose-Postkarten, -Briefmarken und -Vignetten,[18] Poststempel mit Aufforderungen, sich vor der Tuberkulose in acht zu nehmen, Anstecknadeln, Lieder, Merksprüche etc.

286

IV. Sanatorien

Die Behandlung der Schwindsucht hat sich im Laufe der Jahrhunderte kaum geändert. Bereits im Altertum wurden neben religiösen und magischen Therapien spezielle Diäten, Milch, Ruhekuren, Bäder, Öleinreibungen und Reisen in südliche Gebiete (z.B. Ägypten) empfohlen. Bis zum 18. Jahrhundert gab es keine gravierenden Änderungen in der Behandlung, wenn man von einem exzessiven Aderlaß und dem Gebrauch von Blutegeln Ende des 18. Jahrhunderts besonders in Frankreich absieht. Die Einschätzung der

Heilbarkeit der Schwindsucht war fast durchgängig negativ; daran änderten auch die zu jeder Zeit propagierten ›Wundermittel‹ nichts, die schnell ihre Wirkungslosigkeit unter Beweis stellten.

Das änderte sich erst mit Herrmann Brehmer (1826–1889), der 1856 in seiner ins Deutsche umgearbeiteten Dissertation »Die Gesetze und die Heilbarkeit der chronischen Tuberculose der Lunge« **[4/23]** die Tuberkulose für heilbar erklärte; 1857 folgte »Die chronische Lungenschwindsucht und Tuberculose der Lunge, ihre Ursache und ihre Heilung«. Die Tatsache, daß hier ein Arzt mit größter Überzeugung von der Heilbarkeit der Schwindsucht an von ihm so genannten »immunen Orten« sprach, ließ Tausende hoffen. Als »immun« galten für Brehmer Orte, an denen sich unter der einheimischen Bevölkerung gar keine oder nur äußerst selten Tuberkulosefälle ereignet hatten. Nach langwierigen Verhandlungen mit den Behörden und mit Unterstützung Alexander von Humboldts und Johann Lukas Schönleins begann 1863 der Ausbau des ersten größeren Sanatoriums in Görbersdorf (Schlesien), das sich über viele Jahre eines regen Zustroms von Kranken erfreute und zum Vorbild aller Lungenheilstätten wurde. ›Görbersdorf‹ und ›Lungenheilanstalt‹ wurden damals fast austauschbare Synonyme. Deshalb konnte auch der Autor des Gedichts »Goerbersdorf wie es weint & lacht« [4/25] gewiß sein, daß der Leser seiner »scheußlichen Verse« die Lungenheilanstalt vor Augen hatte.

Mit dem Entstehen zahlreicher anderer privater Lungenheilanstalten wurde natürlich der Konkurrenzdruck größer und die Eigenwerbung immer bedeutender. Bald brachte jedes Sanatorium seine eigene Broschüre in immer wieder aktualisierten Ausgaben heraus. [4/24] Die von Brehmer begründete Freiluft-Liegekur, verbunden mit einer stark disziplinierenden Lebensweise, wirkte wie eine Entdeckung und wurde zum Haupttherapeutikum im letzten Viertel des 19. und der ersten Hälfte des 20. Jahrhunderts. Fast in jeder größeren Stadt bildeten sich ab den 1890er Jahren Vereine zur Schaffung von Heilstätten (sogenannte Volksheilstätten) und trieben deren Einrichtung – von Staat, Wohlfahrtsverbänden und gesetzlichen Rentenversicherungsanstalten unterstützt – schnell voran.[19]

Peter Dettweiler (1837–1904), ein Schüler Brehmers und der spätere Leiter der ersten deutschen Volksheilstätte Falkenstein im Taunus, arbeitete die Technik der Liegekur weiter

aus. Auf ihn geht auch der typische Freiluft-Liegestuhl zurück, der von den meisten Sanatorien übernommen oder, wie unser Beispiel aus der Schatzalp Davos, leicht abgewandelt wurde. [4/44] Den berühmten, aus blauem Glas gefertigten Taschenspucknapf »Blauer Heinrich«, der mit seinem Namen beschriftet ist, stellte Dettweiler 1889 vor. Zweck dieses und anderer in der Folge konstruierter Spucktassen, Spucknäpfe

und Spuckflaschen [4/50] war es, den als ansteckungsfähig erkannten Auswurf der Kranken, das Sputum, gefahrlos zu entsorgen. Desinfektionsmittel und -apparate [4/49] wurden besonders wichtig im Kampf gegen die Tuberkulose, denn solange es kein Heilmittel gab, mußte Sorge getragen werden, daß Tuberkuloseerreger so weit wie möglich vernichtet wurden.

Liegestuhl, »Blauer Heinrich« und Fieberthermometer [20] [4/47] wurden zu den typischen Attributen der Tuberkulosekranken. Eine Zeitschrift nannte sich sogar »Auf dem Liegestuhl – Die Zeitschrift des Lungenkranken«. [4/43] Settembrini, die Figur des tuberkulosekranken Humanisten in Thomas Manns Roman »Zauberberg«, der eine der Hauptquellen für die Vorstellungen über das Leben in einem Luxussanatorium ist, spricht von der »horizontalen Lage« der Lungenkranken. Hans Castorp, die Hauptfigur des Romans, mokiert sich anfangs noch über diese Lage, bevor er sich selbst mehrere Jahre in dieselbe begibt. Jedes Sanatorium und jede Heilstätte verfügte über Balkone oder Liegehallen, in denen die Kranken »horizontal« mehrere Stunden des Tages die Wohltaten der frischen Luft

und der Sonne genießen sollten. **[4/45]** Um herauszufinden, wie die Technik des sachgemäßen ›In-die-Decke-Einwickelns‹ funktionierte, kann der »Zauberberg« herangezogen werden: »Man breitete die Decken, eine und dann die andere, über das Stuhllager, so daß sie am Fußende ein reichliches Stück auf den Boden hingen. Dann nahm man Platz und begann, die innere um sich zu schlagen: zuerst der Länge nach bis unter die Achsel, hierauf von unten über die Füße, wobei man sich sitzend bücken und das gefaltete Ende doppelt fassen mußte,

4/45 e

»Davos. Liegekur.«
Fotopostkarte, um 1900

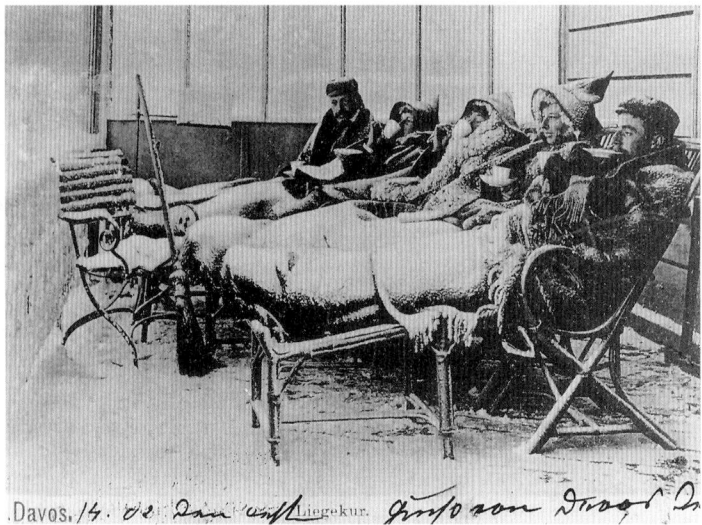

.Davos. /4. 02. ... Liegekur. ...

und dann von der anderen Seite, wobei der doppelte Fußzipfel gut an den Längsrand zu passen war, wenn die größtmögliche Glätte und Ebenmäßigkeit erzielt werden sollte. Danach beobachtete man genau dasselbe Verfahren bei der äußeren Decke, – ihre Handhabung war etwas schwieriger, und Hans Castorp, als Stümper und Anfänger, ächzte nicht wenig, indem er, sich bückend und wieder ausstreckend, die Griffe übte, die man ihn lehrte. Nur wenige Altgediente, sagte Joachim, könnten beide Decken gleichzeitig mit drei sicheren Bewegungen um sich schleudern, aber das sei eine seltene und geneidete Fertigkeit, zu der nicht nur langjährige Übung, sondern auch eine natürliche Anlage gehöre.«[21]

Diese Beschreibung konnten sich nachfolgende Patientengenerationen zunutze machen. Wie die ausgestellte Erstausgabe zeigt, fand der »Zauberberg« auf dem ›Zauberberg‹ auch einige seiner ersten Leser. »In dankbarer Erinnerung« hat ein Davoser Patient diesen Roman seinem behandelnden Arzt zu Weihnachten 1924 geschenkt. **[4/35]**

1. »Denn ich bin der Herr, Dein Arzt!«

Die langandauernde Behandlung im Sanatorium erforderte in den Augen der Väter der Begründung und Weiterentwicklung der Freiluft-Liegekur eine unangefochten autoritäre Position des behandelnden Arztes. Dettweiler z.B. faßte seine Behandlungsgrundsätze folgendermaßen zusammen: »Die Liegekur bezweckt nichts Geringeres, als durch persönliche Hygiene und Diät, durch stete Belehrung, Überwachung, durch Beispiel und festgeregelte Tagesordnung, nicht am wenigsten durch die Persönlichkeit des Arztes, eine auf die jeweilige Leistungsfähigkeit angepaßte Lebensweise herbeizuführen bzw. zu erzwingen.«[22]

In Davos führte Karl Turban 1889 in dem nach seinen Plänen gebauten, ersten geschlossenen Sanatorium, dem »Sanatorium Turban«, die strenge Liegekur ein. **[4/33 b]** Dazu wurden die Balkone nach Süden ausgerichtet und so vergrößert, daß Platz genug für Liegestühle oder Balkonbetten war. »Turban wurde in der Folgezeit ganz im Brehmer-Dettweilerschen Sinn der aufgeklärte Tuberkulosetyrann von Davos. Wenn er, im Dreitakt eines Talleyrand daherschritt mit dem verkniffenen Augurenlächeln, das seine Büste in Davos so treffend wiedergibt, so empfand jeder Patient: ›das ist mein Arzt‹, der von Zeit zu Zeit ein Exempel statuierte zu Nutz und Frommen aller. Wehe dem Sanatorium, das es gewagt hätte, einem bei Turban strafweise – d.h. therapeutisch für die Gesamtheit – Entlassenen Aufnahme zu gewähren.«[23]

Obwohl auch den ärmeren Bevölkerungskreisen Volksheilstätten und Walderholungsstätten aus Angst vor einem weiteren Umsichgreifen der

Tuberkulose in wachsender Zahl zur Verfügung gestellt wurden **[4/26, 4/27]**, gab es natürlich weiterhin luxuriöse Sanatorien für zahlungskräftige Kranke.

2. Zauberberg Davos

Einer der berühmtesten Sanatorienorte wurde Davos, ein in etwa 1500 Meter Höhe liegender Zusammenschluß von Davos-Platz und Davos-Dorf. **[4/29]** Dort gab es zwar auch Heilstätten für ›unbemittelte Kranke‹, z.B. die Basler Heilstätte **[4/33 d]** oder die Deutsche Heilstätte, von der ein Verordnungsblatt **[4/32]** zu sehen ist. Das eigentliche Bild bestimmten jedoch die Luxussanatorien, u.a. das heute noch als Hotel weiterbestehende Sanatorium »Schatzalp«, das ebenfalls im »Zauberberg« Erwähnung findet. **[4/33 c]** Die Idee, in Davos Lungensanatorien zu errichten, geht auf Alexander Spengler zurück. 1827 in Mannheim geboren, kam er 1848 als Flüchtling der Märzrevolution in die Schweiz und ließ sich fünf Jahre später von der Gemeinde Davos als Landschaftsarzt anstellen. Zusammen mit Willem Jan Holsboer gründete er ein Sanatorium in der Überzeugung, daß »das Höhenklima von Davos nicht nur im Sommer, sondern auch im harten Winter eine ungeahnte Heilkraft besitzt. Er sieht rasch – und das ist wahrscheinlich seine Hauptleistung – die großen Zukunftsmöglichkeiten. Trotz Unkenrufen namhafter Ärzte in ganz Europa gibt ihm die nähere Zukunft recht.«[24] Davos dankte ihm posthum mit der Errichtung des Alexander-Spengler-Denkmals »Der Atmer«. **[4/39]** Der Festredner bei der Einweihung des Denkmals, Dr. Jessen, war übrigens Thomas Manns lebendes Vorbild für seinen Hofrat Behrens.
Die Entdeckung des Tuberkulose-Erregers und die darauf fußenden Präventiv- und Bekämpfungsmaßnahmen bestimmen auch die von der Gemeinde Davos erlassenen »Sanitätspolizeilichen Vorschriften«. **[4/31]** Ihre Übertretung, wie beispielsweise das Spucken auf den Boden, wur-

4/39
Dr. Jessen bei der Enthüllung des Denkmals »Der Atmer«

de mit zum Teil nicht unerheblichen Geldbußen geahndet.
In Davos traf sich alles, was Rang und Namen hatte. Arthur Conan Doyle, der nicht nur die Sherlock Holmes-Figur erfand, sondern auch das Skifahren in Davos bekannt machte, lebte hier von 1893 bis 1895. Robert Louis Stevenson schrieb während seiner Davos-Aufenthalte in

den achtziger Jahren einen ersten Entwurf seines Romans »Die Schatzinsel«. Thomas Mann war 1912 dort, um seine tuberkulosekranke Frau Katja zu besuchen, die im Waldsanatorium von Dr. Jessen behandelt wurde, und kam auch später noch häufiger nach Davos, wie ein Foto aus dem Jahre 1921 belegt. **[4/36]** Weitere illustre Gäste waren Erich Maria Remarque **[4/38]**, der ebenfalls einen Tuberkulose-Roman mit dem Titel »Der Himmel kennt keine Günstlinge« verfaßte, Christian Morgenstern und der Maler, Graphiker und Bildhauer Ernst Ludwig Kirchner. Der schwer lungenkranke Alfred Henschke, besser bekannt unter seinem Pseudonym Klabund, veröffentlichte nicht nur die Erzählung »Die Krankheit« **[4/37]**, sondern schrieb auch mehrere   289

Gedichte und Geschichten zum Leben des Tuberkulosekranken. Ein häufig zitierter Abschnitt aus Klabunds »Davoser Bar« ist, ebenso wie der »Zauberberg«, in der Welt der Luxussanatorien angesiedelt:

»Ein Herr tanzt exaltiert wie ein Tuberkel,
Des Frackes Schöße zwitschern vogelgleich,
Die rosa Sängerin hält fürstlich Cercle.
Ein Oberleutnant pokert schreckensbleich.

Ein Jüngling träumt von einer fernsten Ferne.
Aus seiner ausgeschnittenen Weste stiert
Die Höhlung einer riesigen Kaverne,
In der die Nacht wie eine Palme friert.«²⁵

Um die in Davos neu ankommenden Gäste über die bereits anwesenden zu informieren, lag den »Davoser Blättern« eine Fremdenliste **[4/30]** bei, in der unter den jeweiligen Sanatorien und Kurhäusern Name und Herkunft, mitunter auch der Stand der mehr oder weniger illustren Gäste aufgeführt war. Davos bemühte sich sehr, den Bedürfnissen seiner Gäste nach Zerstreuung Rechnung zu tragen: vom Tanztee auf der »Schatzalp« **[4/42]** über Schlittenpartien **[4/34]**, Schlittschuhlaufen, Filmvorführungen, die mittels tragbarer Filmprojektoren **[4/40]** in jedem Sanatorium vonstatten gehen konnten, bis hin zu Konzerten und Theateraufführungen reicht die Palette. Denn viele der Gäste blieben wochen- oder monatelang in Davos, ein Datum für die Rückreise konnte nicht festgelegt werden, solange die Heilung, Besserung oder der Tod in den Sternen stand. »Gültig bis zur Heilung« **[4/28]** lautete auch der Aufdruck auf den Fahrkarten der Schweizer Bundesbahnen Richtung Davos. Die Frage, ob ein mehrwöchiger bis mehrmonatiger Aufenthalt in einer Lungenheilstätte effektiv gewesen ist, ist schwer zu beantworten; schon zur Hochzeit der Heilstättenbewegung gab es hierzu unterschiedliche Meinungen. Zwei Vorteile hatte der Aufenthalt der Tuberkulosekranken in speziell für sie vorgesehenen Einrichtungen auf jeden Fall: Zum einen waren die ansteckungsfähigen Kranken isoliert, d.h. ihr soziales Umfeld zu Hause stand wenigstens eine Zeitlang nicht in der unmittelbaren Gefahr, infiziert zu werden. Zum anderen wurden die Kranken in hygienischem Sinne sehr streng erzogen, so daß zumindest die Hoffnung bestand, daß sie bei ihrer Rückkehr die erlernten Vorsichtsmaßnahmen beibehielten.

Die Entwicklung der Heilstättenbewegung, die sich den Ausbau der Volksheilstätten für Tuberkulosekranke aus ärmeren Schichten zum Ziel gesetzt hatte, wurde durch die Hoffnung auf ein von Robert Koch entwickeltes Heilmittel für einige Jahre verlangsamt. Erst als sich dieses Heilmittel als unwirksam herausstellte, wurde die Errichtung neuer Lungenheilstätten wieder stärker vorangetrieben.

V. Tuberkel-Theorien und Tuberkulin-Therapien

Ein Grund für den Wandel der gesellschaftlichen Wahrnehmung der Tuberkulose dürfte darin liegen, daß die Meinungen über den Erwerb der Krankheit stark voneinander abwichen. Schon in der Antike gab es Vertreter der Theorie der Vererbung der Phthise wie Hippokrates und Vertreter der Theorie der Ansteckung wie Aristoteles und Galen. Neben den beiden Theorien wurde immer auch die Frage einer persönlichen oder familiären Disposition zur Tuberkulose diskutiert.

In der Renaissance vertrat Girolamo Fracastoro 1546 als erster dezidiert die Überzeugung, daß

4/36
Thomas Mann auf einem
Eisfeld in Davos, 1921

die Ursache der Phthise außerhalb des menschlichen Organismus liegt, und befand sich damit in einer starken, die Ansteckungsfähigkeit dieser Krankheit vermutenden Fraktion, die auch im 17. Jahrhundert noch die Oberhand behielt. Dagegen waren es im 18. Jahrhundert nur noch vereinzelte Autoren, die den Gedanken der Ansteckung vertraten, und in der Mitte des 19. Jahrhunderts, d.h. nur noch wenige Jahre vor der Entdeckung des Tuberkuloseerregers, erreichte die Lehre von der Übertragbarkeit der Tuberkulose durch Ansteckung einen absoluten Tiefpunkt. Neben diesen Gelehrtenmeinungen standen allerdings populäre Meinungen und Ansichten praktischer Ärzte, die – wohl aufgrund eigener Erfahrungen – von der Ansteckungsfähigkeit der Phthise überzeugt waren. Die Meinungen zur Ätiologie dieser Krankheit variierten

4/38

Erich Maria Remarque in Davos, 1921

nicht nur zeitlich, sondern auch örtlich. So hielt der Süden Europas – vor allem Portugal, Spanien und Italien – durchgängiger an der Theorie der Ansteckung fest als der Norden. Das hatte seinen Grund darin, daß in diesen südlichen Ländern um die Mitte des 18. Jahrhunderts die Tuberkulose durch wohlhabende Erkrankte aus dem Norden eingeschleppt worden war, die im südlichen Klima Linderung, wenn nicht sogar Heilung erhofft hatten. Die Portugiesen, Italiener und Spanier erfuhren die Ausbreitung dieser ihnen bisher wohl nicht bekannten Seuche in so starkem Maße, daß sie sich zu drastischen Gegenmaßnahmen entschlossen, die im westlichen und nördlichen Europa ihresgleichen suchen. So erließ 1699 Lucca als erste Stadt Gesetze gegen die Verbreitung der Schwindsucht. In Spanien wurde 1751, in Neapel und Sizilien 1782 die Anzeige einer Schwindsuchterkrankung zur Pflicht; bei Unterlassung drohte dem Arzt Gefängnis und bei Wiederholung Galeerenstrafe. Die Kranken selbst wurden zwangshospitalisiert oder ausgewiesen. Es wurde verboten, sie zu besuchen, ihre persönlichen Gegenstände und Möbel wurden in der Regel verbrannt. George Sand schildert in ihrem Werk »Ein Winter auf Mallorca« sehr anschaulich die abwehrenden Reaktionen

der Bevölkerung auf den schwindsüchtigen Chopin während ihres gemeinsamen Aufenthalts auf der Insel.

Die strengen Gesetze südeuropäischer Städte und Staaten gegen eine weitere Verbreitung der Schwindsucht riefen in Nordeuropa heftige Reaktionen gegen die Ansteckungstheorie hervor, zumal keine überzeugende Wirkung bei der Durchführung dieser Gesetze erkennbar war. In Zentral- und Nordeuropa wurde dagegen die Überzeugung zum Dogma, daß die Schwindsucht ohne äußere Einwirkungen im Körper

selbst entstehe. Diese Diskrepanz innerhalb Europas gipfelte in der Überlegung, daß die Schwindsucht nur in den Mittelmeerländern, nicht aber in Zentral- und Nordeuropa, ansteckend sei.[26]

1. Die Entdeckung des Tuberkuloseerregers

Ein einschneidender Punkt in der Geschichte der Tuberkulose ist die Zuordnung eines bestimmten Krankheitserregers zum klinischen Bild der Tuberkulose durch Robert Koch im Jahre 1882. Mit der Entdeckung des Tuberkuloseerregers Mycobacterium tuberculosis, die, wie bereits erwähnt, die Hochphase der Ablehnung der Ansteckungsfähigkeit der Tuberkulose beendete, war zwar noch kein Heilmittel gefunden, aber zumindest wußte man nun, was die Tuberkulose verursachte. Kochs Vortrag »Über Tuberkulose«, den er am 24. März 1882 in einer Sitzung der Physiologischen Gesellschaft zu Berlin hielt,

TUBERKULOSE

beeindruckte die Zuhörer in so starkem Maße, daß zum ersten Mal im Anschluß an den Vortrag keine Diskussion stattfand.[27]

Mit Kochs Entdeckung wurde eine neue Sichtweise in die Wege geleitet. Durch die Fortschritte in Naturwissenschaften und Technik und mehr noch durch den Glauben an die Macht und Wirkung dieser Entwicklungen wurde die Krankheit zur Herausforderung für die fortschrittsgläubige Zivilisation. Diese Fortschritte bewirkten auch eine andere Herangehensweise an die Krankheit: »Dadurch, daß man mit dem Krankheitserreger eine spezifische Krankheitsursache dingfest gemacht hat, werden andere Einflußfaktoren weniger wahrgenommen. Lebensweise und soziale Verhältnisse z.B. sind nur noch mittelbar für das Seuchengeschehen interessant. Der entscheidende Ansatzpunkt für alles Handeln ist der Mikroorganismus.«[28] Prozentual gesehen waren die Unterschichten nach wie vor die Hauptleidtragenden der Tuberkulose, aber der soziale Aspekt trat im ›Krieg‹ gegen die Bakterien immer mehr zurück.

Doch trotz Kochs Entdeckung waren weder die Vertreter der Vererbung der Krankheit noch die Sozialreformer verstummt, zumal die Letztgenannten darauf verweisen konnten, daß schon vor der Entdeckung des Tuberkuloseerregers die Krankheit durch soziale Verbesserungen im Rückgang begriffen gewesen war. Die Kritiker meldeten sich zahlreich zu Wort, letztendlich trug die Bakteriologie aber doch den Sieg davon: Am 12. Oktober 1905 wurde Robert Koch der Medizin-Nobelpreis für die Entdeckung des Tuberkuloseerregers verliehen.

2. Der Tuberkulinsturm

Im August 1890 hielt Koch auf dem Zehnten Internationalen Medizinischen Kongreß in Berlin einen Vortrag mit dem Titel »Ueber bakteriologische Forschung«, in dem er ein Heilmittel gegen die Tuberkulose ankündigte, das sogenannte »Tuberkulin«, eine aus eingedampften Kulturen des Mycobacterium tuberculosis gewonnene Substanz, die Stoffwechsel- und Zerfallsprodukte sowie Absonderungen der Bakterien enthält.[29] **[4/57]** Die begeisterten Reaktionen auf diese Ankündigung vermischt mit Kochs Siegesgewißheit führten zu einem wahren Ansturm auf das neue Wundermittel, und auch die offizielle Ehrung ließ nicht auf sich warten: Am 20. November wurde Koch die Verleihung des Großkreuzes des »Rothen Adler-Ordens« anläßlich der Entdeckung des Tuberkulins mitgeteilt. Von dem später bekannten Sozialhygieniker Alfred Grotjahn ist die Beschreibung der ›Ankunft des Tuberkulins‹ in Greifswald überliefert: »Auch für Greifswald kam endlich der große Tag, an dem in der inneren Klinik die ersten Impfungen mit Tuberkulin vorgenommen werden sollten. Es wurde begangen wie etwa eine Grundsteinlegung oder eine Denkmalsenthüllung. Lorbeerbäume bildeten den Hintergrund, von dem sich Ärzte, Schwestern und Patienten in schneeigem Weiß und der Chef im schwarzen Bratrocke abhoben: Festrede des Internisten, Vollzug der Impfungen an auserwählten Kranken, donnerndes Hoch auf Robert Koch! Es begann eben auch in der Medizin damals etwas laut herzugehen: Der Theaterdonner der Epoche Wilhelms II. hat auch Medizin und Hygiene nicht verschont.«[30]

Nicht nur Kranke, die es sich leisten konnten, siedelten nach Berlin über, um in den Genuß der Tuberkulin-Therapie zu kommen, sondern auch Vertreter der deutschen Länderregierungen begaben sich in die Metropole, um in den Besitz der begehrten Flüssigkeit zu kommen. In die Heimat zurückgekehrt, rissen sich die Ärzte um die Zuweisung von Tuberkulin und auserwählten Patienten zur Erprobung des Mittels. Da das von Berlin gegen Bezahlung bezogene Tuberkulin nicht in ausreichender Menge vorhanden war, kam es aus unterschiedlichen Gründen zu Unmutsäußerungen der Ärzte, wofür der folgende Brief eines württembergischen Stadtarztes vom 14.Dezember 1890 ein Beispiel geben soll: »Seit Bekanntwerden des Koch'schen Mittels gegen Tuberkulose jeder Art ist jeder Arzt durch sein Pflichtgefühl streng darauf hingewiesen, das Mittel vor allen anderen anzuwenden. Das Mittel ist aber für Aerzte, die nicht besonders günstige Beziehungen haben, einfach vorläufig nicht erhältlich. In unserem Spitale liegt seit 4 Wochen ein Mädchen und seit 10 Tagen ein Knecht an Knochentuberkulose. Gewissenhafter Weise kann ich bei keinem von den beiden einen chirurgischen Eingriff machen, ehe nicht durch Reinspritzen des Koch'schen Mittels die Grenzen der tuberkulösen Prozesse genau bezeichnet und durch die darauf folgende Reaktion genau nachgewiesen sind. Es bleibt also nichts übrig als einfach zu warten, bis man mir das Mittel schickt. Ich habe mich schon dreimal an Herrn Dr. A. Libbertz gewendet mit der Begründung, daß ich des Mittels für 2 im Spital auf Rechnung der Krankenkasse liegende Fälle von Knochentuberkulose dringend bedürftig sei und habe jedesmal auf vorgedrucktem Formular die Antwort bekommen, daß das Mittel vergriffen sei und daß die Ausführung der Bestellung erst später erfolgen könne. Inzwischen lese ich aber in der Zeitung, daß in Ulm ein Privatarzt, der in Berlin war, das Mittel bereits angewendet und im mathematischen Verein über seine Erfolge Vortrag gehalten hat, sowie daß auch im Spital in Laupheim die ersten Einspritzungen haben vorgenommen werden können. Es bedarf keiner weiteren Ausführung, daß die jetzige Vertheilungsart des Mittels eine nicht gerechte ist. Ich möchte deshalb das Verehrliche Stadtschultheißen-Amt ersuchen, sich bei dem hohen Ministerium dafür zu verwenden, daß die Vertheilung des Koch'schen Mittels in unserem Lande nicht wie seither nach Gunst oder Zufall, sondern nach Bedürfniß vertheilt werde«.[31]

Die Zuteilung führte auch zwischen privilegierten Ärzten zu Streitigkeiten, da sie alle hofften, nach einer Serie von Versuchen mit Ergebnissen an die Öffentlichkeit treten und dort Lorbeeren ernten zu können. »Schnell, ja überstürzt folgten die ersten Publikationen über die Anwendung. Zurückhaltende Stimmen, die davor warnten, bei einer chronischen, über viele Jahre verlaufenden Erkrankung wie der Tuberkulose schon nach einer Anwendungsphase von wenigen Wochen dauerhafte Ergebnisse zu erwarten, wurden in dieser Phase kaum gehört. Dies war um so bedenklicher, als sich Koch über die Zusammen-

setzung oder Gewinnung des Mittels völlig ausschwieg. (...) Bis 15. Januar [1891] experimentierte die Ärzteschaft der Welt also mit einer völlig unbekannten Substanz, einem ›Geheimmittel‹, dem sie nur auf den wissenschaftlichen Namen eines Robert Koch hin Glauben schenkte.«[32]

Die übertriebenen Erwartungen verdeutlichen auch zwei kurze Zeit nach Bekanntwerden des Tuberkulins erschienene Karikaturen. Auf der einen ist Robert Koch sinnigerweise als Koch dargestellt, der den »Tuberkulosebacillen« mit seinem Tuberkulin eine Suppe zubereitet, von der einigen von ihnen bereits ganz übel geworden ist. Ihr schlechter Allgemeinzustand weckt das Interesse anderer »Bacillen«, denen offenbar noch kein ›Koch‹ zu Leibe gerückt ist. **[4/52]** Eine andere Karikatur aus dem »Ulk« stellt Robert Koch gar als »neuen Ritter St. Georg« dar, der mit der modernen Waffe des Mikroskops die Tuberkuloseschlange »Hydra tubercul. Bacill.« niederstreckt. **[4/51]**

Doch es gab auch Kritik an diesem Vorgehen und an dem sogenannten Heilmittel, die ihrerseits eine rege Publikation von wissenschaftlichen Anti-Koch-Schriften produzierte. **[4/53, 4/54, 4/56]** Die Kritik nahm zu, als sich herausstellte, daß das Mittel keinesfalls hielt, was Koch versprochen hatte, sondern daß bei vielen Kranken eine Verschlechterung eintrat und nicht wenige nach ihrer Tuberkulinbehandlung sogar starben. Hoffnung und Enttäuschung wurden auch satirisch verarbeitet. So konnte der »Verein hessischer Aertze in Darmstadt« am 12. Dezember bei seiner Versammlung das von Dr. Neidhart getextete Lied »Tuberculinum Kochii« singen: »Es ist ein Jahr – da klinget durch die Lande/ Von Robert Koch ein helles Jubellied,/ Und von den Alpen bis zum Meeresstrande/ Ein frohes Hoffen durch die Seele zieht./ In allen Blättern stand es ja zu lesen,/ Dass nun vorüber alle Noth und Pein:/ Behüt' Euch Gott! Es wär' zu schön gewesen,/ Behüt' Euch Gott!, es hat nicht sollen sein! (...) Das Jahr ist um – verhallt die Jubellieder./ Wie manche Hoffnung sank dahin in's Grab!/ Die muthig kamen, ach! sie zogen wieder/ Mit schwerem Herz und leichtem Beutel ab./ Der Heilung Schimmer wandte sich zum

Bösen,/ Du ›theurer Spritzer‹, viele denken
Dein!/ Behüt' Euch Gott! Es wär' zu schön gewesen,/ Behüt' Euch Gott!, es hat nicht sollen sein!«
[4/55]

Was genau Koch dazu veranlaßte, derartig vor-
schnell mit einem Mittel an die Öffentlichkeit
zu gehen, das noch nicht einmal im Labor aus-
reichend erforscht worden war, ist nicht sicher.
Es wird wohl eine Mischung aus Ehrgeiz, Selbst-
überschätzung, Wettrennen mit dem Institut
Pasteur in Paris und – das verschweigen die zahlreichen Hagiographen Robert Kochs gerne –
die Aussicht auf riesige Gewinne gewesen sein:
»Koch hatte sich durch die Monopolisierung
des Mittels erhebliche finanzielle Vorteile erhofft
und benutzte sie auch, um seine Stellung in dem
neu errichteten Institut für
Infektionskrankheiten auszu-
bauen.«[33]

4/52
*Karikatur zur Entdeckung des
Tuberkulins durch Robert Koch
in: »Kladderadatsch«, 1890*

Trotz der schlechten Resultate
wurde weiter mit Tuberkulin
experimentiert. Die Verlockung
der Ärzte, doch noch zu einem Heilserum zu
kommen, war wohl zu verführerisch, und die
Verzweiflung der Kranken war groß genug, es
mit anders zusammengesetztem und anders
dosiertem Tuberkulin **[4/59]** zu versuchen.[34]
Später wurde Tuberkulin auch als Diagnostikum
benutzt. **[4/58]**

Angesichts der Tatsache, daß heutzutage –
fälschlicherweise – die Tuberkulose in der westlichen Welt als nahezu ausgestorben betrachtet
wird, kann man sich die überschäumende Hoffnung der damaligen Zeitgenossen schwer vor-
stellen. Man muß sich jedoch vergegenwärtigen,
daß die Tuberkulose im 19. Jahrhundert die
wichtigste Todesursache gewesen ist.[35] Es wird
kaum eine Familie gegeben haben, die keinen
Fall von Tuberkulose unter ihren Angehörigen
hatte. Dies und die Tatsache, daß die Krankheit
oft mehrere Jahre dauerte, bis die Erkrankten
starben oder, in den selteneren Fällen, gesund
wurden, daß das soziale Umfeld ihr mitunter
sehr qualvolles Dahinsiechen tatenlos mitanse-
hen mußte, macht die Euphorie, mit der das
neue Heilmittel begrüßt wurde, verständlich.

Nachdem alle Hoffnungen auf ein Heilmittel für

einige Jahre begraben werden mußten, stand
dem Aufschwung der Lungenheilstätten – Volksheilstätten wie Sanatorien – nichts mehr im
Wege, zumindest bis zum Beginn des Ersten
Weltkrieges, der Tuberkulosebekämpfung und
-prävention wieder um Jahre zurückwarf.

3. Weitere Behandlungsmethoden und diagnostische Hilfsmittel

Neben der Heilstättenbehandlung, manchmal
kurios anmutenden Therapien wie der mit stati-
scher Elektrizität und der Suche nach einem
Heilmittel entwickelte sich die chirurgische
Behandlung der Tuberkulose. Vor allem der
Pneumothorax,[36] den bereits 1696 Giorgio
Baglivi vorgeschlagen hatte, der aber erst Ende
des 19., Anfang des 20. Jahrhunderts verstärkt
durchgeführt wurde, wurde teilweise in Konkurrenz zur Freiluft-Liegekur gesehen.[37] Eine
anschaulich-gruselige Beschreibung des Patienten Ferge, der Hofrat Behrens' Versuch, bei ihm
einen Pneumothorax herzustellen, beschreibt,
kann man ebenfalls im »Zauberberg« nachlesen:
»Ich liege mit zugedecktem Gesicht, damit ich
nichts sehe, und der Assistent hält mich rechts
und die Oberin links. Es ist so, als ob ich
gedrückt und gequetscht würde, das ist das
Fleisch, das geöffnet und mit Klammern zurück-
gezwängt wird. Aber da höre ich den Herrn Hofrat sagen: ›So!‹, und in dem Augenblick, meine

Herren, fängt er an, mit einem stumpfen Instrument – es muß stumpf sein, damit es nicht vorzeitig durchstich – das Rippenfell abzutasten: er tastet es ab, um die rechte Stelle zu finden, wo er durchstechen und das Gas einlassen kann, und wie er das tut, wie er mit dem Instrument auf meinem Rippenfell herumfährt, – meine Herren, meine Herren! da war es um mich geschehen, es war aus mit mir, es ging mir ganz unbeschreiblich.«[38]

Bei einem künstlichen Pneumothorax mußte von Zeit zu Zeit Luft mit Hilfe eines eigens konstruierten Pneumofüllgeräts **[4/48]** nachgefüllt werden. Neben dem Pneumothorax gab und gibt es noch andere chirurgische Eingriffe, deren Beschreibung jedoch zu weit führen würde. Das Röntgenverfahren, 1895 durch Wilhelm Conrad Röntgen entdeckt, wurde für die Diagnosestellung bzw. Kontrolle über den Fortschritt der Behandlung von ungeheurer Bedeutung, nicht zuletzt, weil es manchmal exakter war als die Methode des Abhörens und Abklopfens, wie sie René Théophile Hyacinthe Laennec, selbst tuberkulosekrank, entwickelt hatte. Das bedeutete jedoch nicht, daß das Hörrohr **[4/46]** nicht mehr zum Einsatz kam. Eine Schilderung für den Vorgang des Abhorchens und Abklopfens findet sich wiederum im »Zauberberg«: »Hofrat Behrens, breitbeinig und rückwärts geneigt, den Hörer unter dem Arme, klopfte zuerst ganz oben an Joachims rechter Schulter, klopfte aus dem Handgelenk, indem er sich des gewaltigen Mittelfingers seiner Rechten als Hammer bediente und die Linke zur Stütze gebrauchte. Dann ging er unter das Schulterblatt hinab und klopfte seitlich am mittleren und unteren Rücken, worauf Joachim, der wohlabgerichtet war, den Arm hob, um auch unter der Achsel klopfen zu lassen. Hierauf wiederholte das Ganze sich linkerseits, und damit fertig, kommandierte der Hofrat ›Kehrt!‹ zu Beklopfung der Brustseite. Er klopfte gleich unter dem Halse beim Schlüsselbein, klopfte über und unter der Brust, zuerst rechts und dann links. Als er aber sattsam geklopft hatte, ging er zum Horchen über, indem er sein Hörrohr, das Ohr an der Muschel, auf Joachims Brust und Rücken setzte, überallhin, wo er vorhin geklopft hatte. Dabei mußte Joachim abwechselnd stark atmen und künstlich husten, was ihn sehr anzustrengen schien, denn er geriet außer Atem, und in die Augen traten ihm Tränen. Hofrat Behrens aber meldete alles, was er dort innen hörte, dem Assistenten in kurzen, feststehenden Worten zum Schreibtisch hinüber, derart, daß Hans Castorp nicht umhinkonnte, an den Vorgang beim Schneider zu denken, wenn der wohlgekleidete Herr einem zu einem Anzuge das Maß nimmt, in herkömmlicher Reihenfolge dem Besteller das Meterband da und dort um den Rumpf und an die Glieder legt und dem gebückt sitzenden Gehilfen die gewonnenen Ziffern in die Feder diktiert.«[39]

Nachdem die Vorteile des Röntgenverfahrens erkannt worden waren, gab es bald wohl keine Lungenheilstätte mehr, die keine Röntgeneinrichtung hatte, zumal auch für manche Patienten, wie z.B. Hans Castorp, eine ungeheure Faszination von diesen Bildern ihres Körperinneren ausging.

4. Rückgang und mögliche Rückkehr der Tuberkulose

Der Ausbau des sozialen Wohnungsbaus mit Balkonen und hellen, trockenen Zimmern sowie die Schrebergartenkultur leisteten ihren Beitrag zur Entflechtung der zusammengedrängt lebenden Arbeiterfamilien und damit zur sinkenden Ansteckungsgefahr.

Der ›Siegeszug‹ der Wissenschaft trat vor allem ein mit der Einführung der antibiotischen Therapie mit Streptomycin durch Selman Waksman im Jahre 1944 und der Ausrottung der Rindertuberkulose durch Massenschlachtung infizierter Tiere. Der Wert einer Tuberkuloseprävention durch den BCG-Impfstoff, der 1921 hergestellt werden konnte, war und ist bei den Medizinern umstritten. Zudem war die Impfung in der Bevölkerung diskreditiert, nachdem es 1930 in Lübeck bei einer Impfung von 256 Neugeborenen, die versehentlich mit einem virulenten Tuberkulose-Stamm geimpft wurden, zu 77 Todesfällen kam.[40]

Ab den späten 70er Jahren unseres Jahrhunderts ist das Gefühl für die Gefahr einer Tuberkuloseerkrankung in der westlichen Welt merklich zurückgegangen. Die Angst davor wurde durch Präventiv- und Behandlungsmethoden ausgeräumt, und die Heilstätten für Tuberkulosekranke konnten geschlossen bzw. einer anderen Aufgabe zugeführt werden. In anderen Ländern bricht diese Krankheit zwar immer wieder aus oder ist endemisch stärker vertreten, doch die Kenntnis dieses Geschehens führte bisher nicht zu einer neuen Angst vor Tuberkulose. Das könnte sich jedoch mit einer zunehmenden Ausbreitung eines neuen, bislang therapieresistenten Tuberkuloseerregers ändern, der gehäuft in den USA auftritt. Dort finden sich die meisten frischen Infektionen vor allem »bei Menschen, die an einer Abwehrschwäche litten oder unter ungünstigen hygienischen und sozioökonomischen Bedingungen lebten: bei Aidspatienten, jungen Obdachlosen und Menschen, die räumlich eingeengt sind«.[41] Auch die sich dramatisch verschlechternden Lebensbedingungen in der ehemaligen Sowjetunion leisten der Verbreitung der Tuberkulose Vorschub. Am schlimmsten sieht es jedoch in den afrikanischen Ländern aus. Dort führt die hohe Aids-Verbreitung zu einem erschreckenden Anstieg der Tuberkulose: »In Afrika südlich der Sahara sind von sieben Millionen HIV-Infizierten knapp dreieinhalb Millionen an Tuberkulose erkrankt. Aids und Tuberkulose, so befürchten Epidemiologen, könnten sich durch gegenseitige Wechselwirkung stärker ausbreiten, als dies bislang für die eine beziehungsweise andere Krankheit voraussehbar ist.«[42] Wenn sich dieser Trend verstärkt und wenn die Tuberkulose auch in Europa wieder ausbricht, wird das Bild der Tuberkulose als Armutskrankheit das noch bestehende romantische Bild der Tuberkulose ganz schnell verdrängen.

Anmerkungen

1. Zitiert nach Susan Sontag: Krankheit als Metapher, Frankfurt a.M. 1981, S. 37f.
2. Victor Hugo: Die Elenden; zitiert nach Claudine Herzlich, Janine Pierret: Kranke gestern, Kranke heute. Die Gesellschaft und das Leiden, München 1991, S. 44
3. E. Dorn: Nachfürsorge bei Tuberkulose, in: Reichstuberkuloseblatt 21, 1934, S. 10–15, hier S. 11
4. Zur sozialen Konstruktion von Krankheit siehe Jens Lachmund, Gunnar Stollberg (Hg.): The social construction of illness, Stuttgart 1992
5. Nach heutiger Auffassung handelt es sich bei der Scrophulose um eine allergische Reaktion auf den Tuberkuloseerreger.
6. Zu den Ausnahmen, die sich Gedanken über eine mögliche Verbindung machten, gehören z.B. Arnald von Villanova (1238–1311) und Franciscus Deleboe Sylvius (1614–1672).
7. So schrieb der selbst lungenkranke René Théophile Hyacinthe Laennec in seinem 1826 erschienenen Traité de l'auscultation médiate: »Unter den Ursachen der Tuberkulose kenne ich keine, die sicherer wäre als die traurigen Leidenschaften, vor allem, wenn sie tief gehen und lange dauern«; zitiert nach Herzlich, Pierret (wie Anm. 2), S. 289
8. Ebd., S. 40f.
9. Zitiert nach Sontag (wie Anm. 1), S. 20
10. Jürgen Voigt: Tuberkulose, in: Hans Schadewaldt (Hg.): Die Rückkehr der Seuchen. Ist die Medizin machtlos?, Köln 1994, S. 73–90, hier S. 81
11. Vgl. als eine der bekanntesten statistischen Auswertungen Max Mosse: Einfluß der sozialen Lage auf die Tuberkulose, in: ders., Gustav Tugendreich (Hg.): Krankheit und soziale Lage, München 1913, S. 551–607
12. Zu den Wohnbedingungen vgl. Lutz Niethammer unter Mitarbeit von Franz Brüggemeier: Wie wohnten Arbeiter im Kaiserreich?, in: Archiv für Sozialgeschichte 26, 1976, S. 61–134
13. Herzlich, Pierret (wie Anm. 2), S. 44f.
14. Zu den Fürsorgestellen vgl. Peter Reinicke: Tuberkulosefürsorge. Der Kampf gegen eine Geißel der Menschheit. Dargestellt am Beispiel Berlin 1895–1945, Weinheim 1988
15. Vgl. Schadendorf: Das Aufklärungsstück »Blaue Jungen« in Sachsen, in: Tuberkulose-Fürsorge-Blatt 1, 1931, S. 10–12
16. Für Württemberg vgl. Staatsarchiv Ludwigsburg, Bestand E 162 I: Medizinalkollegium, Büschel 2128
17. Gerd Göckenjahn: Über den Schmutz. Überlegungen zur Konzeptionierung von Gesundheitsgefahren, in: Jürgen Reulecke, Adelheid Gräfin zu Castell von Rüdenhausen (Hg.): Stadt und Gesundheit. Zum Wandel von ›Volksgesundheit‹ und kommunaler Gesundheitspolitik im 19. und frühen 20. Jahrhundert (=Nassauer Gespräche der Freiherr-vom-Stein-Gesellschaft Bd. 3), Stuttgart 1991, S. 115–128, hier S. 125

18. Eine Tuberkulose-Vignette ist eine Art Wohltätigkeitsmarke, die zusätzlich zur Briefmarke aufgeklebt wurde. Sie ist eine Erfindung des Dänen Ejmer Holboell aus dem Jahre 1904. Die Idee der Vignetten, die hauptsächlich Aufforderungen zu einem gesundheitsbewußten Verhalten beinhalteten, wurde von fast allen europäischen Ländern übernommen.

19. Zu Lungenheilanstalten und Volksheilstätten vgl. Ingeborg Langerbeins: Lungenheilanstalten in Deutschland (1854–1945), Köln Med. Diss. 1979; Wolfgang Seeliger: Die ›Volksheilstättenbewegung‹ in Deutschland um 1900. Zur Ideengeschichte der Sanatoriumstherapie für Tuberkulöse, München 1988

20. Vgl. die folgende Passage in Paul Heyses Novelle »Unheilbar«: »Da ging der dicke Herr, der immer einen kleinen Thermometer im Knopfloch trägt und bei jedem Grad, um den er steigt, oder fällt, einen Knopf (...) auf- oder zumacht«; zitiert nach Brigitta Schader: Schwindsucht – Zur Darstellung einer tödlichen Krankheit in der deutschen Literatur vom poetischen Realismus bis zur Moderne, Frankfurt a.M. u.a. 1987, S. 230

21. Thomas Mann: Der Zauberberg, Frankfurt a.M. 1991, S. 141f.

22. Zitiert nach W. Löffler: Geschichte der Tuberkulose, in: J. Hein, H. Kleinschmidt, E. Uehlinger (Hg.): Handbuch der Tuberkulose, Bd. 1, Stuttgart 1958, S. 1–108, hier S. 40

23. Ebd., S. 41

24. Felix Sutter: Davos als Tuberkulose-Kurort, in: Ernst Haller (Hg.): Davos – Profil eines Phänomens, Zürich 1994, S. 29–38, hier S. 30

25. Zitiert nach D. Reimers: Tuberkulose und Kunst, in: Die medizinische Welt 12, 1982, S. 435–441, hier S. 440

26. Vgl. Löffler (wie Anm. 22), S. 52

27. Vgl. Arthur Ignatius: Robert Koch. Leben und Forschung, Stuttgart 1965, S. 41

28. Thomas Schlich: »Wichtiger als der Gegenstand selbst« – Die Bedeutung des fotografischen Bildes in der Begründung der bakteriologischen Krankheitsauffassung durch Robert Koch, in: Martin Dinges, Thomas Schlich (Hg.): Neue Wege in der Seuchengeschichte, Stuttgart 1995, S. 143–174, hier S. 143f.

29. Heute wird es in abgeänderter Zusammensetzung in der Tuberkulose-Diagnostik z.B. zum sog. Tuberkulin-Tine-Test verwandt. An dessen Resultat kann man sehen, ob sich der Proband schon einmal dem Tuberkuloseerreger ausgesetzt hat.

30. Alfred Grotjahn: Erlebtes und Erstrebtes. Erinnerungen eines sozialistischen Arztes, Berlin 1932, S. 51; zitiert nach Thomas Gorsboth, Bernd Wagner: Die Unmöglichkeit der Therapie. Am Beispiel der Tuberkulose, in: Die Seuche (=Kursbuch 94), Berlin 1988, S. 123–146, hier S. 131

31. Staatsarchiv Ludwigsburg, Bestand E 162 I: Medizinalkollegium, Büschel 2128

32. Barbara Elkeles: Robert Koch, in: Dietrich von Engelhardt, Fritz Hartmann (Hg.): Klassiker der Medizin, Bd. 2, München 1991, S. 247–271, hier S. 262

33. Ebd.

34. Später wurden Kochs Überlegungen zum Tuberkulin die Grundlage des Tuberkulose-Impfstoffs BCG.

35. Vgl. Arthur E. Imhof (Hg.): Lebenserwartungen in Deutschland, Norwegen und Schweden im 19. und 20. Jahrhundert, Berlin 1994, S. 152; Roland Otto, Reinhard Spree, Jörg Vögele: Seuchen und Seuchenbekämpfung in deutschen Städten während des 19. und frühen 20. Jahrhunderts. Stand und Desiderate der Forschung, in: Medizinhistorisches Journal 25, 1990, S. 286–304, bes. S. 301f.

36. Der Pneumothorax ist eine künstlich herbeigeführte Luftansammlung zwischen Brustwand mit Brustfell und Lunge zur Behandlung tuberkulöser Lungenprozesse. Das Ziel dieser Maßnahme ist die Ruhigstellung der Lunge.

37. Die Operation war billiger als ein mehrmonatiger Aufenthalt in einer Heilstätte mit unsicheren Erfolgsaussichten, aber viele Patienten hatten Angst vor diesem Eingriff; vgl. Ulrich Tröhler: »To operate or not to operate?« Scientific and extraneous factors in therapeutical controversies within the Swiss Society of Surgery 1913–1988, in: Clio Medica 22, 1991, S. 89–113

38. Mann (wie Anm. 21), S. 426

39. Ebd., S. 245

40. Vgl. Susanne Hahn: »Der Lübecker Totentanz«. Zur rechtlichen und ethischen Problematik der Katastrophe bei der Erprobung der Tuberkuloseimpfung 1930 in Deutschland, in: Medizinhistorisches Journal 1, 1995, S. 61–79

41. Die Tuberkulose kehrt zurück. Überraschend viele neue Infektionen in den Vereinigten Staaten, in: Frankfurter Allgemeine Zeitung, 27.07.1994, S. N1

42. Herrmann Feldmeier: Die Tuberkulose kehrt zurück, in: Der Tagesspiegel, 31.1.1994, S. 12

4/1

»Lungenschwindsucht. Phthisis pulmonalis.«
Bildnis eines schwindsüchtigen Mädchens von
16 Jahren
in: »Kranken-Physiognomik«, Tafel 51
Karl Heinrich Baumgärtner (1798–1886)
Druck und Verlag von L.F.Rieger & Comp., Stuttgart
1842 (2. vermehr. u. verbess. Aufl.);
kolorierter Kupferstich; 22 x 15 cm
Berlin, Staatsbibliothek zu Berlin PK [If 921]

4/2

Das kranke Kind
Edvard Munch (1863–1944)
1894; Kaltnadelradierung; Bild: 38,5 x 29,3 cm
Berlin, SMB, Kupferstichkabinett
[87-1963 (Sch. 7 – Vc)]

4/3

Verschiedene Krankheitsformen der Tuberkulose
Moulagen aus der Lehrmittelproduktion des
Deutschen Hygiene-Museums
Anfang bis Mitte 20. Jh.
bemalte Wachspositive nach Abformung über der
Natur, diverse Materialien
a) Hauttuberkulose an der Nase
mit Kasten: 30 x 20 x 14 cm
bez. auf dem Kasten: Wuchernde Hauttuberkulose
(Lupus).
[1991/231]
b) Hauttuberkulose am Ohr
mit Kasten: 24,5 x 20,5 x 14 cm
[1991/225]
c) Hauttuberkulose an der rechten Gesichtshälfte
15 x 15 x 6 cm
[1993/108]
d) Hauttuberkulose an einer Kinderhand
16 x 8 x 3,5 cm
[1992/625]
e) vereiterte tuberkulöse Drüsen am Hals
15 x 18 x 9 cm
[1995/607]
f) Lymphknotentuberkulose am Hals
22 x 16 x 7,5 cm
[1995/609]
g) Knochentuberkulose mit Fistelbildung am Fuß
24 x 10 x 3,5 cm
[1995/608]
h) Lungenschnitt mit tuberkulösen Kavernen
20 x 2 x 10,5 cm
[1991/625]
Dresden, Deutsches Hygiene-Museum, Moulagenslg.

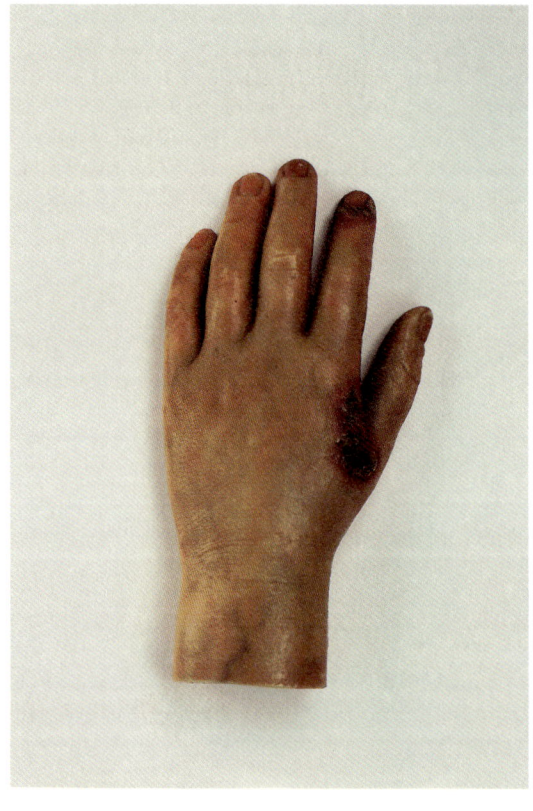

4/3 d

4/4

Patienten mit fortgeschrittener Hauttuberkulose
Abbildungen in: »Die Bekämpfung der Lupus vulgaris«
Niels R. Frusen
Verlag Gustav Fischer, Jena
1903; Fotografien (Reproduktionen)
Berlin, Robert Koch-Institut, Bibliothek [IL 21a: 102]

4/5

*Die geographische Verteilung der Sterblichkeit an
Lungentuberkulose im Deutschen Reich in den Jahren
1906 bis 1908*
a) bei Kindern im Alter von 1–15 Jahren
b) bei Personen im Alter von 15–60 Jahren
Karten in: »Der Stand der Tuberkulose-Bekämpfung im
Frühjahr 1912. Geschäftsbericht für die XVI. General-
Versammlung des Zentral-Komitees am 14.Juni 1912
zu Berlin«, Tafel I und II
Hg.: Deutsches Zentral-Komitee zur Bekämpfung der
Tuberkulose
Verlag von Julius Springer, Berlin
kolorierte Lithographien; M 1: 3.000.000;
je 31 x 39,1 cm
Berlin, Robert Koch-Institut, Bibliothek [IL 21b: 1]

4/3 g

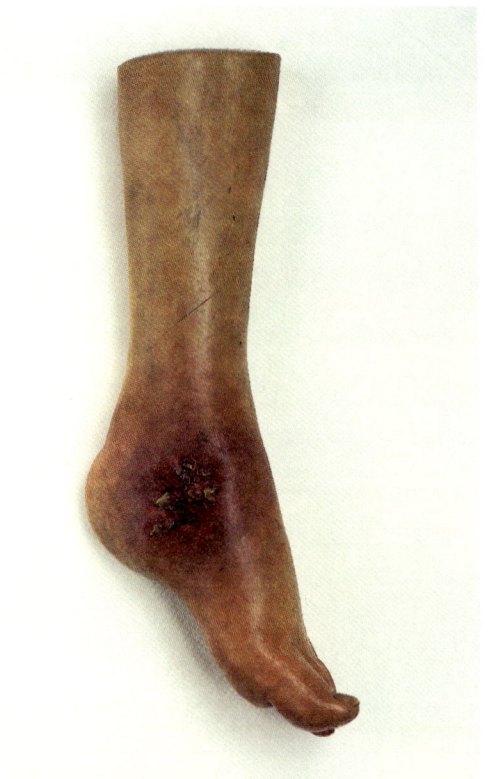

4/3 h

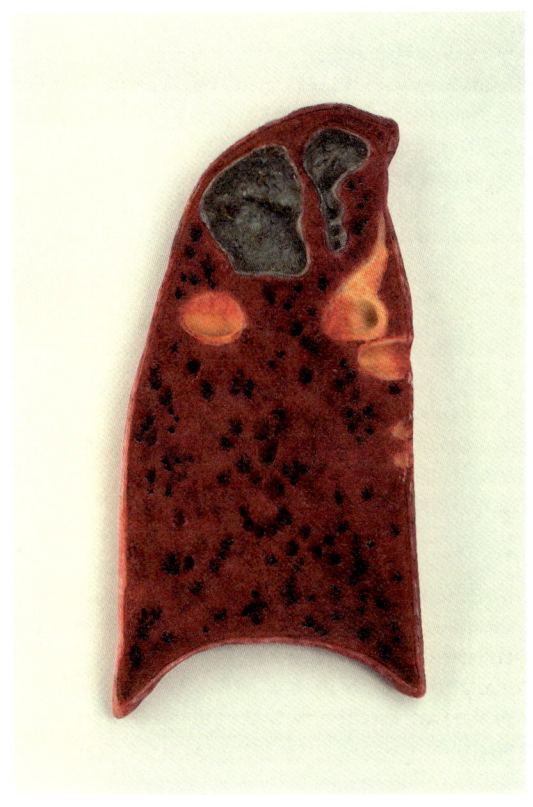

4/6
*»Ohne Apparate. ›Wenn ick will, kann ick Blut in den
Schnee spucken.‹«*
Heinrich Zille (1858–1929)
Abbildung in: »›Mein Milljöh‹ – Neue Bilder aus dem
Berliner Leben«, S. 64
bei Dr. Eysler & Co. A.-G., Berlin
1923 (59. bis 68. Tausend); Tiefdruck; Bild: 16 x 13 cm
sign. u.re. im Bild: Zille. 03.
Berlin, Staatsbibliothek zu Berlin PK [Nt 10595/59]

4/7
*»Vor der Armenküche. ›Wat jiebt's heite, Kleener?‹
›Blauen Heinrich!‹«*
Heinrich Zille (1858–1929)
Abbildung in: »›Mein Milljöh‹ – Neue Bilder aus dem
Berliner Leben«, S. 90
bei Dr. Eysler & Co. A.-G., Berlin
1925 (10. verm. Aufl.); Tiefdruck; Bild: 17 x 12,5 cm
Berlin, Staatsbibliothek zu Berlin PK [Nt 10595/10]

4/8
*»Berliner Wohnungselend – ›Wenn ihr groß seid,
kriegt ihr es um so schöner. Dann dürft ihr in das
Lungensanatorium‹«*
Thomas Theodor Heine (1867–1948)
Karikatur in: »Simplicissimus«, Jg. 17, Nr. 11,
vom 10. Juni 1912
Lithographie; Bild: 37,2 x 26 cm
mon. o.li.: TTH
Dresden, Sächsische Landesbibliothek
[2° Eph.lit. 26 gd, Bd. 17 (1912/13)]

4/9
*»Nach der Ballsaison – ›Unsere Tochter hat sich die
Schwindsucht an den Hals getanzt – aber, Gott sei Dank,
sie ist verlobt!‹«*
Thomas Theodor Heine (1867–1948)
Karikatur in: »Simplicissimus«, Jg. 5, Nr. 48, S. 384
1900; Lithographie; Bild: 28 x 20 cm
mon. o.re.: TTH
Dresden, Sächsische Landesbibliothek
[2° Eph.lit. 26 gd, Bd. 5 (1900/01)]

4/10

»Die Proletarierkrankheit – ihre Entstehung und
Verbreitung – Verhütung und Heilung«
Dr. Zadek
Vorwärts Buchdruckerei und Verlagsanstalt
Paul Singer & Co., Berlin
1909; Zeitungsdruck, 32 S.; 20 x 14 cm
Dresden, Sächsische Landesbibliothek
[5 A 3700, Angeb. 19]

4/11

»Tuberkulose als Volksseuche«
Dr. Hans Fortwängler
Verlag Emil Hain & Co., Wien und Breslau
1924; Buchdruck, 80 S.; 22,5 x 15 cm
Dresden, Sächsische Landesbibliothek
[Pathol.spec. 2291mo]

4/12

»Gutachten der Königlich Preußischen Wissenschaftlichen
Deputation für das Medizinal=Wesen, betreffend
Maßregeln gegen Verbreitung der Tuberkulose«
Veröffentlicht vom Königlichen Polizei-Präsidium zu
Berlin
Druck und Verlag von A.W. Hayn's Erben, Berlin
1891; Buchdruck, 14 S.; 15 x 10 cm
Berlin, Staatsbibliothek zu Berlin PK [Iz 4823]

4/11

4/13

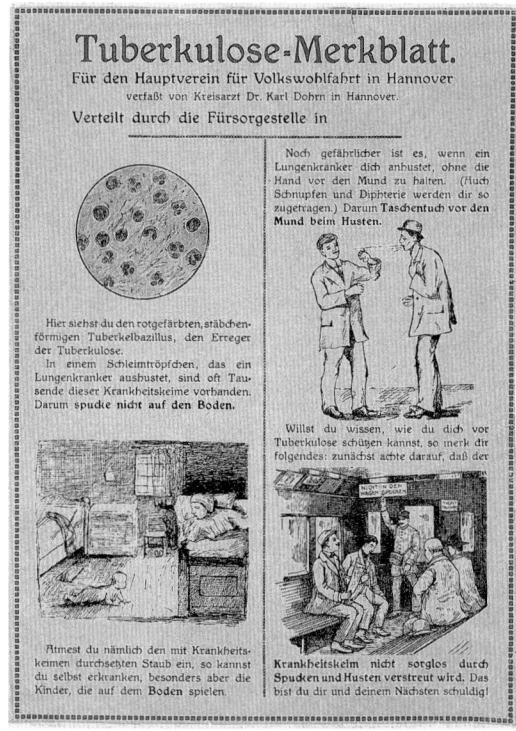

4/13

»Tuberkulose=Merkblatt.«
verfaßt für den Hauptverein für Volkswohlfahrt in
Hannover
Dr. Karl Dohrn
um 1900; Druck; 27,4 x 21,1 cm
Zürich, Medizinhistorisches Institut der Universität
Zürich

4/14

»Tuberkulosemerkblatt für jedermann«
Nr. 6 der »Merkblätter« des Deutschen Hygiene-
Museums
Prof.Dr.med. H. Beschorner
um 1920; Buchdruck, 4 S.; 21 x 15 cm
Dresden, Deutsches Hygiene-Museum,
Slg. Gesundheitsaufklärung

4/15

»Auskunfts- und Fürsorgestelle – Eingang«
Abbildung in: »Verein zur Bekämpfung der
Schwindsucht in Chemnitz und Umgebung e.V.
Bilder aus seinen Einrichtungen und Anstalten«
Verlag Krauss und Stein, Chemnitz
1915; Tiefdruck; Bild: 8 x 13,2 cm
Berlin, Staatsbibliothek zu Berlin PK [Iz 5555 quer 8°]

4/18 a

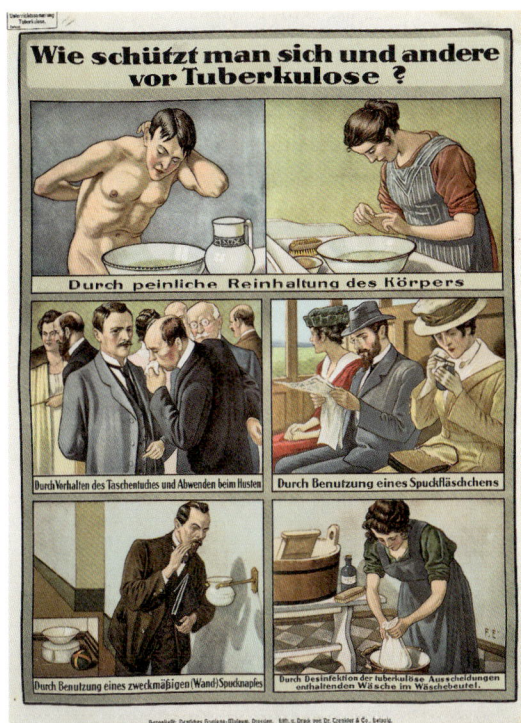

4/18 b

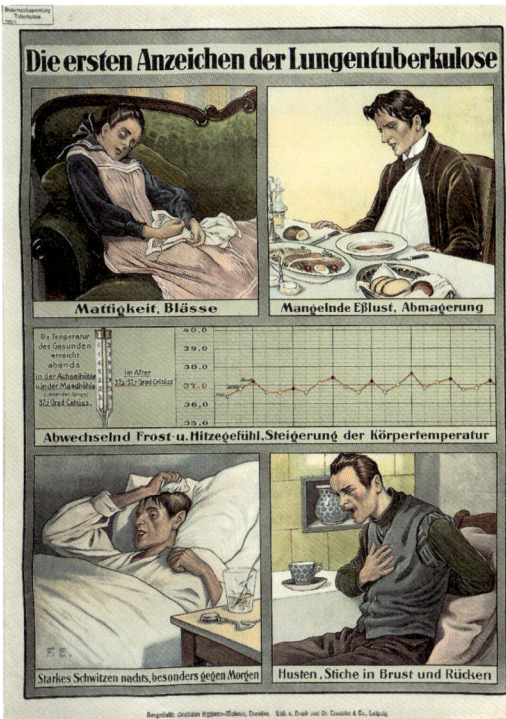

4/18 d

4/16
»Con queste armi vinciamo la tubercolosi«
Plakat
T. Corbella
um 1920; kolorierte Lithographie; 97,2 x 68,5 cm
sign. o.re.: T. CORBELLA
Philadelphia (Pennsylvania), Philadelphia Museum of
Art [William H. Helfand Collection, 1988–102–58]

4/17
*»Italiani, aiutate la Croce Rossa nell'assistenza ai
tubercolosi«*
Plakat
Basilio Cascella (1860–1950)
um 1920; kolorierte Lithographie; 99,4 x 68,3 cm
sign. o.li.: B. CASCELLA
Philadelphia (Pennsylvania), Philadelphia Museum of
Art [William H. Helfand Collection, 1988–102–56]

4/18
Bildtafeln zur Erkennung und Verhütung der Tuberkulose
aus der Lehrmittelproduktion des Deutschen Hygiene-
Museums
Druck und Litho.: Dr. Trenkler & Co. AG, Leipzig
um 1925; Lithographien; je 90 x 64 cm
a) »Wie schützt man sich und andere vor
Tuberkulose?«
b) »Die ersten Anzeichen der Lungentuberkulose«
c) »Wie die Tuberkulose übertragen wird.«

d) »Gesundes und ungesundes Wohnen«
Dresden, Deutsches Hygiene-Museum, Slg.
Gesundheitsaufklärung [1995/35, 30, 37, 33]

301

4/19

*»Tbc greift auch nach Dir! – Frühzeitig erkannt ist
Tuberkulose heilbar. Darum bei geringstem Verdacht sofort
zur Lungentuberkulose-Fürsorgestelle!«*
Plakat des Deutschen Hygiene-Museums Dresden
G. Mickwausch
Dresden; 1949; Offset; 58,5 x 41,8 cm
sign. o.li.: G. Mickwausch HEIDENAU SA
Berlin, Deutsches Historisches Museum, Slg. Plakate

4/20

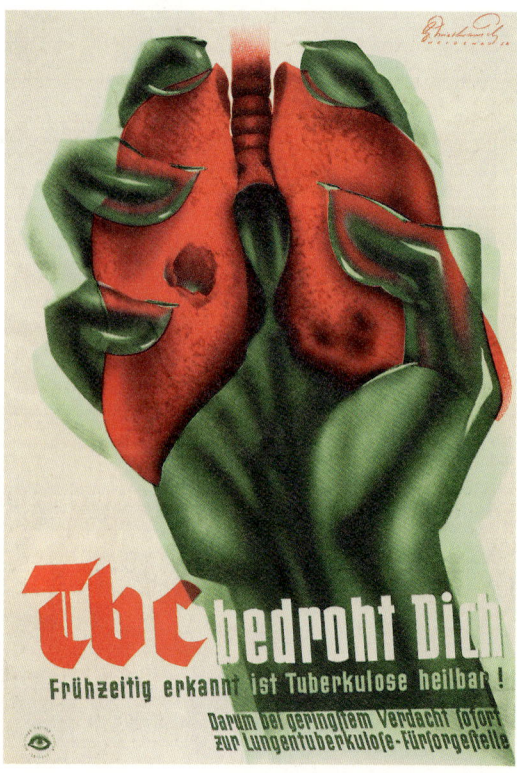

4/20

*»Tbc bedroht Dich – Frühzeitig erkannt ist Tuberkulose
heilbar! Darum bei geringstem Verdacht sofort zur
Lungentuberkulose-Fürsorgestelle«*
Plakat des Deutschen Hygiene-Museums Dresden
G. Mickwausch
Dresden; 1949; Offset; 58,5 x 41,8 cm
sign. o.re.: G. Mickwausch HEIDENAU SA
Berlin, Deutsches Historisches Museum, Slg. Plakate
[P 90/0331]

4/21

Zwei Plakate zum Anti-Tuberkulose-Tag 1947
Kopsch
Hg.: Komitee zur Bekämpfung der Tuberkulose im
Rahmen der Volkssolidarität
Leipzig; 1947; Druck; je 42 x 59,4 cm
sign. o.re.: KOPSCH
Berlin, Deutsches Historisches Museum, Slg. Plakate
[P 73/359]

4/22

*»Tuberkulosebekämpfung in Stadt und Land –
Komm pünktlich zur Röntgenschirmbild-Untersuchung –
sie kostet wenig Zeit und hilft im Kampf gegen die
Tuberkulose«*
Plakat
Ratsdruckerei Dresden
1955; Druck; 59,3 x 81,6 cm
Berlin, Deutsches Historisches Museum, Slg. Plakate

4/23

*»Die Gesetze und die Heilbarkeit der chronischen
Tuberculose der Lunge.«*
Dr. Herrmann Brehmer (1826–1889)
Verlag Th.Chr.Fr. Enslin, Berlin
1856; Buchdruck, 86 S.; 20 x 12,5 cm
Berlin, Staatsbibliothek zu Berlin PK [Iz 4125]

4/24

*»Dr. Brehmer'sche Lungenheilanstalt Görbersdorf in
Schlesien«*
Werbeprospekt
Verlag Rud. Loës, Leipzig
um 1891; Tiefdruck, 12 Bll.; 12,5 x 18,5 cm
Berlin, Staatsbibliothek zu Berlin PK
[Iz 4839/20 quer 8°]

4/25

*»Goerbersdorf wie es weint & lacht – Trauriges
Heldengedicht in scheusslichen Versen.«*
Scherzweise in Reimlein gebracht von einem
fahrenden Sänger
im Selbstverlage, Görbersdorf
o.J. [1871]; Buchdruck, 19 S.; 22 x 14,5 cm
Berlin, Staatsbibliothek zu Berlin PK [Iz 4363 (4)]

4/26

»Deutsche Heilstätten für Lungenkranke«
in: »Illustrirte Zeitung«, Bd. 117, Nr. 3030,
vom 25. Juli 1901, S. 148–151
Hochdruck; 40,5 x 55,5 cm
Dresden, Sächsische Landesbibliothek
[Eph.lit. 27, Bd. 117 (1901)]

4/21

Bei solchem Nießen ist's kein Wunder,
daß »Tuberkuli« froh und munter . . .

Doch zeigst Du Dich von bessern Seiten,
muß »Tuberkuli« drunter leiden.

Merk: Durch Gedankenlosigkeiten
hilfst Du ihm mit den Weg bereiten.

Unterstützt das Komitee im Kampf gegen die Tuberkulose

KOMITEE ZUR BEKÄMPFUNG DER TUBERKULOSE IM RAHMEN DER VOLKSSOLIDARITÄT
LEIPZIG C 1, GUSTAV-ADOLF-STRASSE 11

4/22

Tuberkulosebekämpfung in Stadt und Land

Komm pünktlich zur Röntgenschirmbild-Untersuchung
sie kostet wenig Zeit und hilft im Kampf gegen die Tuberkulose

4/27

»Dr. Weicher's Volkssanatorium«
Abbildung in: »Tuberkulose-Arbeiten aus dem
Kaiserlichen Gesundheitsamte. 2. Heft: Deutsche
Heilstätten für Lungenkranke – Geschichtliche und
statistische Mittheilungen«, Tafel XI
Verlag von Julius Springer, Berlin
1904; Fotolithographie, Steindruck; 26,5 x 44 cm
Berlin, Robert Koch-Institut, Bibliothek [IL 21d: 15]

4/28

»Basel Davos retour«
Fahrkarte der Schweizer Bundesbahn
um 1900; Pappe, auf Holz aufgezogen; ca. 10 x 4 cm
bez.: GÜLTIG BIS ZUR HEILUNG
Davos, Sammlung Blauer Heinrich

4/29

Karte von Davos und Umgebung
in: »Meyers Reisebücher Schweiz«, S. 74f.
Bibliographisches Institut, Leipzig und Wien
1912 (22. Auflage); Buchdruck; 21 x 15,5 cm
Winnenden, Privatbesitz

4/30

»Fremden-Liste«
Beilage zu: »Davoser Blätter. Offizielles Organ des
Verkehrs-Vereins Davos,« Jg. 1906
Zeitungsdruck; 30 x 24 cm
Davos, Dokumentationsbibliothek Davos

4/31

*»Sanitätspolizeiliche Vorschriften für die Landschaft Davos
laut Gemeindegesetz vom 13. Mai 1900 und 15. Januar
1905. – Reglement zu dem Gesetz vom 13. Mai betreffend
Desinfektion.«*
Anschlag
Druck; mit Rahmen: 49 x 31 cm
Davos, Sammlung Blauer Heinrich

4/32

»Verordnung für ... aufgenommen am ...«
Formular mit Anweisungen für Tuberkulosekranke
Hg.: Deutsche Heilstätte in Davos
Druck; 20 x 12 cm
bez. (Text der Verordnung): Langsam gehen! Gerade
halten! Nie ohne Verordnung steigen! Beim Steigen oft
ausruhen! Durch die Nase athmen! Nicht unnöthig
husten! Beim Husten die Hand vor den Mund halten!
Auswurf nur in die Taschenflasche oder den
Handspucknapf entleeren! Kleidung oder Bart von
Auswurf rein halten! Langsam essen und trinken!
Davos, Sammlung Blauer Heinrich

4/33

Vier Ansichtspostkarten von Davoser Sanatorien
um 1900; Fotografien (Reproduktionen)
a) »Sanatorium Dr. Philippe. Davos-Dorf.«
[70.30.50/22]
b) »Sanatorium Dr. Turban, Davos.«
Verlag J. Tomaszewski, Davos
bez. (handschriftlich): Bestend grüßend
[70.30.09/33]
c) »Schatzalp-Sanatorium, Davos.«
Verlag J. Tomaszewski, Davos
bez. (handschriftlich): liegt 300m über der Thalsohle,
zu der eine Drahtseilbahn hinauffährt
[65.00.49/14]
d) »Davos. Baseler Sanatorium.«
Verlag von Alfred Heinze, Davos-Ragaz
[70.30.171/11]
Davos, Dokumentationsbibliothek Davos

4/33 c
4/33 d

Schatzalp-Sanatorium, Davos.
Nr. 59 Verlag J. Tomaszewski, phot. Artikel, Davos

Davos.   Baseler Sanatorium.

D 16505 Verlag von Alfred Heinze, Photogr. Artikel, Davos-Ragaz.

4/34

4/34
Schlittenfahrer in Davos
um 1900; Fotografie (Reproduktion)
Davos, Dokumentationsbibliothek Davos [71.00.42/2]

4/35
»Der Zauberberg. Roman«
Thomas Mann (1875–1955)
S. Fischer Verlag, Berlin
1924 (EA); Buchdruck, 2 Bde., 578 S. u. 629 S.;
19 x 12,5 cm
handschriftlich bez. auf dem Vorsatzblatt des ersten
Bandes: Meinem lieben Herrn Doktor – In dankbarer
Erinnerung – Gerhard Albrecht – Davos, Weihnachten
1924.
Dresden, Sächsische Landesbibliothek [4 A 78239]

4/36
Thomas Mann in Davos
31. Januar 1921; Fotografie (Reproduktion)
Zürich, Thomas Mann-Archiv der Eidgenössischen
Technischen Hochschule Zürich

4/37
»Die Krankheit«
Klabund, d.i.: Alfred Henschke (1890–1928)
Verlag Erich Reiss, Berlin
1917 (EA); Buchdruck
Wolfenbüttel, Herzog August Bibliothek [7.8° 1571]

4/38
Erich Maria Remarque in Davos
1921; Fotografie (Reproduktion)
Davos, Dokumentationsbibliothek Davos [75.20.29/32]

4/39
Dr. Jessen spricht zur Enthüllung des von Philipp Modrow
geschaffenen Alexander-Spengler-Denkmals »Der Atmer«
Fotografie (Reproduktion)
Davos, Dokumentationsbibliothek Davos [42.00.45/17]

4/40
Tragbarer Filmprojektor
Metall, Pappe; 58 x 19 x 54 cm
Davos, Sammlung Blauer Heinrich

4/41
Radioempfänger der Firma Philips
Metall; ca. 20 x 15 x 15 cm
Davos, Sammlung Blauer Heinrich

4/42
»Café Dansant«
Hinweis auf eine Veranstaltung im Sanatorium
Schatzalp
Druck; ca. 15 x 25 cm
Davos, Sammlung Blauer Heinrich

4/43
»Auf dem Liegestuhl – Die Zeitschrift des Lungenkranken«
Titelblatt der Nr. 1 vom 1. Oktober 1927
Hg.: Dr. B. Herrmann
Buchdruck; 28 x 22 cm
Berlin, Staatsbibliothek zu Berlin PK [Iz 3005/198]

4/44
Davoser Liegestuhl
mit Wärmflasche, Schaffell und Wolldecken
um 1900; Rattan; 102 x 68 x 200 cm
Davos, Sammlung Blauer Heinrich

4/45
Patienten bei der Liegekur
Fotografien (Reproduktionen)
Davos, um 1900
a) auf der Terrasse der Villa Pravenda
Davos, Dokumentationsbibliothek Davos
[70.40.149/27]
b) beim Zeitunglesen
Davos, Dokumentationsbibliothek Davos
[70.40.152/4]
c) Patienten der niederländischen Heilstätte wird
Deutschunterricht während der Liegekur erteilt
Davos, Dokumentationsbibliothek Davos
[70.40.47/14]
d) Blick in eine Frauenliegehalle
Davos, Dokumentationsbibliothek Davos
[70.40.27/38]
e) »Davos. Liegekur.«
Postkarte
Davos, Dokumentationsbibliothek Davos
[70.40.186/12]
f) im Sanatorium »Schatzalp«
Davos, Sammlung Blauer Heinrich

4/46
Hörrohr
um 1900; Holz; L ca. 20 cm
Davos, Sammlung Blauer Heinrich

4/47
Fieberthermometer
mit Etui
Glas, Metall, Quecksilber; L ca. 10 cm
Davos, Sammlung Blauer Heinrich

4/48
Pneumofüllgerät
Holz, Metall, Glaszylinder; 80 x 37 x 22 cm
Davos, Sammlung Blauer Heinrich

4/49
Desinfektionsapparat
blau emailliertes Metall; H 45 cm, Dm 42 cm
Davos, Sammlung Blauer Heinrich

4/50
Spucktassen, Spucknäpfe und Spuckflaschen
a) Spucktasse
Porzellan; H 8 cm, Dm 9 cm
Davos, Sammlung Blauer Heinrich
b) Spucknapf
Kupfer; H 10 cm, Dm 15,5 cm
Davos, Sammlung Blauer Heinrich
c) Spucknapf
weiße Emaille; H 9,5 cm, Dm 13,3 cm
bez. (Stempel): GBN
Dresden, Deutsches Hygiene-Museum,
Slg. Alltagshygiene [1993/444]
d) »Die blaue Taschen-Spuckflasche ›Mignon‹«
Spuckflasche mit Originalverpackung
blaues Glas, Metall, Pappe; Flasche: H 11 cm, Dm 4 cm
bez. auf dem Glas: Dr. Dettweiler
Davos, Sammlung Blauer Heinrich
e) zwei Taschenspuckflaschen
ein Exemplar mit blauem Glas, ein Exemplar
verchromt
blaues Glas, Metall; je H 11 cm, Dm 4 cm
Davos, Sammlung Blauer Heinrich
f) Spuckflasche mit Skala
blaues Glas, Metall; 9,5 x 7,5 cm, Dm 4 cm
Davos, Sammlung Blauer Heinrich

4/51
»Ein Wohlthäter der Menschheit. –
Der neue Ritter St. Georg.«
H. Riffarth
Karikatur auf Robert Koch in: »ULK«, Nr. 46, vom
14. November 1890, S. 8
Druck und Verlag von Rudolf Mosse, Berlin
Zeitungsdruck; Bild: 23,6 x 18,5 cm
bez. auf der Keule: Mikroskop; auf der Satteldecke:
Forschung; auf der Schlange: Hydra Tubercul. Bacill.
sign. u.li.: H RIFFARTH
Bonn, Bibliothek der Friedrich-Ebert-Stiftung [Z 392]

4/52
»Aus der Welt der unendlich Kleinen.«
Karikatur auf Robert Koch in: »Kladderadatsch«, 43. Jg.,
Zweites Beiblatt zur Nr. 49, vom 23. November 1890
Verlag von Rudolf Mosse, Berlin
Zeitungsdruck; Bild: 10,6 x 20 cm
bez. unter dem Bild: Chor der Bacillen:
Kinder wie seht ihr aus? Was ist euch zugestoßen? –
Die Tuberkelbazillen: Ach, unser Koch hat uns eine
schöne Suppe eingebrockt. Davon ist uns ganz schlecht
geworden.
mon. u.re.: GB
Dresden, Sächsische Landesbibliothek
[4° ZB III, Bd. 43 (1890)]

4/53
»Koch und die Kochianer. – Eine Kritik der Koch'schen
Entdeckung und der Koch'schen Richtung in der
Heilkunde«
Dr. med. H. Lahmann, Sanatorium auf »Weisser
Hirsch« bei Dresden
A. Zimmer's Verlag (Mohrmann & Schreiber) in
Stuttgart
1890; Buchdruck, 95 S.; 21 x 14,5 cm
Dresden, Sächsische Landesbibliothek
[Pathol.spec. 2291]

4/54
»Für Ärzte und Laien. – Wenn ich tuberculos wäre, ich
würde mich nicht mit dem Koch'schen Mittel einspritzen
lassen – mit einer Fortsetzung: ›Das Koch'sche Mittel
verursacht Tuberculosis anstatt dieselbe zu heilen‹.«
E. van Dieren
bei L.A. Knipping, Cleve
1891 (nach der 2. niederländischen Ausgabe);
Buchdruck, 54 S.; 21 x 14 cm
Berlin, Staatsbibliothek zu Berlin PK [Iz 4838]

4/51

Ein Wohlthäter der Menschheit.

Der neue Ritter St. Georg.

4/55

»Tuberculinum Kochii.«
Dr. Neidhart
Gedicht No. 186 in: »Liederbuch für Deutsche Aerzte
und Naturforscher. – Zweiter Abschnitt. – Ambrosia
und Nektar! – Enthaltend: 200 ernste und heitere Fest-
und Tafellieder, Reden, Aufsätze etc. medicinischen
und naturwissenschaftlichen Inhalts, mit mancherlei
Illustrationen.«, S. 462
Gesammelt und geordnet von Dr. med. Korb-Döbeln
Druck und Verlag von Gebrüder Lüdeking, Hamburg
1892; Buchdruck, VIII u. 510 S.; 17 x 13 cm
Frankfurt a.M., Senckenbergische Bibliothek
[8° P II 222/16]

4/56

»Anti-Koch – Une protestation du sens commun«
E. Goett
Éditeur W. Hinrichsen, Paris
1891 (3. Aufl.); Buchdruck, 28 S.; 16,5 x 11,5 cm
Berlin, Staatsbibliothek zu Berlin PK [Iz 4841]

4/57

Zwei Fläschchen mit Tuberkulin
a) 1891; Glas, Bindfaden, Papier; H 13,7 cm, Dm 6,5 cm
bez. auf dem Etikett (handschriftlich): Kulturen von
100 Kälbchen mit 5000 M [unleserlich] auf 500 M
eingedampft 8/10 91 vollständig; o.li.: 30/5 91
b) 1896; Glas, Papier; H 10 cm, Dm 5 cm
bez. auf dem Etikett (handschriftlich von Robert Koch):
Tuberculin v. Rindergehirn mit Peptinen [unleserlich]
v. 29/1; o.li.: 4/4 96
Berlin, Robert Koch-Institut

4/58

»Tuberculosediagnostik durch Stichreaction«
Packung mit zehn Ampullen von »Alt-Tuberculin
›Koch‹«
Kaiser Friedrich-Apotheke, Berlin
um 1910; Pappe, Glas; 2,1 x 13 x 6,5 cm
Berlin, Robert Koch-Institut

4/59

»Tuberkinin-Injectionen«
Packung mit fünf Ampullen von Alt-Tuberculin »Koch«
und Chinin
Kaiser Friedrich-Apotheke, Berlin
1911; Pappe, Watte, Glas; 2,5 x 10,7 x 5,7 cm
Berlin, Robert Koch-Institut

4/60

*»Apparat zur Sonnenbestrahlung des Kehlkopfes nach dem
Prinzipe des Univ.-Prof. Dr. Sorgo«*
mit Originalverpackung und zwei Demonstrations-
fotografien
Sanitätsgeschäft »Austria«, Wien
um 1900; Glas, Metall, Stoff, Verpackung: Pappe,
Papier; L ca. 35 cm, Fotografien: 13,5 x 8,5 u.
8,5 x 13,5 cm
Wien, Institut für Geschichte der Medizin der
Universität Wien [Inv. Nr. 1241; I RS 5.103/2 u. 3]

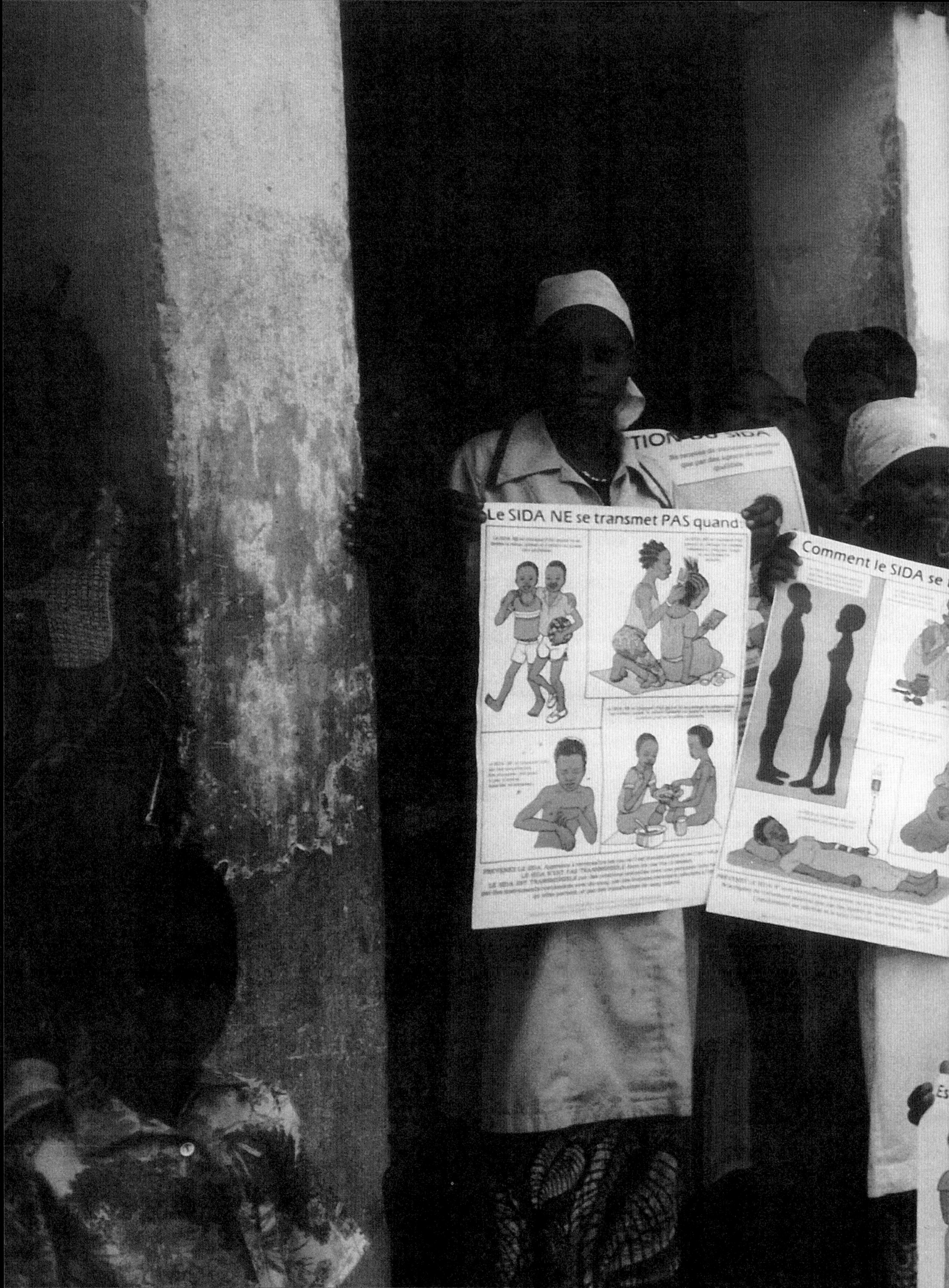

Le SIDA NE se transmet PAS quand
Comment le SIDA se

Seit Beginn der 80er Jahre machen HIV und AIDS[1] als ein neues Gesundheitsproblem Schlagzeilen. Der Ursprung und die Entstehung des Parasiten HIV sind unbekannt bzw. nicht geklärt.

Klemens Ochel

AIDS – die Seuche der Gegenwart?

Die Existenz und auch die krankmachende Wirkung von HIV sind nicht unwidersprochen. Deshalb sollen folgende vier Tatsachen festgehalten werden:

– das HI-Virus ist auf Menschen übertragbar
– das HI-Virus hat direkte und indirekte krankmachende Auswirkungen auf den menschlichen Organismus
– diese Auswirkungen führen in ihrer Konsequenz zum Krankheitsbild AIDS
– die pathogenen Mechanismen sind erst teilweise aufgeklärt

HIV hat sich mittlerweile weltweit ausgebreitet. Innerhalb einer Dekade ist es zur Pandemie geworden. Diese Dynamik wird u.a. durch drei globale Entwicklungsprobleme bedingt:
1. die Vertiefung der Kluft zwischen Arm und Reich
2. die fortschreitende soziokulturelle Entfremdung und das Auseinanderbrechen von Familien und Gesellschaften und
3. das Fortbestehen und die Verschärfung der Unterdrückung von Frauen.

Wie eine scheinbar unaufhaltsame Lawine entwickelt sich HIV/AIDS zu einer Tragödie für die Menschheit. Die Mehrzahl der infizierten Menschen lebt in Entwicklungsländern. Besonders betroffen sind solche Menschen, die zu den Benachteiligten, Entwurzelten, Marginalisierten, Entrechteten und Chancenlosen einer Gesellschaft gehören. Besonders gefährdet sind Jugendliche und junge Erwachsene, zunächst in städtischen, zunehmend auch in ländlichen Gebieten.

Die Chancenungerechtigkeit für Mädchen und Frauen führt dazu, daß sie in zunehmend größerer Zahl angesteckt werden. In Afrika kommen auf fünf infizierte Männer sechs Frauen. Auch Kinder sind direkt und indirekt von HIV und AIDS betroffen. Der vorzeitige Tod der Eltern führt dazu, daß immer mehr Waisenkinder nur unzureichend gerüstet für ihre eigene Zukunft aufwachsen. Allein in Kenia und Uganda sollen es zur Jahrtausendwende je eine Million Kinder sein, die ein Elternteil durch AIDS verloren haben. Ursachen und Folgen von HIV und AIDS verstärken sich auf diese Weise wechselseitig.

Es gibt besondere Widerstände, sich mit HIV und AIDS auseinanderzusetzen. Diese lassen sich nicht allein damit erklären, daß es sich bei dieser Krankheit um ein neues Phänomen handelt, oder daß es bereits in »hoffnungslose Dimensionen« abgleitet. Diese Widerstände rühren vielmehr daher, daß sensible Bereiche der menschlichen Existenz berührt werden. Darunter fallen Tabus wie die Sexualität und das Sterben.

I. Epidemiologie – Merkmale und Dimensionen der Pandemie

Die AIDS-Pandemie begann in der zweiten Hälfte der 70er Jahre, hat inzwischen alle Länder der Erde erreicht, ist hochdynamisch und nirgendwo stabil. Sie besteht aus vielen lokalen Epidemien. Jede von ihnen hat einen bestimmten Ausgangspunkt, nicht nur geographisch, sondern auch sozio-demographisch in Bezug auf betroffene Personengruppen. Die Ausbreitung des HI-Virus variiert je nach sexuellem Risikoverhalten und Bedeutung der verschiedenen Übertragungswege. Oftmals werden jedoch in den Diskussionen um risikoreiches Verhalten die »Verhältnisse«, unter denen Menschen sich anstecken, ausgeblendet, obwohl Abhängigkeiten und Lebensbedingungen ihre Willens- und Entscheidungsfreiheit einschränken.

II. Die Krankheit

Das HI-Virus befällt hauptsächlich weiße Blutkörperchen, die besondere Aufgaben im menschlichen Abwehrsystem erfüllen. Die Schädigung dieser Zellen entwickelt sich mit einer mehrjährigen Verzögerung. Ihr gradueller Ausfall verursacht eine Abwehrschwäche. Damit haben die Betroffenen eine erhöhte Anfälligkeit für gängige Infektionskrankheiten. Für die AIDS-Arbeit ist es wichtig, zwischen der Infektion mit dem HI-Virus und der Erkrankung zu unterscheiden.

In annähernd 80 % der Fälle wird HIV durch Geschlechtsverkehr übertragen. In diesem Zusammenhang ist die Interaktion von sexuell übertragbaren Krankheiten (STDs)[2] und HIV von Bedeutung. Beiden liegt das gleiche Risikoverhalten zugrunde. Die Übertragungsrate von Mutter auf Kind während Schwangerschaft und Geburt beträgt 20 bis 40 % und ist weltweit für 5 bis 10 % aller Infektionen verantwortlich. Es wird in absehbarer Zukunft keine heilende Behandlung für AIDS geben. Mit der Entwicklung und abschließenden Erprobung eines wirksamen Impfstoffes ist vor dem Jahr 2010 laut Weltgesundheitsorganisation (WHO) nicht zu rechnen. Der Impfstoff wird vermutlich keinen 100 %igen Schutz bieten. Ein weiterer intensiv untersuchter Behandlungsansatz sind lokal anwendbare Medikamente, die das HI-Virus abtöten, noch bevor es in den Organismus eingedrungen ist. Ein Ergebnis der Forschung liegt noch nicht vor. Bereits bekannte Medikamente, die die Vermehrung von HIV im Organismus hemmen, sind so kostenaufwendig, daß sie für einen breiten Einsatz in Entwicklungsländern nicht zur Verfügung stehen. Auch bei zukünftigen medizinischen Lösungen ist zu fragen, ob sie in einer Form zur Verfügung stehen werden, die für die in Entwicklungsländern lebende Mehrheit der Betroffenen zugänglich ist. AIDS wird also auf absehbare Zeit ein Problem bleiben.

III. Ist AIDS eine Seuche im klassischen Sinn?

HIV kann auf jeden Menschen übertragen werden. Es gibt keine Beschränkung für mögliche Empfänger. Einmal angesteckt, ist der Betroffene ein Leben lang infektiös. Aufgrund des vorherrschenden Übertragungsweges ist aber von dieser Infektionskrankheit die Altersgruppe »der produktiven und reproduktiven Erwachsenen« betroffen, also weniger die Alten, Kranken und Schwachen, sondern die, die sozusagen in der Blüte ihres Lebens stehen. Das Übertragungsrisiko für HIV ist größer als bei anderen bedeutenden Infektionskrankheiten, da die Möglichkeit einer Übertragung ein Leben lang besteht und da HIV keine bleibende Immunität hinterläßt. Nach

Übertragung von HIV: Risiko bei einmaligem Kontakt und prozentuale Häufigkeit der Fälle weltweit.

verschiedene Möglichkeiten von Kontakt mit dem HI-Virus	Übertragungswahrscheinlichkeit bei einmaligem Kontakt (%)	Verteilung der HIV-Infektionen in Bezug zu Übertragungswegen (%)
Übertragung von Blut	> 90	3–5
von Mutter auf Kind	20–40	5–10
Geschlechtsverkehr – vaginal – anal	0,1–1,0	70–80 (60–70) (5–10)
i.V. Drogen	0,5–1,0	5–10
in Gesundheitsdiensten z.B. Nadelstichverletzungen	< 0,5	< 0,01

einer HIV-Infektion gibt es keine Reversion. Ein spontanes Verschwinden des Virus aus einem Organismus konnte bisher nicht bzw. nur in einigen wenigen, nicht völlig geklärten Fällen beobachtet werden.

Das HI-Virus ist nicht an ein externes Erregerreservoir gebunden. Zwischenwirte im Tierbereich scheinen keine Rolle zu spielen. Damit entfallen Faktoren, die zu einer regionalen Begrenzung einer Epidemie beitragen. Außerdem sind dadurch Möglichkeiten externer Epidemiekontrolle eingeschränkt. Da das Immunsystem wenig Einfluß auf das Ansteckungsrisiko mit HIV hat, sind Mehrfachinfektionen möglich, die den Krankheitsverlauf beschleunigen und damit auch das Übertragungsrisiko vergrößern. Andere epidemische Infektionen treten isoliert auf. Bei HIV dagegen gibt es Interaktionen mit anderen Erkrankungen. Die bedeutendste Interaktion in Bezug auf das Übertragungsrisiko besteht zwischen HIV und anderen sexuell übertragbaren Krankheiten, besonders den ulzerativen Geschlechtskrankheiten.

In der ersten Dekade der AIDS-Arbeit hat sich gezeigt, daß die klassischen Methoden der öffentlichen Gesundheit nicht wirken. Die Maßnahmen zur Vorbeugung des Auftretens eines Krankheitsphänomens (primäre Prävention) wie Isolierung, Chemoprophylaxe, Impfungen oder Überwachung von Personen sind entweder technisch oder operational nicht machbar. Sie haben, wie in vielen Studien dokumentiert worden ist, sogar einen fördernden Effekt auf die Ausbreitung. Sie verschlechtern nämlich den Zugang zu Risikogruppen, die sich aus Angst vor Repressionen und Menschenrechtsverletzungen den vorbeugenden und behandelnden Maßnahmen entziehen. Die klassischen Maßnahmen zur Vorbeugung der Verbreitung eines Krankheitsphänomens (sekundäre Prävention) wie frühzeitige Diagnostik (Vorsorge auf der Basis von untersuchbaren und/oder geäußerten Symptomen) scheitern u.a. an der mehrjährigen Latenzphase. Die Gesundheitspromotion ist bei HIV/AIDS erschwert, da eine lange Latenz zwischen der durch Geschlechtsverkehr erworbenen HIV-Infektion und dem Ausbruch einer HIV-beding-

ten Krankheit besteht, die keine lokale, sondern eine Systemerkrankung ist.

HIV führt im Gegensatz zu anderen infektiösen Krankheitserregern zu einer Multisystemerkrankung. Das HI-Virus ist in seiner pathogenen Wirkung nicht organbeschränkt, sondern hat vielfältige direkte Wirkungen auf Zellen und Organe. HIV-Wirkungen sind nicht nur auf das Immunsystem und die Helferzellen beschränkt. In Folge einer HIV-Infektion können schwer prognostizierbare chronische Erkrankungen auftreten, die mit einer Behinderung einhergehen. Im Gegensatz zu anderen Erregern sind bei HIV Defektheilungen und chronisch degenerative Erkrankungen häufig. Eine Selbstheilung wie bei anderen Infektionskrankheiten ist bei HIV bisher nicht beobachtet worden.

IV. Die Größe des Problems

Seit Beginn der Pandemie haben sich laut Weltgesundheitsorganisation WHO 18 Millionen Menschen mit dem HI-Virus angesteckt. Nach ihren Schätzungen war 1993 weltweit einer von 250 Erwachsenen mit HIV infiziert, dazu annähernd 1,5 Millionen Kinder. In den Ländern Afrikas südlich der Sahara liegt das Verhältnis bereits bei einem HIV-Positiven auf 40 Erwachsene. Täglich infizieren sich mehr als 7.000 Menschen neu. Nach konservativen Schätzungen werden im Jahr 2000 wenigstens 30 bis 40 Millionen Menschen weltweit mit HIV infiziert sein.

Bis zum 30. Juni 1995 sind der WHO 1.169,811 Fälle von AIDS gemeldet worden. Es wird jedoch geschätzt, daß insgesamt 4,5 Millionen Menschen bereits an AIDS erkrankt sind (ein Fünftel davon Kinder). AIDS ist in Entwicklungsländern in der Altersgruppe der sexuell aktiven Erwachsenen bereits heute vielerorts die häufigste Todesursache.

1. Afrika südlich der Sahara

In dieser Region breitet sich die AIDS-Epidemie seit den späten 70er Jahren aus. Besonders schwer betroffen sind Zentral- und Ostafrika. Nach eher konservativen Schätzungen der WHO sind 11 Millionen Menschen seitdem infiziert worden. Zwei Drittel davon leben oder lebten in den genannten Regionen. Von den geschätzten 2,5 Millionen AIDS-Fällen sind 418.051 gemeldet

5/21

»AIDS – over one million may be infected in Malawi«. Zeitung, Malawi August 1994

worden (Stand 1. Juli 1995). In manchen urbanen Zentren sind bereits zwischen 20 und 30% der sexuell aktiven erwachsenen Bevölkerung infiziert.

Dabei dominiert der heterosexuelle Ausbreitungsweg. Das Verhältnis der infizierten Frauen zu Männern wird mit sechs zu fünf angegeben. Es wird geschätzt, daß insgesamt 750.000 Kinder an AIDS erkrankt sind. Mehr als 1,5 Millionen Kinder haben wenigstens ein Elternteil durch HIV/AIDS verloren. Zu besonderen Risikosituationen führen die zunehmende Zahl von gewaltsamen Auseinandersetzungen und die damit in Zusammenhang stehenden Flüchtlings- und Migrationsbewegungen.

2. Lateinamerika und Karibik

Zu Beginn der 80er Jahre fand die Mehrheit der Übertragungen in Lateinamerika bei homo- und bisexuellen Männern statt. In der zweiten Hälfte des Jahrzehnts erlangte der heterosexuelle Übertragungsweg zunehmend an Bedeutung. Die WHO schätzt, daß kumulativ zwei Millionen Menschen in dieser Region infiziert worden sind (davon 20 bis 30% Frauen). Die Prävalenz bei Erwachsenen schwankt im Durchschnitt zwischen 0,1 bis 2%. 350.000 AIDS-Erkrankungen sollen sich in dieser Region ereignet haben. 138.701 sind gemeldet worden, mehr als 60.000 allein aus Brasilien. In einigen Ländern der Region hat der Gebrauch von intravenösen Drogen eine große Bedeutung für die Ausbreitung gespielt. Sogenannte ›Straßenkinder‹ sind durch HIV und AIDS in besonderer Weise gefährdet.

3. Süd- und Südostasien

Die HIV-Ausbreitung erfolgte seit der Mitte der 80er Jahre. Drogenkonsum war ein bedeutender Faktor in der Anfangsphase der Epidemie in dieser Region. Mittlerweile dominiert auch hier der heterosexuelle Ausbreitungsweg. Die Mehrzahl der 2,5 Millionen Infektionen hat sich in Indien und Thailand ereignet (Anteil der Frauen 30%). Andere Länder wie Myanmar, Malaysia, Philippinen, Indonesien und Kambodscha folgen nach. Von den geschätzten 300.000 AIDS-Fällen sind

weniger als 25.000 gemeldet worden (Stand
1. Juli 1995). Aus dieser Region werden die weltweit größten Zuwachsraten gemeldet.

V. Ursachen der Ausbreitung

Die sich in der letzten Dekade in vielen Weltre-
gionen zuspitzenden wirtschaftlichen Struktur-
krisen und sozialen Desintegrationsprozesse bilden einen fruchtbaren Nährboden für die rasche
Ausbreitung der HIV-Infektion. Nach Schätzungen der Weltbank wuchs die Zahl der Armen in
den 80er Jahren um ca. 300 Millionen auf 1,1
Milliarden Menschen. Davon werden 630 Millionen als extrem arm eingestuft. Sie leben unter
entwürdigenden Bedingungen
und können ihre minimalen
Grundbedürfnisse nicht befrie-
digen. Die große Mehrheit der
Bevölkerung in den Entwicklungsländern und die marginalisierten sozialen
Gruppen der Industrienationen sind in vielfa-
cher Hinsicht einer Gefährdung durch HIV/AIDS
ausgesetzt:
Unmenschliche Lebensverhältnisse (wirtschaftliche Not und Unsicherheit, Alltagsgewalt, unzu-
länglicher Wohnraum etc.) verursachen psycho-
soziale Belastungen und beeinträchtigen den
Zusammenhalt von Familien.
Familien werden durch Landflucht und Wander-
arbeit getrennt. Dies stellt die Stabilität von ge-
wachsenen Strukturen und Sozialbeziehungen
auf schwere Belastungsproben und fördert die
Ausbreitung der Prostitution.
Frauen sind in Bezug auf HIV-Infektionen besonders gefährdet, einerseits durch eine größere bio-
logische Verletzbarkeit und zum anderen durch
ihre Stellung in der Gesellschaft.
Eine zunehmende Anzahl von Menschen – insbesondere Frauen – ist gezwungen, sich durch
den Austausch von Sex gegen Geld, Nahrungs-
mittel etc. ihren Lebensunterhalt zu sichern.
Die Desintegration von Familien raubt den Her-
anwachsenden die emotionale Geborgenheit, die
Orientierungsmöglichkeiten und den Schutz, die
sie zur Herausbildung ihrer Persönlichkeit brau-

5/1 c
»Discuss AIDS with your familiy«.
Poster, Ghana um 1992

chen. Weltweit wächst die Anzahl der in und von
der Straße lebenden Kinder.
Fehlende Ressourcen einerseits sowie Armut
und Unwissenheit andererseits erschweren den
Zugang zu einer angemessenen Gesundheitsver-
sorgung, insbesondere was die Behandlung von
sexuell übertragbaren Krankheiten angeht.
Fehlende technische und finanzielle Mittel verhindern in manchen peripheren Gesundheits-
einrichtungen noch immer eine sichere Kontrolle der Bluttransfusionen auf HIV.
Die niedrigen Bildungs- und Einkommenschan-
cen schränken den Zugang zu relevanten Informationen über die Bedrohung durch HIV/AIDS
und geeignete Schutzmöglichkeiten ein.
Auch dort, wo das entsprechende Wissen vorhanden ist, drängt der alltägliche Überlebenskampf
den Gedanken an eine Krankheit, die erst nach
Jahren zum Ausbruch kommt, in den Hintergrund. Zudem wird häufig die sexuelle Aktivität
als einzige Möglichkeit erlebt, die elende Lebens-
situation für eine Weile zu vergessen.
Die Verfügbarkeit und Zugänglichkeit von Kondomen wird durch niedrige Einkommen und
Devisenmangel beschränkt.
Insbesondere in der Nähe der internationalen
Umschlagplätze und Transportrouten für Drogen nimmt deren Gebrauch auch unter der lokalen Bevölkerung zu – bedingt u.a. durch Perspek-
tivlosigkeit und kulturelle Entwurzelung.
Die verschärften sozialen Spannungen entladen
sich in militärischen Konflikten, die zu einer
explosionsartigen Zunahme der sexuellen
Gewalt und zu einer abrupten Zerstörung fami-
liärer und sozialer Gemeinschaften führen.
Die gesellschaftlichen Reaktionen auf HIV/AIDS
begünstigen selbst wieder die Ausbreitung der
Pandemie. In Gesellschaften mit einem hohen
Grad an sozialer Segregation und doppelbödigen
Normsystemen ist die Bereitschaft zu einer ratio-
nalen Auseinandersetzung mit der AIDS-Proble-
matik und zur Solidarität mit den Betroffenen
gering. Das Thema AIDS löst nur allzuoft eine
Aktualisierung weitverbreiteter Vorurteile und
eine Suche nach Sündenböcken aus. Der Mangel
an Respekt vor Menschenrechten, ungenügender
Würdigung international anerkannter Normen

und Konventionen und die vorherrschende Selbstgerechtigkeit führen nicht selten dazu, daß der Betroffene zum Schuldigen stigmatisiert und seine Krankheit zur gerechten Strafe stilisiert wird. Zusätzlich leisten repressive Maßnahmen des Staates der Verdrängung Vorschub. In diesem gesellschaftlichen Klima der Negierung und Diskriminierung werden Menschen, die Unterstützung und Information benötigen, in den Untergrund gedrängt, während sich die sogenannte Normalbevölkerung in falscher Sicherheit wiegt.

VI. Folgen und Auswirkungen von HIV und AIDS

Bei der Ausbreitung von HIV in einer Gesellschaft lassen sich verschiedene Phasen unterscheiden. Jede ist gekennzeichnet durch die verschiedenen vorherrschenden Ausbreitungswege, die Auswirkungen auf verschiedene Teile der Gesellschaft und das Bewußtsein und die Motivation, eine Antwort auf HIV und AIDS zu finden. Nach einer mehrjährigen Periode der unbemerkten Ausbreitung folgt eine von starken Reaktionen gekennzeichnete Phase des Auftretens erster Fälle von Erkrankung. Spätestens wenn alle Mitglieder einer Gesellschaft direkt oder indirekt betroffen sind, läßt sich das Problem nicht mehr leugnen. Frauen werden in ihrer traditionellen Rolle, für das gesundheitliche Wohl der Familie zu sorgen, noch stärker als bisher belastet. Kinder müssen ihre erkrankten Eltern versorgen. Dies nimmt ihnen die Chance auf eine eigene Ausbildung und Entwicklung. AIDS führt zu einer Verarmung betroffener Familien. Sie sind nicht oder nur unzureichend in der Lage, ihre Rechte zu sichern oder durchzusetzen. Mit dem Anwachsen des Problems werden traditionelle Unterstützungsmechanismen wie die Großfamilie überbeansprucht und brechen zusammen. Dies schwächt wiederum den sozialen Zusammenhalt. Die Produktivität von Gemeinschaften sinkt. AIDS vergrößert die Armut, die selber wieder zum Kofaktor der Ausbreitung wird.

5/6 f

»Soignez les personnes qui ont le SIDA«.

Poster, um 1994

Die Folgen der AIDS-Pandemie zeichnen sich immer deutlicher ab. AIDS führt zu einer demographischen Verschiebung zwischen produktiven und nicht-produktiven Altersgruppen in einer Gesellschaft. Immer weniger produktive Erwachsene (Altersgruppe 20 bis 45 Jahre) müssen den Lebensunterhalt von immer mehr Kindern und alten Menschen erarbeiten.

Die daraus resultierenden sozioökonomischen Folgen sind dramatisch. Die Zeit der Erwerbsfähigkeit bei HIV-Infektion sinkt im Durchschnitt von 25 Jahren auf weniger als zehn Jahre. Als Folge der HIV-bedingten Produktionsausfälle wird das Bruttosozialprodukt in den nächsten Jahren z.B. in den früh betroffenen afrikanischen Ländern um 1–2 % fallen. Dies resultiert z.B. auch aus einem absehbaren Ausfall von hochqualifiziertem Fachpersonal in Schlüsselpositionen, die nicht rechtzeitig und häufig nur unzureichend ersetzt werden können. Ein erheblicher Anteil der Kinder verliert die Möglichkeiten einer schulischen Ausbildung und beruflichen Qualifikation. In Gesundheitsdiensten steigt der Anteil an Patienten mit HIV und AIDS. Unter der zunehmenden Ressourcenknappheit leidet die medizinische Versorgung insgesamt. Die Neuerkrankungsrate pro Jahr an AIDS in der Gruppe der Erwachsenen von 15 bis 45 Jahren wird nach konservativen Schätzungen von z.Zt. (1994) 1,2 Millionen AIDS-Fällen bis zum Jahr 2000 auf 4 Millionen zunehmen. Jährlich werden dann in Afrika mehr als 1,5 Millionen Menschen an der Immunschwächekrankheit sterben. Dies bringt nicht nur Auswirkungen in Form von sozialen ›Kosten‹ mit sich, sondern betrifft auch die soziale Stabilität und die Gesamtentwicklung der Gesellschaften. Das Bevölkerungswachstum in der Region ist aber – auch in Gebieten mit hoher HIV-Prävalenz – so groß, daß die Gesamtbevölkerung um wenigstens 1–2 % wachsen wird. Damit erhöht sich die Zahl der benachteiligten Menschen, die unselbständig und abhängig sind.

In der Anfangsphase der Epidemie hat sich HIV auch stark in Bevölkerungsschichten mit einem hohen Stand an Bildung und beruflicher Qualifikation ausgebreitet. Durch Krankheit und vorzei-

Soignez les personnes qui ont le SIDA

Protégez votre malade contre les infections
Protégez-vous et les autres contre le SIDA

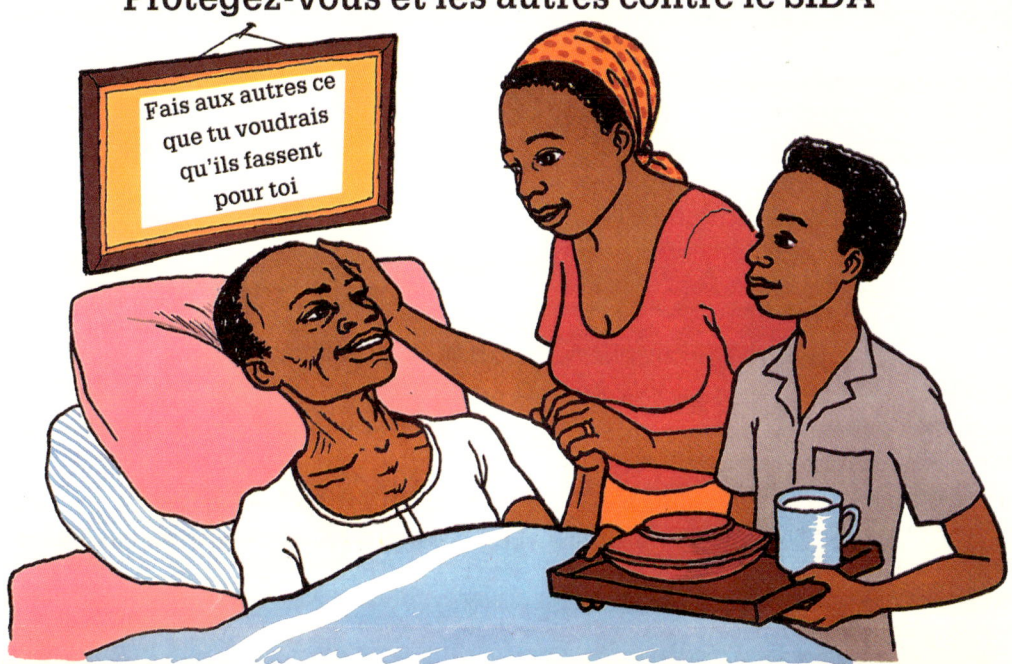

Fais aux autres ce
que tu voudrais
qu'ils fassent
pour toi

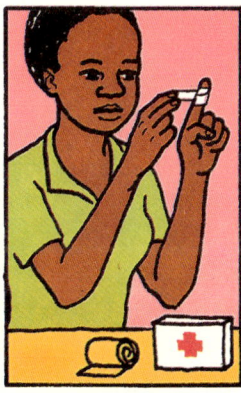

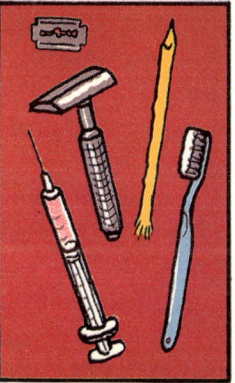

Lavez-vous les mains

Lavez-vous les mains souvent surtout après le passage aux toilettes, après avoir changé les draps et les vêtements souillés et avant de prendre votre repas ou avant de le donner aux malades.

Pansez les blessures

Couvrez surtout les blessures aux mains et aux endroits qui risquent d'entrer en contact avec le malade. Utilisez du pansement propre ou des pansements adhésifs pour panser les blessures.

Prenez soin de la propreté

Nettoyez tous les draps, les serviettes de toilette, lavez les malades et leurs vêtements. Nettoyez particulièrement les excréments, le sang, les vomissures et la sueur. Utilisez un désinfectant pour les draps, ou laissez-les sécher au soleil et repassez-les.

N'utilisez pas les instruments tranchants des autres.

N'utiliez pas les rasoirs, les cure-dents, les brosses à dents ni d'autres ustensiles qui ont peut-être été en contact avec du sang ou des blessures et qui appartiennent aux autres.

Ouganda Ecole de Santé. Matériel pour le Contrôle du SIDA (Item 10)
Ministère de l'Education, Ministère de la Santé (Programme de Contrôle du SIDA), UNICEF Kampala

tigen Tod dieser Menschen wird es in den nächsten Jahren zu personellen Ausfällen in den
Schlüsselpositionen aller Sektoren kommen.
Nachwuchskräfte müßten heute in ihrer Ausbildung bereits weit fortgeschritten sein, um diese
Verluste noch rechtzeitig ersetzen zu können.
Davon sind kirchliche Dienste genauso betroffen
wie staatliche, die Industrie ebenso wie Verwaltung, Sicherheitskräfte oder der Bildungssektor.
Schließlich werden der soziale Zusammenhalt,
die Sozialisationsprozesse und die durch Tradition und Kultur geprägten Unterstützungsmechanismen einer Gesellschaft durch HIV und
AIDS negativ beeinflußt. Dies hat letztendlich
Auswirkungen auf die politische Stabilität und
die nationale und internationale Sicherheit.

VII. Wie sich das HIV/AIDS-Problem in Zukunft entwickeln wird

Die Ausbreitung von HIV scheint weltweit unge-
bremst fortzuschreiten. Auch wenn dieser Eindruck global betrachtet berechtigt ist, so geben
doch viele Erfolgsgeschichten im kleinen auch
Anlaß zur Hoffnung. Von den soziokulturellen,
sozioökonomischen Faktoren und der Phase der
regionalen Epidemie hängt ab, welche AIDS-
Interventionen sinnvoll sind und Aussicht auf
Erfolg haben.
Eine Reihe von Interventionen konnte identifi-
ziert werden:
– Gesundheitserziehungsprogramme
– Betreuung von Infizierten/Erkrankten (coun-
selling, care) und Begleitung von Sterbenden
– Programme zur Stärkung der Stellung der Frau
– Kontrolle von opportunistischen Infektionen,
insbesondere der Tuberkulose
– Kontrolle von anderen Geschlechtskrankheiten
– HIV-Test-Programme zur Sicherung von Blut-
transfusionen
– Programme zur Linderung der Folgen von
AIDS für Familien (Waisenprogramme, Rechts-
hilfe, Einkommenssicherungsprogramme für
betroffene Familien)
– Erziehung zu verantwortlichem Sexualverhal-
ten und Bereitstellung von Kondomen

– Menschenrechtsprogramme, Advocacy Strategien zur Vermittlung positiver Wertvorstel-
lungen (anstelle von Angst erzeugenden Bot-
schaften) sowie die Vermittlung von wahrer,
umfassender und realistischer Information, welche die Möglichkeit zur eigenen Entscheidung
eröffnet, haben sich als wichtige Strategien im
IEC-Bereich erwiesen. Wesentliche methodische
Ansätze im AIDS-Bereich sind: Aktivitäten, welche positive Emotionen im Hinblick auf Infizierte auslösen, zielgruppenorientierte Programme
insbesondere für Jugendliche, »peer«-Gruppen-
arbeit, Training von Trainern und AIDS-Arbeit in
kleinen Gruppen (Seminare, Workshops).
Bei den dargestellten Interventionen zeichnen
sich Trends ab. Durch angepaßte Lernmethoden
wird eine frühzeitige Sexualerziehung, die vor
der sexuellen Aktivität beginnt, noch effektiver
und trägt dazu bei, Risikoverhalten vorzubeugen.
Der Bedarf an »Care« wird weltweit ungeheuer
ansteigen. Zur Jahrtausendwende ist mit mehr
als zwei Millionen neuen AIDS-Fällen pro Jahr zu
rechnen. Eine Strategie, um bestehende Dienste
zu entlasten und ihr Funktionieren zu sichern,
ist »home-based care«. Es werden Wege gesucht,
die Kosten für diese aufwendige Intervention bei
gleichbleibender Qualität der Versorgung zu sen-
ken. Man hat z.B. in Sambia die Kosteneffekti-
vität von professionellen Gesundheitsarbeitern
und Laienhelfern untersucht. Auch wenn eine
endgültige Bewertung noch nicht vorliegt, so
zeichnet sich ab, daß Laienhelfer in dieser spezifischen Rolle durchaus eine Alternative zu professionellen Diensten darstellen.
AIDS-Arbeit wird zunehmend mehr über Interventionen gegen Risikoverhalten hinausgehen
und Ursachen für ein solches Verhalten ange-
hen. In diesem Zusammenhang kommt den
Menschenrechts- und Entwicklungsfragen eine
wachsende Bedeutung zu.

VIII. AIDS ein weltweites Gerechtigkeitsproblem

HIV/AIDS ist nicht zuletzt ein Prüfstein von
Gerechtigkeit und Frieden in der Welt.

Von 1,5 Milliarden US$, die derzeit pro Jahr in
der Welt für die AIDS-Prävention aufgewendet
werden, stehen den Entwicklungsländern weniger als 200 Millionen US$ zur Verfügung. Die
Pro-Kopf-Ausgaben variierten 1990 von $ 2,71 in
Nordamerika und $ 1,18 in Europa bis zu $ 0,07
in Afrika und $ 0,03 in Lateinamerika. Ein ähnli-
ches Ungleichgewicht besteht auch hinsichtlich
der Aufwendungen für die Betreuung und
Behandlung von AIDS-Patienten. Während die
Industriestaaten nach Angaben der Weltbank
1992 ca. 4,7 Milliarden US$ aufwendeten, belie-
fen sich die Ausgaben der Entwicklungsländer
auf nur 340 Millionen US$. Der jahresdurch-
schnittliche Ressourcentransfer der Industriestaaten für die AIDS-Bekämpfung in den Entwicklungsländern wird für die letzten Jahre auf
nicht mehr als 140 Millionen US$ (ca. 0,23% der
gesamten öffentlichen Entwicklungsfinanzie-
rung) veranschlagt. Somit fehlen gerade dort die
Mittel, wo die Bedrohung durch HIV/AIDS am
größten ist.

Die Schere zwischen den notwendigen und den
weltweit zur Verfügung stehenden Ressourcen
zur HIV/AIDS-Arbeit wird in Zukunft größer werden. Die knapper werdenden Finanzmittel in der
Entwicklungsarbeit müssen deshalb effizienter
eingesetzt werden. Es gibt noch viel zu viele Dop-
pelungen und Konkurrenz zwischen den staatlichen und nicht-staatlichen Organisationen. Es
wird zu einer besseren Koordination und Auftei-
lung von Verantwortung kommen müssen.

HIV und AIDS sind in ihrer globalen Perspektive
ein Gerechtigkeitsproblem.

Sie werden die Menschheit nicht ausrotten. Aber
sie stellen eine der größten Herausforderungen
der Menschheit dar, für eine weltweite Entwicklung und Stabilität einzutreten.

Anmerkungen

1. HIV – Humanes Immunschwäche Virus, AIDS – Acquired
Immune Deficiency Syndrome = Syndrom der erworbenen
Immunschwäche
2. STD = Sexually Transmitted Disease. Mit dem Begriff
›Geschlechtskrankheiten‹ werden Infektionskrankheiten wie
Syphilis, Gonnorrhoe oder Schanker bezeichnet. Der Begriff
ist aber ungenau, da diese Erkrankungen nicht nur
Geschlechtsorgane, sondern den gesamten Organismus
betreffen können; außerdem hat sich das Spektrum der Erreger, die u.a. durch Geschlechtsverkehr übertragen werden,
erheblich erweitert.

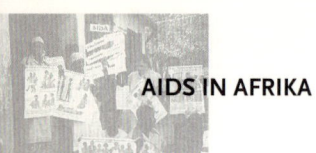
Als ich Anfang 1995 gefragt wurde, ob ich nicht Interesse hätte, einen Beitrag zu dem vorliegenden Katalog zu schreiben, war der Hintergrund dafür ein damals gerade abgeschlossener Aufsatz über die Inkorporation von AIDS in die rituellen Aufführungen eines Maskenbundes in der Zentralprovinz von Malawi.[1] Wiewohl es mich reizte, an dem Projekt mitzuwirken, zögerte ich zuzusagen, war ich doch selbst nicht sicher, inwieweit ich angesichts der Vorbereitungen für eine erneute, längere Reise nach Malawi Zeit dafür finden würde und ob ich, über das bereits Geschriebene hinaus, wirklich etwas Neues zu sagen hätte. So beließ ich es denn bei einer vagen Zusage und wartete ab. Im April dann, wenige Wochen vor meiner Abreise, erhielt ich einen Brief von einem malawischen Freund, in dem dieser mir – neben vielen andern Dingen – mitteilte, daß gegenwärtig tausende Menschen in den Süden des Landes reisen würden, um »mchape« zu trinken. Obgleich mir der Begriff »mchape« aus der ethnographischen Literatur bekannt war – historisch bezeichnet er eine Anti-Hexerei-Bewegung, die zu Beginn der 30er Jahre dieses Jahrhunderts über weite Teile Zentral- und Südostafrikas hinwegfegte – war mir der Sinn des Ganzen im heutigen Kontext Malawis schleierhaft. In dem Brief, den ich vor mir hatte, waren die Gründe für das Trinken von »mchape« nicht erwähnt, außer daß es etwas mit AIDS zu tun habe. Ich entschied mich, bei meiner Ankunft der Sache nachzugehen, und konzentrierte mich einstweilen auf andere, dringlichere Sachen.

Als ich im Mai, einen Monat später, schließlich in Malawi eintraf, brauchte ich nicht lange, um eine Ahnung von dem ganzen Ausmaß von »mchape« zu bekommen. Durch die Seiten einer Zeitung blätternd, die ich am Tag nach meiner Ankunft gekauft hatte, stieß ich auf eine ganzseitige Pressemitteilung des nationalen AIDS-Sekretariats. Unter der Überschrift »Press Statement on Herbal Cure for AIDS and Scientific Research on mchape in Machinga« informierte der Direk-

tor des Amts die malawische Öffentlichkeit über die fruchtlosen Bemühungen seiner Behörde, zu einer Kooperation mit einem bestimmten Heiler aus dem Süden des Landes zu kommen, der behauptet hatte, ein Mittel gegen AIDS mit dem Namen »mchape« gefunden zu haben. Die Mitteilung warnte die Bevölkerung, daß »according to current scientific knowledge there is no known cure for AIDS and no vaccine for the prevention of HIV infection. This includes both western and traditional herbal medicines. The public is therefore asked to continue to take the necessary measures to prevent themselves from becoming infected by and infecting others with the AIDS virus. This can be done either by abstaining from sex, by having one mutually faithful and uninfected partner or by consistently and correctly using good quality condoms, since sexual intercourse is the major route by which the AIDS virus is transmitted from person to person.«[2] Im folgenden berichte ich über die Hintergründe, die zu dieser Mitteilung geführt haben, und versuche, eine Erklärung für die außerordentliche Dynamik zu geben, die der Kult um »mchape« innerhalb der malawischen Bevölkerung in den ersten vier bis fünf Monaten dieses Jahres ausgelöst hat. Selbst erst kürzlich aus Malawi zurückgekommen, müssen meine diesbezüglichen Reflexionen begrenzt sein. Zu kurz ist die Zeit, zu vielfältig die Geschehnisse, um dem Facettenreichtum des Kultes in seiner ganzen Breite und gesellschaftlichen Bedeutung gerecht zu werden. Ein erster Versuch also, vorläufig und begrenzt, gleichwohl einer, dessen Richtung weiterzuverfolgen ist.

Peter Probst

Die Moral von »Mchape«

Malawi 1995:
Erinnerung, Kult und Krise
im Zeichen von AIDS

I. Der Kult und seine Akteure

Der Name, den der Leser im folgenden immer wieder erwähnt finden wird, ist Billy Goodson Chisupe. Es ist der Name des Heilers, auf den »mchape« zurückgeht und der bis heute über »mchape« wacht.

Eine der ersten Personen, die ich zu Chisupe und »mchape« befragte, war ein Freund und ehemaliger Forschungsassistent von mir, der heute als Lehrer in einer Sekundarschule in Namitete nahe der Grenze zu Zambia, ca. 350 km von Chisupes Dorf entfernt, arbeitet. Er erzählte mir, daß er Ende März zu Chisupe gefahren sei, zusammen mit den anderen Lehrern aus seiner Schule. Früh am Morgen, noch vor Sonnenaufgang, hätten sie alle die Ladefläche eines LKW bestiegen und seien nach vier Stunden Fahrt gegen acht Uhr bei Chisupe angekommen. Im Dorf selbst hätte jeder von ihnen von der Mixtur getrunken, die von den Helfern Chisupes aus einem großen Faß ausgehändigt worden sei. Chisupe selbst hätten sie nicht zu Gesicht bekommen, und auch sei der Schankplatz zu dieser Zeit noch leer gewesen. Bereits auf der Fahrt von Chisupes Dorf zurück zur Hauptstraße seien ihnen jedoch Dutzende von Fahrzeugen entgegengekommen, PKWs, Lastwagen, Pick-ups, Fahrräder, Ochsenkarren, die einen regel-

Besucher beim Trinken von »mchape« und Zelte für HIV-Infizierte in Chikamana, in: »Quest. Malawi's International Magazine«, 1/XI 1995, S. 20, 21

rechten Verkehrsstau auf der kleinen Buschpiste verursacht hätten. Jedes der Gefährte sei angefüllt mit Menschen gewesen, die ebenfalls zu Chisupe unterwegs waren, um »mchape« zu trinken. In der Tat habe am nächsten Tag auch das Hilfspersonal der Schule – Köche, Reinigungskräfte, Nachtwächter etc. – den LKW bestiegen und sei gleichfalls nach Liwonde gefahren. Während dieser zwei Tage sei die Schule geschlossen gewesen, der Unterricht für die Schüler sei ausgefallen. Die Schulbehörden habe man vorher informiert, und diese seien es auch gewesen, die für die Miete des LKW und die Benzinkosten aufgekommen seien. Später hörte ich ähnliche Berichte mehr oder minder gleichen Inhalts. Sie alle dokumentierten die enorme Attraktion und Faszination, die Chisupe während der Monate Februar bis April 1995 auf die malawische Öffentlichkeit ausgeübt hatte. Die zahlreichen Artikel, auf die ich stieß, und die Vielzahl der Leute, mit denen ich sprach, ergaben dabei folgende Chronologie der Ereignisse:

Enthusiasts help themselves from Chisupe's concoction served in drums

Some of the six tents housing patients in the village

With friends

TRADITION ASSERTING ITSELF?

MCHAPE

Parallel to the Shire River, immediately past the Police check point at Liwonde, nine kilometres due West, one comes to a village that has become a focal point in all Malawi. Chikamana Village is the home of Billy Godson Chisupe, a humble herbalist whose encounter with the spriitual world in Ocober of last year has made him so famous he has visitors from as far as South Africa, Zimbabwe, as well as Zambia, just to consult with him over their various 'various ailments.

'tion' from the spirits of his ancestors, sometime last year in September or thereabouts.

Spirits spoke to him in a vision or trance, and pointed out to him a tree whose bark, when pound to pulp and soaked in water and drunk, would heal any ailment.

This is routine to any herbalist. In fact many claim they become herbalists after a 'call' from their ancestors to take up the mission of helping others.

The question then is how has Chisupe assumed such importance over a typical job?

It definitely is not out of

will heal any human ailment, as indicated by the spirits, and people have translated this to mean literally any ailment including the incurable AIDS.

This latter view has subjected Chisupe to controversy he had not been prepared for short of being indicted for sabotaging this country's anti-AID programme. What about those who partake of the concocti what are they being treated f

"Anything. If I have I hope its gets destroyed a the way. It is simply my that the spirits will destr which seeks to destroy has been the general re

Since there is no

enced

cause
wat
con
pea
co
tr

chase these, take a dip from the drum and guzzle down the stuff. Nobody looks at nobody. It is accepted as the norm.

Some Portuguese young men and their lady friends queued and partook in the rite and no one winced. Tradition had triumphed and had phased out racial barriers, and even challenged civilization. But this was a realm of the minds. There was no question of debate as to why anyone was found at Chikamana.

There has been talk of the man becoming rich. He wouldn't even know what to do with the money.

Partakers drop coins into a lid as a token of their appreciation. The money is used in many ways. There are hospitalised patients there, who share some 6 tents put up by Red Cross and Christian Council. Some of the patients die, alone. This poses further problems.

The influx has subsided somewhat, mainly because many people have already been there the past three months, where one could count over 15,000 on a single afternoon.

looking for itself. Where civilization feels it has no answers, now one knows there will always be tradition to fall back to, at least for collective sympathy.

The concept of Mchape goes back many years. Herbalists always have come up with either a laxative to cleanse one up, or a multi-purpose drug, usually a painkiller for headaches, tummy aches, back ache, muscle pain, and so forth. Many cultures in the third world practice traditional medicine which focuses on herbs.

That Chisupe has had impact today, is a reflection of the desire by man to find an alternative, a consolation, and a collective sympathy of his frailty.

Bis zum Abend des 22. August 1994 war Billy Goodson Chisupe, ein alter Mann von Ende Siebzig, seinen Nachbarn im Dorf Chikamana unweit Liwonde im Machinga-Distrikt nur als einfacher Bauer bekannt. Zeit seines Lebens hatte er nie als Herbalist oder traditioneller Arzt von sich reden gemacht. In dieser Nacht im August jedoch erhielt Chisupe Besuch von seinen Ahnen. Im Traum erschienen ihm zwei schwarz gekleidete Gestalten, von denen er eine als seinen Großvater erkannte, und forderten ihn auf, mit ihnen in den Busch zu kommen. Dort zeigten sie ihm einen bestimmten Baum. Sie hießen ihn, die Rinde des Baumes abzuschaben, die Stücke in Wasser zu tauchen und die Mixtur zu trinken. Dabei versicherten sie ihm, daß jeder, der fortan die Mixtur trinke, von AIDS geheilt sein werde. Als Chisupe am nächsten Morgen erwachte, mißtraute er zuerst seinen nächtlichen Erlebnissen. Zögernd ging er in den Wald und suchte nach dem Baum, der ihm gezeigt worden war. Für einige Zeit suchte er nach den hellen Stellen, die das Einritzen der Baumrinde hinterlassen hatte, als er plötzlich den Baum fand und diesen eindeutig als jenen identifizierte, den ihm die Ahnen in der Nacht zuvor gezeigt hatten. Den Fund als Beleg für die Richtigkeit seiner Vision deutend, ging er nach Hause und vollzog das traditionelle Trankopfer an die Ahnen. Er bat sie, ihm noch einmal zu erscheinen und ihm nähere Anweisungen für die Einnahme und das Verabreichen der Medizin zu geben. Die beiden Männer erschienen erneut und unterwiesen ihn hinsichtlich der genauen Dosierung der Mixtur. Des weiteren betonten sie, daß die Medizin allein in Chisupes Dorf auszugeben sei. Unter keinen Umständen dürfe der Trank nach draußen, außerhalb des Dorfes, getragen werden, um ihn dort auszugeben.

Die ersten Monate nach diesem Ereignis blieb das Wissen um die Vision Chisupes auf die Gegend um Liwonde, die nächstgrößere, ca. 10 km von Chikamana entfernte Stadt, begrenzt. Von Januar an verbreitete sich die Kunde von »mchape« und dem Liwonde-Heiler rasch im ganzen Land. Maßgeblichen Anteil daran hatte ein längeres, im Februar 1995 geführtes Inter-

view mit Chisupe im »Morning Basket«, einer populären Sendung im malawischen Rundfunk. Binnen weniger Tage wurde »mchape« nun zum nationalen Phänomen. Aus dem ganzen Land reisten tausende von Menschen zu Chisupe, um »mchape« zu trinken. Gleichzeitig mit dieser räumlichen Ausbreitung der Nachricht von »mchape« verblich dabei die wichtige Einschränkung, daß die Medizin nur gegen AIDS gerichtet sei. Viele, die kamen, glaubten oder hofften zumindest, daß der Trank nicht nur AIDS, sondern alle Leiden kurieren könne. Von Ende Februar bis Mitte April 1995 fuhren so schätzungsweise rund 3.000 Menschen täglich nach Chikamana, um Chisupes »mchape« zu trinken. Die Zahl der Personen, die von August 1994 bis Mai 1995 nach Liwonde reisten, beläuft sich insgesamt auf ca. 250.000 bis 300.000. Gemessen an der Gesamtbevölkerung Malawis mit ca. zehn Millionen Einwohnern bedeutet das, daß seither knapp 5 % aller erwachsenen Personen »mchape« getrunken haben.[3]

Chisupes Klientel umfaßte vor diesem Hintergrund praktisch alle Teile der malawischen Gesellschaft, einfache Bauern und Plantagenarbeiter, LKW-Fahrer und Sexarbeiterinnen, reiche Geschäftsleute und Beamte, Kirchenfunktionäre und sogar hochrangige Politiker. Die meisten dieser Personen stammten aus dem urbanen Malawi, was bedeutet, daß die Zahl der Personen, die nach Liwonde fuhren, ca. 15 % der städtischen Bevölkerung ausmachte. Der Grund für diesen urbanen Fokus ist freilich nicht allein in dem Umstand begründet, daß es vor allem dieser Personenkreis ist, der über die nötigen Transport- und Reisemittel verfügt. Vielmehr handelt es sich bei ihm um jene Bevölkerungsgruppe, die gegenwärtig am meisten von HIV betroffen ist, d.h. erwachsene, in den Städten lebende Männer und Frauen zwischen 20 und 49 Jahren. Bei dieser tagtäglich im Dorf eintreffenden Menge von Leuten, von denen viele, zu schwach, um wieder nach Hause zu fahren, auf dem Gelände lagern und kampieren mußten, konnten Probleme nicht ausbleiben. Auf seiten der Gesundheitsbehörden wurden die hygienischen Verhältnisse an der Ausgabestelle daher bald zur größten, unmittelbarsten Sorge. Den Ausbruch von Typhus, Diphterie und anderen Epidemien fürchtend, entschied man sich daher im März zur Bereitstellung von Latrinen und Wasserversorgung. Sogar Chisupe selbst begann diese Entwicklung zu fürchten. Erbost fragte er das Publikum: »Why do you come here? Are you all AIDS victims? Let me remind you that the bible says: we should not commit adultery. Some of you are just coming here for fun; you want to drink ›mchape‹ and then go back to your old ways. If you are not going to change your ways, do not expect to be healed.«[4]

Es ist in diesem Zusammenhang bemerkenswert, daß Chisupe selbst nie irgendeine mystische oder magische Theorie für die Ursache und die Verbreitung von AIDS formuliert hat. Stattdessen übernahm er vielmehr die biomedizinische Sichtweise, wie sie von den staatlichen Gesundheitsbehörden vertreten wird, und betonte – zumindest bis März 1995 – immer wieder, daß alle seine Klienten, die anfangs HIV-positiv waren, sich auch nach dem Trinken von »mchape« einem weiteren Test unterziehen sollten, um ihren Zustand erneut überprüfen zu lassen. Des weiteren gab es anfänglich auch Versuche der Kooperation zwischen Chisupe und dem nationalen AIDS-Kontrollprogramm in Malawi. Besorgt über die mögliche Ausbreitung des Virus aufgrund des allgemeinen Sturms hin zu Chisupe, warnte das nationale AIDS-Sekretariat in großseitigen Pressemitteilungen, daß bislang noch kein wirkungsvolles Mittel gegen AIDS gefunden sei, und daß auch »mchape« erst noch einer genauen wissenschaftlichen Überprüfung bedürfe. Es war dies ein Hinweis, dem sich ursprünglich auch Chisupe nicht widersetzte. Kommunikationsprobleme jedoch, der Mangel an einer gemeinsamen Interventionsstrategie und Kompetenzkonflikte zwischen den verschiedenen mit der Sache befaßten Behörden führten zu zahllosen Mißverständnissen und gegenseitigen Anschuldigungen, die schließlich in der eingangs erwähnten Mitteilung mündeten, daß Chisupe die Bereitstellung von »mchape« zur wissenschaftlichen Untersuchung verweigert habe, man aber demnächst die Ergebnisse der Tests

bekannt geben werde, die man mit HIV-positiven Freiwilligen gemacht habe, die Chisupe aufgesucht hatten. In dieser Sache werde man eine Pressekonferenz einberaumen, zu der auch Chisupe eingeladen werde. Letzterer indes schlug die Einladung aus und verwies auf seine Ahnen, die ihm eine Teilnahme verweigert hätten. Darüber hinaus erneuerte er seinen Vorwurf, daß die Leute vom AIDS-Sekretariat gar kein Interesse an seiner Medizin haben könnten, würden sie sich doch durch das Einräumen der Wirksamkeit seines Mittels selbst um ihre hochbezahlten Posten bringen. Dies war der Stand der Dinge im Mai/Juni 1995. Als ich Mitte September Malawi verließ, waren die von dem AIDS-Sekretariat angekündigten Ergebnisse immer noch nicht bekannt gegeben, und Chisupe gab weiterhin »mchape« aus.

II. »Mchape« alt und neu

Es gibt in Malawi viele Heiler, die Mittel gegen AIDS vertreiben. Fast jeden Monat erhält das nationale AIDS-Sekretariat in Malawis Hauptstadt Lilongwe die Nachricht, daß irgendein Heiler im Land behauptet, ein neues Mittel gegen AIDS gefunden zu haben. Bislang jedoch hatte keine dieser Behauptungen solch einen Erfolg und solch eine öffentliche Wirkung wie die Nachricht von Billy Goodson Chisupe und »mchape«. Die Gründe dafür sind zahlreich. Da ist zum einen der Umstand, daß Chisupe keinen Profit mit »mchape« macht. Im Gegensatz zu den anderen, von mehr oder minder professionellen Heilern vertriebenen Präparaten, kostet »mchape« nichts. Wer zahlt, zahlt freiwillig und auch dies nur bis zu einer bestimmten Höhe. Geldgaben sind lediglich ein Ausdruck des Dankes und des Respekts. Ein anderer Faktor in der Erklärung von Chisupes ›Erfolg‹ ist seine besondere Biographie, derzufolge Chisupe bis zu seiner Vision im August 1994 nie als Heiler gearbeitet hat. Religionssoziologisch ein wichtiger Befund, gründet doch beides, der Verzicht auf Geld und Chisupes Vision, auf der Autorität der Ahnengeister, welche wiederum Chisupes Cha-

323

Straßenhinweisschild auf eine Beratungsstelle der »Lilongwe AIDS Counselling and Education«. Malawi 1995

Straßenhinweisschild auf die Praxis eines Traditional Doctor. Likuni/Malawi 1995

TDr. (Traditional Doctor) Yohane. Anbieter des AIDS-Prophylaktikums und -Therapeutikums »Domingo Drug«. Malawi 1995 (vgl. 5/24)

risma und seine besondere Rolle als moderner Prophet legitimiert. Gleichwohl, der wichtigste Faktor und, wie ich glaube, der eigentliche Schlüssel zum Verständnis von »mchape« liegt in dem Wort »mchape« selbst.

Der Begriff »mchape« bezeichnet eine bestimmte, in der Erinnerung vieler noch überaus präsente Episode innerhalb der jüngeren malawischen Geschichte. Gemeint ist das Wissen um eine Anti-Hexerei-Bewegung, die zu Beginn der 30er Jahre dieses Jahrhunderts über ganz Nyasaland, wie der alte englische Kolonialname für Malawi lautete, hinwegfegte und weit hinein in die angrenzenden Gebiete des damaligen Kongo (heute Zaire) und Tanganyika (Tanzania) drang.[5]

Der Ursprung von »mchape« geht zurück auf das Jahr 1930. Das historische Zentrum war die Gegend um Mulanje im Süden Malawis. Den Kolonialakten zufolge soll zu dieser Zeit ein Dorfoberhaupt von einem Europäer im angrenzenden Mozambique eine Medizin für ein krankes Familienmitglied erworben haben, die in der Folge als »mchape« publik wurde. In der mythisch aufgeladenen Erinnerung an damals ist »mchape« jedoch verbunden mit einem Mann namens Kamwendo. Dieser Kamwendo, so will es der Mythos, soll nach seinem Tod eine Offenbarung gehabt haben, die ihn aus dem Grab auferstehen ließ. Nach zwei Tagen wieder zum Leben erwacht, war er fortan nicht nur gegen alle Gifte und heimtückischen Attacken der Feinde gewappnet, sondern brachte auch die Geheimnisse von »mchape« mit in die Welt der Lebenden. Die Nachrichten von dem Vorfall verbreiteten sich in Windeseile, und ebenso rasch stieg die Nachfrage nach »mchape«. Bald reichte die von Kamwendo ausgegebene Medizin nicht mehr aus, um den Bedarf zu decken, und es wurden Leute angeworben, die in der Gegend umherreisten und gegen eine Kommission »mchape« an die Bevölkerung in den Dörfern austeil-

ten. Ursprünglich also eine Kur für die Heilung eines Einzelnen wurde das Ausgeben und das Trinken von »mchape« binnen kurzem ein kommunales Ritual. Der Bezugspunkt war nicht mehr das Individuum, sondern die Gemeinschaft.

Entsprechend der Bedeutung des Chichewa- bzw. Chinyanjaverbs »kuchapa«, was soviel heißt wie ›reinigen‹ oder ›säubern‹, war das zentrale Konzept von »mchape« die Idee, das Dorf oder die Gemeinde vom Bösen, das in der Hexerei verkörpert war, moralisch zu reinigen, um im Anschluß daran ein Ritual der Versöhnung zu vollziehen. Ein Kolonialbericht aus dem Jahr 1932 ist in diesem Zusammenhang aufschlußreich und lohnt, ausführlich zitiert zu werden: »An interesting illustration of the general survival of primitive beliefs in spite of many years of close contact with government and mission is afforded by the widespread sale towards the end of the year of a conconction known as ›mchape‹. Its vendors claimed for it the power to cure all ills and to render the drinker immune to poison and witchcraft, alledging also that any witch who drank it without first destroying the utensils of his trade would surely die. Hundreds of horns, tails and other component parts and paraphernalia of the witch were surrendered voluntarily within a short period. The vendors claim that it will cure all ailments of the flesh, render persons immune from the evil effects of witchcraft, expel the demon from those already possessed, make thieves into honest men and in fact will supply the patient with all that is good and combat all that is harmful.«[6]

Die Art, wie die »mchape«-Verkäufer auftraten, war von Dorf zu Dorf unterschiedlich. So wurden in dem einen Fall die Dorfbewohner aufgefordert, sich zunächst auf dem Dorfplatz zu versammeln. Die Verkäufer standen in diesem Szenario mit dem Rücken zur Bevölkerung und schauten in einen Spiegel, der es ihnen ermöglichte, die Hexen in der Menge zu erkennen, ohne diese dabei allerdings namentlich zu nennen. In einem anderen Fall bestand die Technik zur Identifizierung von Hexen in der Begutachtung der magischen Instrumente, die man zuvor von der Bevölkerung auf dem Dorfplatz hatte zusammentragen lassen. Insgesamt jedoch endeten alle Formen gemeinhin in einem kommunalen Mahl von Maisbrei, dem man etwas von der »mchape«-Medizin hinzugefügt hatte. Jeder Bewohner des Dorfes, ob jung oder alt, ob Mann oder Frau, wurde ungeachtet seiner früheren Taten dazu aufgefordert, an dem Mahl teilzunehmen. Danach wurde das Dorf für gereinigt erklärt. Weiteres Unglück, so hieß es, wäre fortan unmöglich. Jede Hexe, die ihr teuflisches Geschäft weiterbetreibe, würde aufgrund der von ihr gegessenen Medizin augenblicklich sterben.

Was verblüfft, wenn man das historische Material aus und über die 30er Jahre liest, sind die offensichtlichen Parallelen zwischen »mchape« damals und »mchape« heute. Da ist zum Beispiel das nicht selten zu hörende Gerücht, wonach Chisupe bereits tot gewesen sein soll, als er seine Vision erfuhr, ohne Zweifel eine eindeutige Referenz an den alten Mythos von Kamwendo. Ferner ist auch in der gegenwärtigen Form von »mchape« die Idee der Reinigung und Versöh-

nung als Motiv zu erkennen. Dies betrifft nicht nur die Reinigung des eigenen Körpers von dem krankmachenden Virus und die Auseinandersetzung mit der Ahnung um die moralische Schuld, die die mögliche oder tatsächlich bereits erfolgte Infektion anderer impliziert und in dieser Weise das Bedürfnis nach Aussöhnung mit den Infizierten und deren Angehörigen evoziert. Die Tatsache, daß Chisupe wiederholt betonte, daß nach den ihm von seinen Ahnen mitgeteilten Regeln »mchape« nur bei ihm im Dorf und sonst nirgendwo getrunken werden dürfe, machte aus dem landesweiten Aufbruch nach Liwonde gleichfalls ein kommunales, alle sozialen Unterschiede nivellierendes Ritual, dieses Mal jedoch auf einer neuen räumlichen Ebene mit Chisupes Dorf Chikamana als Symbol für die malawische Gesellschaft insgesamt.[7] Schließlich ist beiden Formen das starke Bedürfnis unter der Bevölkerung gemein, »mchape« zu trinken und damit an der Wirkung der Medizin teilzuhaben. Der Direktor einer Versicherungsfirma in Lilongwe, der seinen Angestellten einen Tag freigegeben hatte, um zu Chisupe zu fahren, erzählte mir diesbezüglich, daß er es nicht gewagt habe, sich den Forderungen seines Personals zu widersetzen aus Furcht, sie könnten sich gegen ihn wenden. Die Äußerung ist beinah identisch mit der Bemerkung jenes Dorfoberhauptes, das Anfang der 30er Jahre gegenüber einem Kolonialbeamten klagte: »If I don't agree with my people about mchape they will say I am not a chief.«[8] Die Bemerkung dieses Chiefs scheint auch die Position der gegenwärtigen malawischen Regierung in ihrer Haltung zu »mchape« auszudrücken. 325

Obwohl das nationale AIDS-Sekretariat wieder-holt die malawische Öffentlichkeit informierte, daß die Wirksamkeit von Chisupes »mchape« bislang noch nicht wissenschaftlich bewiesen ist, wandte es sich nicht direkt und rundheraus gegen Chisupes Behauptungen von der Effizienz seiner Medizin. In der Tat war die offizielle Haltung ambivalent. Während man einerseits vor den möglichen Gefahren warnte, lieferte man andererseits Wasser und Latrinen, stellte den Beamten kostenlosen Transport und gab ihnen frei. Kein Zweifel, die Behörden befanden sich in einer delikaten Situation. Die Pflicht und die Überzeugung von der Notwendigkeit, modernen westlichen Standards von Public Health zu folgen, stand im Widerspruch zu der gleichzeitigen Prävalenz eigener, afrikanischer Ideen von Krankheit und Heilung.[9]

Betrachtet man die oben genannten Ähnlichkeiten und Parallelen, so scheint es, als sei »mchape« heute gleichsam eine moderne, zeitgemäße Form von »mchape« damals, eine Revitalisierung der alten moralischen Muster, in denen lediglich das alte Übel ›Hexerei‹ durch das neue Übel ›AIDS‹ ersetzt wurde. Allerdings gibt es auch nicht zu leugnende Unterschiede, die Bedenken gegen diese These aufkommen lassen. Ich will diesbezüglich hier nur drei Argumente nennen.

Zuerst das Generationsargument: Einer der wichtigsten Grundzüge der alten »mchape«-Bewegung ist der Umstand, daß sie hauptsächlich von jungen Männern getragen wurde. Diejenigen, die damals über die Dörfer zogen und »mchape« vertrieben, waren vor allem auf Grund der damaligen Weltwirtschaftskrise von der Arbeit in den südafrikanischen Minen und im sogenannten ›Kupfergürtel‹ heimkehrende junge Männer. Zurück im Dorf, sahen sie sich wieder mit eben jenen gerontokratischen Strukturen konfrontiert, derentwegen sie einst die Heimat verlassen hatten, um in der Ferne eine relative Unabhängigkeit zu suchen.[10] Was sich damals in und über »mchape« ausdrückte, waren also nicht zuletzt strukturelle, aus der spezifischen sozialen Organisation der lokalen Gesellschaften Malawis resultierende Konflikte zwischen Jung und Alt.

In »mchape« heute sind solche Konflikte nicht zu erkennen.

Zweitens das synkretistische Argument: Zwischen 1962 und 1965 zogen Wahrsager und Hexensucher durch Malawi, die ein ähnliches Mittel wie »mchape« aushändigten, diesmal jedoch »Fanta« genannt, ein Name, der von dem gleichnamigen populären amerikanischen Getränk entlehnt wurde, das Ende der 50er Jahre in Malawi eingeführt worden war.[11] Wie das Beispiel zeigt, können Namen wandern, können in neue Kontexte überführt und mit neuen Bedeutungen versehen werden, die mit der alten Semantik nichts mehr gemein haben.

Drittens das empirische Argument: Obwohl die meisten Leute, mit denen ich sprach, noch von der alten »mchape«-Bewegung aus den 30er Jahren wußten, fand ich niemand, der in der Lage, geschweige denn willens war, einen expliziten Zusammenhang zwischen »mchape« damals und »mchape« heute herzustellen. Der Name ist der gleiche, ja, aber darüber hinaus bestehen in den Augen der gegenwärtigen Akteure keinerlei Gemeinsamkeiten.

Gleichwohl bleibt zu fragen: Wie kommt es, wie ist es möglich, daß die Affäre um Chisupe solch eine landesweite Publizität gefunden hat, und was sind die Gründe dafür, daß die Medizin, die Chisupe von seinen Ahnen im Traum gezeigt wurde, ausgerechnet den Namen »mchape« bekam? Eine definitive Antwort darauf zu geben ist, denke ich, unmöglich. Zu unterschiedlich sind die Beweggründe und die moralischen Kalküle der Einzelnen, die zu Chisupe in den letzten Monaten gefahren sind und auch in diesen Tagen immer noch fahren. Gleichwohl handelt es sich bei »mchape« auch um ein gesellschaftliches Phänomen, das in dieser Weise eine soziologische, nach den allgemeinen, strukturellen Gründen fragende Interpretation nötig macht.

III. Erinnerung und Erwartung im Zeichen von AIDS

Als ich selbst Ende Juni dieses Jahres Chisupe besuchte, war der große Sturm bereits vorüber. Jedoch gab es immer noch Leute, die per Pick-up, Fahrrad oder dem eigenen Wagen die knapp 10 km Buschpiste von Liwonde zu Chisupes Dorf Chikamana zurücklegten, um von Chisupes Helfern aus einer der beiden großen Tonnen einen Schluck »mchape« ausgehändigt zu bekommen. Nach all den Geschichten, die ich über Chisupe gehört und gelesen hatte, erwartete ich einen vom Alter und dem Wirbel der letzten Monate deutlich gezeichneten Greis. Stattdessen fand ich einen hageren, mit wachen Augen blickenden Mann, dessen Vitalität und Energie traurig kontrastierte mit den Gestalten, die lethargisch vor den vom malawischen Roten Kreuz gestellten Zelten lagen, die nur ca. 300 Meter von Chisupes Hütte entfernt aufgestellt waren.

Ich besuchte Chisupe zweimal, am 23. und am 25. 6. 1995. Das erste Mal war das Treffen nur kurz. Ich war am nachmittag eingetroffen und fand Chisupe, als er gerade im Begriff war, nach Liwonde zu fahren, um Einkäufe zu tätigen. Wir verabredeten daher einen Termin für den folgenden Sonntag, früh um sieben Uhr morgens, noch vor seinem Gang zur Kirche. Mich interessierte vor allem seine Biographie. Ich wollte wissen, was für eine Geschichte hinter dem Mann steckt, der fast die gesamte malawische Öffentlichkeit über Monate hinweg so intensiv beschäftigt hatte. Zwar wußte ich um Chisupes Alter, dennoch erstaunte es mich zu hören, auf welch eindrucksvolle Weise die Person Chisupes die jüngere malawische Geschichte verkörperte. Geboren 1916 im Zomba-Distrikt, kannten seine Eltern noch John Chilembwe, den legendären Führer des sogenannten ›Chilembwe-Aufstands‹ von 1915, eine aufgrund des antikolonialen Charakters des Aufstands heroische Figur in der nationalen Geschichte Malawis.[12] In seiner Jugend war Chisupe Zeuge der alten »mchape«-Bewegung, in den späten 50ern sah er Malawis ersten Präsidenten Kamuzu Banda nach Malawi zurückkommen. 1964, im Jahr der Unabhängig-keit, war er gerade von Zomba in sein heutiges Dorf im Machinga-Disktrikt gezogen. 30 Jahre später, 1994, erlebte er hier die ersten freien und demokratischen Wahlen mit der Niederlage Bandas, dem Sieg von Malawis neuem Präsidenten Bakili Muluzi und der Ablösung der alten »Malawi Congress Party« durch die »United Democratic Front«.

Ich werde weiter unten noch auf diese historische Dimension eingehen. Vorerst jedoch gilt es, etwas anderes festzuhalten. Es betrifft dies das Datum des 22. Augusts 1994, jene Nacht also, in der Chisupe seine folgenreiche Vision hatte. Das Datum ist nicht ohne Bedeutung. Gerade zwei Wochen vorher nämlich hatten der malawische Rundfunk und nahezu alle malawischen Zeitungen ausführlich über den öffentlichen Marsch Präsident Muluzis durch die Straßen von Blantyre berichtet, eine medienwirksame Inszenierung von Muluzis Kampfansage an die lokale AIDS-Epidemie anläßlich der tags zuvor veröffentlichten neuesten Zahlen von HIV-Infizierten und AIDS-Toten in Malawi.

Des Lesens und Schreibens kundig und selbst ständig Zeitungen in seiner Hütte aufbewahrend, ist es möglich, daß Chisupe von diesen Ereignissen im August letzten Jahres gelesen oder gehört hatte. Möglich, aber nicht sicher. Was mittlerweile als sicher festgehalten werden kann, ist vielmehr der Umstand, daß Chisupe die ihm von den Ahnen gezeigte Medizin nie selbst als »mchape« bezeichnet hat. Noch vor dem Besuch bei Chisupe hatte ich viele Male meinen Gesprächspartnern just diese Frage gestellt. Obgleich die meisten von ihnen annahmen, daß der Name wohl von Chisupe selber kommen müsse, konnte dies letztlich doch niemand mit Bestimmtheit sagen. Als ich Ende Juni schließlich Chisupe gegenübersaß und ihn diesbezüglich ansprach, war seine Antwort ein klares und eindeutiges »bodza«, d.h. ›Lüge‹. Für ihn, so entrüstete er sich, sei die Mixtur immer nur »mankhwala«, ›Medizin‹, gewesen, er selber könne nicht verstehen, warum die Rede von »mchape« aufgekommen sei, bezeichne dies doch, wie ich wisse, etwas völlig anderes. Mit anderen Worten, die beiden Namen, unter denen

Daily Times

REGISTERED AT THE GPO AS A NEWSPAPER EST 1895

WEDNESDAY AUGUST 17, 1994　　　　BLANTYRE. MALAWI　　　　Price K2.00

NEW TURN FOR HERBS

MISLEADING ADVERTS ON RADIO

By Times Reporter

DISPENSATION of traditional medicines has now taken a new turn as herbalists are now in competition on the local radio advertising the various ailments they are able to heal.

Listening to the various advertisements one is left with the impression that, in spite of the world-wide claim that there is yet no known cure for Aids, the country's herbalists can at least cure Aids-related diseases, like shingles, tuberculosis, fever.....

The powerful messages these adverts give to the listeners have resulted in people adopting a careless attitude towards Aids as they go about indulging in unprotected sex with the belief that if they suffer from anyone of the Aids related diseases they will seek the able assistance of the herbalists.

Contacted for comment, a senior official at the Malawi Bureau of Standards said the adverts on the radio are misleading. He said it is not right to advertise any type of medicine which has not been scientifically tested and approved by relevant and competent authorities.

A herbalist, one of the many throughout the country, sorts out his roots as he waits for clients. Photo: Daily Times Library.

He said such drugs, although they may be effective in curing certain ailments, may contain toxic elements, which may have disastrous effects.

Professor Roma Khonje, controller of technical support services in the Ministry of Health said the issue on traditional medicines is quite complex.

He said the advertising of traditional medicines on the local radio is a "sensitive issue," adding that his ministry is considering to set up a committee that will liaise with MBC on radio advertising for traditional drugs.

The Controller said since the matter has legal implications, his ministry will have to involve other government ministries or departments, such as Justice, Sports and Culture.

He said although there are indeed many traditional drugs that can cure various ailments such drugs need to be standardised before human consumption.

Mr. Augustine Chikuni, scientific officer at National Herbarium, said radio adverts on traditional medicines are misleading and confusing. He said these drugs need to be tested and toxic elements removed before they can be advertised or consumed.

While admitting that Malawians cannot ignore the use and consumption of medicinal plants and herbs, he said there is need to set up a research unit on medicinal plants.

The National Herbarium is a botanical institution that looks at botany and its related matters. It is concerned with plant science, especially for indegenous plants.

The institution identifies plants to the public and it answers questions on distribution of plants and their genetic sources in Malawi and where they are found. It also has an economic botany section that looks at uses of plants, including traditional medicine, and also finds out for the public and the government the uses of plants.

Detention without trial continues

THE Foundation of Integrity Creation, Justice and Peace has said it has noted with concern that Malawi Police continue to violate the new constitution and the international conventions by detaining people without trial.

"Recent incidents of arrests have shown that people are not tried upon arrest but only dumped " says a press release issued by the foundation.

The foundatioon feels such a practice in the new Malawi is unacceptable, especially when the provisions for the police in the constitution on the administration of justice are very clear.

"We call upon the police to adhere to the Police Act-which expressly makes police officers subjects to Criminal Procedure and Evidence Code," adds the release.

The foundation further says keeping suspects in cells or prisons under the pretext of public security regulations or that they are under investigations must be directed by courts.

In the same vein, the foundation has requested government to release on bail all those detained for more than a month without trial for them to exercise their full rights in preparation for their defence.

The foundation has also deplored the practice of keeping many people in police cells or prisons without being charged by the courts and requested the High Courts to investigate the detentions and arrest of persons still in police or prison custody.

PMF TO STRIKE IF ....

By Times Reporter

MEMBERS of the Police Mobil Force (PMF) are planning to go on strike unless government looks into their grievances promptly, the *Daily Times* has learnt.

"If government does not act by August 31, we will go on strike," a source within the PMF threatened.

The source said the PMF feels discriminated against by the UDF government in that in the first place, the Home Affairs Minister has been to all regional police headquarters on his familiarisation tours, but, alleges the source, the minister has neglected the PMF division.

Another second factor that makes the PMF feel discriminated against, according to the source, is that while their general duty counterparts received K490 "working allowance" and additional K350 "duty allowance," during the presidential and parliamentary elections, they themselves received absolutely nothing for the work they did during the same period.

"How do we differ," wondered the source, adding "we were developed all over the country that time.

The source said so far PMF staff proceeding on leave have not yet been given their holiday grants.

"We would like the minister to investigate these problems before we turn up the tables," concluded the source.

THE NATION

Freedom of expression the birthright of all.

Vol. 2 No. 23 — Wednesday 10 August 1994 — Price K2.00

Promoting awareness: President Muluzi leads a large crowd of marchers against Aids in Blantyre yesterday.

Tobacco prices tumbling

by Raphael Tenthani

Malawi's biggest forex earner is fetching lower prices on the local market because of poor quality, over-supply, and the decision of our customers abroad to kick the smoking habit.

Tobacco Control Commission general manager Evans Chipala told *The Nation* on Monday that most local growers lacked proper inputs and know-how, and as a result were producing low quality leaf. Everybody wanted to grow tobacco, but the crop required special skills, proper inputs and proper handling facilities, he said.

"The craze for tobacco growing was when the government urged more people to grow the crop. Some farmers have been saying the government forced them to grow tobacco, but this was a misunderstanding," said Chipala.

Apart from poor quality, other factors also contributed to the low prices at the auction floor. The idea of buying the crop in US dollars made many potential buyers cautious, according to Chipala.

"In the past a buyer could borrow money from the commercial banks and return it in reasonable time. Nowadays one has to find one's own dollars, and some of the buyers find it risky to spend those hard hours to find dollars on low quality tobacco," he said.

Chipala however sounded optimistic, saying in spite of the low prices the prospects for Malawi tobacco on the world market were still good.

He said following recent legislation in the US, the world's largest user, to control importation of the crop, many countries had shown interest in Malawi tobacco.

"Turkey is much interested to switch to Malawi burley. This however will not necessarily make auction floor prices go up because there is an oversupply of the crop and there is a global anti-smoking campaign," Chipala said.

Bakili marches against killer

Six Malawians are killed by Aids every hour. Muluzi makes history by making a symbolic gesture.

by Gracian Tukula

Malawians should talk less politics and instead give more prominence to the Aids scourge, State President Bakili Muluzi said yesterday.

Speaking at Blantyre Old Town Hall after leading a big crowd of Malawians in a 35-minute big walk aimed at promoting greater awareness of the Aids crisis, President Muluzi said if politicians and journalists had nothing to say or write about, they should just talk about Aids.

"If we want politics let us wait for 1999," he said. "This time the country should brace itself to meet its challenging problems of land, population, environment and the Aids epidemic."

He said his participation in the Big Walk was to accept publicly before the nation and the international community that Aids is a very big problem in Malawi and that his government was committed to working hard in the fight against the disease. The onus was upon each and every Malawian, he noted.

"We cannot afford to be complacent in the face of such a serious disease and we must all come together to confront this serious epidemic," he said.

Noting that the main mode of HIV infection was through sex, the President urged Malawians to avoid high-risk sexual behaviour. People who drink in public places should avoid getting so drunk as to lose their heads and get involved in illicit sex, he advised.

Aids Control Program statistics say that there are presently about 33,000 cases of full-blown Aids and between 800,000 and 950,000 HIV-positive cases in the country. It is also said that six Malawians die from Aids and seven others contract the disease every hour.

This was the first time the scourge has received so much seriousness from the leadership of the country. Other participants in the walk included cabinet ministers, senior UDF leaders, public and private sector leaders and other political leaders including CSR Chairman Kanyama Chiume and MDP's Publicity Secretary Unandi Banda all clad in their casual attire.

Speaking at press conference held at Ryalls Hotel after the walk, Health and Environmental Affairs Minister George Mtafu reiterated that the government is determined to translate the political will into realistic programmes to fight Aids.

(COMMENT: p3)

Sentenced for harbouring thieves

Henry Chirambo and Vuto Nkhwazi

Seven girls were sentenced to one month imprisonment with hard labour or a fine of K80 each on charges of harbouring thieves in their rooms at Katowovera Rest House.

It was heard at Mzuzu magistrate's court that there had been a spate of car thefts in the city of Mzuzu and that the suspects were believed to be Tanzanians who were said to have been staying with the girls until the last reported car theft on July 7.

Charged were: Christina Mkandawire, Tabu Chisiza, Alesi Ndovi, Towera Nyirenda, Mirriam Austin, Mary Mwangonde and Oliver Segula. All pleaded guilty.

Principal resident magistrate M.C.C. Mkandawire said the act of keeping thieves in hiding was a serious offence contrary to the laws of Malawi, citing Section 146 of the Penal Code.

Chisupes Mixtur in der Öffentlichkeit bekannt wurden, »madzi a moyo«, wörtlich ›Lebenswasser‹, bzw. populärer »mchape«, stammten also nicht von Chisupe, sondern kamen aus der malawischen Bevölkerung.

Was mag dies heißen? Zur Klärung der Frage ist es hilfreich, einen Blick auf das gegenwärtige Ausmaß der AIDS-Epidemie in Malawi zu werfen. Den offiziellen Daten zufolge beträgt die Zahl der von dem HI-Virus infizierten Personen schätzungsweise rund 800.000, umgerechnet ca. 12 % der sexuell aktiven Bevölkerung Malawis. Unter der städtischen Bevölkerung beträgt die Quote der HIV-Seroprävalenz gar bis zu 30 %.

Seite 328: **5/23**
»New turn for herbs«.
Zeitung, Malawi August 1994

Seite 329: **5/22**
»Bakali marches against killer«.
Zeitung, Malawi August 1994

Seite 331: **5/19 a**
»AIDS can be transmitted even through Bush Sex«.
Poster, Malawi 1992/94

Für einen Großteil der malawischen Bevölkerung ist AIDS somit zu einer tödlichen Gefahr geworden. Tatsächlich ist AIDS mittlerweile zur Haupttodesursache unter der Gruppe der 20 bis 49jährigen geworden, dieselbe Altersgruppe, die sich während der letzten Monate vornehmlich auf den Weg zu Chisupe gemacht hat. Und doch ist das offene Reden über die Krankheit, das Bekennen, daß eigene Familienangehörige oder gar man selbst an der Krankheit leidet, noch immer ein Tabu. Das Thema AIDS bringt etwas ans Tageslicht, was gemeinhin verborgen gehalten wird, soll heißen, das eigene Geschlechtsleben, den eigenen Umgang mit Sexualität. Dies betrifft nicht nur die ländlichen Regionen, das gleiche gilt auch und vor allem für den städtischen Raum. Die Mehrheit hier gehört der protestantischen oder der katholischen Kirche an, deren Diskurs über AIDS stark von christlichen Moralkonzepten geprägt ist. In den Kneipen, auf kirchlichen Versammlungen oder auch im Bus oder im Taxi hört man nicht selten, AIDS sei eine Strafe Gottes, eine Folge von Ehebruch und sündigem Verhalten oder eine Lektion, daß mit Gott nicht zu konkurrieren ist.[13]

Ohne Zweifel, unter den vielen Dimensionen, die die Krankheit besitzt, ist AIDS auch ein zentrales moralisches Problem.[14] Aufgrund des intimen zwischenmenschlichen Charakters der Krankheit berührt sie das soziale Gefüge in seinem Kern; es geht um aufrichtiges und unaufrichtiges Verhalten, um Vertrauen und Scham, um Solidarität und Ausgrenzung, mithin um Themen aus dem Spektrum der Moral, des Regelkatalogs gesellschaftlichen Zusammenlebens. Die moralische Erfahrung von Krankheit allgemein und die moralischen Urteile, die vor diesem Hintergrund über AIDS im besonderen gefällt werden, basieren dabei nicht selten auf der ästhetischen Qualität der Seuche. AIDS-Kranke unterscheiden sich deutlich sichtbar von der Mehrheit der Gesunden. Mit ihrem erschreckenden Gewichtsverlust, dem Verlust der Haare, dem Hervortreten der Knochen, den eingefallenen Gesichtern, der Veränderung der Hautfarbe zeigen ihre Körper eindeutige Anzeichen des Verfalls. Diese ästhetische Qualität von AIDS transformiert die Furcht, infiziert zu werden, in einen unmittelbar sinnlichen Bereich, in dem nicht mehr die Sprache, sondern die Imagination, das Denken in Bildern den Umgang mit der Krankheit beherrscht. Es ist nicht zuletzt eben diese Bildmächtigkeit der Seuche, die, so meine ich, die Brücke zur Vergangenheit und damit zu den 30er Jahren und dem Aufkommen der Rede von »mchape« bildet.

Aus den Studien der Sozialhistoriker wissen wir, wie häufig sich in Krisenzeiten das Wissen um die Vergangenheit aus der Leidenschaft und Intensität der Verstrickung in gegenwärtige Krisen speist.[15] Relevante, gleichwohl über lange Zeit stumm gebliebene Geschehnisse von früher erscheinen mit einem Mal an der Oberfläche des sozialen Gedächtnisses und artikulieren sich mit teilweise ungewöhnlicher Vehemenz im allgemeinen gesellschaftlichen Diskurs. Erinnerungen werden wach, ein Prozeß, der, wie uns die Etymologie des Wortes lehrt, nicht nur ein rückwärtsgewandtes, bildhaftes Sichinnerlichmachen, ein Insichgehen bedeutet, sondern, in Abgrenzung zum Vergessen, auch ein fortschreitendes Mahnen, ein Appellieren an die Zukunft. Erinnerung und Erwartung erscheinen dergestalt als zusammengehörig und lassen damit der Erinnerung eine politisch-utopische Qualität

zukommen, entsprechend der philosophischen Rede, wonach nur das erinnert wird, was noch nicht fertig geworden ist.[16]

Besonders deutlich zeigt sich dieser subtil messianische Charakter von Erinnerung im doppelten Kontext von Krankheit als moralischer Erfahrung einerseits und den – auch durch die Demokratisierungswelle der letzten Jahre nicht kleiner gewordenen – Legitimitätsproblemen staatlicher Herrschaft in Afrika andererseits.[17] Die in Krisenzeiten artikulierten moralischen Urteile verbinden sich hier mit dem alltäglichen Erleben einer Vielzahl von Versagen und Versäumnissen seitens der Träger öffentlich-staatlicher Autorität und Macht. In dieser Perspektive erweist sich der rezente Kult um Chisupe und »mchape« jenseits der Kalküle der einzelnen Teilnehmer durchaus auch als politisch-moralisches Urteil, insofern sich hierüber die Bilder aus der Vergangenheit mit den Bildern aus der Gegenwart in der Erwartung eines Besseren treffen, das sich an der Misere des Jetzt mißt. Die vermeintliche Irrationalität oder gar »Hysterie«, wie sie der malawischen Bevölkerung seitens westlicher Gesundheitsexperten attestiert wurde, rieb sich an der faktischen Gleichzeitigkeit von Geltungsstandards. Auch Minister und sogar Mitarbeiter des nationalen AIDS-Sekretariats wurden bei Chisupe gesichtet.[18] Unerkannt bleibt dabei aber das kritische wie kreative Potential des Kultes im Sinne einer Bewältigung der Diskrepanz zwischen Erfahrungsraum und Erwartungshorizont, wie ein in der modernen Ethnologie mittlerweile beliebtes Begriffspaar aus der Geschichtswissenschaft lautet.[19]

Die Vielzahl der afrikanischen Antworten auf den derartige Diskrepanzen massiv vorantreibenden Prozeß der Globalisierung mit seiner beständigen Ausdehnung westlicher Hegemonieansprüche und der damit verbundenen Beschleunigung politischer und sozio-ökonomischer Ungleichheiten hat die amerikanische Ethnologie bereits von den »malcontents of modernity« sprechen lassen.[20] Die historische Tiefe dieser Ablehnung ist beträchtlich. Tatsächlich läßt sich bereits die alte »mchape«-Bewegung der 30er Jahre als gesellschaftlicher Kommentar zu den Folgen der Weltwirtschaftskrise und den Ergebnissen der kolonialen Intervention verstehen, die damit, daß sie das herkömmliche Gift-Ordal unter Strafe stellten, die lokalen Gesellschaften der Möglichkeit beraubt hatte, mit dem Problem Hexerei fertig zu werden. Die öffentliche Reaktion auf Chisupe und der »mchape«-Kult heute zeigt sich dergestalt ebenfalls als Kommentar zu einem neuen, weiteren Moment der Moderne, AIDS, für das die Regierung trotz der vielen, aus den westlichen Geberländern kommenden Millionen von Dollars und den zahlreichen weißen Experten, die im Land eine AIDS-Prävention versuchen, sich unfähig zeigt, ein Heilmittel zu finden. »Poverty Alleviation«, der große politische Slogan, mit dem Malawis neuer Präsident Bakili Muluzi vor einem Jahr angetreten war, ist mittlerweile zur Satire und zum traurigen Witz verkommen. Obgleich sich das politische Klima verändert hat, die Repression vorüber ist und die Menschen wieder frei sprechen können, haben Korruption und der unverfrorene Mißbrauch öffentlicher Gelder zugunsten einiger weniger nicht aufgehört. Schon hört man die Regierung öffentlich angeklagt, sie sei »politisch HIV-positiv«. Was vor gerade zwei Jahren mit großen Hoffnungen und Erwartungen angefangen hat – das Ende der Diktatur, das Kommen von »Multiparty«, die Etablierung von Demokratie und das Aufarbeiten der Vergangen mit all den vom Banda-Regime begangenen Verbrechen – ist mittlerweile umgeschlagen in Desinteresse, Enttäuschung und die Erfahrung einer immer größer werdenden Kluft zwischen Arm und Reich. Vor diesem Hintergrund ist »mchape« heute nicht einfach nur eine schwarze Massenhysterie und auch keine bloße Revitalisierung von »mchape« damals mit ihren alten Leitmotiven der kommunalen Reinigung und Versöhnung. Vielmehr ist der Kult Ausdruck des Protests und der Kritik, ein zwar politisch stummer, aber in seiner Intention dennoch wahrnehmbarer Appell an die Unzumutbarkeit einer Krise, für deren Bemächtigung die individuellen Versuche, das Leiden zu bannen, ebenso bewegend sind, wie die kollektiven Bemühungen, ihm Sinn und Ausdruck zu verleihen.

Anmerkungen

1. P. Probst: Dancing AIDS. Moral Discourses and Ritual Authority in Central Malawi, Sozialanthropologische Arbeitspapiere, Nr. 66, Berlin 1995

2. The Tribute, 22.5.95, S.5

3. Aufgrund fehlender genauer demographischer Daten sind die Ziffern geschätzt. Sie decken sich aber mit den Schätzwerten, die mir, inoffiziell, vom Nationalen AIDS Kontrollprogramm in Malawi gegeben wurden.

4. Zitiert nach J.C. Chakanza: Kunadza »mchape« 95, in: The Lamp 1, 1995, S. 19

5. Vgl. A. Richards: A Modern Movement of Witchfinders, in: Africa 8, 1935, S. 448–461; T.O. Ranger: »mchape« and the Study of Witchcraft Eradication, Paper presented at the Conference of the History of Central African Religious Systems, Lusaka, Zambia 1972; K.E. Fields: Revival and Rebellion in Colonial Central Africa, Princeton 1985. Nachfolgende Darstellung beruht weitgehend auf diesen Angaben.

6. Zitiert nach T.O. Ranger (wie Anm. 5), S. 2

7. Der Charakter der Pilgerfahrt, der in diesem Zusammenhang dem »mchape«-Kult zukommt, ist offensichtlich, und in der Tat treffen viele Kriterien, die die Religionsethnologie diesbezüglich kennt, auch auf »mchape« zu. (Vgl. etwa V. u. E. Turner: Image and Pilgrimage in Christian Culture, Oxford 1978) Aus Platzgründen verzichte ich jedoch auf eine Verhandlung dieses Aspekts.

8. Zitiert nach K. Fields (wie Anm. 5), S. 83

9. Auf einem vom malawischen Gesundheitsministerium ausgerichteten Treffen von malawischen und westlichen Medizinern im Frühjahr 1995 kam es diesbezüglich zu einem Eklat. Nach der Erklärung eines weißen Arztes, wonach zwar die sozialen Aspekte der »mchape«-Affäre gewürdigt werden müßten, aber dennoch unbestreitbar sei, daß Chisupes Behauptung, mit »mchape« AIDS heilen zu können, wissenschaftlich nicht haltbar sei, stand die den Vorsitz über das Treffen führende malawische Ärztin auf und forderte Respekt gegenüber der afrikanischen Art, mit Krankheit umzugehen.

10. Vgl. E.C. Mandala: Work and Control in a Peasant Economy. A History of the Lower Tchire Valley in Malawi, 1859–1960, Madison 1990

11. Vgl. J.C. Chakakanza: Provisonal Annotated Chronological List of Witch-finding Movements in Malawi, 1850–1980, Zomba 1985

12. Vgl. G. Shepperson, T. Price: Independent African. John Chilembwe and the Origins, Setting, and Significance of the Nyasaland Native Rising of 1915, Edinburgh 1958

13. Vgl. P. Foster: Cosmological Aspects of AIDS in Malawi. Ms, University of Hull 1993

14. Dies betrifft freilich nicht nur AIDS. Im Kontext von Krankheit sind moralische Reflexionen nicht nur unausweichlich, sie sind auch universal. Die Ethnographie bietet eine Fülle von Beispielen dafür, daß in praktisch jeder Gesellschaft Krankheit als moralisches Ereignis erfahren wird, als Bruch der moralischen Ordnung, die moralische wie moralisierende Urteile invoziert. Kritik und Mahnung stehen auf dem Spiel. Ebenso universal sind die Bemühungen, solche Ereignisse mit Bedeutung zu versehen. Nicht selten werfen diese Bemühungen dabei grundlegende Fragen auf. Individuelle, persönliche Fragen nach der Schuld und Gerichtetheit der Krankheit: Warum ich? Aber auch Fragen nach ihrem erlösungstheologischen Inhalt: Was ist die Natur des Leidens? Welcher Quellen der Hoffnung bedarf es, um das Leiden und den Schmerz auszuhalten? Welche moralische Ordnung verleiht der Krankheit einen Sinn? Vgl. B. Good: Medicine, Rationality and Experience, Cambridge 1994

15. Vgl. P. Connerton: How Societies Remember, Cambridge 1989

16. Vgl. E. Bloch: Philosophische Grundlagen I: Zur Ontologie des Noch-Nicht-Seins, Frankfurt a. M. 1961, S. 75ff.

17. Vgl. M.G. Schatzberg: Power, Legitimacy and Democratization in Africa, in: Africa 63, 1993, S. 445–461; E. Le Roy: Problèmes de Légimité dans les Théories Contemporaines de l'État de Droit en France et en Afrique, in: W.J.G. Möhlig, T. von Trotta (Hg.): Legitimation von Herrschaft und Recht, Köln 1994, S. 43–54

18. Vgl. Anm. 9

19. R. Kosellek: Vergangene Zukunft, Frankfurt a. M. 1989. Zum Verhältnis von Staat, Moral und politischer Kultur vgl. auch ders.: Kritik und Krise. Zur Pathogenese der bürgerlichen Welt, Freiburg/München 1959

20. J. u. J. Comaroff (Hg.): Modernity and its Malcontents. Ritual Power in Postcolonial Africa, Chicago 1993

Wer AIDS-Aufklärung betreibt, muß die Adressaten kennen. Ein besonders gutes Beispiel eines mißlungenen Plakats aus Zimbabwe zeigt eine ›flotte Biene‹, Zigarette rauchend, im Minirock, mit Handtasche und Stiefeln: zweifelsohne eine städtische Prostituierte im Flirt mit einem jungen Mann. Dieses Plakat »AIDS has No Cure« war im August/September 1987 überall in Zimbabwe zu sehen, in Stadt und Land, in Behördenzimmern und in Kneipen, im Bahnhof und in manchem Autobus. Betroffen vom Tod des Schriftstellers Dambudzo Marechera (1952–1987) suchte ich überall im Land das Gespräch zum Thema AIDS und nutzte das Plakat als Einstieg, mit dem immer gleichen Ergebnis: »Das ist doch nicht unser Problem. So sehen unsere Frauen nicht aus, das ist eine Fremde, eine Prostituierte …«. Insbesondere die Menschen in den ländlichen Gebieten Zimbabwes, in denen über 80 % der Gesamtbevölkerung leben, erkannten sich auf dem Plakat nicht wieder und fühlten sich nicht betroffen. Die Aufklärung kam nicht an.

Aber das Problem der HIV-Infektion und des Tods durch die »slimming disease« war schon 1988 im ländlichen Raum nicht mehr zu leugnen.[1] Einer der ersten Zimbabwer im ländlichen Raum, der diesem Thema nicht mehr auswich, sondern es offensiv anpackte, war der Künstler Zephania Tshuma.

Zephania Tshuma, 1932 geboren, lebt im trockenen Süden Zimbabwes, im Insiza-District/Matabeleland South, ›in the middle of nowhere‹. Sein Vater war ›headman‹ von Chief Maduna Mafu. Sieben Jahre lang besuchte er die Schule, wo er auch handwerkliche und landwirtschaftliche Kenntnisse erwarb. Danach mußte Tshuma seine Schulausbildung abbrechen, da ihn sein Vater zum Viehhüten benötigte. Vier Jahre lang war Tshuma als Postbote tätig, um anschließend eine Maurerlehre zu beginnen, die er aber nicht beenden konnte. Dennoch arbeitete er über fünfundzwanzig Jahre als Maurer im südlichen Zimbabwe. Etwa 1978 begann Tshuma in seiner Freizeit – weil es ihm Spaß machte – Skulpturen als

Jürgen Blenck

Zephania Tshuma

Ein Beispiel für AIDS-Aufklärung durch Kunst

Geschenke für seine Nachbarn und zum Verkauf in der Nationalgalerie in Bulawayo zu schnitzen. Seit 1982 nimmt er an Ausstellungen der Nationalgalerie in Harare teil. Seine Skulpturen waren seit 1988 in Botswana, in verschiedenen Städten Dänemarks, in Gent, Paris, Bonn, Bremen und Berlin zu sehen.[2]

Tshumas Werke sind in Holz geschnitzte Erzählungen, in denen er seine Realität, seine Träume, aber auch seine Ängste darstellt. Er ist ein humorvoller Berichterstatter und gleichzeitig Moralist, der sich aber auch selber ironisieren kann. Seine Skulpturen sind fabelartig verschmolzene Mischungen von Mensch und Tier, von biblischen und profanen Motiven, von Traditionellem und Modernem, von Politik und Alltag. Liebevoll und sarkastisch zugleich karikiert er soziales Verhalten, menschliche Typen und zwischenmenschliche Beziehungen. Für seine Mitmenschen auf dem Land sind die Skulpturen Moralstücke, Lehrstücke für richtiges Benehmen, die sich nicht an die Kunstsammler aus Übersee wenden.

Seit 1988 kann Tshuma sich und seine Familie vom Verkauf der Skulpturen ernähren. Seine zwei Frauen Retsina und Fumbatani helfen ihm beim Schmirgeln und Bemalen der Figuren, stellen aber auch selbst Skulpturen her.

Heute ist Zephania Tshuma ein weithin geachteter Mann in seiner Region, dem seine Mitmenschen eine Vielzahl sozialer Aufgaben übertragen. Er ist Dorfbürgermeister (Village Development Committee Chairman), Organisator für »food for work« in den häufigen Dürreperioden und eben auch Red Cross Chairman. Im Rahmen dieser Tätigkeit für das Rote Kreuz kümmert er sich um den Bau von hygienischen Toiletten (blair latrines) und organisiert workshops zur Eindämmung von Krankheiten. Seit 1988 widmet er sich auch der AIDS-Aufklärung und benutzt dafür seine Holzskulpturen, d.h. er greift auf ein im ländlichen Matabeleland bekanntes, traditionelles Medium, die erzählende Holzskulptur, zurück, um eine moderne Krankheit zu deuten und seinen Mitmenschen Handlungsanweisungen zu geben.

Die Serie der AIDS-Stücke beginnt 1988 mit der Darstellung eines großen Arztes, der einem deutlich kleineren Patienten in den Hintern guckt: »Checking AIDS«. Das Thema wiederholt sich bis 1995, allerdings schrumpft der Arzt immer mehr, der Patient wächst an, er wird magerer und sein Gesichtsausdruck verzweifelter. Als Verursacher für die Erkrankung wird der »AIDS Worm« ausgemacht, von Tshuma als ein Mann in der »Missionars«-Beischlafstellung dargestellt.

Im folgenden sollen nun die in der Ausstellung gezeigten neun Skulpturen interpretiert werden.

»Man Talking with AIDS Worm« **[5/25 c]**: Der AIDS-Wurm offenbart sich und zeigt seine Gefährlichkeit. Tshuma hat dazu 1991 die Geschichte »Der Mann, der mit dem AIDS-Wurm redet« geschrieben: »Ja, es ist wahr, AIDS kann reden, denn eine Frau kann reden und ein Mann kann reden. – Eines Abends waren wir in der Bekezela Kneipe. Eine gut angezogene Frau aus Bulawayo kam herein. Wir waren alle ganz wild darauf, mit ihr Liebe zu machen. Aber der Geschäftsmann eroberte sie, denn er hatte eine Menge Geld. Sie schlief mit ihm. Morgens fuhr er im Auto nach West Nicholson. Der AIDS-Wurm überquerte die Straße. Der Mann hielt an und stieg

»AIDS has No Cure«. Plakat, Zimbabwe 1987

aus. Der AIDS-Wurm rief ihn und sagte: ›Ich bin in deinem Körper und du wirst sehr bald sterben.‹ Der Mann sagte: ›Was erzählst du da? Du bist außerhalb meines Körpers, warum sagst du, du bist in meinem Körper?‹ Der AIDS-Wurm antwortete und sagte: ›Auch die Frau, mit der du geschlafen hast, wird sterben. Ich bin ein Mörder, die Bombe des Himmels. Erst wird die Frau sterben, und du bist Nummer zwei.‹ Bitte hört auf mich! AIDS spricht und AIDS tötet. Macht nicht einfach mit irgend jemandem Liebe. AIDS tötet.«

»Strong Guy« **[5/25 f]**: Ein Mann, auf dessen langen Penis seine Frauen und Freundinnen aufgereiht sind wie Hühner auf der Hühnerstange: Promiskuität als Ursache für die rasche Verbreitung von AIDS.

»Pig and her Friends« **[5/25 g]**: Einer Prostituierten, dargestellt als schwangere Schweine-Frau, stehen zwei Freier, beide ohne Arme (= ohne Potenz? krank?) gegenüber, während über ihnen eine Schlange Gitarre spielt: Die Schlange als Symbol für die Versuchung, die zur Vertreibung aus dem Paradies führte.

»Checking AIDS« **[5/25 e]**: Ein Mann beugt sich nach unten, um sein Hinterteil zu inspizieren, und kann den Wurm nicht sehen, der in ihm ist und grinsend aus seinem Rücken herausblickt. Die Information, die Tshuma vermitteln möchte: AIDS ist unsichtbar, anders als andere, seinen Mitbürgern bekannte Geschlechtskrankheiten.

»Checking AIDS« **[5/25 d]**: eine AIDS-Untersuchung durch einen modernen, westlichen Mediziner. Der Arzt wird klein, also hilflos dargestellt. Der verzweifelt guckende Patient ist groß dargestellt und symbolisiert das unlösbare Problem: die moderne Medizin kennt kein Heilmittel.

»Checking AIDS« **[5/25 a]**: Die Skulptur ist ein dreiteiliger Comic. Ein ›traditional healer‹, ein Medizinmann, als Schildkröte dargestellt, betrachtet sich den Hintern eines Patienten, greift hinein und holt drei grinsende AIDS-Würmer heraus, die er stolz präsentiert. Aber die dargestellte Heilung, die Externalisierung des Übels, basiert nur auf einem Trick. Oft fügen ›traditional healer‹ dem Patienten einen kleinen Schnitt zu und ziehen dann einen in der Hand

   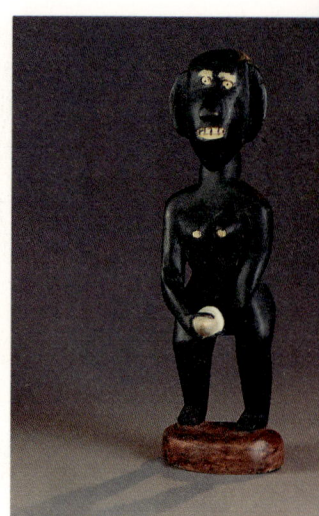

von links nach rechts: **5/25 e**
Checking AIDS. Um 1991

5/25 f
Strong Guy. 1994

5/25 g
Pig and her Friends. 1990

5/25 i
I Use Condoms. 1992

verborgenen Wurm oder rosti-gen Nagel heraus. Tshumas Information an seine Mitbür-ger: auch der traditional healer kann AIDS nicht heilen. »Traditional Healer on Tricy-cle« **[5/25 h]**: Die Skulptur zeigt einen ›traditional healer‹ auf dem Weg in die Moderne, per Dreirad. Eigentlich darf ein ›traditional healer‹ nicht mo-dern sein, aber, bedingt durch die Schwere der AIDS-Krankheit, müssen tradi-tionelle und moderne Medizin zusammenarbei-ten. Einstweilen haben beide keine Antwort. Deshalb ist AIDS-Councelling, psychotherapeu-tische AIDS-Beratung und Familientherapie von Nöten. Hier bahnt sich in Zimbabwe eine Zu-sammenarbeit von ZINATHA (Zimbabwe Natio-nal Traditional Healers Association), dessen Chairman übrigens der Vice Chancellor der Uni-versitiy of Zimbabwe, Prof. Chavunduka, ist, mit CONNECT (Zimbabwe Institute for Systematic Therapy), einer non-governmental organisation, an.

Was also tun? »Playing around versus True Love« **[5/25 b]**: Dieser in Holz geschnitzte Comic zeigt eine Alternative. Der Vater predigt seinen Kin-dern eheliche Treue: »Mind HIV«, sie folgen und bekommen als Belohnung ein schönes Haus, das 336 symbolisch für ein schönes Leben steht.

Anmerkungen

1. H. Jackson: AIDS. Action now. Information, Prevention and Support in Zimbabwe, Harare 1988; T. Barnett, P. Blaikie: AIDS in Africa. Its Present and Future Impact, London 1992; M. Smallman-Raynor, A. Cliff, P. Haggett: Atlas of AIDS, Oxford 1992

2. Zu Zephania Tshuma siehe auch J. Blenck: Z.T., Artist, Berlin 1993 (Postkarten-Edition, hg. vom Haus der Kulturen der Welt); B. Häusler: Der Mann mit dem AIDS-Wurm, in: taz, 1.6.1993; A. Whaley: The Third Eye of Zephania Tshuma, in: Horizon 2/1992, S. 19; V. Wild: Zephania Tshuma – a Narrator in Wood, in: Zimbabwe Insight 1/1986, S. 6f.; in Deutschland vertreten die beiden Kunstgalerien Gabriele Rivat (Köln) und Danny Keller (München) Tshuma.

Seite 336, v.o.n.u.: **5/25 b**
Playing around versus True Love. 1995

5/25 c
Man Talking with AIDS Worm. 1990

5/25 d
Checking AIDS. 1992

Seite 337: **5/25 h**
Traditional Healer on Tricycle. 1994

Die andern hören dagegen nicht auf den väterlichen Rat, treiben sich in Kneipen herum, tanzen zu Gitarrenmusik und lieben sich ungeschützt mit wechselnden Partnern. Sie infizieren sich mit HIV, werden AIDS-krank, magern ab und enden bald im Grab; eine Geschichte, die mittlerweile jede Familie in Zimbabwe kennt.

»I use Condoms« **[5/25 i]** verkündet ein noch etwas unsicher dreinblickender Mann: wer nicht treu sein kann, sollte sich und damit auch andere wenigstens schützen. Noch sind viele Männer skeptisch gegenüber den Kondomen, vor allem hinsichtlich der Frage, ob Sex mit Kondomen noch Spaß mache. Tshuma wurde von einem Mann gefragt, ob er denn mit einem Regenmantel bekleidet duschen würde. Im Gegensatz zu dem anfangs gezeigten Plakat kommt Tshuma mit seiner AIDS-Aufklärung bei seinen Mitbürgern an. Dennoch ist die Zahl der Infizierten erschreckend hoch. Tshumas Hoffnung sind die jungen Leute, die Kinder. Mit Hilfe seiner Skulpturen überwindet er teilweise das Problem seiner Kultur, in der man über Sexuelles nicht offen reden darf.

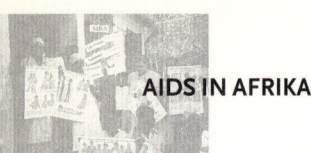
5/1 a

5/1 b

5/1

AIDS-Aufklärungsposter aus Ghana
um 1992; Offsetdruck
a) »Avoid Casual Sex ... – ... To Prevent AIDS«
Hg.: National AIDS Control Programme, Concept &
Design: Apple Pie, Sponsored by USAID/AIDSCOM
63,5 x 46 cm
Berlin, Privatbesitz
b) »Master, make we go now! – OK ... But with
Condom!«
Hg.: Health Division of Ghana Armed Forces,
Production & Design: Apple Pie, Sponsored by
USAID/AIDSCOM
63,5 x 46 cm
Berlin, Privatbesitz
c) »Discuss AIDS with your family – They need to
know«
Hg.: National AIDS Control Programme, Concept &
Design: Apple Pie, Sponsored by USAID/AIDSCOM
63,5 x 45 cm
Berlin, Privatbesitz
d) »Help Stop AIDS – Say No to Sex«
Hg.: Health Education Division, Perpetual Lite Press
LTD.
61 x 45 cm
Würzburg, Missionsärztliches Institut Würzburg –
Arbeitsgruppe AIDS und internationale Gesundheit

5/2

AIDS-Aufklärungsposter aus Zambia
Hg.: Ministry of Health
um 1988; Offsetdruck
a) »AIDS Is A Killer Disease So Beware«
Entwurf: George Olusegun
45,2 x 61,5 cm
b) »If AIDS Gets you ... there is no turning back –
stick to one sexual partner«
59,5 x 40 cm
c) »although Sex Thrills – remember AIDS Kills – ...
stick to one sexual partner«
59,5 x 40 cm
Würzburg, Missionsärztliches Institut Würzburg –
Arbeitsgruppe AIDS und internationale Gesundheit

5/3

AIDS-Aufklärungsposter aus Zimbabwe
Hg.: AIDS Counselling Trust
um 1990; Offsetdruck; je 58 x 41 cm
a) »Spread Facts not Fear!! – Remember People With
AIDS Need Our Care«
b) »No Condom = No Sex! – Play Safe«
Würzburg, Missionsärztliches Institut Würzburg –
Arbeitsgruppe AIDS und internationale Gesundheit

5/2 c

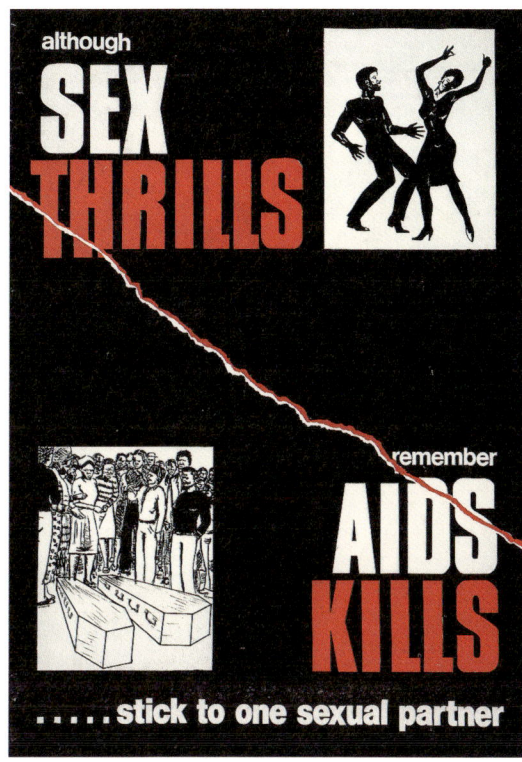

5/3 b

5/7

5/4
AIDS-Aufklärungsposter aus Uganda
Hg.: Ministry of Health
Offsetdruck; je 29,5 x 41 cm
a) »Women infected with the AIDS virus should be
aware that AIDS can be passed on to babies and
pregnancy might lead to early development of AIDS
related diseases.«
1990
b) »AIDS Kills: It is mostly spread through Sex«
1988
Würzburg, Missionsärztliches Institut Würzburg –
Arbeitsgruppe AIDS und internationale Gesundheit

5/5
*»Let Your Child Be Born Without AIDS – Be responsible
parents – Keep to your sexual partner only«*
AIDS-Aufklärungsposter aus Kenya
Hg.: Kenya National AIDS Control Programme
1990; Offsetdruck; 58,5 x 42,5 cm
Würzburg, Missionsärztliches Institut Würzburg –
Arbeitsgruppe AIDS und internationale Gesundheit

339

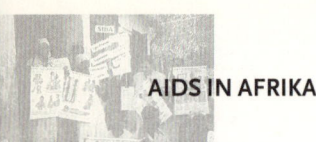

5/12 **5/6**

Serie von AIDS-Aufklärungspostern für frankophone Länder

Initiiert von den Ministerien für Erziehung und Gesundheit der Republik Uganda und UNICEF/ Kampala; in das Französische übersetzt und vertrieben von der Abteilung AIDS und internationale Gesundheit des Missionsärztlichen Dienstes Würzburg

um 1994; Offsetdruck; 42 x 59 bzw. 59 x 42 cm

a) »Qu'est-ce que vous avez entendu sur le SIDA? – Ne devinez pas les réponses! Apprenez la vérité sur le SIDA!«

b) »Est-ce que vous pouvez trouver la personne qui est atteinte du SIDA? – La réponse est non!«

c) »A quoi ressemble une personne qui a le SIDA? – Le SIDA peut ressembler à beaucoup d'autres maladies. Ne vous trompez pas.«

d) »Comment le SIDA se transmet«

e) »Le SIDA Ne se transmet Pas quand:«

f) »Soignez les personnes qui ont le SIDA«

Dresden, Deutsches Hygiene-Museum

5/7

Postertalks

sechs Fotografien vom Einsatz der AIDS-Aufklärungs- poster in Zaire und Ghana

Reproduktionen

Würzburg, Missionsärztliches Institut Würzburg – Arbeitsgruppe AIDS und internationale Gesundheit

5/8 **5/11**

Materialien der AIDS-Aufklärungskampagne »Prudence«

Hg.: Comité National de Lutte contre le SIDA, Burkina Faso

a) T-Shirt mit dem Logo der Kampagne

1995; Baumwolle, Polyester, farbig bedruckt; 72 x 88 cm

Dresden, Deutsches Hygiene-Museum

b) »Bien Connaitre Le SIDA Pour Mieux Le Combattre« Aufklärungsschrift für Unterrichts- und medizinisches Hilfspersonal

April 1991; Druck, 38 S.; 20,8 x 15 cm

Würzburg, Missionsärztliches Institut Würzburg – Arbeitsgruppe AIDS und internationale Gesundheit

c) »Le SIDA Tue – Exigez Le Preservatif – Sinon Refusez«

Faltblatt mit Gebrauchsanweisung von Kondomen 20,4 x 30 cm

Würzburg, Missionsärztliches Institut Würzburg – Arbeitsgruppe AIDS und internationale Gesundheit

d) Kondompackungen der Marke »Prudence«

1995; Latex, Verpackung: Plastik, Pappe; 5,8 x 5,8 bzw. 8,5 x 7,5 cm

Dresden, Deutsches Hygiene-Museum

5/9

Hölzerner Penis zur Demonstration des Gebrauchs von Kondomen

Burkina Faso; 1995; Holz; H 22 cm, Dm 3,5 cm

Dresden, Deutsches Hygiene-Museum

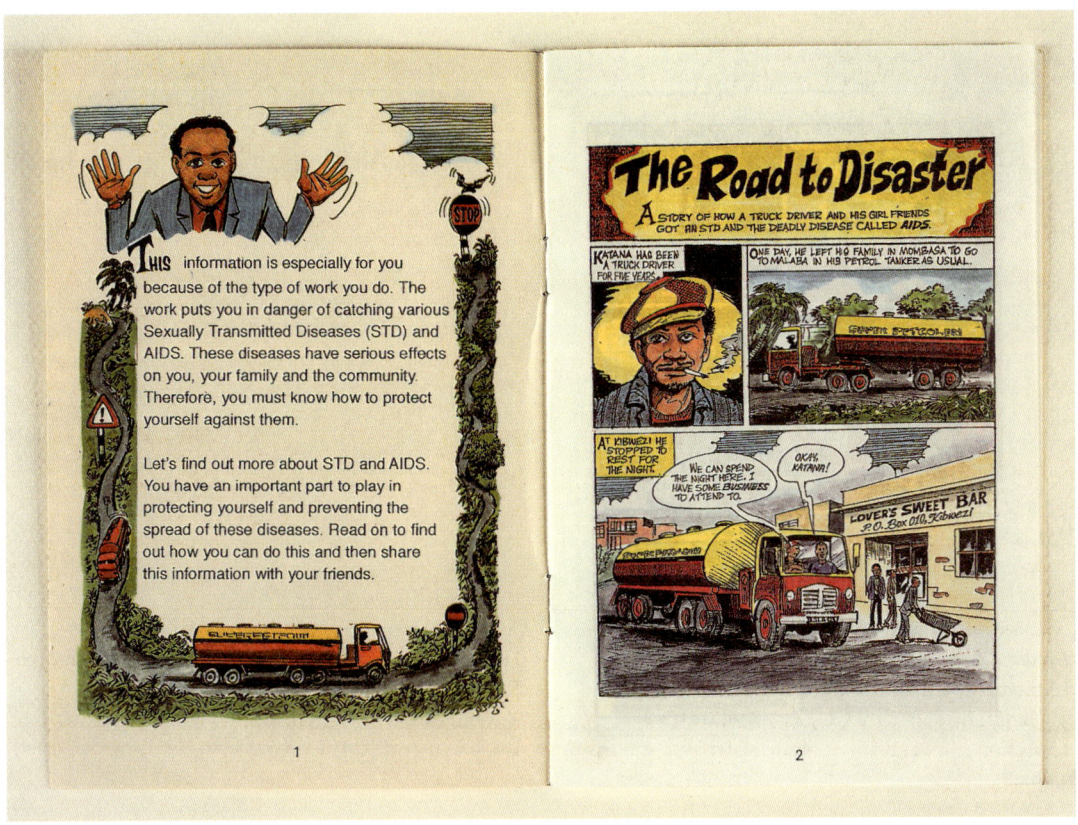

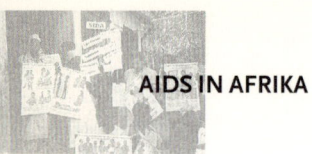

5/16

»AIDS« – Die Geschichte der ›Schönen Theodora‹
Titelillustration der Zeitschrift »SAUTI YA SITI«
(Die Frauenstimme)
Entwurf: Collins Mdachi
Tanzania; 1992; Druck; 29,8 x 20,8 cm
Würzburg, Missionsärztliches Institut Würzburg –
Arbeitsgruppe AIDS und internationale Gesundheit

5/17

AIDS-Aufklärung für Schulkinder
a) »How AIDS Attacks The Body«
Abbildung in: »Pied Crow's environment special
magazine« vom 1. Dezember 1988, S. 4f.
Nairobi/Kenya; Druck; 28,5 x 41,5 cm
Würzburg, Missionsärztliches Institut Würzburg –
Arbeitsgruppe AIDS und internationale Gesundheit
b) »Facts About AIDS«
Umschlag eines Schulheftes
Hg.: Zambia Red Cross Society
Lusaka/Zambia; Druck; 30 x 20,2 cm
Würzburg, Missionsärztliches Institut Würzburg –
Arbeitsgruppe AIDS und internationale Gesundheit
c) »Dr. Kalulu Says Be Wise! Learn about AIDS and keep
yourself Safe!«
Faltblatt
Hg.: Anti AIDS Project
Lusaka/Zambia; September 1991 (5. Aufl.); Druck;
21 x 29,5 cm
Würzburg, Missionsärztliches Institut Würzburg –
Arbeitsgruppe AIDS und internationale Gesundheit
d) »Instructions aux enseignants à propos du
programme de santé à l'école sur le contrôle du SIDA«
Vorschläge für Unterrichtspersonal zur AIDS-Auf-
klärung in der Schule
Initiiert von den Ministerien für Erziehung und
Gesundheit der Republik Uganda und UNICEF/
Kampala; in das Französische übersetzt und vertrieben
von der Abteilung AIDS und internationale Gesundheit
des Missionsärztlichen Dienstes Würzburg
Druck, 24 S.; 29,7 x 21 cm
Dresden, Deutsches Hygiene-Museum

5/18

*Veranstaltung mit Schulkindern am World AIDS Day in
Ghana*
um 1994; Reproduktionen
Würzburg, Missionsärztliches Institut Würzburg –
Arbeitsgruppe AIDS und internationale Gesundheit

5/19

AIDS-Aufklärungsposter aus Malawi
1992–1994; Offsetdruck; je 59 x 42 cm
a) »AIDS can be transmitted even through Bush Sex –
AVOID AIDS«
Hg.: Health Education Unit, Ministry of Health,
Malawi, in conjunction with UNICEF
b) (Wir können uns vor AIDS schützen wie wir uns vor
Regen schützen können – tragt Kondome)
Hg.: Health Education Unit, Ministry of Health, Malawi
c) (Du mußt Dich schützen und selbst respektieren.
Vermeide Gelegenheitssex – Sag einfach nein zu AIDS)
Hg.: UNICEF Malawi and the AIDS Secretariat
d) (Du mußt Dich schützen und selbst respektieren.
Vermeide Gelegenheitssex – Sag einfach nein zu AIDS)
Hg.: UNICEF Malawi and the AIDS Secretariat
Berlin, Angelika Wolf

5/20

»›Aids big threat to society‹«
Titelblatt der Zeitung »The Daily Monitor« vom
9. August 1994
Malawi; Zeitungsdruck; 38 x 27 cm
Berlin, Peter Probst

5/21

»AIDS – over one million may be infected in Malawi«
Titelblatt der Zeitung »Daily Times« vom 9. August
1994
Malawi; Zeitungsdruck; 38 x 27 cm
Berlin, Peter Probst

5/22

»Bakili marches against killer«
Titelblatt der Zeitung »The Nation« vom 10. August
1994
Malawi; Zeitungsdruck; 38 x 27 cm
Berlin, Peter Probst

5/23

»New turn for herbs«
Titelblatt der Zeitung »Daily Times« vom 17. August
1994
Malawi; Zeitungsdruck; 38 x 27 cm
Berlin, Peter Probst

MUDZILEMEKEZE NDIPO MUDZITETEZE
Lekani Chiwerewere

Kanitsitsani
-EDZI TOTO-

5/19 d

5/24
»*Domingo Drug*«
von TDr. (Traditional Doctor) Yohane in
Lilongwe/Malawi als AIDS-Prophylaktikum und
-Therapeutikum angebotenes Präparat
Malawi; 1995
Berlin, Angelika Wolf

5/25
Neun Skulpturen
Zephania Tshuma (geb. 1932)
Zimbabwe
a) Checking AIDS
1995; Holz, Schuhcreme; H 15 cm
Harare/Köln, Jürgen Blenck
b) Playing around versus True Love
1995; Holz, Schuhcreme; H 18,5 cm
Harare/Köln, Jürgen Blenck
c) Man Talking with AIDS Worm
1990; Holz, Schuhcreme; H 14,5 cm
Harare/Köln, Jürgen Blenck
d) Checking AIDS
1992; Holz, Schuhcreme; H 30,5 cm
Harare/Köln, Jürgen Blenck
e) Checking AIDS
um 1991; Holz, Schuhcreme; H 57,5 cm
Harare/Köln, Jürgen Blenck
f) Strong Guy
1994; Holz, Schuhcreme; H 86,5 cm
Harare/Köln, Jürgen Blenck
g) Pig and her Friends
1990; Holz, Schuhcreme; H 96 cm
Harare/Köln, Jürgen Blenck
h) Traditional Healer on Tricycle
1994; Holz, Schuhcreme, Ziegenfell; H 41 cm
Harare, Dorothea Irmler
i) I Use Condoms
1992; Holz, Schuhcreme; H 58,5 cm
Harare/Köln, Jürgen Blenck

Abkürzungen und Benutzungshinweise zum Katalog

Wenn nicht anders angegeben, erfolgen die Maßangaben in der Reihenfolge Höhe x Breite x Tiefe.
Den Bildern wurden die Maße ohne Rahmen abgenommen.
Abkürzungen im Namen des Leihgebers sind im Verzeichnis der Leihgeber aufgeschlüsselt.
Die Inventarnummern sind in eckigen Klammern angegeben.

Aufl.	Auflage
Av.	Avers
B	Breite
Bd.	Band
Bde.	Bände
bez.	bezeichnet
Bl.	Blatt
Bll.	Blätter
ca.	circa
dat.	datiert
Dm	Durchmesser
EA	Erstausgabe
fol.	Folio
gr.	Gramm
H	Höhe
Hg.	Herausgeber
hg.	herausgegeben
Jg.	Jahrgang
L	Länge
li.	links
Lw	Leinwand
M	Maßstab
M.	Mitte
mon.	monogrammiert
Nr.	Nummer
o.	oben
Plr	Plattenrand
re.	rechts
Rev.	Revers
S.	Seite(n)
sign.	signiert
Slg.	Sammlung
T	Tiefe
u.	unten

Auswahlbibliographie

ACKERKNECHT, Erwin H.: Geschichte und Geographie der wichtigsten Krankheiten, Stuttgart 1963

ACKERKNECHT, Erwin H.: Anticontagionism between 1821 and 1867, in: Bulletin of the History of Medicine 22, 1948, S. 562–593

ANTONY-SCHMITT, Marie Madeleine: Le culte de Saint-Sébastien en Alsace (= Recherches et documents, Bd. 24), Strasbourg/Colmar 1977

APPLEBY, A.B.: The Disappearence of Plague: A Continuing Puzzle, in: Economic History Review 33, 1980, S. 161–173

ARNDT, K.H.: Die Pestepidemie von 1682/83 und ihre Auswirkungen auf Stadt und Universität Erfurt, in: Beiträge zur Geschichte der Universität Erfurt (1392–1816) 18, 1975/78, S. 27–90

DAS BAD. Körperkultur und Hygiene im 19. und 20. Jahrhundert. Ausstellungskatalog, Wien 1991

BADER, Richard-Ernst: Sopono, Pocken und Pockengottheit der Yoruba, in: Medizinhistorisches Journal 20, 1985, S. 363–390 u. 21, 1986, S. 31–91

BALDWIN, Martha R.: Toads and Plague: Amulet Therapy in Seventeenth-Century Medicine, in: Bulletin of the History of Medicine 67, 1993, S. 227–247

BARNETT, T.; Blaikie, P.: AIDS in Africa: Its Present and Future Impact, London 1992

BATES, Barbara: Bargaining for Life: A Social History of Tuberculosis, 1876–1938, Philadelphia 1992

BECK, Ann: Issues in the Anti-Vaccination Movement in England, in: Medical History 4, 1960, S. 310–321

BECHT, H.-P.: Medizinische Implikationen der historischen Pestforschung am Beispiel des »Schwarzen Todes« von 1347/51, in: Stadt in der Geschichte 9, 1982, S. 78–94

BERCÉ, Yves-Marie: Le chaudron et la lancette. Croyances populaires et médecine préventive (1798–1830), Paris 1984

BERGDOLT, Klaus: Der Schwarze Tod in Europa. Die große Pest und das Ende des Mittelalters, München 1994

BERGLER, Reinhold: Impfbarrieren und Impfmotivation, in: Zentralblatt für Bakteriologie und Hygiene. 1. Abt. Orig. B. 180, 1985, S. 190–222

BILDER VOM TOD. Ausstellungskatalog, Wien 1992/93

BIRABEN, Jean Noël: Les hommes et la peste en France et dans les pays européens et méditerranéens, 2 Bde., Paris/Haag 1975/76

BÖNING, Holger: Medizinische Volksaufklärung und Öffentlichkeit. Ein Beitrag zur Popularisierung aufklärerischen Gedankengutes und zur Entstehung einer Öffentlichkeit über Gesundheitsfragen. Mit einer Bibliographie medizinischer Volksschriften, in: Inter-nationales Archiv für Sozialgeschichte der deutschen Literatur 15, 1990, S. 1–92

BOURDELAIS, Patrice u.a. (Hg.): Peurs et terreurs face à la contagion. Choléra, tuberculose, syphilis. XIXe – XXe siècles, Paris 1988

BOURDELAIS, Patrice; Dodin, André: Visages du choléra, Paris 1987

BOURDELAIS, Patrice; Raulot, Jean-Yves: Une peur bleue: Histoire du choléra en France. 1832–1854, Paris 1987

BOWSKY, W.M.: The Impact of the Black Death upon Sienese Government and Society, in: Speculum 39, 1964, S. 1–34

BOWSKY, W.M. (Hg.): The Black Death. A Turning Point in History?, New York 1971

BOZYK, Johann Alexander: Geschichte der Cholera-Epidemie von 1831/32 in Wien in Wort und Bild, Wien 1944

BRANDNER, Birgit: Die Betreuung der Bevölkerung während der Choleraepidemie 1836/37 in München in ärztlicher, pflegerischer, sozialer und seelsorgerischer Hinsicht, Diss. Med. München 1990

BRATESCU, Gheorghe: Seuchenschutz und Staats-interesse im Donauraum (1750–1850), in: Sudhoffs Archiv 63, 1979, S. 25–44

BRIGGS, Asa: Cholera and Society in the Nineteenth Century, in: Past and Present 19, 1961, S. 76–96

BROCK, Thomas D.: Robert Koch. A Life in Medicine and Bacteriology, Madison 1988

BRYDER, J.C.: Below the Magic Mountain. A Social History of Tuberculosis in 20th-Century Britain, Oxford 1988

BULST, Neithard: Der Schwarze Tod. Demographische, wirtschafts- und kulturgeschichtliche Aspekte der Pest-katastrophe von 1347–1352. Bilanz der neueren For-schung, in: Saeculum 30, 1979, S. 45–67

BULST, Neithard: Vier Jahrhunderte Pest in niedersäch-sischen Städten. Vom Schwarzen Tod (1349–1351) bis in die erste Hälfte des 18. Jahrhunderts, in: Meckseper, Cord (Hg.): Stadt im Wandel. Kunst und Kultur des Bürgertums in Norddeutschland. Ausstellungskatalog, Stuttgart 1985

BULST, Neithard; Delort, J. (Hg.): Maladies et société (XIIe–XVIIIe siècles), Paris 1989

CALVI, Giulia: Histories of a Plague Year. The Social and the Imaginary in Baroque Florence, Berkeley 1989

CAMPBELL, Anna Montgomery: The Black Death and Men of Learning, New York 1931

CARMICHAEL, Ann G.: Plague and the Poor in Renais-sance Florence, Cambridge 1986

CARMICHAEL, Ann G.: Plague Legislation in the Italian Renaissance, in: Bulletin of the History of Medicine 57, 1983, S. 508–525

CARPENTIER, Elisabeth: Une ville devant la Peste. Orvieto et la Peste Noire de 1348, Paris 1962

CARPENTIER, Elisabeth: Autour de la Peste Noire. Famines et épidémies dans l'histoire du XIVe siècle, in: Annales 17, 1962, S. 1062–1092

CHEVALIER, Louis (Hg.): Le choléra. La première épidémie du XIXe siècle, La Roche-sur-Yon 1958

CIPOLLA, Carlo M.: Public Health and the Medical Profession in the Renaissance, Cambridge 1976

CIPOLLA, Carlo M.: Faith, Reason and the Plague in Seventeenth-Century Tuscany, New York 1979

CIPOLLA, Carlo M.: Fighting the Plague in Seventeenth-Century Italy, Madison 1981

COLEMAN, William: Koch's Comma Bacillus: The First Year, in: Bulletin of the History of Medicine 61, 1987, S. 315–342

COURBIN, Alain: Pesthauch und Blütenduft. Eine Geschichte des Geruchs, Frankfurt a.M. 1988

DARMON, Pierre: La longue traque de la variole. Les pionniers de la médecine préventive, Paris 1987

DELAPORTE, François : The Cholera in Paris, 1832, Cambridge/London 1986

DELUMEAU, Jean: Angst im Abendland. Die Geschichte kollektiver Ängste im Europa des 14. bis 18. Jahrhunderts, Reinbek bei Hamburg 1985

DETTKE, Barbara: Die asiatische Hydra. Die Cholera von 1830/31 in Berlin und den preußischen Provinzen Posen, Preußen und Schlesien, Berlin/New York 1995

DIE SEUCHE (= Kursbuch 94), Berlin 1988

DINGES, Martin; Schlich, Thomas (Hg.): Neue Wege in der Seuchengeschichte, Stuttgart 1995

DOLS, Michael W.: The Black Death in the Middle East, New Jersey 1977

DORMEIER, Heinrich: Die Flucht vor der Pest als religiöses Problem, in: Schreiner, Klaus (Hg.): Laienfrömmigkeit im späten Mittelalter (= Schriften des Historischen Kollegs, Kolloquien 20), München 1992, S. 331–397

DORMEIER, Heinrich: Il culto dei santi a Milano in balia della peste (1576–1577), in: Barone, Giulia; Caffiero, Marina; Barcellona, Francesco Scorza (Hg.): Modelli di santità e modelli di comportamento. Contrasti, intersezioni, complementarità, Torino 1994, S. 233–242

DORMEIER, Heinrich: St. Rochus, die Pest und die Imhoffs in Nürnberg vor und während der Reformation. Ein spätgotischer Altar in seinem religiös-liturgischen, wirtschaftlich-rechtlichen und sozialen Umfeld, in: Anzeiger des Germanischen Nationalmuseums 1985, S. 7–72

DORMEIER, Heinrich: Venedig als Zentrum des Rochuskultes, in: Kapp, Volker; Hausmann, Frank-Rutger (Hg.): Nürnberg und Italien. Begegnungen, Einflüsse und Ideen (= Erlanger Romanistische Dokumente und Arbeiten, Bd. 6), Tübingen 1991, S. 105–127

DUBOS, Jean et René: The White Plague. Tuberculosis, Man, and Society, Boston 1952

DUREY, Michael: The Return of the Plague. British Society and the Cholera 1831–2, Dublin 1979

DWORAK, Sabine: Die Entwicklung des Impfwesens der Stadt Hamburg. Die Entwicklung der Pockenschutzimpfung von 1800–1940, Diss. Med. Hamburg 1984

ELKELES, Barbara: Robert Koch, in: Engelhardt, Dietrich von; Hartmann, Fritz (Hg.): Klassiker der Medizin, Bd. 2, München 1991, S. 247–271

EVANS, Richard J.: Blue Funk and Yellow Peril: Cholera and Society in Nineteenth-Century France, in: European History Quarterly 20, 1990, S. 111–126

EVANS, Richard J.: Epidemics and Revolutions. Cholera in Nineteenth-Century Europe, in: Past and Present 120, 1988, S. 123–146

EVANS, Richard J.: Tod in Hamburg. Stadt, Gesellschaft und Politik in den Cholera-Jahren, Reinbek bei Hamburg 1990

FENNER, F. u.a.: Smallpox and its Eradication, Genf 1988

FISCHER, Isidor: Der erste Choleraeinbruch in Österreich. Nach Akten der Wiener medizinischen Fakultät aus den Jahren 1831 und 1832, in: Historische Studien und Skizzen zur Natur- und Heilwissenschaft. Festgabe für Georg Sticker, Berlin 1930

FISHER, Richard Bernard: Edward Jenner (1749–1823), London 1991

FÖSSEL, A.: Der »Schwarze Tod« in Franken, 1348–1350, in: Mitteilungen des Vereins für Geschichte der Stadt Nürnberg 74, 1987, S. 1–76

FORESTIER, Sylvie (Hg.): Saint Sébastien. Rituels et figures. Ausstellungskatalog Paris, Musée National des Arts et Traditions Populaires, Paris 1983

FRANKE, H.P.: Der Pest-Brief an die Frau von Plauen (= Würzburger medizinhistorische Forschungen, Bd. 9), Pattensen 1977

FREVERT, Ute: Krankheit als politisches Problem 1770–1880. Soziale Unterschichten in Preußen zwischen medizinischer Polizei und staatlicher Sozialversicherung (= Kritische Studien zur Geschichtswissenschaft, Bd. 62), Göttingen 1984

GINS, Heinrich A.: Krankheit wider den Tod. Schicksal der Pockenschutzimpfung, Stuttgart 1963

GOTTFRIED, R.S.: The Black Death: Natural and Human Disaster in Medieval Europe, New York 1983

GRAHL, Heidemarie; Kelm, Antje (Hg.): Der blaue Tod. Die Cholera in Hamburg 1892, Hamburg 1992

GRÄTER, Volker: Der Sinn der höchsten Meister von Paris, Stuttgart 1974

GRAUS, Frantisek: Pest – Geißler – Judenmorde. Das 14. Jahrhundert als Krisenzeit, Göttingen 1987

GRMEK, Mirko: Le concept d'infection dans l'Antiquité et au Moyen Age, les anciennes mesures sociales contre les maladies contagieuses et la fondation de la première Quarantaine à Dubrovnik (1377) in: RAD, Zagreb 1980, S. 9–54

GRIMM, Jürgen: Die literarische Darstellung der Pest in der Antike und der Romania, München 1965

HADELN, Detlev von: Die wichtigsten Darstellungsformen des H. Sebastian in der italienischen Malerei bis zum Ausgang des Quattrocento (= Zur Kunstgeschichte des Auslandes, Bd. 48), Straßburg 1906

HAHN, Susanne: »Der Lübecker Totentanz«. Zur rechtlichen und ethischen Problematik der Katastrophe bei der Erprobung der Tuberkuloseimpfung 1930 in Deutschland, in: Medizinhistorisches Journal 30, 1995, S. 61–79

HARDY, Anne: Smallpox in London: Factors in the Decline of the Disease in the 19th Century, in: Medical History 27, 1983, S. 111–138

HATJE, Frank: Leben und Sterben im Zeitalter der Pest. Basel im 15. bis 17. Jahrhundert, Basel/Frankfurt a.M. 1992

HAVERKAMP, Alfred: Der schwarze Tod und die Judenverfolgungen, in: Trierer Beiträge. Aus Forschung und Lehre der Universität Trier. Sonderheft 2, Trier 1977, S. 78–86

HAVERKAMP, Alfred: Die Judenverfolgungen zur Zeit des Schwarzen Todes im Gesellschaftsgefüge deutscher Städte, in: ders. (Hg.): Zur Geschichte der Juden im Deutschland des späten Mittelalters und der frühen Neuzeit, Stuttgart 1981, S. 27–91

HEITZ, Paul; Schreiber, Wilhelm Ludwig: Pestblätter des 15. Jahrhunderts (= Einblattdrucke des 15. Jahrhunderts, Bd. 2), Straßburg 1901

HELMSTÄDTER, Axel: (Post hoc – ergo propter hoc?) Zur Geschichte der deutschen Impfgegnerbewegung, in: Geschichte der Pharmazie. Beilage der Deutschen Apotheker Zeitung 42, 1990, S. 19–23

HERZLICH, Claudine; Pierret, Janine: Kranke gestern, Kranke heute. Die Gesellschaft und das Leiden, München 1991

HOLLÄNDER, Eugen: Die Karikatur und Satire in der Medizin, Stuttgart 1905

HOLLÄNDER, Eugen: Die Medizin in der klassischen Malerei, 3. Aufl., Stuttgart 1923

HOPKINS, D.R.: Princes and Peasents. Smallpox in History, London 1983

HOWARD-JONES, Norman: Cholera Therapy in the Nineteenth Century, in: Journal of the History of Medicine 27, 1972, S. 373–394

HUDEMANN-SIMON, Calixte: L'Etat et la santé. La politique de santé publique ou »police médicale« dans les quatre départements rhénans 1794–1814 (= Beihefte der Francia, Bd. 38), Sigmaringen 1995

HUERKAMP, Claudia: The History of Smallpox Vaccination in Germany: A First Step in Medicalization of the General Public, in: Journal of Contemporary History 20, 1985, S. 617–635

IBS, Jürgen Hartwig: Die Pest in Schleswig-Holstein, Frankfurt a.M. 1994

IGNATIUS, Arthur: Robert Koch. Leben und Forschung, Stuttgart 1965

ILLICH, Ivan: Die Nemesis der Medizin. Von den Grenzen des Gesundheitswesens, Reinbek bei Hamburg 1977

JETTER, Dieter: Das Isolierungsprinzip in der Pestbekämpfung des 17. Jahrhunderts, in: Medizinhistorisches Journal 5, 1970, S. 115–124

JETTER, Dieter: Zur Typologie des Pesthauses, in: Sudhoffs Archiv für Geschichte der Medizin und der Naturwissenschaften 47, 1963, S. 291–300

KELTER, E.: Das deutsche Wirtschaftsleben des 14. und 15. Jahrhunderts im Schatten der Pestepidemien, in: Jahrbücher für Nationalökonomie und Statistik 165, 1953, S. 161–208

KLAVEREN, Jacob von: Die wirtschaftlichen Auswirkungen des Schwarzen Todes, in: Vierteljahrschrift für Sozial- und Wirtschaftsgeschichte 54, 1967, S. 188–202

KLEBS, A.C.: Die ersten gedruckten Pestschriften, München 1926

KLEBS, A.C.; Droz, E.: Remèdes contre la peste, Paris 1925

KOELBING, Huldrych M.; Koelbing-Waldis, Vera: Katastrophe und Herausforderung. Pest und Pestbekämpfung in Oberitalien und der Schweiz, in: Jahrbuch des Instituts für Geschichte der Medizin der Robert Bosch Stiftung 4, 1985, S. 7–21

KREBS, Gertrud: Die geographische Verbreitung der Cholera im ehemaligen Österreich-Ungarn in den Jahren 1831–1916 (= Veröffentlichungen aus dem Gebiete des Volksgesundheitsdienstes, Bd. 55, H. 6), Berlin 1941

KREHNKE, Ernst: Der Gang der Cholera in Deutschland seit ihrem Auftreten bis heute, Berlin 1937

KÜBLER, P.: Geschichte der Pocken und der Impfung (= Bibliothek v. Coler, Bd. 1), Berlin 1901

KUDLICK, Catherine Jean: Disease, Public Health and Urban Social Relations: Perceptions of Cholera and the Paris Environment, 1830–1850, Diss. Berkeley 1988

KUDLICK, Catherine Jean: Giving Is Deceiving: Cholera, Charity, and the Quest for Authority in 1832, in: French Historical Studies 18/2, 1993, S. 457–481

KUPFERSCHMIDT, Hugo: Die Epidemiologie der Pest. Der Konzeptwandel in der Erforschung der Infektionskrankheiten seit der Entdeckung des Pesterregers im Jahre 1894, Frankfurt a.M. 1993

LACHMUND, Jens; Stollberg, Gunnar (Hg.): The Social Construction of Illness, Stuttgart 1992

LANGERBEINS, Ingeborg: Lungenheilanstalten in Deutschland (1854–1945), Diss. Med. Köln 1979

LESKOSCHEK, Franz: Sebastianspfeil und Sebastiansminne. Vergessene Wallfahrtskultformen aus der Pestzeit, in: Schmidt, Leopold (Hg.): Kultur und Volk, Festschrift für Gustav Gugitz, Wien 1954, S. 229–236

LESKY, Erna: Die österreichische Pestfront an der K.K. Militärgrenze, in: Saeculum 8, 1957, S. 86–106

LESKY, Erna: Die Wiener medizinische Schule im 19. Jahrhundert, 2. Aufl., Graz/Köln 1978

LÖFFLER, W.: Geschichte der Tuberkulose, in: Hein, J.; Kleinschmidt, H.; Uehlinger, E. (Hg.): Handbuch der Tuberkulose, Bd. 1, Stuttgart 1958, S. 1–108

LONGMATE, Norman: King Cholera. The Biography of a Disease, London 1966

LÜCKE, Manfred: Edward Jenner, in: Klassiker der Medizin, Bd. 1, München 1991, S. 309–327

MAEHLE, Andreas-Holger: Conflicting Attitudes Towards Inoculation in Enlightenment Germany, in: Porter, Roy (Hg.): Medicine in the Enlightenment (= Wellcome Institute Series in the History of Medicine), Amsterdam/Atlanta 1995, S. 198–222

MAEHLE, Andreas-Holger: Präventivmedizin als wissenschaftliches und gesellschaftliches Problem. Der Streit über das Reichsimpfgesetz von 1874, in: Medizin, Gesellschaft und Geschichte 9, 1990, S. 127–148

MATZEL, Oskar: Die Pocken im Deutsch-Französischen Krieg 1870/71, Diss.med.dent. Düsseldorf o.J. [1977]

McGREW, Roderick: Russia and the Cholera. 1823–1832, Madison/Milwaukee 1965

McGREW, Roderick: The First Cholera Epidemic and Social History, in: Bulletin of the History of Medicine 34, 1960, S. 61–73

McNEILL, William H.: Seuchen machen Geschichte. Geißeln der Völker, München 1978

MEMENTO MORI. Der Tod als Thema der Kunst vom Mittelalter bis zur Gegenwart. Ausstellungskatalog, Darmstadt 1984

METKEN, Sigrid (Hg.): Die letzte Reise. Sterben, Tod und Trauersitten in Oberbayern. Ausstellungskatalog, München 1984

MEYER, Klaus: Die Desinfektion von Briefen. Ein Teil der Abwehrmaßnahmen gegen Seuchen, in: Beiträge zur Geschichte der Pharmazie 40, 1988, S. 18–30

MÖRGELI, Christoph (Hg.): Der Pestpatron Rochus, Roque, Rocco, Roch. Die Sammlung Engeler, Zürich. Ausstellungskatalog, Zürich 1987

MOLLARET, Henri; Brossolet, Jacqueline: La peste, source méconnue d'inspiration artistique, in: Koninklijk Museum voor schone Kunsten, Antwerpen. Jaarboek [Antwerpen] 1965, S. 3–112

MORRIS, R.J.: Cholera 1832. The Social Response to an Epidemic, London 1976

MÜNCH, Ragnhild (Hg.): Pocken zwischen Alltag, Medizin und Politik. Begleitbuch zur Ausstellung, Berlin 1994

MÜNSTERER, Hanns Otto: Amulettkreuze und Kreuzamulette. Studien zur religiösen Volkskunde, Regensburg 1983

NICHOLAS, Ralph W.: The Goddess Sitala and Epidemic Smallpox in Bengal, in: Journal of Asian Studies 41, 1981, S. 21–44

OTTO, Roland; Spree, Reinhard; Vögele, Jörg: Seuchen und Seuchenbekämpfung in deutschen Städten während des 19. und frühen 20. Jahrhunderts. Stand und Desiderate der Forschung, in: Medizinhistorisches Journal 25, 1990, S. 286–304

PANZAC, Daniel: Quarantaines et lazarets. L'Europe et la peste d'Orient (XVe–XXe siècles), Aix-en-Provence 1986

PFEIFFER, L.; Ruland, C.: Pestilentia in Nummis. Geschichte der großen Volkskrankheiten in numismatischen Documenten. Ein Beitrag zur Geschichte der Medicin und der Cultur, Tübingen 1882

PLAKATE zur Hygiene und Prophylaxe. Ausstellung aus der internationalen Plakatsammlung der Behringwerke AG, o.O. o.J. [1983]

POLLITZER, R.: Cholera, Genf 1959

PORTER, Dorothy; Porter, Roy: The Politics of Prevention: Anti-Vaccinationism and Public Health in 19th Century England, in: Medical History 32, 1988, S. 231–252

PROBST, Peter: Dancing AIDS. Moral Discourses and Ritual Authority in Central Malawi. Sozialanthropologische Arbeitspapiere, Nr. 66, Berlin 1995

RAKE, T.: Demographische und geistig-soziale Auswirkungen der Pest von 1348–1350, in: Geschichte in Wissenschaft und Unterricht 35, 1984, S. 125–144

RANGER, Terence; Slack, Paul (Hg.): Epidemics and Ideas: Essays on the Historical Perception of Pestilence, New York 1992

REIMERS, D.: Tuberkulose und Kunst, in: Die medizinische Welt 12, 1982, S. 435–441

REINICKE, Peter: Tuberkulosefürsorge. Der Kampf gegen eine Geißel der Menschheit. Dargestellt am Beispiel Berlin 1895–1945, Weinheim 1988

REULECKE, Jürgen; Castell von Rüdenhausen, Adelheid Gräfin zu (Hg.): Stadt und Gesundheit. Zum Wandel von ›Volksgesundheit‹ und kommunaler Gesundheitspolitik im 19. und frühen 20. Jahrhundert (= Nassauer Gespräche der Freiherr-vom-Stein-Gesellschaft, Bd. 3), Stuttgart 1991

RIMPAU, W.: Die Entstehung von Pettenkofers Bodentheorie und die Münchner Choleraepidemie vom Jahre 1854. Eine kritisch-historische Studie, Berlin 1935

RITZMANN, Iris: »Liberty is more important than science«. Die Bewegung gegen die Pockenschutzimpfung in England, Mschr. Ms. Zürich 1993

RODENWALDT, Ernst: Die Gesundheitsgesetzgebung des Magistro della sanità Venedigs. 1486–1500, in: Sitzungsberichte der Heidelberger Akademie der Wissenschaften (Math.-Nat. Klasse), 1956, S.3–122

RODENWALDT, Ernst: Die Seuchenzüge der Cholera im 19. Jahrhundert, in: Artelt, Walter; Rüegg, Walter (Hg.): Der Arzt und der Kranke in der Gesellschaft des 19. Jahrhunderts, Stuttgart 1967, S. 201–208

RODENWALDT, Ernst: Pest in Venedig 1575–1577. Ein Beitrag zur Frage der Infektkette bei den Pestepidemien West-Europas, Heidelberg 1953

ROSENBERG, Charles E.: Cholera in Nineteenth-Century Europe: A Tool for Social and Economic Analysis, in: Comparative Studies in Society and History 8, 1965, S. 452–463

ROSENBERG, Charles E.: The Cholera Years. The United States in 1832, 1849, and 1866, Chicago/London 1962

ROSENFELD, Hellmut: Der mittelalterliche Totentanz. Entstehung – Entwicklung – Bedeutung (= Beihefte zum Archiv für Kulturgeschichte, H. 3), Münster/Köln 1954

ROSS, Richard S.: The Prussian Administrative Response to the First Cholera Epidemic in Prussia in 1831, Diss. Boston 1991

ROTHENBERG, Gunther E.: The Austrian Sanitary Cordon and the Control of the Bubonic Plague, 1710–1871, in: Journal of the History of Medicine and Allied Sciences 28, 1973, S. 15–23

RUFFIÉ, Jacques; Sournia, Jean-Claude: Die Seuchen in der Geschichte der Menschheit, Stuttgart ²1987

SCHADER, Brigitta: Die Cholera in der deutschen Literatur, München 1985

SCHADER, Brigitta: Schwindsucht – Zur Darstellung einer tödlichen Krankheit in der deutschen Literatur vom poetischen Realismus bis zur Moderne, Frankfurt a.M. u.a. 1987

SCHADEWALDT, Hans (Hg.): Die Rückkehr der Seuchen. Ist die Medizin machtlos?, Köln 1994

SCHIMITSCHEK, Erwin; Werner, Günther W.: Malaria, Fleckfieber, Pest. Auswirkungen auf Kultur und Geschichte. Medizinische Fortschritte, Stuttgart 1985

SCHMITZ-EICHHOFF, Marie-Therès: St. Rochus. Ikonographische und medizinhistorische Studien (= Kölner medizinhistorische Beiträge. Arbeiten der Forschungsstelle des Instituts für Geschichte der Medizin der Universität Köln, Bd. 3), Köln 1977

SCHMÖLZER, Hilde: Die Pest in Wien. »Deß wütenden Todts Ein umbständig Beschreibung ...«, Wien 1985

SCHNEIDER, Kurt: Die Geschichte der Cholera in Sachsen, Berlin 1938

SCHREIBER, W.; Mathys, F.K.: Infectio. Ansteckende Krankheiten in der Geschichte der Medizin, Basel 1986

SCHUSTER, Eva: Mensch und Tod. Graphiksammlung der Universität Düsseldorf. Bestandskatalog, Düsseldorf 1989

SCHWALB, Andrea Birgit: Das Pariser Pestgutachten von 1348. Eine Textedition und Interpretation der ersten Summe, Diss.med. Tübingen 1990

SEELIGER, Wolfgang: Die ›Volksheilstättenbewegung‹ in Deutschland um 1900. Zur Ideengeschichte der Sanatoriumstherapie für Tuberkulöse, München 1988

SHREWSBURY, John Findley Drew: The Plague of the Philistines and Other Medical-Historical Essays, London 1964

SIMSON, John von: Kanalisation und Städtehygiene, Düsseldorf 1983

SLACK, Paul: Responses to Plague in Early Modern Europe: The Implications of Public Health, in: Social Research 55, 1988, S. 433–453

SLACK, Paul: The Disappearance of Plague: An Alternative View, in: Economic History Review 34, 1981, S. 469–476

SLACK, Paul: The Impact of Plague in Tudor and Stuart England, London 1985

SMALLMAN-RAYNOR, M.; Cliff, A.; Haggett, P.: Atlas of AIDS, Oxford 1992

SMITH, J. R.: The Speckled Monster. Smallpox in England, 1690–1970, Chelmsford 1987

SONTAG, Susan: Krankheit als Metapher, Frankfurt a.M. 1981

STAMM-KUHLMANN, Thomas: Die Cholera von 1831. Herausforderungen an Wissenschaft und staatliche Verwaltung, in: Sudhoffs Archiv 73, 1989, S. 176–189

STETTLER, Antoinette: Der ärztliche Pestbegriff in historischer Sicht, in: Gesnerus 36, 1979, S. 127–139

STICKER, Georg: Abhandlungen aus der Seuchengeschichte und Seuchenlehre. Bd.I: Die Pest, Bd.II: Die Cholera, Gießen 1908/12

STÖCKLIN, Werner H.: Sakpata, ein Beitrag afrikanischer Medizinmänner zur Pockeneradication, in: Gesnerus 39, 1982, S. 405–415

SUDHOFF, Karl: Deutsche medizinische Inkunabeln (= Studien zur Geschichte der Medizin, Bd. 2/3), Leipzig 1908

SUTTER, Felix: Davos als Tuberkulose-Kurort, in: Haller, Ernst (Hg.): Davos – Profil eines Phänomens, Zürich 1994, S. 29–38

THEMA TOTENTANZ. Kontinuität und Wandel einer Bildidee vom Mittelalter bis Heute. Ausstellungskatalog, Mannheim 1986

THEOPOLD, Wilhelm: Votivmalerei und Medizin. Kulturgeschichte und Heilkunst im Spiegel der Votivmalerei, München 1978

TRÜB, Paul u.a.: Die Gegner der Pockenschutzimpfung und ihre Propaganda im 19. Jahrhundert und später, in: Medizinische Monatsschrift 27, 1973, S. 68–77

VALENTIN, Bruno: Cholera-Briefe, in: Sudhoffs Archiv 37, 1953, S. 417–421

VASLEF, Irene: The Role of St. Roch as a Plague Saint: a Late Medieval Hagiographic Tradition, Diss. phil. Washington (The Catholic University of America) 1984

VASOLD, Manfred: Pest, Not und schwere Plagen. Seuchen und Epidemien vom Mittelalter bis heute, München 1991

VENEZIA E LA PESTE 1348–1797. Ausstellungskatalog, Venedig 1979

VOGT, Helmut: Das Bild des Kranken. Die Darstellungen äußerer Veränderungen durch innere Leiden und ihrer Heilmaßnahmen von der Renaissance bis in unsere Zeit, München 1969

VOIGT, Jürgen: Tuberkulose. Geschichte einer Krankheit, Köln 1994

WILLIAM, Daniel (Hg.): The Black Death. The Impact of the 14th Century Plague, Binghamton u.a. 1982

WOLFF, Eberhard: Medikalkultur und Modernisierung. Über die Industrialisierung des Gesundheitsverhaltens durch die Pockenschutzimpfung und deren Grenzen im 19. Jahrhundert, in: Dauskardt, Michael; Gerndt, Helge (Hg.): Der industrialisierte Mensch. 28. Volkskunde-Kongreß in Hagen, Münster 1993, S. 191–212

WOLFF, Eberhard: Prävention, Impfzwang und die Rolle der Medizinethnologie. Ein Beitrag zu Akzeptanz und Durchsetzbarkeit prophylaktischer Maßnahmen und der Legitimität präventiven Zwangs – aus historisch-ethnologischem Blickwinkel, in: Effelsberg, Winfried; Zier, Ursula (Hg.): Krankheitserleben und Krankheitsempfinden. Ethnomedizinische Ansätze als Grundlagen von öffentlichen Planungen und Entscheidungen im Gesundheitswesen (= curare 14, 1991, H.1/2), S. 79–90

WOLLASCH, Joachim: Hoffnungen der Menschen in der Zeit der Pest, in: Historisches Jahrbuch 110, 1990, S. 23–51

ZADDACH, Bernd Ingolf: Die Folgen des Schwarzen Todes (1347–51) für den Klerus Mitteleuropas, Stuttgart 1971

ZIEGLER, Philip: The Black Death, New York 1969

Abbildungsnachweis

Wir danken allen Leihgebern, die uns Abbildungsvorlagen zur Verfügung gestellt haben. Soweit nicht anders vermerkt, liegen die Urheberrechte der Fotografien bei den Leihgebern.

Basel
Historisches Museum Basel
(Foto: M. Babey): 1/31

Berlin
Kupferstichkabinett (Foto: Jörg P. Anders): S. 10/11, 1/94, 1/162, 1/163, 1/164, 1/166, 1/167, 1/168, 1/169, 1/171, 1/179, 1/180
Stadtmuseum Berlin
(Foto: Fotostudio Bartsch): 3/78
Angelika Wolf: S. 324, 325

Davos
Dokumentationsbibliothek Davos: S. 276/277

Dresden
Sächsische Landesbibliothek, Abt. Deutsche Fotothek: S. 105 re., 1/61, 1/174, 3/32

Harare/Köln
Jürgen Blenck: S. 335

Köln
Elmar Engelbertz: 5/25
Rheinisches Bildarchiv Köln: 1/25, 1/134

München
Bayer. Landesamt für Denkmalpflege: S. 72
Wolfgang Pulfer: 3/50, 3/51, 3/73
Stadtmuseum München: 1/121

Nürnberg
Germanisches Nationalmuseum: S. 67

Paris
Musée National des Arts et Traditions Populaires
(© R.M.N.): 3/39, 3/40, 3/74

Philadelphia
Philadelphia Museum of Art: S. 156/157

Tübingen
Eberhard Wolff: S. 173, S. 178

Regensburg
Zink Fotostudio: 1/100

Wien
Bildarchiv der Österreichischen Nationalbibliothek: 1/82, 1/130

Würzburg
Missionsärztliches Institut Würzburg – Arbeitsgruppe AIDS und internationale Gesundheit: S.308/309

Umschlaggestaltung unter Verwendung einer Bildvorlage des Archivs für Kunst und Geschichte, Berlin

Die Rechteinhaber für die Fotografien konnten nicht in allen Fällen ermittelt werden. Falls Ansprüche geltend gemacht werden können, bitten wir die Rechteinhaber, sich beim Deutschen Hygiene-Museum zu melden.